权威·前沿·原创

皮书系列为
"十二五""十三五"国家重点图书出版规划项目

中东欧蓝皮书

BLUE BOOK OF CEEC

中东欧国家发展报告
（2016~2017）

ANNUAL REPORT ON THE DEVELOPMENT OF CENTRAL AND EASTERN EUROPEAN COUNTRIES (2016-2017)

北京外国语大学欧洲语言文化学院
主　编／赵　刚
副主编／林温霜　董希骁

社会科学文献出版社
SOCIAL SCIENCES ACADEMIC PRESS (CHINA)

图书在版编目(CIP)数据

中东欧国家发展报告.2016—2017 / 赵刚主编. -- 北京：社会科学文献出版社，2018.6
（中东欧蓝皮书）
ISBN 978 - 7 - 5201 - 2833 - 9

Ⅰ.①中… Ⅱ.①赵… Ⅲ.①社会发展 - 研究报告 - 欧洲 - 2016 - 2017　Ⅳ.①D750.69

中国版本图书馆 CIP 数据核字 (2018) 第 109978 号

中东欧蓝皮书
中东欧国家发展报告（2016~2017）

主　编 / 赵　刚
副 主 编 / 林温霜　董希骁

出 版 人 / 谢寿光
项目统筹 / 张晓莉　叶　娟
责任编辑 / 叶　娟　李海瑞

出　　版 / 社会科学文献出版社·国别区域与全球治理出版中心（010）59367200
　　　　　　地址：北京市北三环中路甲29号院华龙大厦　邮编：100029
　　　　　　网址：www.ssap.com.cn

发　　行 / 市场营销中心（010）59367081　59367018
印　　装 / 三河市龙林印务有限公司

规　　格 / 开本：787mm×1092mm　1/16
　　　　　　印　张：31.25　字　数：519千字
版　　次 / 2018年6月第1版　2018年6月第1次印刷
书　　号 / ISBN 978 - 7 - 5201 - 2833 - 9
定　　价 / 128.00元

皮书序列号 / PSN B - 2018 - 721 - 1/1

本书如有印装质量问题，请与读者服务中心（010 - 59367028）联系

▲ 版权所有 翻印必究

本系列蓝皮书由新华联集团和兴源控股有限公司资助出版

北京外国语大学区域与全球治理高等研究院
"区域和国别研究蓝皮书系列"

荣誉总主编	柳斌杰
总 主 编	彭 龙
副总主编	孙有中　李永辉
顾　　问	傅 军　周立武
编　　委	丁 超　丁一凡　戴冬梅　黄 平　季志业
	柯 静　李建军　李向阳　李永辉　米 良
	牛华勇　孙晓萌　孙有中　王展鹏　吴宗玉
	薛 澜　张朝意　章晓英　赵 刚
学术委员会	冯仲平　江时学　李绍先　刘鸿武　孙士海
	王缉思　邢广程　杨伯江　杨 恕　袁 明
	翟 崑　张蕴岭　周 弘　朱晓中

中东欧蓝皮书编委会

学术顾问 霍玉珍　朱晓中

主　　编 赵　刚

副 主 编 林温霜　董希骁

编委会成员（按姓氏拼音排序）

鲍　捷　陈逢华　陈　巧　丁　超　高　歌
郭晓晶　何　娟　洪羽青　靳　乔　鞠　豪
柯　静　李怡楠　吕　妍　南力丹　庞激扬
彭裕超　覃方杏　王秋萍　王怡然　许衍艺
张传玮　张　甜

摘　要

　　《中东欧国家发展报告（2016~2017）》是国内第一部聚焦中东欧16国，全面介绍各国政治、经济、文化、社会、外交、安全等领域最新动态，以及中国-中东欧"16+1"合作的年度报告，对于中国社会各界全面了解16国发展现状、分析发展趋势、寻找合作机遇、规避合作风险，具有巨大的现实意义和重要的学术价值。

　　报告共分为"总报告""专题报告""国别报告"和"附录"四个部分。其中"专题报告"部分包括："2016~2017年中东欧国家政治形势述评""2016~2017年中东欧地区经济发展现状""2016~2017年中东欧国家对外关系和安全环境"和近年来中国—中东欧国家合作概况"四篇报告，从宏观上关注整个地区的政治、经济、社会、外交、安全等方面的重大事件和年度走势。

　　第三部分"国别报告"包括："阿尔巴尼亚""爱沙尼亚""保加利亚""波黑"等中东欧16国的国别年度报告。每个国别报告又分别关注该国在2016~2017年的国内政治形势、经济发展状况、社会与文化、外交与安全以及中国和该国关系发展等方面的问题，力求从微观上深化对各国具体情况的介绍和分析。

　　此外，在全书的最后，还编制了"2016~2017年中东欧国家大事记"，方便读者全面了解中东欧国家在2016~2017年度所发生的一些重大事件。

　　《中东欧国家发展报告（2016~2017）》力求从横向和纵向两个视角，全面审视中东欧各国的发展现状与趋势，从而为国家有关部门制定政策提供重要参考，为"一带一路"建设和中国企业走出去提供第一手资讯，为国内的研究机构和学者提供准确权威的研究资料，为赴中东欧留学人员和旅游者提供及时的参考资料，为国内普通民众更好地了解中东欧国家国情、拓宽国际视野提供一个内容全面、信息准确的读本。

目　录

Ⅰ　总报告

B.1　2016～2017年中东欧国家发展概况　…………………… 赵　刚 / 001

Ⅱ　专题报告

B.2　2016～2017年中东欧国家政治形势述评　……………… 高　歌 / 006
B.3　2016～2017年中东欧地区经济发展现状　……………… 朱晓中 / 020
B.4　2016～2017年中东欧国家对外关系和安全环境　……… 鞠　豪 / 038
B.5　近年来中国—中东欧国家合作概况　…………………… 霍玉珍 / 058

Ⅲ　国别报告

B.6　阿尔巴尼亚　………………………… 陈逢华　柯　静　靳　乔 / 090
B.7　爱沙尼亚　………………………………………………… 张　甜 / 114
B.8　保加利亚　………………………………… 林温霜　张书评　陈　巧 / 135
B.9　波黑　……………………………………………………… 陈慧稚 / 154
B.10　波兰　………………… 赵　刚　李怡楠　何　娟　赵玮婷 / 174
B.11　黑山　……………………………………………………… 洪羽青 / 201
B.12　捷克　……………………………………………………… 覃方杏 / 217
B.13　克罗地亚　………………………………………………… 鹏　昱 / 238

B.14 拉脱维亚 ………………………………………… 吕　妍 / 257

B.15 立陶宛 ………………………………… 王怡然　王惟晋　照　娜 / 277

B.16 罗马尼亚 ………… 庞激扬　朱师逊　莫　言　徐台杰　刘一凡 / 299

B.17 马其顿 …………………………………………… 陈　巧 / 324

B.18 塞尔维亚 ………………………………………… 彭裕超 / 338

B.19 斯洛伐克 …………………………………… 南力丹　张传玮 / 362

B.20 斯洛文尼亚 ……………………………………… 鲍　捷 / 385

B.21 匈牙利 ………………………… 王秋萍　高劳伊·山多尔　许衍艺

　　布劳乌恩·加博尔　郭晓晶　瓦茨·伊什特万·戴维 / 400

Ⅳ　附录

B.22 2016~2017年中东欧国家大事记 ………………………… / 434

Abstract …………………………………………………… / 468
Contents …………………………………………………… / 470

总 报 告

General Report

B.1
2016~2017年中东欧国家发展概况

赵 刚[*]

摘 要： 中东欧国家的自然禀赋、历史演进、思想文化、社会形态等方面的独特之处，使其在不同历史阶段，乃至在当今时代，都引起世界范围内的广泛关注。《中东欧国家发展报告(2016~2017)》努力从政治、经济、社会、文化、外交、安全等多个视角，对中东欧地区的整体面貌和国别情况给予关注，同时对中国与中东欧国家开展的全方位合作进行梳理，力求成为中国政府部门、经济部门、文化部门以及普通民众了解中东欧国家的一个重要平台。

关键词： 中东欧 "16+1合作" 国别报告

---

[*] 赵刚，博士、教授、博士生导师，北京外国语大学欧洲语言文化学院院长、中东欧研究中心副主任、波兰研究中心主任。

中东欧地区是一个地缘政治概念，按照目前中国政府和学术界对"中东欧"的理解和划分，这一地区包括阿尔巴尼亚共和国、爱沙尼亚共和国、保加利亚共和国、波斯尼亚和黑塞哥维那（简称"波黑"）、波兰共和国、黑山、捷克共和国、克罗地亚共和国、拉脱维亚共和国、立陶宛共和国、罗马尼亚、马其顿共和国、塞尔维亚共和国、斯洛伐克共和国、斯洛文尼亚共和国、匈牙利等16个自20世纪80年代末90年代初开始制度全面转型的国家。

从地理位置上看，中东欧16国北起波罗的海，与芬兰、瑞典隔海相望；南至亚得里亚海和黑海，与希腊、土耳其接壤；东邻俄罗斯、白俄罗斯、乌克兰；西接德国、奥地利、意大利等国，总面积约136万平方公里。中东欧16国总人口约1.23亿，相当于欧盟人口的1/4。

中东欧16国之间既有诸多共性，又各具特色。波兰系该地区国土面积最大和人口最多的国家；黑山则是该地区最小且最年轻的国家；波黑的一个国家、两个实体、三个民族、三种宗教的独特国家形态全球罕见；斯洛伐克的首都同时与两个邻国接壤；捷克、匈牙利、波兰等国享有欧洲心脏之称。波罗的海、黑海、亚得里亚海三海将16国环抱其中，畅通了相互交往，促进了各国整体发展。

中东欧16国地处欧洲中、东部，既是连接东西方的交汇处，又是联通"欧非亚"的枢纽，战略位置重要。各国资源相对丰富，江海湖泊众多，又不乏高山、丘陵、平原，土地广袤肥沃，农业优势明显，森林植被茂密，堪称动、植物天堂，自然景观秀美，旅游业发达。

中东欧16国历史上曾不同程度遭受奥斯曼帝国、沙皇俄国、奥匈帝国等外族入侵或奴役，具有反抗压迫的传统和斗争精神，更有强烈的民族认同感。16国的民族语言大多属印欧语系的斯拉夫语族，但也有些语言分别属于罗曼语族、乌拉尔语系的芬兰－乌戈尔语族等。16国居民主要信奉天主教、新教、东正教以及伊斯兰教。

20世纪中后期，中东欧国家曾属于社会主义阵营。东欧剧变后，这些国家经历了政治转制、经济转轨、社会转型，实行三权分立、多党议会制和私有化，其体制、机制全面与西方接轨，但综合发展水平与西欧国家仍有较大差距。16国经济总量约1.5万亿美元，相当于欧盟的1/10，人均国内生产总值近12000美元，是欧盟平均水平的1/2；16国内部经济发展水平亦存在差异，呈现北高南低的走势。斯洛文尼亚、捷克人均国内生产总值已逾20000美元，而阿尔巴尼亚、波黑则不足6000美元；16国基础设施急需升级改造，对公路、铁路、港口、电站等基建需求较大，吸引投资和扩大出口愿望迫切；16国普遍重视科教、文化，国民素质较高，创新能力强，具有医疗、卫生、旅游等人文领域的较强优势；16国均致力于欧洲一体化进程，将积极发展同欧美等西方国家的关系作为本国对外政策的优先方向，同时注重与俄罗斯、中国、印度等国的务实合作，不断加强同中亚、拉美、非洲国家的交流合作。16国均为联合国及欧洲安全合作组织成员国，波兰等11国已加入欧盟，阿尔巴尼亚等13国已成为北约成员国，斯洛伐克、立陶宛等5国为欧元区国家，捷克、爱沙尼亚等6国系经合组织成员。

中东欧国家是最早承认并与中华人民共和国建立外交关系的一批国家，与我国有着长期的友好传统，在政治、军事、经贸、文化、科技、教育、青年、体育、新闻等各个领域都与我国有着广泛深入的合作。2012年4月26日，中国国务院总理温家宝在华沙与中东欧16国领导人举行会晤，代表中国政府宣布了"中国关于促进与中东欧国家友好合作的十二项举措"。同年9月6日，成立中国—中东欧国家合作秘书处。作为中方机构和新的政府间合作机制。中国—中东欧国家领导人定期举行会晤，规划中国—中东欧国家未来合作重点方向和领域，引领和组织推进各个领域合作。截至2017年12月，中国—中东欧国家领导人会晤已经举行6次，取得了一系列丰硕的成果。

2015年11月26日，中国国家主席习近平在人民大会堂集体会见来华出席第四次中国—中东欧国家领导人会晤的中东欧16国领导人。习主席赞赏中东欧国家政府为推动中国和中东欧国家"16＋1合作"发展作出的积极努力，他指出，"16＋1合作"诞生以来，形成了全方位、宽领域、多层次的合作格局，开辟了中国同传统友好国家关系发展的新途径，创新了中国同欧洲关系的实践，搭建了具有南北合作特点的南南合作新平台。下一步，中国同中东欧国家要本着互利共赢、开放包容的精神，加强各领域的互利合作。一是实现"16＋1合作"同"一带一路"建设充分对接。二是实现"16＋1合作"同中欧全面战略伙伴关系全面对接。三是实现"16＋1合作"同各自发展战略有效对接。习主席2016年3月对捷克进行的国事访问，6月对塞尔维亚和波兰进行的国事访问，更是将"16＋1"合作提升到了一个前所未有的高度。

2016~2017年，中国与中东欧国家的关系继续取得长足发展。中国社会

各界对于中东欧地区的总体认知度显著提升，各层级合作热情不断高涨，双方交往日趋频繁，合作领域不断拓展，合作成果不断涌现。但与此同时，中国社会各界对于中东欧国家的基本现状和发展趋势仍缺乏比较系统、深入的了解。这对于双方下一步的深入合作形成了严重的制约和阻碍。为此，系统性地追踪中东欧各国政治、经济、社会发展现状，向中国社会各界提供一份比较完备、翔实的中东欧国家发展报告，是一项意义深远的举措。

回顾2016～2017年中东欧国家的政治形势可以看出：一方面，大部分中东欧国家在此期间举行了选举，选举和政权交接基本平稳，没有引发大规模社会动荡；另一方面，一些国家政府变动频繁，政局发生重大变化，新兴政党迅速上位，民粹主义影响不断扩大，部分国家出现所谓的"民主倒退"，"新老欧洲"之间矛盾重重。这些现象，既与中东欧国家自身的发展阶段紧密相连，又与欧盟目前面临的一系列问题息息相关。近年来，在欧债危机影响持续、难民危机不断发酵、恐怖威胁暗流涌动、英国脱欧前途未卜、俄欧矛盾不断升级的大背景下，中东欧国家也在寻找自身的定位和发展之路。尤其引人注目的是匈牙利和波兰与欧盟的关系出现一系列的微妙变化。从2016年开始，欧盟与波兰在司法改革方面龃龉不断，欧盟多次对波兰的司法改革提出批评，并启动了调查程序，但法律与公正党主导的波政府及议会对此采取强硬态度，指责欧盟的行动是对波兰主权的攻击。近年来，匈牙利与欧盟的关系也每况愈下。欧尔班政府在难民问题上的"不配合"，在通过"高等教育法修正案"问题上与欧盟的争执，都引起了世界舆论的广泛关注。此外，欧盟还批评欧尔班政府煽动民族主义的言论，借助国家机器打压国内反对派。从这些现象可以看出，尽管大部分中东欧国家入盟已有十多年，但与西欧相比，其经济社会发展差距仍然巨大，与欧盟在很多问题上"不合拍"理所当然。另一方面，民粹主义抬头正在形成一股国际政治潮流，在欧盟自己面临重重困难的背景下，中东欧国家出现所谓的"疑欧派"也就不足为奇了。

在经济方面，2016～2017年中东欧国家保持平稳增长。其主要原因是：欧盟结构基金流入量开始增加、欧元区国家经济回暖、名义工资和就业率提高刺激私人消费增长。大部分国家的银行处于良好状态，不断扩大的贷款推动了居民消费增长。此外，支持性的财政政策是中东欧国家经济增长的另一个推动力。当然，欧洲经济的不确定性、英国退出欧盟、全球经济增长缓慢，以及申根区内的有关货物和人员自由流动的潜在限制性障碍对中东欧国家督导经济增长会产生影响。2016年，中东欧国家的经济增长有所放缓，这主要是由于投资减少，特别是建筑业投资的减少。与此同时，中东欧国家对欧元区国家的出口放缓。在这种情况下，私人资本消费的增长是中东欧国家经济增长的主要动力。2017年，中东欧国家经济出现新的增长，其主要原因是欧盟的发展基金流入量开始增加，劳动力市场需大于供以及欧元区国家经济的回暖，而支持性的财政政策是中东欧国家经济增长的另一个推动力。通过打击逃税，部分国家税收大幅增加。中东欧国家经济增长的主要风险包括欧洲经济的不确定性、英国退出欧盟、全球经济增长缓慢，以及申根区内有关货物和人员自由流动的潜在限制性障碍。

在外交和安全方面，中东欧国家都将"回归欧洲"作为优先的发展方向，积极融入欧洲-大西洋一体化进程。但因为地理位置、历史文化、民族宗教以及国家发展水平等方面的差异，中东欧国家在许多问题上的看法和战略选择与德法等国有着明显的不同。"多速欧洲"设想的出台，在中东欧国家引起了普遍的疑虑，担心自身逐渐被边缘化，成为欧盟中的"二流国家"。此外，难民问题也是中东欧国家与"老欧洲"各国意见严重分歧的一个领域。可以说，中东欧国家一方面渴望尽快融入欧洲，另一方面又希望能够保持自己的特色和发展节奏。除对欧外交外，与俄罗斯的关系也是中东欧国家外交的重中之重。由于历史和现实的原因，中东欧大部分国家对俄罗斯持非常负面的态度。大部分国家积极参与对俄制裁，采取一切措施，消除俄罗斯的影响，防范俄罗斯的威胁。黑山加入北约，则是俄罗斯传统盟友转向的一个典型案例。但也有部分国家认为制裁无法达到目的，对俄进行必要的交往符合各国利益。在对美关系方面，冷战结束以后，中东欧国家就视美国为欧洲之外最重要的伙伴。在许多国际问题上，中东欧国家给予美国大力支持。随着乌克兰危机的爆发，中东欧国家对于地区局势的认识出现了变化，也在军事和安全上更加倚重北约。作为北约的支柱，美国与中东欧国家的关系也进一步升温。以美国为首的北约在中东欧地区加强了军事存在。

从以上简单的介绍可以看出，2016~2017年的中东欧地区总体保持稳定，经济社会继续发展，但错综复杂的国际形势，特别是欧盟发生的一系列事件，不可避免地在中东欧国家荡起涟漪。一些新问题、新思潮的出现，对中东欧国家的未来可能带来深远影响，值得我们持续观察和思考。

专题报告

Thematic Reports

B.2
2016~2017年中东欧国家政治形势述评

高 歌[*]

摘　要： 2016~2017年，中东欧国家的政治形势延续了近年来的特点：选举基本平稳进行，政府变动较为频繁，政党格局尚未定型，"民主制度"面临挑战。中东欧国家的政治变化不会超出西方民主制度的基本框架。至于它们的民主制度将越来越与欧美国家趋同，还是越来越具有自己的特色，时间会告诉我们答案。

关键词： 中东欧国家　政府变动　政党格局　民主制度

20世纪80年代末90年代初，中东欧剧变，以欧美国家为样板，确立了三权分立原则，实行议会制和多党制。20多年来，中东欧国家大都通过选举

---

[*] 高歌，中国社会科学院俄罗斯东欧中亚研究所研究员。

实现了政权在不同党派之间的轮换。但直到近些年,许多中东欧国家,政府变动仍较为频繁,政党格局还没有定型,"民主制度"依然面临挑战。2016~2017年中东欧国家的政治形势延续了上述特点。

一 选举基本平稳进行

2016~2017年,有10个中东欧国家先后举行了议会选举,这10个国家分别为斯洛伐克、塞尔维亚、克罗地亚、立陶宛、黑山、罗马尼亚、马其顿、保加利亚、阿尔巴尼亚、捷克。选举期间没有意外发生,选举基本平稳进行。详情如下:

2016年3月5日,斯洛伐克举行议会选举。社会民主-方向党(简称方向党)获49个席位,虽仍为议会第一大党,但失掉议会多数席位[1]。3月23日,以方向党主席罗伯特·菲佐为总理,包括方向党、斯洛伐克民族党、桥党和网络党的政府成立,方向党实现连续执政。

4月24日,塞尔维亚提前举行议会选举。塞尔维亚前进党领导的"塞尔维亚前进"联盟获48.25%的选票[2]。8月11日,以前进党主席阿莱克桑达尔·武契奇为总理的政府宣誓就职,前进党连续第三次执政。

9月11日,克罗地亚提前举行议会选举。克罗地亚民主共同体领导的民主共同体联盟和克罗地亚社会民主党领导的人民联盟分居前两位,桥党独立名单位居第三。10月19日,以民主共同体主席安德烈·普连科维奇为总理,由民主共同体和桥党组成的政府获议会批准,民主共同体得以继续执政。

10月9日和23日,立陶宛举行议会选举两轮投票。立陶宛农民与绿色联盟党获54个席位,名列第一[3]。11月29日,立陶宛总统达利娅·格里包斯凯特批准无党派人士萨乌柳斯·斯克韦尔内利斯为总理,由农民与绿色联盟党、

---

[1] 参见5 takeaways from Slovakia's election, https://www.politico.eu/article/slovakia-fico-asylum-migrants-elections-nazi-nationalists/,检索日期:2017年12月5日。
[2] 参见中国驻塞尔维亚大使馆经济商务参赞处《塞尔维亚新一届政府宣誓就职》,http://yu.mofcom.gov.cn/article/jmxw/201612/20161202082813.shtml,检索日期:2017年12月5日。
[3] 参见2016-2020 Seimas, http://www.lrs.lt/sip/portal.show?p_r=8787&p_k=2,检索日期:2017年12月5日。

社会民主党组成的政府名单。农民与绿色联盟党代替社会民主党成为主要执政党。

10月16日,黑山举行议会选举。黑山社会主义者民主党仍为议会第一大党。11月28日,以社会主义者民主党副主席杜什科·马尔科维奇为总理、由社会主义者民主党和波什尼亚克党等小党派组成的政府获议会通过。自南斯拉夫联邦发生裂变到南斯拉夫联盟共和国建立再到黑山独立,直至今日,社会主义者民主党一直在黑山执政[①]。

12月11日,罗马尼亚举行议会选举。社会民主党位列第一。2017年1月4日,以社会民主党的索林·格林代亚努为总理、由社会民主党与自由民主联盟组成的政府获议会信任投票。社会民主党在2015年11月下台后再次赢得执政地位。

12月11日,马其顿提前举行议会选举[②]。马其顿内部革命组织民族统一民主党仍为议会第一大党。2017年5月31日,以社会民主联盟领导人佐兰·扎耶夫为总理,由社会民主联盟、民主一体化联盟和阿尔巴尼亚族联盟组成的政府获得议会批准,宣誓就职。

2017年3月26日,保加利亚提前举行议会选举。欧洲发展公民党领先社会党,名列第一。5月4日,欧洲发展公民党与"爱国者阵线"组成的政府获议会批准,欧洲发展公民党继续执政,博伊科·鲍里索夫第三次出任总理。

6月25日,阿尔巴尼亚举行议会选举。社会党获48.34%的选票和74个席位,远超名列第二的民主党[③]。9月,社会党成立一党政府,继续执政,埃迪·拉马连任总理。

10月20日到21日,捷克举行议会选举。ANO2011运动获29.64%的选票,成为最大赢家[④]。

---

① 1990年12月,黑山共产主义者联盟在黑山总统和议会选举中以绝对优势获胜。1991年,黑山共产主义者联盟改名为黑山社会主义者民主党。
② 马其顿每4年举行一次议会选举。2014年4月议会选举后,主要反对党社会民主联盟不认可选举结果并抵制议会。经欧盟斡旋,原计划2016年4月提前举行议会选举,后推迟到2016年12月11日。
③ 参见 http://results2017.cec.org.al/Parliamentary/Results? cs = sq - AL&r = r&rd = r14,检索日期:2017年12月5日。
④ 参见 https://www.volby.cz/pls/ps2017/ps2? xjazyk = CZ,检索日期:2017年12月5日。

2016~2017年，有6个中东欧国家举行了总统选举。这6个国家分别为爱沙尼亚、保加利亚、匈牙利、塞尔维亚、阿尔巴尼亚、斯洛文尼亚。选举过程中，部分国家虽有状况发生，但并未影响最终的选举结果。具体情形如下：

2016年10月3日，爱沙尼亚举行总统选举。无党派人士克尔斯季·卡柳莱德当选总统。10月10日，卡柳莱德宣誓就职。

11月6日和13日，保加利亚举行总统选举。在第二轮投票中，社会党支持的无党派人士鲁门·拉德夫以59.37%的得票率战胜欧洲发展公民党总统候选人采茨卡·察切娃，当选总统[1]。2017年1月22日，拉德夫正式就职。

2017年3月13日，匈牙利举行总统选举。由执政两党青年民主主义者联盟－匈牙利公民联盟和基督教民主人民党支持的候选人、现任总统阿戴尔·亚诺什经两轮投票当选总统。5月8日，阿戴尔宣誓就职。

4月2日，塞尔维亚举行总统选举。现任总理、执政党前进党主席武契奇在第一轮投票中获55.08%的选票，成功当选[2]。5月31日，武契奇宣誓就职。

4月19日、20日、27日和28日，阿尔巴尼亚举行总统选举。经过议会四轮投票，争取一体化社会运动党的伊利尔·梅塔当选总统。7月24日，梅塔宣誓就职。

10月22日和11月12日，斯洛文尼亚举行总统选举，现任总统博鲁特·帕霍尔在第二轮投票中当选总统。

塞尔维亚议会选举时因一些党派抱怨选举存在不合规现象，部分投票站进行了重新投票和计票，以致公布选举最终结果的日期被推迟；而总统选举时又发生了学生抗议，一些地区因选举舞弊重新进行投票。黑山议会选举时警方逮捕了20名企图实施恐怖袭击的塞尔维亚人，选举后黑山选举委员会中小部分来自反对党派的成员认为在选举当日存在违规现象，拒绝承认最终选举结果。除此之外，选举均平稳进行，没有引发社会动荡。

---

[1] 参见 http://results.cik.bg/pvrnr2016/tur2/president/index.html，检索日期：2017年12月5日。

[2] 参见 http://www.rik.parlament.gov.rs/english/aktivnosti-konferencije.php，检索日期：2017年12月5日。

二 政府变动较为频繁

2016～2017年，除因议会选举导致的政府换届外，中东欧国家还经常发生政府变动，主要有三种情况。

（一）政府遭弹劾下台

这种情况发生在克罗地亚、爱沙尼亚和罗马尼亚。

2016年1月，经过两个多月的组阁谈判，克罗地亚组成以无党派人士蒂霍米尔·奥雷什科维奇为总理，由民主共同体和桥党组成的政府。然而，民主共同体与桥党并不团结。5月，克罗地亚最大反对党社会民主党以民主共同体主席、第一副总理卡拉马尔科涉嫌利益冲突为由，在议会提起对他的不信任动议，桥党表示支持。民主共同体与桥党矛盾激化。6月3日，总理奥雷什科维奇以卡拉马尔科与桥党领导人、副总理佩特罗夫的分歧影响政府改革计划为由，敦促他们辞职，遭二人拒绝。随后，民主共同体提出对总理奥雷什科维奇的不信任提案。卡拉马尔科则在负责评估利益冲突的全国委员会认定他存在利益冲突后辞职，并要求奥雷什科维奇和佩特罗夫辞职。6月16日，议会通过对总理奥雷什科维奇及政府的不信任案，政府下台。总统格拉巴尔－基塔罗维奇与议会党团磋商后宣布提前大选。

11月，爱沙尼亚执政联盟内的社会民主党、祖国联盟－共和国党与反对党一起，以政府缺乏合理的税收和经济政策、无法使爱沙尼亚经济走出停滞状态为由，提出对改革党主席、总理塔维·罗伊瓦斯的不信任案，获议会通过。总统克尔斯季·卡柳莱德确定中间党主席于里·拉塔斯为新总理人选，拉塔斯与社会民主党和祖国联盟－共和国党组成联合政府，获议会批准。中间党替代改革党成为主要执政党。

2017年6月，罗马尼亚社会民主党主席利维乌·德拉格内亚与同为一党的政府总理格林代亚努的矛盾白热化。社会民主党全国执行委员会举行会议，评估格林代亚努政府的工作，认为政府对施政纲领的执行情况不尽如人意，决定撤销对格林代亚努的政治支持，自由民主联盟也不再支持格林代亚努。格林代亚努拒绝辞职，德拉格内亚随即宣布社会民主党决定开除格林代亚努党籍，并向议会提交对政府的不信任案。议会通过不信任案,这是罗马尼亚历史上第一次由执政党弹劾自己的政府。格林代亚努政府下台后,社会民主党全国执行委员会会议讨论并投票通过新政府名单,议会通过对新政府的信任投票。新政府以社会民主党的米哈伊·图多塞为总理,仍由社会民主党与自由民主联盟组成。

(二)政府辞职

这种情况发生在拉脱维亚和保加利亚。

2015年12月,拉脱维亚总理莱姆多塔·斯特劳尤马因执政联盟内部冲突宣布辞职,政府随之解散。2016年2月,以绿色农民联盟的马里斯·库钦斯基斯为总理的新政府经议会批准宣告成立。新政府仍由绿色农民联盟、团结党、"民族联盟:一切为了拉脱维亚! – 为了祖国和自由/拉脱维亚民族独立运动"(简称民族联盟)组成。

2016年11月,保加利亚欧洲发展公民党支持的总统候选人察切娃在总统选举中败选后,欧洲发展公民党主席、总理鲍里索夫按照选前的诺言,宣布政府集体辞职,并要求提前进行议会选举。总统罗森·普列夫内利耶夫在三次授权组阁失败后,决定由新当选总统拉德夫在提前大选前任命临时政府。2017年1月,拉德夫就职后,以奥格尼扬·格尔吉科夫为总理的临时政府成立。

(三)政府改组

这种情况发生在罗马尼亚、捷克、克罗地亚和塞尔维亚。

2016年7月,罗马尼亚总理达奇安·乔洛什宣布撤换主管教育、交通、通信和信息、海外罗马尼亚侨民部的4名部长,以推进政策实施,这是乔洛什政府执政7个多月来最大的一次改组。2017年1月,社会民主党与自由民主联盟组成的政府就职后不久,司法部以改善监狱人满为患状况为由,提出关于赦免及修改刑法等紧急政令草案。尽管司法部表示政令草案中的赦免对象不包括腐败分子和危害国家安全的罪犯,草案的出台还是引发了抗议活动,总统克劳斯·约翰尼斯也予以声援。但政府不顾抗议者和总统的反对,通过有关修改刑法的紧急政令。抗议者认为执政党有意为部分有案在身的政治人物开脱罪责,反政府抗议活动在全国各地展开,国家自由党等反对党也对政府提出不信

任案。2月，为平息持续多日的抗议活动，政府宣布取消关于修改刑法的紧急政令。随后，政府在反对党提出的议会不信任投票中顺利过关，但司法部长辞职，政府也进行了改组，司法部、经济部、欧盟基金特派部以及营商环境、贸易和创业部4名部长易人。4月，自由民主联盟两名联席主席之一的达尼埃尔·康斯坦丁失去党内支持，不再担任副总理兼环境部长，其职务由自由民主联盟成员与议会关系部长格拉切拉·加夫里列斯库接任，由自由民主联盟的维奥雷尔·伊利耶出任议会关系部长，这是政府在不到两个月时间里的第二次改组。6月，新政府上台后，又先后有多名部长易人。9月，上任仅两个月的阿德里安·楚楚亚努辞去国防部长职务，由经济部长米哈伊·菲福尔接任，格奥尔基·西蒙出任经济部长。10月，副总理兼地区发展、公共行政和欧盟基金部长塞维尔·什海德，欧盟基金特派部长罗瓦娜·普伦布以及交通部长勒兹万·库克辞职，他们的职务分别由保罗·斯特内斯库、马留斯·尼卡和费利克斯·斯特罗埃接任。

2016年11月，捷克社会民主党主席、总理博胡斯拉夫·索博特卡提出免去来自社会民主党的卫生部长和人权部长的职务，理由是他们没能很好地履行职务，获总统米洛什·泽曼批准。此举被认为是应对社会民主党在地方选举和参议院选举中的失利，为2017年议会选举做准备。索博特卡还要求其执政伙伴——ANO2011运动和基督教民主联盟-人民党更换部长人选，但遭拒绝。进入2017年，随着选举的临近，社会民主党与ANO2011运动的竞争愈益激烈。5月，索博特卡宣布，由于财政部长、ANO2011运动主席安德烈·巴比什财产来源可疑，导致政府信任危机，他将向总统递交政府辞呈。在总统只接受索博特卡个人辞职、不接受整个政府辞职的情况下，索博特卡转而决定不再向总统递交辞呈，而是要求总统解除巴比什的财政部长职务。总统则要求索博特卡遵守联合执政协定，与ANO2011运动协商确定财政部长人选。最终，索博特卡接受了ANO2011运动推荐的财长人选，巴比什被解职，索博特卡留任总理，但不再担任社会民主党主席。

2016年12月，爱沙尼亚农村事务部长辞职。2017年5月，公共管理部长辞职。6月，祖国联盟-共和国党领导层变化后，决定撤换其在政府内的环境部长、财政部长和国防部长。

2017年4月，克罗地亚民主共同体与其执政伙伴桥党之间分歧加剧，普连科维奇以来自桥党的内务部长、司法部长和能源与环境部长不支持财政部长马里奇①、造成内阁成员不信任为由，解除他们的职务，致使桥党退出执政联盟。6月，民主共同体与克罗地亚人民党结成执政联盟。

2017年6月，武契奇就任塞尔维亚总统后，提名无党派人士安娜·布尔纳比奇为总理。议会投票通过以布尔纳比奇为总理的新政府，前进党仍为主要执政党。

三 政党格局尚未定型

2016~2017年，从中东欧国家议会选举和政府变动情况来看，政党格局在多数国家尚未定型，主要体现在四个方面。

（一）新党迅速上位

2016年3月，在斯洛伐克议会选举中，新成立的我们是家庭党和网络党第一次参选便进入议会。其中，2014年6月成立的网络党参加了方向党领导的政府；在10月的黑山议会选举中，2015年分别由黑山社会主义人民党和黑山社会民主党分裂而来的黑山民主党和黑山社会民主者党成为议会党；在12月的罗马尼亚议会选举中，成立于2015年的自由民主联盟和拯救罗马尼亚联盟进入议会，随后自由民主联盟还与社会民主党联合执政；在12月的马其顿议会选举中，新成立的两个阿尔巴尼亚族政党：信仰运动和改革联盟进入议会。2017年10月，在捷克议会选举中，2015年5月由直接民主－曙光党分裂而来的自由和直接民主党与捷克海盗党并列为议会第三大党。

（二）斯洛伐克、保加利亚、塞尔维亚出现一党独大倾向

斯洛伐克方向党在自2006年以来的四次议会选举中均名列第一，并且除2010~2012年的一年多时间外一直执政；保加利亚欧洲发展公民党在2009~2017年间四次赢得议会选举，三次执政；塞尔维亚前进党自2012年至今已连

---

① 马里奇出任财政部长前曾是克罗地亚最大食品公司阿格罗科尔财务主管，该公司债务缠身，反对党认为不应由马里奇来处理该公司的财务危机，要求马里奇下台。

续三次在议会选举获胜,是塞尔维亚的主要执政党,其主席武契奇2014年就任总理,2017年当选总统。

(三)爱沙尼亚和马其顿的一党独大格局有所改变

2016年11月,爱沙尼亚中间党上台执政,改革党自1999年以来第一次被排除出政府。12月,马其顿内部革命组织民族统一民主党在议会选举中虽然保住了第一大党地位,但优势缩小,仅比社会民主联盟多了两个议席,组阁努力也因失去其长期执政伙伴民主一体化联盟的支持而失败。社会民主联盟则以同意包括民主一体化联盟在内的几个阿尔巴尼亚族政党给予阿尔巴尼亚语在整个国家的官方地位、改变国家象征等要求得到它们的支持。此举引发街头抗议,马其顿内部革命组织民族统一民主党也指责社会民主联盟和阿尔巴尼亚族政党的做法威胁国家统一,总统格奥尔基·伊万诺夫拒绝社会民主联盟领导人扎耶夫组阁。直到5月31日,才在欧盟和美国介入下,成立以社会民主联盟为主的政府。执政近11年之久的马其顿内部革命组织民族统一民主党下台。

(四)捷克政党格局发生重大变化

在2017年10月的捷克议会选举中,ANO2011运动取得压倒性胜利,得票率远超名列第二的公民民主党。而上届执政党社会民主党和基督教民主联盟-人民党的得票率更是少得可怜,分别为7.27%和5.80%[①]。2017年12月6日,巴比什出任捷克政府总理。

四 民主制度面临挑战

2016~2017年,中东欧国家的民主制度面临挑战,主要体现在三个方面。

(一)匈牙利和波兰继续"民主倒退"

2016年元旦前夜,波兰议会通过新的《媒体法》,赋予政府直接任命公共媒体主管的权力。1月初,总统安杰伊·杜达签署该法律,引起欧洲记者协会

---

① 参见 https://www.volby.cz/pls/ps2017/ps2?xjazyk=CZ,检索日期:2017年12月5日。

等团体的抗议，波兰多座城市举行游行，公营电视台四家频道总监辞职，抗议《媒体法》破坏言论自由。

2017年4月，匈牙利议会通过政府提交的高等教育法修正草案，规定在匈牙利办学的外国高等教育机构，凡需颁发文凭，必须具备为其运营提供原则支持的国家间条约，没有条约支持的教育机构，需要在半年内签订国家间条约；此类教育机构须获得机构总部所在国承认，并且要在其注册国家拥有校区，不能满足这一条件的教育机构自2018年1月1日起不能录取新生。匈牙利裔美国金融大亨索罗斯创立的中欧大学因此面临停办危机。长期以来，索罗斯因资助非政府组织和抨击匈牙利政府的难民政策而与匈牙利政府结怨，此举被认为是对索罗斯的攻击。草案通过后，中欧大学师生和其他支持者进行示威抗议，抗议得到匈牙利科学院、美国国务院、全世界多所大学以及15名诺贝尔奖得主的声援。为遵从高等教育法修正草案的要求，中欧大学与美国巴德学院达成协议，在那里进行教育活动。10月，匈牙利议会批准将修正草案的实施时间推迟到2019年1月1日，这意味着将推迟一年决定是否允许中欧大学继续在匈牙利运行。

6月，匈牙利议会通过法律，提高外国资助非政府组织的透明度。根据这一法律，一个年度内得到的外国资助达到反洗钱法规定数额的两倍即720万福林（约合2.6万美元）的合法非政府组织为外国资助的非政府组织，这类组织必须在15日内向法院报告，并在其网站或出版物中注明外国资助组织的性质。对不遵守该法律的组织，检察官将发出通知，要求其在规定时间内履行法律义务。对未在规定时间履行法律义务的组织，检察官将提请法院根据《非政府组织法院登记法》实施处罚。

7月，波兰议会通过有关最高法院、全国司法委员会和普通法院人事任免的三项法案，规定最高法院现任法官全部卸任，由司法部长任命临时接替者，并提名新法官，提交给全国司法委员会批准任命；由议会任命全国司法委员会成员；由司法部长任免普通法院的首席法官。波兰反对党、学界及部分民众批评三项法案破坏司法独立，华沙发生示威抗议活动。压力之下，总统杜达只签署了《普通法院组织法》，否决了其他两项法案，但宣布支持司法改革，将在两个月内领导起草新法案。总理贝娅塔·希德沃认为杜达否决两项法案延缓了司法改革进程，表示法律与公正党将继续推动司法改革。

（二）带有民粹主义色彩的政党力量增强

在2016~2017年中东欧国家的议会选举中，带有民粹主义色彩的政党①表现不俗。斯洛伐克民族党和由科特里巴领导的我们的斯洛伐克-民族党分列第四和第五位；塞尔维亚前进党领导的"塞尔维亚前进"联盟名列第一，塞尔维亚社会党领导的联盟和塞尔维亚激进党分列第二和第三位；黑山社会主义者民主党和民主阵线名列前两位；罗马尼亚自由民主联盟刚成立一年半就进入了议会；马其顿内部革命组织民族统一民主党名列第一；保加利亚欧洲发展公民党名列第一，"意志"党进入议会；捷克ANO2011运动大获全胜，自由和直接民主党成为议会第三大党；克罗地亚和立陶宛也各有两个较小的民粹主义政党进入议会。

当前，在中东欧国家的执政党中，带有民粹主义色彩的政党几乎占据了半壁江山。波兰法律与公正党、匈牙利青年民主主义者联盟-匈牙利公民联盟、保加利亚欧洲发展公民党、塞尔维亚前进党、黑山社会主义者民主党、爱沙尼亚中间党为主要执政党，捷克ANO2011运动也极有可能上台执政。其中，匈牙利青年民主主义者联盟-匈牙利公民联盟连续第二次执政，塞尔维亚前进党连续第三次执政，保加利亚欧洲发展公民党在8年时间里三次执政，黑山社会主义者民主党更是自1990年以来一直在黑山执政。拉脱维亚民族联盟、罗马尼亚自由民主联盟、保加利亚"爱国者阵线"和塞尔维亚激进党、社会民主党、社会党、退休者民主党、社会主义运动等参加各自国家的政府。

（三）西巴尔干国家的"民主制度"依然脆弱

如果把通过选举实现国家权力在不同政党间的和平转换作为评估西方民主制度巩固与否的一个重要标准，那么很明显，2016~2017年，西巴尔干国家的民主制度依然脆弱。

塞尔维亚出现一党独大倾向，马其顿在2017年社会民主联盟上台前近11

---

① 除了"民众至上"可作为民粹主义最大公约数的解释外，很难找到对民粹主义的统一定义。下文对带有民粹主义色彩的政党的认定沿用学术界的一般看法。

年时间里由马其顿内部革命组织民族统一民主党执政,黑山更是一直由社会主义者民主党执掌政权,波黑仍处于国际社会保护之下,尚未实现政党的轮流执政。塞尔维亚和黑山议会选举时出现了选举争议,阿尔巴尼亚议会选举前曾因反对党抵制引发持续3个月的政治危机,以致选举推迟一周进行,马其顿议会选举后围绕政府组成,政党斗争和民族矛盾激化,以致发生抗议活动。根据2016年经济学人智库民主指数,西巴尔干国家中除塞尔维亚属有缺陷的民主国家外,阿尔巴尼亚、黑山、马其顿和波黑均为混合政权[1]。

五 观察与思考

综观2016~2017年中东欧国家的政治形势,可以看出:一方面,选举和政权交接以及政府变动基本平稳进行,没有引发大规模社会动荡,表明"民主制度"在中东欧国家运转正常。另一方面,政府频繁变动,新党迅速上位,政党格局变化,民粹主义力量扩大,西巴尔干国家民主制度脆弱,特别是匈牙利和波兰出现"民主倒退",表明民主制度在中东欧国家不够稳定和成熟,仍然面临不小的挑战。2016年经济学人智库民主指数显示,2006~2016年,绝大多数国家的民主指数都有不同程度的下降[2]。这种情况的出现与中东欧国家民主制度运作时间不长、民主观念不够稳固有关,更与国际金融危机和欧元区债务危机及其带来的经济衰退、难民危机和恐怖主义威胁、欧盟对中东欧成员国的约束力和驱动力有限、西巴尔干国家入盟进展缓慢,以及中东欧国家普遍存在的腐败现象密切相关,在匈牙利和波兰或许与欧尔班·维克多和雅罗斯瓦夫·卡钦斯基的执政理念直接相关。

对于中东欧国家民主制度遇到的问题,特别是匈牙利和波兰的"民主倒退",欧盟多次予以干预,但几乎起不到任何作用。2016年1月,欧盟委员会

---

[1] 参见EIU Democracy Index 2016,http://www.eiu.com/Handlers/WhitepaperHandler.ashx?fi=Democracy-Index-2016.pdf&mode=wp&campaignid=DemocracyIndex2016,检索日期:2017年12月5日。

[2] 参见EIU Democracy Index 2016,http://www.eiu.com/Handlers/WhitepaperHandler.ashx?fi=Democracy-Index-2016.pdf&mode=wp&campaignid=DemocracyIndex2016,检索日期:2017年12月5日。

针对波兰《宪法法院法》修正案①和《媒体法》展开法治国家调查程序。4月，欧洲议会就波兰政治形势形成决议并发表声明，指出波兰宪法法院事实上的瘫痪威胁到波兰的民主、人权和法制，呼吁波兰遵守欧洲委员会顾问机构"威尼斯委员会"对波兰宪法法院改革的评估，落实委员会的建议。波兰坚持不妥协立场，指责欧盟的行动是对波兰主权的攻击。5月，法律与公正党主导议会通过决议，决定对任何侵犯波兰主权的行为不予理睬。6月，欧盟委员会通过针对波兰法治问题的批评性意见。但波兰始终没有采取任何行动。2017年7月，欧盟委员会对匈牙利发起违规调查程序，反对其通过提高外国资助非政府组织透明度的法律，同时提出"有理由的意见"，要求匈牙利在30天内就欧盟对其高等教育法修正草案的异议做出答复。同月，欧盟委员会向波兰发出"正式通知函"，启动违规程序。欧盟委员会指责波兰"普通法院组织法"规定男女法官的不同退休年龄，违反欧盟有关条约的性别平等原则；赋予司法部长任免普通法院院长的权力，破坏法院的独立性。由于对某一成员国存在严重和持续违反尊重人类尊严、自由、民主、平等、法治，以及尊重人权（包括少数群体的权利）的价值观的认定需获欧洲理事会一致同意②，而匈牙利和波兰将在投票中相互支持，加之欧盟不可能在同一事项上同时对两个国家启动违规程序，违规程序往往会无果而终。

匈牙利的做法也屡遭美国诟病。围绕匈牙利议会通过高等教育法修正草案给中欧大学带来的困境，美国驻匈牙利大使馆临时代办戴维·克斯特兰西克表示美国将继续支持中欧大学在匈牙利进行独立且不受阻碍的教育活动。美国国务院也一再强调，美国高等教育的管理权隶属各州，联邦政府无权与匈牙利签署条约，抨击高等教育法修正草案威胁学术独立和自由，要求匈牙利终止实施该草案。2017年10月，克斯特兰西克指责匈牙利政府压制新闻自由，匈牙利外交和对外经济部则予以驳斥，认为他不了解情况，他的说法完全没有根据。11月，美国计划出资资助匈牙利乡村媒体，匈牙利外交和对外经济部召见克斯特兰西克，要求美国就政治干涉匈牙利事务做出解释。

---

① 2015年11月，波兰议会通过《宪法法院法》修正案，随后重新选举宪法法院五名新法官，引发国内广泛争议和多起游行示威。
② 参见程卫东、李靖堃译《欧洲联盟基础条约——经〈里斯本条约〉修订》，社会科学文献出版社，2010，第33、35页。

实际上，欧美国家的民主制度也遇到了问题。从2014年具有民粹主义倾向的政党在欧洲议会选举中崛起到2016年特朗普当选美国总统和意大利修宪公投失败，再到德国选择党和奥地利自由党分别在2017年9月和10月各自国家的议会选举中取得排名第三的好成绩，民粹主义力量在欧美国家发展壮大，对"民主制度"构成挑战。

在这种情况下，如何认识当前中东欧国家的政治发展状态呢？第一，如果以欧美国家的民主制度为样板，那么，中东欧国家、特别是西巴尔干国家的民主制度还不够成熟和稳定，甚至在某些国家出现"民主倒退"，这也是欧盟屡屡干预的原因；第二，如果从中东欧国家的内外形势考量，那么，中东欧国家"民主制度"的不成熟、不稳定甚至"倒退"在相当大程度上是符合其实际的一种状态，或者说是具有中东欧各国特色的民主制度；第三，如果以欧美国家民主制度遇到的问题为背景，那么，中东欧国家民主制度面临挑战则是欧美国家的普遍现象，只是中东欧国家遭遇的挑战比其他欧美国家遭遇的更大[1]。而不管怎样，可以肯定的是，中东欧国家的政治变化不会超出"民主制度"的基本框架。至于它们的民主制度将越来越与欧美国家趋同，还是越来越具有自己的特色，时间会告诉我们答案。

---

[1] 以民粹主义力量为例，中东欧国家带有民粹主义色彩的政党兴起得更早一些，其中一些已经两度甚至三度执政，而在欧洲其他地区，只有希腊激进左翼联盟在2015年1月赢得选举，上台执政，奥地利自由党在2017年12月进入政府。

B.3
2016~2017年中东欧地区经济发展现状

朱晓中*

摘　要： 2016~2017年，中东欧国家的宏观经济整体向好，经济继续平稳增长，增长平均水平高于欧元区国家。中东欧国家出现新的经济增长。经济持续增长的主要原因是：欧盟结构基金流入量开始增加、中东欧地区关键贸易伙伴欧元区国家经济回暖、名义工资和就业率提高刺激私人消费持续增长。大部分国家的银行处于良好状态，不断扩大的贷款推动了居民消费增长。此外支持性的财政政策是中东欧国家经济增长的另一个推动力。当然，欧洲经济的不确定性、英国退出欧盟、全球经济增长缓慢，以及申根区内的有关货物和人员自由流动的潜在限制性障碍对中东欧国家督导经济增长会产生影响。

关键词： 中东欧国家　欧洲　经济发展　欧元区

引　言

在经历了2010年以来的一段强劲的经济复苏期之后，进入2016年，中东欧国家的经济增长开始放缓。经济减速主要是由于投资减少，特别是建筑业投资的减少。投资放缓主要源于欧盟资金流入暂时减少[①]。欧盟基金在很大程度

---

* 朱晓中，中国社会科学院俄罗斯东欧中亚研究所研究员。

① 中东欧国家在使用欧盟基金（2007~2013年）时的一个值得关注的现象是，在基金使用初期，由于绝大多数中东欧国家政府要制定使用规划，提出具体的项目，因此欧盟基金的发放和使用量较少。大约从第四甚至第五年起，欧盟基金的使用量逐渐增多。尤其是基金使用的最后一年（一般要超出名义规定年限1~2年），中东欧国家使用欧盟基金量最大。

上提振了前几年的基础设施建设。与此同时,中东欧国家对欧元区国家的出口也放缓。这主要是由于外部衰退,导致欧元区对中东欧国家生产的中间产品需求减少。此外,英国脱欧也导致中东欧国家的外部经济状况略有变化。

由于固定资本形成的下降和外国需求的温和增长,私人资本消费的增长仍然是中东欧国家经济增长最重要的推动力。2016年,中东欧国家名义工资、就业率(波罗的海三国、罗马尼亚、保加利亚等国家的就业达到历史最好水平)和私人消费持续增长。由于能源价格相对较低,各国政府又采取了鼓励性政策(旨在推动家庭可支配收入的增长),家庭购买力得到提升。2016年,绝大部分银行都处于良好状态,不断扩大的贷款也推动了消费增长。

在2016年初国际金融市场动荡和英国宣布脱欧之后,中东欧国家不动产市场的价格基本稳定,大大好于独联体、亚洲和拉丁美洲发展中国家,也低于2010~2012年金融危机时期。中东欧国家金融市场波动不大的部分原因是,作为其最重要经济伙伴的欧元区不是波动风险的来源。此外,欧洲央行的资产购买计划也是稳定中东欧金融市场的因素。

在可用劳动力数量减少的情况下,中东欧部分国家职工工资进一步上升。通货膨胀率保持在相对较低的水平,不会降低家庭的实际购买力。

2017年,中东欧国家出现新的经济增长。统计数据表明,中东欧的"北方"国家的季度增长率不断上升,第一季度经济增长4.0%,第二季度经济增长达到4.2%。2017年中东欧国家经济持续增长的主要原因是欧盟的发展基金流入量开始增加,劳动力市场需大于供,以及中东欧地区关键贸易伙伴欧元区国家经济回暖。受这些因素的影响,2017年第二季度波罗的海三国经济较预期为好。爱沙尼亚的年经济增长率达到5.7%的高位[1],固定投资突破两位数,私人消费保持增长。欧元区国家的需求也推高了立陶宛的出口。

支持性的财政政策是中东欧国家经济增长的另一个推动力。同时,国库收入增加有助于减少财政赤字。2017年1~8月份,波兰的财政盈余已达50亿兹罗提(约1.37亿美元),通过打击逃税,国家税收大幅增加。克罗地亚的财政赤字在2017年第一季度也降至近年来的最低。捷克的公共财政预期也保持

---

[1] Country Report-Estonia, 4th Quarter 2017, Economost Intelligence Unit Limited 2017, http://www.eiu.com,检索日期:2017年11月15日。

了平衡状态（低失业率是原因之一）。罗马尼亚是中东欧地区唯一一个财政赤字预期超过 GDP 3.0% 的国家①。虽然经济强劲发展依然在使财政收入增加，但政府的支出增加导致了财政赤字扩大。

一 经济增长

在经历了一定时期的恢复性增长之后，2015 年中东欧国家的经济增长达到了 2008 年金融危机以来的最高值（见表 1）。进入 2016 年，绝大多数中东欧国家的经济增长速度开始放缓。中东欧最大经济体波兰的国内生产总值增长率开始下降，主要源于外部需求和（转型性）投资放缓。此外，英国脱欧也增加了中东欧国家外部经济环境的不确定性。尽管 2015 年新兴市场的需求减少和世界贸易停滞不前制约了中东欧国家对欧盟以外地区的出口，但欧元区国家国内需求一定程度上弥补了这一不足。不过，2016 年伊始，中东欧国家的出口大幅度下降。虽然欧元区对终端产品的需求，特别是对中东欧国家消费品的需求持续相对强劲，但全球经济环境疲软对欧元区出口的影响增大。这反映在对中东欧国家中间产品的需求减弱。虽然欧元区出口领域的商业情绪开始改善，但中东欧国家的出口还是受到英国脱欧的影响。

表 1 2007~2017 年中东欧国家经济增长率

单位：%

年份 国家	2007	2008	2009	2010	2011	2012	2013	2014	2015	2016	2017
保加利亚	7.3	6.0	-3.6	1.3	1.9	0.0	0.9	1.3	3.6	3.4	2.9
捷克	5.5	2.7	-4.8	2.3	2.0	-0.8	-0.5	2.7	4.5	2.4	2.6
波兰	7.0	4.2	2.8	3.6	5.0	1.6	1.4	3.3	3.8	2.7	3.5
罗马尼亚	6.9	8.5	-7.1	-0.8	1.1	0.6	3.5	3.1	3.9	4.8	4.3
斯洛伐克	10.8	5.6	-5.4	5.0	2.8	1.7	1.5	2.6	3.8	3.3	3.0
斯洛文尼亚	6.9	3.3	-7.8	1.2	0.6	-2.7	-1.1	3.1	2.3	2.5	3.3
匈牙利	0.4	0.9	-5.5	0.7	1.7	-1.6	2.1	4.0	3.1	2.0	3.6
爱沙尼亚	7.7	-5.4	-14.7	2.3	7.6	4.9	1.4	2.8	1.1	1.6	2.3

---

① Country Report-Romania，November 2017，Economist Intelligence Unit Limited 2017，检索日期：2017 年 11 月 15 日 http://www.eiu.com，检索日期：2017 年 11 月 15 日。

续表

国家\年份	2007	2008	2009	2010	2011	2012	2013	2014	2015	2016	2017
立陶宛	11.1	2.6	-14.8	1.6	6.0	3.8	3.5	3.5	1.8	2.3	2.9
拉脱维亚	9.9	-3.6	-14.3	-3.8	6.4	4.0	2.6	2.1	2.7	2.0	3.2
克罗地亚	5.2	2.1	-7.4	-1.7	-0.3	-2.2	-1.1	-0.5	1.6	2.9	2.9
阿尔巴尼亚	6.0	7.5	3.4	3.7	2.5	1.4	1.0	1.8	2.6	3.5a	3.7
波黑	—	—	—	0.7	1.3	0.1	2.6	0.3	3.8	2.9	—
马其顿	6.5	5.5	-0.4	3.4	2.3	-0.5	3.9	3.6	3.8	2.4	2.9
塞尔维亚	5.9	5.4	-3.1	0.6	1.4	-1.0	2.6	-1.8	0.8	2.8	3.2
黑山	—	—	—	2.5	3.2	-2.7	3.5	1.8	3.4	—	3.3

资料来源：EUROSTAT, Real GDP growth, 2006 – 2016（％ change compared with the previous year;％ per annum）, http：//ec. europa. eu/eurostat/statistics – explained/index. php/File：Real_ GDP_ growth, _ 2006 – 2016_ （％25_ change_ compared_ with_ the_ previous_ year;_ ％25_ per_ annum）_ YB17. png, 检索日期：2017 年 11 月 15 日。

a. EC, European Economic Forecast, Spring 2017, https：//ec. europa. eu/info/sites/info/files/ip053_ en_ 1. pdf, 检索日期：2017 年 11 月 15 日。

a. ECFIN, CANDIDATE AND PRE – ACCESSION COUNTRIES' ECONOMIC QUARTERLY, 3/2017https：//ec. europa. eu/info/sites/info/files/tp020_ en. pdf, 检索日期：2017 年 11 月 15 日。

2016 年以来，世界能源和其他商品价格上涨在一定程度上恶化了中东欧国家的外部经济环境。2015 年，较低的商品价格促进了中东欧地区经济环境改善，不仅仅提升了消费者收入与购买力，也提高了竞争力。由于 2016 年初油价上涨 60％，之前较低的商品价格对中东欧国家经济条件的积极影响开始减弱。同时，中东欧金融市场对世界金融市场波动的预防较好。

由于中东欧国家宏观经济不平衡状况有所好转，加之私营部门的去杠杆过程，它们面对全球金融市场环境表现出了较好的弹性。在外部，中东欧国家出口增加导致经常账户盈余。在内部，例如，匈牙利把以外汇表示的外债转换为以本国货币福林代表的债务。这些发展也反映在中东欧国家当地银行对外国实体或有债务的降低和外债总额减少①。

2016 年，出口减少，进口增加，固定投资下降，使得国内消费的扩张成为经济增长的主要动力（斯洛文尼亚除外）。零售额的增长以及消费情绪指数向好表明，私人消费继续增长，尤其是购买汽车的支出持续增加。在中东欧国

---

① 但保加利亚和克罗地亚两国的内外不平衡现象依然比较突出。

家中，罗马尼亚和匈牙利的消费支出大大超过预期。在罗马尼亚，私人住房支出大幅增加（增值税降低和最低工资增长所致）；而波兰、保加利亚和拉脱维亚的消费支出增长缓慢。较高的消费支出源于能源价格下降和劳动力市场改善，导致较好的消费者情绪。另外，适宜的财政和货币政策、制造业和服务业较高的劳动力需求也助推了消费增长（见表2）。

表2　2015～2017年中东欧国家国内需求、出口和私人消费变化

	国内需求			出口（货物和服务）			私人消费		
	2015	2016	2017	2015	2016	2017	2015	2016	2017
波罗的海三国	4.1	2.5	3.4	0.4	2.9	3.4	4.0	4.6	3.6
爱沙尼亚	0.7	2.6	3.2	-0.6	3.6	3.4	4.6	4.0	3.1
拉脱维亚	2.4	3.0	4.3	2.6	2.6	2.5	3.5	3.4	3.5
立陶宛	6.7	2.1	3.0	-0.4	2.9	3.8	4.1	5.5	3.6
中欧国家	3.4	2.3	3.4	7.6	7.0	6.0	3.0	3.9	3.6
捷克	4.8	1.4	2.7	7.7	4.3	3.8	3.0	2.9	2.8
匈牙利	1.4	2.2	3.1	7.7	6.9	6.3	3.1	7.2	3.3
波兰	3.4	2.8	3.7	7.7	8.4	7.0	3.2	3.6	4.0
斯洛伐克	4.7	0.9	3.3	7.0	4.8	5.2	2.2	2.9	3.2
斯洛文尼亚	1.4	2.4	3.0	5.6	5.9	3.5	0.5	2.8	2.1
东南欧欧盟成员国	4.5	4.4	4.5	6.1	7.0	5.8	5.0	5.7	5.3
保加利亚	3.5	1.6	3.1	5.7	5.7	3.5	4.5	2.1	3.0
克罗地亚	1.2	3.1	3.7	10.0	6.7	5.5	1.2	3.3	3.5

资料来源：IMF, Regional Economic Issues, Central, Eastern, and Southeastern Europe A Broadening Recover, May 2017, http：//www.elibrary.imf.org/doc/IMF086/24035 - 9781475575149/24035 - 9781475575149/Other_ formats/Source_ PDF/24035 - 9781475575217.pdf? redirect = true, 检索日期：2017年11月15日。

2016年，西巴尔干地区的经济复苏进一步加强了该地区的经济发展，使该地区获得了自2008年以来最高的增长率，经济增长率达到2.8%，高于2015年的2%。经济增长主要由塞尔维亚和阿尔巴尼亚的经济增长所致。两国占了西巴尔干国家国内生产总值的一半以上。2016年，塞尔维亚的产出增长从2015年的0.8%加速到2.8%，超过了危机前的峰值。塞尔维亚经济增长主要是由强劲的净出口和投资推动的。阿尔巴尼亚经济增长了3.5%（2015年为2.6%），主要由私人消费和投资驱动。该地区国家经常账户赤字，多年来首次收窄，总的来说，大多数国家的外部环境仍然很脆弱。经济复苏进一步创造了

就业机会。失业率虽然较低,与前一年相比有所下降,但几乎所有国家的失业率依然居高不下。西巴尔干国家的财政整固取得了新的进展,但大多数国家较高的公共债务水平仍然值得关注。

西巴尔干国家的经济发展并不平衡。在马其顿共和国,经济增长率从2015年的3.8%降至2016年的2.4%,这或许受到旷日持久的政治危机的影响,导致投资者信心下跌。波黑和黑山的经济增长速度也在放缓,因其净出口对经济增长的贡献较小或为负面。当然,马其顿、波黑和黑山的消费依然在推动经济发展,波黑和黑山的投资也在增长。

宏观经济向好的另一个标志是,不动产市场交易活跃。由于政府的鼓励性政策、家庭实际可支配收入增加、银行贷款扩大,不动产领域的产出大幅增长。在匈牙利,随着降低新建住房增值税税率,以及政府对住房购买者的利好政策,导致2016年8月份匈牙利的不动产领域产出增长了36.8%,是近8年的最高值。当年匈牙利房屋建设增长46.8%。在捷克,房地产价格和需求双双飙升。捷克房地产开发商JRD称,2017年头9个月卖出的房屋的数量已相当于2016年全年卖出的房屋的数量[①]。

2017年,中东欧国家经济呈现快速增长的趋势。中东欧欧盟成员国的经济增长率接近3.8%。东南欧国家的经济年增长率接近2.6%。中东欧国家经济增长主要得益于私人消费强劲增长、投资恢复、欧元区经济活动澎湃,后者是中东欧国家出口的主要目的地。

在中东欧国家中,罗马尼亚、爱沙尼亚、阿尔巴尼亚和塞尔维亚等国的经济增长十分抢眼。进入2017年,罗马尼亚经济增长不断加速。第三季度的经济增长率达到了惊人的8.8%,1~9月份,罗马尼亚的经济增长率平均为7.0%。经济增长主要受外国直接投资和国内需求所推动。第三季度,外国直接投资为16.5亿美元,同比增长37%[②]。2017年罗马尼亚的经济增长率为7.0%[③]。如

[①] BNE, Intellinews Magazine, CEE Booms, November 2017, p. 27, http://online.flipbuilder.com/myab/xsfy/,检索日期:2017年11月15日。

[②] Iulian Ernst, Romania's FDI surges by 37% in Q3, strengthening domestic demand, November 16, 2017, http://www.intellinews.com/romania-s-fdi-surges-by-37-in-q3-strengthening-domestic-demand-132593/?source=romania,检索日期:2017年11月15日。

[③] Romania's economy grows faster than China's, *Romania Inside*, 14 Feb 2018, https://www.romania-insider.com/romanias-economy-grows-faster-chinas/,检索日期:2018年4月13日。

今，罗马尼亚经济总量已超过希腊，成为东南欧地区第一大经济体（不包括土耳其）。

在波罗的海地区，2017年爱沙尼亚取代拉脱维亚成为该地区经济增长速度最快的国家，年增长4.9%①，较年初的预测多一倍；同年拉脱维亚经济增长同比增长4.2%，较早前的预测多1个百分点；立陶宛的经济增长同比增长3.8%②。

捷克在经历了持续的经济增长后，2017年工业生产和出口量仍在加速增长，主要得益于欧盟资金不断流入所带来的固定投资增加，汽车制造业高速发展，健康劳动力市场动力支撑下家庭支出的扩张。最新的PMI（Purchasing Managers' Index）数据表明，整个第三季度的制造业产出始终在增长。经济发展强劲也反映在9月份改善的经济情绪和劳动力市场需大于供方面，最近几个月失业率降至多年来的低点。第二季度，捷克的工资增长速度为近10年来最快。10月份的议会选举也没有改变目前执政联盟所采取的审慎财政措施，这对公共债务的未来发展是个好兆头。

在匈牙利，由于欧元区国家经济增长缓慢，2017年第一季度匈牙利的年增长率有所下降，但第二季度GDP年增长率达到了3.2%，经济基本面仍保持稳定。固定投资和私人消费是经济增长的主要引擎，这要归功于持续的财政刺激、欧盟的投资流入、扩张性的货币政策和劳动力市场需大于供。商业信心在9月份达到了历史最高水平。国内经济继续受益于有利的货币环境，政府为2018年大选采取积极的财政政策，增加投资，进一步改善劳动力市场，提高了消费者信心和商业信心。2017年经济增长达到了4.0%③。

在波兰，强劲的消费是一年多来波兰经济增长的主要驱动力，且对该国的经济增长前景至关重要。进入2017年，家庭消费没有表现出任何减弱的迹象。

---

① Statistics Estonia：GDP chain‑linked volume change（seasonally and working day adjusted），year 28 February 2018, https：//www.stat.ee/68589，检索日期：2018年4月13日。

② Estonia to replace Latvia as growth leader in the Baltics this year, *bne IntelliNews* November 10, 2017, http：//www.intellinews.com/estonia‑to‑replace‑latvia‑as‑growth‑leader‑in‑the‑baltics‑this‑year‑132242/？source = baltic‑states，检索日期：2017年11月15日。

③ KSH confirms 4.4% GDP growth for Hungary in fourth quarter, *Budapest Business Journal*, March 6, 2018, https：//bbj.hu/economy/ksh‑confirms‑44‑gdp‑growth‑for‑hungary‑in‑fourth‑quarter_146360，检索日期：2018年4月14日。

8月，工业产出大幅增长，能源行业增长强劲，零售销售继续上升，失业率下降。因新订单激增，9月制造业PMI升至6个月来高位。欧洲强劲需求有助于波兰出口增长。随着欧盟资金流入不断增加，投资大幅增加。2017年其GDP增长4.2%[1]。

二 失业率降低

由于经济增长，国内需求增加，导致中东欧国家的失业率普遍下降。其中，服务部门（主要是国内需求）对就业增长贡献最大。

在保加利亚，由于国内需求以及投资增长，推动了经济增长，就业人口增加。同时，受老龄化和移民等原因的影响，失业率进一步下降，从2016年的7.6%降至2017年的6.2%[2]。

在波罗的海三国，随着经济不断复苏和发展，加之净移民和2016年年中开始的"劳动能力"改革（吸引退休人员重回工作岗位），劳动力工资上涨等因素的影响，对劳动力供应产生了积极的影响，2016年以来劳动参与率增加较多，失业率不断下降。2016年，波罗的海三国平均失业率为8.1%，2017年降为7.5%。虽然拉脱维亚的失业率在波罗的海三国中最高，但2017年的失业率降幅最大，从2016年的9.7%降至2017年的8.4%[3]。爱沙尼亚的失业率最低（5.4%）[4]。

在匈牙利，由于政府采取了新建公共工程项目，自2013年起，就业率便一直在改善。到2016年，失业率降到了5.1%。2017年，失业率进一步下降，

---

[1] Polish economy-basic facts, Embassy of republic of Poland, http://wellington.msz.gov.pl/en/poland_new_zealand/economy/invest_in_poland/basic_facts/polish_economy___basic_facts, 检索日期：2018年4月13日。

[2] National statistical institute of Bulgaria, Unemployed and unemployment rates-national level; statistical regions; districts, http://www.nsi.bg/en/content/6503/unemployed-and-unemployment-rates-national-level-statistical-regions-districts, 检索日期：2018年4月14日。

[3] EC, European Economic Forecast, Institutional Paper 063 | November 2017, pp.84-85, 100-103, https://ec.europa.eu/info/sites/info/files/economy-finance/ip063_en.pdf, 检索日期：2017年11月15日。

[4] Statistics Estonia, Unemployment rate, 14 February 2018 https://www.stat.ee/stat-unemployment-rate, 检索日期：2018年4月14日。

9~12月，平均失业率为3.8%，全年失业率降到了4.2%左右，首次低于欧盟的平均水平①。

在捷克，就业率的强有力增长主要是由于符合劳动年龄的人口不断下降所致。劳动参与率的提高与妇女和年岁较大工人进入劳动力市场直接相关。参与率的规模超过了欧盟平均水平。2016年，捷克的失业率从2015年的5.1%降至4.0%，2017年更进一步降至3.0%，为欧盟成员国中最低②。

在波兰，由于临时移民（主要来自乌克兰）不断涌入，导致劳动力供应持续增加，劳动力市场灵活度增加。近年来，波兰的失业率一直在不断下降，2014年为9.0%，2016年降至6.2%，2017年，随着经济持续增长，领导力市场活跃，失业率进一步下降，全年为4.8%③。同时也应该注意到，由于青年人大量迁到欧盟其他国家，波兰的劳动力适龄人口下降。2016年4月起波兰政府积极的人口政策（每个孩子可以获得500兹罗提补贴），以及自2017年10月起法定退休年龄降低（男性从67岁降至65岁），都将对劳动力市场产生不确定影响。

在罗马尼亚，经济不断发展使得劳动力市场持续改善，失业率不断下降。2016年的失业率为5.9%，2017年全年失业率平均为近5.0%④，为近20年来最低水平。低失业率、劳动力减少和持续的工匠短缺导致劳动力市场需大于供。与此同时，2017年2月起，全国范围内职工最低工资增长16%⑤，

---

① Jobless rate falls to 3.8% in Q4 2017, Budapest Business Journal, January 30, 2018. https://bbj.hu/economy/jobless-rate-falls-to-38-in-q4-2017_144678，检索日期：2018年4月12日。

② EC, European Economic Forecast, Institutional Paper 038｜November 2016, p. 104, http://air.euro2day.gr/cov/Eu/European_economic_forecast_autumn.pdf，检索日期：2017年11月15日。EC, European Economic Forecast, Institutional Paper 063｜November 2017, pp. 106 - 107, https://ec.europa.eu/info/sites/info/files/economy-finance/ip063_en.pdf，检索日期：2017年11月15日。

③ IMF, Regional Economic Outlook, Europe Hitting Its Stride, Nov. 2017, http://www.imf.org/en/Publications/REO/EU/Issues/2017/11/06/Eurreo1117，检索日期：2018年4月12日。

④ EC, European Economic Forecast, Institutional Paper 063｜November 2017, p. 115, https://ec.europa.eu/info/sites/info/files/economy-finance/ip063_en.pdf，检索日期：2017年11月15日。

⑤ EC, European Economic Forecast, Institutional Paper 063｜November 2017, p. 118, https://ec.europa.eu/info/sites/info/files/economy-finance/ip063_en.pdf，检索日期：2017年11月15日。

同年6月7日，罗马尼亚议会通过了公共部门工资法，决定增加公共部门职工工资①，这会导致劳动力单位成本上升。

在斯洛伐克，持续的经济扩张导致劳动力供应逐渐增加。同时，实际工资的增长吸引了非经济活动人口②加入劳动力大军中来。就业人口的增加也伴随着外国劳工的进入。由于劳动力短缺，某些特定领域和地区的名义工资将会增长。

在西巴尔干国家中，阿尔巴尼亚、塞尔维亚和马其顿就业率的增长对2016年第四季度西巴尔干地区的平均就业率增长（4.9%）做出了贡献。除黑山以外，该地区所有国家都降低了失业率。在塞尔维亚、马其顿和波黑，降幅超过了2到3个百分点。尽管如此，西巴尔干国家的失业率依然较高，这反映出该地区深层次的结构问题，包括改革不充分、投资环境有待进一步改善、基础设施缺口较大，以及外国直接投资流入量较低等。

就业增加也在部分国家中带来了劳动力市场错配，一方面，就业的增长被向外移民而导致的劳动力供给减少所抵消，另一方面，劳动力短缺导致工资上行压力增加。由于劳动力市场的错配，名义工资在波罗的海三国、匈牙利、罗马尼亚、斯洛伐克和保加利亚等国家中快速增长（每年7%~8%）。在匈牙利，2017年8月工资增长幅度为近10多年来最快的，增幅13.2%，达到292400福林（约合949欧元）。在斯洛伐克，月名义工资增长最快的是交通和仓储行业，增幅为8.1%（达到905欧元）。其后依次为食品和饮料行业，增幅为7.4%（433欧元）；零售业，涨幅7.3%（达到687欧元）；汽车零售和修理行业，涨幅6.6%（达到975欧元）；工业领域的增幅较为温和，涨幅5.9%（达到1020欧元）③。

工资增加可能不是迫在眉睫的威胁，目前该地区仍相对具有竞争力，但如和通胀因素叠加，该趋势将对该地区国家的竞争力产生负面影响，放大不平衡

---

① Romania passes public sector wages increase, Ro Insider, 7 June 2017, https：//www. romania - insider. com/romanian - parliament - passes - law - increase - public - sector - wages/，检索日期：2018年4月13日。
② 非经济活动人口是指在劳动年龄内（16岁及16岁以上）、有劳动能力、未参加且不要求参加社会经济活动的人口。
③ Bne intellinews magazine, CEE Booms, November 2017, p. 28, http：//online. flipbuilder. com/myab/xsfy/，检索日期：2017年11月15日。

效果，可能还会引发货币市场的调整和动荡。迄今为止，工资上涨对通货膨胀率的影响有限。它被国际市场商品的低价格、来自欧元区较低的输入型通胀，以及利润边际压缩所抵消，而工资增长是否会影响到中东欧国家的竞争力还有待观察。除了波罗的海三国的工资上涨部分地影响到其产品出口之外，其他中东欧国家职工工资的上涨对竞争力的影响尚未清晰表现。

三　通货膨胀率降低

2016年，持续的低通胀是西巴尔干国家经济的一个主要特征，它反映出商品的低价格和汇率的稳定性。在波黑和马其顿，物价水平继续下降，但在阿尔巴尼亚、塞尔维亚和黑山，消费者物价不断上涨（分别为1.3%、1.1%、0.1%）。2017年年初，所有西巴尔干国家的通货膨胀率都有所反弹，主要是由于国际石油价格上涨。在阿尔巴尼亚，2017年2月的消费者价格指数为2.2%（仍然低于央行制定的3%的水平）；在塞尔维亚，同期的指数为3.2%（在新目标3±1.5%范围之内）。自2016年7月以来，塞尔维亚中央银行一直保持着通胀率低于GDP 4%的关键政策利率，阿尔巴尼亚央行自2016年5月以来一直保持着通胀率1.25%的历史低点。从2015年12月到2016年，马其顿央行连续3次降低了基准利率，每次0.25个百分点（至3.25%）。

在中欧地区，不同国家的通胀情况各异。斯洛伐克在连续3年低通胀之后，随着商品和服务价格上涨，2017年的消费者价格指数恢复增长。虽然国际能源价格上涨，但斯洛伐克政府对电力和天然气价格进行管制，导致2017年整体通胀率不会上升过快。斯洛文尼亚在2015～2016年间曾经是欧元区通胀率最低的国家。随着能源价格上升，该国的通胀率有可能上升到欧元区平均水平以上。在罗马尼亚，2016年1月降低增值税率和较低的输入型通胀，使得当年调和消费者价格指数同比下降了1.1%；进入2017年，2月份实施的最低工资上涨（16%）强劲推动了国内需求，全年通胀率为1.3%。波兰自2016年11月后通货膨胀率重新上升，主要原因是能源和食品价格上升。由于商品价格和能源价格上升，保加利亚结束了自2013年以来的通货紧缩走势（国内需求不高、进口商品价格低，以及住房管制价格的下降），2017年的通胀率为2.8%①。

服务价格上升和能源价格回升导致立陶宛调和的消费者价格指数在2016和2017年分别上涨0.7%和2.1%。2016年中旬以来，爱沙尼亚由于商品价格和能源价格上升导致调和的消费者价格指数不断上升，2017年为3.8%。2015~2017年中东欧国家的通货膨胀变化情况参见表3。

表3 2015~2017年中东欧国家通货膨胀变化

单位：%

	2015a	2016b	2017b
波罗的海三国	-0.3	0.5	2.9
爱沙尼亚	0.1	0.8	3.8
拉脱维亚	0.2	0.1	2.8
立陶宛	-0.7	0.7	2.8
中欧5国	-0.5	-0.2	2.2
捷克	0.3	0.7	2.3
匈牙利	-0.1	0.4	2.5
波兰	-0.9	-0.6	2.3
斯洛伐克	-0.3	-0.5	1.2
斯洛文尼亚	-0.5	-0.1	1.5
东南欧欧盟成员国	-0.7	-1.4	1.2
保加利亚	-1.1	-1.3	1.0
克罗地亚	-0.5	-1.1	1.1
罗马尼亚	-0.6	-1.6	1.3
东南欧非欧盟成员国	0.7	0.4	1.9
阿尔巴尼亚	1.9	1.3	2.3
波黑	-1.0	-1.1	1.4
马其顿	-0.3	-0.2	0.6
黑山	1.2	-0.4	2.1
塞尔维亚	1.4	1.1	2.6

资料来源：a. Regional Economic Issues, Central, Eastern, and Southeastern Europe, May 2017, http://www.elibrary.imf.org/doc/IMF086/24035 - 9781475575149/24035 - 9781475575149/Other_formats/Source_PDF/24035 - 9781475575217.pdf?redirect=true, 检索日期: 2017年11月15日。

b. Regional Economic Outlook, Europe, Europe Hitting Its Stride, Nov. 2017, https://www.imf.org/en/Publications/REO/EU/Issues/2017/11/06/Eurreo1117, 检索日期: 2018年4月13日。

---

① Bulgaria CPI records 2.8 per cent inflation in 2017, The Sofia Globe, https://sofiaglobe.com/2018/01/12/bulgaria - cpi - records - 2 - 8 - per - cent - inflation - in - 2017/, 检索日期: 2018年4月13日。

四　公共债务和政府预算平衡

2016~2017年，中东欧国家政府努力通过增收来减少预算赤字（见表4）。在保加利亚，因税收增加和公共投资减少使公共赤字从2015年占GDP的1.7%降至2016年的0.4%。税收增加不仅使宏观经济条件得到改善所致，也因增加了税种（如提高了液体取暖燃料税）和改善了收税措施。在政府总赤字方面，自2017年1月1日起增加的社会安全费也增加了政府收入。同时，由于公共部门工资增长和公共投资的增加，政府支出高于收入，2017年政府总赤字占GDP的0.4%。

捷克是中东欧地区少有的拥有预算盈余的国家。2016年预算盈余占GDP的0.7%。由于税收超过政府计划，主要税种收入持续强劲增长，烟草税的增加导致营业税的增加，2017年，税收和社会贡献[①]继续大幅增加，政府采取措施打击避税行为导致增值税收入不断增加。但由于实施《反吸烟法》和矿物油税的变化，营业税收入有所减少。在支出方面，由于欧盟基金流入大规模减少，政府的公共投资支出减少。在此背景下，2017年的政府预算依然保持盈余，较2016年水平进一步提高，约占GDP的1.2%。[②]

波兰近年来政府预算赤字不断收窄，其主要原因是，较高的税收和社会贡献。其中，宏观经济改善导致间接税增加、采取切实措施使承诺兑现、2年期征收较高增值税（2016~2017）发挥了较大作用。同时，活跃的劳动力市场使直接税增加。

克罗地亚是中东欧国家中政府总赤字改善较大的国家之一。2016年政府总赤字从2013年占GDP的5.3%大幅降至2016年的1.8%，2017年为2.1%。改善的主要原因是政府支出的增长低于名义GDP的增长。2016年12月，克罗地亚议会通过了大规模税收改革的议案。从2017年1月1日起，将个人所得

[①] 社会贡献是社会保障中的专有名词，是指雇主、雇员、自由职业者必须和自愿缴纳的社会安全保障金。

[②] EC, European Economic Forecast, Institutional Paper 063 | November 2017, p. 79, https://ec.europa.eu/info/sites/info/files/economy-finance/ip063_en.pdf, 检索日期：2017年11月15日。

税税率从以前的三档（12%、25%和40%）减少为两档（24%和36%）；个人所得税起征点从2600库纳调整到3800库纳，增加了1200库纳。与此同时，部分商品和服务（农业原料、电力供应、儿童车座椅、废品收集）的增值税大幅降低，从25%降至13%。电影票的增值税从13%降至5%[①]。税收改革，尤其是大幅降低个人所得税大大促进了私人消费和社会服务。

匈牙利在2016年因税收有力和出售土地而获得一次性临时性收入，使得政府总赤字降至占GDP的1.7%。同时，政府在货物、服务和投资方面的支出下降，大大低于政府预算。2017年，由于政府要对欧盟基金项目提供配套资金，以及企业主缴纳社会保险费减少5个百分点，致使政府总赤字有所增加，约占GDP的比重上升至2.1%。

立陶宛持续的经济增长和活跃的劳动力市场使得政府的工资税收入较高，同时，政府对总支出控制得当，致使2016年在经济平顺增长的同时，政府的预算平衡出现盈余（占GDP的0.3%）。2017年，由于该国进行结构改革，以及资金公共部门职工工资、养老金，以及提高非纳税收入门槛，导致政府预算平衡盈余水平有所下降（占GDP的0.1%）。

拉脱维亚政府2016年的预算平衡有所改善，从上一年占GDP的1.3%骤降到0.0%。2017年，由于政府增加对卫生、国内安全和教育，以及社会支出，政府预算赤字占GDP的0.7%。

表4　2015~2017年中东欧16国一般公共预算平衡和公共债务（占GDP比重）

	一般政府平衡			公共债务		
	2015a	2016b	2017b	2015a	2016b	2017b
爱沙尼亚	0.1	0.3	0.0	10.1	9.4	8.7
拉脱维亚	-1.5	-0.4	-0.7	34.8	37.2	35.6
立陶宛	-0.2	0.3	0.5	42.5	40.2	37.5
捷克	-0.6	0.6	0.5	40.3	36.8	34.5
匈牙利	-1.6	-1.7	-2.6	74.7	73.9	72.9
波兰	-26	-2.4	-2.7	51.1	54.4	54.2

---

① Deloitte, Tax system reform, November 2016, https://www2.deloitte.com/hr/en/pages/tax/articles/tax-alert-november-2016.html，检索日期：2017年11月15日。

续表

	一般政府平衡			公共债务		
	2015a	2016b	2017b	2015a	2016b	2017b
斯洛伐克	-2.7	-1.7	-1.2	52.5	51.9	50.9
斯洛文尼亚	-3.6	-1.7	-0.9	83.1	78.4	75.0
保加利亚	-2.8	1.6	-0.4	25.6	27.8	24.6
克罗地亚	-3.3	-0.8	-1.3	86.7	83.7	81.9
罗马尼亚	-1.5	-2.4	-3.0	39.4	39.1	38.9
阿尔巴尼亚	-4.1	-1.8	-1.2	73.7	73.2	70.8
波　黑	-0.4	0.4	-0.4	45.4	44.7	42.3
马其顿	-3.5	-2.6	-3.5	38.2	39.0	39.7
黑　山	-4.8	-6.0	-6.4	69.3	70.0	71.6
塞尔维亚	-3.7	-1.2	-1.0	76.0	74.1	70.9

资料来源：a. Regional Economic Issues, Central, Eastern, and Southeastern Europe, May 2017, http://www.elibrary.imf.org/doc/IMF086/24035-9781475575149/24035-9781475575149/Other_formats/Source_PDF/24035-9781475575217.pdf?redirect=true，检索日期：2017年11月15日。

b. Regional Economic Outlook, Europe, Europe Hitting Its Stride, Nov.2017, https://www.imf.org/en/Publications/REO/EU/Issues/2017/11/06/Eurreo1117，检索日期：2018年4月13日。

在许多国家重建财政缓冲和降低公共债务水平的过程中，持续的财政整顿（没有破坏急需的资本支出）是必要的。2016年，西巴尔干国家的财政状况有所改善，多数情况超出了预期。部分是因经济复苏而使税收增加，但也有一些国家是资本支出紧缩，在规划、选择和管理公共投资方面存在持续的问题。

在塞尔维亚，自2015年起，政府采取措施巩固财政，以期大幅削减财政赤字。虽然巩固财政的措施多是一次性的，但的确活跃了经济活动，减少了灰色经济，大幅增加了政府收入。同时，政府控制工资和养老金的支出增长。这些措施使预算赤字从2015年占GDP的6.6%骤降至2016年占GDP的3.7%[①]。2017年，政府依然大力巩固财政，努力增收，并获得计划外的一次性收入，

---

① EC, European Economic Forecast, Institutional Paper 038 | November 2016, p.135, http://air.euro2day.gr/cov/Eu/European_economic_forecast_autumn.pdf，检索日期：2017年11月15日。

同时控制经常账户支出，导致当年预算赤字大幅收窄至占 GDP 的 1.3%[1]。

在黑山共和国，2016 年政府曾预计支出占 GDP 的 8.8%，用于公共投资，其中主要用于修建高速公路。由于建筑许可和调整技术指标，致使高速公路建设延期。到 8 月份，政府支出本应占到 GDP 的 6.6%，但实际支出只占到 GDP 的 0.5%。结果，当年政府财政赤字在 GDP 中所占的比重明显下降（3.8%）[2]。进入 2017 年，经济形势出现向好趋势，增值税、公司税和社会保险贡献致使政府财政收入增加。在支出方面，政府投向高速公路建设的支出大幅增加，导致政府预算赤字和公共债务都有所增加。

在马其顿，由于上一届政府奉行中期修改财政预算的做法，导致放松赤字目标。公共债务从 2008 年占 GDP 的 28% 猛然上升到 2016 年的 48%。该国一直存在公共支出不透明和超预算支出问题。政府支出的 2/3 用于转移支付[3]。虽然政府设计 2016 年的预算赤字占 GDP 的 4%，但实际上仅为 GDP 的 2.4%，也较 2015 年下降了 0.9 个百分点。预算赤字收窄的主要原因是，在 2016 年最后两个月，因与选举有关，政府暂停公共采购导致经常项目和资本支出双双减少。2017 年，马其顿经济形势并不稳定，1~9 月份政府收入增长 4.1%，支出增长 5.3%，全年的政府预算赤字占 GDP 的 3.5% 左右。

阿尔巴尼亚在 2012~2013 年曾经是预算平衡的国家，但 2014 年预算赤字骤然升高至占 GDP 的 4.1%。但随着经济增长率不断攀高，政府的财政赤字大幅收窄。2016 年，由于政府支出低于预期，政府赤字从 2015 年的占 GDP 的 4.1% 骤降至 1.8%。2017 年，随着选举后有关承诺支出的增加，政府预算赤字有所增加，占 GDP 的 1.2%[4]。

---

[1] EC, European Economic Forecast, Institutional Paper 063 | November 2017, p. 137, https://ec.europa.eu/info/sites/info/files/economy-finance/ip063_en.pdf，检索日期：2017 年 11 月 15 日。

[2] EC, European Economic Forecast, Institutional Paper 038 | November 2016, p. 135, http://air.euro2day.gr/cov/Eu/European_economic_forecast_autumn.pdf，检索日期：2017 年 11 月 15 日。

[3] Regional Economic Outlook, Europe, Europe Hitting Its Stride, Nov. 2017, https://www.imf.org/en/Publications/REO/EU/Issues/2017/11/06/Eurreo1117，检索日期：2018 年 4 月 13 日。

[4] Regional Economic Outlook, Europe, Europe Hitting Its Stride, Nov. 2017, https://www.imf.org/en/Publications/REO/EU/Issues/2017/11/06/Eurreo1117，检索日期：2018 年 4 月 13 日。

结 语

中东欧国家经济增长的主要风险包括欧洲经济的不确定性、英国退出欧盟、全球经济增长缓慢，以及申根区内有关货物和人员自由流动的潜在限制性障碍。

英国脱欧的负面影响是制约中东欧国家经济增长的重要风险因素。英国脱欧的主要短期后果是金融市场的不确定性上升，这导致该地区金融资产价格的波动性上升，尽管这种波动是暂时的，且相对温和。不确定性的上升可能会转化为更高的风险溢价，从而提高融资成本。在实体经济中，不确定性的加剧可能导致家庭和企业信心的恶化，并因此转化为消费支出削减和投资意愿下降。据初步估计，英国脱欧对中东欧经济体的潜在影响应该是适度的，因为这些国家与英国的金融关系有限。

长期预测表明，英国脱欧对中东欧国家的影响较小。从长期看，中东欧国家可能会因与英国直接和间接贸易的下降而受到影响。维谢格拉德集团国家与英国的贸易关系最为密切，而且开放程度很高，因此，这些国家受影响的可能性最大。来自欧盟和移民汇款的资金流入减少也可能对长期增长产生不利影响。另外，英国脱欧可能会导致一些在英国的中东欧移民返回国内，这可能会对该地区的劳动力供应产生有利的影响。英国退出欧盟也可能使流入其他欧盟成员国的外国直接投资增加，中东欧国家也包括在内。

英国脱欧对中东欧国家影响的长期预测，取决于英国与欧盟之间进一步经济合作的具体情况。如果今后的合作类似挪威和冰岛与欧盟的关系（包括完全进入共同市场、外部关税联盟、对共同预算的贡献，缺乏对人员流动的限制），那么该地区国家的 GDP 将平均下降约 0.1%。如果英国与欧盟建立更松散的关系（基于世贸组织规则的贸易），英国脱欧对中东欧经济体的负面影响可能会比英国本身大三倍。对该区域个别国家的影响不尽相同，这取决于经济相互依存的程度[1]。

其他风险因素也多与外部环境有关。由中国经济发展放缓或美国经济增长

---

[1] 有计算表明，捷克共和国经济放缓的规模将是罗马尼亚或拉脱维亚的两倍。

大幅放缓引发的全球经济放缓,仍是一个重要的风险因素。巨大的不确定性与能源商品价格的发展有关,能源价格下降对中东欧地区的经济状况产生了积极的影响。申根区内对商品自由流动的潜在限制,难民危机或者恐怖袭击,也会导致中东欧地区国家经济增长放缓。在部分中东欧国家(尤其是东南欧国家)中,地方风险因素也会对经济发展产生影响[①]。

---

① 例如,克罗地亚持续的政治僵局可能会抑制必要的宏观经济调整,这会威胁到投资者和金融市场的信心。

B.4
2016~2017年中东欧国家对外关系和安全环境

鞠 豪*

摘　要： 地区局势与世界体系的变化对中东欧国家的安全政策提出了新的要求。面对乌克兰危机后的紧张局势，中东欧国家被迫一方面增加军费开支，一方面加强与北约的军事合作；在外交领域，中东欧国家与欧盟、美国、俄罗斯的外交关系也在发生深刻的变化。受制于各自的地理位置、国家利益与国内政治经济形势，中东欧国家难以保持一致的立场，而在对外关系上呈现明显的多样化。

关键词： 中东欧国家　乌克兰危机　北约　难民问题　多速欧洲

一　中东欧国家2016~2017年面临的新挑战

过去的数年里，世界体系的不确定性正在增加，全球化进程频遭质疑，以欧洲一体化为代表的地区一体化进程不断受挫，民粹主义和经济国家主义也重新抬头，成为部分国家的主流政治思想。受全球局势变化的影响，中东欧及其周边地区的安全环境也出现了明显的变化。在安全形势、国防建设和防治恐怖主义等多个方面，中东欧国家都面临新的挑战。

（一）安全形势

乌克兰危机的爆发改变了中东欧及其周边地区的战略格局。在俄罗斯出兵

---

* 鞠豪，中国社会科学院俄罗斯东欧中亚研究所研究员。

收回克里米亚后，俄罗斯与乌克兰一直处于"准战争"状态。俄罗斯陈兵两国边境，频繁进行军事演习，整个乌克兰也持续动荡。近年来，俄罗斯一直对其军事力量进行广泛的现代化改造，不断提升导弹的破防能力。在接近欧洲腹地的飞地加里宁格勒，俄罗斯部署了伊斯坎德尔－M 型陆基弹道导弹。受制于 1987 年美苏签订的中导条约，该导弹的现有射程仅为 480 公里，但通过增程改装，导弹射程可迅速提升至 2000 公里，其攻击范围将覆盖整个中东欧地区[1]；在毗邻乌克兰和黑海的南部军区，俄罗斯部署了包括"凯旋"防空导弹系统、"铠甲"－S 弹炮结合防空系统以及多种战机在内的新型武器装备，且在不断完善克里米亚半岛的军事设施建设，提升黑海舰队的作战能力[2]。过去两年间，俄罗斯在从波罗的海到黑海的广大区域内进行了多场大规模军事演习，包括 2016 年 8 月在与乌克兰及波罗的海三国交界区的临时军演，2016 年 9 月的"高加索－2016"战略军演，2017 年 7 月与中国的波罗的海海上联合军演以及 2017 年 9 月与白俄罗斯的"西部－2017"联合军演。这一系列行动都使得中东欧国家倍感压力。

在俄军占领克里米亚之后，北约和西方国家发起了对俄罗斯的经济制裁和军事威慑。但是，这些活动并未收到预期的效果。经济制裁虽然影响了俄罗斯的经济发展，但并未伤其根本。在国际石油价格回升后，俄罗斯的经济也逐渐回暖，2017 年第二季度的经济增长率（年化）达到 2.5%，创 2013 年来新高。更为重要的是，早在 2012 年，普京就宣布了国防现代化的计划，计划在十年内花费 23 万亿卢布（约合 7700 亿美元）打造一支现代化的俄罗斯军队[3]，短期的经济波动显然不会动摇俄罗斯发展军事力量的决心。在外交领域，俄罗斯保持了自乌克兰危机以来的强硬立场。针对北约带有明显反俄意图的军事行动，俄罗斯发起了数场"回应性"的军演。在北约决定增兵波兰和波罗的海三国后，俄罗斯也宣布在俄西部边境和西南地区新建三个师，每个师兵力约为

---

[1] Munich Security Report 2017：https：//www. securityconference. de/de/debatte/munich － security － report/munich － security － report － 2017/places/central － and － eastern － europe － fears － of － influence/，last access on November 20th，2017，检索日期：2017 年 11 月 3 日。
[2] 环球网：http：//world. huanqiu. com/hot/2016 － 08/9350846. html.，检索日期：2016 年 11 月 3 日。
[3] 王宪举：《普京第三任期执政情况评析》，《俄罗斯学刊》2017 年第 5 期，第 17 页。

10000人。在缺乏有效的交流与信任的情况下，俄罗斯与北约的互动正接近于一种零和博弈。任何一方的军事行动都会被另一方解读为一种挑衅和威胁，从而做出相应的回击。而这又意味着下一轮军事行动和竞赛的上演。在2017年接受美国导演斯通采访时，普京就表达了类似的观点，他认为："北约部署在东欧的反导系统近在咫尺，一旦加以改装，能够在数小时内发射攻击型导弹，因此俄罗斯不得不做出回应。"[1] 而梅德韦杰夫在2016年慕尼黑安全会议上的说法更为直接，他表示"北约的行动和部署正使我们走向一个新的冷战时代"[2]。

俄罗斯不是中东欧国家忧虑的唯一因素。北约的内部矛盾和欧洲防务进程的停滞同样给中东欧国家的安全埋下了隐患。在北约内部，军费问题一直是各国争议的焦点。自20世纪90年代以来，北约防务开支持续减少，防务预算出现明显的缺口，超过70%的开支都由美国独自承担。为了解决这一问题，北约领导人在2014年的波纽特峰会上提出了新的军费计划：第一，各成员国政府在10年内实现军费开支占国内生产总值2%的目标；第二，各国将军费预算的20%用于武器的采购和研发[3]。这一计划在当年的峰会上引发了激烈讨论，与美国有着良好关系或是深切感受到俄国威胁的国家，包括英国以及中东欧、波罗的海和北欧国家，愿意增加国防预算，而以法国和德国为代表的另一部分成员国，则认为不应设立2%的统一标准，而要采取更为渐进的军费达标路径，各国在北约内部的安全贡献也需要进行重新评估。关于计划的第二点，奉行福利政策的欧洲国家也不愿意缩减现役人员和退伍人员的福利，以增加武器采买和研发的支出。由于部分成员国的激烈反对，这项计划最终沦为一个不具约束力的承诺。尽管北约秘书长斯托尔滕贝格表示"该计划的前两个步骤（扭转军费的下降和实现国防开支的大幅增长）已经完成"[4]，但实际的情况并

---

[1] "The Putin Interview"：http：//www.sho.com/the‐putin‐interviews，last access on November 20th，2017，检索日期：2017年11月3日。

[2] Dmitry Medvedev's Speech at the Panel Discussion：http：//government.ru/en/news/21784/，last access on November 20th，2017，检索日期：2017年11月3日。

[3] NATO Wales Summit 2014：https：//www.nato.int/cps/en/natohq/events_112136.htm?selectedLocale=en，last access on November 15th，2017，检索日期：2017年11月3日。

[4] NATO Summit Warsaw 2016：https：//www.nato.int/cps/en/natohq/events_132023.htm?selectedLocale=en，last access on November 3rd，2017，检索日期：2017年11月3日。

不乐观。根据国际战略研究院（IISS）的统计，北约 24 个欧洲成员国的开支都保持在国内生产总值的 1.2% 左右，只有英国和爱沙尼亚的防务开支达到了 2%。许多国家军费占 GDP 的比例尚不如乌克兰危机爆发之前。比如阿尔巴尼亚 2016 年的军费开支占 GDP 的 1.23%，而 2013 年和 2014 年，这一比例分别为 1.41% 和 1.35%。保加利亚 2016 年的军费开支为 GDP 的 1.44%，而 2013 年和 2014 年，这一比例为 1.61% 和 1.47%[1]。

这样的状况自然不能令美国满意。2016 年，美国的 GDP 总量占北约总体量的 45.9%，却承担了 68.2% 的经费支出。即便如此，北约的防务预算仍然存在巨大的缺口。在奥巴马时期，美国政府尚能以温和的态度劝说欧洲盟友。而特朗普上台后，美国政府的立场趋于强硬。特朗普曾多次公开表示，"那些接受美国保卫的国家必须承担相应的费用，否则他们只能自己保卫自己"，他甚至暗示美国有可能不执行北约的第五条规定，即集体自卫原则[2]。在 2017 年 4 月北约秘书长访美时，特朗普虽然改口说"北约不再是过时的，而是'国际和平与稳定的支柱'"，但在费用问题上，特朗普仍没有妥协。他强调，北约成员国必须将军费开支提升到 2%，也需要将更多的军费用于武器采购[3]。可以预见的是，坚持"美国优先"和单边主义的特朗普会在未来更多的向欧洲盟友发难，从而导致北约内部的更多龃龉。而对于面临俄罗斯军事压力的中东欧国家来说，北约内部任一矛盾的激化都可能成为自身安全形势的变数。

在乌克兰危机爆发后，欧盟也开始重新考虑自身的安全问题。英国脱欧和美欧关系出现裂痕使欧盟坚定了实现防务独立的决心。2016 年 7 月，德国在新发布的国防白皮书中明确提出适时重启"欧洲防务共同体"的构想[4]。在

---

[1] International Institute for Strategic Studies：http：//www.iiss.org/en/publications/military%20balance/issues/the－military－balance－2016－d6c9，last access on October 28th，2017，检索日期：2017 年 11 月 3 日。

[2] Donald J. Trump Foreign Policy Speech：https：//www.donaldjtrump.com/press－releases/donald－j.－trump－foreign－policy－speech.，last access on October 16th，2017，检索日期：2017 年 11 月 3 日。

[3] NATO Summit Brussels 2017：https：//www.nato.int/cps/en/natohq/events_143956.htm? selectedLocale = en，last access on October 28th，2017，检索日期：2017 年 11 月 3 日。

[4] 新华网：http：//news.xinhuanet.com/mil/2016－08/12/c_129223930.htm，检索日期：2017 年 11 月 3 日。

2016年9月的欧盟峰会和12月的欧洲理事会上,欧盟启动了一系列改革,其中包括设立共同防务基金并建立共同欧盟任务总部。2017年3月,欧盟宣布各成员国同意成立一个军事指挥中心,负责指挥欧盟军队在三个非洲国家的训练任务①。同时,欧盟还正在发展自己的防御评估系统。一旦实验成功,这一系统将于2019年开始运行,用以评估各国的防务开支和欧盟实际的军事能力。

尽管欧盟在共同防务问题上动作连连,但防务领域依然是一体化进展最为缓慢的政策领域。欧洲的防务支出虽然占美国国防预算的一半,但军队战斗力仅有美国的十分之一。欧盟缺乏一个真正的共同防务预算,现有的预算仅仅是各国防务预算的汇总,也因此导致开支的重复和武器投资、采买的混乱,各国的武器装备包括导弹系统的种类也各不相同。最为重要的是,欧洲共同防务并没有得到各成员国的真正支持。无论是建立共同的防务预算、集中采购武器装备,还是打造一支统一的军队,都触及国家主权的核心部分,也是各成员国十分抵制的话题。在欧债危机、英国脱欧和难民涌入等一系列问题出现后,欧盟面临严重的合法性危机,其向心力也大大下降。许多成员国主张应先消化现有的一体化成果,解决当下欧盟存在的问题,而非追求更高领域和更深层次的一体化进程。此外,一些成员国还担心打造一个军事上的申根会触怒美国和北约。在实现共同防务遥遥无期的情况下,美国和北约仍然是欧洲国家,特别是中小国家在军事安全领域的有力保障。因此,虽然欧盟表示"共同防务不会削弱北约,而是双赢",但大部分国家显然更注重与北约和美国的军事合作,而对欧洲共同防务采取一种"搭便车"的姿态。

(二)军事动态

面对紧张的地区局势,中东欧国家需要做出回应。过去两年间,中东欧国家的军费开支有了一定的增长,与北约的军事合作变得更加频繁、主动,多支部队和各类武器装备进驻这一地区,军事演习的规模和频次也比往日大幅增加。在军费问题上,根据斯德哥尔摩国际和平研究所的统计,拉脱维亚2016

---

① 新华网:http://news.xinhuanet.com/world/2017-03/07/c_129502812.htm,检索日期:2017年11月3日。

年的实际军费开支为4.07亿美元，比2015年增长44%，增速列欧洲第一；立陶宛的军费支出也增长了35%，达到6.36亿美元，捷克、罗马尼亚和匈牙利的军费也分别增长了10.9%、7.1%和10.9%。在16个中东欧国家中，有9个国家的实际军费开支超出了预算[1]。当然，中东欧国家军费开支的变化与对自身安全形势的解读密切相关。波兰与波罗的海三国都与俄罗斯接壤且与俄罗斯一直关系不睦，因此它们对于俄罗斯的军事威胁更加敏感。过去两年间，波罗的海三国的军费开支迅猛增长。立陶宛2016年的军费开支已达2013年的2.2倍。波兰2016年的军费虽比2015年稍有下降，但自乌克兰危机以来，波兰就维持着比以往高出20%的军费开支且其军费总量一直在中东欧国家中居首位。而阿尔巴尼亚和波黑等国位于巴尔干半岛的西端，距离俄罗斯甚远。在历史上，这些国家与俄罗斯的矛盾也较少。因此它们对于地区形势的判断相对乐观。在军费开支上，这些国家也保持了相对平稳的态势。但总体而言，中东欧地区的军费开支出现了明显的增长，成为过去两年增速最快的地区之一。

在军事合作上，尽管北约内部因为军费问题争执不休，但对于中东欧国家来说，融入欧洲-大西洋一体化进程是既定的外交战略，北约仍然是它们目前在军事和安全领域的唯一倚仗。面对充满不确定性的地区局势，中东欧国家与北约的军事合作不断增强，对于北约军队进驻本国的态度也发生了根本性的变化。根据波兰民意研究中心（CBOS）的统计，在1999年，仅有32%的波兰人希望北约军队进驻波兰，此后十余年，该数值一直在40%左右浮动。乌克兰危机爆发后，这一数值迅速上升为57%。而到了2016年6月，支持北约军队进驻的民众比例已经高达65%[2]。在多方的推动下，北约成员国就加大在中东欧地区的军事存在达成一致意见。2016年5月，美国部署在波兰北部的陆基"宙斯盾"反导系统的基础建设举行开工仪式，将于2018年完工。届时，波兰的反导系统可与北约在欧洲的反导系统接轨，从而拥有更大的覆盖范围和更强的导弹拦截能力。在2016年的华沙峰会上，北约正式决定在波罗的海三

---

[1] Stockholm International Peace Research Institute：https://sipri.org/databases/milex, last access on November 1st, 2017，检索日期：2017年11月3日。

[2] CBOS Public Opinion Research Center, "Polish Public Opinion", http://www.cbos.pl/PL/publikacje/public_opinion/2016/07_2016.pdf., last access on November 19th, 2017，检索日期：2017年11月3日。

国和波兰部署4个营的多国部队①。虽然中东欧国家不是多国部队的领导责任国,但也积极参与到组建工作中。阿尔巴尼亚、波兰和斯洛文尼亚参与了加拿大领导的驻拉脱维亚营;克罗地亚参与了德国领导的驻立陶宛营;罗马尼亚参与了美国领导的驻波兰营。截止到2017年7月,多国作战部队在四国的部署已基本完毕。早在多国部队入驻之前,北约和中东欧国家已经在这一地区进行了多场军事演习,包括在波兰和波罗的海三国举行的"华丽跳跃2016"军演,在波兰举行的"蟒蛇2016"和"小型战鹰2016"军演,以及在立陶宛举行的"铁剑2016"军演等。在多国部队部署完毕后,围绕北约盟军战斗营和其他军事设施,北约的军事行动进一步增加。2017年3月,参加驻立陶宛多国部队的德国士兵与立陶宛军人在茹克拉军事基地进行了首次联合演练。2017年4月,美国"爱国者"导弹防御系统亮相陶宛,参加了美国主导的"马刀打击2017"多国演习。在中东欧国家中,立陶宛、拉脱维亚和波兰的军队和防空系统参加了这次演习。同月,北约在爱沙尼亚举行大规模网络防御演习,来自25个北约成员国及伙伴国的近800人参加了这次演习。在2017年9月瑞典和北约联合举办的"极光17"演习中,中东欧国家也积极响应,立陶宛和爱沙尼亚分别派兵参加了这次演习。

在南部的巴尔干地区,中东欧国家与北约的军事合作也不断取得进展。早在2015年8月,北约多国部队东南欧指挥部就在罗马尼亚首都布加勒斯特成立。2016年5月11日,这一指挥部开始部分运行。同月,美国在罗马尼亚部署的反导系统正式启动。在2016年的华沙峰会上,北约还计划在巴尔干地区增兵,把罗马尼亚的一个旅改编为多国参与的部队。2017年10月,这一计划成为现实。在布加勒斯特举行的北约议会大会上,由多个国家组成的一支多国部队在罗马尼亚宣告成立。北约官员透露,这支多国部队的地面力量有3000至4000人,罗马尼亚将提供大部分兵源,其余人员来自意大利等国。此前,已有900名美军士兵分散部署在罗马尼亚各地。在北约增加了波罗的海和波兰的战斗部队后,美国驻欧陆军正在把更多的轮值部队派到南方。在增兵之外,

---

① The International Institute for Strategic Studies (IISS), "The Military Balance 2017", Routledge (London), http://www.iiss.org/en/publications/military-s-balance, last access on November 19th, 2017, 检索日期: 2017年11月3日。

北约和中东欧国家也在巴尔干地区进行了多场军事演习,包括2016年5月在罗马尼亚举行的"2016达契亚山猫"演习,2017年5~6月在保加利亚和罗马尼亚分阶段举行"2017·高贵跳跃"演习和2017年7月在保加利亚的"军刀卫士2017"演习等。对于北约的一系列军事行动,中东欧国家给予了充分的肯定。在2016年11月的布加勒斯特会晤中,罗马尼亚总统克劳斯·约翰尼斯就表示,"北约在前沿阵线北部和东南部进行军事部署是同样重要的"[1]。

在中东欧国家与北约的军事合作背后,既隐藏着北约威慑俄罗斯、控制中东欧的战略意图,也暗含着中东欧国家谋求自身安全和地区稳定的苦心。黑山入约即是一个典型的案例。早在2006年12月,北约已经将黑山纳入北约的"和平伙伴关系"计划。2015年12月,黑山入约谈判正式启动。2016年5月,北约成员国外长签署了黑山加入北约的协定。这意味着黑山加入北约进入批准程序。2017年4月,黑山议会通过应邀加入北约的决议。2017年6月,黑山正式加入北约。从历史上看,黑山与俄罗斯关系十分密切。俄罗斯是最早承认黑山独立的国家之一,也一直是黑山的重要盟友和支持者。在经济上,黑山是一个以旅游业为主的国家,2016年旅游收入约10亿美元,在GDP中的占比超过60%,而俄罗斯是其主要客源国之一。2016年,黑山吸引了100多万游客来访,其中25%是俄罗斯游客。在黑山申请入约后,俄罗斯的反应十分强烈。俄常驻北约代表亚历山大·格鲁什科公开表示:"黑山和北约的这一决定既不符合其自身利益,也不利于同俄罗斯维持健康务实的关系。"莫斯科甚至公开以中止所有经济关系威胁黑山,并试图通过影响黑山议会选举的结果改变其入约进程[2]。尽管如此,黑山政府仍然决意推动入约进程。黑山总理马尔科维奇表示:"过去巴尔干国家一直在东西方之间挣扎,但现在我们已经决定开始去适应西方的标准与价值观。"为了回应俄罗斯的干涉,黑山甚至出台了禁止进口俄罗斯酒类产品的政令[3]。

---

[1] 高歌:《2016年中东欧国家形势与"16+1合作"》,http://lv.mofcom.gov.cn/article/hzzt/201701/20170102498128.shtml,检索日期:2017年11月3日。
[2] 新华网,http://news.xinhuanet.com/world/2017-06/07/c_129626454.htm,检索日期:2017年11月3日。
[3] 澎湃新闻,http://www.thepaper.cn/newsDetail_forward_1691314,检索日期:2017年11月3日。

从黑山的立场出发，加入北约是一个合情合理的战略选择。黑山地处巴尔干半岛西端，面积仅有1.38万平方公里，人口65万，其武装力量只有2000余人，武器装备也较为陈旧。作为军事上的小国，黑山的国家安全受制于错综复杂的地区局势。巴尔干地区素有"欧洲火药桶"之称，南斯拉夫战争和南联盟解体不仅产生了多项领土争端，也导致各国在心理上相互嫌隙和敌视。种族、宗教和历史问题的交织使得国与国之间的矛盾愈发复杂。尽管俄罗斯在巴尔干地区有着传统的影响力，但在冷战结束后，其影响力主要通过软性的、非军事的手段实现。对于距离俄罗斯西南边境1000多公里的黑山而言，要想获得国家安全的军事保障，就必须坚定地推行入约战略。为此，黑山不惜触怒与自身有着良好关系的俄罗斯。对于北约而言，黑山入约的政治意义大于军事意义。北约早已拥有在巴尔干半岛和亚得里亚海东岸的战略支点，黑山入约并不能明显增加北约的地缘优势。但是，一个传统盟友的"转向"会进一步压缩俄罗斯的战略空间。一个地区小国能够顶住俄国的压力成功入约，也会对其他国家产生巨大的示范效应，从而削弱俄罗斯的地区影响力。正如北约秘书长斯托尔滕贝格所言："黑山入约再次证明，在北约扩张问题上，俄罗斯没有否决权[①]。"当然，俄罗斯并不会就此退让。可以预见，俄罗斯和北约在这一地区会有更多、更激烈的交锋。如何在大国角力的局面下谋求国家安全和地区稳定是中东欧国家，特别是巴尔干国家必须应对的课题。

（三）恐怖主义威胁

在过去的几年里，恐怖主义的阴霾笼罩全球。世界各地爆发了多起恐怖主义袭击事件，造成了大量的人员伤亡。在各类恐袭事件中，独狼式行动大大增加。在出于报复目的的恐袭之外，盲目模仿的行动也逐渐增多。新一批的恐怖分子虽然缺乏专业知识和训练，但是行动灵活、工具简单，易于躲过情报部门和警察的排查，造成严重的社会危害。

过去两年间，欧洲的恐怖主义袭击正呈现"常态化"，但发生的恐袭事件主要集中于西欧地区。出现这一现象的原因在于，西欧国家在打击"伊斯兰

---

① NATO Summit Brussels 2017：https：//www.nato.int/cps/en/natohq/events_143956.htm?selectedLocale=en, last access on October 28th, 2017，检索日期：2017年11月3日。

国"的过程中发挥了更大的作用,也因此成为伊斯兰极端势力及其追随者的主要复仇对象。西欧是世界上最为发达的地区之一,人口稠密,在伦敦、巴黎和柏林等世界中心城市发动恐袭会制造更大的社会恐慌和世界影响力。此外,在难民和开放边境问题上,西欧国家保持了一种开放的态度,大量的难民和普通移民也会因为东西欧福利政策和社会生活水平的不同而选择西欧,而涌入的难民和移民中必然掺杂恐怖主义分子或极端主义的信奉者,使恐怖主义袭击的预防和排查难上加难。比较而言,恐怖主义活动对中东欧国家的威胁相对较小。在澳大利亚经济与和平研究所发布的全球恐袭指数报告中,中东欧国家的平均得分为 0.69,有 14 个国家的恐袭指数得分低于 2 分,属于低恐怖主义威胁的国家。波兰、立陶宛、拉脱维亚、罗马尼亚、斯洛文尼亚和斯洛伐克的恐袭指数得分甚至为 0。在 16 个中东欧国家中,唯有捷克和波黑的得分相对较高,分别为 2.18 和 2.68[1]。波黑恐袭风险较高的原因在于民族国家的建设尚未真正完成,境内各民族之间存有明显的矛盾,容易成为极端主义的滋生地。捷克得分较高的原因则在于地理位置靠近西欧,且旅游业发达,布拉格等城市是西欧民众旅游的首选地之一,由此发生恐怖主义袭击的可能性也相对较高。虽然恐怖主义在整个中东欧地区的影响甚微,但在全球反恐形势瞬息万变的今天,极端主义和激进主义在个别地区的发展仍然值得警惕。在穆斯林人口占多数的西巴尔干国家,带有圣战意愿的极端主义者正在萌发。因为国家治理能力的低下和巨大的城乡二元分野,当地的宗教机关只能在表面上管制广大的乡村地区。而民族和宗教之间的天然鸿沟使得国家也难以通过有效的政治社会化根除这一问题。自叙利亚战争爆发后,有大约 800 人离开巴尔干地区加入"伊斯兰国",许多人甚至成为"伊斯兰国"的中坚力量,例如"伊斯兰国"在宣传领域的重要人物拉夫德里姆·穆哈兹海里就来自科索沃。这些人的去而复返有可能导致恐怖主义在西巴尔干地区的蔓延。因此,对于中东欧国家来说,既应防止海外恐怖主义在该地区的传播和扩散,也要警惕本土激进主义和极端势力的异化和发展。

---

[1] Institute for Economics and Peace:http://visionofhumanity.org/app/uploads/2017/02/Global-Terrorism-Index-2016.pdf,last access on November 2nd,2017,检索日期:2017 年 11 月 3 日。

二 中东欧国家2016～2017年的外交关系

共同的历史经历和相似的转型轨迹造就中东欧国家的同质性。在外交领域，中东欧国家都将"回归欧洲"作为优先的发展方向，积极融入欧洲－大西洋一体化进程。但因为地理位置、文化宗教和国家发展水平的差异，中东欧国家在许多问题上的看法和战略选择也不尽相同。伴随着逆全球化的兴起，民粹主义势力在一些国家迅速崛起，使得中东欧国家在外交领域的差异性开始增加。

（一）与欧盟关系

过去的两年间，欧盟的发展正面临困境。英国退欧和诸多内部问题迫使欧盟重新审视过去的一体化进程和未来的优先发展方向。在2017年3月向欧洲议会提交的欧盟发展白皮书中，欧盟委员会主席容克提出了欧盟未来五种可能的发展前景。其中第三种选项"多速欧洲"[1] 因与欧盟的现状相符而受到了更多的关注。在2017年3月德、法、意、西四国领导人小型峰会上，德国总理默克尔表达了对多速欧洲的支持，她认为："人们需要接受欧洲合作进展速度不一的现实，也要有勇气承认部分国家可以走得更快[2]。"法国总理马克龙也主张以不同步调推进欧洲一体化进程，他提出集中精力进行欧元区改革，以欧元区的深度一体化带动整个欧盟的改革进程。与西欧大国的普遍支持不同，中东欧国家对于多速欧洲设想表示了强烈的反对。欧盟白皮书甫一提出，波兰、匈牙利、捷克、斯洛伐克四国总理就发表了一份联合声明，表达对这一设想的反对。罗马尼亚总统约翰尼斯和总理格林代亚努也明确表示，"罗马尼亚反对多速欧洲，一个双速或多速的欧洲对任何人都没有好处"[3]。事实上，欧洲一

---

[1] 此处的"多速欧洲"是一种时间型的差异性一体化，指在所有成员国确定共同目标的基础上，一些有能力和意愿的成员国先行一步，而其他成员国随后跟进。

[2] BBC News：http://www.bbc.com/news/world－europe－39192045, last access on November 11th, 2017，检索日期：2017年11月3日。

[3] 人民网：http://world.people.com.cn/n1/2017/0308/c1002－29132070.html，检索日期：2017年11月3日。

体化进程从未以均速的方式进行。欧盟、欧元区和申根区的不同边界也说明多速欧洲在各个领域中已经存在。但是当多速欧洲作为整体战略被提出时，中东欧国家依然担忧自身在欧盟的未来前景，一旦多速的一体化成为常态，欧盟内部就会衍生出更多的小团体，中东欧国家可能会被核心团体排除在外，沦为二等成员国。由于东西欧国家存在巨大的分歧，2017年3月的27国领导人非正式会议没有达成成果文件。在2017年冬季峰会和2018年春季峰会上，欧盟各国领导人也未能就欧元区改革和多速欧洲设想达成一致立场，真正付诸实践也尚需时日。可以预见的是，中东欧国家与欧盟在这一问题上的分歧和由此带来的裂痕在短期内仍难以弥合。

  难民问题是中东欧国家与欧盟的另一项重大分歧。过去5年来，全球难民数量增加了65%。2016年全球难民达到史无前例的6560万人，超过英国总人口。在难民危机出现时，欧盟和以德法代表的西欧国家采取了一种门户开放的政策，大量接收来自中东和非洲的难民，并于2015年9月的欧盟紧急会议上通过了按照配额强制分摊移民的方案。这一方案遭到中东欧国家的反对，斯洛伐克和匈牙利先后向欧洲法院提交诉讼状，反对分摊移民。匈牙利政府甚至在本国和塞尔维亚边境修建了两道隔离墙，以阻止难民进入[①]。在2017年3月的华沙会晤中，捷克、匈牙利、波兰和斯洛伐克四国总理就难民等问题一致发声，拒绝欧盟的分摊难民政策。2017年9月，欧洲法院驳回匈牙利和斯洛伐克政府的诉讼状，裁定难民分摊政策合法[②]，但多数中东欧国家表示立场不变，也将继续通过各种方式反对接收难民。尽管中东欧国家和欧盟的对峙十分激烈，但未来，欧盟以及德法等西欧国家在难民政策上的态度可能会有所松动。新上任的法国总统马克龙更加关注欧盟的自身改革和新的欧元区计划，对欧洲的边界和难民问题并不热心。而在德国，超过56%的德国民众支持对入境难民总数设限，反对这一措施的只占28%，有55%的民众对默克尔的难民政策表示不满。在2017年的大选中，以默克尔为首的联盟党虽然保持了第一大党的位置，得票率却比上届明显下降，被迫与其他党派谈判组建联合政府。

[①] 新华网：http://news.xinhuanet.com/photo/2017-04/29/c_1120893822.htm，检索日期：2017年11月3日。

[②] 新华网：http://news.xinhuanet.com/2017-09/06/c_1121618026.htm，检索日期：2017年11月3日。

由此，德国政府在难民问题上的态度也有所转变。2017年10月，德国政府同意对每年接收难民总数采取限额管控，把接收总数控制在20万人以内①。在这种局面下，欧盟与中东欧国家就难民问题产生分歧的可能性依然存在，但不会将分歧演化为互不相容的重大矛盾。

刨除多速欧洲和难民问题，许多中东欧国家仍然是欧盟的积极建设者。2016年7月，斯洛伐克接任欧盟轮值主席国。在担任轮值主席国之初，斯洛伐克就确立了欧盟发展的优先方向，即经济上强大的欧洲、现代的统一市场、可持续的移民与避难政策和积极参与全球事务的欧洲。2017年9月，斯洛伐克作为主席国主持召开欧盟非正式峰会，并制订为期6个月的"布拉迪斯拉发路线图"②。在为期半年的欧盟轮值主席国期间，斯洛伐克展示了良好的组织和协调能力。它推动欧盟批准了《巴黎协定》，推动欧盟与加拿大签署了自由贸易协定，推进了欧盟建立资本市场联盟的计划。而在卸任主席国后，斯洛伐克依然表达了对欧盟的支持。在2017年3月的斯洛伐克外交和欧洲政策年会上，斯洛伐克总统安德烈·基斯卡强调斯洛伐克需要与欧盟紧密地团结在一起，而非渐行渐远。总理罗伯特·菲佐同样表示，斯洛伐克希望成为欧盟的核心国家③。与斯洛伐克一样，克罗地亚也是欧盟的支持者与建设者。在2016年大选后，克罗地亚政府采取了较为温和的外交政策，力主在欧盟内部保持团结。为此克罗地亚不再阻挠塞尔维亚的入盟谈判，同时对波斯尼亚的克族人采取不干涉政策，也有意缓和与斯洛文尼亚在皮兰湾的领土争端。2017年初，克罗地亚与阿尔巴尼亚和黑山打造了亚得里亚海三国联盟，用以加强3个国家间的合作并帮助阿尔巴尼亚和黑山顺利入盟。

与斯洛伐克和克罗地亚等国相对，波兰和匈牙利因受到民粹主义的影响而出现了明显的政治转向。在法治和媒体监管等重大政治问题上，波匈两国不断触犯欧盟的底线与核心价值，也因此招致欧盟的批评和制裁。2016年1月，

---

① 新华网：http://news.xinhuanet.com/world/2017-10/10/c_129717654.htm，检索日期：2017年11月3日。
② 新华网：http://news.xinhuanet.com/world/2016-09/17/c_1119572974.htm，检索日期：2017年11月3日。
③ 新华网：http://news.xinhuanet.com/world/2017-03/17/c_1120646710.htm，检索日期：2017年11月3日。

欧盟委员会对波兰展开法治国家调查程序。此后，欧盟发布了三次关于波兰的法制问题报告，并于2016年12月明确要求波兰政府在两个月内对有关"法制问题"进行整改。在波兰没有满足其要求后，欧盟于2017年7月正式启动法律程序，并准备动用欧盟条约第7条中的有关条款给予波兰相应的制裁[1]。面对欧盟的不断施压，波兰政府依然我行我素。早在欧盟开始调查程序时，波兰总理贝娅塔·希德沃就公开表示欧盟委员会的行动是对波兰主权的攻击。2016年5月，波兰法律与公正党主导议会通过决议，对任何侵犯波兰主权的行为不予理睬，并指责欧盟委员会行为超越了欧洲条约。此后，波兰还出台了若干部充满争议的法案。2017年7月出台的《普通法院组织法》更是招致了欧盟的最后通牒。在欧盟与波兰的对峙中，与波兰站在同一阵线的是匈牙利总理欧尔班。他明确表示"要保护华沙，反对布鲁塞尔的专横"。在过去的两年里，匈牙利也同样无视欧盟的反对与批评，进行了多项充满争议的改革。2016年5月，匈牙利政府向国会提交了加强国家边界法律保护的法律草案。2017年4月，匈牙利政府向国会提交关于受外国资助的非政府组织的法律草案，对非政府组织进行更加严格的监管。同月，匈牙利出台了一项新的教育法案，并关停了中欧大学。欧洲委员会议会大会曾通过决议，呼吁匈牙利政府暂停实施有关非政府组织和高等教育的新法案，但匈牙利方面态度强硬，致使匈牙利与欧盟以及西欧国家的关系愈发冷淡[2]。在荷兰驻匈牙利大使对匈牙利提出批评后，匈牙利召回了驻荷兰大使并无限期中断双方的大使级外交关系[3]。

对于尚未入盟的西巴尔干国家来说，英国脱欧等问题给欧盟的未来前景蒙上了一层阴影，也在一定程度上打击了它们入盟的热情。塞尔维亚总理武契奇直言，"入盟已失去往日魔力"。但是对于西巴尔干国家入盟，欧盟保持了一种欢迎和开放的态度，并通过各种途径打消西巴尔干国家的疑虑。在2016年7月的第三届欧盟-西巴尔干峰会上，欧盟领导人向西巴尔干国家保证，英国

---

[1] 新华网：http://news.xinhuanet.com/2017-07/29/c_1121401017.htm，检索日期：2017年11月3日。

[2] 新华网：http://news.xinhuanet.com/globe/2017-06/21/c_136361684.htm，检索日期：2017年11月3日。

[3] 新华网：http://news.xinhuanet.com/world/2017-08/25/c_1121544971.htm，检索日期：2017年11月3日。

脱欧不会影响西巴尔干国家加入欧盟的谈判。2017年3月，欧盟委员会委员哈恩在西巴尔干地区峰会上表示，"欧盟的大门将永远向西巴尔干国家敞开，希望各国遵照欧盟标准，深化各项改革，争取早日成为欧盟成员国"①。在欧盟的积极推动下，西巴尔干国家在入盟问题上取得了一系列进展。2016年2月，波黑正式提交入盟申请，9月，欧盟决定接受波黑入盟申请，并于12月向波黑政府递交入盟问卷。2017年6月，波黑主席团轮值主席伊万尼奇在布鲁塞尔会见欧洲理事会主席图斯克就波黑和地区政局以及波黑入盟进程交换意见并敦促欧盟加大在波黑的存在，欧盟官员表示赞同。同月，伊万尼奇会见欧盟外交与安全事务高级代表莫盖里尼，就波黑和地区政局以及波黑入盟进程交换意见②。2015年12月的欧盟－塞尔维亚政府间会议上，欧盟决定开启塞尔维亚入盟第5章和第25章谈判。2016年7月，欧盟开启塞入盟第23章和第24章谈判。2017年2月，塞尔维亚开启入盟谈判第20章和第26章，第29章的谈判具备开启条件。如果进展顺利，塞尔维亚有望于2019年底前完成所有与入盟相关的改革③。同波黑和塞尔维亚一样，其他西巴尔干国家的入盟进程也比较顺利。对于加入欧盟，西巴尔干国家并非没有顾虑。在2017年的欧盟与西巴尔干国家峰会上，黑山就对建立共同关税区持反对态度，一些国家也对共同市场表示反对，认为这种做法有"再造南斯拉夫"之嫌。但是对这些国家来说，入盟进程不仅仅是一个外交战略，也代表了一种经济繁荣的社会体制和富有吸引力的政治模式。支持入盟的民众比例虽然在下降，但继续入盟进程的声音还是主流。在欧盟和其他欧盟成员国的积极推动下，西巴尔干国家的入盟进程必将继续前行，它们与欧盟的关系也会维持在相对良好的状态。

（二）对俄关系

克里米亚事件后，中东欧国家与欧盟保持一致立场，支持对俄实施经

---

① 联合早报：http://www.zaobao.com/news/world/story20170318-737335，检索日期：2017年11月3日。
② 中国驻波黑使馆经商参处：http://ba.mofcom.gov.cn/article/jmxw/201706/20170602598852.shtml，检索日期：2017年11月3日。
③ The Economist Intelligence Unit (EIU): http://country.eiu.com/serbia, last access on November 11th, 2017，检索日期：2017年11月3日。

济制裁和其他威慑手段。但是在过去的几年里，这些措施并没有收到预期的效果，乌克兰东部地区的武装冲突仍时有发生，中东欧国家面临的军事压力也在不断增大。随着欧盟内部矛盾的不断增多，一些中东欧国家在对俄制裁问题上有了新的看法。虽然多数国家的政治天平依然偏向欧盟一方，但中东欧国家在对俄关系上越来越难以保持一致，而呈现出更多的差异性。

波兰以及波罗的海三国与俄罗斯的关系长期下行，且时常出现紧张状态。在对俄制裁上，上述四国态度也是最为坚决的。在二战评价、边界勘定和三国境内的俄罗斯族公民权利等问题上，波罗的海三国与俄罗斯素有矛盾。乌克兰危机爆发后，双方的关系愈发紧张。波罗的海三国不仅加快了与北约的军事合作，也通过各种途径反对和声讨俄罗斯的军事行动。而俄罗斯方面则认为波罗的海三国正在鼓吹各种形式的俄罗斯威胁论，并以此举吸引北约、欧盟以及美国的关注，获取在政治、经济和军事方面的额外支持。过去的两年里，双方虽然没有发生大的冲突，但小摩擦不断。2016年10月，立陶宛发布了一本新的民防手册，其中的内容涉及在俄罗斯入侵该国时如何生存和反击，一部举报与此有关的颠覆活动的热线电话也正式设立，这一做法在两国之间引起了争议。2017年5月，爱沙尼亚政府驱逐了两名俄罗斯驻爱沙尼亚的外交官，引发了俄方的强烈不满。作为回应，俄方也驱逐了爱沙尼亚的两名外交官[1]。在对俄关系上，与波罗的海三国态度一致的是波兰。波俄关系的主要心结是历史问题。在三国瓜分波兰、波兰独立等问题上的不同看法既引发双方公开的争执，也导致两国隐性的心理排斥。2017年6月，波兰通过一项新法案，意欲拆除境内所有纪念苏联二战贡献的纪念碑。对此俄方反应强烈，并表示将对波兰采取降低贸易关系级别等一系列制裁措施。同时，波兰也拒绝俄罗斯参与索比布尔纪念馆（一座二战时的纳粹集中营）修缮及新建工程。俄方对波兰的这一决定也表示失望，认为波兰政府带有严重的恐俄心态，没有客观公正地面对历史[2]。在历史问题之外，波俄关系也多有不睦。2017年6月，波兰天然气系统

---

[1] 新华网：http://news.xinhuanet.com/photo/2017 - 05/27/c_ 1121046013.htm，检索日期：2017年11月3日。
[2] 环球网：http://mil.huanqiu.com/world/2017 - 08/11068027.html，检索日期：2017年11月3日。

公司以质量问题为由，暂停俄罗斯天然气的输入，引起了俄方的不满[①]。2017年10月，波兰政府宣布将在波罗的海海域修建一条新运河，以摆脱对俄罗斯航道的长期依赖。此前在这一海域，双方曾发生多次纠纷，俄方也吊销了许多波兰轮船使用俄航道的许可[②]。

在对俄制裁问题上，匈牙利的立场与波兰和波罗的海三国完全相反。匈牙利一直认为制裁本身是失败的。在政治上，它并未能促使有关各方落实明斯克协议；在经济上，匈牙利因为双方的相互制裁遭受了高达 65 亿美元潜在的利润损失。在 2017 年 2 月普京访问匈牙利前夕，匈牙利外交与对外经济部部长西亚尔托就表示，俄罗斯和欧盟之间关系的正常化符合匈牙利的利益，匈牙利愿成为欧盟与俄罗斯之间关系重置的支柱。在 2017 年 3 月访问立陶宛时，西亚尔托更是直言匈牙利不支持欧盟就乌克兰问题制裁俄罗斯，当前各方应就制裁影响展开对话[③]。过去两年间，匈牙利也与俄罗斯维持了密切的关系。普京访匈期间，双方在能源、经贸和核能等问题上达成多项共识。俄罗斯将参与匈牙利帕克什核电站的扩建，也同意在 2021 年前确保匈牙利获得稳定的天然气供应。2017 年 7 月，俄罗斯最大天然气企业俄天然气工业股份公司宣布与匈牙利方面签署了通过土耳其管道向匈供气协议，双方还确定了匈牙利天然气管道发展路线图和俄向匈长期供应天然气备忘录。捷克、斯洛伐克和罗马尼亚等国虽然没有公开与俄罗斯开展外交与经贸合作，但它们对制裁的看法也与匈牙利类似。在 2016 年 8 月访问罗马尼亚期间，斯洛伐克外长莱恰克表示，制裁并不是欧盟解决与俄罗斯紧张关系的最佳途径，呼吁加强同俄罗斯的对话。而罗马尼亚外长科默内斯库认为，目前取消对俄罗斯制裁的条件尚不成熟。但两国均表示遵守欧盟对俄罗斯的制裁决定[④]。

在西巴尔干地区，对俄关系的处理更为复杂。一方面，多数西巴尔干国家

[①] 环球网：http://world.huanqiu.com/hot/2017-06/10888346.html，检索日期：2017 年 11 月 3 日。

[②] 新华网：http://news.xinhuanet.com/world/2017-10/21/c_129723943.htm，检索日期：2017 年 11 月 3 日。

[③] 新华网：http://m.xinhuanet.com/2017-03/10/c_1120604174.htm，检索日期：2017 年 11 月 3 日。

[④] 新华网：http://news.xinhuanet.com/world/2016-08/31/c_1119486181.htm，检索日期：2017 年 11 月 3 日。

尚未加入欧盟，欧盟的治理模式和价值理念也尚未推广到社会生活的方方面面。作为在这一地区有着传统影响力的大国，俄罗斯与西巴尔干国家有着政治、经济、文化和宗教上的密切联系。另一方面，俄罗斯有意在这一地区扩大自身的软实力，通过有针对性地支持亲俄政党和政治家及面向斯拉夫-东正教群体的宣传，树立自身大国和地区保护国的良好形象。因此与俄罗斯的外交关系也与各国的国内政治进程交织在一起。在黑山，入约进程遭到了俄罗斯的强烈反对。俄罗斯不仅对黑山提出了严重的警告，更试图通过扶持黑山国内的亲俄反对派改变2016年的大选结果和2017年的入约议会表决。2016年大选前夜，黑山当局逮捕了20名可疑人员，并指控俄罗斯通过塞族民族主义者发动一场政变[1]。尽管俄罗斯政府否认了这一指控，但在这一事件过后，俄黑过去的良好关系不复存在。黑山总理久卡诺维奇不仅在多种场合重申黑山入约的决心，更对俄罗斯的干涉采取了制裁措施。而在波黑，塞族共和国总统多迪克一直试图实现波黑塞族共和国的独立并重新修订巴尔干各国的边界。这一要求一直遭到各方反对，甚至塞尔维亚政府也对其支持甚少。但是俄罗斯一直通过各种方式支持多迪克的行动。2015年，俄罗斯在联合国安理会中动用否决权，使得斯雷布雷尼察大屠杀没有被划为种族灭绝[2]。2016年，俄罗斯在延长欧盟驻波黑维和部队的决议中弃权，并要求召回驻波黑高级代表。俄方的行动使得多迪克深受鼓舞，波黑塞族共和国也因此与俄罗斯建立了密切的关系，成为其在西巴尔干地区扩大影响力的有力途径。

（三）对美关系

自冷战结束以来，中东欧国家就视美国为欧洲之外最重要的伙伴。在伊拉克战争等问题上，许多中东欧国家对美国的支持度也要超过西欧国家。随着乌克

---

[1] "Montenegrin prosecutor says Russian nationalists behind alleged coup plot": https://www.theguardian.com/world/2016/nov/06/montenegro-prosecutor-milivoje-katnic-russian-nationalists-behind-alleged-coup-plot, last access on November 20th, 2017，检索日期：2017年11月3日。

[2] "Russia threatens veto on UN vote calling Srebrenica a crime of genocide": https://www.theguardian.com/world/2015/jul/08/russia-threatens-veto-on-un-vote-calling-srebrenica-a-of-genocide, last access on November 18th, 2017，检索日期：2017年11月3日。

兰危机的爆发，中东欧国家对于地区局势的认识出现了变化，也在军事和安全上更加倚重北约。作为北约的支柱，美国与中东欧国家的关系也进一步升温。

2017年7月，美国总统特朗普在G20领导人峰会前访问波兰。将峰会之行的首站选在波兰而非德国、法国等西欧国家，显示了美国与中东欧国家特别是波兰的友好关系。在1944年华沙起义纪念铜像前发表演讲时，特朗普高度赞扬了波兰民族在历史上的反抗精神，以及波兰精神在今天跨大西洋关系及捍卫"西方文明"中不可忽视的作用[1]。访波期间，特朗普与波兰政府达成了多项协议。波兰政府确认将从美方购买"爱国者"导弹防御系统，并计划在2017年底与美方签署合同。而美方也表示愿意启动与波兰和其他中东欧国家的天然气合作协议，以帮助这一地区摆脱对俄罗斯的能源依赖。特朗普的一系列行动打消了中东欧国家的疑虑。此前，这些国家一度担心特朗普上台后会缓和美俄关系，进而影响中东欧地区的战略态势，中东欧的政治家甚至致函美国总统，呼吁不要因为"重启"美俄关系而忽略了中东欧国家的安全利益。但现在，这样的担心被证明是多余的。中东欧国家与美国的关系并未因特朗普上台而受到影响，反而朝着更加密切的方向发展。2017年2月，立陶宛议会启动特别应急程序批准了立陶宛与美国的防务合作协议，对部署在立陶宛的美军地位进行了明确界定，也为双方下一步的军事合作打下了基础[2]。2017年6月，第一艘满载美国液化天然气的船只在波兰靠岸，宣告美国天然气进入东欧市场。2017年7月，爱沙尼亚、拉脱维亚和立陶宛三国总统与美国副总统彭斯举行会晤，就跨大西洋关系和网络安全等问题进行了商讨[3]。爱沙尼亚更是明确表示，爱沙尼亚任欧盟轮值主席国期间，愿加强欧盟与美国在反恐和安全领域的合作，推动跨大西洋贸易发展。

在巴尔干地区，美国正通过北约保持其存在，以军事合作带动与巴尔干国家的关系发展。过去的几年里，美国一直试图改变塞尔维亚的军事中立和在俄美欧之间游移的外交立场。2016年8月，美国时任副总统拜登访问塞尔维亚，

---

[1] 朱晓中：《波兰：在三组关系中塑造国家形象》，《世界知识》2017年第16期，第44页。
[2] 人民网：http://world.people.com.cn/n1/2017/0216/c1002-29084687.html，检索日期：2017年11月3日。
[3] 人民网：http://world.people.com.cn/n1/2017/0802/c1002-29444297.html，检索日期：2017年11月3日。

明确表示支持塞尔维亚的入盟愿景,以及与科索沃关系的正常化[①]。在科索沃,美国也在努力维持其军事存在,并承诺给予其经济援助。对于克罗地亚、阿尔巴尼亚等关键性盟友,美国更是极力提供帮助,包括赠送武器装备、建设军事基地和经贸合作等。因此除塞尔维亚和马其顿外,多数巴尔干国家也与美国保持着密切的关系。2016 年,阿尔巴尼亚仿照美国联邦调查局组建了国家调查局,建立了北约反恐中心,并应美国要求接受了原美军驻伊拉克营地的近 3000 名伊朗"异见分子"。而为了呼应美国改革北约的要求,阿尔巴尼亚从 2017 年起将积极参与集体防务,不仅派出兵力参加北约东翼快速反应部队,也开始参加北约在海上,特别是爱琴海上的军事行动[②]。即便是因科索沃战争而与美国关系冷淡的塞尔维亚,在过去两年里也与美国接触频繁。2016 年 2 月,塞尔维亚政府与北约保障供给局签署协议,塞尔维亚议会也批准了有关授予北约代表外交豁免权以及在塞尔维亚境内提供后勤支持的文件。同月,贝尔格莱德至纽约的航线正式开通,这是 24 年来两国间的首条直航航线。2016 年 7 月,塞尔维亚首次同意以"人道主义原因"接收两名来自美国关塔那摩的囚犯[③]。但是在美俄之间,塞尔维亚仍然保持一种相对中立的立场。从 2015 年起,塞尔维亚开始在单个伙伴关系行动计划的框架内与北约展开合作。同时,塞尔维亚还与俄罗斯保持着战略伙伴关系,且是俄罗斯领导的集体安全条约组织的观察员。在 2017 年的总统选举中,武契奇一方面认可北约和美国在地区安全体系内的作用,表现出亲西方的姿态,一方面表示要进一步加强与集体安全条约组织之间的关系,拉拢俄罗斯。在塞尔维亚国内,70% 的民众也认为入约和入盟对他们的国家有害,55% 的人赞成塞尔维亚与俄罗斯保持密切关系[④]。因此塞尔维亚会在美俄之间出现一定的摇摆,也倾向于采用一种跷跷板的外交政策,这是塞尔维亚有别于其他巴尔干国家的一个鲜明特点。

[①] 新华网:http://news.xinhuanet.com/world/2016-08/19/c_129239704.htm,检索日期:2017 年 11 月 3 日。
[②] 王洪起:《美国如何维持在巴尔干地区的影响力》,《世界知识》2017 年第 7 期,第 53~54 页。
[③] 王洪起:《美国如何维持在巴尔干地区的影响力》,《世界知识》2017 年第 7 期,第 53~54 页。
[④] 新华网:http://news.xinhuanet.com/world/2015-01/04/c_127357208.htm,检索日期:2017 年 11 月 3 日。

B.5
近年来中国—中东欧国家合作概况

霍玉珍*

摘　要： 2017年系"16+1合作"机制创建五周年，5年来，其合作领域、规模不断拓宽，质量、水平持续提升，随着"一带一路"倡议在中东欧地区落地生根，各国合作愿望更加迫切，发展势头更加强劲，给17国人民带来实惠。

关键词： 中国—中东欧国家合作　机构建设　领域平台　重要活动　五年成果

一　中国 — 中东欧国家合作缘起与概要

1. 源起

2012年4月，首次中国–中东欧国家领导人会晤及第二届中国–中东欧国家经贸论坛在华沙成功举行，拉开了中国–中东欧国家合作（以下简称"16+1合作"）的序幕。"16+1合作"于此时开启，具有特定的历史和国际背景。

首先，中国与中东欧国家长期保持传统友好关系。中东欧国家是最早承认中华人民共和国的一批国家，历史上双方一贯相互支持帮助，经受住了国际风云变幻的考验。东欧剧变后，这一地区国家与中国交往逐步扩大，合作领域、

---

* 霍玉珍，外交部中国–中东欧合作事务特别代表，中国前驻捷克、罗马尼亚大使，北京外国语大学名誉教授。

规模、水平持续提升,这为"16+1合作"奠定了坚实基础。其次,开启中国与中东欧国家合作符合双方的根本利益和发展需要。近30年来,中东欧国家纷纷"回归欧洲",开始政治改制、经济转轨、社会转型,全面实行私有化。特别是在遭受金融和欧债危机冲击后,其经济下滑,社会保障下降,且基础设施建设亟待升级改造。而中国改革开放的不断深入,发展进入提质增效阶段;中东欧国家的人员素质、合作需求、劳动成本优势与中国的资金、技术、装备优势相互叠加,为合作带来强劲动力与潜力。最后,国际形势深刻而复杂的变化要求中国与中东欧国家共同努力,开展务实互利合作。随着全球化的不断深入,国与国之间的交往联系更加紧密,利益休戚相关。实践反复证明,各国只有携手同行,才能共迎挑战、共克时艰、共谋发展。

2. 概要

中东欧16国普遍重视中国不断上升的经济实力和国际影响力,希冀在新世纪新形势下深化双边关系,强化中国-中东欧国家合作,以提振本国经济社会发展。"16+1合作"作为中欧关系的重要组成部分和有益补充,为中国同中东欧国家的传统友谊注入了新活力,为双方的互利共赢合作搭建了新平台,为中欧全面战略伙伴关系全面、均衡发展打造了新引擎。

(1) 中国与中东欧国家高层交往增多

2016年,中国国家主席习近平分别出访捷克、波兰和塞尔维亚三国,中国全国人大常委会委员长张德江、国务院副总理张高丽、刘延东先后访问匈牙利、波兰、爱沙尼亚、拉脱维亚、立陶宛等国。2017年,塞尔维亚总统、匈牙利总理成功访华,捷克、波兰、塞尔维亚领导人及16国多位部长来华出席"一带一路"国际合作高峰论坛。中东欧国家均与中国签署了"一带一路"合作文件,实现了16国全覆盖。17国外交、经济、文化、教育、农业、能源、旅游、交通、科技等领域数十位部长、副部长实现互访,拓宽了双方合作领域,提升了合作水平,增进了相互了解和信任。

(2) 中国与中东欧国家务实合作有序推进

据中国海关数据,2016年中国同中东欧16国贸易额为587亿美元,同比增长4.3%,其中进口149亿美元,增长5.9%;出口437亿美元,增长3.7%。2017年1~7月,中国同中东欧16国贸易额为369.1亿美元,同比增长13.9%;进口100.6亿美元,同比增长21%;出口268.5亿美元,同比增长

11.5%。据不完全统计，目前，中国对中东欧16国的投资额已逾90亿美元，16国对华投资超过14亿美元。双方在交通、能源、环保、基础设施建设等领域的合作项目成果显著，已竣工和在建项目近20个，其中匈塞铁路为旗舰项目。

（3）中国与中东欧国家人文领域交流日益热络

五年来，双方已开通直航航线7条；中国与10个中东欧国家签署双边教育合作协议，与8个中东欧国家签署互认高等教育学历学位协议，在16国设立29所孔子学院和34个孔子课堂。双方留学生总数已达万人；"16+1"文化合作部长论坛迄今已举办两届，"欢乐春节"活动在中东欧国家实现全覆盖。中国-中东欧国家文化季、文化创意产业论坛、舞蹈夏令营等活动成功举行；中国-中东欧国家高级别研讨会、"16+1"政党对话会与青年政治家论坛、中东欧国家记者访华团等交流活动成为促进17国民心相通的重要举措；中东欧16国均获批成为中国公民旅游目的国，中国驻布达佩斯旅游办事处成立，塞尔维亚、波黑分别对中国普通护照实行免签待遇；中国在中东欧地区建立5个中医中心、三所文化中心和60对友城关系。"16+1合作"得民心、接地气，进一步增强了中国与中东欧国家人民之间的了解与友谊。

二 中国-中东欧国家合作机制

1. 机构建设

中国-中东欧国家合作秘书处，作为中国政府推进合作的协调机构于2012年9月在北京成立。外交部主管部领导担任秘书处秘书长，秘书处办公室设在外交部欧洲司。国家发改委、商务部、文化部、教育部、农业部等24家中央部委和有关机构为秘书处中方成员单位。"16+1合作"开启五年来，机制不断成熟、完善，并取得积极进展。2013年至今，中国-中东欧领导人共举办6次领导人会晤，此为中国-中东欧合作机制的最高层级会议。中东欧16国分别任命了国家协调员负责与中方秘书处协调对接。"16+1合作"国家协调员每年举行两次会议，截至2017年底共举行10次会议。2015年4月，设立"中国外交部中国-中东欧国家合作事务特别代表"。第四次中国-中东欧国家领导人苏州会晤确定建立中方秘书处及其成员单位与中东欧国家驻华使馆交流通报机制。

2. 重大活动

（1）领导人会晤

首次中国－中东欧国家领导人会晤于2012年4月26日在波兰首都华沙举行。时任中国国务院总理温家宝率团出席，并在会晤期间提出关于促进中国与中东欧国家友好合作的12项举措和推进合作的四项原则建议，宣布中方向中东欧国家提供100亿美元专项贷款，得到中东欧16国领导人的高度赞赏，各方一致表示，今后愿继续开展此类形式合作。作为会晤成果，与会领导人共同发表华沙会晤新闻公报。

第二次中国－中东欧国家领导人会晤于2013年11月26日在罗马尼亚首都布加勒斯特举行。中国国务院总理李克强提出加强中国－中东欧国家合作的框架建议，重点为"三大原则"，即相互尊重，平等相待；互利共赢，共同发展；中欧合作，相向而行；"六大领域"：即做大做实经贸合作，加快推进互联互通，大力加强绿色合作，积极拓展融资渠道，深挖地方合作潜力以及丰富人文交流。会晤期间，李克强总理与中东欧16国领导人共同发表《中国－中东欧国家合作布加勒斯特纲要》，涉及多个领域、38个合作项目。根据纲要，中国－中东欧国家领导人每年举行会晤，梳理合作成果，规划合作方向。李克强总理分别与16国领导人举行双边会见，17国领导人还共同参观了由中方举办的铁路等基础设施及装备制造展。

第三次中国－中东欧国家领导人会晤于2014年12月16日在塞尔维亚首都贝尔格莱德举行。中国国务院总理李克强提出"五个新"倡议，即打造中国与中东欧合作新亮点，构建互联互通新走廊，拓展产业合作新空间，搭建投融资协助新框架和扩大人文交流新领域。17国领导人共同发表《中国－中东欧国家合作贝尔格莱德纲要》，主要包括49项合作举措。李克强总理分别会见16国领导人，并与塞尔维亚总理武契奇、匈牙利总理欧尔班和马其顿总理格鲁埃夫斯基举行集体会见，一致同意共同打造中欧陆海快线。

第四次中国－中东欧国家领导人会晤于2015年11月24日在中国苏州举行，会晤主题为"新起点新领域新愿景"。中国国务院总理李克强在会晤期间提出"一个目标、六大重点"的合作框架。一个目标即制定未来五年合作规划，六大重点包括落实合作推进路线图，助力"一带一路"倡议与中东欧国家发展战略，开展基础设施建设合作，打造产能合作新样板，不断创新投融资合作方式，促进贸易投资双增长和扩大人文交流的广度深度。李克强总理同16国领导人分别举行双边会见，与塞尔维亚总理武契奇、匈牙利总理欧尔班见证匈塞铁路合作文件的签署，并邀请16国领导人共同乘坐苏州至上海的高铁，强调"16＋1合作"大于17。中国国家主席习近平在北京与16国领导人举行集体会见，并同波兰总统杜达、塞尔维亚总理武契奇、捷克总理索博特卡、保加利亚总理博里索夫、斯洛伐克副总理瓦日尼共同见证签署"一带一路"建设谅解备忘录。

第五次中国－中东欧国家领导人会晤于2016年11月5日在拉脱维亚首都里加举行。与会领导人围绕"互联、创新、相融、共济"的会晤主题深入交换看法。中国国务院总理李克强就"16＋1合作"提出四大倡议，一是深化基础设施和互联互通合作；二是发挥好金融合作的支撑作用；三是开拓绿色经济合作新空间；四是进一步密切人文领域交流合作。李克强总理与中东欧16国领导人共同发表《中国－中东欧国家合作里加纲要》，包含64项合作举措。17国领导人还发表了关于开展三海港区基础设施、装备合作的里加声明。李克强总理同16国领导人分别举行会见。各国领导人共同见证了中国与16国签署关于互联互通、产能合作、基础设施建设、人文、人力资源、民航合作等多个领域的合作协议。李克强总理集体会见中东欧国家老中青三代汉学家。

第六次中国－中东欧国家领导人会晤于2017年11月27日在匈牙利首都布达佩斯举行，会晤主题为"深化经贸金融合作，促进互利共赢发展"。李克强总理系统总结了"16＋1合作"五年发展成就，提出了下一阶段开展合作的指导原则，就"16＋1合作"未来发展提出"做大经贸规模、做好互联互通、做强创新合作、做实金融支撑、做深人文交流"五点具体建议，强调"16＋1合作"不是16对双边关系的简单相加，而是能够产生16＋1大于17的效果。会晤期间各国领导人共同见证有关"一带一路"、互联互通、产能合作、基础设施建设、金融、质检、人文等多个领域40个合作文件的签署并发表了《中国－中东欧国家合作布达佩斯纲要》、中国－中东欧国家合作5年成果清单、布达佩斯会晤成果清单等文件。此次会晤恰逢"16＋1合作"启动5周年，对深化中国－中东欧国家合作、促进中欧全面战略伙伴关系全面均衡发展具有重要意义。

(2)"16+1"国家协调员会议

中国－中东欧国家协调员会议每年举行两次，分别在北京和举办领导人会晤的东道国举行。会议宗旨系协调、跟进、落实《中国－中东欧国家合作中期规划》（自 2016 年以来）及年度纲要中所涉及的合作项目；筹备一年一度的"16+1"领导人会晤。截至 2017 年底，此类会议已举办 10 次，其中中国北京 4 次，中国海南 1 次，罗马尼亚布加勒斯特、塞尔维亚贝尔格莱德、波兰华沙、拉脱维亚里加和匈牙利布达佩斯各举行 1 次。

(3) 地方领导人会议

首次中国－中东欧国家地方领导人会议于 2013 年 7 月在中国重庆举行。马其顿总理格鲁埃夫斯基、罗马尼亚总理蓬塔及中外方近 70 个地方省、州、市代表团、600 多家企业代表近千人与会。17 国地方领导人联合发起旨在促进地方合作的"重庆倡议"，共签署 25 项合作协议。

第二次中国－中东欧国家地方领导人会议于 2014 年 8 月在捷克首都布拉格举行。中国国务院总理李克强向会议致函祝贺。国务院副总理张高丽、捷克总统泽曼、总理索博特卡、众议长哈马切克以及 15 个中国省市区、12 个捷克州和其他中东欧 15 国数十个地方省州市代表 1300 余人与会。中国－中东欧国家合作秘书处同捷克内务部签署《关于推动建立中国－中东欧国家地方省州长联合会的谅解备忘录》，并正式组建联合会，与会 40 余个省州区市签署入会意向书。会议宣布 2016 年第三次地方领导人会议在中国河北举行。中国和中东欧国家地方政府和企业共达成 69 项合作协议和意向，其中，河北、浙江、福建三省涉及金额约 117 亿元人民币，包括合同金额 32 亿多元人民币。

第三次中国－中东欧国家地方领导人会议于 2016 年 6 月在中国河北唐山举行。中国国务院副总理马凯、捷克总理索博特卡、黑山副总理伊瓦诺维奇，以及中国 14 个省区市、中东欧 16 国 58 个省州市代表 1300 人与会。会议期间同步举行了中国－中东欧国家地方省州长联合会第二次工作会议，并发表成果文件《中国－中东欧国家地方省州长联合会章程》和《唐山共识》，梳理、总结了中国－中东欧国家地方合作取得的成果，并对下阶段合作领域及工作重点进行了设计规划。

第四次中国-中东欧国家地方领导人会将于2018年在保加利亚普罗夫迪夫举行。自"16+1"合作机制创建以来,"16+1"省州长联合会工作会议每年分别在中国和举办地方领导人会议的举办国举行。迄今已举办三次。

3. 领域合作平台

为促进"16+1"合作均衡、务实、全面发展,17国共同商定组建由各国牵头的合作促进机构,以充分调动各国的积极性和参与度,并发挥各国的优势和作用。

(1) 中国-中东欧国家地方省州长联合会

中国-中东欧国家地方领导人会议、中国-中东欧国家地方省州长联合会和中国-中东欧国家首都市长论坛系"16+1合作"的重要组成部分及地方合作的主要平台,为17国地方和企业间的直接交流合作发挥了积极作用。"16+1"省州长联合会于2014年8月在第二次"16+1"地方领导人布拉格会议期间成立并落户捷克,迄今省州长联合会已分别在中国廊坊、中国唐山及保加利亚普罗夫迪夫举行过三次工作会议。

(2) 中国-中东欧国家联合商会

中国-中东欧国家联合商会由波兰牵头组建,负责促进17国贸易投资合作。执行机构设在波兰华沙。中国-中东欧国家投资促进联系机制于2014年9月第十八届中国厦门国际投资贸易洽谈会期间成立。中国-中东欧国家经贸促进部长级会议每两年举行一次,迄今已举行两次会议,第三次会议将于2018年在中国举行。

(3) 中国-中东欧国家农业合作促进联合会

2015年6月,"16+1"农业部长经贸合作论坛及农业博览会在保加利亚首都索非亚举行。期间,中国-中东欧国家农业合作促进联合会正式成立。2016年10月,中国-中东欧国家农业部长经贸合作论坛在中国云南昆明举行,17国部长及代表共同发表了《中国-中东欧国家农业部长会议昆明共同宣言》。2017年8月在斯洛文尼亚布尔多举行新一届中国-中东欧国家农业部长经贸合作论坛,17国部长及代表围绕加强"16+1合作",应对农产品贸易挑战,促进减贫和可持续发展为题进行充分研讨,提出了合作的具体举措。会议通过了《中国-中东欧国家农业部长会议布尔多共同宣言》,决定下届会议在立陶宛举行。

(4) 中国－中东欧国家旅游合作协调中心

目前,"16+1合作"框架下设有中国－中东欧国家旅游合作高级别会议及旅游合作协调中心两个平台。协调中心由匈牙利牵头组建。2014年5月,首届中国－中东欧国家旅游合作首次高级别会议在匈牙利首都布达佩斯举行,17国代表共同签署了《中国－中东欧国家旅游合作首次高级别会议纪要》,中国－中东欧国家旅游促进机构和旅游企业联合会协调中心揭牌成立。2016年3月,中国驻布达佩斯旅游办事处正式成立。2015年9月,第二届中国－中东欧国家旅游合作高级别会议在斯洛文尼亚布莱德市举行,中国与中东欧16国共同签署了《中国与中东欧国家旅游合作积极参与"一带一路"倡议意向书》。第三届中国－中东欧国家旅游合作高级别会议于2017年11月在波黑举行。

(5) 中国－中东欧国家虚拟技术转移中心

2015年9月,第二届中国－中东欧国家创新技术合作和国际技术转移研讨会在斯洛伐克首都布拉迪斯拉发召开。双方共同发表了推动中国与中东欧国家技术转移领域合作的宣言。该中心秘书处落户斯洛伐克,由斯科技信息中心及中国科学技术部行使职能。2016年11月,首届"中国－中东欧国家创新合作大会"在南京开幕。此次大会以"'一带一路'开放创新、'互联互通'长效合作"为主题,汇聚了中国和中东欧国家众多的科技主管官员与创新机构代表,搭建了一个开放互动的交流平台,为"一带一路"建设在中东欧地区落地发挥了良好的作用。17国共同发表了《中国－中东欧国家创新合作南京宣言》,确定了未来科技领域合作的六大目标,并为"中国－中东欧国家虚拟技术转移中心"揭牌。由中国科技部和斯洛伐克教育科学研究与体育部共同主办的第二届中国－中东欧国家创新合作大会于2017年11月27日在斯洛伐克首都布拉迪斯拉发举行,来自17国的180余位代表出席了会议。会议期间启动了中国－中东欧虚拟技术转移中心网站发布仪式。江苏省对外科学技术交流中心是中国唯一的中文镜像站点,依托"一带一路"创新合作与技术转移联盟的优势,强化中东欧16国科技创新资源的线上对接,集成各国各类创新资源,大力开展对接交流与深度合作。

(6) 中国－中东欧物流合作联合会

2016年5月,首届中国－中东欧国家交通部长会议在拉脱维亚首都里加

举行。会议一致通过了主题为"深化物流合作"的《里加交通物流合作纲要》,宣布成立中国-中东欧物流合作联合会,并在拉脱维亚交通部设立秘书处。第二届中国-中东欧国家交通部长会议于2017年11月在波兰举行。

(7) 中国-中东欧文化合作协调中心

2013年5月,首届中国-中东欧国家文化合作部长论坛在北京举行。论坛主题为"深化务实合作,共创美好明天"。17国部长及代表通过了《中国-中东欧国家文化合作行动纲领》。2015年11月,第二届中国-中东欧国家文化合作论坛在保加利亚首都索非亚举行。17国代表围绕"当前文化遗产管理面临的挑战和文物交流的前景""如何为开拓文化创意产业的国际市场提供必要条件"以及"如何促进艺术家人才流动以及当代艺术作品的交流"三大主题展开热烈讨论。会议通过了《中国-中东欧国家2016~2017年文化合作索非亚宣言》。2017年9月,第三届中国-中东欧国家文化合作部长论坛在杭州举行。论坛期间通过了《中国-中东欧国家文化合作杭州宣言》以及《中国-中东欧国家2018~2019年文化合作计划》。17国部长及代表共同签署了《中华人民共和国文化部和中东欧国家文化主管部门关于在马其顿共和国设立中国-中东欧国家文化合作协调中心的谅解备忘录》。论坛期间,还成立了"中国-中东欧国家音乐院校联盟"和"中国-中东欧国家艺术创作与研究中心",并举行"中国-中东欧国家图书馆联盟倡议书"发布会。目前,在"16+1合作"框架下,文化领域已形成以下重要品牌:中国-中东欧国家艺术合作论坛、中国-中东欧国家文化创意产业论坛、中国-中东欧国家文学论坛、中国-中东欧国家非物质文化遗产保护专家级论坛、中国-中东欧国家文化遗产论坛、中国-中东欧国家舞蹈夏令营和舞蹈冬令营、中国-中东欧国家音乐夏令营等。

(8) 中国-中东欧国家林业合作协调机制

2016年5月,第一次中国-中东欧国家林业合作高级别会议在斯洛文尼亚召开。会议讨论并通过了《中国-中东欧国家林业合作协调机制行动计划》,至此,"16+1"林业合作协调机制正式启动。根据上述计划,还设立了中国与中东欧林业协调机制联络小组。2017年2月协调机制联络小组在斯洛文尼亚首都卢布尔雅那举行第一次会议,17国代表讨论了"16+1"林业倡议未来工作重点,并通过了《联络小组章程》及《2017~2018年中国与中东欧国家林业合作协调机制两年期行动计划》。

(9) 中国-中东欧国家智库交流与合作网络

2015年12月"第三届中国-中东欧国家高级别智库研讨会暨'中国-中东欧国家智库交流与合作网络'揭牌仪式"在北京举行。研讨会围绕"以苏州会晤为新起点：智库交流为'16+1合作'提供支撑"的主题展开深入交流。该网络中方秘书处设在中国社会科学院欧洲所。第四届中国-中东欧国家高级别智库研讨会于2017年12月8日在北京举行，来自中国及中东欧16国的知名智库负责人、专家学者等近300人参加了开幕式。此次研讨会的主题为"中国-中东欧国家合作未来五年展望"。与会代表表示，研讨会旨在发挥智库的专业研究能力及多维度影响力，促进中国与中东欧各国的政策沟通、民心相通。代表们一致认为，"16+1合作"过去5年成果丰硕，契合中国和中东欧各自发展需求，具有较强的发展动力。未来5年，双方在经贸、投资、人文交流等领域的交流合作仍有巨大发展潜力。

(10) 教育政策对话会

目前，在"16+1合作"框架下设有中国-中东欧国家教育政策对话和高校联合会两个平台。教育政策对话迄今已举行5次会议，高校联合会已举行四次会议。2013年6月，首届中国-中东欧国家教育政策对话会在中国重庆举行，会议通过了《中国-中东欧国家教育政策对话重庆共识》。2014年9月，中国-中东欧高校联合会启动仪式在中国天津举行。上述合作平台每年轮流在17国举行。2016年中国-中东欧国家教育政策对话会在北京举行，会议以"人文架桥，教育筑梦"为主题，围绕学分互认与学生均衡流动、语言教学合作和区域国别研究、青年创业创新教育、特色学科与特色学科人才培养以及学校体育交流合作五大议题开展对话交流，深入分析研究"16+1合作"框架下，今后一个时期中国与中东欧16国教育领域的务实合作。2017年9月，第五届中国-中东国家教育政策对话会在塞尔维亚北部城市诺维萨德市举行。会议共设三大议题：高校间深度合作，支撑"一带一路"建设应用技术型人才联合培养与创新；联合会框架下高校在课程设计、科研、语言教学、文化交流等方面的合作；人员流动、资源与整合。

(11) 中国-中东欧国家卫生合作促进联合会

首届中国-中东欧国家卫生部长论坛于2015年6月在捷克首都布拉格举

行。17国卫生部长及代表一致通过了《中国-中东欧国家卫生合作与发展布拉格宣言》，签署了多个双边合作协议并为中东欧地区首家中医中心——中捷中医中心揭牌。论坛期间，中方举办了中国卫生成就展、中国传统医药展示和中国医药行业展。2016年6月，第二届中国-中东欧国家卫生部长论坛在中国苏州举行，大会主题为"深化卫生务实合作，促进健康可持续发展"。会议期间正式设立中国-中东欧国家卫生合作促进联合会及中国与中东欧国家医院合作联盟、中国与中东欧国家公共卫生机制，并发表《苏州联合公报》。论坛期间，中方举办了中国卫生成就展、医院风采展、传统医药展和中国-中东欧国家卫生合作成果展。中国还与匈牙利、立陶宛、捷克等签署多项双边合作协议。2017年6月，第三届中国-中东欧国家卫生部长论坛在布达佩斯举行。17国部长及代表以"促进全民健康"为主题进行充分交流，并发表了《第三届中国-中东欧国家卫生部长论坛布达佩斯宣言》。会议期间启动了公共卫生合作网络、卫生政策研究网络和卫生人才合作网络以及"16+1"医院合作联盟官网，签署了多项卫生合作协议并举办中国-中东欧国家卫生合作成果展和中国卫生成就展。"16+1"卫生合作促进联合会每年在17国轮流举行。

（12）中国-中东欧国家交通基础设施合作联合会

中国-中东欧国家交通基础设施合作联合会由塞尔维亚牵头组建。

（13）中国-中东欧国家能源项目对话合作中心

2017年11月8日，中国-中东欧国家能源博览会暨论坛在罗马尼亚首都布加勒斯特举行，与会代表就中国-中东欧加强能源合作，共同构建现代、高效、可持续的全球能源架构等议题展开讨论，并通过了《中国-中东欧能源合作联合研究部长声明》和《中国-中东欧能源合作白皮书》。会议期间正式成立了"16+1"能源项目对话合作中心。

（14）其他领域合作机制

分别由中东欧16国牵头组建的中国-中东欧中小企业联合会、中国-中东欧电商联合会、中国-中东欧青年协会、中国-中东欧环保合作机制等正在积极筹备当中。

4. 主题年活动

（1）中国-中东欧国家合作投资经贸促进年

第二届中国-中东欧国家合作布加勒斯特纲要确定，2014年为"中国-

中东欧国家合作投资经贸促进年"。本年度内，17国分别举行了中国-中东欧国家经贸促进部长级会议、中东欧国家特色商品展、中国-中东欧国家投资促进研讨会、中国投资论坛等活动。同年，双方还举行了中国-中东欧国家创新技术合作及国际技术转移研讨会、中国-中东欧国家旅游促进机构和旅游企业联合会成立大会、里加高级别交通物流会议、中匈塞交通基础设施合作联合工作组第1次会议、第二届中国-中东欧国家高级别智库研讨会、第二次中国-中东欧国家教育政策对话会、中国-中东欧国家农业经贸合作论坛等活动。中东欧国家50名记者首次成功访华。

（2）中国-中东欧国家旅游合作促进年

2015年为中国-中东欧国家旅游合作促进年，在此框架下，双方举行中国-中东欧国家旅游合作促进年启动仪式、第二次中国-中东欧国家旅游合作高级别会议等活动。17国分别举行中国、匈牙利、塞尔维亚、马其顿海关通关便利化合作框架协议第一次工作会议、中国-中东欧国家联合商会第一次会议、高级别欧亚交通物流会议暨第三届亚欧交通部长会议、中亚、黑海及巴尔干地区央行行长会议组织第33届行长会、中国-中东欧国家地方省州长联合会第一次工作会议、首届中国-中东欧国家投资贸易博览会、"16+1"农业部长会议、首届中国-中东欧国家卫生部长论坛、第十届中国-中东欧国家农业经贸合作论坛、首届中国-中东欧国家农业部长会议、第三届中国-中东欧国家教育政策对话、中国-中东欧国家高校联合会第二次会议、第二届中国-中东欧国家创新合作及国际技术转移研讨会、第二届中国-中东欧国家青年政治家论坛、第二届中国-中东欧国家文化合作论坛、第三届中国-中东欧国家高级别智库研讨会等活动。首届中东欧高级别官员代表团和中东欧联合记者团成功访华。

（3）中国-中东欧国家人文交流年

2016年为中国-中东欧国家人文交流年。全年，17国共举办中国-中东欧国家艺术合作论坛、首届中国-中东欧国家文学论坛、中东欧16国联合记者团访华、中东欧16国知名画家写生团、首届中国-中东欧国家文化产业论坛、中国-中东欧国家合唱夏令营、第四届中国-中东欧国家教育政策对话和中国-中东欧国家国际高校联合会第三次会议、中东欧国家国际戏剧节艺术总监访华团、中国-中东欧国家非物质文化遗产保护专家级论坛、中国-中东欧

国家创新合作大会、中国-中东欧国家旅游合作高级别会议等多项活动。同年，双方还分别举行了中国-中东欧国家合作经贸论坛、中国-中东欧国家最高法院院长会议、首届中国-中东欧国家交通部长会议、中国-中东欧国家高级别林业合作会议、中国-中东欧国家林业经贸合作论坛、第二次中国-中东欧国家经贸促进部长级会议和中国-中东欧国家投资促进机构联系机制第三次会议、中国-中东欧国家投资贸易博览会、第二届中国-中东欧国家卫生部长论坛、第二届中国-中东欧国家舞蹈夏令营、中东欧国家高级别官员访华团、首届中国-中东欧国家首都市长论坛、中国-中东欧国家高级别智库研讨会、第十一届中国-中东欧国家农业经贸论坛、中国-中东欧国家农业合作促进联合会第三次会议。

（4）中国-中东欧国家媒体年

根据2016年中国-中东欧国家合作里加纲要，2017年为中国-中东欧国家媒体年，旨在搭建"16+1"国家民心相通桥梁，深化17国间的了解与友谊。中国-中东欧国家媒体年暨中东欧主题影展开幕式于2017年2月在北京举行。首次中国-中东欧国家新闻发言人对话会于2017年7月在北京举行。来自中国和中东欧国家的20余位新闻发言人，以"'一带一路'与全球化沟通"为主题进行深入交流。与会者认为，在当今互联网时代，应充分发挥新媒体力量，在沟通交流中不断拉近包括17国在内的不同国家民众间的"心理距离"，努力为本国社会经济发展增加正能量。本年度内，17国媒体重点围绕政策交流、新闻报道、合作制作、出版发行、互译互播、新兴媒体等领域开展深入交流合作。其中，"中东欧主题影展"通过中国电影资料馆、电影艺术院校联盟、电视电影频道等渠道向广大中国观众集中展映了一批中东欧国家当代经典影片；由中国江苏与捷克影视和电影公司合拍的电视连续剧《最后一张签证》分别在江苏卫视和北京卫视开播；中国云南媒体代表团就云南省贯彻"一带一路"倡议并吸引中东欧国家投资等问题到捷克采访；捷克总统泽曼接受了安徽卫视记者的采访。

三 中国-中东欧国家合作进展

中国-中东欧国家合作机制从无到有，由小到大，一路前行，已形成全方位、多领域、深层次格局。5年来，在17国的共同努力下，特别是随着"一带一路"倡议逐步在中东欧地区落地生根，"16+1合作"理念更加深入人心，发展势头更加强劲，现已步入成熟期和收获期。

1. 高层交往频繁

中国-中东欧国家领导人会晤迄今已举行六次，共发表《中国-中东欧合作联合公报》、中国-中东欧国家合作布加勒斯特、贝尔格莱德、苏州、里加、布达佩斯五部纲要和中国-中东欧合作中期规划及各领域合作宣言、共识等近30项指导性文件，提出200多项具体合作举措，现基本得以落实。中国与16国整体关系水平明显提高。2015年，塞尔维亚总统尼科利奇、捷克总统泽曼、波黑主席团轮值主席乔维奇、波兰众议长布翁斯卡来华出席抗日战争暨世界反法西斯战争胜利70周年纪念活动。2016年，中国国家主席习近平分别访问波兰、塞尔维亚和捷克。与波塞匈建立全面战略伙伴关系，与捷克建立战略伙伴关系。2017年5月，捷克总统，波兰、匈牙利、塞尔维亚总理等中东欧国家领导人来华出席"一带一路"国际合作高峰论坛。中东欧国家分别与中国签署共建"一带一路"合作文件，现已实现16国全覆盖。

2. 经贸投资合作持续进展

中国-中东欧经贸论坛已先后在匈牙利、波兰、罗马尼亚、塞尔维亚、拉脱维亚和中国举行。首次和第二次"16+1"经贸促进部长级会议均在中国宁波举行。中国与中东欧16国贸易额从2012年的521亿美元增至2016年的587亿美元。2017年前三季度又大幅增长14.1%，截至2016年底，中国与16国双向投资总额近100亿美元。中东欧国家对华投资的重点方向涉及机械制造、汽车零部件、化工、金融、环保、机电、电讯、服务等多个领域。中国对中东欧16国投资主要集中在高铁及高速公路建设、机械、化工、家电、新能源、物流、商贸、研发、金融、农业等领域。

3. 互联互通建设顺畅

2013年11月，中国、匈牙利、塞尔维亚三国总理在布加勒斯特会晤期间共同宣布建设匈塞铁路。中匈塞交通基础设施合作联合工作组迄今已召开六次会议，塞尔维亚贝尔格莱德——旧帕佐瓦段已完成联合设计、商务谈判和融资协议签署，2017年11月28日正式动工兴建。中匈双方商定成立合资公司负责招标工作，2017年完成商务招标、环境评估及审批、征地等工作。中欧班列迄今已对开6000余列，进入捷克、波兰、匈牙利、拉脱维亚、斯洛伐克等中东欧国家。黑山南北高速公路、马其顿两条高速公路建设进展顺利。截至2017年底，中国已同波兰、捷克、塞尔维亚、匈牙利开通六条直航线路，并与13个国家签署航空运输协定，与捷克签署轻型航空器领域试航合作协议，与斯洛文尼亚签署民航领域合作技术安排。国际海事与内河航运秘书处于2017年4月在波兰华沙设立。中国与中东欧13个国家建立海关署级合作关系，在中欧海关合作框架下，中东欧国家在"安智贸"、知识产权保护、反瞒骗等领域开展合作。中国于2014年与匈牙利、马其顿和塞尔维亚签署《中国、匈牙利、塞尔维亚、马其顿海关通关便利化合作框架协议》。

4. 产能与产业合作成果显著

中国积极投标捷克核电站项目建设，与匈牙利签署和平利用核能合作协定。中国与波兰、罗马尼亚、塞尔维亚、捷克、保加利亚在水能、风能、太阳能等新能源领域合作顺利。中国与罗马尼亚签署和平利用核能合作协定；塞尔维亚科斯托拉茨电站二期项目贷款协议生效；波黑图兹拉火电站项目签署融资协议。河北钢铁集团收购塞尔维亚梅代雷沃钢厂并扭亏为盈。中国与捷克签署工业和通信领域合作谅解备忘录，与波兰签署电动交通领域合作谅解备忘录。中国与马其顿、爱沙尼亚、塞尔维亚开展铁路机车合作，与捷克开展动车组合作。中国在爱沙尼亚组建合资快递公司，长虹、TCL、比亚迪、华为、通宇电讯等企业在中东欧设立生产线或研发中心。保加利亚、捷克、爱沙尼亚、塞尔维亚、匈牙利、立陶宛同中国合建工业、农业及物流园区。中国企业建成贝尔格莱德跨多瑙河大桥、斯洛文尼亚城市照明和波兰弗罗茨瓦夫城市防洪等惠民项目。

5. 金融合作风生水起

人民币国际化步伐加快。100亿美元专项贷款使用良好。中东欧投资合作基金一期规模5亿美元，基金二期规模10亿美元。中东欧金融控股公司于2016年揭牌成立，首期项目基金募集和项目储备工作进展顺利。截至2017年3月，中国银行在捷克、匈牙利等国设立多家一级机构。中东欧13个国家银行机构以间接参与者身份加入人民币跨境支付系统。中国与阿尔巴尼亚、塞尔维亚、匈牙利签署本币互换协议。匈牙利、立陶宛、波兰、斯洛伐克进入中国银行间债券市场和外汇市场。波兰、匈牙利分别成为首个发行人民币主权熊猫债和主权点心债的中东欧国家。中国在匈牙利发行欧洲首张人民币银行卡。

6. 农林合作稳步推进

中国与16国农业合作取得明显进展。2017年8月在斯洛文尼亚布尔多举行新一届中国－中东欧国家农业部长经贸合作论坛，17国部长及代表围绕加强"16＋1合作"，应对农产品贸易挑战，促进减贫和可持续发展为题进行充分研讨，决定在保加利亚设立农业合作示范区，并在会议期间实现农产品电子商务交易上线。中国全国农业展览馆内专为中东欧国家设立精品葡萄酒和烈性酒展区。2017年"16＋1"农产品和葡萄酒博览会在波黑莫斯塔尔举行。截至2017年5月，中国已与11个中东欧国家签署农产品输华议定书。在保加利亚建立农业合作示范区。中国向中东欧国家出口农机、加工木材及家具等产品。

7. 教育、青年、体育、科技合作方兴未艾

中国与保加利亚、克罗地亚、捷克、爱沙尼亚、匈牙利、立陶宛、罗马尼亚、塞尔维亚、斯洛伐克、斯洛文尼亚签署双边教育合作协议；与保加利亚、爱沙尼亚、匈牙利、拉脱维亚、立陶宛、波兰、罗马尼亚、捷克签署互认高等学历学位协议。截至2017年4月，中国在中东欧国家开设29所孔子学院、34所孔子课堂，中国在中东欧国家留学生总数近4000人，中东欧国家在华留学生人数超过5500人。"16＋1"教育政策对话迄今已举行5次会议，高校联合会已举行4次会议。"16＋1"旅游学院联盟在中国宁波成立。在北京外国语大学、北京第二外国语学院、天津外国语学院等中国高校开设16国语言课程。中国－中东欧青年政治家论坛已举行两届。中东欧国家青年"未来之桥"交流营在北京和西安开营。未来十年，中国将接待来自16国的千名青年代表入营参训。中国与阿尔巴尼亚、保加利亚等国签署框架性体育合作协议。着眼2022年北京冬奥会，中方与立陶宛、斯洛伐克等国冰雪运动员加强训练交流。2017年11月在斯洛伐克举行第二届"16＋1"创新合作大会。

8. 人文交流精彩纷呈

中国－中东欧国家文化交往频繁、领域宽泛，分别设立舞蹈联盟、图书馆联盟等合作平台。2017年中国－中东欧首届文化季活动成功举行。中国与塞尔维亚、匈牙利、罗马尼亚、保加利亚签署互设文化中心协定，并与波兰、拉脱维亚签署互设文化中心谅解备忘录。罗马尼亚、匈牙利已在中国北京开设文化中心。中国与中东欧国家旅游交流合作成果显著，黑山对我外交和公务护照

实行免签待遇并为中国游客开设 VIP 通道。塞尔维亚、波黑对中国护照实行实质性免签。中东欧 16 国均已成为中国公民出境旅游目的国。2016 年 17 国双向旅游人数约达 100 万人次。第三次"16+1"旅游高级别会议在波黑举行。"16+1"高级别智库研讨会迄今已举办三次。我与中东欧 12 个国家 17 个媒体签署新闻合作协议。中国文艺团体赴中东欧 12 国采购节目。欢乐春节活动在中东欧国家实现全覆盖。中国相关电视节目在捷克和塞尔维亚实现黄金时段落地。

9. 卫生合作快速发展

中国与捷克、匈牙利分别签署中匈、中捷中医药合作谅解备忘录。中国－捷克"中医中心"门诊部、中国－黑山中医门诊部和中国—匈牙利中医药中心分别成立。中成药生产厂落户匈牙利工业园区。中国与黑山、马其顿建立中医药长效合作机制。积极探索在黑山成立中草药种植基地，中国－中东欧中医药中心也揭牌成立。

10. 地方合作红红火火

中国－波兰地方合作论坛迄今已举办四届。2012 年 4 月至今，我与中东欧国家新建友城 60 余对。"16+1"地方领导人会议迄今已举办三届。中国与中东欧 16 国省、州、市各级互访逾 300 起。中资国企和民营企业与中东欧国家直接对口合作密切，往来频繁。2017 年布达佩斯纲要确定，2018 年为"16+1"地方合作年。第四届中国－中东欧国家地方领导人会议将于 2018 年在保加利亚普罗夫迪夫举行。

附录：2012~2017 年中国－中东欧国家合作五年成果汇总

在各方共同努力下，"16+1 合作"框架下已建立领导人会晤机制以及政策协调、经贸、文化、教育、农业、交通、旅游、科技、卫生、智库、地方、青年等各领域合作平台，取得丰硕成果，受到中国和中东欧国家民众欢迎和广泛关注。2017 年，正值"16+1 合作"启动 5 周年，中方对 5 年来一些具有代表性的成果进行了梳理和汇总，主要涵盖政策沟通、互联互通、经贸、金融、人文 5 大类，共 200 余项。

（一）搭建政策沟通平台

1. 2012年4月，第一次中国－中东欧国家领导人会晤在波兰华沙举行，17国共同发表《中国与中东欧国家领导人会晤新闻公报》，中方出台"关于促进与中东欧国家友好合作的十二项举措"。

2. 2012年9月，中国－中东欧国家合作秘书处成立大会暨首次国家协调员会议在中国北京举行。

3. 2013年10月，中国－中东欧国家合作第二次国家协调员会议在罗马尼亚布加勒斯特举行。

4. 2013年11月，第二次中国－中东欧国家领导人会晤在罗马尼亚布加勒斯特举行，发表《中国－中东欧国家合作布加勒斯特纲要》。

5. 2014年5月，中国－中东欧国家合作第三次国家协调员会议在中国北京举行。

6. 2014年11月，中国－中东欧国家合作第四次国家协调员会议在塞尔维亚贝尔格莱德举行。

7. 2014年12月，第三次中国－中东欧国家领导人会晤在塞尔维亚贝尔格莱德举行，发表《中国－中东欧国家合作贝尔格莱德纲要》。

8. 2015年4月，中国外交部设立"中国－中东欧国家合作事务特别代表"。

9. 2015年7月，中国－中东欧国家合作第五次国家协调员会议在中国北京举行。

10. 2015年7月，中东欧国家高级别官员代表团访问中国四川、云南和北京。

11. 2015年10月，中国－中东欧国家合作第六次国家协调员会议在波兰华沙举行。

12. 2015年11月，第四次中国－中东欧国家领导人会晤在中国苏州举行，发表《中国－中东欧国家合作苏州纲要》和《中国－中东欧国家合作中期规划》。

13. 2016年2月，中国－中东欧国家合作秘书处与中东欧国家驻华使馆首次季度例会在中国北京举行。

14. 2016年4月，中国－中东欧国家合作秘书处与中东欧国家驻华使馆季度例会在中国北京举行。

15. 2016年5月，中国－中东欧国家最高法院院长会议在中国苏州举行。

16. 2016年6月，中国－中东欧国家合作第七次国家协调员会议在中国海南海口举行。

17. 2016年8月，中东欧国家高级别官员代表团访问中国福建、宁夏。

18. 2016年10月，中国－中东欧国家合作秘书处与中东欧国家驻华使馆季度例会在中国北京举行。

19. 2016年10月，中国－中东欧国家合作第八次国家协调员会议在拉脱维亚里加举行。

20. 2016年10月，中国－中东欧政党对话会在匈牙利布达佩斯举行。

21. 2016年11月，第五次中国－中东欧国家领导人会晤在拉脱维亚里加举行，发表《中国－中东欧国家合作里加纲要》以及关于开展亚得里亚海－波罗的海－黑海三海港区基础设施、装备合作的《里加声明》。

22. 2016年12月，中国－中东欧国家合作秘书处与中东欧国家驻华使馆季度例会在中国北京举行。

23. 2017年4月，中国－中东欧国家合作秘书处与中东欧国家驻华使馆季度例会在中国北京举行。

24. 2017年7月，中国－中东欧国家合作第九次国家协调员会议在中国北京举行。

25. 2017年7月，2017中国－中东欧政党对话会在罗马尼亚布加勒斯特举行，并在其框架下举办第三届中国与中东欧青年政治家论坛。

26. 2017年8月，中东欧国家高级别官员代表团访问中国北京、甘肃、湖南。

27. 2017年10月，中国－中东欧国家合作第十次国家协调员会议在匈牙利布达佩斯举行。

28. 2017年11月，第六次中国－中东欧国家领导人会晤在匈牙利布达佩斯举行。

（二）提升互联互通水平

1. 2014年6月，中匈塞（中国、匈牙利、塞尔维亚）交通基础设施合作联合工作组首次会议在中国北京举行。

2. 2014年6月，高级别欧亚交通物流贸易通道会议在拉脱维亚里加举行。

3. 2014年12月，中国、匈牙利、马其顿、塞尔维亚海关代表签署《中国、匈牙利、塞尔维亚和马其顿海关通关便利化合作框架协议》。

4. 2014年12月，中国、匈牙利、塞尔维亚签署部门间《关于匈塞铁路项目合作谅解备忘录》。

5. 2015年1月，中匈塞交通基础设施合作联合工作组第二次会议在塞尔维亚贝尔格莱德举行。

6. 2015年1月，中国、匈牙利、塞尔维亚、马其顿、希腊五国海关促进中欧陆海快线建设通关便利化合作机制正式建立。

7. 2015年3月，中国、匈牙利、塞尔维亚、马其顿海关通关便利化合作框架协议第一次工作组会议在中国上海举行。

8. 2015年5月，中国、匈牙利、塞尔维亚、马其顿四国海关首次中欧陆海快线通关监管技术研讨班在中国上海举办。

9. 2015年5月，中国国际航空公司开通北京—布达佩斯定期客运航线。

10. 2015年5月，在中国西安举办中国、匈牙利、塞尔维亚、马其顿海关署长会晤并签署2015~2016年合作计划。

11. 2015年6月，中国同匈牙利签署《关于共同推进丝绸之路经济带和21世纪海上丝绸之路建设合作谅解备忘录》。

12. 2015年7月，中匈塞交通基础设施合作联合工作组第三次会议在匈牙利布达佩斯召开。

13. 2015年9月，中国海南航空公司开通北京—布拉格直达航线。

14. 2015年10月，中国、匈牙利、塞尔维亚、马其顿四国海关转运货物通关手续以及风险管理专项研讨会在马其顿斯科普里举行。

15. 2015年11月，中匈塞交通基础设施合作联合工作组第四次会议在中国北京召开。

16. 2015年11月，中国分别同波兰、保加利亚、捷克、塞尔维亚、斯洛伐克签署《关于共同推进丝绸之路经济带和21世纪海上丝绸之路建设合作谅解备忘录》。

17. 2015年11月，中国与匈牙利签署《关于匈塞铁路匈牙利段开发、建设和融资合作的协议》。

18. 2015年12月，匈塞铁路项目塞尔维亚段启动仪式在塞尔维亚诺维萨德举行。

19. 2015年，中国分别同马其顿、罗马尼亚签署部门间《关于推进共建丝绸之路经济带的谅解备忘录》。

20. 2016年3月，"新琥珀之路"和"新丝绸之路"区域电子智库研讨会在斯洛文尼亚卢布尔雅那举行。

21. 2016年5月，首届中国-中东欧国家交通部长会议在拉脱维亚里加举行，中国-中东欧国家物流合作联合会秘书处正式成立。

22. 2016年6月，中国东方航空公司开通上海—布拉格直达航线。

23. 2016年6月，中国、匈牙利、塞尔维亚、马其顿海关通关便利化合作第二次工作组会议在匈牙利布达佩斯举行。

24. 2016年8月，中国四川航空公司开通成都—布拉格直达航线。

25. 2016年9月，中匈塞交通基础设施合作联合工作组第五次会议在塞尔维亚贝尔格莱德召开。

26. 2016年9月，中国国际航空公司开通北京—华沙直达航线。

27. 2016年11月，中国同拉脱维亚签署《关于共同推进丝绸之路经济带和21世纪海上丝绸之路建设合作谅解备忘录》，同捷克签署《在"一带一路"倡议框架下的双边合作规划》。

28. 2016年11月，中国同拉脱维亚、保加利亚、立陶宛、克罗地亚签署部门间《关于开展港口和临港产业园合作的谅解备忘录》。

29. 2016年11月，中国同匈牙利签署建立匈塞铁路中匈合资公司协议、建设合同、融资合作谅解备忘录。中国同塞尔维亚签署匈塞铁路塞尔维亚境内贝尔格莱德—旧帕佐瓦段商务合同、融资合作谅解备忘录。

30. 2016年，中国分别与捷克、波兰、塞尔维亚签署部门间《关于加强"网上丝绸之路"建设合作促进信息互联互通的谅解备忘录》。

31. 2017年2月，中国-中东欧国家海运事务秘书处在波兰华沙设立。

32. 2017年4月，中国、匈牙利、塞尔维亚、马其顿四国海关"1+3"中欧陆海快线海关估价研讨会在匈牙利布达佩斯举行。

33. 2017年5月，中国同克罗地亚、黑山、波黑、阿尔巴尼亚签署《关于共同推进丝绸之路经济带和 21 世纪海上丝绸之路建设合作谅解备忘录》。

34. 2017 年 5 月，中国同塞尔维亚签署匈塞铁路塞尔维亚境内贝尔格莱德—旧帕佐瓦段贷款协议。

35. 2017 年 6 月，中国、匈牙利、塞尔维亚、马其顿四国海关中欧陆海快线转运货物监管研讨会在中国宁波举行。

36. 2017 年 6 月，中匈塞交通基础设施合作联合工作组第六次会议在匈牙利布达佩斯召开。

37. 2017 年 6 月，中国－中东欧国家海关合作论坛在中国宁波举行，通过《"构建互联互通伙伴关系——中国－中东欧国家海关合作论坛"合作倡议》。

38. 2017 年 9 月，中国海南航空公司开通北京—布拉格—贝尔格莱德航线。

39. 2017 年 9 月，中国、匈牙利、塞尔维亚、马其顿海关通关便利化合作第三次工作组会议在塞尔维亚贝尔格莱德举行。

40. 2017 年 10 月，第二届中国－中东欧国家交通部长会议在波兰华沙举行。

（三）促进经贸务实合作

1. 2012 年 9 月，第七届中国－中东欧国家农业经贸合作论坛在中国合肥举办。

2. 2013 年 9 月，第八届中国－中东欧国家农业经贸合作论坛在中国合肥举办。

3. 2014 年 5 月，首届中国－中东欧国家促进创新技术合作及国际技术转移研讨会在中国上海举行。

4. 2014 年 6 月，首次中国－中东欧国家经贸促进部长级会议在中国宁波举行，通过《中国－中东欧国家经贸促进部长级会议共同文件》。

5. 2014 年 6 月，首届中东欧国家特色产品展在中国宁波举办。

6. 2014 年 8 月，中国投资论坛在捷克布拉格举行。

7. 2014 年 9 月，中国－中东欧国家投资促进研讨会在中国厦门举行。

8. 2014 年 9 月，中国－中东欧国家投资促进机构联系机制在中国厦门宣布成立。

9. 2014年9月，中国-中东欧国家投资推介会在中国厦门举行。

10. 2014年10月，第11届中国国际中小企业博览会中东欧国家专场推介会在中国广州举行。

11. 2014年10月，第九届中国-中东欧国家农业经贸合作论坛在罗马尼亚布加勒斯特举行。

12. 2014年10月，波兰波兹南环保科技展举办中国-中东欧国家合作专场活动。

13. 2014年11月，中国-中东欧国家投资促进机构联系机制第二次会议在波兰华沙举行。

14. 2014年，中国同罗马尼亚、捷克分别签署和平利用核能合作文件。

15. 2014年，中国分别同匈牙利、拉脱维亚、塞尔维亚、马其顿签署质检领域有关合作协议。

16. 2015年4月，中国-中东欧国家联合商会首次会议在波兰卡托维茨举行。

17. 2015年5月，中国同匈牙利签署核能合作谅解备忘录。

18. 2015年6月，中国-中东欧国家农业部长会议在保加利亚索非亚举行，中国-中东欧国家农业合作促进联合会正式成立。

19. 2015年6月，首届中国-中东欧国家投资贸易博览会在中国宁波举行，配套举办首届中国-中东欧国家合作发展论坛、第二届中东欧国家特色产品展、首届中国-中东欧国家投资合作洽谈会等活动。

20. 2015年9月，第十届中国-中东欧国家农业经贸合作论坛、中国-中东欧国家农业合作促进联合会咨询委员会第一次会议在匈牙利布达佩斯举行。

21. 2015年9月，第二届中国-中东欧国家创新技术合作及国际技术转移研讨会在斯洛伐克布拉迪斯拉发举行。

22. 2015年11月，中国投资论坛在捷克布拉格举行。

23. 2015年11月，中国同斯洛文尼亚签署关于建立中国-中东欧国家林业合作协调机制的谅解备忘录。

24. 2016年2月，中国-中东欧国家农业合作促进联合会咨询委员会第二次会议在保加利亚索非亚举行。

25. 2016年5月，"16+1"经贸论坛在波黑萨拉热窝举行。

26. 2016年5月，首届中国－中东欧国家高级别林业合作会议和中－中东欧国家林业经贸合作论坛在斯洛文尼亚卢布尔雅那举行，通过《中国－中东欧国家林业合作协调机制行动计划》。

27. 2016年6月，第二次中国－中东欧国家经贸促进部长级会议在中国宁波举行，通过《第二次中国－中东欧国家经贸促进部长级会议宁波宣言》。

28. 2016年6月，第二届中国－中东欧国家投资贸易博览会在中国宁波举行，配套举办第三届中东欧国家特色产品展、中国－中东欧国家投资促进机构联系机制第三次会议、第二届中国－中东欧国家投资合作洽谈会等活动。

29. 2016年6月，首届中国－中东欧国家质检合作对话会在中国宁波举行，发表《中国－中东欧国家质检合作对话会（电子证书与贸易便利化）倡议书》。

30. 2016年10月，波兰和保加利亚参加在中国广州举行的中国国际中小企业博览会。

31. 2016年10月，中国以伙伴国身份出席在捷克布尔诺举行的国际机械博览会。

32. 2016年10月，中国－中东欧能源项目对话与合作中心在罗马尼亚布加勒斯特成立。

33. 2016年11月，中国投资论坛在捷克布拉格举行。

34. 2016年11月，中国－中东欧国家农业部长会议在中国昆明举行，发表《中国－中东欧国家农业部长会议昆明共同宣言》，并签署了《中国农业部对外经济合作中心与中国－中东欧国家农业合作促进联合会合作谅解备忘录》。

35. 2016年11月，第十一届中国－中东欧国家农业经贸合作论坛、中国－中东欧国家农业合作促进联合会咨询委员会第三次会议在中国昆明举行，中国－中东欧国家农业合作促进联合会网站正式开通。

36. 2016年11月，中国－中东欧国家创新合作大会在中国南京举行，发表《中国－中东欧国家创新合作南京宣言》。

37. 2016年11月，中国－中东欧国家虚拟技术转移中心揭牌。

38. 2017年2月，中国－中东欧国家林业合作协调机制联络小组召开首次

会议。

39. 2017年4月，中国-中东欧国家农业合作促进联合会咨询委员会第四次会议在波黑莫斯塔尔举行。

40. 2017年4月，"16+1"农产品和葡萄酒博览会在波黑莫斯塔尔经贸博览会期间举行。

41. 2017年5月，第二届中国-中东欧国家文化创意产业论坛暨第十一届国际服务贸易论坛在北京举行。

42. 2017年6月，第三届中国-中东欧国家投资贸易博览会在中国宁波举行，配套举办第二届中国-中东欧国家合作发展论坛、第四届中东欧国家特色产品展、第三届中国-中东欧国家投资合作洽谈会等活动。

43. 2017年6月，第二届中国-中东欧国家质检合作对话会在中国宁波举行，发表《第二届中国-中东欧国家及中欧班列沿线国家质检合作对话会联合声明》。

44. 2017年7月，中国投资论坛在捷克布拉格举行。

45. 2017年7月，中国同波兰签署核能合作谅解备忘录。

46. 2017年8月，"一带一路"倡议下的"16+1"电子商务发展会议在中国成都举行。

47. 2017年8月，第二届中国-中东欧国家农业部长论坛暨第十二届中国-中东欧国家农业经贸合作论坛在斯洛文尼亚布尔多举行。

48. 2017年8月，中国-中东欧国家农业合作促进联合会咨询委员会第五次会议在斯洛文尼亚卢布尔雅那举行。

49. 2017年9月，中东欧国家派团参加在中国北京举行的第十五届中国国际农产品交易会。

50. 2017年10月，中国-中东欧国家林业科研教育合作国际研讨会在中国北京召开，中东欧国家代表参观第十届中国义乌国际森林产品博览会。

51. 2017年11月，"16+1"能源合作论坛和博览会在罗马尼亚布加勒斯特举行。会议通过《中国-中东欧能源领域合作对话白皮书》和《关于开展中国-中东欧能源合作联合研究的部长声明》。

52. 2017年11月，第二届中国-中东欧国家创新合作大会在斯洛伐克布拉迪斯拉发举行。

（四）完善金融合作框架

1. 2012年6月，中国银行在波兰设立华沙分行。

2. 2012年11月，中国工商银行在波兰设立华沙分行。

3. 2013年9月，中国人民银行分别与匈牙利央行、阿尔巴尼亚央行签署双边本币互换协议。

4. 2014年12月，中国银行在匈牙利布达佩斯设立分行。

5. 2014年12月，中国人民银行提出建立"中国－中东欧协同投融资框架"。

6. 2014年，匈牙利国家银行、波兰国家银行以境外央行的名义进入中国银行间债券市场，立陶宛银行以合格境外机构投资者（QFII）的名义进入银行间债券市场。

7. 2014年，中国－中东欧投资合作基金（一期）正式启动。

8. 2015年5月，中亚、黑海及巴尔干地区央行行长会议组织第33届行长会在中国上海举行。

9. 2015年6月，中国银行匈牙利分行成为中东欧地区首家人民币指定清算行。

10. 2015年8月，中国银行在捷克布拉格设立分行。

11. 2015年11月，匈牙利国家银行进入中国银行间外汇市场。

12. 2016年4月，中国银行为匈牙利政府成功发行10亿元人民币点心债。

13. 2016年6月，中国人民银行与塞尔维亚央行签署中塞双边本币互换协议。

14. 2016年6月，波兰成为亚洲基础设施投资银行正式成员。

15. 2016年8月，斯洛伐克央行进入中国银行间外汇市场。

16. 2016年8月，中国银行为波兰政府成功发行30亿元人民币熊猫债。

17. 2016年9月，中国人民银行与匈牙利央行续签中匈双边本币互换协议。

18. 2016年11月，中国工商银行设立中国－中东欧金融控股公司。

19. 2016年12月，中国建设银行在波兰设立华沙分行。

20. 2016年12月起，中国银行间外汇市场开展人民币对匈牙利福林、波

兰兹罗提直接交易。

21. 2017年1月，中国银行在塞尔维亚设立分支机构。

22. 2017年1月，中国银联与中国银行匈牙利分行合作发行匈牙利福林、人民币双币芯片借记卡。

23. 2017年4月，捷克央行正式向中国工商银行颁发银行牌照。

24. 2017年5月，亚洲基础设施投资银行批准罗马尼亚成为意向新成员。

25. 2017年5月，上海黄金交易所与匈牙利布达佩斯证券交易所在北京签署合作谅解备忘录。

26. 2017年6月，匈牙利成为亚洲基础设施投资银行正式成员。

27. 2017年7月，匈牙利在中国银行间债券市场发行10亿元人民币3年期熊猫债。

28. 2017年10月，匈牙利储蓄商业银行在北京设立代表处。

（五）拉紧人文交流纽带

1. 2013年5月，首届中国－中东欧国家文化合作部长论坛在北京举行。

2. 2013年6月，首届中国－中东欧国家教育政策对话在中国重庆举行。

3. 2013年7月，首次中国－中东欧国家地方领导人会议在中国重庆举行。

4. 2013年8月，中国演出行业代表团赴立陶宛、拉脱维亚、爱沙尼亚采购节目。

5. 2013年9月，中东欧国家美术馆（博物馆）馆长访华。

6. 2013年10月，首届中国与中东欧青年政治家论坛在中国北京举行。

7. 2013年12月，第一次中国－中东欧国家高级别智库研讨会在中国北京举行。

8. 2013年12月，中方将中东欧16国全部列入外国人72小时免签过境北京、上海等口岸名单。

9. 2014年4月，中东欧国家记者访华团访华。

10. 2014年5月，中国－中东欧国家旅游合作首次高级别会议在匈牙利首都布达佩斯举行，中国－中东欧国家旅游促进机构和旅游企业联合会正式成立。

11. 2014年7月，中国演出行业代表团赴波兰、捷克、保加利亚3国采购节目。

12. 2014年8月，第二次中国－中东欧国家地方领导人会议在捷克布拉格举行，中国同捷克签署关于推动建立中国－中东欧地方省州长联合会的谅解备忘录。

13. 2014年9月，第二届中国－中东欧国家高级别智库研讨会在斯洛文尼亚布莱德举行。

14. 2014年9月，第二届中国－中东欧国家教育政策对话在中国天津举行。

15. 2014年9月，中国－中东欧国家高校联合会在中国天津成立。

16. 2014年10月，中东欧国家国际舞蹈节艺术总监及编舞团访华。

17. 2014年11月，中国国际旅游交易会中国－中东欧国家旅游产品专场推介会在中国上海举行。

18. 2014年11月至12月，中国记者代表团访问中东欧国家。

19. 2015年2月至10月，在立陶宛、爱沙尼亚、拉脱维亚举办"中国艺术节"。

20. 2015年3月，中国－中东欧国家旅游合作促进年启动仪式在匈牙利布达佩斯举行。

21. 2015年5月，中国－中东欧国家省州长联合会第一次会议在中国河北举行。

22. 2015年5月，中国演出行业代表团赴匈牙利、塞尔维亚、罗马尼亚采购节目。

23. 2015年6月，中东欧国家记者团访问中国浙江、河南和北京。

24. 2015年6月，首届中国－中东欧国家卫生部长论坛在捷克布拉格举行，发表《中国－中东欧国家卫生合作与发展布拉格宣言》。

25. 2015年7月至8月，首届中国－中东欧国家舞蹈夏令营在中国陕西举行。

26. 2015年8月至9月，第二次中国－中东欧国家旅游部门高级别会议在斯洛文尼亚布莱德举行。

27. 2015年9月，第三届中国－中东欧国家教育政策对话和中国－中东欧国家高校联合会第二次会议在波兰华沙举行。

28. 2015年10月，中东欧爵士音乐节艺术总监团访华。

29. 2015年10月，首届中东欧国家广播电视节目制作研修班在中国上海举办。

30. 2015年10月，第二届中国与中东欧青年政治家论坛在中国北京举行。

31. 2015年11月，第二届中国-中东欧国家文化合作部长论坛在保加利亚索非亚举行。

32. 2015年12月，第三次中国-中东欧国家高级别智库研讨会在中国北京举行。

33. 2016年2月，"16+1"人文交流年启动新闻发布会在中国北京举行。

34. 2016年4月至5月，中东欧国家作曲家来华采风。

35. 2016年5月，首届中国-中东欧国家艺术合作论坛在中国北京举行。

36. 2016年5月，中东欧国家旅游部门负责人来华出席在中国北京举行的首届世界旅游发展大会。

37. 2016年5月，中国-中东欧国家舞蹈文化艺术联盟在北京舞蹈学院成立。

38. 2016年5月，首届中国-中东欧国家文学论坛在匈牙利布达佩斯举行。

39. 2016年5月，中东欧国家记者团访问中国广东、江西和北京。

40. 2016年6月，第三次中国-中东欧国家地方领导人会议暨第二次省长联合会工作会议在中国唐山举行，会议通过《中国-中东欧国家地方省州长联合会章程》和《唐山共识》。

41. 2016年6月，第二届中国-中东欧国家卫生部长论坛在中国苏州举行，发表《第二届中国-中东欧国家卫生部长论坛苏州联合公报》。中国-中东欧国家卫生合作促进联合会、中国-中东欧国家医院合作联盟、中国-中东欧国家公共卫生合作机制成立。

42. 2016年6月，首届中国-中东欧国家文化创意产业论坛在塞尔维亚贝尔格莱德举行。

43. 2016年6月，中国演出行业代表团赴斯洛文尼亚、斯洛伐克和克罗地亚3国采购节目。

44. 2016年6月，中东欧16国知名画家赴中国贵州写生创作。

45. 2016年7月至8月，第二届中国－中东欧国家舞蹈夏令营在中国云南、贵州举行。

46. 2016年8月，中东欧16国作为联合主宾国亮相在中国北京举行的2016年度北京国际图书博览会，并举办中国－中东欧国家互译成果展。

47. 2016年9月，首届中国－中东欧国家首都市长论坛在保加利亚索非亚举行。

48. 2016年10月，第四届中国－中东欧国家教育政策对话和中国－中东欧国家高校联合会第三次会议在中国北京举行。

49. 2016年10月，中东欧国家国际戏剧节艺术总监团访华。

50. 2016年10月，首届中国－中东欧国家非物质文化遗产保护专家级论坛在波兰克拉科夫举行。

51. 2016年10月，中国－中东欧国家舞蹈文化艺术联盟在保加利亚普罗夫迪夫举行首次年会。

52. 2016年11月，中东欧国家汉学研究和汉语教学研讨会在拉脱维亚里加举行。

53. 2016年11月，中国健身气功队赴斯洛文尼亚和塞尔维亚进行推广和培训活动。

54. 2016年11月，中国－中东欧国家关系国际论坛在拉脱维亚里加举行。

55. 2016年12月，中国－中东欧国家智库研讨会暨中国－中东欧国家人文交流年闭幕仪式在中国北京举行。

56. 2017年1月，中国－中东欧国家舞蹈冬令营在中国广东举办。

57. 2017年2月，中国－中东欧国家媒体年开幕式暨"中东欧主题影展"开幕式在中国北京举行。

58. 2017年3月，中东欧中医药学会联合会在匈牙利布达佩斯成立。

59. 2017年1月至3月，中国参加斯洛伐克、捷克、匈牙利、塞尔维亚等国旅游博览会。

60. 2017年4月，中国－中东欧国家舞蹈文化艺术联盟在马其顿首都斯科普里举行年会。

61. 2017年4月，中国－中东欧国家文化季在中国开幕。

62. 2017年5月，首届中国－中东欧国家文化遗产论坛在塞尔维亚贝尔格

莱德举行。

63. 2017年6月,第三届中国-中东欧国家卫生部长论坛在匈牙利布达佩斯举行。

64. 2017年6月,中东欧国家记者团访问中国北京、上海、深圳。

65. 2017年6月,中东欧国家学者研讨班开班仪式在中国北京举行。

66. 2017年6月,中国-中东欧国家市长论坛在中国宁波举行。

67. 2017年6月,中国-中东欧中医药中心(匈牙利)奠基。

68. 2017年7月,中东欧国家新闻发言人代表团访华,中国-中东欧国家新闻发言人对话会在中国北京召开。

69. 2017年7月,"一带一路"中东欧地区高级审计研讨班在中国南京举行。

70. 2017年7月,第三届中国-中东欧国家舞蹈夏令营在中国成都举行。

71. 2017年8月,首届中国-中东欧国家音乐夏令营在马其顿举行。

72. 2017年9月,首届"未来之桥"中国-中东欧青年研修交流营活动在中国北京、西安举行。

73. 2017年9月,中国-中东欧国家音乐学院联盟及中国-中东欧国家艺术创作和研究中心等在浙江音乐学院成立。

74. 2017年9月,首届中国-中东欧发展论坛在波兰华沙举行。

75. 2017年9月,第三届中国-中东欧国家文化合作部长论坛在中国杭州举行。

76. 2017年9月,"中国-中东欧国家图书馆联盟"项目正式启动。

77. 2017年9月,第五届中国-中东欧国家教育政策对话和中国-中东欧国家高校联合会第四次会议在塞尔维亚诺维萨德举行。

78. 2017年9月,第二届中国-中东欧国家首都市长论坛在黑山波德戈里察举行。

79. 2017年9月,第二届中东欧国家广电高级记者编辑研修班在中国南京举办。

80. 2017年10月,中国-中东欧国家地方省州长联合会第三次工作会议在保加利亚索非亚举行。

81. 2017年10月,中东欧民间艺术节总监访华。

82. 2017年10月，首届中东欧国家舞蹈大师工作坊在北京舞蹈学院举办。

83. 2017年11月，第四次中国－中东欧国家旅游合作高级别会议在波黑萨拉热窝举行。

84. 2017年11月，中国－中东欧国家智库论坛（智库网络会议）在匈牙利布达佩斯举行。

85. 2016~2017年，"武术丝路行"培训班在匈牙利、罗马尼亚、克罗地亚等国举办。

国别报告
Country-by-Country Reports

B.6 阿尔巴尼亚

陈逢华 柯静 靳乔*

摘　要： 2016年至2017年上半年，阿尔巴尼亚国内政局基本稳定，党派斗争依旧激烈，入盟进程司法改革取得进展，双边与多边交往更趋活跃。作为美国的坚定盟友，阿尔巴尼亚一面积极参与北约行动以提升地区影响力，同时积极响应柏林进程，力争早日加入欧盟，一面遏制并提防俄罗斯和土耳其的影响。与周边国家关系及总体安全形势平稳，但敏感因素时有显现，内外压力依然存在。国内经济增速较快，旅游业、基础设施建设、能源矿产开发、贸易等方面均有进展，就业有所增加。

---

* 陈逢华，硕士，北京外国语大学欧洲语言文化学院阿尔巴尼亚语教研室主任，副教授，主要研究方向为阿尔巴尼亚语言文学、中阿文化交流等，撰写本文第一、三部分；柯静，博士，北京外国语大学国际交流与合作处处长，欧洲语言文化学院教授，主要研究方向为阿尔巴尼亚语言文学、巴尔干区域研究等，撰写本文第五部分；靳乔，硕士，北京外国语大学欧洲语言文化学院讲师，主要研究方向为阿尔巴尼亚语言文学、中阿关系等，撰写本文第二、四部分。

在文化方面，2016年适逢文坛巨匠卡达莱寿诞，被称为卡达莱文化年。教育领域，高校招生录取、财政管理等问题上的改革举措引发颇多争议，改革尚处探索阶段。中阿关系在"一带一路"倡议和"16+1合作"框架下不断深化，加强政治互信，经贸、旅游、人文交流、地方合作等各领域取得新进展，中阿传统友谊全面提升，务实合作迈上新台阶。

关键词： 司法改革　经济增长　文化年　入盟　中阿关系

一　国内政治形势

（一）政局基本稳定，党派斗争激烈

近几年来，阿尔巴尼亚政局基本稳定，2012年，来自右翼最大反对党民主党（PD）的布亚尔·尼沙尼（Bujar Nishani）当选总统。2013年议会选举，政权左右易位，以社会党（PS）为首的中左翼联盟上台执政，同争取一体化社会运动党（LSI）等组成联合政府，社会党主席埃迪·拉马（Edi Rama）出任总理，争取一体化社会运动党主席伊利尔·梅塔（Ilir Meta）任议长。但激烈的党派斗争已成为阿政坛常态。无论是联合政府内部，还是主要执政党（社会党）和反对党（民主党）之间，均争斗不断。加之2017年为总统和议会"双选举"年，政坛近一年来更加喧嚣。首先，2016年两大政党内部均出现分裂：10月，曾任阿电力集团公司负责人的乔治·博雅齐（Gjergj Bojaxhi）离开民主党，成立"阿尔巴尼亚挑战党"。此外阿前议长约瑟菲娜·托帕利（Jozefina Topalli）、前民主党副主席阿斯特里特·帕托西（Astrit Patozi）等人不断公开质疑党首卢尔齐姆·巴沙（Lulzim Basha）的领导力；11月，本·布鲁什（Ben Blushi）与社会党主席拉马矛盾激化，脱离社会党，成立"书党"。其次，大选前夕两大政党矛盾升级，公开对抗：2017年2月18日，民主党退出议会，在总理府对面支起帐篷对抗执政的社会党，要求总理下台，并举行自

由公正的大选。经欧盟和美国多次施压，5月中旬，两党最终达成妥协，在选举前更换副总理和6个重要部长，"雨伞"抗议行动结束，基本获得国际社会认可的拉马总理稳住了乱局。迫于国际压力，社会党和民主党以协议方式投入大选，前两次大选中由于两个主要大党相争，导致争取一体化社会运动党从中"渔利"的情况没有重现。经过多方博弈，2017年4月28日，争取一体化社会运动党党首、现任议长伊利尔·梅塔当选新总统。6月25日，议会大选中社会党赢得议会半数以上席位，独立组阁，社会党党首拉马连任总理。此外，近年来在阿尔巴尼亚不仅政客曝光度高，而且民众对政治的关注度也保持在较高水平。世界银行和欧洲复兴开发银行联合调查①显示，阿尔巴尼亚人的政治参与度高达21%，而参政的主要目的是提高就业或增加收入。

（二）入盟进程司法改革取得进展

加入欧盟是阿尔巴尼亚的国家战略目标，也是其面临的最大挑战。欧盟明确把考核五个关键问题的进展作为是否开启与阿尔巴尼亚入盟谈判的条件，而司法改革是其核心问题，其中包括关键性的法官检察官审核法，欧盟委员会咨询机构威尼斯委员会视其为开启谈判的主要条件。

从《阿尔巴尼亚议会2016年年度工作报告》② 看，议会作为立法机构把司法改革作为全年工作的重中之重，强化了议会在入盟进程中的作用。针对欧盟委员会2015年的报告，为满足现阶段入盟进程对司法改革的要求，议会在2016年表决通过了相关的宪法修正案和配套的七个法律草案，制定和审核了一系列相关法律草案，旨在改变司法体系中机构的组织形式和职能，提升司法体系职责、专业性和效率，使主要司法机构更好地适应司法领域的实际，防止内部腐败。此外，议会还成立了入盟国家委员会，作为最高级别的入盟协调机构，同时把选举改革问题也作为年度重点工作方向。最终，议会于2017年年

---

① 《阿尔巴尼亚人，在欧洲最政治化!》，Mapo网，2017年6月1日，https://www.mapo.al/2017/06/shqiptaret-me-te-politizuarit-ne-evrope/1。该调查访问了欧洲和中亚29个国家51000个家庭，调查显示21%的阿尔巴尼亚人为某政党党员，从性别看男性达27%，女性15%，远高于欧洲其他国家，检索日期：2017年10月17日。
② 《阿尔巴尼亚议会2016年年度工作报告》，阿尔巴尼亚议会2017年3月发布，https://www.parlament.al/wp-content/uploads/2017/03/raport-2016-1.pdf，检索日期：2017年10月17日。

中通过了审核法的法律框架，以提升国民对公职人员的信心，保障法律的有效施行。

然而，在议会审议和施行司法改革的进程中，阿尔巴尼亚各党为获取己利明争暗斗，令司法改革推进异常艰难。在各方不断博弈的过程中，2016年7月，司法改革问题在议会获得通过。这有助于推动司法体系达到欧盟标准，但后续的一系列反复使其一直未能进入实质性执行阶段。但从2016年11月欧盟委员会的年度报告和2017年5月大选阶段危机的最后化解来看，欧盟和美国还是肯定了阿尔巴尼亚在司法改革、公共机构改革、反毒品、反有组织犯罪、反腐及基本权益保障等方面取得的不同程度进展，报告拟建议欧盟各成员国准备开启与阿尔巴尼亚的入盟谈判，同时继续考察阿尔巴尼亚司法改革的执行是否有效可信、高官调查和起诉的具体结果如何，以及选举改革进展等。

二　经济发展状况

（一）经济概况

阿尔巴尼亚共和国为农业国，全国有一半的人口从事农业生产，农业在国民经济中占主导地位。工业不发达，多为从事食品业和轻工业的中小型企业。凭借其丰富的自然资源及矿产资源，经济发展主要由农业、食品加工、木材、石油、水泥、矿业、水电、旅游、纺织工业和石油开采带动，其中能源、矿业开发、冶金、农业和旅游业为优势产业。主要工业出口产品为服装、铬、石油精炼的燃料。

自20世纪90年代以来，阿尔巴尼亚的经济类型从中央计划转向以市场为主导。在各方援助下，截至2008年，阿尔巴尼亚已从90年代初欧洲最穷的国家发展为中等收入国家，贫困率下降了一半。但2008年的金融危机暴露了其依靠能源出口的经济发展模式的弱点，阿尔巴尼亚经济增长模式应向投资和出口导向型增长模式转变。

为了加快经济的平衡发展，阿尔巴尼亚政府出台了"经济长期发展计划"，包括结构性改革、提高经济生产力和竞争力、创造更多就业机会、改善和提供更多公共服务、加强区域连接、融入全球市场、使出口和市场多元化等

方面。阿历届政府的主要政策目标是推动经济增长，消减财政赤字，抑制通货膨胀。政府运用货币政策工具，通过经济改革来吸引部分境外投资，稳定公共债务，增加国民收入，缓解财政赤字，刺激经济增长，但由于公共行政管理和司法体系不完善，腐败问题蔓延，基础设施较差等因素，营商环境还有待改善。近年来，贸易、运输业、基础设施建设和旅游业逐渐在阿经济中占有了一定份额。

就经贸活动而言，周边国家给予阿尔巴尼亚极大的帮助。每年有来自国外4亿~6亿美元侨汇的支持，主要来自近邻希腊和意大利，以弥补阿尔巴尼亚的贸易逆差。

阿尔巴尼亚人均国民生产总值虽低于欧洲其他国家，但国际货币基金组织称其为全球少数几个经济没有衰退的国家之一。由于内需强劲，2016年阿尔巴尼亚GDP总额为114亿美元，人均GDP为4147美元，是西巴尔干地区经济增速最快的国家，增长率为3.46%（2015年为2.6%）（见图1），在全球194个国家和地区中经济排名126位。国民总收入为122.19亿美元，人均国民总收入为4250美元，年均通胀率为1.3%。[1]

综合来看，2016年阿尔巴尼亚经济的快速增长得益于若干因素的共同作用：内需增长强劲、外资投资能源项目、旅游业收入不断增加。同时，劳动密集型产业和农业的增长对国内经济的发展也贡献显著。2016年，国内生产各项占比为：其他服务占比31.4%，农业18.2%，工业15.5%，贸易与交通12.6%，建筑10.3%（见图2）。

政府的货币政策也有利于宏观经济稳定。据中国驻阿尔巴尼亚使馆商务处2016年12月1日的报道，阿前10个月财政预算盈余扩大至约1.075亿美元。财政状况的改善主要源于税收收入增加。2016年前10个月，阿财政总收入为26.4亿美元（约3347亿列克），同比增长7.6%；财政总支出为25.4亿美元，同比下降2.6%。[2] 由于收入的增加和公共支出的下降，2016年财政赤字从

---

[1] 《2016年阿尔巴尼亚主要经济数据》，世界银行网，2016年12月，http://www.worldbank.org/en/country/albania/overview，检索日期：2017年10月17日。
[2] 《2016年前十个月阿尔巴尼亚财政总收入》，中华人民共和国驻阿尔巴尼亚共和国大使馆商务处网，2016年12月1日，http://al.mofcom.gov.cn/article/jmxw/201612/20161202022701.shtml，检索日期：2017年10月17日。

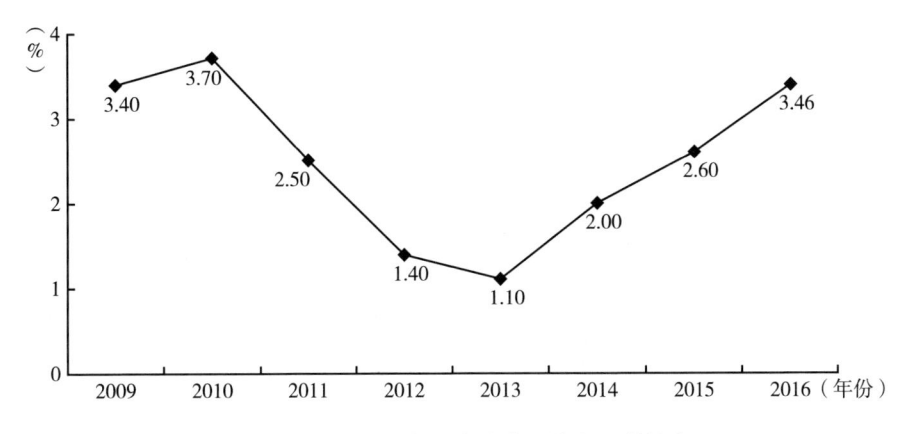

图 1　2009～2016 年国内生产总值实际增长率

数据来源：《2009～2016 年国内生产总值增长率》，阿尔巴尼亚财政部网，http：//arkiva.financa.gov.al/，检索日期：2017 年 10 月 17 日。

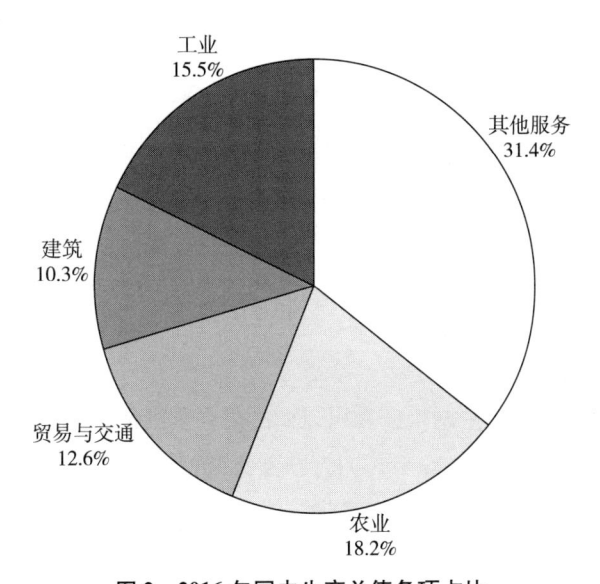

图 2　2016 年国内生产总值各项占比

数据来源：《2009～2016 年国内生产总值增长率》，阿尔巴尼亚财政部网，http：//arkiva.financa.gov.al/，检索日期：2017 年 10 月 17 日。

2015 年的 4.6% 下降到国内生产总值的 1.8%。截至 2016 年底，阿公共债务约合 80.2 亿美元，占 GDP 的 70.9%，较 2015 年的 72.59% 有所下降，但自 2005 年最低点以来呈逐年上升的总趋势。平均年通货膨胀率从 2015 年的 1.9% 下

降至2016年的1.3%。更多的转移支出和强劲的服务出口使其经常账户赤字，从2015年占GDP的10.8%下降到2016年的9.6%。由于境外直接投资额的回升，商品出口放缓，2016年贸易赤字扩大2%，外汇储备为31.09亿美元。[1]

（二）各行业发展状况

1. 基础设施建设

2016年基础设施建设领域取得多方面的进展。其中最引人注目的是跨亚得里亚海天然气管道（TAP）工程项目。TAP项目始于2015年，该管道由阿塞拜疆起，经格鲁吉亚、土耳其、保加利亚、希腊、阿尔巴尼亚，至意大利东南部。预计在2020年实现天然气首次输送。

TAP途经阿尔巴尼亚的亚得里亚海段，始于阿境内的科尔察地区，至距离海岸线不到400米的亚得里亚海沿岸城市费里。为了使管道安全通过阿尔巴尼亚，自2015年底阿尔巴尼亚已开始大规模的道路、桥梁改建和修建工程，新建或升级中的管道将超过175公里。到2016年底，阿尔巴尼亚完成了TAP第一期道路基础设施修缮工程，其中包括升级约58公里的通道、修建两座桥梁、翻修40座桥梁，有效改善了国内的基础设施状况。同时在建的还有2008年布加勒斯特峰会中讨论建立的"蓝色走廊"，该走廊全长280公里，计划于2018年完工，将连接克罗地亚、黑山、阿尔巴尼亚和希腊，并最终建立"地中海贸易圈"。[2]

2. 能源和矿产开发

能源是阿尔巴尼亚主要生产和出口商品之一。阿境内石油储量约为2.2亿桶，天然气储量为57亿立方米，拥有欧洲大陆最大的陆上油气田。目前，全球共9家油气公司与阿国家石油公司签订了共同开发协议[3]。

---

[1] 《阿尔巴尼亚经济发展》，世界银行网站，2017年4月20日，http://www.worldbank.org/en/country/albania/overview#3，检索日期：2017年10月17日。

[2] TAP项目官网：http://acp.al/profil_projekt.php?id=169，检索日期：2017年10月17日。

[3] 参与控股、开发的公司为：Patos Marinza-Bankers Petroleum (2004)、Visoka-Transoil Group (2009)、Kucova-Sherwood International Petroleum (2007)、Phoenix Petroleum (2013)、Continental Oil and Gas (2016)、Global Energy Management (2016)。《阿尔巴尼亚石油与天然气》，政府能源网，2016年10月26日，https://www.export.gov/article?id=Albania-Oil-and-Gas，检索日期：2017年10月17日。

电力开发也是阿能源领域的重点。据《阿尔巴尼亚每日新闻》2016 年 7 月 26 日报道，阿能源部研究决定，设立能源交易所。能源交易所的设立是阿能源市场自由化计划的重要组成部分。根据该计划，2017 年有超过 5000 家企业通过自由市场购买用电，而不再由阿供电公司（OSHEE）统一提供。

3. 交通运输

阿尔巴尼亚的公路总里程 2.8 万公里，铁路线总长为 447 公里，实际运营铁路线总长为 399 公里。2016 年，阿尔巴尼亚铁路客运量为 8.9 万人次，铁路货运量为 7.6 万吨，两项数据都呈逐年大幅下降的趋势。

据阿统计局数据，2016 年，阿港口货物吞吐量为 375.6 万吨，2016 年 1 月至 2017 年 1 月阿港口货运量下降了 10.3%，客运量下降了 3.6%。

航空运输由阿尔巴尼亚唯一的民用机场地拉那国际机场（也称"特蕾莎"机场）承担。2016 年，地拉那国际机场运送旅客首次超过 200 万次，达到 219 万人次，同比增长 11%，起降航班 22352 班次，同比增长 7%。2016 年 10 月，中国光大控股收购该机场，至此，中方拥有此机场运营 100% 的经营权并接管其特许经营权至 2027 年。

4. 对外贸易

阿国家统计局数据显示，2016 年，阿外贸进出口总额约为 73.4 亿美元（以阿央行公布的 2016 年 11 月美元兑列克平均汇率 125.77 计算，下同）。其中出口额为 21.7 亿美元。主要出口产品为纺织品、沥青、金属、矿石、原油、果蔬及烟草；进口额为 51.7 亿美元。主要进口商品为机械、食品、纺织品和化学制品。逆差约 30 亿美元，同比下降 16.7%。阿尔巴尼亚的主要出口目的地为意大利、科索沃、希腊、德国，进口国主要为意大利、德国、中国、希腊、土耳其。其对欧盟的进出口总额占 GDP 的72%。① 更好地融入全球市场有助于阿生产力的提高和就业率的上升。2016 年，阿出口欧盟的总额占总出口额的 75%，从欧盟进口的总额占 71%，其中意大利占阿尔巴尼亚的进出口比重分别为 30% 和 50%。同时，阿尔巴尼亚与中欧自由贸易协定成员国的经贸往来密切，这六个成员国占阿尔巴尼亚出口额的 14%，进口额的

---

① 《2016 年阿尔巴尼亚经贸指数》，聚焦 - 经济网，http：//www.focus - economics.com/countries/albania。

8%。这一数据自2008年起并无明显变化，一些贸易技术壁垒限制了其经贸发展。

5. 旅游业

阿尔巴尼亚的旅游业曾受金融危机影响严重。在2015～2017年间，由于欧元区经济回暖和阿政府对旅游业的大力开发和扶持，旅游收入迅速上升。阿尔巴尼亚在2016年的旅游业收益超过15亿欧元，达到历史最高水平。游客总数同比增长20%，旅游收入增长13%，国民经济因此增加了1.75亿欧元。

（三）就业形势

2016年经济的增长带动了就业的增加。2016年阿尔巴尼的劳动力市场总特征为失业率和贫困率得到改善，但就业率仍徘徊在22%左右，劳动力总数为116.3万人，其中男性占比52.28%；就业人数为104.3万人，男性占比52.54%；注册失业人数12万人，其中50%为男性。由于工业和服务业提供主要的就业岗位，2016年第四季度就业人数同比增长了5.8%，劳动力参与进一步提高至67.3%（见表1）。

表1　2012～2016年阿尔巴尼亚就业市场调查

分类	2012年（万人）	2013年（万人）	2014年（万人）	2015年（万人）	2016年（万人）
劳动力	110.1	106	106.7	112.1	116.3
男性	59.6	58.8	60.4	59.8	60.8
女性	50.5	47.2	46.3	52.3	55.5
就业	95.9	91.7	92.5	97.2	104.3
男性	52.7	51.9	53.4	52.5	54.8
女性	43.2	39.8	39.1	44.7	49.5
注册失业者(求职者)	14.2	14.3	14.2	14.9	12
男性	6.9	6.9	7.0	7.3	6
女性	7.3	7.4	7.2	7.6	6
长期失业者	8.6	8.7	8.2	7.4	6.6

数据来源：阿尔巴尼亚国家统计局网，http：//www.instat.gov.al/al/themes/tregu－i－pun%C3%ABs.aspx，检索日期：2017年10月17日。

2016年国家统计局数据显示，自2013年起，阿尔巴尼亚国内劳动力与就业人数逐年增加，从2015年到2016年，就业人数增加了6.5%，失业率在2016年达到新低，同比下降了2.9个百分点，平均每年下降15.2%，国内就业情况得到改善。（就业人数的增加包括青年失业率下降以及女性劳动力参与率的上升）。从就业领域看，总就业人数中公共部门占15.8%，非农业私营部门占39.6%，农业私营部门占44.6%。

侨汇收入一直是阿尔巴尼亚经济的重要驱动力之一。阿尔巴尼亚央行数据显示，2016年第一季度，阿侨汇收入约1.28亿欧元，同比下降10%。阿经济专家表示，侨汇收入的下降一方面反映出阿侨民在国外寻找稳定工作所面临的困难，另一方面也体现出阿侨民与故土的联系正趋减弱。

阿财政部数据显示，2016年阿尔巴尼亚人均年收入为4100美元，较2015年增长了3.1%，但比2014年有所下降；公共部门平均月薪为430美元，公共部门最低工资标准为173.8美元。

2016年上半年，阿个人所得税收入为1200万美元（约160亿列克），同比增长16.94%，比预期高出0.9个百分点。个人所得税收入的增长主要得益于打击非法经营，非法用工情况显著减少。[①]

三 外交与安全

美国、欧盟、俄罗斯、土耳其各势力在巴尔干地区的利益博弈仍在继续，左右着阿尔巴尼亚的外交与安全局势。阿尔巴尼亚议会及政府的双边及多边交往更趋活跃。亲美厌俄的阿尔巴尼亚继续充当美国通过北约延续其巴尔干影响力的"棋子"。

（一）阿尔巴尼亚的外交政策

1. 继续做美国的坚定盟友

在美国的大力支持下，2009年阿尔巴尼亚加入北约。2015年，阿尔巴尼

---

① 自2014年1月起，阿政府对个人所得税实施累进税。月薪3万列克（约237美元）以下的免征个人所得税，3万列克以上的按总收入的10%征收。

亚与美国签署战略伙伴关系协议。2016年是阿尔巴尼亚和美国恢复外交关系25周年。2月14日，美国国务卿克里访阿，探讨接收伊朗异见分子、司法改革和科索沃问题。克里表示美阿双方是盟友，具有共同利益[①]。4月14日，拉马总理前往白宫简短拜会美国总统奥巴马，称阿尔巴尼亚视已为美国在巴尔干地区最亲密可靠的战略伙伴，美国是阿尔巴尼亚最大的战略盟友。奥巴马则称阿美关系可供巴尔干各国效仿。在美国选战期间，拉马总理曾公开表示不希望特朗普当选，称其当选将危害阿美关系。但在特朗普当选后，阿尔巴尼亚政界均对其表示祝贺。对阿尔巴尼亚而言，对美国的拥护不仅有助于其顺利推进入盟进程，更关系到国家的安全和地区的稳定。基于美国在科索沃单方面独立、签署解决马其顿民族问题的《奥赫里德和平框架协议》和阿尔巴尼亚加入北约进程中起过决定性作用，阿尔巴尼亚认为，整个西巴尔干都需要美国的支持以实现加入欧盟的战略，希望美国关注西巴尔干事务，并重视其在巴尔干地区和平和稳定中的可靠盟友地位，让阿尔巴尼亚发挥更积极的作用。

2. 积极参与柏林进程，入盟问题关乎全局

从近年情况看，欧盟面临着经济危机、安全与移民问题的困扰，对欧盟扩容问题表现谨慎，在阿尔巴尼亚等西巴尔干国家入盟问题上态度不够积极。欧盟委员会主席容克称五年内欧盟不会扩大。目前欧洲的难民危机和恐怖威胁尚未直接影响到阿尔巴尼亚，但阿尔巴尼亚、"科索沃"和马其顿的几百名阿尔巴尼亚族人加入了国际恐怖组织，背后是否有外来势力影响不得而知。拉马总理表示，西巴尔干各国处于关系相对良好的时期，阿尔巴尼亚坚定地争取入盟，在解决欧洲难民危机，应对伊斯兰极端主义威胁中将发挥力所能及的作用；而面临诸多问题的欧洲则应视阿尔巴尼亚的入盟为双方共赢的选择，以避免俄罗斯和伊斯兰势力趁机扩大在巴尔干的影响，通过加强双方及地区合作来防止欧洲面临的危机波及西巴尔干国家。

德国在西巴尔干入盟问题上表现主动，不仅要求阿尔巴尼亚在司法改革、反腐和有组织犯罪、议会选举等方面必须达到欧盟标准，也重视加强西巴尔干国家与欧盟部分成员国的多边合作，在改善同西巴尔干地区基础设施和经济发

[①] 《克里在地拉那访问》，我们的时代报网，2016年2月10日，http：//www.kohajone.com/2016/02/10/vizita－e－kerryt－ne－tirane/，检索日期：2017年10月17日。

展方面进行区域合作。2014年，德国总理默克尔在柏林西巴尔干国家会议上提出"柏林进程"倡议。2015年，作为柏林进程的后续峰会——维也纳峰会提供了10项地区基建援助项目，其中6项为公路基础设施项目，4项为能源基础设施项目。阿尔巴尼亚获得了通往克罗地亚的沿海高速路——"蓝色走廊"一段阿尔巴尼亚至马其顿连接线工程的融资。

2016年5月，在亚得里亚海-伊奥尼亚海地区外交部长会议上，阿尔巴尼亚表示将深化和改善西巴尔干地区的能源与交通运输，特别是沿海高速公路和天然气管道的建设，以促进地区合作和入盟进程，期待亚得里亚海-伊奥尼亚海天然气管道作为TAP项目的支线，使阿尔巴尼亚成为地区能源中心。

同年7月，西巴尔干国家巴黎峰会强调，巴尔干应被视为统一的政治经济区，保持巴尔干地区各国经济的稳定和发展是本地区未来繁荣的基础。为此，会议致力于为地区共赢创造可能，继续落实援助政策，提供资金支持，以期西巴尔干地区小国保持入盟方向。此次峰会上，阿尔巴尼亚获得的欧盟资助最多。与2015年维也纳峰会相比，在为西巴尔干国家提供的基础设施资助项目减少的情况下，阿尔巴尼亚依然获得了地拉那-都拉斯铁路改建以及地拉那-里纳斯铁路支线建设两个项目，获得援助金额3500万欧元。

2015年，克罗地亚总统基塔罗维奇提出"三海倡议"，期待确立亚得里亚海、波罗的海和黑海三海周边欧盟国家在经济、能源、地缘政治和战略上更为紧密的合作，连接和建设南北天然气走廊，统一欧洲能源市场，实现能源自足。2016年8月，12个欧盟国家在克罗地亚共同发表"杜布罗夫尼克宣言"，支持连接北欧、中欧和东欧在能源、交通和数字联通方面的重大项目[1]，并在此次会议上签署了TAP工程支线项目，该项目已在阿尔巴尼亚开工建设。"三海倡议"得到了美国和欧盟的支持。

2017年7月12日，在意大利的里雅斯特召开的欧盟与西巴尔干地区峰会，继续关注地区经济发展及西巴尔干国家入盟等问题。此次会议上，西巴尔干地区国家签署了整合地区交通网络的条约，通过了一项建立区域经济合作区的计划。鉴于欧盟目前面临的重重困难，实现阿尔巴尼亚入盟的目标还

---

[1] 《三海倡议与阿尔巴尼亚》，巴尔干网，2016年10月24日，http://balkanweb.com/site/nisma-e-tri-deteve-dhe-shqiperia/，检索日期：2017年10月17日。

很遥远。①

为加强西巴尔干地区合作，2016年2月，经阿尔巴尼亚提议，由阿尔巴尼亚、波黑、黑山、塞尔维亚和科索沃地区联合成立"西巴尔干基金"，该基金最初预计投入26万欧元，参考维谢格拉德集团的合作模式，在教育、环境、文化、跨境及青年合作等方面加深各国了解，共同推动入盟进程。地拉那成为该基金总部所在地，主席由各成员轮流担任，这也是阿尔巴尼亚首次出任地区合作基金会的主席。随后，阿尔巴尼亚和塞尔维亚共同发起了"青年合作倡议"，青年合作秘书处于当年12月8日青年日之际在地拉那成立。该秘书处效仿法德模式，致力于西巴尔干国家的青年合作。

3. 排斥与提防俄罗斯和土耳其的影响

近年来，俄罗斯和土耳其在巴尔干的影响力呈逐步上升态势，而巴尔干是欧洲安全链条上最薄弱的一环。俄罗斯企图阻止黑山、塞尔维亚、马其顿和波黑加入北约，筹划成立亲俄精英训练营。而巴尔干各国对待俄罗斯影响的立场并不一致，希腊和塞尔维亚就反对因乌克兰问题制裁俄罗斯。

阿尔巴尼亚作为美国战略盟友，对俄罗斯态度较为冷淡，未受到俄罗斯在巴尔干的过多影响。"俄罗斯威胁论"和美国及欧盟对俄制裁是两国关系发展的障碍。阿尔巴尼亚媒体曾报道称，阿媒体和智库可能受到俄罗斯的资金支持，俄罗斯用秘密干预选举的新形式培植亲俄势力，并担忧滋生反美情绪和对苏联的怀旧情绪可能导致亲俄立场。阿尔巴尼亚曾多次拒绝俄方发出的访问邀请，并参与欧盟对俄罗斯的相关制裁（制裁截至2017年3月15日）。与俄罗斯的经贸往来水平也比较低，只在文化和教育领域提升合作，比如双方在2016年12月初阿文化部长访俄期间签署了2017~2019年文化部文化合作项目。

土耳其未遂政变产生的不安全因素令美国对其加强防备，而以美国马首是瞻的阿尔巴尼亚与土耳其的关系难免受到影响。11月初，土方要求阿方调查一批疑似参与政变的法塔赫组织成员，两国关系因此曾一度紧张。

4. 与周边国家的关系

阿尔巴尼亚与周边国家的关系基本稳定，但该地区科索沃、马其顿及波黑

---

① 《的里雅斯特，加入欧盟依然遥远》，消息网，2017年7月11日，http://lajmi.net/samiti-i-triestes-anetaresimi-per-ballkanin-ende-larg/，检索日期：2017年10月17日。

三个敏感点的存在，以及阿塞两国历史上形成的民族问题带来的不稳定因素，使阿尔巴尼亚与塞尔维亚、马其顿、希腊等国的关系非常脆弱。2016 年 5 月，在都拉斯举行的阿塞论坛上，阿尔巴尼亚试图推动拓展阿塞关系，认为两国都以融入欧洲为目标，具有改善关系的较强动力，可以提升两国的交流、理解和互动。同年 10 月，在贝尔格莱德举行了第四次安全峰会，探讨阿塞关系、地区安全和入盟议题。在此次会议上，双方均表示应该走出历史，在入盟现代化进程中寻求合作。拉马总理在题为"阿塞关系未来和东南欧稳定"的论坛上表示，入盟进程是阿尔巴尼亚的现代化之路，阿方坚定地通过改革来融入欧洲大家庭。可以说，一年来阿塞两国为改善两国关系做出了各自的努力，保持了一定的联系。

阿尔巴尼亚和希腊在友好条约签署 20 周年之际续签该条约，双方呼吁加强双边合作，更新两国关系，希方支持阿入盟。波兰、捷克、斯洛伐克和匈牙利也支持阿尔巴尼亚尽快加入欧盟，四国外长 11 月在华沙呼吁欧盟加快吸纳西巴尔干国家入盟，主张西巴尔干国家入盟对欧盟与欧洲的和平、安全与繁荣来说是战略投资，有利于西巴尔干的安全、稳定与繁荣。

当然，在复杂的巴尔干周边国家关系中也存在不和谐的因素。2016 年 10 月安全峰会期间，拉马总理会见塞尔维亚总理武契奇，称特雷普查联合企业（Trepça）属于科索沃，引发争议。① 阿塞两国除了经贸往来外，地区合作进展迟缓。阿方对塞免签，但塞方没有实行对等政策。

马其顿 2014 年爆发政治危机，2016 年马其顿议会选举组阁失败，国家陷入无政府状态，政局持续动荡，尚未消除的阿马民族矛盾在 2017 年 4 月的马其顿议会风波后被激化。

阿希两国在处理两国之间的一系列历史问题，比如废除战争法、阿希边境的恰梅里问题、希腊少数民族问题、海洋划分问题等方面缺乏互信。2016 年 11 月初，双方因西玛尔地区的希腊裔少数民族问题发生外交摩擦，希方以入盟为筹码对阿方施压。

---

① 《特雷普查争议/拉马对武契奇说：对科索沃的特雷普查联合企业你们要做什么，要（把企业）搬到这里吗?!》，阿尔巴尼亚观察家网，2016 年 10 月 13 日，http：//www.tiranaobserver.al/perplasja‐per‐trepcen‐rama‐vucicit‐trepca‐ne‐kosove‐cdo‐beni‐do‐e‐transportoni‐ketu/，检索日期：2017 年 10 月 17 日。

（二）阿尔巴尼亚的安全形势与安全策略

1. 总体安全形势平稳，国内外压力依然存在

欧洲目前持续遭受来自叙利亚、阿富汗和非洲等地难民的困扰，这也给欧洲小国，特别是给尚未加入欧盟且应对能力有限的国家带来潜在的不稳定因素，威胁巴尔干以及欧洲的安全与稳定。如今，南起欧盟成员国的希腊，经过非欧盟成员国的马其顿和塞尔维亚，再次进入欧盟成员国的匈牙利和克罗地亚，已成为难民进入欧盟地区的重要"巴尔干通道"。同时，难民从希腊取道阿尔巴尼亚、黑山、波黑、克罗地亚，也可以前往西欧。

西巴尔干地区由于经济落后，失业率居高不下，近一半青年失业。据统计，在德国申请难民身份的人中有45%来自巴尔干地区，可以说该地区本身就是难民的发源地。面对难民危机，拉马总理表示，阿尔巴尼亚作为小国既不会打开边境，也不会设立围墙，而要在欧洲统一的计划下做出自己的贡献，与欧洲其他国家团结合作，共同应对危机。阿尔巴尼亚既要为难民提供必要的人道主义援助，同时也要确保边境的安全和国内的稳定。考虑到难民危机所伴随的恐怖主义和极端主义潜在危险，阿方呼吁在欧盟支持下加强情报共享和执法合作，对入境人员进行登记和甄别。为加强欧盟与阿尔巴尼亚的安全合作，双方于2016年3月签署了分类信息交流与保护安全流程协议，以便交换更高安全级别的信息。4月初，意大利、希腊和阿尔巴尼亚启动三方协商机制，共享情报，拓宽三方警力合作。阿尔巴尼亚致力于全球反恐，已经在该地区国家中率先成立内务部反恐处，依照美国联邦调查局的模式把反腐败也纳入新成立的国家调查局职责范围，加强打击有组织犯罪、走私和恐怖主义。

阿尔巴尼亚经济研究中心发布的《2016年阿尔巴尼亚腐败评估报告》称，49.6%受访者表示政府官员收受贿赂，38.2%的受访者称曾被迫行贿，91%认为存在腐败。腐败指数较2014年有所上升，反腐没有取得根本性进展，其中司法、海关和政治领域腐败最为严重。[①] 美国的一份年度人权报告也指出，阿

---

① 阿尔巴尼亚经济研究中心（ACER）：《2016年阿尔巴尼亚腐败评估报告》，http://seldi.net/fileadmin/public/PDF/Publications/CAR_Albania_2016/Corruption_Assessment_Report_2016.pdf，检索日期：2017年10月17日。

尔巴尼亚在司法、教育和医疗等领域的腐败问题依旧令人担忧,官员、政客、法官、富商可以逃避刑罚。同时,种植及走私毒品问题仍未得到有效解决。2016年9月意外坠毁在都拉斯附近的意大利小飞机暴露了阿境内隐藏的一条毒品走私通道。11月底,欧洲议会报告称,阿尔巴尼亚的大麻产量占其国内生产总值的2.6%。欧盟内部事务委员的报告也显示,阿尔巴尼亚是欧洲走私大麻的重要来源。另有文件称在欧洲走私海洛因的主要是阿尔巴尼亚人、土耳其人和巴基斯坦人,而且这些人还参与了武器、人口及其他非法商品的走私活动,而荷兰、捷克和西班牙是欧洲重要的毒品市场。[1] 基于毒品市场与各种犯罪以及恐怖主义的关联,阿尔巴尼亚作为贩卖人口、卖淫的源头和目的地,对整个欧洲的安全将构成巨大威胁。

外部有俄罗斯及伊斯兰极端主义等的潜在威胁,内部的腐败、毒品和有组织犯罪未得到有效遏制,阿尔巴尼亚因此急需加强与西方的合作。在2017年2月举行的慕尼黑安全大会上,阿国防部长称,针对"伊斯兰国"恐怖主义的威胁,阿尔巴尼亚呼吁加强与各国的合作,分享情报,采取安全措施控制"伊斯兰国"招募士兵行动,并了解这些人的动向。

2. 积极参与北约行动　提升地区影响力

在美国支持下,阿尔巴尼亚在北约战略中发挥着积极的作用,这些作用有助于提升其地区影响力。

第一,2016年5月27日至30日,阿尔巴尼亚议会在地拉那组织了北约成员国议会间组织——北大西洋议会大会春季会议,这是阿尔巴尼亚自2009年4月1日加入北约以来首次以东道主身份举办该级别会议。会议的主要议题是北约成员国加强防务,以应对俄罗斯的"挑战"。阿尔巴尼亚高度重视此次会议,期待加强西巴尔干的和平与安全,加快入盟进程,支持黑山、马其顿等巴尔干国家加入北约,使巴尔干摆脱俄罗斯影响。美国则通过会议来激励新成员国阿尔巴尼亚、克罗地亚发挥其在北约南翼战略中的作用,以维持其在巴尔干地区的存在。[2] 2017年美国在全球的援助以维护和平安全为主,对阿尔巴尼亚

---

[1] 《欧盟毒品报告:阿尔巴尼亚大麻重要来源地》,阿文消息网,2016年4月6日,http://lajmetshqip.com/be-raport-per-drogen-shqiperia-vend-i-rendesishem-burimi-i-kanabisit/,检索日期:2017年10月17日。

[2] 《美国如何维持在巴尔干地区的影响力》,《世界知识》2017年第7期。

的扶持力度有所减少，2017年约为1400万美元①。

第二，面对变化中的全球安全形势，阿尔巴尼亚等国的军事培训在北约军队及军人的培训事务中联合推进。2016年3月1日至3日，在地拉那召开北约第6次联合训练及转型大会，探讨应对新挑战的培训模式，以提升联合预案执行效果，在军队转型过程中加强对军事人才的培养。2016年9月参与北约代号为"充分打击-2016"大规模的多国联合演习，2016~2017年多次派遣舰船参与北约在地中海的"海洋卫士"海上安全行动。5月，阿国防部宣布北约卓越中心在地拉那成立，中心将增进北约成员国间的互动，重点培训军队来应对恐怖主义和难民危机，加强反对暴力极端主义和激进主义，寻求解决世界危机的途径。9月参与北约代号为"充分打击-2016"大规模的多国联合演习，2016~2017年多次派遣舰船参与北约在地中海的"海洋卫士"海上安全行动。10月，东南欧国防部长会晤通过了东南欧旅训练及活动年度计划、2016年预算及联合声明，并决定2017~2020年东南欧旅中央总部设在希腊，2020~2026年移至马其顿。②

第三，按照北约要求，阿尔巴尼亚继续装备美式武器，积极扩大参与北约在阿富汗及其他联合行动中的规模。阿尔巴尼亚部长会议通过恢复非常情况下的征兵制及物资增调决议，为北约军事行动提供更多支持。12月，美国赠予阿尔巴尼亚250辆战略运输装甲车辆，以便更换旧的装备，阿尔巴尼亚同时还接受了意大利赠送的5000件价值1000万欧元的自动化武器。③阿国防部长表示，阿方支持加强集体防务，自2017年起，阿将一方面派出一个连的兵力参加北约东翼快速反应部队，做首次参战的准备，保护拉脱维亚边界；另一方面将首次参加北约的海上行动，派舰只到爱琴海执行任务，为北约在多地的联合行动做出贡献。

---

① 《阿尔巴尼亚，2017年来自美国的1400万美元援助》，全景报网，2016年3月28日，http://www.panorama.com.al/shqiperia-14-milione-dollare-ndihme-nga-shba-ne-2017-per-paqe-dhe-sigurine/，检索日期：2017年10月17日。
② 《柯泽利：我们的挑战，应对来自东部和南部的威胁》，我们的时代网，2016年10月18日，http://www.kohajone.com/2016/10/18/kodheli-sfida-jone-perballimi-i-kercenimit-qe-vjen-nga-lindja-e-jugu/，检索日期：2017年10月17日。
③ 《美国赠阿尔巴尼亚军队250辆装甲车》，美国之音阿文网，2016年11月21日，https://www.zeriamerikes.com/a/3605728.html，检索日期：2017年10月17日。

第四，阿尔巴尼亚积极推动与支持科索沃参与北约各项计划。在科索沃当局的请求和阿尔巴尼亚政府的呼吁下，12月，北约外交部长会议决定深化与科索沃的合作，允许科索沃参加北约的各种计划。而美国承诺保持其在科索沃的永久性军事存在，在外交上继续发挥美国的重要作用，加强科索沃和阿尔巴尼亚在本地区的作用，支持科索沃安全力量的转型，协助科索沃安保力量在德国的多国联合军训中心进行转型训练。

第五，阿尔巴尼亚为美国解决棘手问题，引发国内外质疑。2016年拉马总理访美期间与联邦调查局签署协议，仿照该机构组建了阿尔巴尼亚国家调查局，建立了北约反恐中心。2006年接收5名关在塔那摩监狱的"东突"囚犯，2013年贝里沙政府接受约200名伊朗异见分子（伊朗政府视为恐怖分子），此后逐渐增加到约1000人。[①] 2017年2月，应美国要求，阿尔巴尼亚接受了从美国驻伊拉克营地转移过来的2000名伊朗异见分子，此举遭到国内舆论质疑，引发周边国家不安，可能成为影响国家安全的不稳定因素。

当然，以美国为首的北约在阿尔巴尼亚的一些作为也引起阿社会政治精英和舆论界的反感。不少政界人士公开谴责美国的作为侵犯了阿尔巴尼亚的主权，把阿尔巴尼亚当成了美国的"垃圾箱"。但美国在阿尔巴尼亚政坛的影响力巨大，为服务北约在中东的军事行动或保护北约成员国，有专家提议扩建阿尔巴尼亚莱什区的佳德尔空军机场（原计划由中国援建），将其提升为北约空军重要军事基地。而代表着"软实力"的索罗斯"开放社会基金会"，经过在阿尔巴尼亚二十五年的活动，对阿尔巴尼亚政局的影响颇大。

四 社会与文化

（一）"卡达莱"文化年

2016年是伊·卡达莱（Ismail Kadare）文化年，这是阿尔巴尼亚文化的一

[①] 《法托斯·克罗斯：伊朗异见分子到来，为美国服务》，我们的时代报网，2016年2月17日，http://www.kohajone.com/2016/02/17/fatos-klosi-ardhja-e-muxhahedineve-nje-sherbim-ndaj-shba-ve/，检索日期：2017年10月17日。

大盛事。伊·卡达莱是阿尔巴尼亚当代最著名的作家，其作品被译成50多种语言。2005年获得首届英国布克国际文学奖，同时多次被提名诺贝尔文学奖候选人。2016年是卡达莱诞辰80周年，其出生地吉罗卡斯特市政府宣布这一年为"卡达莱"文化年，阿文化部、国家图书馆和吉罗卡斯特市政府在阿尔巴尼亚各地举办了相关文化活动，并以文化部与吉罗卡斯特市政府签署的"伊·卡达莱之家"振兴协议为序幕拉开文化年活动。时任阿文化部长表示："卡达莱之家不仅是卡达莱博物馆和文化中心的振兴项目，还致力于建立一个可持续的文化推广及保存模式，供阿尔巴尼亚其他文化名城借鉴。"[1] 该项目得到了市政府的全力支持，通过此协议不仅可以提高国民对文学的喜爱，吸引更多的国际译者、作家和有才华的年轻人，还可促进遗产和文化保护与城市文化价值的推广，从而拉动旅游业与经济的发展。

（二）教育改革

2016年，阿尔巴尼亚教育改革在国内引发了高校的抗议活动（人数为800~1000），参与者除了大学生，还有高校教职工，这是近十年来阿最大规模的游行。抗议主要是针对以时任总理为首的阿尔巴尼亚社会党通过的一项法案，即推行新自由主义教育改革。这次改革涉及用公共资金为私立大学提供财政支持、提高公立大学学费、预算管理等方面。同时，这一改革将彻底改变阿尔巴尼亚大学的运作机制与招生体系，大学将根据其质量及表现得到财政拨款，年轻人将不再依据全国统考进入大学，而是根据各个大学制定的招生标准录取。

最具争议的是大学的财政制度。根据新修改的法案，所有大学（公立和私立）根据其表现都可获得公共资金。资助原则为：同一水平级别的机构自由竞争，资金的发放根据大学课程、科研、创新与发展的质量来决定。教育部长琳迪达·尼古拉（Lindita Nikolla）表示："新的财政规划引进了自由竞争的现代化概念。国家将持续加大对高等教育的投入，而纳税人的钱需要获得最大的产出。我国大学指定质量标准将推动高等教育的现代化、服务的改善、科研的创新和广泛的国际合作的开展。"但游行的学生认为政府有意偏向私立大

---

[1] 《卡达莱故居将改建为博物馆》，地拉那时代网，2016年1月15日，http：//www.tiranatimes.com/? p = 125687，检索日期：2017年10月17日。

学，并利用学生和教育获得政治利益。但也有拥护者认为此次改革的主旨，即展开自由竞争是好的，有利于普遍提升公立和私立大学的教育质量，也能为学生提供更多的选择。

另一个引发争议的问题是招生标准。根据新法案，入学资格将不再由全国统一考试决定，而是由各学科专业相关的部委及大学根据学生所选修的课程、参与的项目决定，从中选出优胜者。这对高中毕业生申请大学造成了冲击。即将进入大学的高中学生表示，他们不知道改革后的新制度将如何运作。许多人指出，由于教育机构的疏忽和缺乏透明度，大多数毕业生虽然在学习和考试中获得高分但未能获得录取。同时，许多人还认为，如果没有全国统考，优胜者的选拔程序无法确保公正透明，那么教育行业的腐败将无法消除。

抗议同时引发了就大学的独立性、公开性和公立、私立大学在国家教育体制中的地位等问题的讨论。截至2017年年初，阿尔巴尼亚国内反对教育改革的声音依然存在。

五 与中国的关系[①]

随着"一带一路"建设和"16+1合作"的不断扩大和深入，2016~2017年，中阿双方进一步增进了解，加强政治互信，经贸、旅游、人文交流、地方合作等各领域不断取得新的进展，中阿传统友谊全面提升，务实合作迈上新台阶，呈现方兴未艾的喜人局面。

（一）高层互访

双方积极通过人员交往加强沟通，增进了解和互信，中阿之间高层互访频繁，国务院副总理张高丽、中国全国人大常委会副委员长吉炳轩、中央纪委副书记赵洪祝等多位高级别领导人访阿；阿议长梅塔访华、总理拉马出席"16+1合作"领导人里加会晤，与李克强总理举行会谈；阿外交部长、经济部长、文化部长、卫生部长、教育部长等相继访华。中阿双方以上述互访为契

[①] 中阿关系主要参考并引用了中国驻阿尔巴尼亚使馆网站的信息，参见http://al.chineseembassy.org/chn/zagx/zajw/，检索日期：2017年10月17日。

机,共签署了涵盖诸多领域的合作文件,包括《中华人民共和国政府和阿尔巴尼亚共和国政府经济技术合作协定》《中国文化部和阿尔巴尼亚文化部2016～2020年文化合作计划》《中华人民共和国水利部与阿尔巴尼亚共和国农业农村发展和水资源管理部在水利领域合作谅解备忘录》《中华人民共和国商务部和阿尔巴尼亚共和国外交部关于人力资源开发合作谅解备忘录》以及相互简化签证手续的谅解备忘录。

对中阿关系的阐述,双方一致强调在"一带一路"和"16+1合作"背景下加强合作、互利共赢的必要性和重要性。中方表示:1.赞赏阿方长期以来在涉及中国核心利益和重大关切问题上给予中方的宝贵支持;2.尊重阿方根据本国国情和人民意愿选择的发展道路;3.双方应深化务实合作,丰富双边关系内涵;4.中方愿扎实推进基础设施建设、能源、工业园区、农业等各领域务实合作,希望阿方为中国企业参与阿建设提供便利;5.双方应密切人文交流,推进在文化、教育、旅游、地方等领域合作,为两国人员往来提供更多便利,促进两国民心相通。阿方则表示:1.感谢长期以来中国为阿尔巴尼亚经济建设和社会发展给予的宝贵支持和帮助;2.珍视同中国传统友谊,始终坚定奉行一个中国政策;3.近年来两国各领域合作取得积极成果,未来具有很大发展空间,阿方愿深化与中方在交通、旅游、教育、人文等领域的合作,为中国企业入阿提供优惠条件和便利;4.阿方愿在国际和地区事务中加强同中方的协调与配合,推动中阿友好合作不断取得更多成果。

(二)经贸合作

2016年中阿经贸关系稳步发展,根据阿尔巴尼亚国家统计局2017年1月发布的数据,2016年,中阿双边贸易总额为581.04亿列克(约4.68亿美元,不含港澳台数据,下同),占阿对外贸易总额的7.1%,同比增长9.3%;其中,阿对华出口74.52亿列克(约0.60亿美元),同比增长13.4%;阿从中国进口506.52亿列克(约4.08亿美元),同比增长8.8%。2016年,中国是阿尔巴尼亚第三大贸易伙伴、第三大进口来源、第七大出口目的地以及重要投资来源国。

中国海关统计数据略有不同,2016年中阿双边贸易额为6.36亿美元,同比增长13.9%。其中中方出口额为5.07亿美元,同比增长17.7%,进口额为

1.29亿美元，同比增长0.9%。

中阿经贸关系总体发展态势趋好，2016年，随着阿尔巴尼亚投资环境的改善，中方投资阿尔巴尼亚的积极性不断提升，中水电、中路桥、中建、太平洋集团等中资企业都与阿方进行了积极洽谈，能源、基建、农业、水利、工业园区、人力资源等领域合作项目得以推进。双方合作取得突破性进展，特别是由于洲际油气成功收购班克斯阿尔巴尼亚油田，光大控股成功收购地拉那国际机场，中国对阿投资额从2015年末的投资存量0.87亿美元猛增到2016年底的7.6亿美元。班克斯油田和地拉那机场收购作为迄今最大的投资项目，使中国成为阿主要投资来源国，是今后中阿合作的"风向标"，对进一步开拓和深化中阿经贸合作发挥良好的示范和带动作用。

阿方对"16+1合作"带来的历史机遇有强烈的兴趣，愿意进一步改善营商环境，切实保护中资企业合法权益和投资积极性，以吸引更多中方企业来阿开展投资合作。但因阿国的政治体制等因素的影响，投资经商环境难以在短时期内迅速改变。例如，2014年中水电签署的贝拉特绕城公路项目、2015年中资企业太平洋建设签署的"蓝色走廊"公路项目，以及其他能源项目等都有待于跟进和落实。

（三）地方交往

地方交往是双边关系中的重要组成部分。近两年，在双方的共同推动下，中阿地方间交流合作呈现活跃态势。除了2008年地拉那市与北京市缔结为友好城市外，中阿间共有五对省（区）、市建立友好交往关系并开展一系列交流活动。

2016年，地拉那市长访问北京，双方在友城框架下探讨深化合作；扬州市代表团回访发罗拉市；斯库台大区区长回访河南省，都拉斯市长回访汕头市；培拉特市长、费里市长分别率团访问洛阳市和兰州市并参加经贸活动和丝路博览会，培拉特市与洛阳市签署友好交往意向协议，费里市与兰州市正式结为友好城市。

此外，2016年6月，阿尔巴尼亚还派代表团积极参与在河北省唐山市举办的第三届中国－中东欧地方领导人会议，进一步加深了双方地方间的了解。中阿地方间的友好往来，有助于深挖地方合作潜力，促进地方经济发展，也对

加深两国人民之间的了解与友谊具有深远意义，成为双边关系的新亮点和务实合作的新平台。

（四）人文交流

在两国政府的积极支持下，2016年，中阿人文交流成果丰硕。

在教育文化领域，阿年青一代了解中国历史、文化和现状的兴趣与日俱增，学习汉语的热情持续高涨。地拉那大学孔子学院于2013年成立以来，教学对象逐年扩大，学习汉语人数已超600人。地拉那5所中小学先后开设汉语课程，发罗拉、都拉斯等多个城市都开展了汉语教学。

2016年，阿学生来华留学人数比往年增加，留学层次本、硕、博齐全，就读的学校和学科更加多样化，由使馆、汉办、中资企业等提供的学生短期来华学习和访问的机会也显著增多。与此同时，中方包括香港地区赴阿参加交流的学生也在很大程度上增进了两国年青人之间的相互了解，促进了年青学子参与"一带一路"建设、传承中阿友谊的热情。

在宣传领域，驻阿使馆与阿权威性国际问题杂志《欧洲》合作，出版中国专刊，对当前中国经济社会新进展、新趋势进行了较为详尽的报道；驻阿使馆与中国国际广播电台阿尔巴尼亚语部联合精心制作的中国春节宣传片在地拉那市区广场巨屏循环播放，激发了阿国民众特别是年青人了解中国和中国文化的强烈兴趣，在农历新年伊始掀起了新一轮"中国文化旋风"。此期间，在驻阿使馆支持下，《欧洲时报》等欧洲六国华文媒体记者团访阿，阿议会对中阿新闻媒体交流合作推动中阿友谊高度重视，议长梅塔亲自会见了代表团。此后，驻阿尔巴尼亚使馆与香港《文汇报》合作，推出首部《一带一路》阿文画册，展示了几年来"一带一路"建设取得的成果，以及有关沿线国家积极响应、参与合作的具体项目实例。

在图书出版方面，外语教学与研究出版社联合中国图书进出口公司首次到阿尔巴尼亚参加阿尔巴尼亚地拉那国际书展参展，重点推介"中阿经典图书互译出版项目"，并与阿尔巴尼亚知识出版社合作，隆重推出互译项目的第一本汉译阿作品——著名历史学家、思想史家张岂之的《中国历史十五讲》；同年夏天，北京国际书展上发布了首部阿译汉作品——阿尔巴尼亚著名作家阿果里的诗歌集《母亲阿尔巴尼亚》。根据2015年中国国家新闻出版广电总局与阿尔巴尼亚出版商协会签署的《中阿经典图书互译出版项目合作协议》，五年内中阿双方互相翻译对方25部作品，互译项目的开展有助于提升两国人民彼此间历史、文学、文化等方面的了解，是两国人文交流的重要成果。2017年5月，由中国国际广播电台与阿尔巴尼亚国家电视台合作拍摄制作的《一带一路》纪录片首播仪式在地拉那举行。阿尔巴尼亚通讯社、《阿尔巴尼亚日报》、24小时新闻电视台、VizionPlus电视台等阿主流媒体对首播仪式进行了报道。阿国家电视台3个主要频道于5月9日起开始在黄金时间4次播出这部纪录片。

在文化、文艺交流方面，驻阿使馆、中国国际交流协会、阿尔巴尼亚—中国文化协会等机构主办了诸多活动，包括"促进民心相通，共建'一带一路'"座谈会、庆祝中华人民共和国成立67周年的"多彩中国"综合文化展示活动、"上海之帆""一带一路"中东欧经贸文化交流巡展暨"上海之窗"图片展等。来自河南、上海、深圳等地的艺术团和艺术家访问阿尔巴尼亚，向当地民众展示了中国功夫、中国非物质文化遗产"顾绣"以及交响乐的魅力。阿广播交响乐团指挥阿拉比、长笛演奏家戈莱米也应邀回访深圳，参加首届深圳"一带一路"国际音乐季开幕音乐会并演出。2017年7月，应阿尔巴尼亚"布特林特2000"国际戏剧节组委会邀请，中国国家话剧院到阿交流，在世界文化遗产——布特林特公园的古剧场演出了富有中国元素普通话版莎翁经典历史剧《理查三世》。

B.7
爱沙尼亚

张 甜*

摘　要： 在政治方面，2016年爱沙尼亚迎来了新一轮大选，克尔斯季·卡柳莱德高票当选爱沙尼亚共和国新总统，也是爱沙尼亚首位女总统；在经济方面，2016年爱沙尼亚国内生产总值缓慢但稳步增长；在社会方面，爱沙尼亚迎来继2015年后的又一次人口增长；在外交方面，爱沙尼亚注重与波罗的海沿岸国家的传统友谊，以欧盟和北欧为主要对象开展经济外交，致力于推动和加强区域合作，而2016年恰逢中爱建交25周年，在"一带一路"倡议和"16+1合作"框架下，爱沙尼亚与中国在政治互信、经济合作等多个方面都取得进展，中爱关系进入新的发展阶段。

关键词： 爱沙尼亚　总统大选　经济外交　中爱建交25周年

一　国内政治形势

（一）2016年总统大选

2016年爱沙尼亚最重要的政治事件是总统大选。① 2016年8月29日至10月3日，经过多轮推选及投票，克尔斯季·卡柳莱德（Kersti Kaljulaid）以高

---

* 张甜，北京外国语大学欧洲语言文化学院爱沙尼亚语讲师。
① 爱沙尼亚国家元首为总统，每五年由议会选出。爱沙尼亚议会（爱沙尼亚语：Riigikogu）由101个议席组成，总统候选人需得到超过2/3的投票数，即68票。

爱沙尼亚

票（81票）当选爱沙尼亚共和国新任总统，并于2016年10月10日在爱沙尼亚议会大厦宣誓就职，成为爱沙尼亚共和国历史上首位女总统。①

克尔斯季·卡柳莱德是无党派人士，1969年出生于爱沙尼亚塔尔图市，拥有生物学学士学位以及工商管理硕士学位，毕业后曾在多家爱沙尼亚企业就职，并于1999年至2002年担任时任总理马尔特·拉尔（Mart Laar）的经济顾问，之后成为欧洲审计院的成员。此外，卡柳莱德还是爱沙尼亚基因中心委员会委员以及塔尔图大学管理委员会主席，并担任过kuku电台Eurominutid②节目的编辑以及Keskpäevatund节目的制作人。③

克尔斯季·卡柳莱德在10月10日的就职演说中指出，目前爱沙尼亚最大的问题不是经济而是安全，全体爱沙尼亚人要为国家的独立、安全而努力。"我们不能选择我们生活的时代，但是我们可以选择如何面对。我们需要自信与忠诚，才能日复一日地将爱沙尼亚这个国家延续下去。""爱沙尼亚拥有良好的教育，有健全的保障机制，有自己的文化、自己的语言，这些都足以让我们保持自信，保证信念。因为相信自己是成功的前提和必要基础。"④她在讲话中也强调，总统要牢记为强者提供机会，为弱者提供支援。

（二）新政府的组成

2016年11月20日，卡柳莱德总统任命于里·拉塔斯为新任爱沙尼亚总理。于里·拉塔斯1978年出生于爱沙尼亚塔林，2005~2007年曾任塔林市市长，他是现任爱沙尼亚中间党党魁。在此之前，爱沙尼亚议会以63票支持、28票反对的表决结果通过了对前任总理塔维·罗伊瓦斯（爱沙尼亚改革党）的不信任案。⑤

除总理外，在2016年11月23日一起就职的还有新政府的14名部长（见表1）。

---

① 爱沙尼亚选举网站，http://www.vvk.ee/?lang=et，检索日期：2017年11月27日。
② Eurominutid以及Keskpäevatund均属于时政类节目。
③ 爱沙尼亚总统网站，https://www.president.ee/et/vabariigi-president/elulugu/index.html，检索日期：2017年11月30日。
④ postimees网站，http://m.postimees.ee/section/127/3866999，检索日期：2017年11月30日。
⑤ 爱沙尼亚议会网站，https://www.riigikogu.ee/istungi-ulevaated/riigikogu-liikmed-umbusaldasid-peaministrit/，检索日期：2017年11月30日。

表1　爱沙尼亚政府成员名单（2016年）

职务	姓名	外文名	所属党派	党派在议会中所占席位
总理	于里·拉塔斯	Jüri Ratas	中间党	27
经济部部长	卡德瑞·希姆森	Kadri Simson	中间党	
公共管理部部长	米黑尔·科尔布	Mihhail Korb	中间党	
农村事务部部长	马丁·莱宾斯基	Martin Repinski	中间党	
教育研究部部长	玛伊利斯·莱普斯	Mailis Reps	中间党	
司法部部长	乌尔马斯·雷因萨鲁	Urmas Reinsalu	祖国联盟—共和国党[①]	12
国防部部长	马古斯·萨克纳	Margus Tsahkna	祖国联盟—共和国党	
环境部部长	马克·伯米兰茨	Marko Pomerants	祖国联盟—共和国党	
财政部部长	斯文·赛斯特	Sven Sester	祖国联盟—共和国党	
社会保障部部长	卡亚·伊娃	Kaia Iva	祖国联盟—共和国党	
教育劳动部部长[②]	杰夫根尼·奥辛诺夫斯基	Jevgeni Ossinovski	社会民主党	15
内政部部长	安德烈斯·安维尔特	Andres Anvelt	社会民主党	
外交部部长	斯文·米克塞尔	Sven Mikser	社会民主党	
文化部部长	因德里克·萨尔	Indrek Saar	社会民主党	
企业和经济发展部部长[③]	乌尔维·帕洛	Urve Palo	社会民主党	

① 采用中华人民共和国外交部网站爱沙尼亚国家概况中的译名，http：//www.fmprc.gov.cn/web/gjhdq_676201/gj_676203/oz_678770/1206_678820/1206x0_678822/，检索日期：2017年11月27日。

② 采用中华人民共和国商务部网站的译名，http：//www.mofcom.gov.cn/article/i/jyjl/m/201611/20161101977047.shtml，检索日期：2017年11月27日。

③ 采用中华人民共和国商务部网站的译名，http：//www.mofcom.gov.cn/article/i/jyjl/m/201611/20161101977047.shtm，检索日期：2017年11月27日。

但从2016年至今，爱沙尼亚政府中部分部长已经发生变更，发生变更的部分部长如下：

现任财政部部长为托马斯·托尼斯特（Toomas Tõniste）；

现任环境部部长为斯姆·科斯莱尔（Siim Kiisler）；

现任国防部部长为于里·卢伊克（Jüri Luik）；

现任农村事务部部长为塔尔莫·塔姆（Tarmo Tamm）；

现任公共管理部部长为雅克·奥布（Jaak Aab）。

（三）重要政党

爱沙尼亚实行多党议会制。目前，爱沙尼亚政坛活跃的主要政党有爱沙尼亚改革党、爱沙尼亚中间党、爱沙尼亚社会民主党、爱沙尼亚祖国联盟—共和国党、爱沙尼亚自由党、爱沙尼亚保守人民党。各主要政党的成立时间、党魁、在议会中所占席位及该党在欧洲议会所占席位（见表2）。

表2 爱沙尼亚重要政党

名称	外文名	成立时间	党魁	在议会中所占席位	在欧洲议会所占席位
爱沙尼亚改革党	Eesti Reformierakond（RE）	1994年	汉诺·派夫克尔（Hanno Pevkur）	30	2
爱沙尼亚中间党	Eesti Keskerakond（K）	1991年	于里·拉塔斯（Jüri Ratas）	27	1
爱沙尼亚社会民主党	Sotsiaaldemokraatlik Erakond（SDE）	1996年	杰夫根尼·奥辛诺夫斯基（Jevgeni Ossinovski）	15	1
爱沙尼亚祖国联盟—共和国党	Isamaa ja Res Publica Liit（IRL）	2006年	马古斯·萨克纳（Margus Tsahkna）	12	1
爱沙尼亚自由党	Eesti Vabaerakond（EV）	2014年	阿尔图·塔勒维科（Artur Talvik）	8	0
爱沙尼亚保守人民党	Eesti Konservatiivne Rahvaerakond（EKRE）	2012年	马特·海勒（Mart Helme）	7	0

资料来源：外交部网站以及爱沙尼亚自由党、爱沙尼亚保守人民党官网，http：//www.fmprc.gov.cn/web/gjhdq_ 676201/gj_ 676203/oz_ 678770/1206_ 678820/1206x0_ 678822/，https：//ekre.ee/，https：//www.vabaerakond.ee，检索日期：2017年11月30日。

（四）2016～2020年计划

2016年，爱沙尼亚通过了一系列改革方案，涉及政治、经济、文化等各个方面，旨在通过改革创造更为高效的政府，确保整个爱沙尼亚境内都能享有高质量的公共服务，改善公民生活质量，带领爱沙尼亚走出经济危机，增强社会幸福感。典型的是推出2016～2020年计划，其中包括实行税费改革，刺激经济，促进平等；考虑到当前工作人口减少和老年人口增加的情况，实行合理

的退休金改革；实行政府行政体制改革，增加市政税收基础，检视市政工作任务；支持在纳尔瓦（Narva）① 与塔林（Tallinn）② 建立爱沙尼亚语言中心；反对无国籍现象，便利在爱沙尼亚出生的儿童获得爱沙尼亚国籍。

在外交与安全等方面，优先保证国防开支；大幅增加对驻外部门的资源投入以及加大对爱沙尼亚安全和国外经济利益的关注程度；制定爱沙尼亚任欧盟轮值主席国的优先事项，确保当好轮值主席国；增强自主防卫能力，保证国防开支至少占国内生产总值的2%，支持增强北约的威慑手段；建立最现代化的欧洲东部边界；加强区域警务网络；强化国家应对危机的能力，增强警方的快速反应能力；等等。

在经济方面，政府将增加基础设施投资；继续爱沙尼亚成功的电子化之路；寻找新措施支持本地住房投资；出售部分国有企业股份或推动国企上市；最大程度增加对农业基金的过渡性支持；促进有机产品及其服务出口；等等。

在社会方面，为增加爱沙尼亚人口数量，将建立灵活的家长休假和薪资体系，在照顾孩子的基础上支持家长工作，拥有三个或更多子女的家庭将可以从国家领取每月至少500欧元的补助；增加啤酒、发酵饮料和红酒的消费税，抑制酒精和糖类的过度消费；创造灵活就业关系出现的条件与机会（远程工作、临时代理工作、共享经济和多重职业）；促使地方政府在增加幼儿园教师收入的同时，也提高学校教师的整体薪资水平；鼓励在国外的爱沙尼亚人返回祖国；改进对HIV病毒和艾滋病的预防与治疗；等等。③

二 经济发展状况

（一）基本概况

爱沙尼亚位于欧洲东北部、波罗的海三国的最北端，国土面积4.5万多平

---

① 纳尔瓦（Narva），爱沙尼亚第三大城市，位于爱沙尼亚东北部，2017年人口为57130人。
② 塔林（Tallinn），爱沙尼亚首都，也是爱沙尼亚的政治、经济、文化中心，2017年人口为445480人。
③ 爱沙尼亚政府网站，https://www.valitsus.ee/et/uudised/valitsus – kiitis – heaks – oma – tegevusprogrammi – 2016 – 2019，检索日期：2017年10月5日。

爱沙尼亚

方公里，一半领土被森林覆盖（到 2017 年，森林覆盖率已增加到 51%）。爱沙尼亚拥有比较丰富的油页岩和石灰石以及磷矿、沥青铀矿和花岗岩资源，但整体资源并不算丰富，人口仅有 130 万，这些都大大限制了其工农业的发展。

为了发展经济，爱沙尼亚自 1991 年恢复独立后，陆续加入北约、欧盟、经济合作与发展组织以及欧元区。同时，该国另辟蹊径，改变发展思路，加大科技投入，成功完成了经济转型，使爱沙尼亚成为目前世界高收入经济体之一，拥有了"波罗的海之虎"的称号。

1. 地理与资源优势

爱沙尼亚拥有 3794 公里的海岸线，得天独厚的地理位置使其发展为重要的物流枢纽，拥有近 30 个发展成熟的港口，其中最大的是国有的塔林港。2016 年底，国会多数赞同通过波罗的海铁路建设项目，这一项目的实施将使爱沙尼亚未来的地位更加突出，枢纽作用日益明显。

爱沙尼亚页岩油气蕴藏丰富，早在二战前即已开采应用。目前，爱沙尼亚是全球页岩能源发展最成功的国家，全国超过 70% 的能源来自页岩油气，该产业产值占全国 GDP 的 4%。食品加工业也是重要产业，全国有超过 400 家食品制造商，主要生产肉制品、乳制品、酒类及烘焙产品等。同时由于爱林业资源丰富，木材加工及家具制造亦颇具规模。

2. 高度的数字化与经济自由度

在爱沙尼亚成功推行了 20 多年的"E - 爱沙尼亚计划"[1]，使爱沙尼亚成为当今全球数字信息技术发展较为成功的国家之一。目前，爱沙尼亚的网络普及率高达 91.4%[2]，而在 2000 年，这一数字还仅为 28.6%。据统计，在爱沙尼亚每日使用网络的人口占总人口的 87%。

爱沙尼亚电子政务始于 1997 年。目前，爱沙尼亚政府的日常工作已基本实现了无纸化，爱沙尼亚也是第一个使用网络选举的国家。高度电子化不仅提高了政府的工作效率及工作的透明度，也大大改善了爱沙尼亚人民的生活，始于 2001 年的电子身份证系统可连接 4000 多项公共和私人的数字化服务，公民

---

[1] 于 1996 年开始的将爱沙尼亚打造成便利的电子型社会的计划。
[2] 联网在线数据统计网，http://www.internetlivestats.com/internet - users - by - country/，检索日期：2017 年 11 月 27 日。

可以通过网络享受到99%的公共服务，据统计在爱沙尼亚99.6%的银行交易都在网上完成，96.3%的税务申报都是通过电子申报，而2008年开始的电子医疗系统，更是大大便利了爱沙尼亚人的就医状况，目前95%的医疗数据已经数字化，公民可以通过电子医疗系统获得完整的在线电子健康记录。①

2015年，爱沙尼亚政府向全世界发出参与数字化建设的邀请，全球非本国居民都可申请其E-reidency②即"电子居住证"，从而使外国人也可以享受到爱沙尼亚的数字化服务。德国总理默克尔、日本首相安倍晋三以及英国皇室的安德鲁王子等都响应了这项邀请。目前来自100多个不同国家的申请者参与到这项计划中去，人数已达27068人。③

爱沙尼亚作为高度数字化的国家，还以经济的高自由度指数著称④。在"2017年度全球经济自由度"排行榜中，爱沙尼亚在参评的180个国家和地区中以79.1分排名第六位，居欧盟第二位。⑤

（二）2016年经济状况

1. 经济缓慢而稳步增长

2016年，爱沙尼亚国内生产总值缓慢但稳步增长（如图1所示），较2015年增长1.6%，总计209亿欧元⑥；劳动人口为651200人，失业率为6.8%（如表3所示）。贸易、信息和通信以及交通行业增加值的提高是推动爱经济增长的主要因素。受益于软件开发业的强劲增长，信息和通信行业对GDP增长的贡献率最大。另外，由于零售和批发贸易的稳定增长，贸易增加值出现了

---

① 数据来源于e-estonia网站，https://e-estonia.com/eesti-keeles/，检索日期：2017年12月3日。
② 爱沙尼亚在2014年宣布向全世界所有人开放"电子公民"身份证服务，这也是全世界首例电子公民项目。
③ 电子公民官网，https://e-resident.gov.ee/，检索日期：2017年12月3日。
④ 经济自由度指数（index of economic freedom），是由《华尔街日报》和美国传统基金会发布的年度报告，是全球权威的经济自由度评价指标之一。2017年度经济自由度指数排名前五位的分别是中国香港，新加坡，新西兰，瑞士和澳大利亚。
⑤ 参考美国传统基金会网站，http://www.heritage.org/index/country/estonia，检索日期：2017年11月27日。
⑥ 中国与中东欧国家经贸合作网，http://www.china-ceec.com/asny/2017/0305/14852.html，检索日期：2017年11月27日。

过去四年里的最高增幅。制造业增加值虽然在第一季度出现下降,但全年实现了0.8%的增长。

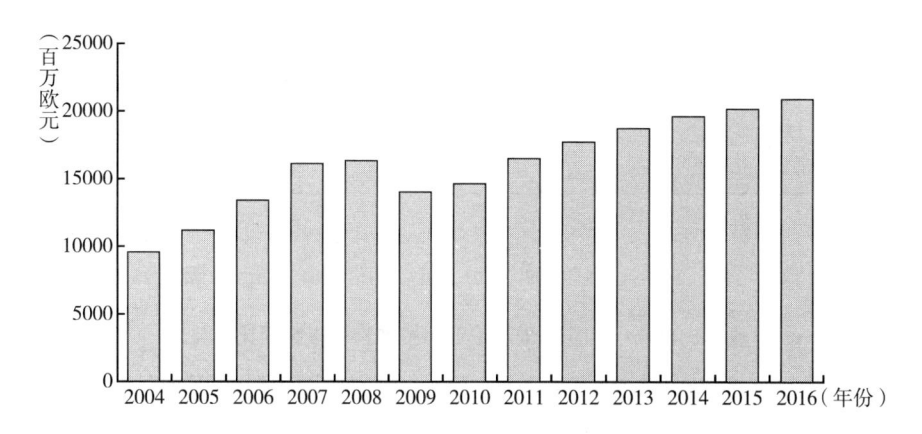

图1　2004~2016年爱沙尼亚现行国内生产总值

数据来源:爱沙尼亚国家统计局,https://www.stat.ee,检索日期:2017年11月27日。

表3　2004~2016年爱沙尼亚失业率及2005~2017年上半年失业率统计表

2004~2016年失业率(%)												
2004	2005	2006	2007	2008	2009	2010	2011	2012	2013	2014	2015	2016
10.1	8.0	5.9	4.6	5.4	13.6	16.7	12.3	10.0	8.6	7.3	6.2	6.8

2005年第一季度~2017年第二季度失业率(%)												
年份季度	2005	2006	2007	2008	2009	2010	2011	2012	2013	2014	2015	2016	2017
第一季度	9.6	6.6	5.3	4.1	11.2	19.5	14.3	11.3	10.0	8.5	6.6	6.5	5.6
第二季度	8.4	6.2	4.9	4.0	13.2	18.3	13.0	10.1	8.0	7.0	6.5	6.5	7.0
第三季度	7.0	5.4	4.1	6.2	14.4	15.4	10.7	9.5	7.8	7.5	5.2	7.5	
第四季度	7.1	5.5	4.1	7.4	15.5	13.6	11.3	9.1	8.7	6.3	6.4	6.6	

数据来源:爱沙尼亚国家统计局,https://www.stat.ee/,检索日期:2017年11月27日。

受家庭消费支出增加的影响,2016年国内需求增长了2.6%。家庭最终消费支出增加的主要原因是交通、食品和娱乐支出的增加,以及消费者物价指数的下降和社会平均工资的上涨(见图2、图3)。此外,一般政府性和非营利机构的最终消费支出也有所增长。

对外贸易方面,爱沙尼亚2016年对外贸易总额为257.3亿美元;其中出

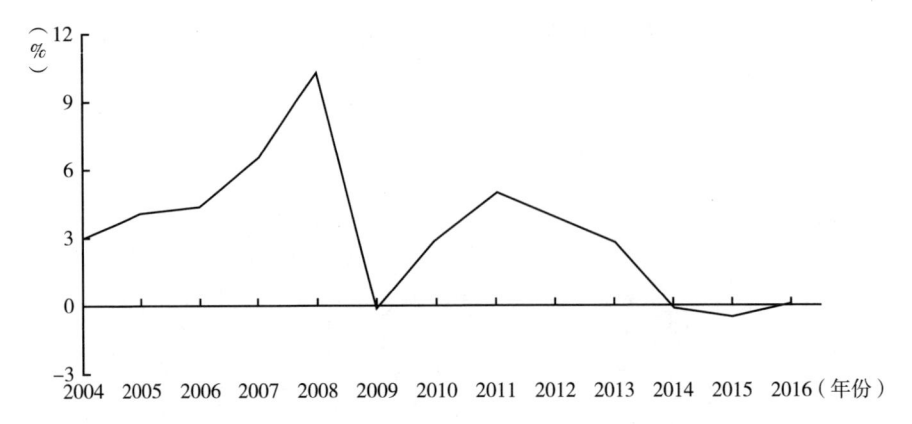

图2　2004～2016年爱沙尼亚消费者物价指数同比变化

数据来源：爱沙尼亚国家统计局，https：//www.stat.ee，检索日期：2017年11月27日。

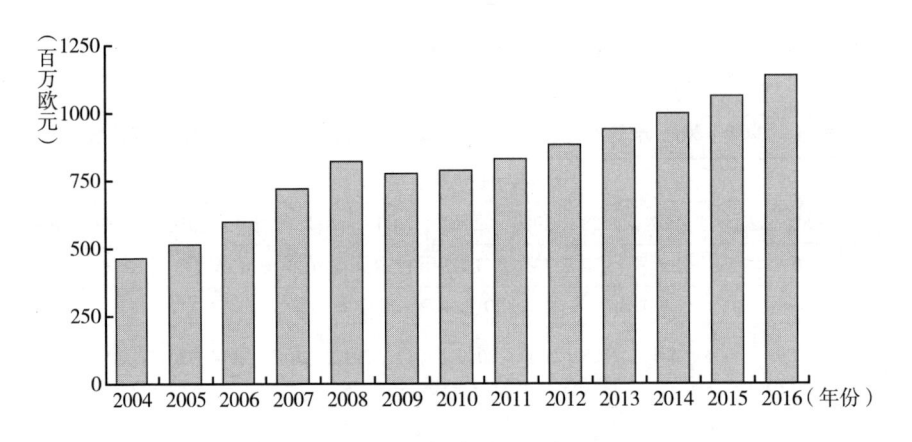

图3　2004～2016年爱沙尼亚的平均工资

数据来源：爱沙尼亚国家统计局，https：//www.stat.ee，检索日期：2017年11月27日。

口为122.7亿欧元，进口为134.6亿欧元。主要出口市场为瑞典、芬兰、俄罗斯、立陶宛、德国、拉脱维亚、挪威，主要进口来源则为芬兰、立陶宛、瑞典、德国、俄罗斯、拉脱维亚、波兰、荷兰以及中国。爱沙尼亚的主要出口产品为机械及电子设备、食品、矿物燃料、木材、金属及家具等；主要进口产品则为机械及电子设备、矿物燃料、食品、车辆及化学产品等，其中机电设备占爱沙尼亚的出口总值高达22%。

2. 相关经济政策

2016年,爱沙尼亚政府批准了一项预算为5770万欧元的国家五年发展计划（2016~2020）①,其中包括创造更多的工作岗位,帮助降低东维鲁省的失业率②并提升人民生活水平等经济政策。同时,爱沙尼亚政府决定动用包括欧盟拨款的46亿欧元③,用来修建铁路,建立公立高中,完善校园,增加幼儿园,新建及翻修多所医疗中心,更新热力管道,实施劳动力改革等,加快振兴爱沙尼亚经济。

在2016年4月27日的政府工作会议上,爱沙尼亚政府还批准了2017~2020年国家财政预算战略,其中包括加大科研投入,支持农业等多项资金分配政策。为改善低收入者生活状况,将降低税收,免税收入从170欧元升至每月180欧元,社会税从33%下降到32.5%。两项合计可使居民少纳税5640万欧元。2017年,教师、文艺工作者、警察和社会工作者的工资也提高约2%。同时,多子女家庭从2017年7月起额外获得补贴。此外,爱沙尼亚近几年来提高烟草和酒精的消费税,并将增加的税款用于提高居民养老金。

三 外交与安全

（一）主要外交关系

爱沙尼亚1991年脱离苏联,宣布独立,同年加入联合国,并于2004年加入了欧盟和北大西洋公约组织。

---

① 爱沙尼亚政府官网, https://www.valitsus.ee/et/uudised/jargmisel-viiel-aastal-suunab-valitsus-577-miljonit-eurot-uhiskonna-sidususe-suurendamiseks, 检索日期: 2017年11月27日。

② 东维鲁省位于爱沙尼亚东北部,紧邻俄罗斯,省会纳尔瓦市是爱俄边境上铁路和公路的重要过境点。近年来,受中转运输量下降、欧盟对俄制裁、卢布贬值等因素的影响,该地区运输业、旅游业萎缩,工业生产下降,失业率上升。目前约有7000人没有工作,失业率为12%,远高于全国的平均值。

③ 爱沙尼亚政府官网, https://www.valitsus.ee/et/uudised/valitsus-kiirendab-majanduse-elavdamiseks-eurotoetuste-investeerimist, 检索日期: 2017年11月27日。

1. 与联合国的关系

自加入联合国起，爱沙尼亚就扮演积极角色，参与在中东、克罗地亚、马里和黎巴嫩的维和行动。爱沙尼亚也是联合国儿童基金会的活跃成员，在冲突地区妇女儿童的保护和教育方面做出了贡献。

2. 与欧盟的关系

爱沙尼亚支持欧盟针对欧债危机所提出的相关措施，以及建构单一市场、持续实施贸易自由化等政策。在2016年特殊的外交环境下，针对整个欧洲所面对的安全问题，爱沙尼亚曾在2016年初向欧盟理事会提出了关于控制获取和持有武器的提议，认为公民安全是欧盟应密切关注的核心议题，应加大力度遏制非法武器的扩散与交易，爱沙尼亚完全支持加强对枪支的管理。同时承诺会为帮助叙利亚冲突中的战争难民逃离战火贡献自己的力量。

3. 与北约的关系

爱沙尼亚高度依赖北约。2016年2月23日，时任爱沙尼亚总理罗伊瓦斯在塔尔图发表独立日讲话中指出，由于难民问题以及恐怖袭击使得欧洲现在不像以往那般安全，而爱沙尼亚加入北约是正确的选择。在过去的两年间，北约空降演习在爱沙尼亚举行，北约和其他国际军事演习越来越定期化，多国联合部队也被部署到爱沙尼亚。2016年7月，北约峰会批准由美国、德国、英国和加拿大领导，在波罗的海三国和波兰各部署一个1000人左右的多国联合的营级单位。罗伊瓦斯对此表示，此举可以有效提高爱沙尼亚的安全状况。

4. 与美国的关系

虽然没有具体时间表，但美国方面的确有意在爱沙尼亚部署导弹防御系统，并认为爱沙尼亚、美国和北约应该共同监测俄罗斯军队并共享信息。[①]

5. 与俄罗斯的关系

自1710年起至1991年两百多年间的爱俄关系史中充满了占领与反抗。由于特殊的历史原因，尽管爱沙尼亚已独立，但长期以来仍对俄罗斯有着很深的疑虑，两国之间偶有摩擦。2007年发生了由于拆除首都塔林市中心的苏军解放塔林纪念碑而引发冲突，致使百余人受伤，上千人被捕。事件之后，俄罗斯

[①] estonianworld 网站，http：//estonianworld.com/security/pence－estonian－pm－discuss－deploying－patriot－anti－missile－defence－system/，检索日期：2017年11月27日。

曾一度称要重新审视与爱沙尼亚的外交关系。2014年乌克兰危机后，双方关系更为紧张。2015年，爱沙尼亚警察和边防局曾宣布，为保障边境安全，将沿与俄罗斯的边界线建造一道长108公里、高2.5米的隔离墙。2016年2月23日，时任爱沙尼亚总理罗伊瓦斯在谈到俄罗斯对克里米亚的"占领"和在乌克兰的军事行动时称，在乌克兰的领土完整恢复之前，讨论减轻或终止制裁是完全无法想象的。2017年，爱俄关系又爆发新矛盾：5月，爱沙尼亚驱逐两名俄罗斯外交官，俄罗斯遂宣布驱逐在俄的两名爱沙尼亚外交官；北约更以维护成员国边界安全为由，自2017年起在爱驻军，引起俄罗斯强烈不满。

（二）外交安全议题

2016年，爱沙尼亚在几次同欧洲高层的对话中都提及了安全问题。欧洲理事会主席唐纳德·图斯克访爱，所探讨的主题就是欧盟的安全和经济。

2016年10月26日，爱沙尼亚总统卡柳莱德在立陶宛访问期间曾表示，立陶宛是爱沙尼亚的好邻居、亲密的欧盟合作伙伴，也是重要的北约盟友，波罗的海国家的紧密合作也是这一地区安全的重要保障。

此前的1月份，时任爱沙尼亚总理罗伊瓦斯在和德国总理默克尔对话中也讨论了欧洲安全问题，并认为默克尔是解决欧洲危机的关键人物。5月，罗伊瓦斯在与联合国秘书长潘基文会面时提到安全这个议题时，表示爱沙尼亚已经准备好为全球的安全问题做出更多贡献，同时也对乌克兰问题提出自己的意见。罗伊瓦斯肯定了联合国在解决冲突中所发挥的巨大作用，但也认为只要明斯克协议没有全面履行，那么与俄罗斯的正常关系就无从谈起，并强调应该坚持对俄制裁。

早些时候，爱沙尼亚前总统伊尔韦斯曾在接受媒体采访时表示，关于俄罗斯入侵波罗的海国家的担忧是多余的。爱沙尼亚是北约成员国，俄罗斯不敢与北约正面对抗。此外，伊尔韦斯还认为，关于在爱沙尼亚境内的俄罗斯族是不稳定因素的论点是站不住脚的。"对比爱沙尼亚和俄罗斯的生活水平，没有人会想要归属于俄罗斯——那个毫无前途的地方。"[①]

[①] 中华人民共和国驻爱沙尼亚共和国大使馆经济商务参赞处，http://ee.mofcom.gov.cn/article/jmxw/201512/20151201210791.shtml，检索日期：2017年11月27日。

（三）外交经济议题

除安全问题以外，经济是2016年另一个重要议题。积极发展经济，摆脱经济危机困扰，和更多的国家建立更为紧密的经济关系，是爱沙尼亚政府的重要目标。

2016年10月12日，在时任爱沙尼亚总理罗伊瓦斯与瑞典首相斯特凡·勒文的会面中，罗伊瓦斯表示瑞典是爱沙尼亚的重要经济伙伴，"信奉自由贸易的国家彼此应当加强合作""我们同瑞方一致认为，欧洲应该发展内部市场，从而为我们的企业创造更多机会，并且要成功完成与加拿大、美国、日本以及其他一些拥有相同价值观的国家的贸易谈判。"[1] 罗伊瓦斯访问芬兰时也表示，要密切两国合作，加强两国经济，寻求新的市场。

2016年12月7日，爱沙尼亚新任总理拉塔斯访问芬兰时表示，爱沙尼亚和芬兰的经济紧密相连，芬兰是爱沙尼亚最重要的经济伙伴之一，"我们需要找到更多的合作机会，使两国人民和公司能够参与经济增长。"[2]

爱沙尼亚与德国之间联系紧密，已有长达25年的友好关系。2016年8月19日，德国总理默克尔访问爱沙尼亚，与时任爱沙尼亚总理罗伊瓦斯在会晤中讨论了深化两国之间的合作。罗伊瓦斯说："德国对爱沙尼亚来说是非常重要的朋友、盟友与合作伙伴，这也是联邦总理安格拉·默克尔访问爱沙尼亚的重要意义所在。"[3] 在2016年初，罗伊瓦斯在访问柏林时向德国政府介绍了本国的科技和数字化发展，默克尔在8月的访问中对其科技发展有了进一步了解，还发表了题名为《数码科技先锋爱沙尼亚和工业巨头德国——共筑欧洲光明未来》的演讲。

---

[1] 爱沙尼亚政府网站，https://www.valitsus.ee/et/uudised/roivas-rootsist-saanud-eesti-olulisim-majanduspartner，检索日期：2017年8月20日。

[2] 爱沙尼亚政府网站，https://www.valitsus.ee/et/uudised/eestit-kulastab-soome-peaminister-juha-sipila，检索日期：2017年8月20日。

[3] 爱沙尼亚政府网站，https://www.valitsus.ee/et/uudised/taavi-roivas-liidukantsler-angela-merkeli-visiit-kinnitab-eesti-ja-saksamaa-lahedust，检索日期：2017年8月20日。

四 社会与文化

(一) 人口概况

据统计,到2017年1月1日,爱沙尼亚人口为1315635人,人口仅占欧盟人口的0.26%,在欧盟国家人口排名中仅排在马耳他、卢森堡和塞浦路斯之前。[①] 其中,爱沙尼亚裔占总人口的68.7%,俄罗斯裔占24.8%,乌克兰裔占1.7%,白俄罗斯裔占1%。

1991年以前,爱沙尼亚的人口一直维持微弱的增长趋势,1991年以后,爱沙尼亚的人口开始了连续二十多年的负增长(见表4)。

表4 爱沙尼亚人口历史变化 (1980~1998)

年份	当年年初总计(人)	增长率(%)	年份	当年年初总计(人)	增长率(%)
1980	1472190	0.527	1999	1379237	-0.993
1981	1482247	0.683	2000	1401250	1.596
1982	1493085	0.731	2001	1392720	-0.609
1983	1503743	0.714	2002	1383510	-0.661
1984	1513747	0.665	2003	1375190	-0.601
1985	1523486	0.643	2004	1366250	-0.650
1986	1534076	0.695	2005	1358850	-0.542
1987	1546304	0.797	2006	1350700	-0.600
1988	1558137	0.765	2007	1342920	-0.576
1989	1565662	0.483	2008	1338440	-0.334
1990	1570599	0.315	2009	1335740	-0.202
1991	1567749	-0.181	2010	1333290	-0.183
1992	1554878	-0.821	2011	1329660	-0.272
1993	1511303	-2.802	2012	1325217	-0.334
1994	1476952	-2.273	2013	1320174	-0.381
1995	1448075	-1.955	2014	1315819	-0.330
1996	1425192	-1.580	2015	1313271	-0.194
1997	1405996	-1.347	2016	1315944	0.204
1998	1393074	-0.919	2017	1315635	-0.023

数据来源:爱沙尼亚国家统计局,https://www.stat.ee,检索日期:2017年11月27日。

① 爱沙尼亚国家统计局,https://www.stat.ee,检索日期:2017年11月27日。

2016年，爱沙尼亚政府通过了一项为期100天的工作计划，把增加人口列为第一事项。为了增加人口，政府把对多子女家庭的补助提升至300欧元。例如，一家有三个子女，自2017年7月起每月可领总额500欧元的补贴。爱沙尼亚政府还希望建立一个较为灵活的育儿补助体系，以支持家长进入劳动力市场，使父母双方共同分担抚养儿童的费用。此外，还将进一步支持儿童体育和康乐活动，加大对残疾儿童家庭的照顾津贴。

这项政策的成效还是很明显的。尽管依然是负增长，但人口出生率下滑的趋势得到了遏制，人口数量开始回升。如图4所示。2016年爱沙尼亚人口比上年同期增长了1850人，上升0.14%，这是继2015年后第二次人口增长。

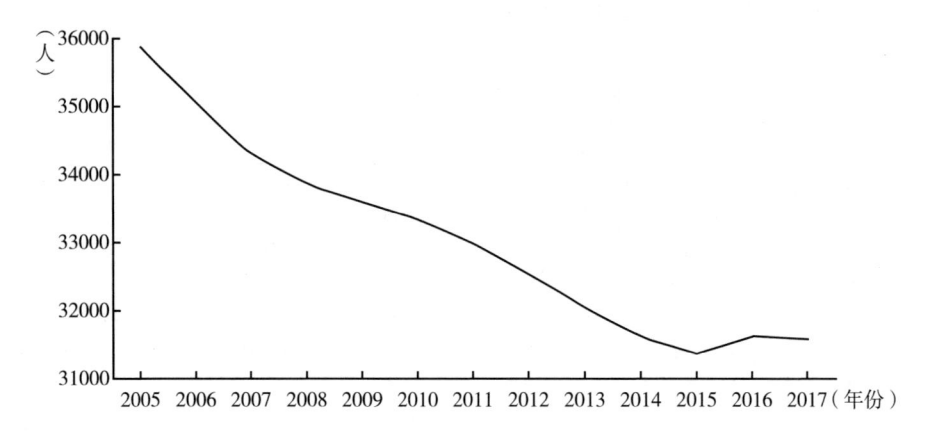

图4 2005~2017年年初人口变化

数据来源：爱沙尼亚国家统计局，https://www.stat.ee，检索日期：2017年11月27日。

（二）教育文化

爱沙尼亚十分重视教育，最新PISA（Program for International Student Assessment）发布的排名[①]，爱沙尼亚略逊于新加坡和日本，全球排名第三位。

---

① PISA是一项由经济合作与发展组织（Organization for Economic Co-operation and Development, OECD）统筹的学生能力国际评估计划。主要对接近完成基础教育的15岁学生进行评估，测试学生们能否掌握参与社会活动所需要的知识与技能。

爱沙尼亚目前拥有519所学校，其中初等教育学校总计351所，中学与高中168所（见表5）。

表5 爱沙尼亚学校信息

所\年份	\multicolumn{10}{c}{总数}
	2007	2008	2009	2010	2011	2012	2013	2014	2015	2016
幼儿园与小学	82	79	72	68	64					
初等教育学校	261	260	260	253	257	318	338	344	347	351
中学与高中	230	227	226	224	219	214	202	184	171	168
全日制学校总数	573	566	558	545	540	532	540	528	518	519

数据来源：爱沙尼亚国家统计局，https：//www.stat.ee/58100？highlight = school，检索日期：2017年11月27日。

建立于1632年的塔尔图大学是北欧最古老的大学之一，也是爱沙尼亚最古老、最著名的大学，著名的诺贝尔化学奖得主威廉·奥斯特瓦尔德[1]就是这里的毕业生，他还是塔尔图大学物理系的创办人之一。塔尔图大学是欧洲著名的科英布拉集团成员，目前爱沙尼亚国家领导人和商界领袖中的约80%毕业于该校，在最新的QS（Quacquarelli Symonds，英国教育升学组织）全球大学排名中位列第314位，EECA（Emerging Europe and Central Asia，欧洲及中亚地区）排名第四位。目前，塔尔图大学学生人数12970人，员工3447人，其中49.6%负责学术，全职教师和研究人员持有博士学位的比例约为73%。

2016年2月17日，爱沙尼亚文化部部长因德雷克·萨尔在发表的新年讲话中强调："我们不能忘记的是文化造就了我们的国家""文化的生命力在于文化间不断的接触和碰撞"[2]。他还提出2020年之前要完善文化政策，包括提高文化工作者的薪酬，增加爱沙尼亚语学习机会等。在前文提及的2016年爱沙尼亚政府100天工作计划中，大力提高文化工作者尤其是教师的工资水平也在其中，计划到2019年将教师的平均工资提升至爱沙尼亚平均工资水平的

---

[1] 威廉·奥斯特瓦尔德（1853年9月2日~1932年4月4日），出生于拉脱维亚的德国籍物理化学家，1875年从塔尔图大学毕业，1909年获得诺贝尔化学奖。
[2] 爱沙尼亚文化部网站，http：//www.kul.ee/et/uudised/kultuuriminister - pidas - aastakone，检索日期：2017年12月4日。

120%。除此之外，政府审议并通过了一项根据欧盟指令制订的关于季节工和企业内部调动员工的草案，规定允许科学家、学者和高级专家在法定居留期间短期工作。

2016年2月23日，时任爱沙尼亚总理罗伊瓦斯在塔尔图发表独立日讲话中强调，未来的爱沙尼亚应该是繁荣、开放、创新的，并坚信爱沙尼亚能够成为新北欧国家。"一个自信的国家不会对孩子会讲爱沙尼亚语的阿尔巴尼亚家庭关上大门，不会对那些准备学习我们的语言，尊重我们的行为与习俗，以及要为爱沙尼亚做出贡献的人关上大门。"爱沙尼亚将不再惧怕差异，更开放的面对世界。①

五　与中国的关系

近年来，由于欧债危机和对俄制裁对经济造成的冲击，爱沙尼亚开始寻求扩大与世界其他地区的经贸往来，并逐步强化与亚洲国家及新兴市场国家之间的关系。

中爱两国自1991年建交以来，双方在政治、经贸、军事、文化、科技与教育等领域的交往与合作稳步发展。双方高层互访不断，并缔结了重要的双边协议，涉及政治、经济、文化、教育等各个领域。两国间设立了经贸合作委员会，并召开了多次例会。

2016年恰逢中爱建交25周年，两国之间无论是经济合作还是文化交流，都取得了不少成就，中爱关系步入新阶段。

（一）两国高层与地方政府间的交流

2016年，中爱两国间高层互访频繁，两国总理、文化部部长、商务部部长以及农业部部长均有会面。

2016年11月5日，在第五次中国－中东欧国家领导人会晤期间，李克

---

① 爱沙尼亚文化部网站，http://www.kul.ee/et/uudised/kultuuriminister－pidas－aastakone，检索日期：2017年11月30日。爱沙尼亚政府网站，https://www.valitsus.ee/et/uudised/peaminister－taavi－roivase－kone－23－veebruaril－tartus－vanemuise－kontserdimajas，检索日期：2017年11月30日。

强总理与爱沙尼亚总理罗伊瓦斯在里加会面，双方探讨了如何进一步加强中爱之间经济合作。爱沙尼亚总理还向李克强总理介绍了塔林－赫尔辛基隧道计划①。这座隧道将与波罗的海铁路项目一同成为"新丝绸之路"的重要后备力量。②

除了日益增多的高层互访以外，两国地方政府之间的交流也愈加频繁。友好城市间相互交流城市规划、交通运输等相关领域的经验，为进一步的合作交流打下良好基础。

中国许多地方市政府与爱沙尼亚城市联盟的成员都对建立和加深彼此之间的友好关系表现出浓厚兴趣，希望寻找到互利的商务联系，促进贸易往来。③

（二）经济交流

在经济合作方面，爱沙尼亚和中国的经济关系一向良好稳定。爱沙尼亚先天优越的地理位置，以及后天所创造的科技财富都是重要的吸引点；同时，中国广阔的市场对于爱沙尼亚来说也有着强大的吸引力。近年来，已有不少爱沙尼亚公司在华开展业务。目前，爱沙尼亚和中国在经济上的合作主要在运输、物流和企业合作等领域。

在物流方面，中国快递公司顺丰速运于2015年9月与爱沙尼亚国家邮政公司共同组建合资快递公司，负责将东北欧地区消费者网购的中国商品快速运至爱沙尼亚、拉脱维亚、立陶宛、芬兰、俄罗斯和该地区其他一些国家。2016

---

① 2016年1月5日，爱沙尼亚首都塔林与芬兰首都赫尔辛基签署合作协议，拟修建塔林至赫尔辛基海底隧道，初步估算，这条海底隧道建成后每年的客流量将达到1100万次。目前塔林与赫尔辛基之间主要依靠轮渡，单程需要2小时，这座拟建中的海底隧道一旦建成，两市之间的交通将只需半小时。（参见中华人民共和国商务部网站，网址 http://www.mofcom.gov.cn/article/i/jyjl/m/201601/20160101227406.shtml，检索日期：2017年11月27日）

② 波罗的海铁路项目涉及爱沙尼亚、拉脱维亚和立陶宛三个国家，是欧盟关于基础设施投资一揽子计划中的一部分，整个项目将耗资36.8亿欧元。（参见周翰博、谢亚宏：《波罗的海三国签署修建铁路协议》，《人民日报》2017年2月2日，http://paper.people.com.cn/rmrb/html/2017-02/02/nw.D110000renmrb_20170202_6-03.htm，检索日期：2017年11月27日）

③ 爱沙尼亚驻华大使馆网站，http://www.peking.vm.ee/est/eesti_ja_hiina，检索日期：2017年11月30日。

年 11 月，世福资本管理有限公司、爱沙尼亚 Richmond Capital 公司、中国铁建国际集团有限公司签署了关于爱沙尼亚北海岸物流园项目的合作备忘录。[①] 据了解，该项目位于塔林穆加港，是连接北欧、东欧和俄罗斯的重要通道，连通目前铁路和公路干道基础设施，又是拟建的波罗的海铁路（爱沙尼亚境内）始发站。

在国际贸易方面，近年来中爱双边贸易额保持增长势头。爱沙尼亚同中国的贸易存在高额的贸易逆差（见表6）。中方对爱沙尼亚出口的主要商品有通信设备及其零部件、机电产品、家具和机动车、非机动车零部件等；中方自爱沙尼亚主要进口通信设备零部件、木材、光学与计量精密仪器和设备以及铜和铜废料等。

表6　2005～2016年爱沙尼亚－中国贸易发展情况

单位：百万欧元

年份	出口	进口	贸易差额
2005	33.8	172.3	-138.6
2006	211.4	219.3	-7.8
2007	64.7	237.5	-172.7
2008	53.7	232.3	-178.6
2009	54.9	145.3	-90.5
2010	112	282	-170
2011	203.1	454.8	-251.7
2012	101.2	480.6	-379.4
2013	85.2	433.7	-348.5
2014	139.3	486.7	-347.4
2015	135.3	519.5	-384.2
2016	168.4	556.0	-387.6

数据来源：爱沙尼亚国家统计局，http://www.stat.ee，检索日期：2017年11月27日。

[①] 黑龙江省商务厅网站，http://www.hljswt.gov.cn/international/22349.jhtml，检索日期：2017年11月30日。

由于爱沙尼亚乳制品行业产能过剩，供过于求，迫切希望进入中国等新兴市场。2016年5月16日，国家质检总局副局长梅克保率团访问爱沙尼亚，其间与爱方签署《爱沙尼亚共和国农村事务部和中华人民共和国国家质量监督检疫总局关于爱沙尼亚输华乳品动物卫生和公共卫生条件议定书》[①]，为爱沙尼亚乳制品打开了中国市场的大门。

在当前主要经济协议已经缔结的状况下，双方城市与地方当局的合作规模日益扩大，企业与政府部门之间的直接沟通渠道逐步建成。制造业、林业、食品工业、信息技术、教育和旅游等领域的合作逐渐展开。中方还对爱沙尼亚在生物技术和油页岩加工等领域的技术和经验表现出浓厚兴趣。

（三）文化交流

在文化与旅游方面，两国自建交以来合作交流日益增多，双方音乐团、舞蹈团等都进行了许多交流，中国电影也多次在塔林黑夜电影节[②]上展映。同时，中国已经成为赴爱游客人数增长最快的来源国之一，越来越多的中国游客发现了这个美丽的波罗的海国家，爱沙尼亚也连续几年在中国农历新年时组织庆祝活动。

随着合作交流的增多，越来越多的爱沙尼亚学生来到中国的大学学习，自1994年以来，每年都会有爱沙尼亚学生到中国学习中文。2010年，塔林大学开设孔子学院；同年秋，北京外国语大学率先开展爱沙尼亚语教学。近年来到爱沙尼亚学习的中国学生也越来越多。

为庆祝中爱建交25周年，2016年4月，爱沙尼亚大使馆主办的"揭开多彩北欧面纱——欣赏爱沙尼亚之美"活动在京举办，活动涉及爱沙尼亚文化、美食、旅游等多个方面，期间，爱沙尼亚著名歌手玛丽亚丽丝·伊露斯[③]和著名民谣乐队Trad. Attack均在国家大剧院为大家带来精彩演出。2016年11月，

[①] 中华人民共和国商务部网站，http://www.mofcom.gov.cn/article/i/jyjl/m/201605/20160501320122.shtml，检索日期：2017年11月27日。

[②] PÖFF（Pimedate Ööde Filmifestival）即塔林黑夜电影节，创办于1997年，每年在爱沙尼亚首都塔林举行，2014年被国际电影制片人协会列为国际A类电影节，是全球15个A类国际电影节之一。

[③] 玛丽亚丽丝·伊露斯（Maarja-Liis Ilus）是爱沙尼亚著名歌手，她至今已出版11张专辑，并曾代表爱沙尼亚参加过两次欧洲歌唱大赛。

久负盛名的爱沙尼亚爱乐合唱团①携手塔林室内乐团来华演出。

2016年也是两国电影业合作的重要一年。4月29日,中国国家新闻出版广电总局副局长童刚和爱沙尼亚文化部长因德雷克·萨尔代表两国签署了中爱电影合作拍摄协议。爱沙尼亚是世界上第十四个与中国签订此类协议的国家。②

---

① 爱沙尼亚爱乐合唱团是爱沙尼亚闻名世界的音乐团体之一。两次斩获格莱美"最佳合唱奖",14次获格莱美提名。
② 爱沙尼亚文化部网站,http://www.kul.ee/et/uudised/eesti-ja-hiina-koostoolepe-edendab-kummagi-riigi-filmitoostust,检索日期:2017年11月30日。

B.8 保加利亚

林温霜　张书评　陈 巧*

摘　要： 2016~2017年，保加利亚政坛仍维持常态化的波动：欧洲发展公民党在总统大选中失利，党主席博里索夫重演了辞职、再当选的戏码，使保政坛在波动中保持相对稳定。对外政策方面，保加利亚继续致力于欧洲—大西洋的发展方向，积极融欧，参与北约在黑海的系列军演，关注西巴尔干国家加入欧盟的进程。随着欧洲一体化进程在中东欧持续推进，保加利亚积蓄了一定的后发优势。2016~2017年，保经济平稳增长，但出生率低，人口负增长、老龄化趋势明显，人才外流严重，增加了保劳动力市场的压力。

关键词： 保加利亚　政坛波动　融欧　经济平稳增长

一　国内政治形势

1990年后，保加利亚政局一直处于不稳定的状态。党派林立，新党派不断涌现，政府更迭频繁，少有执政党能顺利完成一个任期，举行下一轮选举并

---

* 林温霜，博士、副教授，北京外国语大学欧洲语言文化学院副院长，教育部国别和区域研究培育基地中东欧研究中心副主任，保加利亚语教研室主任。主要学术方向为保加利亚文学、国别研究及中保文学交流，长期从事保加利亚语言文学的教学与研究；2013年获得保加利亚议长颁发的"保加利亚议会奖章"；张书评，硕士，1998~2000年在保加利亚多家中资企业供职，2001年回国创业，2004年起在亿嘉模咨询公司（天津）任营销经理兼业务翻译，关注中东欧国家经济社会发展，曾发表数十篇时事评论；陈巧，北京外国语大学欧洲语言文化学院教师，硕士，助教，主攻保加利亚、马其顿社会问题研究。

如期换届。

2016年11月，保举行总统选举，社会党（БСП）推举的候选人鲁门·拉德夫（Румен РАДЕВ）胜出，欧洲发展公民党（ГЕРБ）支持的总统候选人采茨卡·察切娃（Цецка ЦАЧЕВА）在总统选举中败选。之后，欧洲发展公民党主席博里索夫（Бойко БОРИСОВ）表示对总统选举失利负责，辞去总理职务，并要求提前进行议会选举。2017年1月25日，保总统拉德夫签署总统令，宣布1月27日解散第43届国民议会，任命看守政府奥格尼扬·格尔吉科夫（Огнян ГЕРДЖИКОВ）出任看守政府总理。3月26日，保加利亚举行议会选举，博里索夫领导的欧洲发展公民党以32.65%的选票获胜，成为议会第一大党，但仍需与其他政党联合组阁。5月4日，保加利亚国民议会批准由欧洲发展公民党与"爱国者阵线"组成新一届联合政府，新政府共设18个部，现内阁成员由1名总理、4名副总理（其中2人为副总理兼部长）和16位部长构成。欧洲发展公民党主席博里索夫第三次出任总理。此前，博里索夫曾于2009～2013年、2014～2016年先后两次出任保政府总理。新一届联合政府获得议会批准后，博里索夫随即向议会发表施政演说。他强调，新政府将继续奉行欧洲一体化的发展道路，努力完成欧盟提出的各项改革目标，打击腐败和犯罪。①

从保加利亚近年的政治局势来看，欧洲发展公民党毫无悬念的充当着政党领头羊，而公民党党首博里索夫也几乎是总理的"不二人选"。在政治常态化波动的形势下，出现这一现象的原因尤其耐人寻味。既然公民党在如今的保政坛并没有强有力的竞争对手，又为什么始终无法实现政治稳定和政权稳定？原因不一而足，总体来看可以归结为以下几个方面：第一、公民党接受了"稳定与振兴国民运动"（НДСВ）② 的政治衣钵，成为保加利亚民粹主义政治力量的化身。党首博里索夫更是"羞于成为政治精英"，自我定位成代表大多数

---

① 新华网，http：//news.xinhuanet.com/world/2017 - 05/05/c_ 1120920268. htm，检索日期：2017年10月4日。
② 稳定与振兴国民运动（Национално движение за стабилност и възход）前身为2001年4月保加利亚末代国王西美昂创建的"西美昂二世国民运动"（Национално движение "Симеон Втори"），2002年5月注册成为政党；2005年6月在议会大选中获得53个议席，成为议会第二大党，并于8月中旬与社会党及"争取权利和自由运动"党共同组阁；2007年6月，更名为"稳定与振兴国民运动"。

民众，而非少数精英的一派。第二、博里索夫初入政坛，就表示出其打击腐败的决心，曾言称"我是唯一能阻止犯罪和腐败的人"，吸引了无数支持者，曾建议取消国民议会议员的豁免权，建立反腐统一机构。第三、公民党执政期间，为提升保加利亚经济发展水平做出了努力并取得了一定的效果。第四、公民党是保政坛唯一具有明显"欧盟身份"的政党，宗旨是"为了欧洲发展和保加利亚的繁荣，发展公民社会"，可以说投给该党的选票捆绑着民众对欧盟的期待。第五、民众担心没有博里索夫的保加利亚政坛会更加动荡。虽然公民党并未如期满足选民在发展经济、司法改革及融入欧洲方面的期待，但也并未出现堪当此任的任何其他政党或政治人物。而民众已经厌倦了党派斗争和选举，表现为民众政治冷淡，选民参与投票率低，选票分散。这些因素都间接支持了博里索夫的三次胜选。

二 经济发展状况

（一）经济发展驶入平稳增长期

2007年1月，保加利亚加入欧盟。如今，保加利亚已经作为这一组织成员国走过十个年头。10多年来，作为新入盟的国家，保加利亚国民经济同欧盟经济的融合逐步深入。2014年和2015年前后，在乌克兰危机久拖不决、希腊债务危机不断发酵的背景下，保加利亚经济发展受到一定波及，实体经济发展放缓。2015年，保加利亚全年预算赤字占GDP约1.6%[①]，2016年预算赤字再创新低，接近于零，公共债务占GDP的29.5%。保加利亚预算赤字和公共债务水平都低于欧盟3%和60%的标准。2016年，保加利亚经济已逐步摆脱应对危机的下滑期，驶入平稳增长期。

从内部因素看，近些年来，欧洲一体化进程在中东欧持续推进，保加利亚从中积蓄了一定的后发优势，经济保持增长势头。保加利亚经济进一步同欧盟经济发展融合，提振了其未来加入欧元区的信心。保加利亚历届政府尤其注重

---

① 如无特殊说明，"经济发展概况"部分引用的数据均来自保加利亚国民银行（央行），www.bnb.bg。

高效利用和吸收欧盟援助资金工作，努力同国际市场接轨，参与经济全球化和国际竞争，借鉴别国发展经验，并根据本国实际情况制定了系列促进经济发展的配套措施和相应的处理经济问题对策，避免了经济发展出现过大波动。

从外部因素看，欧盟经济整体形势趋于稳定，一定程度上带动了保加利亚外贸进出口。此外，全球经济企稳、国际原油价格持续低迷，也有利于保加利亚降低生产成本，促进产品和劳务出口。

保加利亚自启动加入欧元区的进程以来，不断遇到政治上的阻力，荷兰、芬兰、奥地利已明确反对保加利亚加入欧元区。欧洲的主要经济引擎——德国虽未公开表示反对，态度上则倾向于推迟保加利亚加入欧元区。总部设在巴黎的经济合作与发展组织目前已有35个成员国家，其中22个来自欧盟。欧盟国家中尚未成为这一组织成员国家的仅有保加利亚、罗马尼亚、克罗地亚、塞浦路斯和马耳他。由《华尔街日报》和美国传统基金会（The Heritage Foundation）发布的《2017年度经济自由度指数》（Index of Economic Freedom）显示，保加利亚排名47位，较上一年提升2位。在世界银行《2017年全球营商环境报告》中，保加利亚积分73.51，排名提升至39位。

总体而言，2016年保加利亚经济缓慢复苏，总体发展良好。欧洲发展公民党作为执政联盟的主要政党连续执政，重视发展经济，改善人民生活，大力促进经济增长。同时，政府通过举债弥补了部分财政短缺，逐步扩大了公共开支，在基础设施建设领域加大了投入，并借此拉动经济增长，带动就业。财政方面，保加利亚实行相对保守、紧缩的财政政策，适度缓慢调整并释放这一政策，目标是通过实行更为公平公正的社会政策和有效的公共财产管理政策，保持经济平稳增长，克服宏观经济失衡问题。长远来看，保加利亚财政政策将进一步走向"欧洲一体化"，最终迈向欧元区国家，成为欧盟经济和货币联盟的全权参与者。

2016年全年，保加利亚GDP为926.35亿列弗①（约合473.64亿欧元），

---

① 保加利亚货币单位列弗，保加利亚国家银行恒定对欧元比价：1欧元兑1.95583列弗。兑美元汇率波动，换算数据根据保加利亚国家银行公布的比价：2015年1美元兑1.79列弗，2016年1美元兑1.86列弗，2017年第一季度1美元兑1.83列弗，2017年第二季度1美元兑1.71列弗。

同比增长 3.4%。其中农业占比 5.1%，工业占比 27.5%，服务业占比 67.5%①。主要农产品有小麦、向日葵、玉米、土豆、西红柿和苜蓿草等。主要工业部门有冶金、机械制造、化工、机电、电子、轻纺和食品加工等。保加利亚旅游业比较发达，2016 年接待外国游客总人次已超过本国人口总数。交通运输以海运和铁路为主，主要港口有瓦尔纳海港、布尔加斯海港和鲁塞河港。2016 年，保加利亚人均 GDP 为 12996 列弗（约合 6645 欧元），相比 2015 年略有增长。外汇储备 238 亿美元②。失业人口 26.1 万，失业率 8%，2012 年以来百分比首次回落到个位数，创 10 年来新低。平均工资 962 列弗（约合 492 欧元）。2016 年，保加利亚吸引外国直接投资 26.7 亿欧元。据安永会计师事务所统计，外国直接投资为保加利亚新增了近 4000 个工作岗位。2016 年，保加利亚对外贸易额不断攀升，出口（FOB）235.7 亿欧元，进口（CIF）260.9 亿欧元。惠誉、穆迪等国际信用机构均对保加利亚做出了经济展望正面的评级③，穆迪评级保加利亚为 Baa2。标准普尔将保加利亚信用评级定为 BB +，由稳定改为正面，认为保加利亚财政和外贸数据表现优良。

2016 年，保加利亚政府重拳打击偷税漏税，同时防范走私，增加税收，保障经济平稳运行，保持金融系统基本稳定，实体经济受金融危机的影响已经基本消失。2016 年，保加利亚实现税收 269 亿列弗，财政盈余 14.7 亿列弗。同时，保加利亚政府努力提升欧盟援助基金使用效果，在基础设施建设、农业补贴等方面加大了投入。

据保加利亚国家统计局最新统计数据，2017 年上半年，保加利亚产品出口已达 251 亿列弗，同比增长 16%。一般来讲，下半年的出口数据普遍高于上半年。2017 年 1~11 月，保加利亚外贸总额为 918 亿列弗。2017 年主要进口机电产品、金属矿石、化工材料、燃料，主要出口纺织品、贱金属、机械装备。主要进口来源国有：俄罗斯、德国、意大利、罗马尼亚；主要出口目的地国有：德国、土耳其、意大利。保外贸进出口对保经济持续较快增长形成有力支撑。

---

① 数据来源：Global Finance 公布的预测值。
② 数据来源：国际货币基金组织 1 月公布的各国数据。
③ 有关评级系评级机构 2017 年 1 月更新的数据。

（二）经济发展仍面临诸多压力

保加利亚经济发展仍面临诸多压力，形势不容乐观。标准普尔认为，有关压力主要来自人口和债务方面。保加利亚经济能否持续健康发展，尚存在一定变数。2016年，保加利亚经济数据向好，一定程度上得益于欧盟整体经济向好，欧债危机消极影响减小，带动了保加利亚贸易和吸引了直接投资。此外，欧盟援助基金为保加利亚系列基础设施建设项目开工建设创造了有利条件。但保加利亚本身体量不大，经济基础相对薄弱，经济对外贸的依存度比较高。保加利亚国内也缺乏大型实体经济和优势支柱产业，产业结构不尽合理，内生动力严重不足。

2017年，保加利亚政府施政纲领公布的重点发展领域有：国防、卫生、教育、民生等领域。经济连续多年稳步增长，吸引了一定的投资，旅游、服务和劳务出口等有望成为保加利亚未来经济发展的动力源。2017年，保在提振经济，创造就业，改善民生等方面仍旧面临很多困难，外部变化也可能带来诸多的不确定性因素。欧盟和全球经济发展的不确定性对保加利亚经济的影响不容小觑。

一是英国脱离欧盟进程逐步展开，欧盟一体化进程受阻，所有欧盟国家和欧盟候选国都或多或少受此消极影响，经济发展的不确定性加大。英国脱离欧盟，将直接导致欧盟资金缺口增大。目前，英国脱欧尚未对保加利亚吸收欧盟基金形成较大的难度和阻力，但保加利亚吸收欧盟援助基金的总额似不得不面临缩水的局面。利好消息是：2018年上半年，保加利亚成为欧盟轮值主席国，各方特别是保加利亚期待借此时机深化欧盟内部改革，推动援助基金更多向新入盟的成员国倾斜。

二是美国总统特朗普上台后，对欧政策几经波动，尚不明朗，这对保加利亚的出口以及吸引美国投资形成一定冲击。出口、外国直接投资是保加利亚经济发展两大领域和重要支柱，不容有失。2017年1~5月，保加利亚吸引外国投资4.06亿欧元，同比已有所减少。

（三）保加利亚与中国在双边经贸领域的合作

保加利亚和中国于1952年签订政府间贸易协定，开始实行政府间记账贸易。1991年始，两国改为现汇贸易方式。1985年，中保两国成立了政府间经济、贸易及科技合作委员会。自2007年后，委员会改称经济合作委员会，属副部长级别。截至2017年，中保两国经济合作委员会已举行16次例会。

2007年，保加利亚成为欧盟成员国后，全面执行欧盟共同贸易政策。保加利亚关税和贸易政策进一步规范化，这为中保两国双边经贸关系稳定发展奠定了坚实基础。同时，由于欧盟多次发起针对中国的贸易救济措施，如反倾销、反补贴、保障与特殊保护等硬性指标规定，在一定程度上限制了中国产品进入保加利亚，进而通过保加利亚进入欧盟市场。

近年来，中保两国经贸关系总体保持稳定有序发展，受全球及欧盟市场影响，发展过程中略有波动和起伏。2004~2017年两国间双边贸易额见表1。

表1　2004~2017年中国与保加利亚双边贸易情况

单位：亿美元

年度	进出口总额	同比增长（%）	中国对保加利亚出口额	同比增长（%）	中国自保加利亚进口额	同比增长（%）
2004年	4.1	79.9	3.4	103.1	0.7	14.3
2005年	5.3	31	4.4	30.7	0.9	32.9
2006年	18.6	251.3	17.8	303.7	0.8	-8.2
2007年	9.7	-48	8.1	-54.4	1.6	90.4
2008年	13.3	36.8	11.1	36.8	2.2	37.2
2009年	7.5	-45.1	6.1	-47	1.4	-35
2010年	9.8	33.5	6.6	10.9	3.2	128.9
2011年	14.7	49	10.1	52.2	4.6	42.6
2012年	18.9	29.4	10.5	4.9	8.4	83
2013年	20.8	9.8	11.2	5.9	9.6	14.8
2014年	21.7	4.4	11.8	5.5	9.9	3.1
2015年	17.9	-17.1	10.4	-11.4	7.4	-24
2016年	16.4	-8.3	10.5	1.2	5.9	-21.4
2017年1~7月	11.6	22.3	6.2	1.6	5.4	58.9

注：相关数据源自中国海关。保加利亚方面的统计数据与此数据有较大差别，原因在于双方使用了不同的统计方法以及是否将转口贸易额度记录在双边贸易额度中。

近些年，中保两国经贸合作拓展到很多新兴的领域，如电子通讯、汽车制造、银行金融、农业贸易、可再生能源等。目前，在保的中资企业和机构主要有：华为技术保加利亚公司、中兴通讯（保加利亚）股份有限公司、中国国

家开发银行保加利亚分部、中国交通建设集团保加利亚分部、湘电集团保加利亚公司、明阳风电绿色能源公司等。

2011年，天津农垦集团在保加利亚成立天津农垦集团总公司保加利亚公司，租用土地，种植苜蓿、玉米、油菜等农作物，生产饲料，建立综合性大农场。据报道，两国还在保建立了农业合作示范区，致力于共同提升农业生产水平，推动农业产业发展，促进农产品贸易。示范区的合作重点是农业科研、农机、种植、养殖、加工全产业链等领域。目前，天津农垦集团总公司保加利亚公司开展业务总体顺利，两国农产品贸易额增长较快。

长城汽车于2011年开始在保加利亚北部城市洛维奇市同保加利亚利特克斯汽车集团（Litex Motors）合作设立合资公司，由保方出资，中方负责提供技术和设备，组装生产长城汽车。根据Litex Motors公司年度报告，2015年组装生产并销售汽车851辆。2017年2月27日，保加利亚工商部门网站刊登公告，长城汽车在保加利亚的组装生产合作伙伴Litex Motors集团宣布资不抵债并申请破产。2017年2月底，Litex Motors集团申请破产后，集团旗下原汽车营销部成功剥离并重组"保加利亚汽车工业"公司，成为长城汽车品牌在保新的合作伙伴和唯一产品分销商。目前，长城汽车在保加利亚洛维奇市的产品组装生产厂运营正常，并引进了哈弗H2、H6等新型车生产线。

此外，据保加利亚媒体报道，2015年前后，根据欧盟有关要求，保加利亚调整了其能源政策，对入网电价进行配额定价限制，导致了部分在保外资（主要是中资）风电、光电企业逐步淡出了保加利亚能源市场。

三　外交与安全

（一）战略上融欧

在对外政策上，随着冷战后世界政治格局的大变化，保加利亚的外交战略重心发生了根本性的转移。但由于政府更迭频繁，施政纲领各异，对外政策显示出很强的随机性和摇摆性。1997年伊万·科斯托夫（Иван КОСТОВ）领导的民主力量联盟（Съюз на демократическите сили）执政后，将外交政策的重心确定为加入北约和欧盟。自此，欧盟一体化以及欧洲—大西洋的发展方向才成为保历届政府施政方针中的优先发展方向与国家战略。

2007年保加利亚正式加入欧盟，机制上实现了与欧盟其他成员国的一体化。10年来，通过吸收和利用欧盟援助基金，也经过欧盟审查机制的审核与监控，保加利亚已经基本实现了政治、社会以及民众意识的欧盟化。但由于司法改革迟缓，腐败和有组织犯罪问题仍然未得到根本解决，保融入欧洲的进程仍然缓慢——加入申根协定和欧元区的时间被一再拖延，加之欧洲难民危机的影响，融欧步伐有放缓迹象。2016~2017年，保将其外交的重点之一放在于2018年上半年担任欧盟轮值主席国的准备工作中①。任欧盟轮值主席国的国家可在任期内对欧盟的议事日程施加影响，与此同时也承担在各成员国之间加强协调、促进共识的任务。为此，于2017年5月组阁的保新一届政府还特别设立2018保加利亚欧盟轮值主席国部，以加强对该项事务的统筹协调，并有志于实现针对移民等问题的可持续的泛欧解决方案。

（二）关注区域发展

与对欧外交相关联的另一个保加利亚对外政策的重点，就是关注区域发展，支持西巴尔干国家加入欧盟。保积极参与地区事务，在黑海经济合作组织（Black Sea Economic Cooperation）、东南欧稳定公约（Stability Pact for South Eastern Europe）等组织中发挥着促进经济发展及建立地区性安全协作关系的积极作用，同时密切关注并积极推动西巴尔干国家加入欧盟的进程。2017年7月，副总理兼外交部长艾卡特琳娜·扎哈利耶娃（Екатерина ЗАХАРИЕВА）在会见外交使团时明确表示：在保加利亚担任欧盟轮值主席国期间，将致力于帮助西巴尔干国家实现欧洲和欧洲大西洋一体化；尤其关注地区发展，继续深化与东南欧国家的双边政治、经济和文化关系，在所有共同关心的领域促进伙伴关系的发展，参与不同形式的区域合作，并支持该区域基础设施、能源和交通的发展。②

---

① 2016年英国脱欧后宣布放弃2017年7月开始的6个月任期的欧盟轮值主席国。爱沙尼亚提前6个月取代英国，其他轮值主席国也依顺序提前。因此，保加利亚的任期从原定的2018年下半年提前至上半年。
② 《扎哈利耶娃解读保加利亚对外政策的优先发展方向》，https://dariknews.bg/novini/bylgariia/zaharieva - predstavi - prioritetite - vyv - vynshnata - ni - politika - pred - diplomaticheskiia - korpus - 2030987，检索日期：2017年8月26日。

(三)履行北约的外交与军事决议

保加利亚加入北约13年来,努力承担作为北约成员国的责任与义务,也出于维护国家安全的考虑,履行北约的外交及军事决议。然而在这一点上,近年保国内各派,甚至派系内部均有不同的声音。一方面,总统、军方坚持黑海区域的军事化,即加强北约在东南欧的军事存在,经常在黑海进行军事演习,甚至一度曾有在土耳其、罗马尼亚和保加利亚之间建立共同的军事舰队的想法,动因是消除保加利亚潜在的安全威胁以及建立所谓的北约与俄罗斯在该地区的战略和军事平衡。另一方面,总理博里索夫则对这些提议做出了激烈的反应,提出了黑海地区去军事化的不同意见,强调黑海应作为商业、旅游和捕鱼的区域,没有武器、军舰和潜水艇,担心沿海地区的军队集群和演习可能会导致俄罗斯的激烈反应,表示"希望黑海成为旅游商船的一个区域,港口充满商业和旅游船只,这会带来附加值,提高养老金和工资,使人们生活得更好"①。虽然两种声音看似针锋相对,但这并不影响保加利亚对外政策的执行,这一点在2016~2017年的北约系列军演中得到了充分的证明。

2014年克里米亚危机以来,北约开始集中力量解决怎么应对俄罗斯的问题,在东欧地区与俄罗斯的军事力量对峙状态呈现出常态化的趋势。2016~2017年,北约多次在波罗的海和黑海展开联合军事演习,保加利亚军队均参与其中。②

2016年7月11日,北约"微风-2016"海上联合演习在黑海举行,主要目的是提高各国应对危机时的协同作战能力。包括保加利亚在内的黑海地区所有北约国家都加入了此次演习。2016年9月,北约大规模演习"充分打击-2016"在多个欧洲国家和波罗的海国家展开。同时,另一场代号为"敏捷精神-2016"的北约多国军演也紧锣密鼓地在格鲁吉亚展开。除了美国和格鲁吉亚,还有保加利亚、罗马尼亚、立陶宛、拉脱维亚、乌克兰和土耳其参演。美

---

① ЮлияВладимирова 对 ЗдравкоПопов 的访谈:《保加利亚对外政策——使用的方式》,http://a-specto.bg/vanshnata-politika-na-balgariya-nachin-na-upotreba/,检索日期:2017年9月9日。
② 环球网,http://world.huanqiu.com/hot/2016-12/9881693.html,检索日期:2017年7月8日。

国方面表示,"敏捷精神-2016"的构思与俄罗斯的军事活跃性有关。对于北约的咄咄逼人之势,俄罗斯也毫不示弱地以战略导弹部队全境演习、"高加索-2016"军演做回应。2016年10月底至11月上旬,北约和俄罗斯几乎同时在巴尔干这个敏感的地区举行军演。一边是北约国家在黑山进行演习,参演成员来自7个北约成员国和10个非成员国国家,参演兵力680人,演习为期5天,旨在训练各国之间协调救灾以及防止化武袭击的能力。另一边,在相距北约演习地域仅240公里的塞尔维亚,俄罗斯、白俄罗斯与塞尔维亚一同进行代号为"斯拉夫兄弟2016"的联合军演,共投入兵力600多人。分析认为,虽然两场演习的规模并不大,但北约和俄罗斯前后在同一地区举行军演,反映了双方在地缘政治上的对峙,从波罗的海和黑海延伸到了巴尔干等欧洲内陆地区。

2017年3月8日,北约军演在保加利亚黑海举行。美国军舰维克斯堡号参加保加利亚举行的北约军演。代号为"2017·高贵跳跃"的北约联合军演5月31日在保加利亚开始举行,这是保加利亚首次在其境内为北约联合军演提供后勤保障,被认为可以检验保军后勤部门与北约联合行动的能力。7月,北约密集地将保加利亚作为主场进行了三场军演,突出了保加利亚处于北约和俄罗斯对峙前沿的战略地位。由乌克兰和美国主导的"海上微风-2017"联合军演于10日开启;另一场代号为"军刀卫士2017"的北约多国部队军事演习同一天在保加利亚"新村"美军基地拉开序幕;代号为"军刀卫士2017"的北约多国部队军事演习于7月11日开始,是北约2017年在黑海地区军演中规模最大的一次,分别在保加利亚、匈牙利和罗马尼亚三国举行,来自22个北约成员国和伙伴国的2.5万名军人参演。保加利亚总统拉德夫到场观看演习,并检阅参演部队。保加利亚国防部长卡拉卡恰诺夫说,演习不针对任何非北约国家,演习显示北约各国的协同作战能力在提高。[1]

(四)对俄外交政策上的犹豫

不同于其他中东欧的北约和欧盟成员国,保加利亚与俄罗斯在地缘战略、

---

[1] 新华网,http://news.xinhuanet.com/world/2017-07/21/c_1121358300.htm,检索日期:2017年8月30日。

经济、能源乃至历史、文化上都有着割不断的亲密关系。尤其是克里米亚危机后欧盟实施了对俄罗斯的经济制裁，使得民众对待俄罗斯的态度较之冷战初期有明显的扭转。据保加利亚科研机构趋势研究中心对保加利亚成年公民对不同国家和国际组织的态度进行的调查显示，60%的保加利亚人对俄罗斯持积极的态度，只有9%是负面的；而对美国持积极态度者为35%，北约为44%。[1] 这或许可以解释保国内在对俄外交政策上表现出的犹豫和意见不统一，一方面必须严格执行北约在黑海地区的统一军事部署；另一方面不得不考虑北约与俄罗斯之间的对峙对保加利亚经济的影响以及民众的基本态度，这些都决定着选民未来的选择。

四　社会与文化

（一）民族构成与人口问题

保加利亚是一个以保加利亚族为主（约占全国人口的84%）的多民族国家，官方语言和通用语言皆为保加利亚语，使用西里尔字母。大多数保加利亚居民信奉东正教，少数人信奉伊斯兰教。

土耳其族和罗姆族是保加利亚最大的两个少数民族。根据保国家统计局2011年的人口普查，在该国的土耳其族大约占总人口的8.8%，而罗姆族占4.9%。[2] 罗姆族是一个散居全世界的流浪民族，尤以欧洲地区的罗姆族居多。他们大多聚居在乡村或城市周围的一些棚户区。那里的生活条件极差，缺乏基本的供水供电条件。多数罗姆人以乞讨捡垃圾为生，有时还与其他民族起冲突，给他们的聚居区及周围地区带来严重的卫生、环境、治安等问题。随着他们的居住区不断扩大，其他居民的生活环境、城镇建设、交通运输、卫生条件以及社会治安等面临着越来越大的挑战。而土耳其族主要居住在保加利亚的南

---

[1] 转引自 ЮлияВладимирова 对 ЗдравкоПопов 的访谈：《保加利亚对外政策——使用的方式》，http://a-specto.bg/vanshnata-politika-na-balgariya-nachin-na-upotreba/，检索日期：2017年9月9日。

[2] 保加利亚国家统计局：《人口普查2011（最终数据）》，http://www.nsi.bg/sites/default/files/files/pressreleases/Census2011final.pdf，检索日期：2017年10月17日。

部及东北地区，其民族文化也处在一个相对稳定和宽松的保护环境中。土耳其族虽然在历史上与保加利亚主体民族有大大小小的摩擦，但参与主流文化生活很积极。他们对教育、就业、生活都持乐观态度，并且积极融入政治生活。保加利亚争取权利和自由运动党主要是由土耳其族支持的。除此之外，保加利亚还有俄罗斯、马其顿、亚美尼亚、乌克兰等少数民族。

截至2016年12月底，保加利亚的人口数量为7101859人，与2015年同期相比减少了51925人。

保加利亚的人口在2016年仍然持续减少，比上一年减少了0.7%，造成这种情况的一大原因就是出生率的降低。在2016年，全国共登记出生了65446名儿童，其中有64894名（即99.2%）成活，与上一年相比减少了1056人。而出生率在近三年也呈降低趋势，这对于一个人口基数较小的国家来说是巨大的挑战（见表2）。

表2 保加利亚人口变化情况（2007~2016）

单位：人

年份	人口	新生儿童（成活）	出生率（‰）
2007	7640238	75349	9.8
2008	7606551	77712	10.2
2009	7563710	80956	10.7
2010	7504868	75513	10.0
2011	7327224	70846	9.6
2012	7284552	69121	9.5
2013	7245677	66578	9.2
2014	7202198	67585	9.4
2015	7153784	65950	9.2
2016	7101859	64894	9.1

数据来源：保加利亚国家统计局，http://www.nsi.bg/，检索日期：2017年10月18日。

从年龄结构上来看，根据保国家统计局的数据，到2016年底，65岁以上的人口为1472116人，占全国人口的20.7%。与2015年相比，该年龄段人口比例上升了0.3个百分点，而和2001年相比，则上升了3.8个百分点。其中，女性的老龄化比男性更为明显。65岁以上女性占24.1%，男性占17.2%。这种差异主要是由于男性的死亡率较高，因此平均寿命较低。截至2016年12月底，全国15岁以下儿童为1001019人，占总人口的14.1%，与2015年相比，这一部分人口上升了0.1个百分点。总的来说，保加利亚的老龄化水平在欧盟28国平均水平（19.2%）之上，而15岁以下的人口比例又在欧盟平均水平（15.6%）[1]之下。

值得一提的是，这种老龄化的过程会带来年龄结构的根本性改变，尤其是劳动年龄人口的比例。2016年女性的劳动年龄上限为60岁零10个月，而男性为63岁零10个月。根据这个标准，2016年该国的劳动年龄人口为430.4万人，占全国人口的60.6%，比上一年下降了近4.5万人（见图1）。

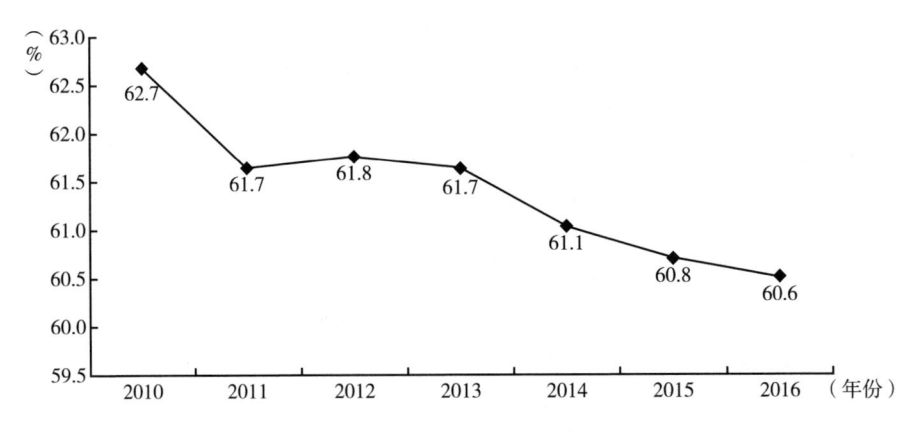

图1 保加利亚劳动适龄人口占全国人口的百分比变化（2010～2016）

数据来源：保加利亚国家统计局，http://www.nsi.bg/，检索日期：2017年10月18日。

人口减少的另一原因是出境移民的增加。2016年，保出境移民共有30570人，入境移民有21241人，净移民量为-9329人，与上一年（-4247）相比变化较为显著。而出境移民中又以劳动适龄人口和青少年居多，其中20～39岁年龄段的人占总移民量的53.5%，20岁以下的占14.3%，这对该国的劳动

---

[1] 保加利亚国家统计局：《保加利亚2016年人口与人口发展》，第3页，www.nsi.bg/Population2016，检索日期：2017年10月17日。

力市场增加了一定的压力。

保加利亚老龄化压力大，人才外流严重，人口基数逐步减少，对保加利亚内需和国内消费水平有一定影响。目前，保加利亚人口老龄化趋势已十分明显，人口持续呈现负增长态势。保加利亚出生率常年维持在约9‰，而死亡率接近15‰。1999年，保加利亚人口819万[①]。2015年已锐减到715万。仅就近十年来看，保加利亚人口已减少54万，刨除自然死亡人数，平均每年流失数以万计的人口。高端人才流失的状况日益严峻，直接导致保加利亚国际综合竞争力下降。

（二）文化政策及文化活动

2016~2017年，保加利亚文化部按照预算计划，在一系列文化政策的执行中加强文化宣传力。

保加利亚政府主要在保护文化遗产、吸引投资、增强文化创新、保护文化认同、加强文化外交、提高文化师资水平等方面做出努力和规划。在该政策框架下，保加利亚2016~2017年度的文化发展较为迅速，成果多样。根据保国家统计局数据，2016年保加利亚出产本国电影106部，广播放送710281次，电视放送783472次。与此同时，全国共有电影院56所、剧院75座、图书馆47间，图书室、展览馆等也在以较快速度扩建。2016年是现代保加利亚文学比较多产的一年，根据保加利亚国家统计局数据，2016年各类出版物中文学类成果都占了一定的比重（见表3）。

表3 保加利亚2016~2017年度文化政策概览*

政策名称	战略和执行目标
《动产和不动产文化遗产保护政策》	保护文化遗产及其社会化是该文化政策的重要组成部分，以此让更多人了解文化遗产；创建一个在国内外推广保加利亚丰富遗产的体系。 改进管理方式，以增加公民和企业对各类文化机构与活动的资助开发。 积极支持艺术和文化产品的创造和传播。 扩大公民和国际友人对文化产品的接触。 将保加利亚国家文化认同确认为欧洲文化圈的一部分。

---

① 涉及人口的数据来源：保加利亚国家统计局2017年公布的《2016年统计年鉴》(Statistical Yearbook 2016)。

续表

政策名称	战略和执行目标
《关于在国内外创造和普及当代艺术及提供优质艺术教育的政策》	确保保加利亚民族文化与其他地区文化的平等性。 确保保加利亚文化作为重要外交因素,在保加利亚共和国双边和多边关系中所起的作用。 积极支持艺术和文化产品的创造和传播。 将保加利亚国家文化认同确认为欧洲文化圈的一部分。 扩大公民和国际友人对文化产品的接触,改善伙伴项目合作、地方政府合作、商业部门合作等艺术产品传播形式。 通过在国际艺术节举办保加利亚艺术周(或艺术日)来向国际传播保加利亚文化;通过因特网文化专页来展示与传播保加利亚文化。 确保实现艺术文化素质教育的现实条件。 提高艺术文化类院校教师水平。 通过促进创新形式,拓展专业人士的创意领域。

* 保加利亚文化部:《关于文化部 2016 年度预算执行情况的报告》,http://mc.government.bg/,检索日期:2017 年 10 月 18 日。

2016 年文学类成果在出版的书籍和宣传品中占了较大比重,无论是品种还是印数都占到了总数的三分之一及以上。报纸和期刊中的文学类成果相对较少,这两类出版物的时事性特征,使得它们更加倾向于刊登与政治、经济、社会等相关的内容。除此之外,2016 年,保加利亚不同城市共举办了 189 次记录在册的文学活动,这些活动包含了文学纪念、文学竞赛、颁奖仪式、研讨会等多种形式,分布在一年中的各个月份(见表 4、表 5)。

表 4 2016 年保各类出版物及文学类成果分布统计

出版物	出版量		其中文学类成果		所占比例(%)	
	品种(本)	印数(万册)	品种(本)	印数(万册)	品种(本)	印数(万册)
书 籍	7416	347.5	2857	143.3	38.5	41.2
宣传册	1114	103.2	410	33.7	36.8	32.7
报 纸	262	22900.8	10	52.8	3.8	0.2
期 刊	108	2.1	14	0.3	13.0	14.3

数据来源:保加利亚国家统计局,http://www.nsi.bg/,检索日期:2017 年 10 月 18 日。

表5　2016年保加利亚文学活动统计

活动类型	活动次数	活动事例
文学纪念活动	121	斯托扬·米哈伊洛夫斯基[①]诞辰160周年纪念 托多尔·波洛夫[②]诞辰115周年纪念 本丘·斯拉维伊科夫[③]诞辰150周年纪念
文学竞赛/颁奖仪式	42	第七届全国诗歌大赛——新扎戈拉2016 全国阅读马拉松 "阿列科·康斯坦丁诺夫"[④]国际幽默短篇故事竞赛颁奖仪式
文学节/日/周	15	第五届国际"斯拉夫花环"文学创作节 保加利亚文学周 全国儿童书籍节
文学研讨会	9	全国"多瑙河"文化研讨会 "兄弟世界"国际作家会议 "图书馆—阅读—交流"全国学术会议
文学展	2	"21世纪的图书馆——自由灵魂的空间"展 图书博览会

信息来源：保加利亚文化部。

---

① 斯托扬·米哈伊洛夫斯基（Стоян Михайловски）（1856~1927），保加利亚作家、政治家。1872年毕业于法国苏丹中等学校，随后留在法国教书。俄土战争爆发后，米哈伊洛夫斯基回到保加利亚。保加利亚解放后，他曾担任律师、报纸《人民的声音》编辑，以及索非亚大学"圣克里门特·奥赫里德斯基"特任法语教授、文学通史副教授。他积极参与公共、政治和文学生活。他的作品涵盖寓言、讽刺、诗歌、戏剧、宗教诗歌等各种体裁。代表作有：寓言《鹰和蜗牛》（Орел и охлюв）、《猫头鹰和萤火虫》（Бухал и светулка），史诗《保加利亚人民的书》（Книга за българския народ），诗歌《前进》（Напред）、《走吧，人民复兴》（Върви, народе възродени）等。

② 托多尔·波洛夫（Тодор Боров）（1901~1993），保加利亚文献学家。他是保加利亚哲学家、文学大师茨维坦·托多洛夫（Цветан Тодоров）和保加利亚物理学家伊万·托多洛夫（Иван Тодоров）的父亲。

③ 本丘·斯拉维伊科夫（Пенчо Славейков）（1866~1912），保加利亚著名诗人、保加利亚解放后文学的中心人物之一，佩特科·斯拉维伊科夫（Петко Славейков）之子。曾任杂志《思想》助理编辑、"思想"文化角参与者、国家剧院院长、国家图书馆馆长等。代表作有：诗集《史诗》（Епическипесни）、《幸福的梦》（Сънзащастие），史诗《血腥之歌》（Кърваваnесен），民间传说集《歌之歌》（Песеннапесните）等。

④ 阿列科·康斯坦丁诺夫（Алеко Константинов）（1863~1897），保加利亚作家、律师、社会活动家。1885年大学毕业后曾在索非亚从事法官、检察官、法律顾问、自由律师等职业。同时，他也是马其顿最高委员会成员、"斯拉夫座谈"协会理事会成员、保加利亚全国教育协会成员、地方促进委员会成员、艺术促进协会成员、戏剧委员会成员以及保加利亚有组织旅游的倡议者和推动者。其代表作有：《甘纽大叔》（БайГаньо）、《往返芝加哥》（До Чикаго и назад）、《新年快乐》（Честитановаrодина!）、《激情》（Страст）等。

保加利亚大多数文学活动都以该国的文学名人命名，如波特夫日、亚沃洛夫日、"阿列科·康斯坦丁诺夫"国际幽默短篇故事竞赛等。纪念活动也占到了当年所有文学活动的64%，这一方面表达了对名人贡献的敬意，另一方面也激励了当代文学创作者，是一种鼓励文学发展的有效方式。

（三）教育现状

学前教育方面，截至2016年12月1日，保全国共有1894个独立幼儿园，比上年减少了108所。共注册儿童22.4万人，比上一年下降3.3%。在幼儿园就业的教学人员为1.99万人，比上一年减少511人（2.5%）。儿童教师1.87万人，约占所有教学人员的94.5%。

普通教育方面，截至2016年10月，全国共有普通教育学校1990所，这些学校包括初级小学（一至四年级）、小学、初级中学、高等中学等。与上一年相比，由于关闭或转型等原因，普通学校减少了24所。2016~2017年度的注册学生为60.57万人，比2015~2016年度增加了3.5万人（见表6）。

表6 保加利亚2016~2017年度全国教育情况

	学前教育	普通教育	职业教育	高等教育
学校数量（所）	1894	1990	454	54
注册学生数量	22.4万	60.57万	13.14万	24.99万
教学人员数量	1.99万	4.79万		2.22万

数据来源：保加利亚国家统计局，http://www.nsi.bg/，检索日期：2017年10月18日。

职业教育和培训方面，2016~2017学年共有22所艺术类学校、24所体育类学校、373所职业高中和35所中等职业学院。其中学生总数为13.14万人，比上一年减少了约4000人。在接受职业教育的学生中，男生占到了学生总数的60%。

高等教育方面，2016~2017年全国注册"专业学士""学士""硕士"

"博士"学生共计24.99万人,比上一学年减少了1.68万人(6.3%)[①]。总的来说,这一学年除了普通教育学校的学生比上一学年有所增加外,学前教育、职业教育和高等教育的学生都大量减少,这与保加利亚总体人口数量减少、出生率下降有关。

---

① 数据引自保加利亚国家统计局《保加利亚共和国2016~2017学年教育情况》,http://www.nsi.bg/Education2016,检索日期:2017年10月18日。

B.9
波黑

陈慧稚*

摘　要： 波黑2016年最重要的事件是向欧盟递交了入盟申请，并且在年底前拿到欧盟的考察"问卷"，开启了迈向欧盟候选国的第一步。内政方面，地方选举前波黑塞族共和国的一场公投被视为波黑内战结束以来民族关系的最大危机之一。波黑2016年经济小幅增长，但失业率仍居高不下，技能人口流失现象更加严重。外贸方面，中国仍然是波黑最大贸易逆差来源国，且双边贸易略有下降。与此同时，波黑更加积极地参加"16+1合作"，希望借助这一平台，深化与中国各领域的交流与合作。

关键词： 波黑　地方选举　"塞族共和国日"　公投　欧洲一体化　"16+1合作"

一　国内政治形势

（一）2016年地方选举

波黑2016年10月2日举行全国性地方选举，两个实体、130个镇（općina）和10个市（grad）[①]的议会及镇长或市长以及布尔奇科特区的议会

---

* 陈慧稚，《上海日报》记者，首都师范大学文明区划研究中心兼职研究人员。
① 波黑全国行政区域在国家政府以下主要划分为三级，分别为实体（entitet）、州（kanton）和镇（općina），在州和镇之间还有一些"市"，或与镇同名，或由数个镇组成，权级在镇和州之间。

改选。选举过后,波族、塞族和克族目前在国家和实体层面的执政联盟,在地方议会中普遍针对反对党占有优势。在塞族共和国,执政联盟独立社会民主人士联盟(SNSD)、民主人民联盟(DNS)和社会主义党(SP)在地方政坛中的影响力进一步扩大,反对党将其归因于独立社会民主人士联盟在地方选举前发起的一场极具争议的全民公投。在波黑联邦,执政联盟的两大波族政党民主行动党(SDA)和波黑美好未来联盟(SBB BiH)因为选举结果殊异,选后出现渐行渐远的情况,从而影响波黑政治的稳定性和立法进程。

在塞族共和国,执政的第一大党独立社会民主人士联盟在多地市镇议会上斩获强于上一届地方选举,不仅在佩尔尼亚沃尔、维谢格拉德、沙马茨、弗拉塞尼采和罗加蒂察等地战胜最大反对党塞族民主党(SDS),成为议会第一大党,在兹沃尔尼克和特雷比涅等大城市拉开和身后塞族民主党的差距,而是还继续在巴尼亚卢卡和姆尔科尼奇格拉德等有传统优势的关键城市保持优势。独立社会民主人士联盟的执政伙伴人民民主联盟也是本次地方选举的一大赢家,在地方议会获得席位的数量较上一届大幅提升,甚至有赶超塞族民主党的势头。

相比之下,塞族民主党失势明显,不仅在泰斯利奇被独立社会民主人士联盟紧紧追赶,在自己有传统优势的东萨拉热窝也被对手步步紧逼。令独立社会民主人士联盟最为得意的是,该党首次在塞族民主党的大本营、东萨拉热窝的帕莱战胜对手,尽管只是以 0.09% 的微弱优势,而且由于塞族民主党联合了其他反对党,独立社会民主人士联盟并未如愿领导议会多数。四年前,独立社会民主人士联盟在帕莱议会选举中得票率落后塞族民主党 3.92%。不过,塞族民主党这次在乌格列维克和科托尔瓦洛什却战胜了独立社会民主人士联盟,在布尔奇科特区则和人民民主运动(NDP)联合战胜了对手。

塞族民主党 2014 年和人民民主运动以及民主进步运动(PDP)组成塞族共和国反对党联合阵营变革联盟(Savez za promjene),在当年的波黑大选中取得不俗成绩,其推举的候选人当选波黑主席团塞族成员,联盟党派还加入波黑国家层面政府。但是,从这次地方选举结果来看,人民民主运动和民主进步运动的力量仍然非常弱小,在多地得票率在 10% 以下。

变革联盟在地方选举前后都全力批评波黑塞族共和国总统多迪克(Milorad Dodik)领导的独立社会民主人士联盟以一场公投煽动民族主义情绪,为地方选举拉拢人气,转移选民视线,试图掩盖其经济政策的失败。

波黑主席团波族成员伊泽特贝戈维奇（Bakir Izetbegović）2013年1月17日向波黑宪法法院请求审查《波黑塞族共和国节日法》将1月9日定为"塞族共和国日"的条款是否违宪。1992年1月9日，"波黑塞族人民议会"（Skupština srpskog naroda u Bosni i Hercegovini）单方面宣布成立"波黑塞族人民共和国"（Republika srpskog naroda u Bosni i Hercegovini），同年打响的波黑内战导致大量生活在今塞族共和国范围内的波族和克族人流离失所。2015年11月26日，波黑宪法法院决定，《波黑塞族共和国节日法》有关"塞族共和国日"的条款违宪。2016年7月15日，波黑塞族共和国议会投票通过于9月25日举行以"您是否支持设立1月9日为塞族共和国日"为问题的公投。虽然波黑中央选举委员会拒绝为塞族共和国这次公投提供选民名单，公投仍然如期举行。据塞族共和国官方统计，共有约68万选民参与投票，占合法选民人数的55.7%，投赞成票选民的比例达到99.81%①。

在波黑联邦，波黑波族第一大党民主行动党在泰沙尼、马格拉伊、斯雷布雷尼克②、巴诺维契、扎维多维契等传统优势市镇和克拉伊纳地区的议会选举中基本保持原有优势，在格拉查尼察赢下最大反对党社会民主党（SDP BiH），在布戈伊诺更是大胜对手。民主行动党这次在萨拉热窝取得了非常优异的战绩，不仅在新城镇扩大了对社会民主党的优势，在中央镇还击败了对手。该党领导人、波黑主席团波族成员伊泽特贝戈维奇在选后得意地称"中央镇比10个其他小镇都更重要"③。

与民主行动党的"进"形成对比的是其执政伙伴波黑美好未来联盟的"退"。虽然波黑美好未来联盟在一些市镇的议会选举中比上届有更大收获，但是遭遇地方议会中席位总数缩水的尴尬，不仅因为民主行动党的强势，也因为2014年大选以来包括民主前线（DF）和公民联盟（GS）等新兴左翼政党

---

① 波黑ba.n1info.com新闻网2016年9月16日报道，http://ba.n1info.com/a114448/Vijesti/Vijesti/Objavljeni-rezultati-referenduma-u-Republici-Srpskoj.html，检索日期：2017年8月25日。

② 此处的斯雷布雷尼克不是大家比较熟悉的发生过大屠杀的斯雷布雷尼察。斯雷布雷尼克位于波黑联邦，斯雷布雷尼察则位于塞族共和国。

③ 波黑klix.ba新闻网2016年10月2日报道，https://www.klix.ba/vijesti/bih/izetbegovic-ovo-je-pobjeda-opcina-centar-je-vaznija-od-desetak-drugih-opcina/161002152，检索日期：2017年8月25日。

的出现。在萨拉热窝的老城镇，波黑美好未来联盟这次只获得2个议会席位，而上届地方选举该党还以8个席位成为老城镇议会第一大党。

地方选举后，波黑美好未来联盟对民主行动党开始渐渐离心离德，两党领导人关系在此后一年间再度紧张化。2015年，民主行动党当时的执政伙伴民主前线（DF）与民主行动党在国企人事任命问题上意见相左，退出执政联盟，波黑美好未来联盟成为民主行动党新的执政伙伴，这也是该党2009年成立以来首次和民主行动党结盟。2016年1月25日，波黑美好未来联盟创始人和党主席拉东契奇因涉嫌妨碍司法公正被捕，波黑法院1月30日宣判他入狱30天。拉东契奇2月17日出狱，3月4日，波黑法院以其未遵守人身禁令为由再次宣判其入狱两年，但他4月15日再次出狱。9月3日，波黑法院宣布解除对拉东契奇的人身禁令。在地方选举前后一段时间内，拉东契奇均公开表示，波黑美好未来联盟和民主行动党的执政联盟稳固，该党在地方选举中的竞选口号也是"我们确保稳定"，但拉东契奇本人也多次在媒体上说自己和民主行动党主席伊泽特贝戈维奇没有任何私交。

波黑美好未来联盟是否最终会加盟左翼阵营备战2018年大选成为一大看点。波黑联邦左翼政党方面，2014年大选遭遇大败的社会民主党在本次地方选举中延续了颓势，地方选举过后，社会民主党和民主阵线领导人均表示，左翼阵营有意在2018年大选中联合力量参选。

执政联盟再次面临危机，民主行动党本次地方选举中在斯雷布雷尼察的退步也威胁到该党的党内团结。1995年7月，波黑战争时期，在斯雷布雷尼察发生了波黑塞族军队屠杀大量穆斯林平民的事件，斯雷布雷尼察在战后位于塞族共和国的范围内，当地的政情一直颇受关注。根据波黑2013年人口普查结果，斯雷布雷尼察逾1.3万人口中7248人为波族，6028人为塞族。本次地方选举，斯雷布雷尼察选出了战后首个塞族市长，当选人得票率54.38%，而波族政党共同支持的独立候选人和前市长得票率为45.45%。在议会选举方面，民主行动党、波黑美好未来联盟和为波黑党（SBiH）组成的波族联合阵营得票率为34.17%，虽然夺得第一，但是三党得票相加比上届还是少了5.48%。而塞族政党方面，独立社会民主人士联盟、民主人民联盟和塞族民主党得票相加比例比上届超出了5.68%。民主行动党作为波族第一大党，被认为应对斯雷布雷尼察选举的不利结果负有主要责任；该党的斯雷布雷尼察党部选后还出现不和，次年，该党一资深议员脱党。

本次地方选举结果的另一大看点是，有7名独立候选人在波黑联邦一些人口较多的市镇当选市长或镇长，包括泽尼察、维索科、布戈伊诺和戈拉日代，而且数名候选人的得票率领先排名第二的候选人20%，虽然在除维索科以外的独立候选人当选为市长或镇长的市镇，议会最大的政治势力仍然是民主行动党及其盟友。这些候选人都是前民主行动党或波黑美好未来联盟成员。独立候选人能否结盟成为波黑的新政治势力为波黑舆论所关注。

2017年，民主行动党数名高层人士卷入涉嫌权钱交易的丑闻。2月，波黑检察院批准逮捕民主行动党秘书长祖基奇（Amir Zukić）以及该党副主席萨拉伊里奇（Asim Sarajlić）和库基奇（Mirsad Kukić），他们涉嫌在波黑电力公司的招聘过程中进行权钱交易。2016年8月，波黑电力公司前执行总监贾纳诺维奇（Esed Džananović）先因同案被捕。民主行动党三人被捕数月后取保候审。

（二）"塞族共和国日"公投

波黑塞族共和国2016年9月底举行的关于"塞族共和国日"的公投被视为波黑内战结束以来民族关系的最大危机之一，表面上是司法问题，实质却指向波黑民族矛盾的根源和波黑战争的起源，即波黑各主要民族或者说其右翼政党对南斯拉夫解体后波黑国家命运的不同看法。

8月29日，塞族共和国政府在就公投问题向所有外国驻波黑大使发出的一封公开信中称，如果不允许塞族共和国庆祝1月9日，那么也不应该允许波黑联邦庆祝3月1日。1992年3月1日，波黑公投决定脱离南斯拉夫独立，但是遭到塞族抵制。公开信称，3月1日的公投正是波黑内战的导火线。所以，既然波黑联邦允许将3月1日设立为法定公共节日，为何塞族共和国不能将1月9日设立为"塞族共和国日"？[1]

这封公开信还称，从法理层面上，塞族共和国举行公投没有问题，因为塞

---

[1] *Open Letter to All Ambassadors Accredited to BiH*，波黑塞族共和国政府，http：//www.vladars.net/sr‐SP‐Cyrl/Documents/Otvoreno%20psimo%20akreditovanim%20ambasadorima%20u%20BiH%20engleska%20verzija.pdf，2016年8月29日，检索日期：2017年8月25日。

族共和国2010年就通过了《公投和民间动议法》，塞族共和国宪法也有关于公投的条款，而欧洲委员会从来没有认定过有关条款违背波黑宪法。同时，波黑宪法法院的决定书中亦无有关塞族共和国不能在1月9日庆祝"塞族共和国日"的表述。[1] 塞族共和国人民议会通过公投决定后，国际社会呼吁塞族共和国政府三思而后行。国际社会驻波黑高级代表[2]因兹科（Valentin Inzko）则明确表示，公投决定违反了《代顿和平协议》，因为波黑宪法法院的决定是具有最终性质的，波黑实体政府应当遵从，但他仍坚信波黑任何政治冲突都能在现有宪法框架内解决。[3]

公投过后，塞族共和国人民议会在10月25日表决通过《塞族共和国日法》，该法称："根据波黑塞族共和国公民的意愿，将1月9日设立为塞族共和国日。"2017年1月9日，塞族共和国继续庆祝"塞族共和国日"，波黑主席团塞族成员伊万尼奇（Mladen Ivanić）当天在巴尼亚卢卡检阅了波黑军队第三步兵团，塞尔维亚总统尼科利奇（Tomislav Nikolić）也参与了庆祝仪式。

这次公投之后，"塞族共和国未来会不会推动独立公投？"这个问题像一片阴云悬浮在波黑的上空。波黑塞族共和国总统多迪克2017年接受媒体采访时表示，2018年大选年不会推动塞族共和国从波黑分裂的公投。[4]

二 经济发展状况

（一）加工与制造业

根据波黑统计局初步统计数据，波黑2016年按生产法计算的国内生产总

---

[1] Open Letter to All Ambassadors Accredited to BiH，波黑塞族共和国政府，http://www.vladars.net/sr-SP-Cyrl/Documents/Otvoreno%20psimo%20akreditovanim%20ambasadorima%20u%20BiH%20engleska%20verzija.pdf，2016年8月29日，检索日期：2017年8月25日。
[2] 国际社会驻波黑高级代表是因兹科职位的中文普遍译法。
[3] 波黑klix.ba新闻网2016年8月2日报道，https://www.klix.ba/vijesti/bih/inzko-za-klix-ba-referendum-o-danu-rs-a-je-antidejtonski-sda-i-hdz-bih-odgovorne-za-mostar/160802036，检索日期：2017年8月25日。
[4] 欧洲politico.eu新闻网2017年6月29日报道，7月3日更新，http://www.politico.eu/article/milorad-dodik-bosnia-serb-republic-serbia-leader-no-breakaway-vote-next-year/，检索日期：2017年8月25日。

值（GDP）为299.0亿马克（约合152.9亿欧元），较上年增长4.6%。波黑联邦、塞族共和国和布尔奇科特区2016年的GDP分别为195.4亿马克、96.3亿马克和7.3亿马克，占全国GDP比重分别为65.3%、32.2%和2.4%。波黑2016年人均GDP为8516马克。根据欧洲统计局数据，波黑2016年人均GDP在欧洲国家中倒数第二，仅次于阿尔巴尼亚。据波黑税务局数据，波黑2016年全年税收净收入55.4亿马克，2015年为52.6亿马克。

从各部门对经济增长的贡献来看，2016年波黑净增加值最高的三大类经济活动为批发零售业和汽修行业（40.3亿马克）、加工制造业（37.0亿马克）、公共行政和国防以及强制性社会保险（24.4亿马克）。波黑2016年增长最快的部门是农林渔业、其他服务业、电力生产和供应以及运输仓储业，较上一年净增加值分别增长了7.6%、7.6%、7.0%和5.0%。

波黑加工制造业集中于人口较密集地区。据波黑联邦统计局数据，截至2016年底，波黑联邦10个州当中，注册加工制造业企业数量最多的是图兹拉州，其他依次为萨拉热窝州、泽尼察－多博伊州、中波斯尼亚州、乌纳－萨那州、黑塞哥维那－内雷特瓦州、西黑塞哥维那州、第10州、波萨维纳州和波斯尼亚－波德里涅州。在图兹拉州、泽尼察－多博伊州、中波斯尼亚州和波斯尼亚－波德里涅州，加工制造业是吸收就业人口最多的行业，在其他州则是从事批发零售业和汽修行业的人最多（见表1）。

图兹拉州附近的亚利桑那市场（Arizona）是波黑全国最大的小商品批发集散地，市场有大量中国商户。该州的加工制造企业集中于图兹拉市、格拉达查茨、日维尼采、格拉查尼察、斯雷布雷尼克和卢卡瓦茨。工业产出方面，图兹拉州加工制造业2016年比2015年增长较大的领域包括烟草制品、基础药物产品和制剂、橡胶和塑胶制品、皮革制品、非家具类木制品和草制品等。

根据塞族共和国统计局数据，2016年加工制造业为塞族共和国就业人数最多的行业。塞族共和国的较大城市有巴尼亚卢卡、比耶利纳、普里耶多尔、多博伊和兹沃尔尼克等，这些也是塞族共和国加工制造业企业比较集中的城市。波黑塞族共和国2016年全行业平均月工资为836马克，加工制造业平均月工资为626马克。

波黑

表1　2016年波黑联邦各州加工制造业企业数量和平均月工资水平

	总人口*	加工制造业企业数量**	加工制造业平均月工资***	全行业平均月工资***
图兹拉州	443053	1406	546	744
萨拉热窝州	417498	1269	745	1018
泽尼察-多博伊州	361031	1013	564	730
中波斯尼亚州	251973	832	496	678
乌纳-萨那州	271209	791	588	811
黑塞哥维那-内雷特瓦州	219395	687	796	928
西黑塞哥维那州	93989	401	646	759
第10州	82113	296	515	848
波萨维纳州	42452	163	482	730
波斯尼亚-波德里涅州	23518	82	667	746

* 截至2016年6月30日。
** 总部公司和分公司数量之和，单位家。
*** 净收入，单位马克。
数据来源：波黑联邦统计局，http：//fzs.ba/index.php/2016/09/08/kantoni-u-brojkama/，检索日期：2017年8月25日。
注：上述网址汇总了每一年联邦各州的数据报告，每份报告都以pdf文档提供查阅，本表格是基于每一篇当中的数据汇编，故这里只提供汇总页面链接。

基础设施建设方面，波黑规划中总长335公里的接入欧洲公路网"5c走廊"（Koridor Vc）的A1高速公路2016年没有新完工路段。截至2016年底，这段贯穿波黑南北的高速公路总共完工92公里，为泽尼察南到塔尔钦和梅久哥里耶到比亚查，均位于波黑联邦境内，在建路段是泽尼察南到佩楚伊隧道和奥扎克到斯维拉伊。根据规划，"5c走廊"高速公路以波黑南部的普罗切为起点，穿越波黑和克罗地亚北部，连接匈牙利首都布达佩斯。在塞族共和国，高速公路建设进展更快，2016年9月，从佩尔尼亚沃尔到多博伊的37公里长的高速公路正式开通，令塞族共和国的高速公路总里程达到79公里。此前巴尼亚卢卡到格拉迪什卡的42公里长的高速公路已经通车。这段高速公路未来可在多博伊接入波黑A1高速公路。从巴尼亚卢卡到佩尔尼亚沃尔的高速公路正在建设中，截至2017年底部分通车，全部通车后，波黑塞族共和国高速公路总里程将超过110公里。

（二）旅游业

萨拉热窝国际机场 2017 年旅客吞吐量达 95.8 万人次，比 2016 年增长 14%，飞机起落架次 1.3 万，同比增长 12%。2017 年 7 月，旅客吞吐量达 14.0 万人次，同比增长 28%，创下机场运营以来单月旅客吞吐量同比增幅纪录，次月，14.4 万旅客进出该机场，创下机场单月旅客吞吐量历史纪录。2017 年，萨拉热窝国际机场航站楼扩建工程展开，预计未来能满足每年 200 万旅客吞吐量的空间需求。[1]

然而，萨拉热窝国际机场的旅客吞吐量仍然落后于西巴尔干地区其他国家的主要机场。据统计，2017 年该地区旅客吞吐量最大的机场是塞尔维亚的贝尔格莱德机场，达 534 万人次，其次是克罗地亚的萨格勒布、斯普利特和杜布罗夫尼克机场，分别为 309 万、282 万和 232 万人次。萨拉热窝国际机场仅排名第 10。[2]

据波黑统计局数据，2017 年 1 月到 11 月，波黑入境旅客达 122.4 万人次，同比增长 13.7%，过夜外国旅客 87.7 万人次，同比增长 16.1%，在波黑平均过夜天数最多的外国旅客来自克罗地亚、塞尔维亚、土耳其、意大利和阿联酋。

（三）外贸

外贸方面，根据波黑统计局数据，波黑 2016 年外贸形势良好，出口总额和出口对进口覆盖率均为 2003 年以来的最高水平。波黑 2016 年出口总额 94.2 亿马克，进口总额 161.6 亿马克，均比 2015 年有所增长，但出口总额增长更多，因此出口对进口覆盖率升至 58.3%，2015 年为 56.7%。

欧盟仍为波黑最大贸易伙伴。波黑 2016 年从欧盟国家进口货物总额 100.1

---

[1] 波黑 klix.ba 新闻网 2018 年 1 月 4 日报道，https://www.klix.ba/biznis/najuspjesnija-godina-blizu-milion-putnika-u-2017-na-medjunarodnom-aerodromu-sarajevo/180104061，检索日期：2018 年 1 月 20 日。

[2] 波黑 klix.ba 新闻网 2018 年 1 月 16 日报道，https://www.klix.ba/biznis/lista-najprometnijih-aerodroma-regije-u-2017-godini-beograd-ubjedljivi-lider-sarajevo-tek-10/180110038，检索日期：2018 年 1 月 20 日。

亿马克，对欧盟国家出口总额 67.4 亿马克。波黑主要的进口货物来源国是德国（20.0 亿马克，占比 12.4%）、意大利（19.0 亿马克，占比 11.8%）、塞尔维亚（18.3 亿马克，占比 11.3%）、克罗地亚（16.0 亿马克，占比 10.0%）、中国（11.0 亿马克，占比 6.8%）、斯洛文尼亚（8.3 亿马克，占比 5.1%）和俄罗斯（7.3 亿马克，占比 4.5%）。波黑主要的出口货物对象国是德国（14.8 亿马克，占比 15.7%）、意大利（11.3 亿马克，占比 12.0%）、克罗地亚（9.9 亿马克，占比 10.5%）、塞尔维亚（8.2 亿马克，占比 8.7%）、斯洛文尼亚（8.1 亿马克，占比 8.6%）、奥地利（7.3 亿马克，占比 7.8%）和土耳其（4.0 亿马克，占比 4.3%）。在波黑的主要贸易伙伴中，波黑对奥地利有贸易盈余，而中国仍是波黑最大的贸易逆差来源国。

据统计，波黑在 2013 年到 2016 年间出口量增长较快的产品门类包括武器和弹药、动植物油、脂及腊、化工及相关行业产品、电气设备、塑料、生胶和纺织品等。2016 年，波黑出口额大于进口额的产品门类有动物生皮和皮革、木材和树皮、金属矿产和金属渣、无机化学品、有色金属和机械设备、家具和家具部件、服装、鞋类等。

波黑林木资源丰富，发展林木业和家具业日益成为波黑商会和政府的一大关注点。波黑木材出口总额虽然在所有门类中并不是最高的，但其不仅连年保持出口增长，2016 年出口额达到 5.7 亿马克，而且远超进口额的 7364.1 万马克。波黑 2016 年家具和家具部件出口额也达到 9.8 亿马克，同期进口额为 1.8 亿马克。但是波黑林木业乱砍伐现象严重，还存在因腐败问题导致监管不力的情况。

（四）失业率

据波黑统计局数据，截至 2016 年底，波黑的 ILO 失业率[①]为 25.4%。波黑联邦和塞族共和国统计局数据显示，这两大波黑实体的就业人口和失业人口从 2014 年开始都呈一升一降趋势。据统计，截至 2016 年底，波黑联邦就业人口 45.7974 万人，失业人口 37.2207 万人；塞族共和国就业人口 25.3305 万人，失业人口 13.6349 万人。

---

① 国际劳工组织（International Labor Organization）简称 ILO。ILO 失业率即 ILO 统计的失业率。

波黑高技能人口占所有失业人口的比重最高。据统计，截至2016年底，波黑联邦的失业人口中，拥有技能和高技能的人口占33%，无技能人口占29%，拥有中等学校毕业文凭的人口占27%，拥有中等和低等技能的人口占2%。类似的情况也出现在塞族共和国。

因为失业率高、长期失业人口多等原因，波黑人近年来对外移民趋势明显。根据波黑安全部的一份报告，据不完全统计，2016年有4034名波黑公民移居国外，德国和奥地利日益成为波黑人最热衷的移民目的地。波黑赴外国打工者人数也逐年增长，2016年，有4778名波黑人在斯洛文尼亚工作，在德国有1079人，总和比2015年增长了77%。波黑与斯洛文尼亚和德国有雇工协议，波黑人在斯洛文尼亚主要从事司机、电焊工、铁匠和厨师等工作，而德国对波黑医护人员有大量需求。这份报告称，波黑人赴外国工作大多是临时性质，但是如果波黑社会不尽快有所变革，波黑就可能永远失去这些国民。①

三　外交与安全

（一）走向欧盟

2016年2月15日，波黑正式向欧盟提交入盟申请。8月17日，波黑欧洲一体化"协调机制"成立，标志着波黑各级政府在欧洲一体化问题上形成了一个多层次、全方位的沟通协调体系。9月20日，欧盟理事会总务理事会接受波黑的入盟申请。11月17日，波黑部长会议主席兹维兹迪奇主持召开了根据波黑欧洲一体化协调机制设立的欧洲一体化协调委员会首次会议。该委员会是这一协调机制的最高层级协调机构，除波黑部长会议主席，与会的还有波黑塞族共和国、波黑联邦、波黑联邦各州和布尔奇科特区的总理以及波黑欧洲一体化局局长。这一协调体的职能是在欧洲一体化的关键性战略和政治问题上协调立场。会议通过了欧洲一体化协调委员会以及下一级的部长会议的工作章

---

① *Migracioni profil Bosne i Hercegovine za 2016. godinu*，波黑安全部，http://msb.gov.ba/PDF/MIGRACIONI_PROFIL_2016_BOSv2.pdf，2017年4月21日，检索日期：2017年8月25日。

程。

12月9日,欧盟交给波黑一份有3293道题的问卷,问题涉及波黑政治、司法、经济和社会等各方面的政策,回答所有问题是波黑被考虑给予欧盟候选国地位的前提条件。12月15日,波黑和欧盟在布鲁塞尔签署了《稳定与联系协议》的技术性补充协议,波黑同年7月提出制定该协议,将波黑和克罗地亚的传统双边贸易关系纳入协议框架。补充协议在波黑和欧盟双边贸易免税目录中增加了波黑和克罗地亚传统贸易中享有免税待遇的商品,此外,还提高了波黑出口欧盟的部分商品的配额,主要是农产品。2017年2月协议生效。

2016年,波黑政府领导人也多次在欧洲多边场合表示,愿致力于参与欧洲一体化并推动巴尔干地区和平稳定。

5月28日到29日,2016年"布尔多-布里俄尼"进程峰会在波黑举行。波黑主席团以及克罗地亚、塞尔维亚、黑山、马其顿、斯洛文尼亚和阿尔巴尼亚等国总统出席了会议。会议宣言传递了与会的东南欧国家加强政治对话和经济合作的决心,包括"绝不发表任何可能导致紧张局势升温和东南欧政治不稳定的言论,也绝不采取任何可能导致这一局面的行动",并重申了参与欧洲一体化的愿景。"布尔多-布里俄尼"进程由斯洛文尼亚和克罗地亚在2013年联合发起,旨在通过推动区域合作和解决悬而未决的问题促进东南欧的稳定。

波黑部长会议主席兹维兹迪奇(Denis Zvizdić)参加了7月4日在巴黎举行的西巴尔干国家年度峰会。法国总统奥朗德、德国总理默克尔和意大利总理伦齐出席。兹维兹迪奇在大会发言中说,加入欧盟对西巴尔干国家不仅是地缘战略、政治和经济目标,更意味着稳定与和平、强化法治和社会的实质性民主,这是这些国家发展的先决条件。他表示,欧盟是波黑外交最重要的优先方向,希望欧盟继续把吸纳西巴尔干国家成为新成员国作为政策重点。[①]

12月13日,"中欧倡议"(CEI)18国政府首脑在萨拉热窝召开年度会议。波黑1992年7月正式加入"中欧倡议",2015年12月从马其顿那接任轮

[①] 波黑部长会议官网2016年7月4日报道,http://www.vijeceministara.gov.ba/saopstenja/saopstenja_ predsjedavajuceg/default.aspx? id=22856,检索日期:2017年8月25日。

值主席国。波黑部长会议主席兹维兹迪奇在会后的记者会上表示，波黑担任轮值主席国的这一年是富有成效的，使得成员国之间的关系得以发展，极大地促进了地区国家间的互联互通，并且以多种方式应对共同面临的危机。他说，本届峰会主要讨论了难民危机和各种形式极端主义背景下的欧洲一体化，以及对地区经济加速发展至关重要的基础设施建设，而和平和稳定更是欧洲整体经济发展的前提。① "中欧倡议"发起于1989年，目前共有来自南欧和中东欧的18个成员国，是旨在促进区域合作的政府间论坛。

（二）与邻国外交风波

2016年，波黑与邻国塞尔维亚以及克罗地亚之间的关系并非风平浪静。3月24日，联合国前南问题国际刑事法庭判定战时波黑塞族共和国总统卡拉季奇（Radovan Karadžić）种族屠杀罪和反人类罪等罪名成立，处以40年监禁。卡拉季奇被判1995年在斯雷布雷尼察地区犯有种族屠杀罪，并在波黑多地犯有迫害、灭绝、谋杀、流放、强制转移、恐吓、非法袭击平民和劫持人质罪，但是法庭未认可对他1992年在波黑其他市镇犯有种族屠杀罪的指控。判决发布之后，波黑塞族共和国总统多迪克表示，对于卡拉季奇的判决是出于国际游说者的压力和对塞族是波黑内战唯一过错方的成见，"海牙法庭的很多判决不完全是基于事实的，而是带有很多政治动机"，并称塞族共和国大多数公民都是这么认为的。② 塞尔维亚总理武契奇没有直接批评这一判决，但表示这一判决无益于拉近塞族和波族之间的距离，且暗指波族在惩处本民族战争罪犯方面不积极。③ 不过，在波黑主席团波族成员伊泽特贝戈维奇表示正在考虑对塞尔维亚政府提出新的种族屠杀指控之后，武契奇立即做出更尖锐的回应，称伊泽特贝戈维奇"和本国35%的公民作对，寻找各种理由挑起政治纷争，然后谁

---

① 波黑部长会议官网2016年12月13日报道，http：//www.vijeceministara.gov.ba/saopstenja/saopstenja_predsjedavajuceg/default.aspx?id=23972，检索日期：2017年8月25日。

② 波黑nezavisne.com新闻网2016年3月24日报道，http：//www.nezavisne.com/novosti/bih/Dodik-Presuda-rezultat-pritiska-medjunarodnih-lobija/361347，检索日期：2017年8月25日。

③ 塞尔维亚b92.net新闻网2016年3月26日报道，http：//www.b92.net/info/vesti/index.php?yyyy=2016&mm=03&dd=26&nav_category=11&nav_id=1112349，检索日期：2017年8月25日。

知道会发生怎样的暴力",称其是乘机"报复塞族"。①

2017年2月23日,波黑律师索夫蒂奇(Sakib Softić)向海牙国际法庭提交上诉状,请求法庭再审波黑对塞尔维亚和黑山的种族屠杀指控,这一由波黑主席团波族成员伊泽特贝戈维奇单方面发起的上诉持续发酵数月,令波黑和塞尔维亚的关系一度跌至冰点。1993年,当时的波黑共和国就曾向海牙国际法庭起诉由塞尔维亚和黑山组成的南联盟对波黑犯有种族屠杀罪,法庭2007年2月26日做出一审判决,判塞尔维亚和黑山无罪,但认定波黑战争期间在波黑斯雷布雷尼察发生了种族屠杀,塞尔维亚在阻止屠杀发生和善后方面有过失。法庭给波黑10年上诉期,但要求新提出的证据产生时间必须在上诉发起前六个月内。2017年3月9日,海牙国际法庭驳回波黑律师的这份诉状,因为波黑方面并未就上诉做出官方决定,也即认定索夫蒂奇并未获得波黑主席团授权代表波黑提交这份诉状。事件以"闹剧"收场,波黑舆论哗然,伊泽特贝戈维奇也因此在国内受到诸多批评。

克罗地亚方面,克新任总理普连科维奇(Andrej Plenković)10月28日访问波黑,继克总统格拉巴尔-基塔洛维奇(Kolinda Grabar-Kitarović)之后也把波黑作为首次出访的目的地,凸显出克罗地亚政府对与波黑双边关系的重视。但是,格拉巴尔-基塔洛维奇11月底在加拿大参加北约军事论坛时接受媒体采访的一番言论又一石激起千层浪。她表示,波黑的不稳定是对克罗地亚的最大威胁,并称,波黑塞族共和国此前不久举行了公投,以后甚至可能公投表决独立,如果是这样,波黑联邦必将有所反应,"我们认为可能发生新的冲突"。她还指出,在某些国家的干预下,波黑的伊斯兰正在变得更激进,在农村地区,穆斯林的生活方式、服饰、行为和对伊斯兰教义的解释都在发生变化,因此有必要确保波黑和克罗地亚穆斯林群体的稳定。② 数天后,格拉巴尔-基塔洛维奇又在杜布罗夫尼克称,越来越多的波黑伊斯兰激进分子赴伊拉

---

① 波黑 ba.n1info.com 新闻网 2016 年 3 月 29 日报道,http://ba.n1info.com/a88340/Vijesti/Vijesti/Vucic-Srbija-u-Sarajevu-nema-partnera-za-mir.html,检索日期:2017 年 8 月 25 日。
② 波黑 klix.ba 新闻网 2016 年 11 月 30 日报道,https://www.klix.ba/vijesti/regija/kolinda-grabar-kitarovic-nestabilnost-bih-je-najveca-prijetnja-hrvatskoj/161130043,检索日期:2017 年 8 月 25 日。

克和叙利亚参战，必须正视这一趋势，已经有几千这样的人返回波黑。[①] 对此，波黑主席团波族成员伊泽特贝戈维奇回应称，克总统在评论邻国局势和问题时"不假思索"，是对波黑及其政府的不尊重。他表示，对波黑伊斯兰极端主义的问题被夸大了，波黑赴外国参战人员的人数后面被加了两个"0"。他还反戈说，在克罗地亚"乌斯塔沙"极端主义也很盛行，但波黑政府对克国的那些现象就从不指手画脚。[②]

关于波黑的反恐形势，欧盟委员会在11月9日发布的波黑2016年度报告中写道，"恐怖分子赴外国参战和极端化的现象已经严重影响波黑，波黑已经采取重要手段来应对这一问题，但是在发现、防范和阻止恐怖分子前往伊拉克和叙利亚等冲突地区方面还需采取进一步举措"。报告指出，波黑政府2016年10月通过了防范和打击恐怖主义2015～2020年战略的框架行动计划，且已经摸排了全境内，尤其是瓦哈比社群当中的极端主义窝点。报告还援引波黑官方数据称，2012年12月～2015年12月期间，持有波黑国籍的188名成年男性、61名成年女性和81名未成年人据信曾赴叙利亚和伊拉克参战，他们中既有来自波黑本土的，也有波黑的海外侨民。[③]

四 社会与文化

（一）波黑公布2013年人口普查结果

2016年6月30日，波黑统计局公布2013年波黑人口普查结果。这是波黑战后第一次人口普查。普查结果显示，波黑总人口为353.1159万，其中波黑

[①] 克罗地亚 dnevno. hr 新闻网 2016 年 12 月 6 日报道，http：//www. dnevno. hr/vijesti/hrvatska/predsjednica - upozorila - iz - islamske - drzave - u - bih - se - vracaju - tisuce - boraca - 980313/，检索日期：2017 年 8 月 25 日。

[②] 波黑 hr. n1info. com 新闻网 2016 年 12 月 7 日报道，http：//hr. n1info. com/a166683/Svijet/Regija/Izetbegovic - zestoko - uzvratio - U - RH - buja - ustaski - ekstremizam. html，检索日期：2017 年 8 月 25 日。

[③] *Bosnia and Herzegovina* 2016 *Report*，欧盟委员会，https：//ec. europa. eu/neighbourhood - enlargement/sites/near/files/pdf/key_ documents/2016/20161109_ report_ bosnia_ and_ herzegovina. pdf，2016 年 11 月 9 日，检索日期：2017 年 8 月 25 日。

联邦221.9220万人，塞族共和国122.8423万人，布尔奇科特区8.3516万人。

波黑人口中50.11%为波什尼亚克族，30.87%为塞尔维亚族，15.43%为克罗地亚族。波黑联邦人口的民族构成为波族70.4%，克族22.4%，塞族3.6%；塞族共和国人口的民族构成为塞族81.51%，波族13.99%，克族2.41%；布尔奇科特区人口的民族构成为波族42.36%，塞族34.58%，克族20.66%。从宗教信仰构成上来看，波黑约50.7%的人信奉伊斯兰教，30.75%的人信奉东正教，15.19%的人信奉天主教。

波黑全国有6座城市人口超过10万：萨拉热窝27.5524万人，巴尼亚卢卡18.5042万人，图兹拉11.0979万人，泽尼察11.0663万人，比耶利纳10.7715万人，莫斯塔尔10.5977万人。

波黑平均人口密度为每平方公里68.9人，根据"镇"（općina）划分，波黑人口密度最高的地方为萨拉热窝的新萨拉热窝镇，每平方公里7085人。

（二）波黑中世纪墓园入选世界遗产名录

2016年7月15日，第40届世界遗产委员会确认《世界遗产名录》新增21处遗产地，波黑、克罗地亚、黑山和塞尔维亚联合申报的中世纪墓园（stećci）入选。这一系列的遗产地由30处遗址组成，其中22处位于波黑、3处位于塞尔维亚西部、3处位于黑山西部、2处位于克罗地亚中部和南部，这些遗址又由墓园和独具地区特征的中世纪墓碑（stećci）组成。这些陵墓建于公元12~16世纪，按列排开，这是欧洲中世纪以来的传统。墓碑多由石灰岩凿刻而成，其上有多种风格的装饰纹样和碑文，展现了中世纪欧洲肖像风气的绵延，也体现了这一地区性的独特传统。

中世纪墓园也是波黑第三处世界遗产，此前已有的两处为莫斯塔尔内雷特瓦河上的老桥（Stari Most）和维谢格拉德德里纳河上的穆罕默德-帕夏·索科洛维奇桥（Most Mehmed-paše Sokolovića），两座古桥均建成于16世纪。

五 与中国的关系

（一）波黑参与"16+1合作"

2016年，波黑作为中国-中东欧国家合作即"16+1合作"成员国，积

极参与这一机制各领域合作项目，中国与波黑之间的友好关系和两国经贸、投资、农业、文教、科技、旅游等领域的务实合作不断扩大，成果喜人。

波黑部长会议主席兹维兹迪奇1月22日在波黑首都萨拉热窝会见中国外交部部长助理、中国－中东欧国家合作秘书处秘书长刘海星时表示，波黑愿积极参与"16＋1合作"平台，并作为连接欧亚的"丝绸之路"的一部分。刘海星表示，中国和波黑双边关系发展势头良好，感谢波黑在"16＋1"框架内做出的努力，中国愿与波黑深化政治、经贸、人文等领域的合作，中方希望与波黑在加强能源、电力合作的基础上，拓展双方在农业、林木业和其他基础设施项目方面的合作。①

根据2015年《中国－中东欧国家合作苏州纲要》，第七届萨拉热窝经贸论坛5月4日~5日在波黑首都萨拉热窝举行，来自30多个国家的1000多名政府官员和企业代表与会，中国国家发改委副主任宁吉喆率130多人的中国经贸代表团出席。萨拉热窝经贸论坛是西巴尔干地区规模最大的经贸论坛之一。波黑主席团主席、波族成员伊泽特贝戈维奇在论坛期间会见了宁吉喆和部分其他中国经贸代表团成员并表示，这次论坛是波黑乃至西巴尔和东南欧广大地区当年最重要的经贸论坛，他还鼓励中国企业投资波黑农业、交通基础设施、能源和旅游业。② 波黑部长会议主席兹维兹迪奇在论坛的一场部长级圆桌会议上说，西巴尔干国家体量较小，只有加强互联互通，加强合作，创建共同市场，才能吸引包括中国投资者在内的外国投资者，这正是"16＋1合作"平台目前所致力的。③ 此前，于4月12日~16日举行的第19届莫斯塔尔国际贸易博览会迎来了包括华为、格力、海尔等在内的10多家中国企业参展。莫斯塔尔国际贸易博览会是西巴尔干地区规模最大的同类展会之一，2016年有20多个国家的企业参展。

6月9日~12日，波黑对外经贸部长沙罗维奇（Mirko Šarović）率团参加

---

① 波黑部长会议官网2016年1月22日报道：http：//www.vijeceministara.gov.ba/saopstenja/saopstenja_predsjedavajuceg/? id=21471，检索日期：2017年8月25日。
② 波黑主席团官网2016年5月4日报道：http：//www.predsjednistvobih.ba/saop/? id=70907，检索日期：2017年8月25日。
③ 波黑部长会议官网2016年5月4日报道：http：//www.vijeceministara.gov.ba/saopstenja/saopstenja_predsjedavajuceg/? id=22383，检索日期：2017年8月25日。

了在中国宁波举行的第二届中国-中东欧国家投资贸易博览会,波黑代表团包括波黑外贸商会、外国投资促进署和10家波黑企业的代表。这10家波黑企业来自葡萄酒、有机食品、汽车制造业和家具贸易等多领域。此前一年,仅有2家波黑企业参与该展会。沙罗维奇出席了第二次中国-中东欧国家经贸促进部长级会议,会见了中国商务部部长高虎城,双方就中国与波黑的经贸合作交换了看法。

波黑部长会议主席兹维兹迪奇和对外经贸部长沙罗维奇率团参加了11月5日在里加举行的第五次中国-中东欧国家领导人会晤和第六届中国-中东欧国家经贸论坛。其间,兹维兹迪奇和中国国务院总理李克强举行了会谈。兹维兹迪奇在会谈中强调了波黑对两国加强基础设施建设合作以及波黑农产品进入中国市场方面的兴趣。[①] 李克强总理表示,近年来,中国和波黑经贸合作发展势头良好,重点合作项目成功落地,中方愿鼓励本国企业参与波黑的火电、交通基础设施建设,共同探讨融资合作。他还说,中国农产品装备制造具有优势,愿同波黑开展农产品深加工合作。[②]

根据《中国-中东欧国家合作里加纲要》,2017年4月4日~8日,在波黑莫斯塔尔举办国际贸易博览会期间举办了"16+1"农产品和葡萄酒博览会,这是该博览会首次开辟"16+1"专场。中国农业部组织葡萄酒、枸杞和马铃薯主粮化产品等三个领域七家中国企业参展。波黑对外经贸部长沙罗维奇表示,包括波黑在内的中东欧国家都希望扩大对华葡萄酒和农产品出口,吸引中方投资者前来合作,共同挖掘该地区国家在农业领域的潜力。[③] 2017年11月24日还在波黑萨拉热窝举办了第三届中国-中东欧旅游合作高级别会议。

波黑和中国的政党之间保持友好往来。应中共中央对外联络部邀请,波黑民主行动党干部考察团和独立社会民主人士联盟青年干部考察团分别于2016年4月和11月来华参访。11月4日,中联部部长宋涛在北京会见了独立社会

[①] 波黑部长会议官网2016年11月5日报道:http://www.vijeceministara.gov.ba/saopstenja/saopstenja_predsjedavajuceg/?id=23597,检索日期:2017年8月25日。

[②] 中国-中东欧国家合作官网2016年11月7日报道:http://www.china-ceec.org/chn/zyxw/t1413307.htm,检索日期:2017年8月25日。

[③] 中国外交部官网2017年4月7日报道:http://www.fmprc.gov.cn/web/zwbd_673032/nbhd_673044/t1451827.shtml,检索日期:2018年1月20日。

民主人士联盟主席、波黑塞族共和国总统多迪克。多迪克提议两党正式建立党际关系，并表示波黑愿意通过"16+1合作"平台提升对"一带一路"建设的参与度，期待更多中国企业到波黑投资兴业。宋涛称中国共产党愿与独立社会民主人士联盟不断深化治党治国经验交流，通过党际交往促进双边各领域合作。①

中联部部长助理李军11月19日至22日率中共友好代表团访问波黑，会见了波黑多个主要政党领导人，先后出席了在巴尼亚卢卡和萨拉热窝举办的十八届六中全会精神宣介会。波黑独立社会民主人士联盟、民主行动党、波黑克族民主共同体和塞族民主党高层对中共从严治党和深化改革表示赞赏，表示愿加强同中共交往，积极推动"一带一路"建设和"16+1合作"。②

（二）波黑—中国经贸关系和文化交往

根据波黑统计局数据，2016年，波黑和中国的双边贸易总额较2015年略有减少。而2013~2014年，两国双边贸易有较快增长（见表2）。

表2　2013~2016年波黑—中国双边贸易总额

单位：马克

	2013年	2014年	2015年	2016年
波黑出口额	1043.0万	1355.1万	2825.8万	2601.3万
波黑进口额	9.1亿	13.6亿	10.9亿	11.0亿
波黑贸易逆差	9.0亿	13.5亿	10.6亿	10.7亿

数据来源：Robna razmjena BiH s inostranstvom 2016. 波黑统计局，http://bhas.ba/tematskibilteni/TB_Robna%20razmjena%20BiH%202016_BS.pdf，检索日期：2017年8月25日。

2016年，波黑从中国进口机械和运输设备4.6亿马克，杂项制品3.5亿马克，按原料分类的制成品2.2亿马克，化学和相关产品4619.0万马克。

波黑和中国两国合作的重大工程项目方面，中国东方电气集团有限公司承

---

① 中共中央对外联络部官网2016年11月4日报道：http://www.idcpc.gov.cn/jwdt/201611/t20161104_87147.html，检索日期：2017年8月25日。
② 中国-中东欧国家合作官网2016年11月24日报道：http://www.china-ceec.org/chn/sbhz/t1418179.htm，检索日期：2017年8月25日。

建的波黑斯坦纳里火电站项目 9 月 20 日举行竣工仪式,这是首个使用中国 - 中东欧合作机制 100 亿美元专项贷款额度的项目,也是中波建交以来首个大型基础设施合作项目。斯坦纳里火电站设计装机容量 30 万千瓦,2013 年 5 月开工,2016 年 1 月首次并网发电成功。

1 月 14 日,中国机械设备工程股份有限公司(CMEC)和中非投资发展有限公司(CAIDC)在波黑联邦城市托米斯拉夫格拉德签署一总投资金额为 1.5 亿欧元的风电项目,装机容量 112 兆瓦(该项目目前处于搁浅状态)。

据波黑安全部统计,波黑 2016 年向中国公民发放的签证数量相比 2015 年大量减少。2016 年,波黑驻外使领馆共向 497 人次中国公民发放了波黑签证,主要是工作签证,而 2015 年这一数字为 971。波黑 2016 年向 171 人次中国公民发放了工作许可,而 2015 年是 238 人次,但中国人仍然是继塞尔维亚、土耳其和克罗地亚人之后在波黑拥有工作许可数量最多的外国人。[①]

2016 年,随着萨拉热窝大学孔子学院办学渐入佳境,中国和波黑的文化交流也迈上新台阶。萨拉热窝大学孔子学院是中国在波黑成立的第一所孔子学院,2015 年 4 月 2 日揭牌,同年 11 月 20 日开始运行。据了解,截至 2017 年 8 月,萨拉热窝大学孔子学院现有中外方教学、管理人员 7 人,其中,中外方院长各 1 人,汉语教师 2 人,志愿者教师 3 人,开设有汉语初级班、中级班、大学生班、中小学生班、幼儿班、商务汉语班等中文课程,以及太极拳班、茶艺班、汉字书法班、剪纸班等中华才艺课程。与此同时还陆续建成了数个校外教学点,注册学员共 200 多人。

---

① *Migracioni profil Bosne i Hercegovine za* 2016. *godinu*,波黑安全部,http://msb.gov.ba/PDF/MIGRACIONI_ PROFIL_ 2016_ BOSv2. pdf,2017 年 4 月 21 日,检索日期:2017 年 8 月 25 日。

B.10
波兰

赵 刚 李怡楠 何 娟 赵玮婷*

摘　要： 在难民危机、英国脱欧等事件的大背景下，2016～2017年，波兰在政治生活方面表现出民粹主义抬头，政治斗争激化的特点，执政党的一系列举措在波兰国内以及欧盟内部引发广泛争议。在经济方面，波兰保持了稳定的增长势头，《负责任的发展战略》为波兰经济未来发展指明了方向，人口老龄化问题是威胁波兰持续发展的重要因素。随着经济实力的增强，波兰文化教育事业蓬勃发展，在国际上的影响力逐渐增强。中波关系发展持续向好。

关键词： 波兰　民粹主义　负责任发展　社会政策

一　政党政治及外交政策

（一）波兰政党政治的特点

波兰自1989年转轨引入西方民主制以来，根据自身经济和社会发展情况不断改革，以多党制和议会民主制为核心的西方政治体制逐渐成形并不断完

---

* 赵刚，博士、教授、博士生导师，北京外国语大学欧洲语言文化学院院长、中东欧研究中心副主任、波兰研究中心主任。本文中负责撰写经济部分；李怡楠，博士、讲师，北京外国语大学欧洲语言文化学院波兰语教研室主任。本文中负责撰写社会与文化部分；何娟，硕士、讲师，北京外国语大学欧洲语言文化学院波兰语专业教师，目前在中国驻波兰大使馆工作。本文中负责撰写波兰政治、外交以及中波关系部分；赵玮婷，北京外国语大学欧洲语言文化学院在读博士生，在本文中主要完成了波兰司法改革的部分内容。

善，对波兰经济社会产生了全方位的影响。经过多年的发展与变化，波兰政坛逐渐呈现两大右翼政党主导，左翼式微，小党分化组合不断的格局。不同党派权力之争异常激烈，日趋白热化，主要政党党派利益至上，政治强人色彩渐浓，朝野斗争激烈。

2015年波兰举行了总统议会双选举。政坛重新洗牌。法律与公正党赢得双选，成为转轨以来首个以一党之力单独组阁的政党。社会思潮总体右倾，民粹主义抬头。2016年波兰政局稳定，法律与公正党独揽总统、总理、议会三大权力机构。执政之初，法律与公正党就显示出了扩大中央政府权力的大政府倾向。由于取得了议会超过半数的席位，该党便计划逐步扩大中央政府的权力，如修改宪法法院法、出台新的媒体法、堕胎法等政策措施。这些举措引起了欧盟的反对和警觉。而修改宪法法院法、堕胎法、改革教育法等手段更是在波兰引发大规模抗议活动。

法律与公正党带有浓重的民粹主义色彩。它主张民族利益、国家利益高于一切，为此甚至不惜与传统友好国家公开发生冲突；与此同时，它也像其他欧洲国家的民粹政党一样严重排外，因担心国家利益受损而对欧盟所出台的难民政策持强烈的抵制态度。[1] 两年来，法律与公正党利用占据议会多数席位的优势，以合法手段对政府、媒体、司法机构进行大幅人事结构调整，以巩固执政基础，兑现承诺，在老年人医疗、降低退休年龄、提高社会保障等方面多有作为，支持率长期稳定在30%～40%间。另一方面，反对党与执政党之间矛盾加剧，致使波兰政党政治呈现以下特点。

1. 民众普遍对普选心存疑虑

波兰宪法规定，波兰总统根据普遍、平等的原则由无记名投票选举产生，但同时规定总统候选人必须具有议员资格，并收集10万名以上选民的签名支持方可参选。这就将候选人直接圈定在政治精英范畴，在整个选举过程中还需要大量的资金支持。波兰自1989年进行首次半开放式选举以来，总共进行了八次议会选举，投票率均在50%左右。其中，2005年大选期间，60%以上的选民选择了弃权，创下了波兰剧变以来议会选举投票率的最低纪录。2015年

---

[1] http：//www.cankaoxiaoxi.com/world/20161216/1525463.shtml，检索日期：2017年11月21日。

法律与公正党得票率为37.5%，但以有效选举人来计算，其支持率仅为19.13%。选民对政党信任度下降，使主流政党边缘化，边缘政党主流化。库奇兹运动及现代党均属为选举临时组建的团体，在2015年大选中进入议会。而长期执政的民主左翼联盟得票率低于议会门槛。百年老党人民党涉险过关，位居议会末位。

2. 激烈党争引发政治多极化

波兰多党制的一大特点就是政党数量众多，进入21世纪以来这一特点更加突出。根据波兰国家选举委员会统计，截至2017年10月，波兰共有在册政党72个。[1] 其中主要党派有：

（1）法律与公正党（Prawo i Sprawiedliwość）

法律与公正党由卡钦斯基兄弟创立，于2001年成立。法律与公正党秉持社会民族保守主义，高举民主和天主教的大旗，主张波兰自主[2]，被一些政治评论家和媒体誉为波兰"民粹主义"和"疑欧"派的代表。[3] 因此，法律与公正党主张欧盟扩员[4]。其对欧政策趋向联合，支持欧洲国家建立统一的联盟。近年来其执政理念逐渐从保守主义向民族国家主义转变。2005年赢得议会选举后首次成为执政党。在之后2007~2015年的两届政府执政期间，法律与公正党成为议会最大反对党，并于2015年重新赢得议会选举，独揽总统、总理、议会三大权力机构。

（2）公民纲领党（Platforma Obywatelska）

公民纲领党由安杰伊·奥莱霍夫斯基、马切伊·普瓦仁斯基与唐纳德·图斯克于2001年创立，其成员多为天主教民主主义、保守自由主义及社会自由主义的支持者，代表了广泛的政治理念，被一些媒体称为"泛意识形态"的政治党派。[5]

---

[1] https://www.wprost.pl/534879/73-partie-polityczne-w-Polsce-Niemal-300-tys-czlonkow-i-147-mln-zlotych-przychodow，检索日期：2017年11月21日。

[2] Dominika Sozańska: Konkurenci czy partnerzy? Chrześcijańska demokracja i Kościół katolicki po 1989 roku. W: Grzegorz Babiński, Maria Kapiszewska: Zrozumieć współczesność. Kraków: Oficyna Wydawnicza AFM, 2009, s. 451–465. ISBN 9788375710939.

[3] Poland Tries Populism. Voters choose change, despite the risks to economic growth (ang.). wsj.com, 26 października 2016.

[4] Jarosław Kaczyński: Europa powinna być supermocarstwem. wp.pl, 27 czerwca 2016.

[5] Olechowski: Bezpieczeństwo, głupcze!. rp.pl, 6 września 2016. [dostęp 2016-09-22].

公民纲领党在经济方面采取自由主义,而在社会和道德议题上倾向保守自由主义立场。2007~2015年间,公民纲领党获得议会多数席位并与波兰人民党共同组阁。期间,唐纳德·图斯克与艾娃·科帕奇先后担任总理。2015年,公民纲领党在总统议会双选举中败给法律与公正党后成为波兰最大在野党。2014年,时任公民纲领党党主席的唐纳德·图斯克当选欧洲理事会主席,并于2017年获得连任。

(3)波兰人民党(Polskie Stronnictwo Ludowe)

人民党成立于1990年,其前身是二战后与波兰统一工人党联合执政的政党之一。现任党主席为弗瓦迪斯瓦夫·卡梅什,共有党员12.4万名,是波人数最多的政党。现为议会反对党,是基督教民主国际、欧洲人民党成员。人民党主张解散参议院,支持波兰在协商一致的基础上进一步在欧盟发挥作用,与欧盟国家在伙伴关系的原则下开展合作,改善波俄关系。在法律及社会政策方面,反对恢复死刑及堕胎合法化。

(4)现代党(Nowoczesna)

现代党由时任波兰经济学家协会主席的理查德·佩特鲁于2015年创立。该党标榜为"中间政党",在经济上倾向自由主义。[1] 现代党在2015年的议会选举中获得7.6%的票数,取得28个众议院席位。[2]

西方多党制的基本要义是监督制衡。波各党派普遍存在纷争,议会混战不休,联合政府内党争不断,议会政府各自分化。1998年颁布的政党法限制了政党数量,规范了政党行为,以提高政党质量,调和政党矛盾,使政党间的竞争日趋理性。近年来,在外部不断变化,内部产生分裂的形势下,政党分歧深化,理性竞争向恶意政党竞争演变。致使法律与公正党执政以来的朝野斗争愈演愈烈。2016~2017年,热点事件如下。

(1)反对党"占领讲台"

2016年12月,法律与公正党试图在议会强制通过2017年预算法案并修改媒体对议会工作的报道条例,引发在野党占领议会讲台半月,朝野政党矛盾一

---

[1] Parties and Elections in Europe: Poland (ang.). parties - and - elections.eu. [dostęp 19 sierpnia 2016].
[2] "PKW: PiS zdobyło 37, 58 proc. głosów. Wchodzi pięć partii, lewica poza Sejmem" (in Polish). TVN24. October 26, 2015. Retrieved October 26, 2015.

度激化。此次抗议从12月16日爆发,当日议会对2017年财政预算案进行表决,参与者仅仅是支持执政党的议员,而表决地点则是在议会中的一处小房间,也没有媒体进行报道。《金融时报》称这是1989年波兰民主化后,预算案首次在议会主厅之外的房间通过。随后反对党议员封锁了议会大厅,抗议民众也封锁了议会大厦出口。波兰警方随即连夜将反对党议员强行移送出议会大厦,当时抗议民众已经聚集在议会门口。

此次大规模抗议主要针对法律与公正党公布的一项计划政策:从2017年开始,对进入议会的记者人数进行限制,每家媒体只能派两名记者进行议会采访,仅有五家电视台可以进入议会进行议会讨论的拍摄。

12月18日,抗议者在宪法法院外聚集,反对党议员则在下议院中占领议会讲台。

(2) 波政府反对图斯克连任欧洲理事会主席

针对上述事件,法律与公正党在图斯克寻求连任欧洲理事会主席一事上还以颜色。2017年3月,时任欧洲理事会主席的唐纳德·图斯克即将任满并寻求连任。其连任获得大多数欧盟成员国的支持,却遭到了波兰政府的强烈反对。波兰总理希德沃称图斯克不配担任这一职务,理由是欧洲爆发的难民问题、英国脱欧等事件均在其任内发生,且图斯克屡次"利用作为欧洲理事会主席的职权"[①] 介入波兰内政。最终,图斯克以27票支持、1票反对成功连任,而唯一一个投反对票的国家则是他的祖国——波兰,也因此使波兰成为年度最大"闹剧"的主角。

(3) 司法改革危机

2017年2月在波兰爆发的宪法法院危机是法律与公正党同亲欧的在野党矛盾发酵的产物,其影响产生外溢效应,成为波兰与欧盟关系的绊脚石。批评者认为,宪法法院改革法案破坏法治原则,阻碍宪法法院工作。一旦改革完成,宪法法院将不可能检视或仲裁新法案。欧洲委员会顾问机构"威尼斯委员会"认为,宪法法院改革法案"将弱化波兰宪法法院职能,破坏民主、人权和法制"。

[①] http://www.southcn.com/nfdaily/nis-soft/wwwroot/site1/nfrb/html/2017-03/10/content_7623799.htm,检索日期:2017年11月21日。

自从2015年成为执政党以来，雅罗斯瓦夫·卡钦斯基领导的法律与公正党就致力于推动司法改革。2016年4月29日，法律与公正党议员向议会提交了关于波兰宪法法院的改革草案。2017年4月，法律与公正党提交了关于波兰一般法院制度以及关于国家司法委员会（Krajowa Rada Sądownictwa）的改革草案。7月12日，法律与公正党议员提交了关于波兰最高法院的改革草案。众议院通过了这些草案，但杜达总统只签署了关于一般法院的改革法案，对另外两个提案，即关于国家司法委员会和最高法院的提案使用了一票否决权。同时，杜达表示自己将亲自提交一份修正案。9月，杜达给出了自己的修正案，他表示应该修改宪法。随后，总统与各政党主席进行了多次磋商，最终表示没有修改宪法的可能。同时调查显示，仅两成民众支持总统的修正案。9月26日，总统关于全国司法委员会和最高法院的提案被提交给众议院议长。众议院原计划在7月提交自己的修正案，却最终表示将把这项工作推迟至10月中旬。

此次司法改革主要涉及以下几个方面：一般法院制度、国家司法委员会、最高法院。

①关于一般法院制度的改革。

首先，根据新的法案，司法部部长在该法案生效后半年内，能够将任何当地法院（sąd rejonowy）、地区法院（sąd okręgowy）法官和上诉法院（sąd apelacyjny）院长及副院长停职，并且不需要遵循任何相关法律规定，不需要陈述任何理由，也不需要获得国家司法委员会的同意。司法部长将能够单方面任命和解任各级法院院长，并且不存在任何人能够改变他的决定。

其次，上诉法院法官的推选资格也受到了法律界人士的质疑，而候选人的资质和条件并未得到明确的规定。新的法案中延长了申请成为上诉法院法官的候选人的最低从业年限——从原来的6年延长至10年，但与此同时，取消了候选人必须在地区法院工作3年的规定，这意味着候选人可以"跳过"必经的阶段提前申请晋升。过快的晋升可能使得在上诉法院工作的法官的经验和能力得不到保证。

最后，新的法案中还扩大了法官及其配偶所持财产的申报范围。

②关于国家司法委员会的改革包含以下三个部分。

首先，该法案改变了国家司法委员会成员法官的选举方式。在此之前，根据波兰宪法规定，由法官联合会（Samorząd Sędziowski）从各级法院的法官中

推选15位成为国家司法委员会的成员（该委员会共有25名成员）。由法官自己的团体推选超过半数的国家司法委员会，保证了国家司法委员会总是代表法官的立场。而新的法案规定，国家司法委员会的成员法官将首先由众议院主席团（Prezydium Sejmu）或50位议员进行提名，众议院议长从中推选出候选人，由众议院进行投票，其中获得五分之三票数的法官当选。

其次，该法案改变了国家司法委员会的组成结构。此前，该委员会中有17位法官成员——由15名被推选的法官、最高法院院长（Prezes SN）和最高行政法院院长（Prezes NSA）组成，而其他8位非法官成员则从立法机构（ustawodawcza）和行政机构（wykonawcza）中推选。这25位成员组成的委员会将推选出下一届的成员法官。而改革法案拟将国家司法委员会分为两个部分：一级大会（Pierwsze zgromadzenie）与二级大会（Drugie zgromadzenie）。一级大会将由众议院代表、参议院代表、总统、最高法院院长和最高行政法院院长组成。二级大会将全部由法官组成。一级大会和二级大会将各自独立行事，对法官候选人和助理审判员候选人进行审查和评估。两者将定期举行共同会议，以做出一致的决定。

最后，该法案也将缩短现任国家司法委员会成员法官的任期长度。原则上，宪法规定每一位国家司法委员会成员的任期为四年，且无被解雇的可能。然而，新法案要求现任法官在该法案生效起30天内离职。

③关于最高法院的改革包含以下三个部分。

首先，新法案无视宪法的规定，除司法院院长所指定的在任最高法院法官之外，其余在任的最高法院法官将遭到停职。新的最高法院法官将由国家司法委员向总统提名，最终由总统确定名单。

其次，若现任最高法院院长被停职，总统将有权任命新的最高法院临时院长。并且所有年龄超过65岁的最高法院法官都将被停职。

最后，最高法院将分为三个职能部门：私人法律部，公共法律部，纪律部。与此同时，司法部部长将决定这三个职能部门的人员组成。

波兰政府一系列司法改革法案遭到波兰法律界和反对党派人士的强烈反对和批评。他们认为，这些法案将导致波兰司法系统的政治化，严重侵害司法的独立性。批评者还指出，法律与公正党意欲通过操纵国家司法委员会，达到控制最高法院，从而实现操控法律的目的。对此，各方反应强烈，同时也导致波兰爆发全国性的抗议活动。欧盟也发出一系列警告。总统杜达被迫否决部分改革法案，并出面主持法案修订工作，才使得局势有所缓和。

3. 政党轮替，社会政策摇摆

一般情况下，政党在成为执政党之后，为维护自身利益，往往会搁置、否定前任。法律与公正党上台之后，议会摒弃前公民纲领党的亲欧政策，变为疑欧态势。在宪法法院、难民问题上叫板欧盟。在国内事务方面，为兑现选举承诺，罔顾经济发展规律，出台惠民措施。2012 年前，政府定退休年龄为 67 岁，而法律与公正党上台之后却将男性退休年龄降低至 65 岁，女性退休年龄降低至 60 岁。此外，法律与公正党进行教育制度改革，将三年制的初中阶段裁撤，保留小学和高中阶段，将小学教育从六年制延长至八年制，高中和职业技术教育均延长一年，修业年限分别达到四年和五年。此次教育制度改革也引发了许多争议。虽然教育部长扎勒斯卡强调，教育体制改革不会损害教师的利益，反而会增加工作岗位，但并未得到认同。有教师表示，"不仅为孩子们能否享受到优质教育担心，也为自己能否保住工作感到忧虑"，因此，许多教师加入了抗议改革的队伍。反对者认为，"现有的教育体制是一笔不可多得的遗产，盲目的改革势必会引起混乱"[1]。

（二）执政党的外交政策

在外交方面，波兰地处欧洲的十字路口，深受大国和强烈的民族危机意识影响。自 1989 年投入西方阵营以来，先后在 1999 年加入北约、2004 年加入欧盟。长期以来，波兰的安全主要依靠北约，发展依赖欧盟，亲西方成波兰外交政策的基石。法律与公正党 2015 年执政以来，在外交政策上总体亲美融欧，但欧盟危机后强调自主自决，更趋内顾，疑欧态势上升，竭力通过次区域合作与域外多元外交提升波兰"能见度"。其对外政策呈现以下几个特点。

首先，把对俄安全放在首位。受 2014 年乌克兰危机的影响，波兰提升了国家安全在外交中的分量。一是拉拢美国，促欧改革。2016 年北约华沙峰会达成一致，北约东翼派兵，实质性加大安全投入。二是全面遏俄，阻挠俄欧合

---

[1] https://www.tvn24.pl/wiadomosci-z-kraju,3/reforma-edukacji-poczatek-roku-szkolnego-zmiany-w-szkolach,769728.html，检索日期：2017 年 11 月 21 日。

作。波兰不惜牺牲自身对俄贸易，在欧盟内支持对俄经济制裁，呼吁建立欧洲能源联盟，反对北溪2号天然气管道项目，并重启对2010年波兰总统专机在斯摩棱斯克坠毁事件的调查。

其次，重视次区域合作，依托次区域合作施展外交抱负，提倡中东欧国家联合自强，提升其在欧盟内部的发言权。积极通过维谢格拉德集团、波海峰会等与相关国家"抱团发声"，频繁互动，实现其影响力的扩大。为进一步丰富多边务实合作平台，波兰与克罗地亚共同提出涵盖跨国贸易、能源、基础设施等项目的三海国家倡议，以期加强中东欧国家合作。2017年7月，美国总统特朗普访波并出席了第二届"三海"国家首脑峰会，强调了对"三海倡议"的支持。此外，波兰还极力推动欧盟改革。入盟13年来，积极参与欧盟事务。在难民问题、气候变化与减排问题上态度强硬。支持加深内部团结和单一市场建设，反对欧盟政治一体化，呼吁保障成员国议会应有的立法独立性。主张欧盟持续扩员，支持乌克兰、西巴尔干融欧。在英国脱欧问题上坚决维护波侨利益。

最后，放眼世界，共谋发展。法律与公正党重视经济外交合作，积极寻求欧洲以外的经济合作是其外交政策的关键点。一方面，波兰政府迫切希望引进先进技术，促进国内产业升级，吸引投资创造就业机会，推动本土企业开辟国际市场。另一方面，法律与公正党不满波兰经济完全依赖欧盟的现状，急于拓展面向域外国家的经济外交。随着波兰经济实力的增强，更多企业走向国际市场，参与全球竞争，先后带动了本国的经济发展，并走向中国、非洲等发展中国家经济体。

此外，向全球推介波兰产品，大力改革驻外贸促机构，推进与东盟、拉美国家关系等都是波兰外交工作的重点举措。近年来，波兰对华关系在本国外交政策中的位置日益突出。在2017年外交政策报告中，波兰将发展同中国的关系称为波外交政策的持续性元素。

二 经济发展状况

（一）波兰宏观经济形势

1. 经济稳定增长

自2004年加入欧盟以来，波兰经济发展引人注目。按照世界银行的数据，波兰的 GDP 从 2004 年的 2551.02 亿美元增长到 2016 年的 4713.64 亿美元。2016 年，按照现价美元计算，波兰 GDP 总值居世界第 23 位。在欧盟国家中，波兰是第 8 大经济体。

在人均 GDP 方面，按照现价美元计算，波兰人均 GDP 从 2004 年的 6260 美元增长到 2016 年的 12680 美元。按照波兰中央统计局公布的数据，2016 年波兰 GDP 增长率为 2.8%，比 2015 年低了 1.1 个百分点，是 2014 年以来波兰 GDP 增长最慢的一年。

按照国际货币基金组织 2004 至 2015 年的统计数据，波兰在人均 GDP 增速方面居于欧盟成员国的第二位。在此期间，波兰人均 GDP 累积增长达到 59.4%。而根据世界大型企业联合会（The Conference Board）的数据，在 1990 至 2015 年间，波兰是欧盟成员国中发展第二快的经济体，在 27 年中累积的人均 GDP 增长额达到 117.3%，仅次于人均 GDP 累积增长额达到 150.7% 的爱尔兰。波兰这一引人注目的增速，部分原因是 1989 年转轨之初，按照购买力平价计算，波兰的人均 GDP 在目前欧盟所有成员国中居于末位。

加入欧盟，使波兰能够获得大量来自欧盟的资金支持。2016 年，波兰从欧盟基金获得 102.1 亿欧元，为欧盟预算支付 45.7 亿欧元，净流入资金 56.4 亿欧元。据波兰财政部数据，波兰自 2004 年加入欧盟，共获得 1350 亿欧元资金，基于各种义务返还约 440 亿欧元。据波兰《共和国报》报道，2017 年上半年，欧盟在 2014～2020 年融合政策下共向成员国发放 125 亿欧元资金，而这些资金的最大受益国为波兰，获得 42 亿欧元，紧随其后的是葡萄牙和希腊，分别获得 16 亿欧元和 12 亿欧元资金支持。

2. 失业率持续下降

在失业率方面，按照波兰中央统计局的统计，1990 年~2005 年，波兰的失业率始终维持在 10% 以上，而在顶峰时期的 2003 年，失业率曾达到 20% 以上。自 2013 年开始，波兰的失业率持续下降，根据波兰中央统计局发布的数据，2016 年 12 月波兰失业率为 8.3%，登记失业总人数为 133.5 万人，其中新登记失业人数为 1.9 万人，比 2015 年同期减少 18.1%，比上月增长 5.4%。2017 年 9 月，波兰登记失业率进一步下降至 6.9%，环比下降 0.1 个百分点，同比下降 1.4 个百分点。据国家社会保险公司 ZUS 称，10 月 8 日波兰降低退

休年龄法案生效（由67岁降至男65岁、女60岁），预计失业率可能再创新低。

3. 进出口与投资态势良好

外贸方面，波兰的主要贸易伙伴为欧盟、中国和俄罗斯。德国是波兰最大的贸易伙伴，2015年波兰对德出口占其全部出口额的27.1%；其次是英国和捷克，分别占6.7%和6.6%。

波兰中央统计局数据显示，2016年波兰外贸出口1836.3亿欧元，同比增长2.3%；进口1788.7亿欧元，同比增长0.9%；外贸顺差47.6亿欧元，约为53亿美元。

2017年前8个月，波兰出口1328.6亿欧元，同比增长7.7%；进口1320.9亿欧元，同比增长9.6%；外贸顺差7.7亿欧元。

根据安永公布的调查报告，2016年波兰共吸引256个外国直接投资项目，同比增加21%，这些项目提供2.27万个就业岗位，增加了15.7%，项目数量和就业人数在中东欧地区都位居首位。

4. 社会发展指数达到高度发达国家水平

根据联合国的统计，波兰在社会发展指数（HDI）方面达到高度发达国家水平，其主要参考数据包括人均预期寿命、25岁年青人人均受教育年数、适龄入学儿童受教育预期长度以及人均GDP等因素。

2015年波兰HDI的指数为0.855，在统计的188个国家和地区中居于第36位，位列卡塔尔和立陶宛之间。

5. 公共债务水平与基尼系数低于欧盟平均水平

波兰宪法规定，公共债务在国内生产总值中所占的比例不得超过60%。禁止波兰政府承担任何超出该限额的财政责任。2015年，波兰的公共债务占GDP的51.3%，2016年为GDP的52.1%，而欧盟国家公共债务占GDP的比例平均为85%。波兰明显低于欧盟的平均水平。

6. 税改初见成效

社保税占波兰GDP的34%，与巴西、俄罗斯和英国相当。个人所得税税率在18%到32%之间；企业所得税为单一税率，占19%；而商品及服务税的基本税率则为23%（对法律中规定的商品和服务实行较低的税率：8%和5%）。从2017年1月1日起，增值税修订案生效，规定到2018年底，增值税仍按照8%和23%比例进行征收，低收入者免税额度提高到6600兹罗提，小型企业（年销售收入不超过120万欧元）企业所得税（CIT）税率从19%降至15%。

2017年前5个月，波兰税收同比增长18.8%，其中增值税收入增长159亿兹罗提，同比增长30%；个人所得税收入增长14亿兹罗提，同比增长7.4%；公司所得税收入增长19亿兹罗提，同比增长14.3%。

7. 不同经济体对经济增长的贡献及经济发展水平的地区差异

波兰经济是混合经济。国有企业在2015年经济增长中所占比例为19.8%，而私营部门（包括外资的16.6%）在经济增长中的贡献率为80.2%。一些关键领域的企业仍然是国营性质，如：波兰铁路总公司、波兰铜业（部分股份）、PKN Orlen、PGNiG、PKO BP和其他一些规模稍小的公司。掌管波兰国有企业的一向是波兰国库部，但从2017年1月1日起，谢德沃政府宣布撤销国库部，成立由9人组成的咨询委员会，直接监督管理国有企业。

波兰各地经济发展水平存在较大差别。根据欧洲统计局的统计，波兰最富有的省份是马佐夫舍省，按照购买力平价计算，其在2014年的人均GDP达到了欧盟平均数的108%；而最贫穷的省份是卢布林省，仅为欧盟的47%。最接近波兰平均水平的省份是西里西亚省（欧盟的70%）和波莫瑞省（欧盟的64%），在人均GDP方面与西班牙和意大利最贫穷的省份相近。

目前，波兰境内有14个经济特区，其中历史最长的是1995年建立的米耶莱茨欧洲工业园特区。截至2016年12月31日，经济特区的总面积达到21463公顷，特区投资总额超过1120亿兹罗提，雇用员工332114名。特区投资的主要来源地是德国（占总投资的23.7%）、波兰（20.9%）、荷兰（8.2%）、美国（8.1%）。

（二）《负责任的发展战略》

2016~2017年度，波兰经济生活中最重要的一件事莫过于2016年2月，波兰新政府出台了《负责任的发展战略》，提出促进经济社会发展的五大支柱。

（1）再工业化，即努力发展波兰有竞争力的产业，如航空、军工、汽车、

造船、IT、化工、家具、食品加工等。

（2）推动企业创新，努力削减企业的法律障碍、减少企业经营成本，吸引更多创新企业落户波兰；促进商业与科学结合，充分发挥现有的技术转让中心、企业孵化器等机构的作用，促进科研机构服务于经济；制定新的创新法，对知识产权给予有利的税务政策，扩大研发经费抵扣税款的范围，对创业者给予现金返还。

（3）发展资本，未来几年，投资总额将超过1万亿兹罗提。政府鼓励国民储蓄，参与职业养老金计划或投资波兰债券，促进员工持股。提高欧盟基金使用效率，投向促进波兰可持续发展的项目。

（4）国际市场推广，欧盟市场对波仍具关键意义，但未来将积极开拓亚、非、北美市场。对亚洲市场主推食品、化学品、木材；对非洲市场主推自然资源、工程机械；对北美主推重型机械和家具。

（5）促进社会和地区发展。政府将采取政策提高出生率、增加就业人口。2016年启动"家庭500+"计划，之后将推出儿童照顾、孕妇照顾、入学政策、鼓励海外波兰人回国、医疗和养老金体系等政策。根据就业市场需求提供职业培训。推动地区发展。提高地区政策的有效性。使国民有获得公共服务的均等机会。关注小城镇、农村地区、家庭农场的发展。消除贫困。有效管理自然资源和文化遗产。

（6）落实五大支柱的基础——建设高效政府。

①发展智能公共采购，制定新的公共采购法。②发展数字化行政。③稳定公共财政，短期内将赤字保持在GDP的3%以下，中长期目标是降低赤字和公债与GDP的比例。④通过能源政策降低国民能源成本。目标是确保2020年之后的投资，摆脱对能源进口的依赖。⑤将交通基础设施发展作为经济的血脉。⑥建立有效和高效的政府运行模式。

2017年2月14日，波兰内阁部长理事会议审议通过了经济发展部提出的《负责任的发展战略》详细规划。规划全文共316页，涉及项目185项，提出72项评价指标，涉及单位达705家。根据规划，到2020年，波兰家庭收入将达到欧盟平均水平的76%~80%，2030年达到欧盟平均水平。规划高度重视波兰创新能力、再工业化、地区平衡发展等问题，计划2020年前斥资1.5万亿和6000亿兹罗提分别用于公共部门和私营部门项目。

三 社会与文化

(一)家庭政策与人口问题

波兰是欧盟婴儿出生率最低的国家之一,面临着比较严重的人口老龄化问题。为此,波兰政府采取了一系列政策措施,包括鼓励生育、支持家庭事业发展、降低退休年龄、推行养老金改革、积极构建和谐社会氛围。

1. "家庭500＋"计划(Rodzina 500 plus)

2016年4月1日,波兰政府正式启动"家庭500＋"计划。这是本届政府出台的第一个,也是最重要的家庭政策。有研究表明,波兰人一般都有生育下一代的愿望,但担忧孩子出生后家庭物质生活水平可能下降。政府正是针对这一现状出台了该政策。该计划向居住在欧盟、欧洲经济区以及包括瑞士在内的22个国家的所有波兰人家庭提供全面经济支持,即使是不享受政府提供的其他家庭津贴的海外波侨家庭,也能领取本计划的相关补助。具体补贴办法是,对生育第二个以上孩子的家庭,该家庭的每个孩子每月可获得500兹罗提补助,直至孩子年满18岁;有第一个孩子出生的低收入家庭(人均净收入低于800兹罗提),以及第一个孩子有残疾的家庭(人均净收入低于1200兹罗提),也按上述标准领取补助。

"家庭500＋"计划出台前,2011年,上届波兰政府用于支持家庭发展的支出占国内生产总值的1.3%,这一数字在2015年已升至1.8%。"家庭500＋"计划出台后,2016年的相关财政支出达170亿兹罗提,令380多万儿童受益。2017年,本届政府计划支持家庭发展的支出占国内生产总值的比例要达到3%。

波兰家庭、劳动与社会政策部长艾尔什别塔·拉法尔斯卡(Elzbieta Rafalska)称,"家庭500＋"计划的相关项目可以明显改善波兰家庭的物质生活条件。根据其他欧洲国家的有益经验,这一政策能够有效提高国家出生率。该计划最明显的成效是领取社会救济的人数减少了13万。同时,受贫困威胁的17岁以下人口比例从23%降至11%,波兰人口数有望增加170万。

目前,有关波兰出生人口的数据显示,2016年波兰新生儿数为382.5万,

约比2015年多1.3万。增长主要体现在2016年11月和12月的数据中，即国家开展支持家庭抚养子女计划9个月后，说明"家庭500+"计划可能扭转人口增长的消极趋势。欧洲消除贫困网络波兰分部出台的报告《"家庭500+"计划的社会效应：贫困与劳动力市场》指出，在波兰实施"家庭500+"计划之前，11.9%的波兰儿童处于极度贫困之中。该计划实施后，仅剩下0.7%的儿童仍处极度贫困状态，降低了11.2个百分点，降幅达94%。"家庭500+"计划为每个家庭每年增加了6000兹罗提/人的培养资金，减少了家庭对未来经济问题的担忧，从而鼓励其增加对孩子的投入。家庭财务状况的好转，导致消费增长。波兰社会民意调查中心（CBOS）的调查显示，31%的家庭把从该项目所得补助花费在购买衣物上，29%的家庭用于买鞋，22%的家庭用于假期旅行开销，也有22%的家庭用来购买书籍和教辅资料，还有20%的家庭用于支付孩子参加校外兴趣班的开销。

上述数据也从一个角度说明，在为波兰家庭提供扶持、应对人口结构变化的同时，该计划还有助于本国经济发展。通过该计划，2017年有170亿兹罗提资金发放给波兰公民，这笔资金最终将增加市场需求，促进经济实现快速、健康发展。在"家庭500+"计划实施几个月后，其对于市场增长的刺激作用就已经初步显现。有关统计数据显示，从2016年9月起，波兰儿童市场规模增长迅速。该计划的实施，为进一步拉动内需提供了较大发展空间。

2. "为生活"家庭发展支持计划

2016年12月20日，波兰政府推出了一项名为"为生活"的家庭发展支持计划，主要用于支持残疾人家庭，特别是有残疾儿童的家庭。该计划主要包括以下内容：保证妇女在怀孕、生产期间以及产后都能得到全方位照顾；为儿童早期发展提供多方面支持；提高针对患有先天疾病儿童的医疗保障水平，帮助他们接受康复治疗；支持和帮助有残疾儿童的家庭，例如当家庭成员外出工作或度假时，每年可以获得他人最多120个小时的帮助，来照顾残疾人的日常生活；为残疾人及其父母就业提供便利；保障有残疾儿童的家庭的住房需求；建设成年残疾人护理中心；为残疾人，特别是0至7岁残疾儿童提供康复服务；支持与援助单身母亲、单身孕妇和怀孕女学生；推动非政府组织、地方自治政府在建设儿童与家庭援助系统的过程中发挥作用；加强立法，满足残疾人及其家庭需求。

波兰

2017年1月30日，波兰总理贝娅塔·希德沃（Beata Szydło）在斯塔洛瓦沃拉出席一家融合托儿所开业典礼时指出，"我们希望波兰家庭有安全感，过上有尊严的生活，感受到国家对他们的支持。儿童是我们的未来"[①]。

此外，波兰政府还发出了"幼童＋"倡议，计划投资5亿兹罗提以促进针对3岁以下幼儿的托儿所建设。

3. "住房＋"计划

2016年9月27日，波兰政府出台"国家住房计划"（Narodowy Program Mieszkaniowy）。这是继波兰政府"家庭500＋"计划之后出台的第二项支持家庭发展的计划，也是波兰第一次出台此类政策。该计划被列为政府重点工作，也是波兰政府刺激投资的举措之一。

波兰政府将住房建设视为国家发展规划的重要组成部分。政府设立国家住房委员会，作为总理咨询－评议机构。该委员会由住房问题专家组成，负责对该项目实施做出年度分析和评估。该计划不设年龄门槛，不限婚姻状态，由国家预算资助中低收入家庭。资金来源包括国家住房基金（Narodowy Fundusz Mieszkaniowy）、政府预算拨款以及国家环保和海洋经济基金（Narodowy Fundusz Ochrony Środowiskai Gospodarki Wodnej）、欧盟基金以及个别私募基金。

"住房＋"计划以更低价格向波兰家庭提供公寓。主要目标包括帮助收入不足以购房或租房人群拥有住房，令每千人城镇居民竣工住房套数达到欧盟平均水平（每千人435套房），满足社会边缘人群和刚需人群住房需求，改善全社会住房环境，提高房源质量，提升住房能源利用率。目前项目的实施由国家经济银行不动产股份公司负责，有意合作的经济体（基层自治政府、地产商、拥有开发住房用地资质的个体商户）均可直接向该公司提出合作要求。国家提供国有土地用于建造出租房屋（其中有些可选择部分房屋产权归个人）。每平方米租金为10至20兹罗提，租户最终也可能享有购买权。这类公寓将优先向多子女和低收入家庭提供。与此同时，国家向地区自治政府和公共借贷组织提供资金支持，为低收入人群建设收容性房屋和廉租房。此外，波兰基础设施

[①] Premier Beata Szydło: w Polsce najważniejsza ma być rodzina, < https://www.premier.gov.pl/wydarzenia/aktualnosci/premier-beata-szydlo-w-polsce-najwazniejsza-ma-byc-rodzina.html >，2017年1月30日，检索日期：2017年11月21日。

与建设部已筹备向议会提案立法设立个人住房账户，届时可以在银行或者合作社办理主要用于住房储蓄金积累的信贷－存款账户。

2017年5月，波兰总理希德沃表示，政府逐步落实"住房+"计划，显示政府正在践行为人民提供体面生活条件的承诺。先行措施之一是修订有关资助住房建造项目的法律条文，解决政府住房项目建造的房屋在使用过程中出现的问题。波兰副总理兼财政部长马特乌什·莫拉维茨基（Mateusz Morawiecki）也指出，"住房+"计划将改善波兰经济和社会的关系。波兰正在努力建立一个新市场，二十七八年后住房需求显然会增长，但届时就很难邀请早期市场建立者、开发商、地方政府等与中央政府合作了，所以当前"住房+"计划是波兰发展的重要项目。波兰发展基金和国家经济银行（BGK）以及地方政府将为此提供财政和信贷等方面的支持。

4. 退休养老制度改革

目前，波兰80岁以上高寿老人的比例迅速增加，预计30年后每十个波兰人中就有一位是80岁以上的高寿老人。据人口统计数据显示，波兰现有约160万名高寿老人，而在1950年高寿老人数仅为18万。可以看出，波兰正加速进入老龄化社会，由此给社会保障带来了较大压力。

但是2016年12月2日，波兰参议院以50比29的票数通过了总统安杰伊·杜达（Andrzej Duda）提出的降低退休年龄法案，这也是杜达在竞选总统期间的承诺之一。根据新法案，自2017年10月1日起，波兰人的退休年龄由现在的67岁降至女性60岁、男性65岁。欧盟委员会在此前发布的报告认为，波兰应该采取措施提高实际退休年龄，这对促进经济增长、保证养老金充足、维持养老财政系统稳定至关重要。经济学家认为，波兰降低退休年龄的政策与目前世界各国普遍提高退休年龄的趋势不同。分析称，降低退休年龄后政府面临的最大问题是财政压力陡增，政府预算赤字将大幅飙升。波兰财政部估计，降低退休年龄将使国家预算每年增加100亿兹罗提（约合180亿元人民币）。但波兰政府发言人拉法尔·博赫内克（Rafał Bochenek）表示，会通过加强有效稽征增值税等途径来进行弥补。

另外，降低退休年龄将导致劳动力严重短缺。波兰工会预计，到2017年年底，不仅企业面临劳动力短缺问题，甚至政府部门也会出现缺人现象。波兰社会保障局推算，新退休法案实施后，波兰退休人数将从近年来每年平均23

万激增到2017年的55万。波兰工会负责人乌卡什·科兹沃夫斯基表示，2020年波兰工作人口数将减少100万，2026年工作人口数将减少200万。而波兰是欧盟出生率较低的国家之一，育龄妇女平均每人仅生育1.3个孩子。伴随着波兰人口总量缓慢下降，国家经济将加重负担。国际货币基金组织认为，波兰实施新的退休法案后，财政赤字占国内生产总值的比率将升至3.1%。如此将危及欧盟"区域发展基金"拨给波兰的数十亿欧元补助的使用。一旦这笔资金出现问题，或将对波兰经济造成进一步影响。[①] 波兰社会对此问题的态度分为两派。执政党（法律与公正党）的支持者认为通过该法案能够实现早日退休，而反对者则担忧人口负增长情况下降低退休年龄会造成国家财政不堪重负。从2016年的预算情况来看，波兰政府共支出14.1亿兹罗提用于为部分退休人员和提前领取退休金、领取过渡性退休金及领取教师补偿金的人群发放一次性补助。

此外，波兰政府还提出了开放式养老基金（Otwarty Fundusz Emerytury）改革，这是政府加强波兰第三个退休支柱计划的一部分。该计划2016年7月由副总理兼财政部长莫拉维茨基提出，预计向投资基金转变，其中75%将流入个人退休账户，25%流入由波兰发展基金管理的人口储备基金。2016年8月，发展部宣布将在该年第三季度征求开放式养老改革议案建议，并递交众议院。改革预计2018年实施。

（二）教育事业

1. 国民教育体制改革

1999年，波兰为提高教育质量，均衡受教育机会，曾进行过一次教育改革。但是相当一部分人对改革后的体制并不满意，认为高中教育并未实现真正意义上的改革，表现为一半以上初中同小学开设在一起，成为小学教育的简单延续，高中则变成了"高考预备班"，不能为学生建立完整的知识体系。

2015年5月，波兰右翼政党法律与公正党赢得大选。《选举报》总编辑亚当·米赫尼克（Adam Michnik）认为，大选结果体现出所谓"变革"派群体的选择，他们渴望更大改变，而教育改革可视为大变革的重要组成部分。政府在官网上强调，教育改革不仅是学校体制的变革，还将提供新的解决方案，让

[①] 李增伟：《波兰降低退休年龄引争议》，《人民日报》·2017年7月26日。

学校和教育机构的功能转变到致力于让每一个学生都能享受到良好教育上来。2016年11月8日，波兰议会批准了新教育体制改革方案。分析认为，此次教育改革将逐步实施，结构改革只是第一步，下一步则会进行课程改革。预计到2022年，整体改革方案才能全部落实。

改革后，波兰将裁撤三年制初中，只保留小学和高中；将小学教育从六年延长至八年，高中和职业技术教育均延长一年；学习年限分别为四年和五年。改革草案拟定了必修课与选修课，规定了每个年级的教学科目和教学时间。在课程设置方面，八年小学义务教育阶段开设有经典教育课程，使学生接受通识教育；从五年级开始，逐步引入地理、生物、化学和物理等必修课程；从七年级起开设第二门外语课程。高中与职业技术学校的历史课从每周2小时增至8小时，地理、生物、化学、物理等课程从1小时增至4小时；开设哲学、艺术和音乐课，以便为学生将来的学术与艺术发展奠定基础。此外，法律与公正党正在积极推动增加"爱国主义价值观"教育。

教育体制改革受到波兰社会高度关注，也引发了诸多争议。全国教师联盟、公民纲领党、现代党、全波工会联盟等党派和组织均表示反对，认为此次改革破坏了教育制度，可能产生教师失业、地方政府财政负担加重等负面影响。虽然波兰教育部长扎勒斯卡强调教育体制改革不会损害教师利益、反而会增加工作岗位，但这番表述并未获得多少认同。有教师表示，"不仅为孩子们能否享受到优质教育担心，也为自己能否保住工作而感到忧虑"。2016年11月19日，数千名教师走上华沙街头，抗议本届政府的教育改革。抗议者称，"现有教育体制是一笔不可多得的宝贵财富，盲目改革势必会引发混乱，波兰教育将步入黑暗岁月"。波兰教师联盟主席斯瓦沃米尔·布罗尼亚什（Sławomir Broniarz）要求搁置新教育改革方案。他认为，"关停初中教育是一种倒退，是对教育体系的破坏，这种倒退到1999年改革前的做法与当下文明格格不入"。但新改革方案的支持者们却认为，波兰教育终于"回归正常了"，现有初中教育体系令学生的知识与技能水平下降，亟待改革，为此就需要重归历史与爱国教育。[1]

---

[1] 《波兰大力推动基础教育体制改革》，新华网，http://news.xinhuanet.com/politics/2017-02/22/c_129490647.htm，2017年2月22日，检索日期：2017年11月3日。

2. 高等教育领域革新

波兰政府为应对科学和高等教育领域的诸多挑战，制定了相关战略，并努力推动企业界与科学、高教界有效合作，孵化科研成果。总理贝娅塔·希德沃曾表示，科学发展必须与企业生产紧密联系，鼓励中小企业建立研发中心，而教育则必须适应劳动力市场需求。

波兰相关研究认为，增加科研支出与进行彻底的高等教育改革将有助于实现"负责任的发展计划"，从而构建创新型经济。波兰科学与高等教育事业已经走过起步阶段，主要表现为受教育人数逐年递增，非公立大学数量增多，有越来越多的科研人员不惜缩减科研时间而投身教学工作。当前，为适应新出现的学生人数大幅减少的状况，保证学生能够接受更高质量的高等教育，并与就业市场更好衔接，需要彻底改革高等教育系统。与此同时，虽然波兰的科研支出与国内生产总值的比值与欧盟各成员国相比仍然落后，但波兰的科研支出正在缓慢增长。经济合作与发展组织各成员国科研支出占国内生产总值的比例均值为2.36%，欧盟各成员国为1.91%。2014年波兰科研支出占国内生产总值的比例为0.87%，波兰有必要在2020年将该比例提升至1.7%。

具体而言，波兰的科学与高等教育系统性改革将主要从科学与高等教育立法、推动科研的商业化导向、开展创新经济以及提升科研的社会责任三个方面推进。

2016年10月1日起，《放松管制法》正式生效。该法规定，不再需要大学履行一些提供报告信息的义务，明确取消对攻读双学位的限制，不再要求已就业人员重新开始进修时必须参加考试。另外，改善博士生待遇，减少他们的就业谋生压力，令他们可以更专注于研究工作。

同时，高等教育界就新的高等教育法展开广泛讨论，包括推行新型大学管理方式，改变有关拨款方法，推动科学与高等教育国际化，加强学术研究与商业的合作与结合，开拓新的人才培养途径，根据实际市场需求分配学生接受相应专业的学习等多方面问题。同时，新法计划建立一种新型大学——研究型大学，旨在提高波兰在国际科学领域中的竞争优势。这种新型大学将聚焦科研，并配备最强的领导集体。同时，其他大学将继续发挥重要的社会和文化功能。

为将科研成果有效转化为生产力并提高与企业合作水平，在原有科研机构继续专注于推进潜力最大的科研项目的同时，计划设立国家科技研究所，为波

兰企业提供全面的科研服务，促进知识转化为生产力，推动事关国家发展的能源、新材料、交通、环保等重要领域的科研工作，培养知识经济相关专业人才，利用国际合作框架学习国外经验，根据波兰企业的需求培养高度专业化人才。

为切实保证国际学术政策落地，并通过扩大国际参与度增强波兰科研实力，提高波兰赴海外留学的学生数量，设立国家学术合作局。同时，该机构也负责对外推广波兰高等院校，吸引海外杰出学者来波开展学术研究活动，吸纳更多海外优秀学生来波兰接受高等教育。

2016年8月，波兰政府发布有关创新的小型法规，其中规定永久取消智慧经济和商业资产收入的所得税，提高研发活动支出上限，将研发活动可获补助时间从3年延长到6年。要求科研单位应至少保证自身科研经费的0.5%用于商业化研究。简化科研人员申请发明专利的程序。

为实现《负责任的发展战略》的目标，计划设立国家研究和发展中心。要求涉及该中心建设的项目和企业提出促推经济发展的具体举措，合理规划欧盟经费，保证效益。波兰科学和高等教育部与国家研究和发展中心合作建立相关执行机构，负责落实相关举措。

波兰科学与高等教育部提出，为推广和普及教学和科学研究，宣传创新文化，刺激智力发展，波兰将开发系列项目，包括在学校或教育机构中定期邀请专家和学者为6至16岁的儿童开设科学领域的教学和研究课程，与哥白尼科学中心合作开展教学巴士计划，即哥白尼科学中心实验室（移动巴士）进入小型城市和村庄，进行科学教育。此外，科学与高教部还将大力推动老年大学发展，为老年人的终生学习提供更多可能性。

（三）文化推广

波兰是文化大国，一贯重视公共文化推广与民族遗产保护。2016年用于文化事业的开支占政府预算的1.01%，与2015年相比增加了6%。

1. 欧洲文化之都

从1985年起，欧盟每年都会指定一座或两座欧洲城市作为"欧洲文化之都"（European Capital of Culture），以宣传获此称号的城市的文化生活及发展。波兰的克拉科夫曾于2000年当选"欧洲文化之都"。

2016年，波兰的第二大金融中心和第四大城市弗罗茨瓦夫（Wroclaw）获得"欧洲文化之都"称号，为期一年的文化推广活动以"美的空间"为主题，于2016年1月17日揭幕，相关活动涵盖音乐、电影、图书、建筑等多个领域，向世界展示这里的古老文明和多元文化。

2016年2月18日，中国著名钢琴家郎朗联袂指挥大师克里斯托夫·艾森巴赫（Christoph Eschenbach），与华盛顿国家交响乐团一道在波兰国家音乐会堂精彩献艺。随后，弗罗茨瓦夫举办了一系列音乐节，包括"Jazz on the Oder爵士音乐节""Thanks Jimi吉他音乐节""弗罗茨瓦夫工业摇滚音乐节"等。在电影方面，举办有"捷克与斯洛伐克新浪潮电影回顾""捷克艺术家与电影评论家见面会""T-Mobile新视野电影节""欧洲电影奖"颁奖礼等活动。弗罗茨瓦夫利用当选联合国教科文组织"世界图书之都"的机会，在城市各个角落举办各种公共或私人朗诵会。该市市长拉法尔·杜特凯维奇（Rafał Dutkiewicz）表示，"我相信2016年将是二战后弗罗茨瓦夫历史上最浓墨重彩的一年。我们的目标是提高公众的文化活动参与度，同时发展旅游业。我们希望弗罗茨瓦夫能够在欧洲和世界范围内都算得上非常开放的城市"。

2. 世界青年节

2016年7月26日至31日，波兰克拉科夫主办了"世界青年节"。"世界青年节"号称全世界天主教青年的盛会，由波兰裔教皇约翰·保罗二世创立，是传播友谊、信仰、融合及了解主办地文化的盛事，相关活动包括旅行、游戏及各种社交活动。在克拉克夫举办"世界青年节"期间，现任教皇方济各亲临部分活动，克拉科夫瓦维尔大教堂举办了盛大的欢迎仪式，波兰总统安杰伊·杜达出席，有100多万青年参加了各种活动。

3. 显克维奇年

2016年适逢波兰文豪亨里克·显克维奇诞辰170周年和逝世100周年，波兰议会通过决议，将该年定为"显克维奇年"，号召国家机构和社会各界推广显克维奇的作品。亨里克·显克维奇（1846~1916）是波兰最伟大的作家之一，1905年，因其"在史诗创作中的巨大成就和伟大的民族精神"获得诺贝尔文学奖。2016年4月5日，"显克维奇年"开幕式在显克维奇故居博物馆隆重举行，波兰文化与民族遗产部长、著名人文学者彼得·格林斯基（Piotr Gliński）出席仪式。他在致辞中指出，"显克维奇不仅在文学创作上取得了巨

大成就，还身体力行地参与社会活动，体现出强烈的爱国主义精神"。① 他还说，地缘政治现实告诉我们，和平年代并非一成不变，爱国主义教育在任何历史时期都不容忽视，否则我们的民族将有可能再一次受到伤害。在此意义上，向青年一代推介显克维奇的创作和思想意义深远。

"显克维奇年"引起波兰各界，上至政府、下至普通民众的广泛关注。2016年9月，一年一度的全民阅读活动的主题即为显克维奇的历史小说《你往何处去》。在活动中，全国几百个地区的民众同时阅读这部为显克维奇赢得了诺贝尔文学奖的作品。波兰总统安杰依·杜达夫妇在首都华沙萨斯基公园与众多著名演员共同朗读该作品，波兰参议长斯坦尼斯瓦夫·卡切夫斯基（Stanisław Karczewski）与众多著名演员、知名记者和少年儿童代表在参议院朗读该作品。

学术界就显克维奇生平与创作进行了多次研讨，其中影响最大的是在凯尔采举行的"显克维奇——文本、阅读和社会接受"国际学术研讨会，展示了显克维奇的生平和创作以及当前学术界对显克维奇的解读。

一系列关于显克维奇的展览也相继举行。波兹南的显克维奇文学博物馆举办了"社会活动家显克维奇"主题展；显克维奇故居博物馆举办了反映显氏晚年旅居瑞士生活的展览——"瑞士手表度量的时间"；国家图书馆展出了小说《你往何处去》的手稿原稿以及该作品各国语言的译作；波兰国家科学院文学研究所举办了"沿着显克维奇的足迹"展。

波兰国家出版社（Państwowy Instytut Wydawniczy）出版了显克维奇书信集《我知道所有我想要的和需要知道的》（2016年9月19日）。这部作品收录了大量显克维奇写给家人、朋友的书信。波兰图书协会与波兰国家电视台合作举办了全国显克维奇知识竞赛。

四 与中国的关系

（一）建立和发展战略伙伴关系

1949年10月7日，波兰同新中国建立大使级外交关系。波兰成为最早承

---

① http://www.instytutksiazki.pl/wydarzenia,aktualnosci,35025,wystawa-z-okazji-roku-sienkiewicza-w-oblegorku.html，检索日期：2017年11月3日。

认中华人民共和国并建立外交关系的国家之一。

六十八年以来，随着国际局势风云变幻，中波关系发展也历经坎坷，但总体经受住了考验。进入新时期，中波两国继续遵循互不干涉内政的原则，相互尊重彼此自主选择的发展道路，在平等互利的原则下推进互利合作。近年来，双方保持频繁的高层接触，经贸合作继续深化，文教等领域交流不断扩大。

两国领导人的高度重视、双方相互了解的不断加深为两国关系进一步发展创造了良好条件。2004年，时任国家主席胡锦涛访波，两国确立友好合作伙伴关系。2008年，时任波兰总理图斯克成功访华。2011年，时任波兰总统科莫罗夫斯基访华，两国元首共同决定建立中波战略伙伴关系，开启双边关系发展的新纪元，两国传统友谊焕发新的活力。

自2011年两国关系升级为战略伙伴关系以来，双方高层互动日益频繁，经贸往来与日俱增，各领域合作不断深化。继2012年时任总理温家宝出席首次中国－中东欧领导人会晤后，波兰两院（参议院、众议院）议长于2013年实现成功访华。2014年，中波两国总理、外长分别就双边关系和共同关心的国际问题通话。2015年，国家主席习近平向波兰新任总统杜达致贺电，杜达随即在上任百日内实现了对华国事访问，并出席在苏州举行的中国－中东欧国家"16＋1"领导人会晤。2016年6月，习近平主席访问波兰，两国建立战略合作伙伴关系，中波关系开启了新的篇章。2017年7月，全国人大常委会委员长张德江访波，进一步深化了两国战略合作伙伴关系的内涵。

（二）经贸、投资领域合作有序推进

近年来，两国经贸关系更加紧密。2013～2016年，两国双边贸易额从148亿美元增加至176亿美元，年均增速6%。波兰成为中国在中东欧地区最大的贸易伙伴，中国则是波兰第二大进口来源国。波兰的乳制品、酒类、水果、肉制品等特色优质农食产品已经出现在中国消费者的餐桌上。中国对波非金融类投资存量从1.6亿美元增加至3.7亿美元，增长1.36倍。波兰重视与"一带一路"建设对接，制定了"负责任的发展战略"，希望通过调整经济结构、谋求创新发展、拓宽国际合作来进一步推动经济升级。波兰关注的农产品输入中国问题取得了积极进展。波兰地处欧洲"十字路口"，地理位置优越，是中国"一带一路"战略规划的重要一环，双方在投资、工程承包等领域合作有序推

进。同时，中国对波投资速度加快，2016年累计投资额近14亿美元，投资领域包括机械、物流、贸易、能源、制药、电子、金融、海运、垃圾处理等行业。一批科技含量高，创新动力强的示范性中资项目纷纷进入波兰。中国工商银行、中国银行、中国建设银行相继在华沙开设分行。柳工、三环、华为、TCL、中兴等企业均运转良好。华为个人智能电子设备在波市场占有率达19%，排名前三。同方威视在波乌边境建成世界最大的铁路集装箱检查设备。此外，金融合作成为两国合作的新亮点。波兰是亚洲基础设施投资银行唯一一个来自中东欧的创始成员国。2016年8月，波兰首次在中国银行间债券市场发行人民币计价债券（"熊猫债"），成为欧洲首个进入中国内地市场发行熊猫债的主权国家。这进一步扩大了我国银行间债券市场发行主体的范围，具有里程碑意义。

（三）人文交流成果丰硕

1. 文化交流日益频繁

波兰是最早与中国签订文化合作协定的国家。随着中波两国关系提升至全面战略伙伴关系，两国间文化交流朝着"全方位、宽领域、多层次"的方向发展。在《2016~2019两国文化合作议定书》的指导下，中波两国加强了文学互译工作。2011年启动的"欢乐春节波兰行"已成功举办7届。由中国国家博物馆举办的《文心万象——中国古代文人的绘画与生活》展览在波兰首都华沙国家博物馆成功举办。此外，中国彩灯文化节、中国文化节、中国文化季、民族文化周以及波兰文化季、波兰文化节等活动分别在两国开展得有声有色。

2. 教育合作成果显著

中国在波兰留学人数增长迅猛。波方积极推动扩大中国赴波留学生规模，双语教学在波蔚然成风。自2006年设立第一所孔子学院以来，现已有5所孔子学院和两所孔子课堂在波兰开办。中国现设有波兰语教学点9个。2011年，两国签署高等教育合作协议并举行了第一届中波大学校长论坛。经过两国教育部门十几年的磋商，2016年6月，习主席访问波兰期间，两国签署了《中华人民共和国政府与波兰共和国政府关于相互承认高等教育文凭和学位的协议》。该协议是两国教育合作领域具有历史意义的一件大事，标志着两国教育合作迈上了更高的台阶，更能充分发挥两国高等教育的比较优势，推动双方在高等教育方面开展合作，促进学术交流，为中波两国学生教育交流提供了极大便利，并为中波学生进一步深造和就业等合法权益提供保障。

3. 科技合作更趋活跃

波兰是最早与中国签订科教合作协定的国家之一。两国政府间科技合作的主要渠道是中波科技合作联委会。第 36 届联委会于 2015 年召开。2014 年 8 月，长征四号乙遥二十七运载火箭将波兰卫星"赫维留"成功送入太空，两国在航天领域完成首次合作。2016 年习近平主席访问波兰期间，两国签署了《中国国家航天局与波兰航天局关于探索与和平利用外层空间合作的谅解备忘录》。此外，华为技术有限公司还与华沙大学签署了共建创新科学数据中心的协议。创新科学数据中心将在大数据、云计算、高效运算和数据分析领域开展合作。2017 年，柳工在波兰设立区域总部及研发中心，实现了研发、采购、制造、销售、规划等环节的统一，形成闭环决策机制，提高核心竞争力。

4. 地方交往与合作热情高涨

地方交往与合作热情高涨，逐渐成为两国务实合作的重要推动力。双方结为友好城市的数量从 2004 年的 7 对增至 2017 年的 27 对。2013 年发起的"中波地方论坛"机制运转良好。2016 年，北京、上海、四川、广东等近三十个地方省级团组访波。

5. 人员交流更加密切

2004 年，波兰被列入中国公民旅游目的地国。十三年来，中国游客访波人数从 7700 人增至 6 万~7 万人次，增长近 8 倍。2012 年，波兰航空公司恢复中波直航航线。2016 年 9 月，国航开通北京—华沙直航航线。2015 年，两国签署旅游合作谅解备忘录。波兰旅游局在北京设立办事处。据不完全统计，当年有逾 7 万波兰人赴华旅游参观。

（四）军事交流及"一带一路"合作势头良好

2005 年，中波两国国防部建立军事合作对话机制。2009 年，中波两国国防部签订防务合作协议。波兰国防部长先后于 2013 年和 2015 年访华。中国国防部长于 2014 年访波。两军各级别交往日益频繁，专业交流与合作保持良好发展势头。2014 年，双方在华举行首次副防长级防务战略磋商。2015 年 10

月，中国海军舰艇编队历史性首次访波兰。

波兰是最早响应"一带一路"倡议，并与我国签订"一带一路"政府间合作协议的国家之一，是中东欧地区唯一一个亚投行创始成员国。波兰各界高度重视"一带一路"倡议为波兰带来的发展契机，希望通过"一带一路"发挥波兰地处欧洲十字路口的区位优势，将波兰打造成欧洲贸易物流枢纽。2017年5月，波兰总理希德沃出席"一带一路"国际合作高峰论坛，期间与习近平主席、李克强总理进行了双边会晤。而此前的2015年，波兰总统杜达就曾赴华出席第四届"中国－中东欧国家"领导人会晤，创下了国家元首出席的先例，并与习近平主席、李克强总理进行了双边会见。2016年，波兰率先向新成立的中国－中东欧国家金融公司表达注资意愿。2017年2月，中国－中东欧国家海事秘书处成立。目前，统一品牌的中欧班列已有11条途径或抵达波兰。

波兰是中东欧国家发展的领头羊，其在欧盟内扮演着日益重要的角色，深化发展两国间全方位关系，加强彼此间的合作将成为中欧"一带一路"对接和推进"16＋1合作"的样板和落脚点。开拓中波双边务实合作新局面，有利于中国向欧洲推进"一带一路"建设，带动中国同中东欧及整个欧洲地区互利合作产生积极和深远影响，为地区和世界发展做出贡献。

B.11 黑山

洪羽青[*]

摘　要： 2016年，黑山举行了议会选举，黑山社会主义者民主党继续执政，组成了以杜什科·马尔科维奇为首的新一届政府。经济方面，2016年，黑山经济保持稳定增长，失业率有所下降，旅游业、服务业增长势头强劲，大型跨国能源项目频现。"欧洲一体化"仍是近年来黑山最主要的政治和外交目标。2017年6月5日，黑山正式成为北约第29个成员国。此外，中国与黑山在经贸、文化、旅游等各领域交流与合作成效显著。

关键词： 黑山　议会选举　经济增长　欧洲一体化　加入北约　中黑合作

一　国内政治形势

（一）政治概况

1. 政体

黑山共和国原为南斯拉夫联盟共和国的一个成员国，2006年5月21日，黑山共和国举行独立公投，6月3日，黑山议会通过《独立宣言》，正式宣布独立建国。6月28日，黑山共和国成为联合国第192个成员国。2007年10月

---

[*] 洪羽青，北京外国语大学欧洲语言文化学院中东欧研究中心实习研究员，贝尔格莱德大学语言学院南部斯拉夫与塞尔维亚文学系2017届硕士，主要研究领域：塞尔维亚文学、南部斯拉夫文学。

19 日，黑山共和国议会以多数票通过独立后的第一部宪法，规定国家正式名称为"黑山"（Montenegro）。[1]

黑山现行宪法于 2007 年 2 月颁布。规定黑山共和国有着公民、民主、生态和社会正义的基础，依法治国。

黑山的国家元首为总统，任期为 5 年，通过直接选举产生。总统在海外代表本国，拥有颁布法律，向国会提议总理、宪法法院法官候选人，要求国会选举、颁发各类奖章奖项，通过国家法律特赦犯人等权力。总统官邸位于采蒂涅。现任总统是菲利普·武亚诺维奇（Filip Vujanović），他于 2013 年 4 月再次连任，这也是他第三个任期。

总理是政府首脑，领导副总理和政府各部长。黑山现任总理是杜什科·马尔科维奇（Duško Marković），于 2016 年 11 月当选。

国会为一院制立法机构，现共有 81 名议员，议员任期为 4 年，代表约 6000 选民。国会的作用是制定法律，批准条约，通过预算，任命总理、政府部长、各级法院法官以及执行由宪法确立的其他职责，并能以简单多数通过对政府的不信任投票。黑山最近的一次议会选举于 2016 年 10 月 16 日举行，现任议长为社会民主者党（DPS，黑山语：Demokratska partija socijalista Crne Gore）主席伊万·布拉依诺维奇（Ivan Brajnović）。

2. 执政党与在野党

执政党黑山社会主义者民主党，成立于 1991 年 6 月 22 日，由黑山共产主义者联盟改组而成。该党的政治立场是中间偏左。该党的创始人是莫米尔·布拉托维奇（Momir Bulatović），现任领袖是米洛·久卡诺维奇（Milo Dukanović）。该党自成立以来，一直是黑山的执政党。黑山社会主义者民主党的执政理念是：与时俱进。其执政目标是：提高所有黑山人民的生活水平。2015 年 6 月，黑山社会主义者民主党七大通过的纲领性文件中提出：要加强黑山国家的身份认同感；加快"黑山入盟"谈判步伐；加入北约；为黑山所有居民提供法律保障；加快旅游、交通、能源、公共领域的基础设施项目建设；将服务行业专业化；优化吸引外资环境；通过加强经济制度中的竞争来提

---

[1] 章永勇：《列国志·塞尔维亚和黑山 2003～2006》，社会科学文献出版社，2010，第 36～37 页。

高黑山人民生活水平；实现教育系统现代化。

民主阵线是由新塞尔维亚人民主党（NOVA）、工党（RP）等多个政党组成的党派联盟，其目标是改变黑山社会主义者民主党从1991年起执政至今的政治局面。该联盟的第一任领导人为米奥德拉格·莱克奇（Miodrag Lekić）。他曾参加2013年的总统选举，获得48.79%支持率，但屈居第二，未能成功当选。该联盟的现任领导人是安德里亚·曼迪奇（Andrija Mandić）。曼迪奇强烈反对黑山加入北约，并认为北约一直将黑山视作对抗俄罗斯和塞尔维亚的桥头堡，意图在巴尔干建立"反俄同盟"，强行拉开黑山与俄罗斯、塞尔维亚等近邻之间的距离。但2017年6月8日，曼迪奇因"企图反对黑山宪法秩序、阴谋破坏国家安全"及"企图实施恐怖活动"被波德戈里察高等法院起诉。

社会民主党于2015年成立，其前身是黑山社会主义者人民党（黑山语：Socijalistička narodna partija Crne Gore）。其创始人是阿莱克萨·白契奇（Aleksa Bečić）。该政党主张以不妥协的方式实现所有黑山公民的利益，并使崇高的信念重新回到"政治"之中。

（二）热点政治事件

1. 对久卡诺维奇政府的不信任案

2016年1月27日，黑山议会对总理久卡诺维奇政府的不信任案进行投票，结果未获通过。由于社会主义者民主党与执政盟友社会民主党的矛盾激化，久卡诺维奇所在的社会主义者民主党向议会提出该议案。表决结果显示，"信任"票主要来自社会主义者民主党、反对党"积极的黑山"及其他少数民族党派，"不信任"票主要来自社会民主党和部分反对党派。为争取更多支持，久卡诺维奇表示，他将邀请所有反对党加入政府，以"承担一部分责任，促进国家稳定，建立一个值得信赖的政府"。

2. 议会大选

2016年10月16日，黑山举行议会选举。执政的黑山社会主义者民主党（DPS，黑山语：Demokratska partija socijalista Crne Gore）赢得了总票数的41.41%，获得36个议会席位，成为议会最大政党。反对党黑山民主党（DCG，黑山语：Demokratska Crna Gora）获得8个席位；民主阵线（DF，黑

山语：Demokratski front）获得 18 个席位；民主联盟（DEMOS，黑山语：Demokratski savez）获得 4 席。其他党派获得的席位数分别为：社会主义人民党 3 席，联合改革运动 2 席，社会民主党 4 席，社会民主者党 2 席，波什尼亚克党 2 席，阿尔巴尼亚族党联盟 1 席，克罗地亚公民倡议党 1 席。

3. 挫败"阴谋"

俄罗斯是黑山的传统盟友，但久卡诺维奇一直致力于推动黑山加入欧盟和北约，甚至曾一度在选举投票前指控俄方暗中资助黑山反对党以破坏黑山入约进程。黑山举行议会选举当日，警方和检方逮捕约 20 名塞尔维亚人和黑山人。这些人被指控企图在选举期间实施恐怖袭击：在议会选举初步结果公布时袭击、占领议会，甚至企图扣押总理久卡诺维奇以推翻现政权，试图帮助某亲俄的反对党控制议会。但也有人认为，所谓"政变阴谋"子虚乌有，是久卡诺维奇利用安保部门以加大他对黑山的控制的一个障眼法。俄罗斯官员已否认俄方牵涉此事。

4. 新政府成立

2016 年 11 月 28 日，黑山议会通过了以杜什科·马尔科维奇为首的新一届政府名单。由社会主义者民主党等 5 个党派组成的黑山新政府当日即宣告成立。

马尔科维奇强调，新政府对外政策的重中之重是争取在 2019 年底前加入欧盟。此外他还表示，关注与周边国家、欧盟、美国以及中国的关系，努力消除与俄罗斯之间的误解、改善两国关系都是未来新政府对外工作的重点。

二 经济发展状况

（一）宏观经济形势

自 2006 年获得独立以来，黑山颁布了鼓励私有化、就业和出口的法律。然而，执行情况远不尽如人意，经济依靠狭窄的税基和旅游、能源以及农业（依赖程度相对较小）这三个发展部门。

黑山是西巴尔干国家中公共债务占国内生产总值比例最高的国家之一，目前已达到 65.9%。2015 年，黑山经济增长了 3.5%，失业率保持在 20% 左右；

2016年，经济增长3%，失业率为17.1%。[1] 2016年黑山人均工资为503欧元，保持稳定增长，属于中等收入国家[2]。2016年黑山与经济相关的主要指标（见表1）。

表1　2016年黑山与经济相关的主要参考指标

指标	数据/排名	同比
国内生产总值（按平价购买力PPP计算的GDP，现价国际元）	97.52亿	2.5%
国民收入（按平价购买力PPP计算的GNI，现价国际元）	106亿	1.32%
清廉指数排名	64/175	-3
营商环境指数排名	48/190	-12
全球创新指数排名	51/128	-10

资料来源：根据世界银行、透明国际、世界产权组织基础数据，由作者统计整理而成。
参考网址：http://www.doingbusiness.org/data/exploreeconomies/montenegro；https://www.transparency.org；http://www.wipo.int/pressroom/zh/articles/2017/article_0006.html。

黑山经济主要依赖以下三个部门：旅游业、能源业和农业，其中旅游业和能源业得到政府的大力扶持。

由于坐拥300公里长的亚得里亚海海岸线以及北部山地，黑山的旅游业占GDP的20%以上。政府售卖前国有属性的土地引发了旅游业和酒店业领域外国投资的爆炸式增长。然而，黑山政府的官僚主义使很多项目搁浅。随着各国（俄罗斯、阿塞拜疆、中国、瑞士、阿拉伯、美国、英国）在黑山力推各种酒店和旅游项目，目前没有任何一方能够在黑山旅游业外国直接投资（FDI）中占据主导地位。

能源业方面，黑山有几个正在进行中的常规能源项目，包括在普列夫利亚（Pljevlja）的热电厂以及一系列小型水电站项目。2013年，黑山邀请各大国际油气公司参与开发沿海水域（深水水域的碳氢化合物）许可权的竞标。最终，黑山政府与两家财团签署特许协议：意大利-俄罗斯的Eni/Novatek财团有权开发4块区域，希腊-英国Energean财团有权开发一个区域。2017年开发程

---

[1] Statistical Office of Montenegro：*2015 Statistical Yearbook*, Podgorica, 2015, pp.57-60, http://www.monstat.org/eng/index.php，检索日期：2017年10月12日。

[2] Statistical Office of Montenegro：*2016 Statistical Yearbook*, Podgorica, 2016, pp.63-68, http://www.monstat.org/eng/index.php，检索日期：2017年10月12日。

序开始启动，到2020年黑山的开发区许可权招投标数量有望增加。

黑山的气候适宜农业发展，但黑山持续依赖于从邻国进口农业产品，只有当地的酿酒业是个例外。黑山国有的葡萄酒品牌"Plantaže"是区域内的知名品牌，出口至欧洲、中国、美国等地。

（二）货币金融

2002年，黑山开始使用欧元。黑山是唯一一个不在欧元区，同欧盟没有签署正式协议却将欧元作为官方货币的国家。

2009年以来，受金融危机与欧债危机影响，银行不良贷款上升，惜贷现象严重。2012年世界银行、黑山央行与财政部共同制定了"波德戈里察方案"，旨在推动银行资产重组，减少不良资产及推动银行贷款，取得了积极的效果。

（三）税收财政

税收体系制度健全。近年，黑山政府逐步下调税率，企业与个人所得税率均为9%，总增值税为19%，这使得黑山的税收在整个欧洲都具有竞争力。黑山的税收范围包括直接税与间接税。直接税包括个人所得税、企业所得税以及社保费用等；间接税则包括消费税、增值税及关税等。世界银行公布的2017年营商环境指数排名，在缴纳税款指标上，黑山在190个国家中名列70位。

政府支出增加。黑山政府实施紧缩政策，但2014年以来财政赤字呈急剧上涨之势，政府支出明显增多，主要是因为政府计划投资2.06亿欧元建设斯摩科瓦茨－马特舍沃的高速公路，以及政府为总负债为3.5亿欧元的破产的大型企业波德戈里察铝厂做了债务担保。因此，黑山未来控制财政赤字的困难不小。2014年黑山政府的财政赤字超过3%。2014年12月，黑山政府通过2015年预算案，预期收入13.3亿欧元，支出15.6亿欧元，财政赤字目标为GDP的6.6%，被反对党批评为"负债预算"。

2016年12月18日，政府第五次内阁会议通过了2017年预算草案，其中也包括调整2017~2021年公共债务与财政赤字的措施。2017年预算收入与支出共20亿欧元，相较于2016年减少了1.6亿欧元。政府决定将公职人员薪酬降低8%，调整拥有三个孩子及以上家庭的福利补贴，旨在增强财政稳定性，增加工作岗位，保持公共机构稳定运作，保持经济增长，加强黑山宏观经济的稳定性和竞争力，增加进入国际金融市场的机会，加快入盟进程。[①] 世界银行高度评价黑山政府为加强财政稳定性、保持经济发展和创造工作岗位而实行的改革措施。

（四）对外贸易

黑山严重依赖进口，贸易逆差日益严重。黑山主要贸易伙伴为：塞尔维亚、意大利、希腊、克罗地亚、中国等。2016年，黑山的进出口总额为341.4亿美元，同比增加8.1%；出口总额为148.8亿美元，同比增加11.2%；进口总额为192.6亿美元，同比增加5.7%；贸易逆差为43.8亿美元。

（五）基础设施建设

交通设施相对落后。黑山公路路网密度较高，但是道路普遍缺乏修缮，其中北部波德戈里察—科拉钦公路为欧洲最危险的路段之一。值得一提的是，黑山境内至今尚无高速公路。铁路总长250公里，老化严重，均有速度限制。黑山共有两个机场，一个位于首都波德戈里察，一个位于蒂瓦特。其中波德戈里察的机场为国际机场。

政府改造基础设施计划。2007年，黑山政府出台《交通发展战略规划》，大力发展陆、海、空运等交通设施，分阶段、分步骤地完成相关设施的修缮与现代化过程。2014年底，中国路桥承建的黑山南北高速公路项目（又称巴尔—博利亚雷高速）正式启动。2017年3月，中国土木工程集团在黑山的"铁路线汇合点G－拉科维察－雷斯尼克"段铁路修复改造项目正式启动。此外，黑山还努力发展水电与天然气项目，以满足国内日益增长的能源需求。上海电力正在考虑参与承建莫茹拉风电站项目。

（六）外国直接投资

总的来说，黑山的外国企业在法律上与本国企业享有同等待遇。外国投资

[①] Ministry of Finance, *Press release from Cabinet session: Draft Budget, salaries, taxes, social benefits*, Podgorica, .2016.12.18, http://www.mf.gov.me/en/search/167810/PRESS－RELEASE－from－the－5th－Cabinet－Session－of－the－41st－Government－Draft－Budget－salaries－taxes－social－benefits.html, 检索日期：2017年10月12日。

者可以在黑山作为法人实体或自由人进行经营。对于其在黑山的投资资本，政府没有限制。黑山政府鼓励外国投资者在任何产业自由投资、自由转移所有资产，包括利润和红利。

尽管黑山政府采取了一系列措施来吸引外资，但仍存在不少障碍：缺少健全的法律体系，判决过程冗长，缺乏连续性和执行力；灰色经济带严重影响市场秩序和营商环境；由国家制定的有利的税收政策在市级区域往往得不到有效执行。2016年流入黑山的外国直接投资为6.87亿欧元，相较于2015年少了7000万欧元，但仍远超区域内的其他国家。2016年的外国直接投资主要流入黑山南部，集中在旅游业[1]。

黑山的外国直接投资主要来自俄罗斯。2001~2010年，俄罗斯向黑山投资5.683亿美元。目前，黑山大约32%的企业由俄罗斯商人控制，约40%的不动产为俄罗斯人所有，甚至有的村庄百分之百归俄罗斯人所有。[2]

俄罗斯在黑山的投资有两个特点：第一，投资非政府所为，亦非工业投资，完全是私人投资。主要原因是黑山缺乏大企业，且远离交通要道，而且俄罗斯有在此投资失败的前例。第二，投资规模小，不动产、旅馆、咖啡馆和饭店是投资的主要对象。黑山对俄罗斯的吸引力在于其宜人的气候、当地民众的友好态度、相似的文化、便宜的食宿和不动产。同时，黑山所得税税率（9%）在欧洲最低，法律环境较好。黑山港口城市布德瓦是俄罗斯富豪们最喜欢的海外度假胜地之一，2008年虽受世界经济危机影响，但俄罗斯富商对布德瓦的投资不降反升，当地的房产价格也在与世界唱反调。在当地投资的俄罗斯房地产商甚至还说，自己的投资仍然慢了市场一拍，在未来的竞争中可能会有收益不足的遗憾。[3]

2017年6月，共计11万外国游客进入黑山度假，其中，16.1%（约1.8万人次）是俄罗斯人，依旧是排在首位；12%来自塞尔维亚，6.6%来自波兰。

---

[1] Montenegrin Investment Promotion Agency：*FDI inflow* 2010 – 2016, Podgorica, 2016, http://www.mipa.co.me/en/-fdi-statistics/，检索日期：2017年10月12日。

[2] Paul Bradbury, Half of Montenegro's property bought by Russians, claims paper, Jan 8, 2012. http://www.digitaljournal.com/article/317523，检索日期：2017年10月12日。

[3] 朱晓中：《俄罗斯在巴尔干的地缘政治利益》，中国俄欧亚研究网，2016年7月6日，第6~7页，http://euroasia.cssn.cn，检索日期：2017年10月12日。

三 外交与安全

（一）黑山的外交政策

黑山自独立以来，其外交政策的首要战略目标就是加入欧盟。该政策一直是黑山外交的重点。黑山外交的第二个重点是加入北约。加入北约被黑山政府视为独立以来最重要的事件之一，标志着黑山在数世纪后回归西方价值观，黑山政府将其视为短期内可实现的目标，并认为加入北约可以加快入盟进程。

2015年12月2日，北约宣布正式启动黑山加入北约的谈判。同日，时任总理久卡诺维奇欢迎北约决定，并表示黑山期待在2016年加入北约。黑山各界对黑山加入北约一事反应强烈。一些反对党要求久卡诺维奇辞职，呼吁组建过渡政府、提前举行议会选举并就是否加入北约举行全民公决，但未能如愿。2016年5月19日，黑山与北约在北约总部布鲁塞尔签署"入约"协议。2017年6月5日，黑山向北约提交文件，走完了加盟北约的所有流程，正式成为北约第29个成员国。

（二）黑山的对外关系

1. 黑山与塞尔维亚

塞尔维亚和黑山同根同源，语言、宗教与文化等多方面都很相近，因此黑山人的身份认同感不强。塞黑关系直接地影响到黑山外交政策的发展。其外交政策呈现出以下几个特点：第一，黑山外交中的个人主义非常明显，主要体现在黑山前总理久卡诺维奇在外交决策中常常发挥关键作用。尤其是1998～2002年任总统期间，在他的领导下，黑山与塞尔维亚决裂并走向独立，这是政治人格在黑山外交中表现最明显的时期。黑山独立后，久卡诺维奇又在国内并未达成共识的情况下，积极推动与美国合作，谋求加入北约。第二，黑山始终对周边国家保持警惕，同时为了入盟又需要实行睦邻政策。由于错综复杂的历史渊源，黑山与邻国，特别是与塞尔维亚建构起完全互信的睦邻关系并非易事，但迫于入盟压力，这些国家不得不暂时搁置争议。第三，在黑山外交中对塞尔维亚政策长期以来存在巨大分歧。早在1918年黑山内部就分为白绿两派，

绿派主张保持与塞尔维亚的友好关系,而白派决心从联合王国中独立,或者获取更大的自治权,这种分歧一直延续至今。

2. 黑山与俄罗斯

塞尔维亚和黑山同俄罗斯有"历史渊源",是俄罗斯的传统伙伴。[①] 黑山的外国直接投资主要来自俄罗斯。但最近大众传媒的宣传中有完全相反的看法,认为黑山是俄罗斯的殖民地,购买不动产的是接近俄罗斯政治精英的人,旨在影响黑山的政治决策。还有一种担忧,俄罗斯资本已经获得太多的黑山不动产,资本大规模撤出会导致黑山经济崩溃。2014年5月,黑山加入欧盟对俄罗斯制裁的队伍,希望以此加快入盟进程。2015年8月,俄罗斯将黑山列入反制裁国家名单。制裁和反制裁给俄罗斯对黑山的投资前景以及两国关系蒙上了阴影。[②]

3. 黑山与北约

2017年6月黑山正式加入北约,给地区与国际局势带来较大影响:第一,表明美国积极策划和继续推动北约东扩,与俄罗斯的博弈加剧。乌克兰危机以来,巴尔干地区的战略形势更是变化重重。而黑山入约,打破了俄罗斯过去"东扩—反制—再东扩—再反制"的应对模式,开始提前干扰北约东扩决策程序,实施战略威慑、设置安全警示线、实施前沿力量部署、组织新政治阵线等一系列措施,力图以此影响和制约北约东扩的决策及其实践。与此同时,"伊斯兰国"等极端武装组织在中东地区肆虐,特别是在叙利亚和伊拉克恐怖活动不断,难民潮泛滥,同样也对该地区的安全局势产生影响。在这一背景下,美国政府加强了对巴尔干地区的关注力度,并通过它所主导的北约组织,强化与巴尔干国家的防务安全合作,全力支持该地区各国融入跨大西洋一体化构架。第二,黑山地处北约成员国克罗地亚与阿尔巴尼亚之间,拥有可以停靠大型军舰和潜艇的深水港。黑山入约,意味着北约填补了亚得里亚海和爱奥尼亚海地缘战略中的一个空缺,也意味着北约实现了地中海内海沿岸的全覆盖,从而确保了北约南翼的加固和优势,而俄罗斯在黑山建立海军基地的愿望也彻底

[①] 朱晓中:《俄罗斯在巴尔干的地缘政治利益》,中国俄欧亚研究网,2016年7月6日,第6~7页,http://euroasia.cssn.cn,检索日期:2017年10月12日。

[②] 朱晓中:《俄罗斯在巴尔干的地缘政治利益》,中国俄欧亚研究网,2016年7月6日,第6~7页,http://euroasia.cssn.cn,检索日期:2017年10月12日。

落空。第三，黑山入约也使塞尔维亚失去了唯一出海口，为塞尔维亚实现其海洋战略制造了难题。同时挤压俄罗斯在巴尔干的战略空间，阻止俄罗斯进入南欧水域。①。

四 社会与文化

（一）民族结构

黑山人口约63万，是一个多民族国家。主要民族有：黑山族、塞尔维亚族、波什尼亚克族、克罗地亚族和阿尔巴尼亚族。基于人们对于自己身份认同、民族认同的变化，黑山族和塞族的人数波动很大，因此很难准确界定黑山的主体民族。

（二）语言

黑山的官方语言是黑山语。塞尔维亚语、克罗地亚语、阿尔巴尼亚语也被广泛使用。2011的人口普查结果显示，大多数黑山国民认为他们的母语是塞尔维亚语；但2013年黑山文化协会马蒂查（Matica Crnogorska）的一份调查报告显示，大多数国民认为母语是黑山语②。2017年12月11日，黑山共和国的语言终于得到了国际标准化组织（ISO）的认可，被确定为一种与塞尔维亚语不同的语言，也就是说，现在可以正式叫作"黑山语"了，它对应的英语和法语均为"Montenegrin"。

（三）宗教

历史上黑山处于多元文化相交的十字路口，几个世纪以来，这里逐渐形成了穆斯林和基督教信徒之间独特的共存形式。黑山共和国历史上一直是塞尔维

---

① 国务院发展研究中心欧亚社会发展研究所王洪起研究员于2016年5月20日在"黑山与巴尔干发展"研讨会上的发言。
② Matica Crnogorska：*Third deep research of public opinion regarding the identity attitudes of the citizens of Montenegro*，Cetinje，2013，http：//www.maticacrnogorska.me/files/Istrazivanje% 20javnog% 20mnjenja.pdf，检索日期：2017年10月12日。

亚东正教教会的成员。波斯尼亚战争期间，各宗教团体时常发生冲突，局势紧张，但黑山依旧保持局势稳定，主要是因为黑山人在宗教宽容与宗教多样性上有着历史性的视野。东正教也是黑山当今最主要的宗教。民调机构盖洛普国际于2017年4月发布的《宗教信仰民调》显示，黑山的信徒约有650000人，信教比例达71%，在地区中处于中等水平。

（四）教育

黑山的教育由黑山教育与科学部统一管辖。黑山的学生一般在6岁入学，小学为9年制，中学4年制（专科学校为3年）。大学学制一般为3~6年，学制长短视专业而定。黑山有一所公立大学：黑山大学，两所私立大学，分别名为：下戈里察大学和地中海大学。近几年，黑山公立大学发展迅速，下戈里察大学共设立了经济学院、法学院、艺术学院等13个院系，而地中海大学则设有法学院、旅游学院、外语学院、信息技术学院、视觉艺术学院等6个院系。

（五）文化

黑山文化深受东正教文化、斯拉夫文化、中欧文化和亚德里亚海洋文化（历史上的威尼斯共和国）影响。黑山有许多名胜古迹，其中最为世人所知的就是修道院，如坐落在海边古城的科托尔主教堂。截至2017年底，黑山共有四处历史文化遗迹被列入联合国教科文组织《世界文化遗产名录》，分别是：科托尔自然文化历史区，杜尔米托儿国家公园，扎布利亚克、普鲁日那中世纪石棺群（Stećci Medieval Tombstone Graveyards），16、17世纪威尼斯防御工程。①

佩塔尔·涅戈什（Petar II Petrović-Njegoš，1813~1851），黑山国王，曾在位20多年。除了黑山统治者的这一身份，他还是一位伟大的诗人、哲学家，曾给黑山以及斯拉夫文学留下过浓墨重彩的一笔。他的诗歌多是歌颂英雄、缅怀历史的史诗，其中最著名的有《山川的花圈》（Gorski vijenac，1847）、《说

---

① UNESCO：World Heritage List，2016，http://whc.unesco.org/en/list/，检索日期：2017年10月12日。

谎的皇帝小斯蒂芬》（*Lažni car Šćepan mali*，1851）等。① 2017 年 10 月 9 日，黑山海滨城市布德瓦（Budva）的布德瓦 JU 画廊博物馆（JU Muzeji i galerije Budve）举办了佩塔尔·涅戈什二世名作《山川的花圈》发表 170 周年的纪念活动。

五 与中国的关系

自 2006 年 7 月建交以来，中黑两国关系发展良好，政治互信不断增强。2016~2017 年，中黑两国友好合作关系不断深化，双方在政治、经贸、文化、旅游等各领域交流与合作成效显著。

（一）两国高层往来频繁

2016 年 1 月，外交部部长助理刘海星赴黑山与黑山外交和欧洲一体化部国务秘书伊戈尔·约沃维奇（Igor Jovović）共同主持两国外交部政治磋商。7 月 6 日，国家主席习近平、国务院总理李克强、全国人大常委会委员长张德江分别同黑山总统菲利普·武亚诺维奇、时任总理米洛·久卡诺维奇、时任议长达尔科·帕约维奇（Darko Pajović）互致贺电，庆祝两国建交 10 周年。2017 年 11 月，李克强总理在布达佩斯峰会上同黑山总理杜什科·马尔科维奇举行会晤。

（二）两国经贸合作不断扩大

中国铁建和中国土木工程集团中标黑山铁路修复改造项目，金额 701 万欧元。2016 年 5 月 25 日，黑山南北高速公路莫拉契察大桥主体结构正式开工。9 月 14 日，黑山南北高速公路 11 号隧道正式开工。2016 年 7 月 26 日，黑山太阳能照明项目交接证书签署仪式在黑政府新闻发布厅举行。崔志伟大使和黑山副总理武伊察·拉佐维奇分表代表中国政府和黑山政府签署了交接证书。上海电力与马耳他能源公司共同承建黑山莫茹拉风电站项目。2017 年 8 月 26 日，由中交隧道局承建的黑山共和国南北高速公路 Jabuka 隧道顺利贯通。这是迄

---

① Jovan Deretić, *Kratka istorija srpske književnosti*, Novi Sad：Art print, 2007, pp. 67-68.

今黑山的首条高速公路。2017年12月21日，中国土木工程集团有限公司承建的黑山"科拉欣－科斯"段铁路修复改造项目竣工。除工程项目上的合作外，中黑贸易额持续增长。据黑方统计，2016年黑对外贸易总额为23.8欧元，同比增长11.8%；其中出口3.258亿欧元，进口20.6亿欧元。中黑贸易总额为2.035亿欧元，黑对中国出口0.1893亿欧元，黑从中国进口1.8459亿欧元。[①]

（三）两国文化、教育交往增多

2016年4月，文化部副部长董伟访黑，双方签署"两国文化部2017～2020年文化合作执行计划"。黑山大学、下戈里察大学和地中海大学分别与长沙理工大学、西华大学和宁波大红鹰学院签署合作协议。8月30日，中国驻黑山使馆与科托尔市教育合作协议签署仪式在黑历史文化名城科托尔举行，中国驻黑大使崔志伟及科托尔市市长斯迭普切维奇代表双方签署协议。2016年7月20日晚，由四川博物院与布德瓦现代美术馆联合举办的"蜀风汉韵——四川地区汉代画像砖拓片展"在黑山著名海滨城市布德瓦开幕。中国驻黑山大使崔志伟、布德瓦市市长波波维奇、四川博物院副院长谢志成、布德瓦现代美术馆馆长布拉约维奇等嘉宾出席开幕式并致辞。2017年2月20日，黑山总统武亚诺维奇接见到访的四川中医药考察团，就落实2016年11月中国与中东欧国家领导人里加会晤期间签署的《中国四川省中医药管理局与黑山尼克希奇市政府关于中草药种植及加工的合作备忘录》的有关项目进展情况进行了交流。2017年3月29日，塞尔维亚国家旅游局与黑山国家旅游局在中国出境旅游交易会（COTTM）上共同举办媒体推介会，介绍塞尔维亚与黑山的旅游资源。2017年4月18日下午，在著名豪华游艇港——"黑山港""伽耀美术馆"举办了中国画家张润世"黑山行"绘画作品展。中国驻黑山大使崔志伟、黑山文化部长柳莫维奇、蒂瓦特市市长玛迪耶维奇等近百位中黑嘉宾出席开幕式。2017年6月21日，正在黑山访问的国家中医药管理局副局长马建中与黑山卫生部长赫拉波维奇共同为"中国－黑山中医药中心"揭牌，这标志着继"中国－捷克中医中心"后，欧洲的第二所"中医药中心"正式成立。2017年9月，北京交

[①] 中国驻黑山大使馆：《黑山概况》，2017年2月21日，http://me.chineseembassy.org/chn/hsgk/，检索日期：2017年10月12日。

响乐团前往黑山首都波德戈里察、塞尔维亚共和国首都贝尔格莱德参加"第二届中国-中东欧国家（16+1）首都市长论坛"及"北京日"的文化活动。

（四）积极参与中国-中东欧国家合作

2016年6月，中国-中东欧国家合作黑山国家协调员、黑山副总理顾问戈兰·约韦蒂奇（Goran Jovetić）出席第七次中国-中东欧国家协调员会议。当月，黑山副总理佩塔尔·伊瓦诺维奇（Petar Jovanović）来华出席第三次中国-中东欧国家地方领导人会议，国务院副总理马凯同其会见。10月，黑山社会主义者民主党副主席、政府第一副总理杜什科·马尔科维奇出席在匈牙利举办的中国-中东欧国家政党对话会。2017年11月27日，第六次中国-中东欧国家领导人会晤在匈牙利布达佩斯举行。与会各方对克罗地亚、斯洛文尼亚通过地中海铁路走廊将里耶卡港、科佩尔港与中东欧国家相连表示欢迎，同意在开展可行性研究基础上探讨将匈塞铁路延长至黑山和阿尔巴尼亚有关港口的可能性；支持黑山牵头组建中国-中东欧国家环保合作协会，通过举办高级别会议、展览等活动，深化17国之间的环保合作；各方支持捷克、马其顿、黑山等国既有的中医中心发展，支持设立更多新的中医药机构，包括在匈牙利设立中东欧中医医疗、教育与研究中心。① 在会议上，同时梳理了2017年相关措施的执行情况：2017年9月，在黑山波德戈里察举行第二届中国-中东欧国家首都市长论坛。第六次中国-中东欧国家领导人会晤达成的成果之中有：《中国—保定瑞福德投资有限公司与黑山尼克希奇"科技城"创新创业中心关于中草药种植及加工项目合作备忘录》。由中国国家开发银行与中东欧金融机构共同发起的中国-中东欧银联体也在2017年11月27日正式成立，旨在推动中国-中东欧"16+1合作"框架下的多边金融合作。目前中国-中东欧银联体共有14家成员行，均为各国政府控股的政策性银行、开发性金融机构和商业银行，其中包括黑山投资发展基金。②

---

① 《中国-中东欧国家合作布达佩斯纲要》，中华人民共和国中央人民政府网：http://www.gov.cn/xinwen/2017-12/01/content_5243611.htm，检索日期：2017年12月2日。
② 中华人民共和国中央人民政府网：http://www.gov.cn/xinwen/2017-11/28/content_5242777.htm，检索日期：2017年12月2日。

（五）对我国公民实施签证便利化措施

自 2017 年 4 月 15 日起，持普通护照的中国公民凭已支付的行程安排、返回中国或前往第三国的交通证明及旅行社开具的其他证明，以旅游团组方式集体出行，可免签进入、过境黑山并停留不超过 30 天；而持公务护照的中国公民，凭黑山法人实体开具的邀请函，可免签进入、过境黑山并停留不超过 30 天。签证便利化标志着中黑交流与合作向前迈进了一大步。①

---

① 新华网：http：//www.xinhuanet.com/overseas/2017-05/23/c_1121016512.htm，检索日期：2017 年 12 月 2 日。

B.12 捷克

覃方杏*

摘 要： 2016～2017年，捷克先后举行了地方选举、部分参议员换届选举及政府换届选举。2016年经济增长虽相对放缓，但经济基础稳固，整体运行良好，失业率不断下降；2017年经济增速较快，市场整体信心提升，年底时失业率为欧盟最低，就业率达到本国历史新高。外交方面，捷克政府继续深化维谢格拉德集团的合作，在英国脱欧公投后强调欧洲一体化的重要性。对华关系方面，中国国家主席习近平2016年3月访捷，中捷关系被提升为战略伙伴关系，双边关系步入历史最好时期。捷克政府积极参与"一带一路"建设及"16+1合作"，寻求与中国更多的务实合作。

关键词： 捷克 议会选举 经济增长 欧洲一体化 中捷关系 "16+1合作"

一 国内政治形势

（一）更换财长风波——联合政府间的冲突

2014～2017年执政的捷克中左三党联合政府是在2013年10月捷克议会众

---

* 覃方杏，北京外国语大学欧洲语言文化学院捷克语专业教师，研究方向为捷克与其所在区域组织关系。

议院选举后，以获胜的社会民主党（简称社民党）为首，与 ANO2011 运动（简称 ANO 党）、基督教民主联盟—捷克斯洛伐克人民党（简称人民党）联合组成的，社民党主席博胡斯拉夫·索博特卡（Bohuslav SOBOTKA）担任总理，联合政府中的第二大党 ANO 党党魁安德烈·巴比什（Andrej BABIŠ）任副总理兼财政部长。

更换财长的风波始于 2017 年初。财政部长巴比什购买爱格富公司未交割债券，此举遭到社民党激烈抨击。社民党指责巴比什用于购买债券的财产来源不明、违反了捷克《利益冲突法》，并且有偷税漏税的嫌疑。社民党依据《利益冲突法》发动众议院要求巴比什对上述问题做出解释，巴比什回应称自己的收入完全合法且依法纳税。捷克的《利益冲突法》于 2017 年 2 月 9 日开始生效，其中对于内阁官员在公司持股做出明确限制，若内阁官员持有某公司超过 25% 的股票，则该公司既不能承揽公共项目，也无法获得相关行政补贴或资助。索博特卡称巴比什提交议会解释财产来源的文件并未消除对其偷逃税款的质疑，并且巴比什操控其所有的媒体引导舆论，政府不能视而不见。

2017 年 5 月 2 日，索博特卡召开记者会，宣布本周将向总统泽曼递交内阁集体辞呈，原因是财政部长资产来源不明及偷税漏税嫌疑造成了政府信任危机。他同时指出，执政联盟继续联合执政的前提之一是更换财政部长，若巴比什继续留在政府中，执政联盟将无法达成协议，他将推动秋季议会大选提前举行。巴比什对此回应称，提前五个半月举行大选是毫无意义的，政府及各部部长都有其职责所在，应坚守岗位到本届政府任期届满，索博特卡此举完全不负责任。

索博特卡提出的内阁集体辞职请求未能得到捷克总统泽曼的支持。5 月 4 日，泽曼表示，为尽快化解联合政府面临的信任危机，他仅接受总理个人的辞职请求而非整个内阁的集体辞呈，他将在收到索博特卡个人辞呈后尽快任命一位新总理。5 月 5 日，索博特卡宣布撤销向总统递交内阁集体辞呈的决定，转而要求泽曼解除巴比什财政部长的职务。对于提出辞呈后三日便收回，索博特卡给出的解释是，巴比什的任职是联合政府危机的根源所在，政府重组的前提是巴比什必须出局，这也是他提出内阁集体辞职的原因。很遗憾总统不接受他的提议，他个人的辞职于事无补。最终，这场风波在 24 日以巴比什被替换结束。捷克总统泽曼任命伊万·皮尔尼（Ivan PILNÝ）为捷克新财政部长，其原副总理一职改由现任环境部长理查德·布拉贝茨（Richard BRABEC）兼任，此二人均为 ANO 党成员。

捷克亿万富豪、食品制造业巨头、传媒大亨巴比什及其创立的 ANO2011 运动近年支持率持续走高，远超社民党，被视为社民党最强劲的对手。巴比什与总理索博特卡时有分歧，例如社民党积极推进中国在捷投资，而巴比什则多次公开表示，并没有看到中国在捷投资使捷克受益，"钱都进了个人腰包"[①]；他甚至指责个别企业投资不透明，"与社民党有关联"[②]。而在达赖窜访捷克时，副总理、联合政府中的最小党派人民党党主席巴维尔·别洛布拉代克（Pavel BĚLOBRÁDEK）及该党成员文化部长丹尼尔·赫尔曼（Daniel HERMAN）不顾社民党劝告，坚持会见达赖，遭到总理索博特卡的批评。在捷克总统、总理、参议院主席及众议院主席发表联合声明反对官员与达赖接触后，别洛布拉代克及赫尔曼仍坚称会见系私人行为，并无不妥，巴比什也表示支持人民党涉事人员的行为，这也体现了联合政府在这一外交事件上内部无法达成共识。

（二）地方、议会选举——ANO 党一家独大，获优先组阁权

2016 年 10 月 7 至 8 日，捷克同时举行地方选举和部分参议院议员换届选举。首次参选的联合政府成员 ANO 党在地方选举中大获全胜，赢得 13 个州中的 9 个州，联合政府内的最大政党——社民党只赢得两个州，其余两个州分别被捷克和摩拉维亚共产党（简称捷摩共）、人民党占据。社民党主席、总理索博特卡对选举结果表示失望。他表示，选举结果表明，地方民众期望领导层能有所变化，捷社民党必须改变施政方针，以适应民众的期许。捷克参议院共设 81 个议席，每届参议员任期 6 年，每两年进行三分之一参议员换届选举，即改选其中 27 个席位（见表 1）。捷克宪法规定，若第一轮选举未能选出全部 27

---

① Babiš：Čínské investice v Česku nevidím, peníze jdou do kapes soukromníků. 捷克电视台：http：//www.ceskatelevize.cz/ct24/domaci/1943794 – babis – cinske – investice – v – cesku – nevidim – penize – jdou – do – kapes – soukromniku，检索日期：2017 年 9 月 23 日。

② Babiš：Čínské investice CEFC si vylobbovali lidé spjatí s ČSSD. Se Zemanem se neshodnu. 经济报：http：//byznys.ihned.cz/c1 – 65487780 – babis – cefc – vylobovali – lide – spjati – s – cssd – se – zemanem – mame – na – cinske – investice – jiny – nazor，检索日期：2017 年 9 月 23 日。

名参议员，则必须进行第二轮选举。14日至15日举行参议院三分之一议员换届第二轮选举，人民党获27个席位中的9席，成为最大赢家。社民党虽仅获两个席位，但仍是参议院中的最大党派。尽管ANO党在第一轮选举中成绩出众，但在第二轮选举中仅仅斩获3个席位。其余13个议席分别被市长联盟（3席）、公民民主党（简称公民党，3席）、TOP09（2席）、北捷克人（2席）、捷摩共（1席）及其他政党（2席）获得。

表1 2016选举后捷克参议院席位分布

单位：个

党派名称	社民党	人民党	市长联盟	公民党	ANO党	其他党派	独立议员
席位数	25	16	11	10	7	5	7

数据来源：捷克参议院：http://www.senat.cz/senatori/zasporadek.php?lng=cz&ke_dni=14.09.2017&O=11，检索日期：2017年9月23日。

捷克众议院换届选举于2017年10月20日至21日举行。本次选举共有31个政党参加，其中9个政党得票数高于5%，得以进入众议院。本次选举参选党派和最终进入众议院党派的数量均创下捷克1993年独立以来的历史之最。当选的九个党派中，与此前民调及机构预测相符，2014～2017年联合政府内第二大党ANO党拔得头筹，以29.64%的得票率获得了众议院200个席位中的78席。排名第二的公民民主党以11.32%的得票率获得25席，众议院内第一、第二大党间如此巨大的差距在捷克历史上前所未有，ANO党可谓一家独大，获得了优先组阁权。捷克海盗党成为本次选举的最大黑马，初次参选便以10.79%的得票率跃居议会第三大党，与自由和直接民主党并列。2014～2017年联合政府内的第一大党社民党遭遇滑铁卢，得票率仅为7.27%，比四年前下降了13.2%，沦为众议院内第六大党（见表2）。

2014年初上届政府正式成立以来，老牌中左政党捷克社民党领导的联合政府成为该国最稳定的政府之一。同时，经济稳步增长，失业率下降到欧盟最低水平。然而，社民党的支持率自2016年初以来一直处于低迷状态，因多次打击执政联盟之一的ANO党及党主席巴比什，党主席、总理索博特卡的民调信任度也一路下滑至近年最低点。社民党提出的2017竞选方案旨在巩固传统的中左支持阵营，承诺降低中小企业的税收，并对大公司征收累进税，以期增

表2 2017捷克众议院选举党派得票率及席位分布

单位：个

党派名称	ANO党	公民民主党	捷克海盗党	自由和直接民主党	捷摩共	社民党	人民党	TOP09党	市长联盟
得票率(%)	29.64	11.32	10.79	10.64	7.76	7.27	5.8	5.31	5.18
议席数	78	25	22	22	15	15	10	7	6

数据来源：捷克统计局：https：//www.volby.cz/pls/ps2017nss/ps2？xjazyk＝CZ，捷克众议院：http：//www.psp.cz/sqw/hp.sqw？k＝1003&idp＝76，检索日期：2017年9月23日。

加社会支出，同时对外国投资者采取更严格的限制措施。但竞选方案未能挽回社民党逐步下滑的颓势，社民党遭遇了有史以来最差的选举成绩。左翼政党中，捷摩共在历届议会中一直占有一定席位，但从未能够进入执政联盟，此次选举的支持率首次下滑至10%以下。

右翼政党中，自1989年"天鹅绒革命"后，社民党的传统竞争对手右翼保守党公民党在2013年反腐等丑闻后支持率一直较低。该党推崇捷克第一共和国的民主和人权自由理念，是任何形式集体化的坚定反对者，这一点从其制定的2017"反欧盟一体化"众议院竞选纲领可见一斑。近年来，在难民危机、恐怖主义袭击和英国脱欧的连续冲击下，欧洲极右翼政党力量明显上升，公民民主党的支持率也顺势攀升。而明确提出"反移民""反难民""反欧盟"竞选口号的极右翼民粹政党自由和直接民主党也一跃成为三大党之一。虽然有多个右翼政党进入了众议院，但总体支持率偏低，力量较为分散。

传统左、右翼政党的颓势为年轻的ANO党提供了绝佳机会。ANO党成立于2011年，全称为"不满意公民行动2011"（Akce nespokojených občanů 2011），以增加国民就业和降低企业经营增值税为主要党派主张。该党在2012年第一次参加地方及参议院选举，未能有所斩获。然而第一次竞选的失败并未影响ANO党支持率的激增。在2013年众议院的选举中首次参选的ANO党成为最大黑马，一举跃升为众议院第二大党派。党主席巴比什的支持率近年更居各党魁之首。巴比什提出要像经营企业一样经营国家并彻底铲除政治腐败。ANO党2017竞选纲领主要是：1.承诺增加社会支出，同时减轻税负和社会保险支付，维护保守的财政政策。该党认为，实现这种协调的关键是建立更高效的国家机构并改善税收，而提高国家机构效率的方式是计划将参议院的选举减少到一轮,并在今后四年内限制议会成员的薪金水平;计划减少3个部长,将部长人数减少到13个,让部长们减少党内职务、专注政府工作。2. 通过提高公共采购的透明度来打击腐败。3. 承诺在未来四年内建设170公里的高速公路。虽然巴比什目前面临各种欺诈和财务不当的指控,但他一直强调自己对于政治斗争不感兴趣,作为局外人,自己很容易成为腐败政治精英的攻击对象。在2017年2月议会通过主要针对巴比什的利益冲突法案后,巴比什将其名下所有公司交付信托管理。然而民调显示,ANO党受巴比什逃税等指控影响甚微,甚至在5月替换财务部长的风波过后,支持率不降反升。民调显示,截至2017年6月,ANO党支持率大幅超越其余政党(见表3)。

表3 2017年4~6月主要政党支持率

单位:%

月份\政党	ANO党	捷摩共	社民党	公民党	人民党	TOP09党
4	23	9	11.5	6.5	5	4
5	20.5	7.5	10	8	5.5	4
6	23	9.5	9	7.5	5	3.5

数据来源:CVVM民意调研中心2017年4~6月"政党偏好与竞选方案"调查问卷,https://cvvm.soc.cas.cz/media/com_form2content/documents/c2/a4283/f9/pv170424.pdf,检索日期:2017年9月23日。

尽管9月党主席巴比什和第一副主席雅罗斯拉夫·法尔迪内因在爱格富集团任职期间涉嫌诈骗200万欧元的欧盟基金补贴而遭到警方刑事起诉,ANO党仍在10月竞选中获得巨大胜利。捷克总统泽曼也非常支持巴比什,2017年10月31日,泽曼授权巴比什组阁;12月6日,任命巴为捷克新任总理。

由于支持率没有超过半数,ANO党必须联合一到两个政党组成多数政府的执政联盟,然而巴比什的组阁之路并不顺畅,巴比什不希望与自由和直接民主党、捷摩共组成联合政府,但除自由和直接民主党外的8个政党均明确表示拒绝与其合作,主要理由是ANO党主要领导人遭到了刑事起诉。在寻求执政伙伴未果的情况下,巴比什提出了组建少数政府,即由ANO党议员和无党派专家组成。然而此少数政府被大多数政党指责为巴比什独裁野心的产物,除捷摩共外，其余政党均表示拒绝接受。总统泽曼则表示支持巴比什及其少数政府，如果巴比什组阁未获得众议院信任，他将再次任命巴比什为总理，并进行第二次组阁。由于巴比什当选议员，捷克众议院在2018年1月19日对其能否获得刑事豁免权进行了投票，投票的结果是巴比什被取消刑事豁免权，同时被取消刑事豁免权的还有ANO党第一副主席雅罗斯拉夫·法尔迪内。这意味着司法部门将对两人涉嫌诈骗欧盟补贴的案件进行调查和审理，总理遭到刑事起诉和调查使得看守政府形象受到冲击，在与其余政党谈判的过程中也出现了更换总理人选的要求。巴比什的组阁之路仍然充满了不确定性，捷克政坛也将面临较长时间的不稳定状态。

（三）参加2018总统大选——泽曼成功连任

2017年3月10日，捷克总统泽曼正式宣布将竞选下届总统，他将继续以独立候选人身份参选，不寻求任何党派支持。依据捷克宪法，年满18岁的捷克公民可通过两种途经获得总统候选人资格：一是争取议会两院的支持，即获得10名参议员或20名众议员提名；二是征集5万名民众签名。总统每届任期5年，个人最多连续执政两届。2013年泽曼就曾以独立候选人的身份参选并胜出，成为捷克首任直选总统，任期至2018年结束。泽曼决定此次竞选既不发布竞选纲领，也不为竞选造势。他不会对其他候选人发表任何评论，也不会对竞争对手的言论做出回应。泽曼表示，促使他参与竞选的原因是民众的支持与期待，他愿意尊重民众的意志、接受民众的选择，选举的过程和结果全都交与民众来决定。

泽曼一向个性十足，我行我素，其言论常引起争议，尤以其亲俄和反移民观点备受城市精英阶层诟病。他是美国2016总统选举前唯一一位公开表示支持特朗普的欧洲总统。他在任期内大力推动同中国的友好关系也常被右翼保守势力攻击。他还常与上任政府总理索博特卡意见相左。然而，泽曼在捷克农村地区却一直拥有较高人气。截至2017年4月位居各政要之首（53%），2018年2月支持率为49%，仅次于宪法法院主席巴维尔·利赫茨基（50%）[1]。美

---

[1] 捷克CVVM民意调研中心：2018年2月"政要信任度"调查问卷，https://cvvm.soc.cas.cz/media/com_form2content/documents/c2/a4547/f9/pi180313.pdf，检索日期：2018年2月27日。

国《经济学人》曾在2017年做出预测：只要泽曼健康状况允许，必会参加竞选，并将成功连任，"这是我们一直持有的观点"①。

在2018年1月12日至13日的第一轮总统竞选中，泽曼以38.56%的得票率位居九名候选人之首，紧随其后的是前捷克科学院院长伊日·德拉霍什，得票率26.6%。由于没有候选人得票率超过半数，第一轮选举中得票率最高的前两名候选人进入第二轮选举。在第一轮选举中，相对德拉霍什的得票率而言，泽曼取得了除首都布拉格以外的其余13个州的胜利。在2018年1月26至27日举行的第二轮选举中，两名候选人的竞争进入白热化，捷克精英阶层及第一轮选举中落选的候选人近乎一边倒地站到了呼吁加强同欧盟合作的德拉霍什这边。反对具有"亲俄""反移民"标签的泽曼似乎成了捷克精英的"政治正确"。两人的选票一度非常接近，最终政治经验丰富的泽曼以51.36%对48.63%的微小优势击败了毫无从政经验的科学家德拉霍什，成功取得连任。在第二轮选举中，泽曼取得了除首都布拉格、中捷克州、利贝雷茨州和赫拉德茨克拉洛韦州以外其余10个州的胜利。此次选举结果更凸显了捷克精英阶层同普通民众之间的分歧。

二 经济发展状况

（一）整体经济形势

捷克统计局2017年2月公布的数据显示，2016年经济增速同预期相符，有所放缓，同比增长2.3%，仅为上一年增速的一半。2016年经济增长主要受国内消费和贸易顺差拉动，但固定资本形成总额下降在一定程度上抑制了经济增长。与2015年活跃的投资情况相比，捷克2016的投资活动明显减少，投资活动减少是造成2016年捷克经济增速放缓的主要原因。

虽然2016年经济增速放缓，但捷克2017年经济整体运行良好，经济整体

---

① *Zeman to run for second term.* 经济学人：http://country.eiu.com/article.aspx?articleid = 805212064&Country = Czech% 20Republic&topic = Politics&subtopic = Forecast&subsubtopic = Election + watch&u = 1&pid = 165865800&oid = 165865800&uid = 1，检索日期：2017年9月23日。

信心增强。2017年11月捷克财政部发布消息，上调对本国经济增速的预期，预计2017年和2018年捷克GDP增速分别达到4.1%和3.3%[①]。这是2017年以来财政部第二次上调经济预测值，7月曾将2017年和2018年捷克GDP增速从此前的2.5%分别上调至3.1%和2.9%。上调预期的主要原因是内需旺盛及投资活跃。捷克统计局最新数据显示，捷克2017年12月综合经济信心指数环比增长0.6个百分点，达到99.6个百分点，同比增长0.5个百分点。其中，商业信心增长0.8个百分点达到97.5个百分点，消费者信心则下降0.3个百分点至110个百分点。当前捷克经济信心指数为2008年以来最高水平。欧盟委员会在2017年11月发布的2017年秋季经济展望报告中也大幅上调对捷克2017年经济增长的预期，从此前的2.6%上调至4.3%。报告认为2017年由于强劲的投资和私人消费需求带动，捷克经济将继续保持稳健增长，预计经济增速将超过预期，2018~2019年增速将有所放缓。欧委会还预测，受全球需求旺盛的影响，捷出口也将持续增长。

根据数据调查公司IHS Markit 2017年2月发布的报告，2017年2月份捷克制造业的环境得到进一步改善，采购经理人指数（PMI）从1月份的55.7点上升至57.6点，达到2011年4月以来的最高水平。该公司的首席经济学家指出，2月份捷克的生产、新订单和就业大幅增长，各种预期均为正面，各类数据显示制造业生产为一季度的GDP做出重要贡献。根据咨询公司安永2017年3月的报告，2016年在捷克境内进行的并购案总交易金额较上年增长了38%。并购案数量同比增长56%。从并购总金额看，捷克在中东欧国家中位居第二，仅次于邻国波兰。从并购案的数量看，捷克在该地区居首位。据安永相关负责人介绍，2016年捷克并购交易的增长主要是由于中国和日本企业对捷克投资兴趣的增加。同时，这些企业良好的经营状况也是交易增长的原因之一。根据房地产服务公司高纬环球2017年2月发布的数据，2016年第四季度，流入中东欧地区的全部投资有30%投入了捷克的房地产项目。2016年捷房地产投资总额达到33亿欧元，同比增长了30%。其中，有70%的交易集中在首都布拉格地区。根据安永公司2017年2月的一项调查结果显示，有近14%的外国投资者计划在英国脱欧后将

---

① 捷克财政部：http://www.mfcr.cz/cs/verejny-sektor/makroekonomika/makroekonomicka-predikce/2017/makroekonomicka-predikce-listopad-2017-30152，检索日期：2017年12月3日。

业务转出英国,其中,有10%的投资者将考虑转向捷克。2016年捷克出口额达到创纪录的39730亿克朗（约合1626亿美元）,同比增长2.3%,但进口额下降0.2%。捷克统计局11月公布的数据显示,2017年1~9月捷进出口总额为2474亿美元,同比增长8.2%。其中进口1167亿美元,同比增长9.6%；出口1307亿美元,同比增长7%；外贸顺差140亿美元,同比减少11%①。

捷克统计局最新数据显示,受强劲的国内家庭消费和企业投资的快速增长带动,2017年捷克第一季度GDP环比上涨1.3%,同比上涨2.9%②；第二季度GDP环比上涨2.5%,同比上涨4.7%③,是过去两年中环比增长率最快的一个季度,对经济增长贡献率最大的是交通车辆及相关制造业。第三季度GDP环比上涨0.5%,同比上涨5.0%,是2015年第三季度以来同比增速最快的一个季度④。

尽管捷克政府推行积极的财政政策,增加公共支出,有效地实现了经济增长,但潜在的问题不容忽视。欧盟委员会2017年2月发布的分析指出,捷克仍存在冗繁复杂的官僚体制、复杂的税收制度、腐败、交通基础设施质量低下、国家行政管理的数字化工作延迟等问题。尽管这些问题不会阻碍当前的经济增长,但会降低经济增长的潜力。另外,2016年捷克的通货膨胀开始加速,12月份的2.1%水平已位居欧盟国家通胀率最高之列；2017年11月捷通货膨胀率为2.6%,较上月下降0.3个百分点。据捷央行预测,受货币政策稳定的有利影响,未来几个月捷通胀率将逐渐下降,维持在央行设定的预期目标2%左右⑤。尽管2016年捷克出口创下最高纪录,2017年出口快速增长,捷克出口商协会和经济商会都一致认为,过度依赖欧盟市场及劳动力的缺乏是捷克出口企业面临的主要问题。

---

① 捷克统计局：https://www.czso.cz/csu/czso/cri/zahranicni-obchod-zari-2017,检索日期：2017年12月3日。
② 捷克统计局：https://www.czso.cz/csu/czso/cri/tvorba-a-uziti-hdp-1-ctvrtleti-2017,检索日期：2017年9月23日。
③ 捷克统计局：https://www.czso.cz/csu/czso/cri/tvorba-a-uziti-hdp-2-ctvrtleti-2017,检索日期：2017年9月23日。
④ 捷克统计局：https://www.czso.cz/csu/czso/cri/tvorba-a-uziti-hdp-3-ctvrtleti-2017,检索日期：2017年12月3日。
⑤ 捷克中央银行：http://www.cnb.cz/miranda2/export/sites/www.cnb.cz/cs/menova_politika/zpravy_o_inflaci/2017/2017_IV/download/zoi_IV_2017.pdf,检索日期：2017年12月3日。

（二）克朗汇率干预结束，短期内仍不会加入欧元区

2017年4月6日，捷克央行宣布结束汇率干预机制，即不再干涉欧元对克朗的汇率是否维持在27克朗/欧元左右的水平。但央行早些时候也已表示，一旦结束汇率干预，仍将时刻准备采取其他措施来调整克朗汇率可能出现的大幅波动。自捷克央行结束对克朗汇率干涉以来，截至6月初，克朗一路升值，捷克克朗对美元的汇率一度升至23.44克朗兑1美元，达到自2015年中期以来的最高水平。分析人士指出，近期欧元在国际市场上的强劲走势促进了克朗的坚挺。未来，如果有更多投资者抛售捷克债券，克朗还将进一步坚挺。

自捷克2004年加入欧盟以来，对捷克是否加入欧元区的讨论从未停歇。就目前各方表态来看，2018年捷克仍然不会加入欧元区。捷克政府在2016年年底就表示，根据捷克财政部和央行的提议，2017年将不会就加入欧元区问题设定任何时间表，同时也不考虑加入欧洲汇率机制II。该机制是为尚未引入欧元的欧盟国家所做的一种长效安排，为该国货币对欧元的汇率波动幅度做出了严格限制。也有部分政府官员敦促政府为加入欧元区采取更积极的行动。前总理索博特卡2017年5月表示，捷克应当为加入欧元区设定时间表，并由下一届政府做出决定。不加入欧元区，将使捷克被推离欧盟核心圈。捷克央行行长鲁斯诺克2017年6月在接受记者采访时表示，捷克已为加入欧元区做好准备，但在物价及工资方面，捷克仍与欧元区国家有较大差距；在加入欧元区前，最好能缩小这一差距。鲁斯诺克称，近年西欧国家的工资水平没有实质性上涨，但捷克的工资水平已经增长了5%。另外，捷克在经济增长方面与西欧国家的差距并不大。如果未来3到5年仍能保持此发展态势，捷克将逐渐接近欧元区的工资水平。前捷克财政部长、现任总理巴比什称，捷克不应加入欧元区；一旦加入，捷克就必须对他国外债负责，也会失去自己的货币，而本国货币是帮助国家应对经济危机的工具之一。2017年12月新一届政府表示接受捷财政部及捷央行的建议，不会就加入欧元区问题设定任何时间表①。

---

① 捷克财政部：http://www.mfcr.cz/cs/aktualne/tiskove-zpravy/2017/vlada-prozatim-nestanovi-termin-prijeti-30455，检索日期：2017年12月3日。

（三）低失业率、工资上涨和用工荒

自2016年以来，捷克失业率屡创新低，2016年上半年基本维持在4%，年底达到3.6%，2017年继续下降，10月更降至2.6%，成为欧盟内失业率最低的国家。同时就业率在2017年10月同比增长2%达到74.5%[1]，创下本国自1993年独立以来的最高纪录。

捷克统计局2017年1月发布的数据显示，在经历了数年停滞之后，2016年第四季度捷克的平均工资已升至2.9万克朗（约合1096欧元），创下最高纪录，2016年全年的名义平均工资同比增长4.2%。2016年，捷克各行业都出现不同程度的工资上涨情况。其中，增长最快的是酒店和餐饮业，工资水平最高的是IT人士、银行家及工程师。2017年前三季度捷克月平均工资为29050克朗（约合1351美元），同比增长6.8%[2]；剔除通货膨胀因素，实际增幅为4.2%。一季度月平均工资27889克朗（约合1116美元），增幅为5.3%[3]。二季度月平均工资为29346克朗（约合1223美元），增长7.6%；剔除通货膨胀因素，实际增幅为5.3%[4]。从地区来看，首都布拉格的月均工资最高，为36312克朗（约合1689美元），增长4.8%；工资上涨最快的地区是卡罗维伐利，涨幅为8.6%，月均工资25371克朗（约合1180美元）。捷克经济的良好表现及对劳动力的大量需求推动了工资的不断上涨。但是，与欧盟成员国3000欧元的平均工资水平相比，捷克人的工资水平仍然偏低，且2/3就业者的工资尚未达到1223欧元的全国平均水平，近80%的捷克人工资水平处于431~1759欧元之间。

过去几年，捷克工业总产值的增长造成了劳动力的巨大短缺。捷克企业有意雇用外国人以解决劳工短缺问题。捷克企业呼吁政府出台相应政策，以便企

---

[1] 捷克统计局：https://www.czso.cz/csu/czso/cri/miry‐zamestnanosti‐nezamestnanosti‐a‐ekonomicke‐aktivity‐rijen‐2017，检索日期：2017年12月3日。
[2] 捷克统计局：https://www.czso.cz/csu/czso/prace_a_mzdy_prace，检索日期：2017年12月3日。
[3] 捷克统计局：https://www.czso.cz/csu/czso/cri/prumerne‐mzdy‐1‐ctvrtleti‐2017，检索日期：2017年9月23日。
[4] 捷克统计局：https://www.czso.cz/csu/czso/cri/prumerne‐mzdy‐2‐ctvrtleti‐2017，检索日期：2017年9月23日。

业雇主们能更为便利地招聘非欧盟国家（如蒙古、乌克兰）雇员。针对雇用外籍员工问题，政府、工会及企业代表特别召开三方会议进行讨论。时任总理索博特卡指出，企业在原则上应首先雇用国内未就业劳动力，优先解决本国失业问题；针对现阶段的"用工荒"，可同时在欧盟境内外寻求雇用劳动力。同时他也强调，要保障外籍员工的工资收入，严禁支付过低工资，以免加剧就业不公。2016年有将近38.3万外国人在捷克工作，其中四分之三为欧盟公民，其中斯洛伐克籍员工人数排名第一，乌克兰籍排名第二。

三 外交与安全

（一）维谢格拉德集团

2016年是维谢格拉德集团（简称V4集团）成立25周年，捷克担任轮值主席国至6月底，四国领导人在捷克首都布拉格举行庆祝活动。作为中欧代表性的次区域组织，在欧洲经济放缓、移民问题、乌克兰危机等背景下，V4四国更显团结一致，共同对欧盟发声，该组织的影响力日趋引人注目。捷克也积极借助V4集团努力增强其在欧盟及北约的话语权。

难民危机让维谢格拉德集团有了紧密合作的现实理由。早在2016年2月，维谢格拉德集团便在布拉格举行特别首脑会议，讨论欧洲难民危机，在难民配额上，抱团发声，同欧盟意见相左。2016年6月8日，捷克总理索博特卡出席在布拉格举行的维谢格拉德集团峰会。索表示V4集团在欧盟内部有着重要的影响力。四国总理发表联合声明，表示在移民问题和英国公投上持共同立场，指出有必要在欧洲进行积极而有建设性的对话，以加深相互理解并减少分歧；V4集团致信欧洲委员会主席容克，敦促欧盟委员会拿出区域发展及保护方案，帮助乌克兰人民。峰会期间，捷克外长扎奥拉莱克与波兰参议院议长库赫钦斯基举行会见，双方就双边关系、波兰接任V4轮值主席国、在华沙举行北约峰会、移民及欧盟现存问题交换了意见。

在2016年8月召开的V4集团外长会议上，四国外长一致认同在当前欧洲复杂的形势下，V4集团正处于最佳合作状态。得益于降低企业生产成本、优化工业产业环境吸引投资、加大劳动力培训和保护消费者权益等一系列经济刺

激政策的出台，中欧经济增长较快，已超过许多欧洲国家，被视为欧洲经济增长的引擎。尽管其人口总数仅占欧盟人口总数约12%，但维谢格拉德集团四国的GDP总和已位列世界第15。

2016年9月6日，捷克总理索博特卡出席在波兰克雷尼采举行的经济论坛，期间与维谢格拉德集团各国总理及乌克兰总理格罗伊斯曼举行共同会谈，就欧盟发展、乌克兰同维谢格拉德集团的合作等议题交换意见。会后维谢格拉德集团同乌总理发表联合声明。索称，捷方支持乌克兰主权及领土完整，执行《明斯克协议》，尽快完成欧盟同乌克兰的联合协定，并愿意继续帮助乌克兰实行改革，通过国际维谢格拉德基金的联合项目推进双边合作。

2016年11月29日，捷克外长扎奥拉莱克出席在华沙举行的第八次维谢格拉德集团与西巴尔干国家外长会议，同与会代表就中部及东南部欧洲区域安全、加强同西巴尔干国家人员交流与合作等问题交换了意见。

（二）欧洲一体化

尽管捷克前总统克劳斯因各种尖锐的疑欧言论被称为"欧盟最严厉的批评者"①，2014~2017年执政的捷克政府却是欧洲一体化的坚定拥护者。总理索博特卡更对英国脱欧表示担忧，频频发出欧盟需要团结、欧洲一体化值得信任等言论。

2016年6月23日，捷克总理索博特卡在英国脱欧公投前夕表态，称公投是欧洲历史上的重大事件，欧盟联手英国未来会更强大；在当今恐怖主义威胁、安全问题面临挑战、移民问题等背景下，欧洲应该更团结而不是走向分裂，留欧不是风险而是更安全的选择。24日，捷克总理索博特卡就英国脱欧公投结果表态，称尽管感到失望，但欧盟一体化仍是大势所趋，欧盟于捷克而言是最大的安全与繁荣保障，欧盟必须做出改革，以使自身更充满活力。27日，捷克总理索博特卡倡议建立工作组以解决英国脱欧及欧盟未来发展方向问题。28日，捷克总理索博特卡联同波兰总理谢德沃、匈牙利总理欧尔班、斯

---

① 《疑欧势力在欧洲究竟有多强？私下议论上升为政策主张》，《环球时报》，http://world.huanqiu.com/exclusive/2016-06/9097063.html，发布日期：2016年6月29日，检索日期：2017年10月23日。

洛伐克总理菲佐发表联合声明，称欧盟值得信赖，呼吁欧盟改革及加强成员国间进一步合作。2016年9月欧盟非正式会议前夕，捷克总理索博特卡表态称，欧盟应加强防御合作，倡议在周五的欧盟非正式会议上讨论建立欧洲安全联盟，支持德法两国防长在11日提出的欧盟加强防御和军事合作倡议。2016年11月捷克总理索博特卡访问瑞典期间，与瑞典首相勒文发表联合声明，强调在欧盟框架下开展有效合作的重要性，认为欧盟的有效运作仍是欧洲繁荣稳定的重要保障。

捷克政府及总统也在巴尔干国家加入欧盟和北约的议题上给予支持。2016年4月黑山总统菲利普·武亚诺维奇对捷克进行国事访问期间，同捷克总统泽曼就黑山加入北约及欧盟进程交换意见，同时任捷克总理索博特卡就移民问题、西巴尔干地区形势和经济合作发展等主题进行讨论。随后，捷方发表声明，同意黑山加入北约。2016年11月6日，捷克总理索博特卡在里加与塞尔维亚总理武契奇举行会见，索博特卡表示支持塞尔维亚在内的西巴尔干国家加入欧盟。29日，捷克总统泽曼同来访的塞尔维亚总统尼科利奇举行会见。泽曼表示支持塞尔维亚加入欧盟。

四　与中国的关系

（一）习主席访问捷克——高层互访频繁

中国国家主席习近平2016年3月对捷克进行国事访问，同捷克总统泽曼、参议院主席什捷赫、众议院主席哈马切克、总理索博特卡分别举行会见，并出席中捷经贸圆桌会。两国关系走向高点，这是中捷建交67年来，中国国家元首第一次访问捷克。习近平主席和泽曼总统一致同意，将中捷关系提升为战略伙伴关系，中捷间各项合作全面展开。

2016年6月，捷克总理索博特卡展开为期8天的对华访问。访华期间，索博特卡与中国民航局局长冯正霖举行会见，双方就深化航空领域合作交换意见。索表示捷克致力于成为中国在中东欧的物流枢纽，相继开通的三条两国间直航航线将拉动旅游业，也为中小型飞机开辟了市场。同日，索还与中国银监会主席尚福林举行会见，就经济合作及具体项目交换意见。17日，索博特卡出席了在河北唐山举行的第三次中国－中东欧国家地方领导人会议开幕式并致辞，索博特卡同中国国务院总理李克强举行会见，双方就进一步加强在食品业、航空业和金融业等领域的双边合作交换意见。18日，索博特卡分别同天津市长、浙江市委书记举行会见，表示支持中国－捷克地区合作的进一步发展。19日，索博特卡同浙江省领导及企业代表会见，双方就区域合作、贸易投资和促进旅游业发展等话题展开讨论。20日，捷克总理索博特卡出席在苏州举行的第二届中国－中东欧国家卫生部长论坛。23日，索博特卡出席中国东方航空布拉格—上海直航开通仪式。这是自2015年9月以来两国间开通的第二条直航航线。当天晚上，捷克总统泽曼出席在布拉格城堡举行的中国东方航空布拉格—上海直航开航庆祝晚会。截至2016年，两国间共开通了3条直航航线，极大地促进了当地的旅游业。2018年还将举办中国－欧盟旅游年。航空业的合作也成为两国合作热点，2018年捷克计划在其国内举办中国－中东欧国家民用航空论坛。

2017年5月，捷克总统泽曼来华出席"一带一路"国际合作高峰论坛。论坛结束后，泽曼偕夫人于5月16日参观了侵华日军南京大屠杀遇难同胞纪念馆并向遇难者敬献花圈，泽曼还在签名册上留言"深深哀悼"。这是南京大屠杀遇难同胞纪念馆首次接待在职外国总统的参访，泽曼也成为继丹麦女王2014年来访后第二位访问该馆的外国元首。据捷克通讯社报道，泽曼对陪同他参观的江苏省委书记李强表示，"我来到这里对南京大屠杀遇难者表达深深的哀悼，正如两年前我参加中国人民抗日战争暨世界反法西斯战争胜利70周年纪念活动一样"[1]。泽曼甚至提出，因为第二次世界大战是反抗德国和日本法西斯主义的战争，所以这场大战开始的年份并不是1939年，而应始于1937年，以南京的沦陷为标志。

（二）"一带一路"与"16+1合作"

捷克总统泽曼及索博特卡政府积极推动对华友好及与中国合作，总统和总

---

[1] *President Zeman v Číně navštívil památník nankingského masakru*, ČTK, http://www.ceskenoviny.cz/zpravy/prezident-zeman-v-cine-navstivil-pamatnik-nankingskeho-masakru/1485701，检索日期：2017年10月23日。

理联名支持在首都布拉格举办"中国投资论坛",该论坛自 2013 年以来已成功举办 4 届,旨在借力"一带一路"建设,助推"16 + 1 合作"。捷克共和国驻华大使科佩茨基 2016 年 3 月在采访中表示,与中国的合作给捷克提供了很好的发展机遇。捷方积极响应中方所提"一带一路"倡议、热切参与中国与中东欧国家之间的"16 + 1 合作"。捷方相信"一带一路"倡议及"16 + 1 合作"将为地区发展带来众多新机遇。在"16 + 1 合作"机制下,捷中两国各地区间开展了密切的合作,捷克各州几乎都与中国相应省份和城市结成了友好省州或姐妹城市,他希望两国间的这种地方性合作继续加强,努力取得更多实实在在的成果。中捷两国在通用航空领域、亚太区域合作以及经贸投资等方面都需要进一步加强合作。

2017 年 5 月,捷克总统泽曼赴华参加"一带一路"高峰论坛,系唯一一位欧盟国家元首。他在接受中国媒体采访时表示,中国提出的"一带一路"倡议是"现代伟大构想,也是回归传统"[①]。泽曼高度赞赏中方为推动"一带一路"倡议所做的努力,捷方愿意积极参与其中,抓住"一带一路"为深化双边合作所提供的新机遇,促进捷中各领域继续加强务实合作。泽曼此行旨在了解"一带一路"建设最新进展及未来相关计划,捷方期待"一带一路"使得中国与欧洲互联互通的同时也将捷克与中国更紧密地联结起来。泽曼表示,捷中两国建立战略伙伴关系一年多来,双方在多项重点领域开展合作,硕果累累,尤以旅游业和航空领域较为突出,如访捷中国游客人数一年翻了一番、川航的第一批飞行员赴捷克受训,令他十分欣喜。捷中两国未来还将签署一系列合作协议,继续合作共赢。

"16 + 1 合作"是中国同中东欧国家为深化传统友谊、扩大务实合作共同开创的新平台,是中欧全面战略伙伴关系的重要组成部分和有益补充。捷克是最早响应并积极参与"16 + 1 合作"的国家之一。泽曼表示,捷方希望与中方一道,共同借助"16 + 1 合作"平台,助推"一带一路"建设。他同时指出,"一带一路"建设将为沿线各国带来多项合作机遇,例如各国企业都能在基础设施建设、货物交流等领域大有作为。此外,沿线国家的互联互通也将为 17 国间的人员往来提供更多便利。

---

① 《捷克总统泽曼:赴华旨在了解"一带一路"进展》,《北京青年报》,2017 年 5 月 13 日。

（三）双边经贸

据欧盟统计局统计，2017 年 1~9 月，捷克与中国双边货物进出口额为 101.7 亿美元，增长 10.0%。其中，捷克对中国出口 17.5 亿美元，增长 27.1%；捷克自中国进口 84.2 亿美元，增长 7.0%。捷克与中国的贸易逆差 66.7 亿美元。

捷克对华主要出口商品为机电类产品，该类商品 2017 年前三个季度的出口总额为 9.5 亿美元，同比增长 35.9%，占捷克对华出口总额的 54.1%。捷克对华出口第二大类商品为运输设备，同比下降 4.0%；光学、钟表和医疗设备为第三大类对华出口商品，同比增长 14.8%。

捷克自华进口的主要产品也是机电类商品，该类商品在 2017 年前三个季度的进口总额为 64.6 亿美元，同比增长 6.5%，占捷克自华进口总额的 76.8%。捷克机电类产品的其他主要进口国为德国、荷兰、斯洛伐克、波兰和英国。捷克自华进口的第二大类商品为贱金属及制品，2017 年前个三季度的进口总额为 3.6 亿美元，同比增长 1.4%。1~9 月捷克自中国进口的食品、饮料、烟草出现 4.8% 的下降①。

在 2016 年布尔诺国际机械工业展览会上，"中国馆"展区出现数以百计的中国参展企业，包括中国铁路总公司、中国航空工业集团公司、陕西鼓风机（集团）有限公司、中国机械设备工程股份有限公司、上海仪电集团、上海电气集团等大型机械工业与装备制造类企业。中国企业在中东欧如此大规模参与展会尚属首次。捷时任工贸部长扬·姆拉代克（Jan Mládek）作为捷克官方代表，认为捷克对中国出口机会巨大。2017 年 4 月，捷克投资局参加了 17~22 日在北京举办的中国国际机床博览会（CIMT2017），并与捷克工程技术协会联合针对创新型的工程公司展示了捷克投资环境的优势。包括斯柯达机床（ŠKODA MT）、思梅勒·布尔诺（Šmeral Brno）和日嘉斯钢铁厂（ŽDAS）在内的一些捷克企业也参加了此次博览会。

捷克汽车制造商斯柯达公司 2017 年 4 月宣布，未来 5 年将在中国投资 20 亿欧元用于扩展现有的系列车型，包括可替代燃料汽车及 SUV 车型。2016 年，

---

① 中华人民共和国商务部：《国别报告：2017 年 1~9 月捷克货物贸易及中捷双边贸易概况》https://countryreport.mofcom.gov.cn/record/view110209.asp?news_id=56587，检索日期：2017 年 10 月 23 日。

斯柯达的在华汽车总销量达到创纪录的 31.7 万辆，同比增长 12.6%。目前，中国是斯柯达汽车的最大市场。至 2020 年，预计其年汽车销量将突破 60 万辆。在中国市场最畅销的斯柯达车型是明锐（Octavia），占其总销量的一半以上。

捷克总理索博特卡和农业部长尤雷奇卡均表示，捷克的奶制品、肉制品及酒都存在过剩问题，而中国对于这些食品需求巨大，中国市场非常欢迎欧洲的奶制品，这为捷克出口此类农副产品提供了良好的机遇。2017 年 5 月，中国企业苏宁与捷克贸易局在捷克总统泽曼的见证下，于南京签署了合作协议。根据该协议，苏宁易购将在线销售捷克的特色产品，如：捷克啤酒、矿泉水、点心、玻璃制品及户外服装等。随同泽曼总统访华的捷克工贸部长哈夫里切克在签约仪式上表示，非常感谢苏宁在线销售给捷克产品带来的贸易机会。目前，苏宁易购销售的捷克产品已将近 200 种。

（四）人文交流

近年来，中捷人文交流活力迸发。捷克越来越为中国游客所熟知，逐渐成为热度可与法国、意大利、瑞士等传统欧洲旅游国家相媲美的热门旅行目的地。2016 年赴捷中国游客总数创下历史新高，达到 35 万余人次。影视作品对于推广城市旅游和增进文化了解功不可没，2015 年上映的《有一个地方只有我们知道》向中国观众展示了美丽的布拉格，使得布拉格成为许多人憧憬的浪漫之都。2016 年中捷两国继续在影视领域开展了密切的合作。两国合作拍摄了电视连续剧《最后一张签证》，该剧改编自中国驻奥地利外交官何凤山及其同事的真实故事，讲述了二战前夕中国外交官顶住压力、无畏艰险与德国纳粹斗智斗勇，无私帮助犹太人办理签证逃往上海的故事。除了世界反法西斯战争题材电视剧外，两国还合作拍摄了动画片《熊猫与小鼹鼠》，以捷克国宝级动画片《鼹鼠的故事》中的主人公小鼹鼠为蓝本，加入中国国宝熊猫作为双主角，讲述了小鼹鼠沿着丝绸之路到中国四川寻找熊猫和和，他们相识、相知并成为好朋友，还与森林里众多小伙伴一起玩耍，上演了一个个友爱、温馨、幽默甚至惊奇的小故事。2016 捷克中国电影周在布拉格成功举行，主办方为捷克民众带来了为期一周的中国电影盛宴，精选了《卧虎藏龙 2》《北京遇上西雅图 2》《智取威虎山》《捉妖记》等多部近年的热映佳作。

音乐是无国界的沟通桥梁，2016年昆曲《牡丹亭》登上第71届"布拉格之春"国际音乐节的舞台。音乐节主席表示，这是音乐节首次尝试引进中国古典戏剧曲目，观众的热烈反响出乎意料。音乐节将继续引进和推介中国的音乐和戏曲作品。中国女高音张莉教授在2016年8月领衔《水仙女》现代版音乐会女主角。歌剧《水仙女》是捷克著名作曲家德沃夏克的代表作。《水仙女》现代版音乐会是在传统版基础上的浓缩，已在英国、美国、荷兰、日本等地演出。这次演出是"现代版"回到《水仙女》故乡的首演。张莉教授用捷克语演唱全剧，深深打动了现场每一位观众。演出获得圆满成功。

宣传中国文化品牌活动"欢乐春节"。2017年在捷克久负盛名的布拉格鲁道夫宫音乐厅隆重举行"新年专场音乐会"。捷克顶级交响乐团布拉格爱乐乐团与中国著名民乐演奏家跨界合作，联袂带来一场中西合璧的开年视听盛宴，拉开了捷克"欢乐春节"系列活动的序幕。音乐会亮点纷呈，令人震撼，用音乐诠释中西文化，中西经典交替，交融互通，展示了文化的多样性，是中捷艺术家合作的新成果。

捷克帕拉茨基大学孔子学院则继续助力中国文化的传播及两国文化的交流。面向帕拉茨基大学、托马斯·拔佳大学和查理大学学生、教师以及社会公众开设各级各类汉语语言课程及各式各类中医针灸、太极拳、其他中国功夫、民族舞蹈、民族乐器、中国烹饪、毛笔书法、水墨画、茶艺等文化课程。学院汉语考试中心是目前捷克唯一一个汉语考试点，每年定期举行HSK、HSKK和YCT考试。学院每年定期举办"孔子学院日"和"中国文化月"系列活动；面向各地的中小学，常年开设"中国文化与语言讲习班"；针对大学生和中学生，每年定期举办各类"汉语夏令营"。孔子学院还与当地政府部门、中小学等合作，参加奥洛姆茨地区和周边地区的大型文化活动和展览，积极地融入当地的社区活动。孔子学院还积极协助和推动当地政府与中国地方政府的合作与交流。

（五）达赖窜访捷克

2016年10月18日，捷克副总理别洛布拉代克、文化部长赫尔曼及参议院、众议院两名副议长不顾政府早前劝诫，同窜访到此的达赖举行"私人会面"。四人均为右翼人民党党员，包括党主席别洛布拉代克。此举遭到捷总统、总理的批评，指责几人作为政要罔顾捷克国家及人民利益。当日，捷克总统泽曼、参议院主席什捷赫、众议院主席哈马切克及捷克总理索博特卡就文化部长赫尔曼等人会见达赖事共同发表联合声明，强调捷奉行一个中国政策，尊重中国主权与领土完整，没有哪怕一点的微小改变。个别政府官员的个人行为不代表捷克官方政治立场。

B.13 克罗地亚

鹏昱*

摘　要： 2016年以来，克罗地亚政局波动频繁，先后经历了提前议会选举、地方选举、执政力量内部调整等重大事件。执政党克罗地亚民主共同体在这一系列事件中巩固了权力，克政局或将进入相对稳定时期。经济方面，继2015年实现增长、结束6年衰退期后，克经济于2016年继续增长，呈现企稳向好之势。克政府继续推进结构性改革，采取经济促增措施，并妥善处理重大经济事件，2017年经济继续实现增长。克致力于深度融入欧盟、加强睦邻友好关系，同时也重视同各国，尤其是同中国发展双边关系。克政府积极参与"一带一路"建设及其框架下的中国-中东欧国家合作，希望抓住机遇，实现国家发展。

关键词： 克罗地亚　阿格罗科尔（Agrokor）集团危机　INA　中克关系

一　国内政治形势

克罗地亚系议会制国家。议会是国家最高权力机构，实行一院制，议席最多设160席，议员任期四年。政府是国家权力执行机构，由议会多数党组建；总理系政府首脑，掌握实权；总统为国家象征，任期五年，同一人不得连任超过两届，系虚位元首。克目前注册政党共160多个，其中议会政党18个，主

---

* 鹏昱，北京外国语大学欧洲语言文化学院巴尔干研究中心兼职研究人员。

要政党包括克民主共同体（民共体）、社会民主党（社民党）、桥党、克人民党（人民党）、人墙党等。

2015年初，在野党民共体候选人科琳达·格拉巴尔-基塔罗维奇（Kolinda Grabar-Gitarović）击败执政党社民党候选人、时任总统伊沃·约西波维奇（Ivo Josipović），取得总统选举胜利，成为克首位女总统。同年末，民共体同其他中小党派组成"爱国联盟"，在议会选举中以3票领先社民党联盟，并成功联合得票第三的桥党组建政府，再度上台执政。近两年来，克政局虽时有波动，但民共体通过提前议会选举、地方选举、执政力量调整等重大事件逐渐巩固势力，全面掌握政权，克政局或将进入相对稳定时期。

（一）2016年政府危机和提前议会选举

2016年1月，由民共体提名的无党派人士蒂霍米尔·奥雷什科维奇（Tihomir Orešković）正式出任联合政府总理。奥雷什科维奇长期在国外居住，亦无从政背景，上任初期便难以有效处理执政联盟内部矛盾、同反对党冲突不断等问题。特别是奥雷什科维奇内阁第一副总理、民共体主席托米斯拉夫·卡拉马尔科（Tomislav Karamarko）被指在克石油公司INA与匈牙利石油公司MOL争议仲裁问题中涉嫌利益冲突，政府危机爆发。据披露，卡拉马尔科妻子同MOL公司高级顾问间存在密切业务来往。反对党借机对卡拉马尔科提出不信任案，要求其辞职，但遭卡拒绝。6月初，奥雷什科维奇要求卡拉马尔科及其内阁副总理、桥党主席博若·佩特罗夫（Božo Petrov）辞职，试图平息舆论，防止事态恶化。但卡拉马尔科仍然拒绝辞职，并表示民共体恐将不再信任奥雷什科维奇。随后，民共体在议会提出针对奥雷什科维奇的不信任案，希将奥撤换后单独重新组阁。社民党等反对党随即支持，其目的则是要求解散议会、提前举行议会选举。桥党则继续支持奥雷什科维奇，并要求卡拉马尔科立即辞职。联合政府执政不足5月便出现分裂。

6月15日，克利益冲突裁决委员会判定卡拉马尔科在INA公司股份争议事件中涉及利益冲突，卡辞去副总理职务。16日，克议会投票表决，以125票赞成、15票反对、2票弃权通过了针对奥雷什科维奇及政府的不信任案，奥政府被迫下台。克总统基塔罗维奇随即开始同议会各党派磋商组建新政府事宜，但社民党等反对党及执政联盟的桥党均要求解散议会，重新选举。20日，克议会以

137票赞成、2票反对、1票弃权通过解散议会的决定。因民共体未能成功获得议会多数支持组建政府，卡拉马尔科迫于党内压力于21日辞去主席职务。7月15日，克第八届议会正式解散，奥雷什科维奇担任看守政府总理，直至新一届政府成立。16日，基塔罗维奇宣布于9月11日提前举行议会选举。

9月11日，克提前议会选举如期举行。17日，克国家选举委员会公布最终结果。本届议会共设151个议席，民共体以36.27%的得票率位居第一，获61席。社民党领导的反对党联盟得票33.82%，获54席，位居第二。桥党得票9.91%，获13席，位居第三。其他进入议会的党派有人墙党（8席）、伊斯特拉民主会议党（3席）、米兰·班迪奇365-劳动团结党（2席）、斯拉沃尼亚-巴拉尼亚民主联盟（1席），此外还包括独立候选人1席、少数民族议员8席。民共体虽获多数票，但未超过半数，无法单独组阁。经同桥党及其他议会中小党派谈判，民共体决定再度同桥党组成联合政府。于7月当选的民共体主席安德烈·普连科维奇（Andrej Plenković）随即获得91名议员支持，基塔罗维奇总统授权其组阁。10月14日，克第九届议会正式成立，桥党主席佩特罗夫担任议长。19日，克议会批准新一届政府名单，普连科维奇出任总理，克新一届政府成立。普连科维奇在宣誓就职后表示，新政府将以新视角、新方式来处理克面临的困境，并以经济增长、创造就业、人口增长、社会公正团结作为未来4年的执政目标和工作重点。

（二）2017年政府危机和执政力量调整

自2017年初克最大私有企业阿格罗科尔（Agrokor）集团爆发信用和财务危机以来，克政府采取持续干预措施，以避免危机直接影响克整体经济。但因财政部长兹德拉夫科·马里奇（Zdravko Marić）在就任财长前曾担任该集团执行董事，克利益冲突裁决委员会于4月判定马里奇在该问题中涉及利益冲突，其参与政府就该问题召开的有关例会违背相应法律的回避原则。4月20日，社民党、人民党等反对党46名议员借此提出针对马里奇的不信任案，要求马辞去财长职务。该动议获得部分桥党议员支持。27日，普连科维奇突然宣布解除联合政府中来自桥党的内务部长、司法部长及环保和能源部长的职务，称上述3人在政府例会中赞成马里奇下台，造成内阁成员不信任。此举立即遭到桥党主席、议长佩特罗夫反对，佩指责普连科维奇将3人解职的决定有违宪法，而民共体正试图破坏联合政府。28日，普连科维奇再次免去来自桥党的副总理兼地方管理部部长以及10位国务秘书的职务，同时任命4位国务秘书接替被免职的桥党部长职责。随后，民共体总书记、副议长戈尔丹·扬德罗科维奇（Gordan Jandroković）表示民共体将征集多数议员提案，罢免议长佩特罗夫。佩特罗夫就此回应表示，民共体正在引发宪法危机，桥党不再是联合政府的一部分。政府危机发酵至此，民共体和桥党关系已极度恶化，执政联盟濒临破裂。

5月4日，克议会针对财长马里奇的不信任案进行投票表决。表决结果为75票赞成、75票反对、1票弃权，因赞成票未过半数，不信任案未获通过，马里奇继续留任。而面对已获得议会多数支持的罢免提案，佩特罗夫于当日下午主动宣布辞去议长职务。5日，克议会以76票赞成选举民共体副议长扬德罗科维奇为新议长，接替佩特罗夫。桥党同民共体联合执政的协定就此终止，成为反对党。而民共体继2000年后再次将总统、总理、议长职位全部收入囊中。

分析指出，执政联盟彻底破裂后，议会三大党派——民共体、社民党和桥党将在下一步围绕议会多数展开博弈。如民共体在议会中得到其他政党支持构成多数，则仅需对政府进行改组，普连科维奇政府将稳定留任，否则只能解散议会，再次提前举行议会选举。此前，民共体已获得部分小党派、独立议员和少数民族议员的支持。6月9日，民共体同人民党达成协定，组成执政联盟，成功获得议会多数席位。同日，普连科维奇提交政府改组计划，议会以78票赞成通过。除1名人民党成员和2名无党派人士担任内阁有关职务，民共体几乎将所有政府成员职位包揽在手。

（三）2017年地方选举

2017年4月13日，克政府颁布决议，定于5月21日举行地方选举。全国20个省、1个直辖市、127个市、428个县的议会和行政长官均进行改选。选举平稳进行，多数地方行政单位首轮完成选举，8个省、54个市、102个县及萨格勒布市于6月4日举行第二轮选举。其中1个市举行了第三轮投票。选举结果显示，执政党民共体在12个省、62个市、204个县中赢得选举。主席普连科维奇表示，民共体在此次地方选举中表现令人满意，比上届选举多拿下了一个省，在第二大城市斯普利特也赢得胜利，这充分证明人民对民共体的信任，也将更加有利于国家和地方层面的沟通和联动。有分析认为，此次选举体

现出民共体良好的选民基础和发展趋势,为其进一步巩固在国家层面的权力创造了更好的条件。

二 经济发展状况

克罗地亚是前南斯拉夫地区经济较为发达的国家,经济基础良好,旅游、建筑、造船和制药等产业发展水平较高。受南斯拉夫解体及战争影响,克独立后经济遭受重创。自2000年起,克经济开始持续增长,并保持较快的增长势头。然而,2008年经济危机和2009年欧债危机使逐渐恢复的克经济再次受到严重打击,其长期存在的产业结构性弱点及宏观经济失衡等问题开始暴露。2009年起,克国内生产总值连续6年下降,债务率持续攀升,失业率居高不下。随着克于2013年7月正式加入欧盟,对欧出口贸易的突破为克经济做出积极贡献,同时油价下降、个人所得税税率降低使居民可支配收入增加,进而拉动消费,克经济于2015年终于走出衰退期,实现2.2%的实际增长[1],并在近两年来呈现企稳向好之势。

(一)经济政策和宏观经济情况

克政府高度重视发展经济。民共体上台后,将促进经济持续增长、提升竞争力、推进结构改革、改善投资环境作为经济工作的重点。2016年4月,克政府根据欧盟理事会"欧洲学期"机制提出的经济政策建议,制定并颁布《2016年国家改革计划》,作为克推进经济改革、解决结构性问题的指导文件。10月,普连科维奇政府上台,颁布政府工作计划,进一步明确经济工作方针:一是推进中小企业发展,创造具有竞争力的营商环境,拉动投资增长;二是发展农业、旅游、能源等优势产业,推进再工业化,加强交通基础设施建设,重视生态、环保及可持续发展;三是进一步巩固财政、完善税收制度和货币政策,保障财政、金融的长期可持续性;四是有效规范劳动力市场,创造更多就业岗位,尤其是促进青年和长期失业人

---

[1] 数据来源:克罗地亚国家统计局官网,网址 https://www.dzs.hr/,检索日期:2017年11月5日。

员的就业率；五是促进人口增长，避免人口外流，为经济发展争取更多的劳动力。

在一系列改革举措下，克主要经济指标表现良好。2016年，克国内生产总值为3451.66亿库纳（合458.43亿欧元），实际增长3%，人均GDP为10992欧元。外债降至416.68亿欧元，占GDP比重的90.9%，为5年来最低。政府债务降至GDP的83.7%，财政赤字降至0.8%。进出口贸易总额增长，其中出口总额同比增长5.7%，进口总额同比增长5.54%[①]。失业率降至13.1%。外汇储备135.14亿欧元。通胀率为-1.1%。在世界经济论坛《2016~2017年全球竞争力排名报告》排名上升至第74位。三大评级机构均上调对克的评级展望，标准普尔将对克展望从"稳定"上调至"正面"。欧盟委员会于2017年发布的宏观经济年度国别报告中指出，2016年，克经济增长实现提速，财政债务状况有所改善，劳动力市场持续发展，出口货物市场份额进一步扩大，此外，克有效利用欧盟基金，吸引的投资总额增加，而旅游业的良好发展，促进服务出口量的增长（见表1）。

表1 克罗地亚2010~2016年经济指标

主要经济指标＼年份	2010	2011	2012	2013	2014	2015	2016
人口（百万）	4.290	4.280	4.268	4.256	4.238	4.204	4.171
GDP（百万库纳）	328041	332587	330456	329571	328109	335521	345166
GDP（百万欧元）	45022	44737	43959	43516	43002	44092	45843
人均GDP（欧元）	10495	10453	10300	10225	10147	10488	10992
GDP实际增长率（%）	-1.7	-0.3	-2.2	-1.1	-0.5	2.2	3.0
通胀率（%）	1.1	2.3	3.4	2.2	-0.2	-0.5	-1.1
出口占GDP比重（%）	37.8	40.5	41.7	43.1	45.8	48.7	49.7
进口占GDP比重（%）	38.1	40.9	41.2	42.7	43.8	46.4	46.7
外债额（百万欧元）	46908	46397	45297	45803	46416	45384	41668
外债占GDP比重（%）	104.2	103.7	103.0	105.3	107.9	102.9	90.9
外外债占出口比重（%）	275.8	255.9	247.3	244.1	235.9	211.4	183.0

---

① 中国驻克罗地亚使馆经商参处网站，http://hr.mofcom.gov.cn/article/jmxw/201706/20170602587206.shtml，检索日期：2017年11月5日。

续表

主要经济指标＼年份	2010	2011	2012	2013	2014	2015	2016
外汇储备（百万欧元）	10660	11195	11236	12908	12688	13707	13514
库纳对欧元平均汇率	7.2862	7.4342	7.5173	7.5735	7.6300	7.6096	7.5294
库纳对美元平均汇率	5.5000	5.3435	5.8509	5.7059	5.7493	6.8623	6.8037
财政收支（百万库纳）	-20311	-26090	-17549	-17575	-17726	-11346	-2757
财政收支占GDP比重（%）	-6.2	-7.8	-5.3	-5.3	-5.4	-3.4	-0.8
政府债务占GDP比重（%）	58.3	65.2	70.7	82.2	86.6	86.3	83.7
失业率（%）	11.6	13.7	15.9	17.3	17.3	16.2	13.1
就业率（%）	46.5	44.8	43.2	42.1	43.3	44.2	44.6

数据来源：克罗地亚央行网站，https：//www.hnb.hr/statistika/glavni - makroekonomski - indikatori，检索日期：2017年11月5日。

2017年，克宏观经济继续保持良好发展态势。普连科维奇总理在政府工作报告中指出，2017年上半年，克国内生产总值增长2.7%，投资增长4.2%，货物出口增长14.5%。前8个月工业产值增长2.6%，零售业产值增长5.2%。第二季度末，失业率降至10.8%，就业率达到61.4%，为近6年最高。据预测，2017年，克经济增长将超过3%，同时消费扩大，通胀率达到1.6%，扭转连续3年的通缩局面。[①]

（二）各经济领域发展情况

中小企业、手工业和科技型企业发展方面。克政府视私有企业为促进经济增长的主要动力，通过简化行政程序、加大资金投入等方式大力扶持中小企业、手工业和科技型企业发展。目前，克政府已引入制度，规定新出台法规须由中小企业测试通过方能实行，同时将部分行政费用降低30%。用于扶持中小企业的投入资金增加至15亿库纳，为2017年的3.5倍。同时，克政府投入1400万库纳，颁发1500个奖学金名额，用于发展手工业和职业教育。针对科技创新专业学生，增加奖学金名额至8000个，且奖学金数量逐年增加。

---

① 克罗地亚政府年度工作报告，https：//vlada.gov.hr/UserDocsImages//Vijesti/2017/10%20listopad/18%20listopada//Godi%C5%A1nje%20izvje%C5%A1%C4%87e%20Vlade.pdf（第7页），检索日期：2017年11月5日。

工业方面。再工业化是克经济工作的重要内容之一。目前，克政府已出台有关具体政策，以扶持克本土制造产业发展、提升产能、加强市场和产品质量监管。木材、食品加工、建筑、冶金、制药、汽车、化学、橡胶、塑料、创新产业等，是克政府重点推进发展的领域。

农业方面。克政府出台系统化发展措施，简化农产品上市程序，缩短加工周期，加强产品质量监管，同时修改相关法规，给予农户合理利用荒废土地的权力，以扩大生产能力。此外，克政府专门拨款1.5亿库纳，用于处理火灾、洪灾、雹灾等灾害对农业生产造成的损失和后果。目前，正在推进实施的农业项目总价值超过10亿库纳。

旅游业方面。旅游业是克支柱产业，占国内生产总值的18%，占总就业人数的9%。2016年全年旅游收入共计约100亿欧元，超过2015年的79亿欧元。2017年，克旅游旺季创下历史最好成绩。2017年克全年共接待游客1850万人次，游客过夜数达1.02亿人次，同比分别增长13%和12%，旅游总收入约110亿欧元[1]。截至2017年10月，旅游产业投资超过8亿欧元。[2]

交通基础设施方面。克政府持续加大对交通基础设施建设和互联互通发展的投入。近两年来，多个项目取得积极成果。萨格勒布机场新航站楼建成并投入使用。杜布罗夫尼克机场二期建设项目融资成功，其中欧盟基金投资12亿库纳。克里热夫齐（Križevci）-科普里夫尼察（koprivnica）-博托沃（Botovo）段铁路改造和建设项目成功获得2.41亿欧元欧盟基金支持。已启动多年的佩列沙茨大桥（Pelješki most）建设项目也取得重大进展。该项目系克战略项目，建成后将直接连通克南北领土，改变多年来南北陆路交通须通过波黑领土的局面。目前该项目正在进行第三轮招标，欧盟已批准拨付3.57亿欧元欧盟基金，包括中国路桥在内的三家企业参与竞标。

能源方面。克罗地亚希望进一步挖掘资源潜力，满足国内市场能源供应。目前，克正推进克尔克液化天然气站建设项目，同欧盟方面就融资问题进行沟

---

[1] 驻克罗地亚使馆经商处网站，http://hr.mofcom.gov.cn/article/jmxw/201801/20180102703529.shtml，检索日期：2018年4月18日。

[2] 克罗地亚政府年度工作报告，https://vlada.gov.hr/UserDocsImages//Vijesti/2017/10%20listopad/18%20listopada//Godi%C5%A1nje%20izvje%C5%A1C4%87e%20Vlade.pdf（第13页），检索日期：2017年11月5日。

通。此外，克政府已决定回购被匈牙利石油企业MOL持有的克石油公司INA的股份，正通过政治、外交、经济等渠道同匈方谈判。

货币金融方面。克罗地亚正积极准备加入欧元区。通过结构性改革，克已基本达到物价稳定、汇率稳定和长期利率收敛等加入欧元区的条件。同时，克正通过维持经济增长和财政稳定，争取满足欧元区对公共债务和财政赤字的要求。在克政府和央行共同颁布关于将欧元引入作为官方货币的战略文件草案后，克即开始就加入欧元区问题进行公开辩论。

税收方面。克罗地亚通过税制改革，简化了税收制度，实现了减税目标。克于2016年10月颁布"一揽子"共16项法律。个人所得税起征点提高后，新增免征个税人口56万，免征个税总人口达到150万人，减少征收个税总额约15亿库纳。银业收入税率从20%降至18%，针对小型农户、手工业者、小型企业税率降至12%。此外，克正积极研究地方税收制度改革方案。

（三）重大经济事件

1. 阿格罗科尔（Agrokor）集团危机

2017年，克最大私有企业阿格罗科尔集团爆发信用和财务危机。1月，评级机构穆迪将阿格罗科尔的评级从B2下调至B3。2月，穆迪将其评级展望从"稳定"调至"负面"。此后，穆迪多次下调阿格罗科尔评级，该集团股值持续下跌。同时，集团财务出现问题，账户被冻结，资金链断裂，各供应商停止供货，开始索债，集团面临巨大破产风险。

阿格罗科尔集团危机引起克政府高度重视。普连科维奇总理指出，阿格罗科尔集团总共有58000名员工，其中在克本土雇用28000人，其每年上缴税收数额巨大，对克整体经济有着系统性的影响。若任由该企业破产，将对克工业、农业、旅游业、国家财政乃至上万个供应商造成难以想象的后果。因此，政府必须采取行动，避免危机继续发酵，影响克经济发展和人民生活。2017年4月，政府颁布《战略企业特别管理法案》。根据该法规定，当规模超过5000人的大型企业陷入财务危机等紧急情况时，政府可指派专员接管企业，负责处理企业改组等问题。4月7日，阿格罗科尔集团管理层申请启动该法。10日，萨格勒布商事法院确认，政府指派的特别专员安塔·拉穆利亚克（Ante Ramljak）正式接管该企业，原掌管集团的托多里奇（Todorić）家族放弃管理权。随后，政府与特别专员共同召集紧急会议，分别与银行、阿格罗科尔集团供货商商讨救助方案。克6家银行承诺提供贷款，用于支付供货商和阿格罗科尔集团工资，维持集团正常运转。供货商承诺继续向阿格罗科尔集团所属企业提供商品和服务。同时，克商业注册局也将阿格罗科尔集团及其所属公司从查封账户公司名单删除。萨格勒布商事法院还宣布暂停对阿格罗科尔集团及其关联公司的一切诉讼和强制程序。

根据阿格罗科尔集团重组工作管理层于9月发布的经营状况报告，集团自6月份获得新一轮的融资支持后，旗下的零售企业和农业企业经营状况趋于稳定。10月，拉穆利亚克专员发布报告，指出原董事长托多里奇等人涉嫌伪造集团财务报告。随后克打击腐败和有组织犯罪办公室以涉嫌滥用商业权力、伪造文件等罪名对集团原董事会、监事会13名成员及两名财务人员进行起诉。普连科维奇总理在其年度工作报告中指出，政府在宪法规定的职权范围以法律手段处理阿格罗科尔集团危机，成功使危机平稳过渡，避免克经济遭受重大冲击，这为未来促进商业市场良性运作提供了一个长效模式，政府也将继续致力于维护经济稳定，为其继续发展创造条件。

2. 克罗地亚石油公司INA仲裁事件

克罗地亚石油公司INA原为克最大国有股份制石油工业企业。2003年完成首轮私有化后，匈牙利石油公司MOL成为股东之一。2009年，克政府同MOL公司签订关于INA公司股份变更及经营管理权的协议，MOL公司成为INA公司最大股东。因克时任总理伊沃·萨纳德（Ivo Sanader）被指收受MOL公司1000万欧元贿赂，MOL公司以不正当手段获得INA经营权，克政府于2014年根据联合国国际贸易法委员会仲裁规则提请仲裁程序，要求废除MOL公司于2009年同克前政府签订的协议。2016年12月，设在瑞士日内瓦的仲裁庭做出判决，以证据不充分为由驳回克方提出的要求。

仲裁失利后，克政府即做出回购MOL公司全部持有的INA公司股份、收回对INA公司所有权的决定。普连科维奇总理表示，INA公司对克具有重要战略意义，收回其所有权是政府做出的重大政治决定，这不仅有利于INA公司未来发展，也符合克在能源领域的利益。随后，克成立谈判委员会，同MOL公司进行接触，同时就融资模式等问题进行探讨。另一方面，克政府于2017年2月向瑞士联邦最高法院提起上诉，要求对仲裁结果做出无效判决，但瑞士

联邦最高法院于10月驳回克方上诉。目前看，克只能继续同MOL进行谈判，通过回购股份收回对INA公司的所有权。

（四）投资环境

克罗地亚地处东南欧，境内有三大泛欧走廊，是连接西欧与亚洲、东欧与地中海的最短途径之一。同时，克拥有包括里耶卡港在内的多个主要港口，海洋运输发达。自2013年加入欧盟以来，克实行欧盟统一的贸易规则，市场较为广阔。因地理位置优越，营运成本较大多数欧盟成员国低，克逐渐成为欧洲具有吸引力的投资目的地。

近年来，为促进经济发展，克政府采取系列措施吸引投资，对多类投资项目提供优惠，包括制造加工、发展创新、商业援助及高附加值产业，同时在旅游、基础设施、造船、制药等行业投资需求较大。为改善投资环境，吸引更多外资，克政府通过颁布《鼓励投资法》《投资促进与改善投资环境法》等法律法规，明确税收、经营、补贴等方面的具体优惠措施。2016年，普连科维奇政府制订的工作计划进一步明确了改善投资环境的主要方向：一方面保持政治稳定，实现可持续的经济增长，提高在全球市场上的竞争力；另一方面推进行政改革，发展数字化和电子政务，提高行政效率，降低企业办理行政手续的成本，改善同企业的关系，创造良好营商环境。2017年，国际评级机构穆迪和惠誉先后将克经济前景从"负面"提高到"稳定"，指出克正处于良好的经济发展周期。但有部分投资者表示，克的营商环境尚不利于贸易或投资，尽管过去一年在税收、劳动力市场和劳动立法领域有所改善，但仍存在法律不健全、手续费用高、公共行政效率低、缺少高素质劳动力等问题和障碍。

三 外交与安全

（一）主要外交关系

克罗地亚坚持外交服务国家利益的原则，致力于通过发展对外关系，提升国际地位来实现国家经济的协同发展和国内外所有公民的共同繁荣，同时通过积极参与国际事务,倡导世界和平为国家创造安全的发展环境。自独立以来,克先后获得国际社会承认,加入联合国,加入北约,并于2013年正式加入欧盟。深度融入欧盟、加强睦邻友好关系是克外交工作的优先方向,同时,克致力于推进双边合作、开展经济外交,发展同北约合作,并积极参与国际多边事务。

1. 同欧盟的关系

政治方面,克自入盟以来同欧盟在政策行动上保持高度一致,积极参与欧洲事务,开展同欧盟机构及各成员国各领域合作,在全方面利用欧盟资源发展自身的同时,寻求更加深入地融入欧盟,发挥更大的作用。克已启动加入申根区和欧元区进程,各项工作稳步开展。克主张欧盟继续东扩,尤其是吸收其他东南欧国家入盟,积极在旨在促进欧盟同西巴尔干国家联系的"柏林进程"[1]中发挥作用。克将于2020年上半年担任欧盟轮值主席国。

经贸方面,欧盟系克最主要的贸易伙伴。2016年,克对欧盟出口占比66.4%,自欧盟进口占比77.2%。2017年上半年,克对欧盟出口324亿库纳,同比增长10.0%;自欧盟进口628亿库纳,同比增长8.9%。[2] 其中,克同德国、意大利和斯洛文尼亚贸易总额最大。此外,克积极利用欧盟基金开展国内经济建设,资金使用和执行效率近年来显著提高。近三年来,克共成功申请欧盟基金28亿欧元,其中近一年成功申请的金额比重超过一半。2017年,克发布招标的使用欧盟基金的项目总价值约22亿欧元[3],基金执行率实现提高。克希进一步利用欧盟基金加速交通、能源、自然资源及水利市政基础设施等项目建设。

2. 同周边国家的关系

克主张同周边国家发展睦邻友好关系,开展各领域合作,促进地区和平与发展。2013年,克同斯洛文尼亚联合发起"布尔多—布里俄尼"进程,希望

---

[1] 2014年8月28日,德国总理默克尔倡导举办高级别的"西巴尔干经济论坛",开启欧盟和西巴尔干国家的联系机制。因会议在德国首都柏林召开,该机制也被称作"柏林进程"。
[2] 克罗地亚国家统计局网站,https://www.dzs.hr/,检索日期:2017年11月5日。
[3] 克罗地亚政府年度工作报告,https://vlada.gov.hr/UserDocsImages//Vijesti/2017/10%20listopad/18%20listopada//Godi%C5%A1nje%20izvje%C5%A1%C4%87e%20Vlade.pdf(第10页),检索日期:2017年11月5日。

推动区域合作，解决地区遗留问题，促进东南欧的稳定。近两年来，克同周边国家关系总体良好，但同部分国家关系仍在不断磨合。

克高度重视同波黑的关系，认为波黑同克在地理和文化上具有特殊联系，其国内局势对克的稳定发展至关重要。作为代顿协议签署国之一，克主张波黑的三个主体民族——波什尼亚克族、克罗地亚族、塞尔维亚族享有平等权益。克亦将支持波黑加入欧盟视为对波黑外交工作重点。2016年10月，普连科维奇总理上任后即首访波黑，两国成功召开政府联席会议。

克同塞尔维亚关系存在诸多悬而未决的历史遗留问题，包括战争失踪人口、文化遗产、塞族法律地区管辖权、南斯拉夫遗留财产继承等问题，同时对历史事件的认识也存在很大分歧。尽管两国经贸联系密切，但双边关系龃龉不断。近两年来，塞曾多次指责克复兴具有法西斯性质的"乌斯塔沙"思想①，克对前南斯拉夫刑庭无罪释放被指控为战犯的塞激进党主席沃伊斯拉夫·舍舍利（Vojislav Šešelj）表示强烈抗议，两国亦频繁在贸易方面互相对峙，经常需要欧盟出面进行调解。尽管如此，克总统基塔罗维奇和塞时任总理、现任总统武契奇（Aleksandar Vučić）多次会晤，均表示愿发展睦邻友好关系，加强合作，在寻找失踪人口、保护对方国家侨民和民族权益以及解决其他遗留问题等方面相互配合。

克同斯洛文尼亚关系良好，但两国自1991年从南斯拉夫独立以来，一直对靠近斯境内皮兰湾港口附近一段数公里长的海岸线的归属存在争议。2009年11月，两国签署协议，同意通过国际仲裁解决边界争议。仲裁协议达成后，作为欧盟成员国的斯才同意不再阻碍克入盟。但克于2015年宣布退出仲裁，指出斯以不正当手段影响仲裁程序。2017年6月，海牙常设仲裁法院做出裁决，皮兰湾约四分之三的部分被划分给斯，此外，斯还获得一条穿过克领海进入公海的"交汇走廊"。克当即重申已退出仲裁，不受仲裁约束，也不承认仲裁结果。克表示双方应通过对话解决争议问题，并呼吁欧盟及世界各国不要介入两国的边界纠纷。

---

① "乌斯塔沙"系二战期间克罗地亚的一个武装组织。1941年南斯拉夫王国被法西斯攻陷后，乌斯塔沙建立克罗地亚独立国，加入轴心国阵营。乌斯塔沙政权在二战期间残酷镇压、屠杀塞尔维亚人、犹太人和吉卜赛人。塞尔维亚以"乌斯塔沙"称呼克反塞的极端民族主义思想。

（二）安全政策

随着恐怖主义、非法移民等问题成为当今世界新的安全挑战，克罗地亚亦开始调整安全政策，一方面加强国家各部门的协调配合和主动行动能力，颁布新的国家安全战略，发展国内安全体系；另一方面加强国防和安全力量建设，提高军队和警队的作战能力。近两年来，克在提高国防安全力量方面采取了一系列措施：一是增加国防预算，对军队装备进行现代化升级。克已决定采购多目标战斗机，用于保护领空安全；二是在多地派驻军队，同当地警力配合维护地方安全；三是大力发展军工，生产高质量武器；四是加强同北约合作；五是对军队和警队进行现代化、专业化培养，保障军人和警察权益；六是简化或剥离警务部门的行政职责，集中力量从事维护安全的工作。目前，克国内安全形势总体良好，难民危机已基本平稳，未遭受恐怖主义等非传统性安全的威胁。

四　社会与文化

（一）人口问题与人口政策

克罗地亚人口长期呈负增长，2001~2011年，克人口共减少3.4%，即15.2万人。克长年面临人口老龄化问题，平均每五个人中就有一人年龄超过65岁。近年来，人口负增长和老龄化趋势仍在持续。部分地区已无人居住，平均每户家庭的孩子数量显著偏低，近4年来大量人口移民国外。据克统计局公布的数据，2016年，克人口共计约415.42万，其中新出生人口37537人，出生率为9.0‰；死亡人口51542人，死亡率12.3‰；人口自然增长-14005人，自然增长率-3.4‰。2016年自国外移民迁入人口13985人，自国内移民迁出人口36436人，移民净减少人口22451人（见表2）。

克政府高度重视人口问题，指出人口代表着劳动力，是经济增长的关键，人口负增长和老龄化趋势将对社会各领域，尤其对经济、医疗和养老体系方面造成消极影响。面对挑战，克政府推行一系列人口促进政策：一是提高家庭生育补助金额，将失业家庭补助从1663库纳提高到2328库纳，就业家庭补助从2660库纳提高至3991库纳；二是减轻青年购房成家压力，对购房青年补贴前

表2　克罗地亚2011~2016年人口变化情况

年份	2011	2012	2013	2014	2015	2016
出生人口（人）	41197	41771	39939	39566	37503	37537
死亡人口（人）	51019	51710	50386	50839	54205	51542
出生率（‰）	9.6	9.8	9.4	9.3	8.9	9.0
死亡率（‰）	11.9	12.1	11.8	12.0	12.9	12.3
自然增长人口（人）	-9822	-9939	-10447	-11273	-16702	-14005
自然增长率（‰）	-2.3	-2.3	-2.5	-2.7	-4.0	-3.4

数据来源：克罗地亚国家统计局网站，网址https://www.dzs.hr/，检索日期：2017年11月5日。

4年房贷利率的50%，每出生或收养一个孩子即将补贴年限延长两年；三是进行税制改革，在减轻税负的同时，对有孩家庭提高个人所得税缴纳门槛，同时每增加一个孩子纳税门槛进一步提高，即二孩家庭的个税缴纳门槛从5680库纳提高至8000库纳；四是制订针对新建和改建幼儿园的补贴计划。克政府还成立了人口复兴委员会，负责协调家庭、人口、住房、移民等方面的政策和措施。目前，委员会正研究制订新的人口促增措施，旨在改善生活就业环境、防止青年劳动力外流等。

（二）教育文化发展状况

克罗地亚具备较为完整的教育体系，包括学前教育、初等教育、中等教育、职业教育、高等教育、成人教育和特殊教育等。全国普及实施八年制小学义务教育。共有萨格勒布大学、里耶卡大学、奥西耶克大学、斯普利特大学、扎达尔大学、杜布罗夫尼克大学和普拉大学7所高等学府。近两年来，克根据科学、教育和技术发展战略，大力推进教育改革，尤其是改进教学大纲。在制定新的教育政策和大纲时，一方面更加重视传统问题和传统学科的教育，包括身份认同问题、世界观、价值观以及克历史、语言、文化和其他各类知识等，另一方面将教育制度同就业市场的实际需求相结合，推进科技创新领域教育。目前，克已将信息技术设置为必修课，同时在中小学广泛推进数字化应用，根据最先进的教育制度实践改进教学方式。

目前，克境内存在大量各类文化机构。近年来，这些机构不仅在维护克国家民族特性、保护文化遗产方面发挥了重要作用，而且逐渐形成一个重要的经济增长点，即创新产业。克政府大力推进文化创新产业发展，对重要和特殊文化项目予以资金支持，以吸引公众参与，并大力扶持文学和出版行业。2016年，政府对文化领域的资金投入增加了3.2%。

（三）社会各领域发展状况

民族方面。克罗地亚主体民族为克罗地亚族，约占总人口的90.42%。其他为塞尔维亚族、波什尼亚克族、意大利族、匈牙利族、阿尔巴尼亚族、斯洛文尼亚族等，共22个少数民族。克政府当前针对少数民族的政策总体收效良好，执政党在议会拥有全部8名少数民族党派议员支持。目前，政府已制定《2017~2020年少数民族发展行动计划》并建立了相关机制，对少数民族公共活动及权益保护提供支持。

特殊人群保障方面。克政府倡导社会团结，致力于为贫困、疾病、残障等特殊需要人群建立全面、公平、透明的社会保障体系。2016年以来，针对仅占3%的特别贫困家庭，扶助资金达到社保体系总额的31%；120万退休人群的养老金增长2.75%；新的《行政强制法》颁布，对特别贫困人群在执行财产强制程序时予以从轻处理；反对家庭暴力及防止性别歧视等法律修订完成，根据国际标准完善对家暴受害者权益的保护，进一步抵制劳动力市场中对妇女、特别是孕妇和有孩子的妇女的歧视；劳动者地位受到更多关注，平均税后月工资同比增长5.1%，最低工资标准提高5%。

司法和行政方面。克罗地亚致力于建设法治国家，建立独立、公正、高效的司法体系。2016年以来，克政府推进行政强制程序改革，引进信息技术改善司法的程序性和物质性条件，同时简化重要司法人员上岗程序，并逐步着手司法部门的整合工作。为打造专业、现代和高效的公共管理体系，克政府颁布《2017~2020年公共行政管理发展战略执行行动计划》，对行政程序进行数字化建设，以促进同公民的沟通交流，为公民办理行政手续提供更大便利。

医疗卫生方面。克罗地亚政府以确保医疗卫生安全作为医疗卫生体系发展的主要目标。近两年来，克政府颁布国家医疗机构发展计划，以强化医疗机构管理，改善各地区，尤其是偏远地区的医疗服务质量；对29家医院进行现代化改造，升级医疗设备，改善医院条件；拨款支持新建综合性医院和儿童医院；规范药品和医疗器具的采购程序；加强对医生和医疗专家的培养。

五 与中国的关系

自 1992 年建交以来，中克双边关系发展顺利，政治、经济、文化、教育、科技等各领域交流合作密切。2005 年，中克建立全面合作伙伴关系，2017 年，两国建交 25 周年，双边关系发展迈入新阶段。

（一）政治关系

克罗地亚对华传统友好，历届政府均重视发展对华关系，积极开展对华合作，并一贯坚持一个中国政策，支持中国核心利益和重大关切。克积极响应"一带一路"倡议，希望抓住"一带一路"提供的历史性机遇，搭上发展快车。克总统基塔罗维奇曾公开表示，克视中国为非一般的朋友和可靠的伙伴[1]。近两年来，双方政治交往密切。2016 年 6 月，全国政协副主席陈元访克，与克时任议长热利科·赖纳（Željko Reiner）举行会谈，并会见时任总理奥雷什科维奇。11 月，李克强总理在拉脱维亚里加会见出席第五次中国－中东欧国家领导人会晤的克总理普连科维奇。2017 年 4 月，中共中央政治局委员张春贤访克，分别会见克总理、民共体主席普连科维奇，民共体总书记扬德罗科维。9 月，习近平主席特使、中共中央政治局委员、中央政法委书记孟建柱访克，分别会见克总统基塔罗维奇、总理普连科维奇等，并同克内务部长达沃尔·博日诺维奇（Davor Božinović）举行会谈。

自中国－中东欧国家合作（"16＋1 合作"）启动后，克积极响应配合，视"16＋1 合作"为除双边合作、中欧合作外的又一个合作平台。2016 年以来，克参与"16＋1 合作"态度更为积极。2016 年 5 月，克最高法院院长布兰科·赫尔瓦廷（Branko Hrvatin）来华出席在苏州举行的中国－中东欧国家最高法院院长会议，克文化部部长助理伊瓦·赫拉斯特·索乔（Iva Hraste Soćo）来华出席中国－中东欧国家艺术合作论坛。6 月，克经济部副部长莱奥·普雷莱茨（Leo Prelec）出席在海南省举行的第七次中国－中东欧国家合作国家协

---

[1] 克罗地亚总统基塔罗维奇于 2017 年 5 月就"一带一路"倡议接受中央电视台采访时如是说。

调员会议，克拉皮纳-扎戈列省省长热利科·科拉尔（Željko Kolar）、梅吉穆列省省长马蒂亚·波萨韦茨（Matija Posavec）出席在唐山举行的第三次中国-中东欧国家地方领导人会议。11月，克总理普连科维奇赴拉脱维亚里加出席第五次中国-中东欧国家领导人会晤。2017年，双方在"16+1合作"框架下的交流合作继续深入发展。

（二）经贸合作

克罗地亚钦佩中国近年来经济发展成就，看重中国的经济地位，愿进一步发展对华经贸领域合作，吸引中国投资。克希望同中国在双边、"16+1合作"及中欧合作三个层面加强经济关系，并主张将其提出的"三海倡议"（亚得里亚海—波罗的海—黑海合作倡议）同"一带一路"建设进行战略对接。近两年来，两国经贸合作取得积极成果。一是双边贸易持续增长。据中国海关统计，2016年，中克双边贸易额11.78亿美元，同比增长7.4%，其中中方出口额为10.17亿美元，同比增长3.2%，进口额1.61亿美元，同比增长44.4%。据克国家统计局数据，2017年上半年，两国贸易总额约合3.13亿欧元，同比增长20.1%，其中，克对华出口约合4936.9万欧元，同比增长74.5%，进口约合3.42亿欧元，同比增长15%。二是投资和基建项目合作不断实现突破。2016年11月，两国于"16+1"里加会晤期间签署《关于开展港口和临港产业园区合作的谅解备忘录》，为中国企业到克投资铁路及其他基础设施建设搭建框架。2017年9月，中国路桥公司进入克佩列沙茨大桥项目第三轮招标。同月，中国骆驼集团与克RIMAC汽车公司签署价值3000万欧元的投资协议。2016年下半年以来，中方企业对克大项目投资已超过1.5亿欧元。[①]

克重视同中国在"16+1合作"框架下开展经贸合作。2016年6月，克旅游部部长助理奥利韦拉·谢巴尔（Olivera Shejbal）、海事、交通与基础设施部部长助理阿伦·戈斯波契奇（Alen Gospočić）来华出席在宁波举行的第二次中国-中东欧国家经贸促进部长级会议和投资贸易博览会。然而，两国大项目合

[①] 数据来源：中国驻克罗地亚大使胡兆明于2017年7月20日在克罗地亚媒体《晨报》发表的署名文章，http://hr.china-embassy.org/chn/dsxx/dsjhjcf/t1479749.htm，检索日期：2017年11月5日。

作迄无显著成果。克有发展交通基础设施的巨大需求，在融资方面虽有欧盟基金的支持，但因欧盟基金申请周期长、审批严苛等原因，也寄期望于其他方面的投资。然而作为欧盟国家，克受欧盟限制无法以政府担保形式使用"16＋1合作"项下的"两优贷款"，因此难以在"16＋1合作"框架下开展大项目合作，这也导致克上届政府态度渐显消极。尽管如此，普连科维奇政府上台后，致力于推进中克经济关系，认为参与"16＋1合作"有利于克促进交通基建领域的发展。

（三）人文交流

中克人文领域交流活跃。2016年，中国赴克旅游人数首次超过10万人次；2017年上半年，赴克旅游人数增长超过60%；两国警务部门于2017年9月签署了《中克旅游季联合警务巡逻谅解备忘录》，为游客提供安全服务。萨格勒布大学孔子学院发展良好，招生规模逐年扩大，并在克全国各地开设多家孔子课堂，吸引大批克民众前去学习。中国文化活动在克广受欢迎，每年举办的"欢乐春节"文艺演出均在当地产生规模效应，成为克民众了解中国文化及两国文化交流的重要品牌。两国于2016年4月签署《2016～2020年文化合作执行计划》，为双方文化交流继续深入发展奠定了基础。

B.14
拉脱维亚

吕　妍*

摘　要： 2016～2017年拉脱维亚政局基本稳定。为促进国民经济发展，强化国家安全，促进社会融合，改善人口状况，成立于2016年2月的现政府推行了一系列政策措施和改革方案。2017年6月，地方选举顺利进行，共选举出1614名地方议会成员。经济方面，各项指标总体发展平稳，但尚未达到增长预期。波罗的海铁路建设项目实现突破，确定了线路、工期及相关技术细节。外交层面，继续奉行立足欧盟北约、重视周边的务实外交政策，寻求共同原则、共同利益基础上的合作。在"16+1合作"框架下，中国和拉脱维亚在政策对接、经济合作、文化交流等方面取得明显进展，但同时也面临一些问题。2018年，拉脱维亚将迎来独立100周年，拉政府推出长达五年的庆祝项目，以期增强人民的国家认同感及推动国家海外形象建设。

关键词： 拉脱维亚　税收改革　务实外交政策　"16+1合作"　独立100周年

一　国内政治形势

（一）政治制度与政党概况

拉脱维亚地处欧洲东北部，波罗的海东岸，通常与其北部的爱沙尼亚和其

---

* 吕妍，北京外国语大学欧洲语言文化学院教师，拉脱维亚大学在读博士生。

南部的立陶宛并称为"波罗的海三国"。1991年8月22日，拉脱维亚宣布脱离苏联，恢复独立，改国名为"拉脱维亚共和国"（Latvijas Republika）；9月17日，正式成为联合国成员。2004年4月2日，拉脱维亚正式加入北约；5月1日，正式成为欧盟成员国。自2014年1月1日起，拉脱维亚开始使用欧元，成为欧元区的第18个成员国。2016年7月1日，拉脱维亚正式成为经济合作与发展组织的第35个成员国。

拉脱维亚是议会制民主共和国，议会（Saeima）是国家最高立法机构，实行一院制，由100个席位组成，通过直选产生，任期四年。国家元首由议会选举产生，任期为四年，最多可担任两届，总任期不得超过八年。总理及其内阁由总统委任授权，行使政府行政权，但须经议会投票多数通过。

根据拉脱维亚国家注册网统计①，截至2017年10月3日，全国共有78个在册的政党和政治团体。主要的政党和政治团体如下。

政党联盟"和谐中心"（Saskaņas Centrs），中左翼党派，2010年由社会民主党"和谐"（Saskaņa）和拉脱维亚社会党（Latvijas Sociālistiskā partija）联合组成。其中和谐党成立于2005年，由民族和谐党（Tautas saskaņas partija）、新中心（Jaunais Centrs）和道加瓦皮尔斯城市党（Daugavpils pilsētas partija）组成。

团结党（Vienotība）是拉脱维亚中右翼党派，2011年由自由党"新时代"（Jaunais laiks）、保守党"公民联盟"（Pilsoniskā savienība）和社会民主党"另类政治联盟"（Sabiedrība citai politikai）联合组成。

绿色农民联盟（Zaļo un Zemnieku savienība），中右翼党派，2002年由拉脱维亚农民联盟（Latvijas Zemnieku savienība）和拉脱维亚绿党（Latvijas Zaļā partija）组成；另外，该党派还与两个地方性政党——利耶帕亚党（Liepājas partija）和"为拉脱维亚和文茨皮尔斯"（Latvijai un Ventspilij）合作。

"民族联盟：一切为了拉脱维亚！——为了祖国和自由/拉脱维亚民族独立运动"（Nacionālā apvienība Visu Latvijai! -Tēvzemei un Brīvībai/LNNK），右翼党派。拉脱维亚民族独立运动（Latvijas Nacionālās neatkarības kustība, LNNK）是1988年至1997年间拉脱维亚的一个政治组织，1997年与民族保守

---

① 拉脱维亚国家注册网，http：//www.ur.gov.lv，检索日期：2017年10月12日。

党"为了祖国和自由"（Tēvzemei un Brīvībai）联合形成一个新的民族主义政党"为了祖国和自由/拉脱维亚民族独立运动"（Tēvzemei un Brīvībai/LNNK）；2011 年又与民族主义保守政党"一切为了拉脱维亚！"（Visu Latvijai！）联合组成民族保守党——民族联盟，其首要任务是捍卫拉脱维亚民族利益，其目标为在拉脱维亚实现繁荣、公平和安全。

拉脱维亚区域联盟（Latvijas Reģionu Apvienība），中间派政党联盟，2014 年成立。由区域联盟（Reģionu alianse）和维泽梅党（Vidzemes partija）两党组成。

真心为拉脱维亚（No sirds Latvijai），2014 年成立，保守党。其前身是真心为拉脱维亚联合会。

（二）议会、总统及政府情况

1. 本届议会组成

本届议会为拉脱维亚共和国的第 12 届议会，2014 年 10 月选举产生。共有 13 个议会党团参与了此次竞选，913491 人参与投票，占有效选民的 58.85%；最终 6 个议会党团赢得席位。其中社会民主党"和谐"24 席，团结党 23 席，绿色农民联盟 21 席，民族联盟：一切为了拉脱维亚！——为了祖国和自由/拉脱维亚民族独立运动 17 席，拉脱维亚区域联盟 8 席，真心为拉脱维亚 7 席。[1]议会主席团成员共 5 名，分别为：议长伊娜拉·穆尔涅采（Ināra Mūrniece，女）、副议长昆达尔斯·道采（Gundars Daudze）及伊奈塞·丽彼娜-艾格奈莱（Inese Lībiņa-Egnere，女）、秘书长安德莱伊斯·克莱门特耶夫斯（Andrejs Klementjevs）、副秘书长古纳尔斯·库特利斯（Gunārs Kūtris）[2]。

2. 现任总统

现任总统莱蒙德斯·韦约尼斯（Raimonds Vējonis），曾为绿色农民联盟成员，担任过国防部部长、环境部部长、议会议员。2015 年 7 月就任总统后，强调其任内的首要任务是确保国家安全，对外与北约盟友一道致力于国际安

---

[1] Dina Brīdaka, Latvijas statistikas gadagrāmata 2016（Rīga：Centrālā statistikas pārvalde, 2017），32.

[2] 信息来源：拉脱维亚议会网，http：//titania.saeima.lv/Personal/Deputati/Saeima12_DepWeb_Public.nsf/presidium? OpenView&lang = LV&count = 1000，检索日期：2017 年 10 月 12 日。

全，对内促进拉脱维亚境内所有民族的和平友好共处。

3. 本届政府组成

本届政府为绿色农民联盟、团结党和民族联盟组成的联合政府，于2016年2月成立，总理为马里斯·库钦斯基斯（Māris Kučinskis），主要内阁成员有①：副总理兼经济部部长阿尔维尔斯·阿舍拉登斯（Arvils Ašeradens），团结党，自2016年2月起任现职；国防部部长莱蒙德斯·伯格马尼斯（Raimonds Bergmanis），绿色农民联盟，自2015年7月起任现职；外交部部长埃德加斯·林克维奇斯（Edgars Rinkēvičs），团结党，自2011年11月起任现职；内政部部长里哈尔斯·科兹罗夫斯基斯（Rihards Kozlovskis），团结党，自2011年10月起任现职；教育科学部部长卡尔利斯·沙杜尔斯基斯（Kārlis Šadurskis），团结党，自2016年2月起任现职；交通部部长乌尔迪斯·奥古利斯（Uldis Augulis），绿色农民联盟，自2016年2月起任现职等。

4. 政府执政理念

根据拉脱维亚政府2016年2月公布的施政宣言②，政府工作的优先事项是：促进国民经济发展；加强国家安全和民族身份认同；改善人口状况、提高家庭生活质量和社会保障水平；实现教育科技改革及医疗卫生改革；为实现2030年拉脱维亚可持续发展战略和2014~2020年拉脱维亚国家发展计划提供保障。

宣言提出，政府施政的一个重要方面是要同民众进行对话，强调每一位拉脱维亚居民在国家发展中的重要作用和共同责任。改革将会给国家社会带来变化，政府需要加强与民众的对话能力，使民众切实参与到改革实现过程中，及时得知改革成果，增强民众对国家及政府的信心与信任。

本届政府还将面临2018年拉脱维亚独立100周年这个独特的历史时刻，宣言提出政府工作将遵从宪法价值及目标，做好一切准备工作，让每位拉脱维亚居民在这一历史时刻享有国家荣耀感和民族自豪感：一方面，将百年庆典作为加强国家认同和民族融合的契机，形成统一的民族价值观和社会记忆；另一

---

① 信息来源：拉脱维亚政府网，http://www.mk.gov.lv/lv/amatpersonas，检索日期：2017年10月12日。
② 信息来源：*Deklarācija par Māra Kučinska vadītā Ministru kabineta iecerēto darbību*（Rīga：Ministru kabinets，2016）。

方面,继续在世界范围塑造拉脱维亚国家形象,让世界真正了解拉脱维亚历史和社会的复杂性。

(三)2017年地方选举

2017年6月3日,拉脱维亚119个地方市县进行了共和市议会和区议会选举,共选举出1614名地方议会成员。本次选举共设955个投票站,1443796名选民登记注册,其中50.39%,即727467名选民参与了投票,共收回726469份选举信封、718437张有效选票。5个大区选举基础数据如表1所示。

表1 2017年拉脱维亚地方选举基础数据表

地区	登记选民数(人)	投票选民数(人)	选民参选率(%)	有效选举信封(份)	有效选票(张)
里加(Rīga)	426505	250445	58.72	250107	249130
库尔泽梅(Kurzeme)	191269	90710	47.43	90598	89276
拉特加莱(Latgale)	214299	97445	45.47	97322	95997
维泽梅(Vizeme)	394416	194973	49.43	194633	191669
泽姆加莱(Zemgale)	217307	93894	43.21	93809	92365

数据来源:中央选举委员会(Centrālā vēlēšanu komisija),最后更新时间2017年7月23日4:35,http://pv2017.cvk.lv/ElectionResults,检索日期:2017年10月12日。

2017年拉脱维亚地方选举候选人提名时间为4月14日至24日,但因五个地区未按时足量提交名单,根据《选举法》规定将提名期限延期至5月4日。候选人名单由共和市及地区选举委员会收取并登记。

此次选举候选名单共599个,候选人共计8945名,其中男性占60.97%,女性占39.03%。候选人来自49个政党和政党联盟、26个非政党团体及选民协会,年龄最小为18岁,最大为88岁,平均年龄为45.6岁。候选人99.91%为拉脱维亚国籍,其余为美国、加拿大、立陶宛、芬兰和德国国籍(部分为双重国籍)。候选人77.46%为拉脱维亚族,3.7%为俄罗斯族,另有16.99%未表明民族身份。[1]

---

[1] 数据来源:拉脱维亚中央选举委员会,最后更新时间为2017年5月24日16:51,http://pv2017.cvk.lv/CandidateLists,检索日期:2017年10月12日。

二 经济发展状况

（一）经济概况[①]

拉脱维亚自1991年再次独立后，经济发展几经起伏。2005~2007年，大量外国资金的涌入刺激了拉脱维亚境内私人消费和投资的增长，GDP年均增长率超过10%；2008~2009年，由于全球金融危机的影响，国外资本流入基本停止，GDP下降，外债翻倍，就业率下降16%，实际工资收入减少12%；2010年底，经济止衰复苏，重新实现增长；2011~2013年，GDP年均增长4.4%。拉脱维亚是欧盟内部经济增长较快的国家之一，但从2014年开始，经济增长速度放缓，2014年GDP增长率为2.4%，2015年为2.7%。这主要源于外部环境因素：一是欧盟经济疲软，二是与俄罗斯边境形势恶化、出口受阻。

2016年拉脱维亚经济保持增长，第一、二、四季度增长率保持在2%左右，第三季度明显较前期下降，仅为0.3%；全年GDP增长率为1.6%，比之前预计的2.8%低1.2%。

2016年拉脱维亚经济增长主要依靠个人消费来拉动——工资水平的提高以及低通货膨胀率促进了个人消费，同时也有赖于出口的增长。拉脱维亚经济部数据显示，2016年拉脱维亚出口增长2.1%，虽然受欧盟经济发展放缓的影响未达到增长预期，但农业产品、食品的出口和交通物流都对拉脱维亚经济起到了积极作用。2016年阻碍经济发展的最主要因素是投资的急剧下降，受到欧盟结构基金减缓的影响，2016年投资水平比前一年下降近1/4。

2016年拉脱维亚政府整体财政盈余340万欧元，约为GDP的0.014%；政府总负债为100.38亿欧元，约为GDP的40.1%。[②] 产生结余的原因有三：一是税收收入的增加；二是根据欧盟委员会提供资金的情况对欧盟基金各项开支

[①] 数据来源：O. Barānovs et al. *Economic Development of Latvia* (Rīga: Ministry of Ecomomics of the Republic of Latvia, 2016), 11 – 18。

[②] 数据来源：拉脱维亚中央统计局 (Centrālā statistikas pārvalde), http://www.csb.gov.lv/notikumi/visparejas – valdibas – budzeta – parpalikums – 34 – milj – eiro – 45888.html，检索日期：2017年10月12日。

进行了调整，三是地方政府削减开支。

2016年拉脱维亚失业率为9.6%，比2015年下降0.3%，失业率高于欧盟平均水平，男性和女性失业率分别为10.9%和8.4%。[1]

（二）农业[2]

2016年，拉脱维亚农业用地面积近194万公顷，比2010年增加了12.5万公顷。相较于2015年，2016年农业产出（按固定价格计算）减少了3.4%，主要受产量和粮食价格双方面的影响。其中粮食产品平均产出降低了5.5%，畜牧业与过去六年相比出现小幅提升。

2016年，71.6万公顷土地用于谷物种植，比2015年增加了6.5%，是1984年以来谷物种植面积最大的一年。谷物生产总量为270万吨，虽然比2015年减少10.5%，但仍居历史年产量第二。冬小麦种植面积的增加是影响谷物产量的一个重要因素。

2016年谷物交易量约为235.1万吨，比2015年下降了8.3%；小麦占83.7%（2015年为80.5%），其中仅47.4%符合食品质量要求（2015年为62.8%）。谷物质量大部分能满足饲料要求，这就对其平均购买价格造成了影响，价格比上一年降低了8.3%。

2016年拉脱维亚共生产肉类8.72万吨，比2015年增加2%。其中42.5%产地为里加周边大区（Pierīga），比2015年上涨了11.8%。产量增加最多的为羊肉，其次是牛肉，分别增长了8.3%和3.7%。

牛奶产量为98.62万吨，虽然奶牛数量减少了5.2%，但由于单产量的提高，牛奶总产量仍比2015年增加了0.8%。牛奶成交量为81.4万吨，成交率约为82.5%。

与2015年相比，母鸡养殖量增加了1.9%，鸡蛋总产量增加了7.4%。

2016年农产品物价指数总体下降0.9%，其中农作物类下降1.5%，畜牧

---

[1] 数据来源：拉脱维亚中央统计局（Centrālā statistikas pārvalde），http://www.csb.gov.lv/notikumi/2016-gada-bezdarba-limenis-latvija-turpinaja-samazinaties-46136.html，检索日期：2017年10月12日。

[2] 数据来源：*Latvijas lauksaimniecība: statistisko datu krājums*（Rīga: Centrālā statistikas pārvalde, 2017）。

业产品下降0.3%。谷物交易价格为2012年以来最低，比2015年降低了8.3%，其主要原因之一是恶劣天气状况导致谷物质量较低。而肉类成交价上升了2.5%。拉脱维亚2012、2014~2016年四年农产品价格指数见表2。

表2 拉脱维亚2012、2014~2016年四年农产品价格指数（2010年价格指数为100）

	2012	2014	2015	2016
农产品	122.3	106.7	98.8	97.9
农作物产品	130.4	101.5	103.9	102.4
畜牧业产品	114.5	111.7	94.0	93.7

数据来源：*Latvijas lauksaimniecība：statistisko datu krājums*（Rīga：Centrālā statistikas pārvalde, 2017），19。

（三）工业[1]

拉脱维亚中央统计局数据显示，2016年，拉脱维亚工业产值增长了4.9%（按固定价格计算），这主要得益于制造业、电力天然气供应行业的增长（增长率分别为5%和6.4%）。2017年天然气行业迎来了新变化，天然气市场实现了全面自由化。

2016年12月与2015年同期相比，工业产量上涨了11.5%（按照根据时间调整的固定价格）。其中制造业上涨了11.7%，而制造业中下述几个部门产量增长较快：金属制品（19%）、木制品（8.9%）及食品制造业（1.9%）。在高科技和中高技术制造业中，也出现了连续两个月高增长的部门：机动车辆、拖车和半拖车制造（49.8%），电气设备制造（37.1%），计算机、电子和光学产品制造（16.9%），机械和设备制造（13.1%）。此外，基础药品和药物制剂制造也有显著增长。

根据制造企业提供的信息，产量的增加主要是由于出口额增长（10.8%）的促进作用，其中欧元区出口额增长了26.1%。2/3的制造业产品销往外部市场。

---

[1] 数据来源：拉脱维亚中央统计局，http://www.csb.gov.lv/notikumi/2016-gada-rupniecibas-produkcijas-apjoms-pieauga-par-49-44369.html，检索日期：2017年10月12日。

（四）旅游业[①]

旅游业是拉脱维亚服务业中的重要部门。由于地理位置和气候条件的影响，旅游业发展具有明显的季节性。虽然目前面临很多挑战和冲击，但拉脱维亚旅游业依然保持稳步发展。2016年，旅游业对GDP的直接贡献约为10亿欧元，占国内生产总值的4.1%，与旅游业相关部门合计贡献约占GDP的9%。旅游业共向社会提供了3.6万个就业岗位，约占总量的4%；与相关部门合计共提供7.9万个就业岗位，约占总量的9%。旅游业出口额为7.83亿欧元，占拉脱维亚出口总额的6%。

2016年过境拉脱维亚总人数约为679.7万，其中当天出境人数约为500.4万，过夜游客约为179.3万，过夜游客人数比2015年下降了11.4%，但过夜总数上涨了7.6%。过夜游客主要来源为立陶宛（20.9%）、爱沙尼亚（14.7%）、俄罗斯（12.4%）、德国（10.8%）、英国（6.6%）、瑞典（4.1%）和白俄罗斯（3.1%）。2016年中国旅拉人数为20549人，过夜数为34171次，分别比2015年增长了57.8%和63.2%。为了促进中国游客赴拉旅游，拉脱维亚自2016年6月起在中国北京、上海、南京、深圳、西安、济南等15个城市启用了签证中心。

（五）对外贸易[②]

2016年拉脱维亚对外贸易总额（按实际价格）为226.12亿欧元，比2015年下降了1.1%。其中出口额为103.32亿欧元，同比下降0.3%；进口额为122.8亿欧元，同比下降1.7%。

除去价格变动因素，以不变价格计算，2016年出口金额比2015年增长了2.5%，进口金额增长了4.6%。

拉脱维亚2016年最大出口对象为欧盟国家，出口额为76.43亿欧元，占

[①] 数据来源：*Tūrisms Latvijā* 2017：*statistisko datu krājums*（Rīga：Centrālā statistikas pārvalde, 2017）。

[②] 数据来源：*Latvijas ārējā tirdzniecība. Svarīgākās preces un partneri. 2016. gadā*（Rīga：Centrālā statistikas pārvalde, 2017）及中华人民共和国商务部网站，http://www.mofcom.gov.cn/article/i/jyjl/m/201702/20170202522116.shtml，检索日期：2017年10月12日。

出口总额74%，其中欧元区国家51.57亿欧元，占49.9%；对独联体国家出口额为11.71亿欧元，占出口总额的11.3%。最大进口对象也为欧盟国家，进口额97.94亿欧元，占进口总额的79.8%，其中欧元区国家70.96亿欧元，占57.8%；从独联体国家进口额为12.77亿欧元，占10.4%。

2016年拉脱维亚主要出口对象国为立陶宛、爱沙尼亚、俄罗斯、德国和瑞典，主要出口商品为木材及木制品、电气设备、机械设备、陆地交通工具及零件、矿物产品、药品、谷物制品、饮料及烈酒、钢铁制品。主要进口对象国为立陶宛、德国、波兰、爱沙尼亚和俄罗斯，主要进口产品有电器设备、机械设备、陆地交通工具及零件、矿物产品、药品、塑料及其制品、钢铁、木材及木制品、饮料及烈酒、纺织品及服装。

2016年，拉脱维亚与中国大陆贸易额约为5.19亿欧元，同比下降1.4%。其中拉脱维亚向中国大陆出口额约为1.18亿欧元，同比增长7.9%；从中国大陆进口额约为4.01亿欧元，同比下降3.9%。中国大陆在拉脱维亚进口来源占比3.3%，在出口市场占比1.1%。拉脱维亚与中国香港、澳门和台湾地区贸易额分别约为3777万欧元（同比下降30.5%）、3.25万欧元（同比下降4.6%）和7847万欧元（同比增长1.8%）。

2016年，拉脱维亚对中国大陆出口产品主要有木材及木制品（42.4%）、机械设备及配件（16.6%）、矿产品（13.7%）、基础金属及其制品（10.7%）和蔬菜产品（5%）。拉脱维亚自中国大陆进口产品主要有机械设备及配件（52.7%）、杂项制品（9.5%）、塑料、橡胶及其制品（8.9%）、基础金属及其制品（8.8%）和纺织品（5.9%）。

（六）重要基础设施项目：波罗的海铁路[①]

波罗的海铁路项目于2002年由波罗的海三国提出，被视为波罗的海三国回归欧洲的标志性项目，也是欧盟"全欧交通网"中的优先支持项目。项目拟定全长729公里，向南实现波罗的海三国与波兰、德国，乃至意大利的贯通，向北通过海底隧道或铁路、轮渡实现与芬兰及其他斯堪的纳维亚半岛国家

---

① 信息来源：波罗的海铁路拉脱维亚官方合作伙伴网站，http://edzl.lv/，检索日期：2017年10月12日。

的高速铁路连接，从而结束目前波罗的海三国与其他欧盟国家无客运铁路的现状，缓解公路交通压力，进一步促进人员、货物在欧盟内部的流动。

此项目中 235 公里位于拉脱维亚境内，拉脱维亚将投入 12.7 亿欧元资金用于此项目建设。项目的建成将会给拉脱维亚带来以下利益。

①实现与西欧经济、管理与文化中心高质量的铁路连接；

②创建北欧与南欧的新货运通道，充分发展物流服务；

③促进旅游业及就业增长，提升国家安全水平；预计将会有 15 亿欧元注入拉脱维亚经济；

④实现居民更高速、舒适、安全的出行，缓解运输对公路的压力。

拉脱维亚政府对波罗的海铁路建设态度积极，自 2015 年起即由拉脱维亚铁路公司对波罗的海铁路项目沿线的原有铁路进行了轨距调整或线路重建，实现了客货两运的提速，并于 2016 年出台了国际轨距建设的技术解决方案。但由于波罗的海三国在线路、招标、采购等问题上的严重分歧，导致整个项目进展十分缓慢。

2017 年 1 月，波罗的海三国总理签署了《波罗的海铁路项目协议》，确定了铁路的线路、工期及技术细节问题。铁路于 2018 年进行设计，2020 年动工，2025 年实现塔林－里加－考纳斯线路通车，2030 年实现到华沙的线路通车。

（七）重要事件：税收改革

2017 年 7 月，为促进经济发展、提高人民福利，拉脱维亚议会通过了税收改革法案，包括对多项税法的修正案，涉及居民个人收入所得税、最低工资、社会保险、企业所得税、增值税、消费税、博彩税等多个领域，新法案于 2018 年正式开始实施。

此次税收改革，变化最多的是居民个人收入所得税，其中最大的新特点是将实施累进税率。年收入从起征点到 2 万欧元的部分，税率为 20%；从 2 万欧元到 5.5 万欧元的部分，税率为 23%；5.5 万欧元以上的部分，税率为 31.4%。累进税率同样适用于博彩所得，一年中博彩收入高于 3000 欧元的部分将合并计税。

根据改革方案，2018~2020 年拉脱维亚最低工资将增长至 430 欧元以上，而 2017 年的最低工资为 380 欧元。2016 年拉脱维亚正式开始对工薪收入实行

差异化起征点，而此项措施在新的改革方案中将继续保留，但在数额上逐年做出调整。具体调整如图1所示①。

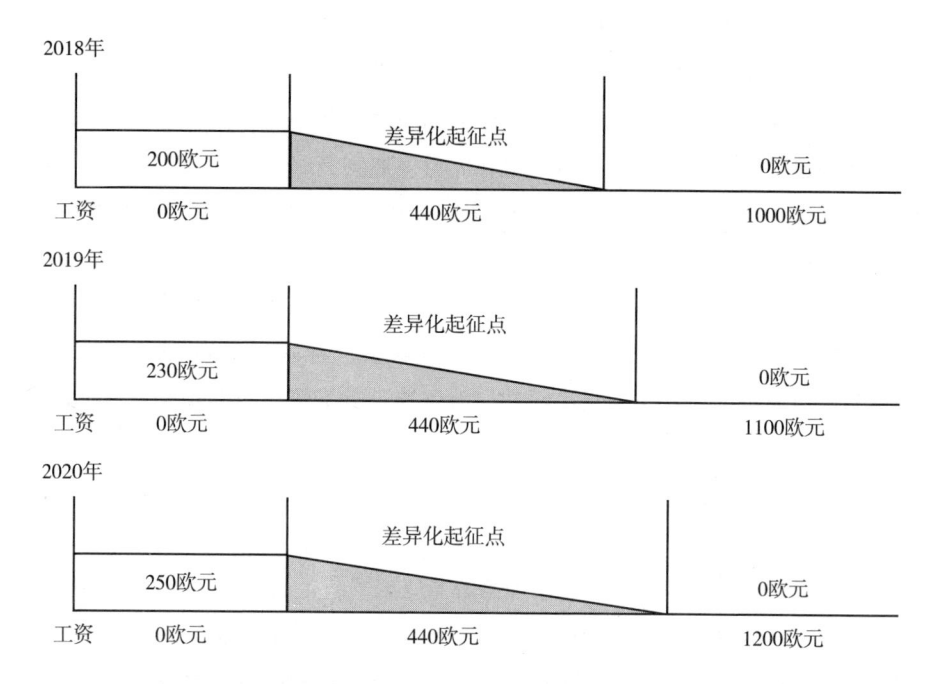

图1 拉脱维亚2018～2020年工薪收入纳税差异化起征方案示意图

2018年，工资在440欧元以下时，起征点为固定数额——200欧元；工资在440欧元至1000欧元时，实行差异化起征点——随着工资数额增高，起征点降低；工资在1000欧元以上时，全部数额需要征税。

2019年，工资在440欧元以下时，起征点为固定数额——230欧元；工资在440欧元至1100欧元时，实行差异化起征点——随着工资数额的增加，起征点降低；工资在1100欧元以上时，全部数额需要征税。

2020年，工资在440欧元以下时，起征点为固定数额——250欧元；工资在440欧元至1200欧元时，实行差异化起征点——随着工资数额增高，起征点降低；工资在1200欧元以上时，全部数额需要征税。

养老金起征点，2017年为235欧元，2018～2020年逐渐增高，分别为250

---

① *Infografika*：*Nodokļu reforma* 2018（Rīga：Saeima，2017）.

欧元、270 欧元和 300 欧元。

抚养、救助收入起征点，2017 年为 175 欧元，2018~2020 年逐渐增高，分别为 200 欧元、230 欧元和 250 欧元。

资本增长所得税税率由 2017 年的 10% 或 15%，调整至 2018 年的 20% 以上。

家庭用于医疗、教育和儿童兴趣教育的支出，当支出总额不高于纳税收入的 50%，家庭成员人均一年不超过 600 欧元时，将可以获得支出金额 20% 的偿还；用于养老基金和保险的支出，当支出总额不高于纳税收入的 10%，一年最高不超过 4000 欧元时，将可获得支出金额 20% 的偿还。

除居民个人收入所得外，其他显著变化还包括：小微企业无须纳税的年周转资金额由 10 万欧元降至 4 万欧元；烟酒、汽油消费税增高；网络博彩纳入博彩税征收范围等。

三　外交与安全[①]

拉脱维亚近两年推行务实的外交政策，积极寻求在共同原则、共同利益基础上的各种合作可能，其工作重点在于：加强国家外部安全环境；积极参与建设高效、统一和安全的欧盟，促进欧盟实现东部及南部地缘环境稳定；为拉脱维亚企业在国际市场出口和吸引外资方面创造机会；维系与海外侨民的紧密联系，为相关项目、活动提供支持。特别提出要关注和提高民众对外交事务和欧盟事务的理解、支持与参与。

（一）与欧盟的关系

加入欧盟是拉脱维亚回归欧洲的重要标志，在欧盟的决策和行动是拉脱维亚内政在外部的延伸。作为欧盟东部边境国家，拉脱维亚一贯积极将加强与欧盟东部伙伴国家（亚美尼亚、阿塞拜疆、白俄罗斯、格鲁吉亚、摩尔多瓦和乌克兰）的关系作为外交政策中的重点，为实施联合协议、加强经济联系、

---

① Māris Andzans et al. *Latvijas ārējā un drošības politika: gadagāmata 2017* (Rīga: Latvijas ārpolitikas institūts, 2017).

签证自由化进程提供有力支持，使伙伴国家更贴近欧洲标准，以应对俄罗斯的地缘政策。

由于中东不稳定局势造成的移民问题仍然是欧盟主要关切的问题之一，拉脱维亚积极配合欧盟移民政策，健全接收系统和基础设施来履行义务。拉脱维亚同意于2015年底接收700名以上难民，但实际在2016年到达并留下来的难民数量很少。拉脱维亚赞同欧盟从源头上制止非法移民潮。作为欧盟的东部边境国家，拉脱维亚积极加强边境守卫和检查，分担欧盟的负担。事实证明，土耳其和欧盟的"难民协议"在减少非法难民上是行之有效的，拉脱维亚积极支持此协议，同时欢迎欧盟加强与难民源头国家马里、塞内加尔、尼日利亚、尼日尔、利比亚和约旦的协同合作。

2016年英国公投脱欧，对拉脱维亚的影响是双重性的：一是直接影响到约10万名长期在英国居住的拉脱维亚公民继续在英的工作、学习和生活，经济上也将影响到从英国流入拉脱维亚的资金；二是会影响未来欧洲一体化进程。目前欧盟中已有将英国脱欧作为建设"欧洲军队"开端的声音，拉脱维亚对此持不赞同态度。欧盟新全球战略强调"团结一致"，强调欧洲安全是第一要务，拉脱维亚相信欧盟需要与北约进行更紧密的合作，欧洲中的北约成员应该率先对强化联盟做出贡献，实现共同目标，以更加融合的方式解决冲突、能源安全和气候变化等问题。

（二）与北约的关系

近三年来，北约在波罗的海地区的行动均为针对俄罗斯在乌克兰问题、国际恐怖主义以及南部武装冲突上采取的外交政策的直接回应，与拉脱维亚的利益直接相关。拉脱维亚在加强自身国防能力的同时，紧密与欧盟及北约协作。2016年在华沙举行的北约峰会决定在波罗的海三国和波兰部署四支多国部队，拉脱维亚将长期与北约一道，通过调配军队部署，防止潜在冲突的发生。拉脱维亚2016年防务开支增长了40%，并将持续增长；2018年将把防御预算提高到GDP的2%。

拉脱维亚在北约和欧盟战略交流中发挥着重要作用。2014年建于里加的北约卓越战略交流中心（NATO Strategic Communications Centre of Excellence）在北约反信息战中发挥着"大脑"的作用，主要体现在对信息战新方法的研究与分析、促进国家间的信息交换并提供相关专业培训等方面。鉴于该中心的成功运作，拉脱维亚在2015年担任欧盟轮值主席国期间向欧盟提出建立类似战略交流中心的提议，欧盟于2016年接纳了该提议并组建了欧盟东部战略交流特别小组。

加拿大承担着北约在拉脱维亚驻军的领导责任。近几年，拉脱维亚与加拿大加强了贸易、侨民及其他领域的合作与接触。

（三）与俄罗斯的关系

拉脱维亚对俄罗斯的外交政策是规范主义和实用主义并存。由于俄罗斯在乌克兰问题上的强硬态度和措施，拉脱维亚按照欧盟共同外交政策，对俄进行制裁。为对抗俄罗斯对拉脱维亚相关学者、媒体工作者、政客以及非政府机构的政治宣传，降低俄罗斯对拉脱维亚社会和政治发展进程的影响力，拉脱维亚于2015年11月成立了波罗的海地区卓越媒体中心（Baltic Center for Media Excellence），负责监察媒体工作质量和相关事务。拉脱维亚通过对《刑法》进行修正以减轻安全部门反情报工作的负担；此外，还通过对相关法律的修正以提高非政府组织的财务透明度。

然而，由于拉脱维亚与俄罗斯的经济关系十分重要，拉脱维亚在坚持基本原则的前提下，与俄在不同层面保持着务实的接触，包括就边境安全进行磋商，就关税、贸易及货物过境问题以及在人文交流领域与俄罗斯社会及非政府组织保持对话。暂停近四年的拉脱维亚与俄罗斯政府间委员会第七次会议于2017年8月在拉脱维亚首都里加举行，双方商定在交通领域展开密切合作。目前，双方已就确保拉俄之间货物运输不间断达成一致，并拟于2018年底签署关于国际铁路运输的协议。

（四）与美国的关系

美国一直是拉脱维亚重要的战略伙伴和盟友，而安全领域则是拉脱维亚和美国双边合作的基本领域。双方一直由专员定期就波罗的海地区局势及国际政治领域问题进行对话。2016年1月1日至2017年8月10日，双边的重要访问共进行了43次。

拉脱维亚第12届议会中有由25名议员组成的小组负责与美国议会合作，

小组由议会外交委员会主席、前拉脱维亚驻美国大使沃雅尔斯·卡尔宁斯（Ojārs Kalniņš）领导。拉脱维亚与美国继续加强在安全政策、能源及其他领域的双边伙伴合作，积极参与"北欧加强合作伙伴"及"跨大西洋合作（欧盟－美国）"框架的工作。

（五）与北欧及波罗的海地区的关系

波罗的海三国与北欧国家由于地理位置及历史渊源，一直是一个不断融合的有机整体。拉脱维亚在 2016 年担任波罗的海部长理事会轮值主席国期间，虽然在能源领域"北溪 II 天然气管道项目"（Nord Stream II）上存在不同意见，但仍在为促进该地区区域能源、网络安全及交通发展深入合作做出了努力。

北欧国家议会具有较长的发展历史和传统。在 2016 年 8 月第 25 届波罗的海议会间会议（the 25th Baltic Sea Parliamentary Conference）上，拉脱维亚呼吁北欧－波罗的海地区政府和议会间更高效的协作与支持。

北欧－波罗的海八国机制在政府和议会层面极大地促进了区域合作与信息共享。近些年，该机制关注点已从地区事务扩展到共同的外部行动。在 2016 年 11 月中国国务院总理李克强访问拉脱维亚期间，拉脱维亚提议北欧－波罗的海八国议长联合访华。而该机制此前已与美国、英国及格鲁吉亚进行过合作。

（六）与亚洲国家的关系

近些年来，拉脱维亚的外交政策开始更多地关注亚洲。继在中国北京和日本东京设立大使馆之后，拉脱维亚成为波罗的海三国中第一个在韩国首都首尔设立大使馆的国家，并于 2016 年正式派驻了特命全权大使。

随着中国－中东欧国家"16＋1 合作"的不断发展，中国成为拉脱维亚 2016 年外交政策的重要关注点之一。拉脱维亚将该合作框架作为促进两国双边合作的重要工具。2016 年 5 月首届中国－中东欧国家交通部长会议期间，拉脱维亚交通部启动了中国－中东欧物流合作中心及秘书处；11 月，第五次中国－中东欧国家领导人会晤在里加举行，同时也促成了中国总理李克强的首次访拉。里加峰会发表了《里加宣言》及《里加纲要》，期间还组织了一系列相关活动，如第六届中国－中东欧国家经贸论坛、中东欧国家汉学研究和汉语教学研讨会等，这些活动在推动中国－中东欧合作的同时，促进了中拉两国在政府、学界、民间层面不断加深的相互认识。拉脱维亚重视与中国在经贸领域的合作。目前，这方面的合作已初见成效：一是部分拉脱维亚食品品牌已经在中国打开市场，并取得了中国食品安全证；二是通过拉脱维亚基础设施运行的中欧班列已经完成试运行；三是中国赴拉游客数量增加。但拉脱维亚学界也提出，目前对拉脱维亚而言，此合作框架还存在一些问题[①]：首先，由于双方在体量大小上的差异，很容易使拉脱维亚在双边贸易和投资中陷入不平衡状态。其次，中国的投资，尤其是能源与交通领域内的投资，与欧盟法律存在不兼容现象。因此拉脱维亚应对在此框架开展深入合作的可能性进行理性的综合评估。目前双方首先要重视的是大力促进人文领域中的交流，将加强两国人民的相互了解作为进一步深入合作的基石。

值得指出的是，拉脱维亚与中亚国家在苏联时期就有着十分密切的人文交流，形成了良好的贸易关系和战略交通联系。中亚地区总体来说具有巨大的经济发展潜力，拥有相对稳定的政治环境，也是"一带一路"倡议中的关键环节。拉脱维亚将在传统友好关系的基础上与中亚国家扩展物流合作。另外，拉脱维亚支持欧盟在中亚地区的关切，继续在经济发展、教育培训、司法改革、地方治理和民间交流方面开展务实合作。

四 社会与文化

近年来，拉脱维亚一直面临着人口数量不断减少的困境。据拉脱维亚中央统计局数据，从2000年到2016年，拉脱维亚居民人数减少了41万，约为人口总数的17.2%。居民人口不断下降一方面是由低出生率、社会人口老龄化引起的，但更重要的原因是人口向外迁移——外移人口占到下降人口总量的2/3左右。2004年拉脱维亚加入欧盟，人员流动更为自由；2008～

[①] Māris Andžāns et al. "'16 + 1' Formāts un Ķīna Latvijas ārpolitikā: strap vērtībām un interesēm", Andris Sprūds et al. *Latvijas ārējā un drošības politika: gadagāmata* 2017 (Rīga: Latvijas ārpolitikas institūts, 2017), 164.

2011年经济危机及其后续影响造成失业人数增多、工资水平下滑,为了寻求好工作和高收入,适龄劳动人口外流情况尤为严重。2012年后情况有所好转,但人口总体下降的趋势没有根本转变。2016年初,拉脱维亚境内居民196.9万,比2015年减少了0.86%;2017年初,居民人数为195万,比2016年减少了约0.97%。

据拉脱维亚外交部估算,目前约有37万拉脱维亚侨民,包括非和平时期的老移民及和平时期的新移民,分布在全世界120多个国家,主要有英国、美国、德国、爱尔兰、加拿大、澳大利亚、俄罗斯、挪威和西班牙等。为了加强与海外侨民的联系,拉脱维亚政府提出"世界中的拉脱维亚人"理念,促进海外拉脱维亚人积极参与拉脱维亚事务。政府与海外的拉脱维亚人社团保持密切联系,其中比较重要的有:世界自由拉脱维亚人联合会(the World Federation of Free Latvians)和美国拉脱维亚人联合会(the American Latvian Association)等。2016年,拉脱维亚外交部启动并支持了27个国家拉脱维亚人社区的近100个项目。

为了彻底扭转人口外流状况,吸引海外拉脱维亚人回流,拉脱维亚政府还出台并实施了《人口回迁支持计划》(*Reemigrācijas atbalsta pasākumu plāns*)。计划指出,随着拉脱维亚经济的发展与增长,到2030年将形成约12万个新就业岗位,期待由外流人口回迁来填补。而要达到此目标,需要为有意愿回迁的人口创造以下条件:一要及时提供工作信息;二要提供不低于外流目标国最低工资的收入;三要提供良好的社会安全、福利和子女教育等相关服务。

拉脱维亚社会还面临着民族融合问题。苏联时期,母语为俄语的人口比重急剧增加,1989年曾达到拉脱维亚总人口的42%,使得拉脱维亚族(1989年拉脱维亚族占人口的52%)和拉脱维亚语的地位都受到了极大的挑战。1991年拉脱维亚重新独立以后,拉脱维亚语作为唯一官方语言的地位确立下来,按照相关法律规定,苏联时期迁入拉脱维亚的外族人(主要为俄罗斯族)及其子女只有在拉脱维亚语达到规定水平的情况下才能取得拉脱维亚国籍,及在公共部门任职。这给拉脱维亚社会带来了关于民族平等问题的争议和社会不稳定因素。

近些年来,以俄语为母语的居民在拉脱维亚人口中的比重呈下降趋势,但仍然是拉脱维亚最主要的少数民族。拉脱维亚中央统计局数据显示,2017年初，拉脱维亚族人口占总人口的62%，俄罗斯族人口占25.4%，白俄罗斯族人口占3.3%。拉脱维亚在普通教育阶段继续保留了拉族、俄族以及其他少数民族学校的分校体制。虽然2004年以后加强了少数民族学校的双语教学，但目前仍然有22%的少数民族青少年拉脱维亚语水平存在问题，这将影响其在拉脱维亚继续深造或工作的可能性，也不利于社会整体的融合。为了促进社会融合，提高少数民族拉脱维亚语水平，教育科技部推出一系列措施，拟计划三年内在拉脱维亚所有中学实现全方位使用拉脱维亚语教学。具体措施包括：从2020~2021学年开始，中学所有通识课程均使用拉脱维亚语教授，少数民族语言、文学、文化和历史课程可保留母语进行教学；12年级从2017~2018学年、9年级从2019~2020学年开始，在国家统一考试中全部使用拉脱维亚语；从2019~2020学年起，7年级以上的学习资料80%使用拉脱维亚语编写；学前教育中的拉脱维亚语教学也同时加强。[①] 此项改革措施得到了社会的广泛支持，但也引起了部分俄罗斯族居民的不满、担忧与抗议。实施此项改革还面临着一大困境，即缺乏足够优秀的拉脱维亚语教师推进课程。

2018年11月18日，拉脱维亚将迎来100周年独立日，为了增强拉脱维亚人民的民族精神和归属感，促进社会融合，拉脱维亚政府推出了2017~2021年长达五年的庆祝活动，邀请所有把拉脱维亚作为家园、具有归属感的人一起参与创造这一独特的历史时刻。庆典每年有单独的主题，对应百年前拉脱维亚的历史状况，2017年为"心愿"，2018年为"诞生"，2019年为"勇气"，2020年为"自由"，2021年为"成长"。经费来源于国家财政、地方财政、国际资金支持和私人资金支持；其中2017年至2019年三年，国家财政共出资2230万欧元。庆典中比较重要的项目有："拉脱维亚书包"，支持资金1350万欧元，每年为20万中小学生提供各种机会体验拉脱维亚的价值和成就，深入认识拉脱维亚的历史、文化、自然和科技创新；"多元文化体验"，支持资金230万欧元，用于资助新的文化艺术作品创作；外交部项目"拉脱维亚的国际竞争力"，支持资金290万欧元，用于拉脱维亚海外形象塑造、增强经济出口

---

① Aisma Orupe, Vidusskolās mācības būs valsts valodā, nra. lv, 2017. gada 10. Oktobris, http://nra.lv/latvija/izglitiba-karjera/225015-vidusskolas-macibas-bus-valsts-valoda.html，检索日期：2017年10月12日。

力和国际外交网站建设;"百年庆典中的公共媒体",支持资金195万欧元,用于新媒体宣传和系列电视节目制作;"国家经济发展",支持资金150万欧元,用于举行经济论坛和区域经济发展活动;"重新认识我们的历史",支持资金90万欧元,用于纪念拉脱维亚历史重要时刻及主要机构的周年庆典活动;"国际文化交流",支持资金278万欧元,用于与芬兰、立陶宛、爱沙尼亚联合举办庆祝活动,以及与其他20余个国家举办百余场高水平文化活动等①。

---

① 信息来源:拉脱维亚100周年官方网站,http://lv100.lv/programma/,检索日期:2017年10月12日。

B.15
立陶宛

王怡然 王惟晋 照 娜*

摘 要: 2016年立陶宛举行了议会选举,"农民与绿色联盟党"爆冷胜出,组阁执政,在与其他政党共同执政的过程中能否维持其选举时提出的执政理念成为该党未来的主要挑战。立陶宛经济体量不大,但相对发达。2016年,外部地缘政治环境对立陶宛经济有不利影响,但立陶宛经济仍取得了不错的发展成绩。人口老龄化的速度过快,有可能为立陶宛未来经济发展带来隐患。2016年为中立建交25周年,双方以此为契机,在双边政治关系、经济互通、人文交流等方面进行了深入的探索,并取得了一定进展。

关键词: 立陶宛 农民与绿色联盟党 人口老龄化 中立双边关系

一 国内政治形势

立陶宛的政治体制与很多西方国家类似,性质是独立的民主共和国,实行多党制。国家权力分为三个部分,总统及其领导的政府行使行政权,议会行使立法权,法院掌握司法权。2016年10月9日,立陶宛举行了议会选举,"农民与绿色联盟党"爆冷胜出,获得了筹组政府的权力,然而"农民与绿色联

---

* 王怡然,北京外国语大学立陶宛语教研室主任,博士在读,研究方向为立陶宛研究、波罗的海区域研究,撰写第四、第五部分;王惟晋,中山大学博士后,研究方向为国际关系,撰写第一、第二部分;照娜,维尔纽斯大学国际关系与政治学院,硕士在读,研究方向为东欧与俄罗斯研究,撰写第三部分。

盟党"缺乏传统的政治资源,在与其他政党共同执政的过程中能否维持其选举时提出的执政理念成为"农民与绿色联盟党"面临的主要挑战[1]。

(一)立陶宛总统及其领导的新政府

立陶宛宪法规定,总统是国家元首,任期5年。总统人选由全体国民投票产生。现任立陶宛总统是达利娅·格里包斯凯特(Dalia Grybauskaite),于2014年5月以57.87%的得票率连任。总统代表国家行使的主要权力有:与政府共同决定主要外交方针,签订国际条约并提交议会批准,任免立陶宛驻外使节,任免总理和授权总理组建政府,任免政府各部部长,担任国内军队最高指挥官,向议会提出法案,否决议会通过的法案,提名最高法院和地方法院的首席法官和法官,任命上诉庭法官和首席法官,任命宪法法院法官和首席法官。

2016年12月13日,立陶宛议会通过了新的联合政府组建方案。由于在立法选举中获得了最多的议席,立陶宛"农民与绿色联盟党"联合"社会民主党"组建了新一届政府。两个执政党经过协商,决定提名无党派人士萨乌柳斯·斯克韦尔内利斯(Saulius Skvernelis)为政府总理。内阁成员包括:外交部长利纳斯·安塔纳斯·林克维丘斯(Linas AntanasLinkevicus)、环境部长凯斯图蒂斯·纳维茨卡斯(Kestutis Navickas)、能源部长济吉曼塔斯·瓦伊丘纳斯(Zygimantas Vaiciunas)、财政部长维柳斯·沙波卡(Vilius Sapoka)、国防部长雷蒙达斯·卡罗布利斯(Raimundas Karoblis)、文化部长丽安娜·鲁奥基特-约松(Liana Roukyte-Jonsson,女)、社会保障与劳动部长莉娜·库库莱蒂斯(Lina Kukuraitis)、交通与通信部长罗卡斯·马休利斯(Rokas Masiulis)、卫生部长奥雷利尤斯·韦里加(Aurelijus Veryga)、教育与科学部长尤尔吉塔·佩特劳斯基内(Jurgita Petrauskiene,女)、司法部长米尔达·瓦伊纽特(Milda Vainiute,女)、经济部长明道加斯·辛克维丘斯(Mindaugas Sinkevicius)、内务部长埃穆蒂斯·米休纳斯(Eimutis Misiunas)、农业部长布罗纽斯·马尔考斯卡斯(Bronius Markauskas)[2]。

---

[1] 中国机构编制网,http://www.scopsr.gov.cn/hdfw/sjjj/oz/201203/t20120326_56229.html,检索日期:2017年8月13日。

[2] 中华人民共和国外交部,http://www.fmprc.gov.cn/web/gjhdq_676201/gj_676203/oz_678770/1206_679354/1206x0_679356/,检索日期:2017年9月25日。

从内阁成员的组成上看，作为异军突起的新兴政治势力，"农民与绿色联盟党"内部并没有足够的人才担任政府要职，内阁成员中只有农业部部长马尔考斯卡斯来自该党，包括总理在内的大部分成员均是独立无党派人士。反观执政联盟中的"社会民主党"，由于拥有更佳的政治资源和更丰富的执政经验而占据了司法部部长、经济部部长、外交部部长三个重要职位。执政的"农民与绿色联盟党"因无人在政府中担任要职，未来是否能落实其执政理念受到质疑，因为"农民与绿色联盟党"需要在执政期间保证自身地位不被架空的同时，利用好"社会民主党"的传统政治资源，也要确保内阁中无政党背景的成员能够充分地对其执政理念负责。

新一届立陶宛政府成立后提出了强化和谐（harmony）的施政理念，希望自2017年起为立陶宛打造和谐个体（harmonious individual）、和谐社会（harmonious society）、和谐文化和教育（harmonious education and culture）、和谐经济（harmonious economy）、和谐施政（harmonious governance）。在以上五大和谐理念支撑之下，立陶宛政府力图通过改革，增强国家凝聚力，弥补收入不均造成的社会撕裂，实现国家经济社会可持续发展①。

（二）立陶宛议会及2016年议会选举

立陶宛议会实行一院制，共有141个议席，议员任期为4年，若超过一半以上议员通过对政府的不信任案，政府须立即辞职。议院也可通过五分之三多数票弹劾总统。议长由全体议员投票产生，在总统无法履行职务时代其行使权力。现任议长为普兰茨凯蒂斯（Viktoras Pranckietis）。议会中议席最多的政党有权筹组政府。

2016年10月，立陶宛进行议会选举，立陶宛"农民与绿色联盟党"获得了议会中的54个议席，成为本届议会中的第一大党，获得组建政府的权力；第二大党是"祖国联盟-立陶宛基督民主党"，获得31个议席；第三大党是"社会民主党"，获得17个议席。由于并没有获得超过半数的议席，"农民与

---

① Seimas of the Republic of Lithuania, On the Programme of the Government of the Republic of Lithuania, p.4, 13 December 2016, https://lrv.lt/en/about-government/programme-of-the-government，检索日期：2017年9月25日。

绿色联盟党"必须与其他政党联合才能组织政府。最后，2016年11月9日，"农民与绿色联盟党"决定与第三大党"社会民主党"签订协议，组成执政联盟共同筹组政府。

"农民与绿色联盟党"在上一届议会选举中只获得一个议席，此次能够赢得议会选举出人意料。"农民与绿色联盟党"政治立场属中间偏左，主要关注立陶宛农民利益和环保议题。在2016年的议会选举中，"农民与绿色联盟党"在政纲中提出要改革立陶宛劳动力市场，让雇主能够更加方便地雇用和解雇员工，更灵活地调整薪酬。此外，"农民与绿色联盟党"为了吸引国民留在本国就业，提出了一些住房优惠政策。这些政策被认为能够改善低收入阶层的生活水平，控制国内的移民潮，减缓立陶宛的人口减少速度，因此"农民与绿色联盟党"在议会选举中得到了民众的支持。然而，由于缺乏充足的政治人才，"农民与绿色联盟党"的这些政策主张仍需获得议会中其他政党的支持，最终是否能够得到落实仍然需要时间检验。

（三）立陶宛司法体系

立陶宛是实行大陆法的国家，其最高法院、上诉法院、宪法法院、地方法院共同组成了立陶宛的司法体系。立陶宛司法委员会选举产生最高法院院长人选，最高法院院长任期为四年。立陶宛最高法院现有35位法官，现任最高法院院长为利姆维塔斯·诺尔库斯（Rimvydas Norkus），于2016年11月宣誓就任。自独立以来，立陶宛民众对司法机构的信任程度一直不高，认为自身人权在立陶宛并没有得到很好的保障。此外，立陶宛的司法体系也存在封闭死板、故步自封等问题[1]，诺尔库斯上任后希望能在任期内促进对外交流和学习，积极推进立陶宛司法体系改革、优化法院的内部管理；希望能够提升立陶宛司法机构的执法效率，更好地保障立陶宛人权[2]。

现任上诉法院院长是阿尔吉曼塔斯·瓦兰蒂纳斯（Algimantas Valantinas）。上诉法院可受理对地方法院判决不服的上诉。其次，上诉法院也可以推翻此前

---

[1] Patricia A. Streeter, Making the Lithuanian Justice System Worthy of Trust, Lithuanian Quarterly Journal of Arts and Sciences, 2009, Vol. 55, No. 2, p. 1.

[2] Supreme Court of Lithuania, News, 18 August 2017, http://www.lat.lt/en/news/archive/p0.html, 检索日期：2017年9月25日。

已结案陈词的案件。此外，上诉法院也可以认可外国法院、国际法庭或其他仲裁庭的判决，以便相关的判决能够在立陶宛实施。

立陶宛宪法法院负责审理裁定与宪法有关的案件。现任宪法院院长为戴纽斯·扎利马斯（Dainius Žalimas），于2014年7月被议会任命。在任内扎利马斯积极开展对外交流，帮助一些东欧邻国完善法律体系以实现转轨。2016年10月，摩尔多瓦总统尼古拉·蒂莫夫蒂（Nicolae Timofti）授予了扎利马斯国家荣誉勋章，以表彰其对摩尔多瓦宪法体系发展的卓越贡献。

二 经济发展状况

立陶宛是一个规模小且相对发达的经济体，其经济属外向型，出口比重占国民生产总值的81%[1]。受西方国家联合制裁俄罗斯的影响，2016年立陶宛的经济发展并不乐观。即便如此，立陶宛于2016年仍取得了不错的经济发展成绩。立陶宛2016年国内生产总值为427.4亿美元，人均国内生产总值达到14879.68美元，达到约2.2%的增长[2]。至2017年初，立陶宛国民生产总值仍持续增长，第一季度比上年同期增长4.1%[3]。2016年立陶宛人均收入为15253美元（按2010年的美元计算），比2015年增长了约540美元[4]，人均收入水平不断提高。2016年立陶宛的消费者物价指数仅上升0.9%，自2013年起，连续4年消费者物价指数的变化维持在-1%至1%之间，立陶宛在控制通货膨胀方面取得了很好的成效。

然而立陶宛的经济发展存在隐患，经济发展的同时国内的基尼系数也不断

---

[1] OECD, Economic Survey Lithuania, March, 2016, p.6, https://www.oecd.org/eco/surveys/Lithuania-2016-overview.pdf，检索日期：2017年9月25日。
[2] European Commission, Country Report Lithuania 2017, https://ec.europa.eu/info/sites/info/files/2017-european-semester-country-report-lithuania-en.pdf.，检索日期：2017年9月25日。
[3] Focus Economics, Lithuania GDP Q1 2017, http://www.focus-economics.com/countries/lithuania/news/gdp/economic-growth-accelerates-further-in-q1-2017，检索日期：2017年9月25日。
[4] The World Bank, GNI Per Capita (constant 2010 US $), 17 August, 2017, http://data.worldbank.org/indicator/NY.GNP.PCAP.KD? locations=LT.，检索日期：2017年9月25日。

上升，高于欧盟28国的平均水平①，预计未来会继续上升②。人口老龄化的速度并没有减慢，有可能成为未来经济发展的隐患。此外，由于俄罗斯和西方国家的关系还没有改善，因此地缘政治因素仍可能拖慢立陶宛经济发展的步伐。以下主要就投资状况、政府债务与财政收支、对外贸易、经济发展面临的挑战四个方面进行介绍。

（一）投资状况

自2004年加入欧盟以来，立陶宛国内许多发展项目得到欧盟资助，成为立陶宛经济发展的重要动力。在2007年至2013年间，来自欧盟结构基金的投资为立陶宛贡献了20%的经济增长，至2015年已创造了103亿欧元的国民生产总值、266000个工作职位。据统计，来自欧盟每1欧元的投资在立陶宛能够产生1.38欧元的回报③。从这个角度看，立陶宛的经济发展相当依赖欧盟的投资。可是随着欧盟资助的发展项目陆续完成，立陶宛经济发展取得了一定成就，来自欧盟的投资金额数量开始下降。根据立陶宛财政部统计，2016年固定资产形成数量比2015年下降了2.6%。在这种情况下，立陶宛政府仍然努力在未来增加固定资产投资，希望其占国民生产总值的比重能在2019年达到22.1%④，减少对外贸易的比重，以使经济发展能免受外界环境的过大影响。努力实现即便来自欧盟机构的投资数额减少，国家仍有能力吸引欧洲乃至世界的投资。立陶宛国内的劳动力价格相比其他西欧国家仍然不高，加上立陶宛政府实施的经济政策已为国内创造了一个良好的、开放的经济环境，创业门槛和企业经营难度不断降低，优化了投资环境，这是立陶宛2016年在困难中取得经济增长的重要保证。

然而立陶宛未来投资增长仍然受到一些阻碍，现阶段立陶宛的劳动力市场

---

① Fred Economic Data, Gini Index for Lithuania, Federal Reserve Bank of St. Louis, Ec, https://fred.stlouisfed.org/series/SIPOVGINILTU，检索日期：2017年9月25日。
② IMF, Republic of Lithuania, 2016, p.6, https://www.imf.org/external/pubs/ft/scr/2016/cr16126.pdf，检索日期：2017年9月25日。
③ Ministry of Finance of the Republic of Lithuania, 2014 – 2020 European Union Investment in Lithuania, 17 August 2017, http://www.esinvesticijos.lt/en/evaluation/results – achieved.，检索日期：2017年9月25日。
④ Ministry of Finance of the Republic of Lithuania, Lithuania's Economic Outlook 2016 – 2019.

政策改革停滞不前，许多来自农村地区的、低学历低技术的国民无法进入劳动力市场中，而城市地区高学历高技术的国民则希望移民国外获得更高的收入，立陶宛公司较难招聘到合适的人才。在当前环境之下，立陶宛劳动力成本也在不断上升，这有可能降低立陶宛对投资者的吸引力。面对相对僵化死板的劳动力市场政策，政府曾经希望对其进行改革，使之变得更灵活，更适应市场需求，这方面的改革意愿得到了国内大公司的支持。然而在2016年议会选举中，民众对执政的联合政府是否能够就劳动力市场改革的方法达成一致存在疑问。[1] 劳动力市场改革一拖再拖，新的雇用方案在2017年7月才能生效[2]，导致立陶宛至今仍未能扭转劳动力流失的势头。未来政府在经济政策上的重点仍然是考虑如何实施结构性改革，让劳动力市场变得更具弹性，从而降低失业率，进一步刺激投资和增长。

（二）政府债务与财政收支

总体来说，立陶宛财政债务负担有所改善，2016年政府债务占国内生产总值的40.2%。债务比例相比2015年下降2.5%，可是与2008年金融危机时14.6%的水平相比仍然相差甚远[3]。2016年政府收支取得进一步成效，获得1.12亿美元的盈余[4]，延续了近年来的良好势头。立陶宛政府近年来良好的财政状况主要归功于一系列削减开支的措施，当中包括降低公务员工资，削减退休金和社会福利水平[5]。预计未来立陶宛仍会实施较为审慎的财政政策，继续开源节流，维持收支平衡。2017年，立陶宛计划进一步提升酒精饮品和香烟

---

[1] Sustainable Governance Indicators, Lithuania, 17 August, 2017, http://www.sgi-network.org/2014/Lithuania/Economic_Policies.，检索日期：2017年9月25日。

[2] The EU, Lithuania: the National Reform Program of 2017, Europa.eu, p.6, 26 August 2017, https://ec.europa.eu/info/sites/info/files/2017-european-semester-national-reform-programme-lithuania-en.pdf.，检索日期：2017年9月25日。

[3] Eurostat, Government Deficit/Durplus, Debt and Associated Data, European Commission, http://ec.europa.eu/eurostat/en/web/products-datasets/-/GOV_10DD_EDPT1, accessed on 17 May 2017，检索日期：2017年9月25日。

[4] Country Economy, Lithuania Government Budget Deficit, 17 August, 2017, http://countryeconomy.com/deficit/lithuania.，检索日期：2017年9月25日。

[5] OECD, Economic Survey Lithuania, March, 2016, p.12, https://www.oecd.org/eco/surveys/Lithuania-2016-overview.pdf.，检索日期：2017年9月25日。

的税率，进一步增加政府收入①。

立陶宛政府的很大一部分财政收入来源于间接税，对环境税和财产税的征收较少。立陶宛的增值税标准税率为21%，税率较高。国内逃税漏税的现象仍然比较严重。现阶段立陶宛实收税额只有应收税额的64%，漏收的税额占国内生产总值的4.4%，远高于欧盟的平均水平②。对此政府正着手加强监管，施行更严厉的措施以减少国家财政损失。然而立陶宛的非正式经济规模比较大，政府除了监管，还需要想办法将国内的非政府经济纳入税收体系中才能持续保持良好的财政状况，促进社会资源再分配。

（三）对外贸易

2016年立陶宛商品及服务出口总量约为317.7亿美元，占GDP比重约为74.3%。出口量比2015年增加了3亿美元，占GDP的比重下降约1.5%③。当中商品出口总量约为249.5亿美元，工业产品占出口总量约为60%，农产品占出口比重的21.5%，矿石原料占出口比重约17.7%。服务业出口总量约为73.8亿美元④。其中运输业占服务业的比重最大，约为58.1%；其次是旅游业，占服务业出口总量的约16.1%。立陶宛商品和服务的出口目的地主要为欧盟28国，比例分别为60.7%和64.6%。其次是俄罗斯，比例分别为13.5%和12.2%。美国是立陶宛的第三大商品出口目的地，不过出口的商品只占总量的5.2%，而立陶宛出口至美国的服务只占总量的1.9%，比例还不如瑞士（2%）⑤。

---

① The EU, Lithuania: the National Reform Program of 2017, Europa. eu, p. 9, 26 August 2017, https://ec.europa.eu/info/sites/info/files/2017-european-semester-national-reform-programme-lithuania-en.pdf，检索日期：2017年9月25日。
② OECD, Economic Survey Lithuania, March, 2016, pp. 13-14, https://www.oecd.org/eco/surveys/Lithuania-2016-overview.pdf，检索日期：2017年9月25日。
③ The World Bank, Export of Goods and Services (Current US $), 17 August, 2017, https://data.worldbank.org/indicator/NE.EXP.GNFS.CD?locations=LT&year_high_desc=false，检索日期：2017年9月25日。
④ 本文中的出口总量数据来自世界银行，商品和贸易的数据来自国际贸易组织，二者统计数据存在差异。
⑤ World Trade Organization, Lithuania, 17 August, 2017, http://stat.wto.org/CountryProfile/WSDBCountryPFView.aspx?Language=F&Country=LT.，检索日期：2017年9月25日。

2016年立陶宛商品与服务进口总量为314.1亿美元,占GDP比重约为73.5%,数量相比2015年下降约1亿美元,[①] 比例上比2015年下降约3%[②]。其中商品进口总量约为272亿美元,工业产品比例最大,占商品出口总量的61.8%;其次是矿石原料,占商品出口总量的22%;再次是农产品,占商品出口总量15.7%。服务业进口总量约为49.8亿美元,当中比例最大的同样是运输业,占服务业出口总量的52%;其次是旅游业,占服务业出口比例的19.5%。立陶宛商品和服务最主要的进口来源地同样是欧盟28国,分别占整体比例的70.5%和63.1%。俄罗斯是立陶宛的第二大进口来源地,商品和服务的进口总量分别是14.4%和8.9%[③]。

由以上数据可知,立陶宛总体上仍是一个外向型经济体,进出口贸易占国民生产总值的比重大。欧盟是立陶宛最重要的商品和服务进出口贸易伙伴,双方经济相互依赖程度高。2015年立陶宛加入欧元区后失去了贬值货币,从而增加了出口的可能性,但同时也进一步消除了与其他欧元区国家之间的贸易障碍,预计未来立陶宛出口将更加依赖欧盟。另外,俄罗斯也是立陶宛重要的进出口贸易伙伴,欧盟对俄罗斯实施的制裁政策无疑会对立陶宛经济构成一定影响,但是由于立陶宛的进出口更依赖欧盟,这方面的影响程度有限。最后,在立陶宛进出口中,工业品的比重较大,农产品和服务业比重较小,矿石原料进口比出口比例大,可以看出立陶宛在国际贸易市场中主要扮演着工业品制造者的角色。

(四)经济发展面临的挑战

即便有着不错的发展状况,立陶宛的经济发展仍然面临下列挑战。

首先,立陶宛虽然在世界范围内属高收入国家(人均年收入约15000美元),

---

① The World Bank, Import of Goods and Services (Current US $), 17 August 2017, https://data.worldbank.org/indicator/NE.IMP.GNFS.CD?locations=LT&year_high_desc=false., 检索日期:2017年9月25日。
② The World Bank, Import of Goods and Services (% of GDP), 17 August 2017, https://data.worldbank.org/indicator/NE.IMP.GNFS.ZS?locations=LT&year_high_desc=false., 检索日期:2017年9月25日。
③ World Trade Organization, Lithuania, 17 August, 2017, http://stat.wto.org/CountryProfile/WSDBCountryPFView.aspx?Language=F&Country=LT., 检索日期:2017年9月25日。

但是国民收入水平仍远落后于欧盟的平均水平（人均年收入约34000美元）。另一方面，国民收入差距仍在不断扩大，贫困人口的数量仍在不断上升。立陶宛政府实施的收入再分配政策并没有在2016年取得很好的成效，政府并没有给予从事低技术工作的低收入人士足够的社会援助[1]。立陶宛的贫困人口主要居住在乡村地区，从事农业工作[2]。此外，由于积极灵活的劳动力市场政策迟迟未能实施，低收入阶层就业仍然困难。立陶宛被认为是社会贫富分化最严重的欧洲国家之一。虽然立陶宛在2016年已经基本消灭绝对贫困人口（日均花费少于1.9美元），然而截至2015年，立陶宛依然约有22.2%的人口生活在国家制订的贫困线之下[3]。基于此，在短期内，立陶宛政府需要在保证财政稳健的基础上投入更多资源在社会福利中，让国内的低收入阶层更好地分享经济发展成果。

其次，立陶宛是人口老龄化速度最快的国家之一。立陶宛社会老龄化的主要原因并不是人均寿命的增加（男性为68岁，女性为79岁）[4]，而是劳动力人口的下降。2016年立陶宛有更多的劳动力人口移民他国。2016的上半年，立陶宛劳动力人口数量比2015年同期下降了1.8%。有一半原因是在立陶宛定居的俄罗斯人、乌克兰人、白俄罗斯人因为地缘政治的原因迁出了立陶宛；另外一半原因是近年来立陶宛新增工作机会少，当地人对立陶宛未来经济发展形势不乐观，越来越多的青年人选择出国就业[5]，从而导致立陶宛65岁以上的老龄人口比例逐年递升。2016年，约18.8%的立陶宛人为65岁以上的老年人[6]。按照现在的情况发展，至2040年，立陶宛工作人口与退休人口（65岁

---

[1] OCED, Economic Survey Lithuania, March, 2016, p.59, https：//www.oecd.org/eco/surveys/Lithuania–2016–overview.pdf.

[2] The Borgen Project, 7 Facts：The Focus on Slowing Poverty in Lithuania, 23 July 2017, https：//borgenproject.org/slowing–poverty–in–lithuania/., 检索日期：2017年9月25日。

[3] Central Intelligence Agency, The World Fact Book, Central Intelligence Agency, 29 May 2017, https：//www.cia.gov/library/publications/the–world–factbook/fields/2046.html., 检索日期：2017年9月25日。

[4] World Health Organization, Lithuania, 28 June 2017, http：//www.who.int/countries/ltu/en/., 检索日期：2017年9月25日。

[5] Lietuvos Bankas, Lithuanian Economic Review 2016, LietuvosBankas, 2016, p.10, http：//www.lb.lt/en/efsa–lithuanian–economic–review, 检索日期：2017年9月25日。

[6] Worldatlas, Countries With the Largest Aging Population in the World, 8 August 2017, http：//www.worldatlas.com/articles/countries–with–the–largest–aging–population–in–the–world.html., 检索日期：2017年9月25日。

以上）的比例将为1.2∶1[①]，这意味着未来立陶宛政府财政体系和经济增长将会面临巨大压力。

最后，外部地缘政治环境未来也可能对立陶宛经济发展产生消极影响。2016年英国公投已决定脱欧，未来英国与欧盟之间的关系不明朗，英欧双方将如何安排彼此的关税、经济政策仍然不得而知。鉴于立陶宛约三分之二的进出口依赖于包括英国在内的欧盟其他成员国，英国与欧盟之间扑朔迷离的关系将很可能打击立陶宛未来的进出口贸易，进而影响立陶宛经济。另外，立陶宛的第二大贸易对象俄罗斯与西方国家关系持续恶化，立陶宛跟随欧盟和美国，实施对俄罗斯的经济制裁，导致对俄罗斯的出口于2015年大幅下滑了40%[②]。立陶宛身处于欧盟和俄罗斯的夹缝之间，又依赖于两者，欧俄在2016年出现的地缘政治变化无疑会给立陶宛未来经济发展蒙上阴影。

三 外交与安全

立陶宛议会于2016年11月公布了2016~2020年的外交政策方针。该政策与其国防政策相融相通，共涉及七项内容，分别为：于2018年完成将国民生产总值的2%用于国防从而履行北约条约；加强立陶宛军事安全的同时，保护网络、信息、经济、能源、基础设施和其他形式的安全；加强欧盟-大西洋合作，寻求欧盟成员国的团结一致并支持东部伙伴关系政策；成为经济合作与发展组织（OECD）的成员国；加强与美国、英国、德国、法国、波兰、爱沙尼亚、拉脱维亚、北欧等国家的关系；履行国际组织义务的同时保护国家与公民的利益；建立与在外立陶宛人的关系并鼓励其促进立陶宛福利及确保国家安全[③]。截至2017年，立陶宛共与182个国家建立了外交关系。

---

① OCED，Economic Survey Lithuania，March，2016，p. 13，https：//www.oecd.org/eco/surveys/Lithuania-2016-overview.pdf，检索日期：2017年9月25日。
② OCED，Economic Survey Lithuania，March，2016，p. 9，https：//www.oecd.org/eco/surveys/Lithuania-2016-overview.pdf，检索日期：2017年9月25日。
③ https：//www.urm.lt/default/en/foreign-policy/key-foreign-policy-documents/resolution-of-the-seimas-of-the-republic-of-lithuania-on-directions-in-foreign-policy-may-1-2004，检索日期：2017年9月25日。

（一）主要外交关系

立陶宛位于波罗的海东岸，东与白俄罗斯接壤，西南临俄罗斯加里宁格勒州和波兰，北接拉脱维亚，具有非常重要的地缘意义。在欧洲历史上，中小国家一般都是大国博弈的棋子，而立陶宛处于西欧与俄罗斯之间，是欧盟和北约与俄罗斯之间博弈的重要一环。立陶宛的地缘政治主要围绕北约、欧盟与俄罗斯开展。事实上，立陶宛与这三个国家和组织之间的联系是有一定的侧重点的，在与俄罗斯的联系中把能源作为侧重点，与欧盟之间把经济和贸易作为侧重点，与北约之间则把军事作为侧重点。

1. 与俄罗斯的关系

俄罗斯作为苏联解体后最主要的国家，与立陶宛之间的关系一直比较特殊。一方面，当代立陶宛视苏联时期的立陶宛为被苏联侵略；另一方面，立陶宛又对俄罗斯的能源进口依赖比较大，并且俄罗斯也一直是立陶宛农牧产品的主要出口国。然而近年来，立俄之间的关系在恶化，立陶宛一直支持格鲁吉亚和乌克兰的领土完整，并多次向欧盟强调保护此地区的重要性。所以，立陶宛作为欧盟国家，更多是通过东部伙伴计划（Eastern Partnership）这个政策支持这些国家。包括目前乌克兰和格鲁吉亚公民可免签入境申根区。受立陶宛外交部委托，立舆论及市场调研中心"维尔莫鲁斯"的调查表明，大多数受访者强调俄罗斯是对立陶宛构成最大威胁的最敌对国家（64%），白俄罗斯排名第二（20%）。[1]

2017年1月9日，立陶宛议会发言人维克托拉斯·普兰茨凯提斯（ViktorasPranckietis）与俄罗斯驻立大使亚历山大·乌达卢茨瓦（AlexanderUdaltsov）会面，就俄方卢萨达姆（Rasadom）国家核能集团在匈牙利、芬兰及白俄罗斯在建的核电站的核能安全与设备安全标准交换意见，除此以外，双方就乌克兰东部局势、履行明斯克条约及欧盟对俄罗斯的制裁进行了讨论。会面后乌达卢茨瓦表示，俄罗斯国家杜马应建立双边内部议会小组，促使双方立法者为改善

---

[1] https://www.urm.lt/default/en/news/mfa - survey - the - audience - of - russian - tv - channels - has - markedly - gone - down - in - a - year，检索日期：2017年9月25日。

双边关系作出努力①。2月13日，立陶宛外交部副部长达里尤斯·斯库塞维丘斯（Darius Skusevičius）会见了俄驻立大使乌达卢茨瓦。斯库塞维丘斯表示，在俄罗斯履行明斯克协议等条件下，立方愿意与俄方发展全方位的友好关系。此外，斯库赛维丘斯提到，俄立的实际合作还存在讨论问题并寻求解决办法的必要②。

2. 与北约和美国的关系

2004年，立陶宛加入北约。北约为立提供军事保护，立自身也有一定的军事支出预算，用于武器采购③，及与北约进行军事演习，以提高本国的军事能力④，北约通过向立陶宛派兵的方式来增强北约在波罗的海地区的军事存在。例如，2017年2月7日，由德国领导的1000名北约多国军队，200辆坦克与其他地面战机抵达立陶宛。同年5月底，最后一批由200名挪威士兵组成的北约军队抵达立陶宛，完成了北约驻立陶宛多国部队部署。

自1991年独立后的立陶宛与美国这个北约最主要的国家建立外交关系以来，双方逐步建立了一系列基于政治、经济和军事考量的合作。从1992年起，美国共向立资助约一亿美元。自2014年乌克兰危机以来，北约在立的位置日益凸显，增加了立美往来。立美之间建立了战略伙伴关系，涉及国防合作、区域安全、盟国支持、打击恐怖主义、乌克兰局势、俄罗斯对国际和平的威胁、信息安全与美国新政府的优先事项等。立美双方的合作层次多，涉及面广。军事与区域安全方面的合作一般表现为两种方式：一种是会晤。例如2016年立外交部长访问美国期间，会见了涉及立美双边关系的美

---

① https：//www.urm.lt/default/en/news/lithuanian－formin－l－linkevicius－says－dialog－with－russia－must－be－principled－bns－january－9－2017－，检索日期：2017年9月25日。

② https：//www.urm.lt/default/en/news/lithuanias－foreign－vice－minister－meets－with－the－russian－ambassador－to－lithuania－，检索日期：2017年9月25日。

③ Lithuania splurges on its largest ever military purchase, amid heighened Russia fears, http：//www.dw.com/en/lithuania－splurges－on－its－largest－ever－military－purchase－amid－heighened－russia－fears/a－19493353；Lithuania's New Prime Minister Pledges to Increase Military Spending, https：//www.nytimes.com/2016/11/22/world/europe/lithuania－saulius－skvernelis.html? mcubz=3，检索日期：2017年9月25日。

④ NATO Allies wrap up exercise Iron Sword 2016 in Lithuania, http：//www.nato.int/cps/en/natohq/news_138690.htm，检索日期：2017年9月25日。

国无政府组织专家①；2017年2月27日，美国国务院欧洲与欧亚部副助理秘书长凯瑟琳·卡瓦莱茨（Kathleen Kavalec）访问维尔纽斯。卡瓦莱茨负责协调与俄罗斯的关系及制定对俄的政策。双方讨论了美立双边关系的重要问题，即该区域与世界的安全形势。除此以外，还就乌克兰局势和对俄政策交换了意见。卡瓦莱茨表示，美国新政府对俄的外交政策目前无大幅度的变化，但可以确定的是，新政府将密切关注执行明斯克协议和解决乌克兰东部的冲突等问题②。同年3月29日，立外交部长在华盛顿特区会见了美国总统唐纳德·特朗普的国家安全顾问赫伯特·麦克马斯特，讨论涉及波罗的海与美国安全相关的跨大西洋合作；③ 同时，在华盛顿访问期间，同美国国务卿、众议院议长、参议院外交委员会等高官领导会面。5月10日，立总统会见美国前北约最高司令、现任国防部部长詹姆斯·马蒂斯。2月8日，立总统格里包斯凯特在布鲁塞尔北约峰会会见美国总统唐纳德·特朗普（Donald Trump）。另一种则是军事上的支持。2017年2月8日至10日，美国海军提康德罗加级导弹巡洋舰CG-66抵达立陶宛港口城市克莱佩达市，立陶宛外交部副部长达里尤斯·斯库塞维丘斯会晤了其船长及船员。达里尤斯副外长在表达谢意的同时，表示认同美国对盟国区域安全做出的承诺④。2017年7月，美国为应对俄罗斯与白俄罗斯九月的军事演习，在立部署了反导弹系统，增加了战机及美国军人和技术装备数量。

立陶宛与美国之间除了在军事和政治方面有较深的合作外，在经济方面的合作也很广泛。2017年1月11日，立陶宛外交部长与美国驻立陶宛大使安妮·霍尔及美立商务理事会会长埃里克·斯图尔特会面，就双边经济合作

---

① https：//www.urm.lt/default/en/news/lithuanias-foreign-minister-begins-his-visit-to-washington-meets-with-heads-of-non-governmental-expert-organizations，检索日期：2017年9月25日。

② https：//www.urm.lt/default/en/news/lithuanias-foreign-vice-minister-and-the-official-from-the-us-department-of-state-discuss-important-issues-relating-to-our-regions-security-and-policy-toward-russia，检索日期：2017年9月25日。

③ https：//www.urm.lt/default/en/news/linkevicius-meets-with-the-us-presidents-national-security-advisor，检索日期：2017年9月25日。

④ https：//www.urm.lt/default/en/news/lithuanias-foreign-vice-minister-visits-the-united-states-navy-ship-，检索日期：2017年9月25日。

展开讨论。美立商会总部位于美国华盛顿,旨在向立招商引资。目前该理事会的成员包括西联汇款、美国国际集团(AIG)等公司。根据 2016 年 9 月 30 日的统计,美国对立陶宛的直接投资达 223.05 亿欧元。2015 年美立贸易额达到 13.6 亿欧元,立陶宛向美国出口 9.97 亿欧元,而美国的进口额为 3.852 亿欧元①。

3. 与欧盟的关系

立陶宛于 2004 年加入欧盟,2007 年 12 月加入申根区,2015 年 1 月 1 日加入欧元区。欧元区的加入,使立陶宛"牢牢地置身于西欧范围之内"②。欧盟对立陶宛的贡献包括推动其经济增长,吸引外商直接对立投资,允许人员在欧盟区内自由流动,促进能源独立,增加科技及教育投资,社会保障与全球领事协助③。

2017 年 1 月 16 日,立陶宛外交部长林克维丘斯在布鲁塞尔出席了欧盟外交理事会会议,会议重点讨论了欧盟的外交政策议程以及叙利亚和中东和平问题。欧盟委员会外交和安全政策高级代表费代丽卡·莫盖里尼(Federica Mogherini)在会议中提出,11 月份的东部伙伴关系峰会是全年最重要的事件之一④。立外交部长认同会议内容的同时表示,东部伙伴关系峰会必将取得切实成果,除此之外,他还强调了与美国新政府保持关系的重要性。同年 2 月 6 日,立外交部长在布鲁塞尔参加欧盟邻国核安全讨论,再次向欧盟委员会反映白俄罗斯在建核电站的安全隐患问题⑤。作为支持欧盟东部伙伴关系的积极成员国之一,立陶宛积极推动乌克兰、格鲁吉亚与摩尔多瓦的改革,并协同欧盟多次组织相关活动。2017 年 4 月 27 日,立外交部部长同乌克兰与欧盟代表在

---

① https://www.urm.lt/default/en/news/linkevicius-discusses-intensifying-lithuania-us-economic-cooperation,检索日期:2017 年 9 月 25 日。
② 中新网,http://www.chinanews.com/gj/2015/01-02/6930329.shtml,检索日期:2017 年 9 月 25 日。
③ https://www.urm.lt/default/en/foreign-policy/lithuania-in-the-region-and-the-world/lithuania-member-of-the-european-union/membership,检索日期:2017 年 9 月 25 日。
④ https://www.urm.lt/default/en/news/linkevicius-and-his-eu-counterparts-discuss-eu-foreign-policy-priorities-in-2017,检索日期:2017 年 9 月 25 日。
⑤ https://www.urm.lt/default/en/news/nuclear-safety-in-the-eu-neighborhood-discussed-in-brussels,检索日期:2017 年 9 月 25 日。

布鲁塞尔欧盟政策中心发起了乌克兰论坛,强调了乌克兰改革的重要性①。7月6日,立外交部部长在伦敦参加了由国际部长组成的乌克兰改革会议,讨论了乌克兰改革的议程和实施情况。立外交部部长指出,乌克兰需要强大的欧洲,并支持实施改革和全面的经济投资方案②。自6月11日起,乌克兰公民可免签出行申根国家。

4. 与英国的关系

对于正在脱欧的英国,立陶宛仍与其维持友好关系。2016年7月19日,立外交部长在布鲁塞尔与英国外交及联邦事务大臣鲍里斯会面,并对其发出访问立陶宛的邀请。2017年3月30日,立外交部长与鲍里斯通电,表示英国在波罗的海的军队部署代表着英国与欧洲仍将共同应对区域安全威胁③。2月27日,立外交部副部长达里尤斯·斯库塞维丘斯会见了英国驻立陶宛大使克莱尔·劳伦斯,双方讨论了有关为东部伙伴关系国家提供支持和安全的问题④。8月1日,立陶宛总统格里包斯凯特任命前国防部副部长,前立驻俄罗斯大使雷纳塔斯·诺尔库斯(RenatasNorkus)为立驻英国大使。总统强调,即使英国退欧,两国在国家安全、经济和人与人之间依然有着紧密的关系。

(二)安全政策

安全政策是立外交政策中的核心。立国防部2017年的安全评估显示,俄罗斯在立境内与区域内的示威性行为被视为对立陶宛最大的威胁,包括俄加里宁格勒地区的军事化,俄对白俄罗斯的政治干预,俄与乌克兰、格鲁吉亚的领土问题,俄在立陶宛的间谍活动,及其对立陶宛能源安全的威胁等。与此同

---

① https://www.urm.lt/default/en/news/minister-of-foreign-affairs-underlines-the-importance-of-eus-reliability-for-ukraine,检索日期:2017年9月25日。
② https://www.urm.lt/default/en/news/minister-of-foreign-affairs-attended-the-ukraine-reform-conference-in-london,检索日期:2017年9月25日。
③ https://www.urm.lt/default/en/news/we-believe-that-relations-between-the-united-kingdom-and-lithuania-will-remain-strong-and-close-linkevicius-says-in-a-conversation-with-johnson,检索日期:2017年9月25日。
④ https://www.urm.lt/default/en/news/lithuanias-foreign-vice-minister-and-the-british-ambassador-discuss-the-provision-ofsupport-to-eastern-partnership-countries-and-security-issues,检索日期:2017年9月25日。

时,在立陶宛2017年的国防战略中,立明确指出北约与欧盟对其安全政策全面和积极的影响。军事安全上,在乌克兰危机后,立陶宛加强了军事与防御政策改革。2017年,北约在立陶宛部署了由德国指挥的1000多名多国军人及60辆军车。同时立陶宛承诺将国防支出于2018年增加至其国内生产总值的2%。

在能源安全上,欧盟全面资助立陶宛成为能源自供国,脱离俄罗斯天然气与电网市场。目前,立陶宛电网市场仍在俄罗斯-白俄罗斯-爱沙尼亚-拉脱维亚-立陶宛形成的电网环(BRELL)上,立计划于2025年脱离此环加入西欧电网。为此,目前在建的项目包括立陶宛-波兰互联线(Litpol-link)与立陶宛-瑞典互联线(NordBalt)。

除此以外,立陶宛对白俄罗斯在建核电站的安全隐患或由此带来的威胁一直表示强烈担忧。该核电站的建设地址离立陶宛边境16公里,离立陶宛首都维尔纽斯市仅45公里。除此之外,该核电站项目投资及建设技术均由俄罗斯提供,这也加深了立方的担忧。2017年1月3日,立陶宛外交部长利纳斯·林克维丘斯(LinasLinkevičius)同环境部长凯斯图蒂斯·纳维茨卡斯(KęstutisNavickas)和能源部长济吉曼塔斯·瓦伊丘纳斯(Žygimantas Vaičiūnas)就白俄罗斯在建核电站对立造成的威胁呼吁全国各个机构与党派合作的同时,还向欧盟委员会高官及国际原子能机构总干事天野之弥请愿,希望其能注意到该核电站仅在2016年就发生了六起意外事件,并希望其能制止其建设。在随后的1月5日,外交部部长任命外交官达留斯·戴古缇斯(Darius Degutis)为负责应对白俄核电站策略的无任所大使。4月,外交部部长林克维丘斯再次发表讲话,在指责该核电站的同时列出其对安全造成威胁的因素。①

经济安全方面,在立陶宛支持欧盟对俄罗斯经济制裁后,俄方禁止进口立陶宛所有的农产品,导致立农产品出口严重受阻,其中受影响较大的是乳制品行业。在此情况下,欧盟为其乳制品行业与畜牧业提供了1330万欧元的补助金。

信息与网络安全方面,立陶宛于2015年建立了国家网络信息安全中心,

---

① https://www.urm.lt/default/en/news/statement-by-the-ministry-of-foreign-affairs-on-astravets-nuclear-power-plant-under-construction-in-belarus-,检索日期:2017年9月25日。

隶属于国防部。据统计，立陶宛每年遭受 2.5 万条网络信息攻击，其年均增长率为 10%~20%[①]。2016 年，立陶宛声称，在与俄罗斯的边境、国内的公共场所、北约空军演习基地、在建电网附近等场所多次抓获正在进行"间谍活动"的俄罗斯与白俄罗斯"间谍"。

四 社会与文化

（一）人口与民族问题

截至 2016 年底，立陶宛总人口 284.79 万，男女比例为 1∶1.1172。立陶宛是一个多民族国家，其中立陶宛族人口占大多数。在所有人口中，各民族人口的百分比见表 1。

表 1 立陶宛每百人人口构成

单位：%

	立陶宛人	俄罗斯人	波兰人	白俄罗斯人	乌克兰人	拉脱维亚人	犹太人	德国人	吉卜赛人	鞑靼人	其他民族人	未指出
2016 年	87.0	4.7	5.6	1.2	0.6	0.1	0.1	0.1	0.1	0.1	0.4	0
2017 年	86.9	4.6	5.6	1.2	0.6	0.1	0.1	0.1	0.1	0.1	0.5	0.1

数据来源：Indicators database - Oficialiosiosstatistikosportalas，https：//osp.stat.gov.lt/statistiniu - rodikliu - analize? theme = all#/.，检索日期：2017 年 9 月 25 日。

立陶宛人口总量一直在下降，其中人口的迁移是一个重要因素。根据立国家统计局的数据，2016 年立人口迁出量为 118905 人，迁入量为 88734 人，净迁移量是负 30171 人。人口迁移是引起立总人口及民族构成发生变化的重要原因。

不同的民族间因语言、文化、地理位置和经济水平的差异，会时常出现一些摩擦。由于立陶宛少数民族数量相较于波罗的海三国中的另外两国要少，因

[①] http：//kauno.diena.lt/naujienos/lietuva/salies - pulsas/kibernetinio - saugumo - centrui - jau - rengiamos - patalpos - 657813#.VK5mJocpBMA，检索日期：2017 年 9 月 25 日。

而民族问题相对少一些。为了解决或缓解这些问题，立陶宛在三国中率先通过了一系列的少数民族法律。这些法律一方面保护少数民族的民族认同感，另一方面也促使这些少数民族融入立陶宛社会。虽然法律的出发点是好的，但实际执行过程中会出现新的问题，即少数民族享有自己民族语言的权利与立官方对立陶宛语的推广之间可能会出现一些摩擦。例如：2016年在维尔纽斯的鞑靼街路标上出现了波兰语的版本，引起了立陶宛官方的紧张。官方要求去除波兰语版本路标，引起了当地波兰社区的抗议。多语言版本与立陶宛要求的语言统一性不相符，容易激化民族矛盾。这是一个亟待解决的问题。在立看来，民族问题会威胁到国家的安全。

（二）社会保障

根据立陶宛国家统计局2016年的数据，2016年就业人数136万人，失业人数11.6万人，失业率为7.9%，比2015年下降1.2%，失业情况比上一年有所好转[1]。社会保障方面，老人社会险为255.44欧元，残疾人保险为221.64欧元，丧失劳动力者保险为176.29欧元[2]。立陶宛的社会保障制沿用的是保守主义福利体制。截至2015年底，超过120万人，即96%的社保投保人加入了基金式投保[3]。立陶宛现行的养老保险由三部分组成，第一部分亦即第一支柱，是国家财政支出，第二部分是强制性的基金式投保，第三部分是自愿投保的部分。然而，自2013年以来，立陶宛人口的老龄化指数（65岁及以上的人口数除以15岁以下儿童的人口数）在持续加大，这会增加立陶宛社会的养老负担。2017年，立陶宛银行经过对现有的养老体系进行研究后指出，如果现行的体系没有重大改变的话，长远来看，这个体系最终会恶化：由于现有人口的外迁、低出生率及人口老龄化，在不久的将来，国家将没有足够的财政收入来运行现有的养老体系。立陶宛银行提出了以下四条具体方案：引入个

---

[1] http：//www.mofcom.gov.cn/article/i/jyjl/m/201702/20170202520213.shtml.，检索日期：2017年9月25日。

[2] Indicators database – Oficialiosiosstatistikosportalas，https：//osp.stat.gov.lt/statistiniu – rodikliu – analize#/，检索日期：2017年9月25日。

[3] Volskis, Edgars. "Reforms of Baltic States pension systems: Challenges and benefits." Retrieved October 10 (2012): 2014.

人账户；为老年人的工作和退休引入更多的弹性方式；向第二支柱中引入强制性的生命周期投资；鼓励足够高水平的资金积累①。

（三）教育水平

立陶宛是一个重视教育的国家。根据经济合作与发展组织（OECD）统计数据，立陶宛（25~60岁）人均受高等教育率为38.7%，高于OECD国家平均高等教育受教育率（35%）②。人均高中以上受教育率为52.6%，而OECD国家平均高中以上受教育率为43.1%③。目前，立陶宛普通学校在校学生约有330000人，大学与高等职业学校的学生总数约为133000人。高等职业学校毕业生为8887人，大学毕业本科生12139人，硕士生7461人，博士生286人。学前教育支出为3.006亿欧元，对普通学校与职业学校的支出共为9.402亿欧元，对大学与高等职业学校的总支出为4.232亿欧元④。

五 与中国的关系

立陶宛与中国于1991年建交。目前中立两国政治、经贸、外交关系发展良好，双方高层往来密切，各领域合作不断取得新进展。2016年为中立建交25周年，中立双方以此为契机，以"一带一路"为平台，在双边政治关系、经济互通、人文交流等方面进行了深入的探索，并取得了一定进展。中方希望通过"一带一路"战略，为中立双方建立一个经济与文化等方面共同发展的平台。立方希望，通过此战略，中方能带去更多的投资与贸易机会⑤。同时，

---

① pension | Bank of Lithuania, https：//www.lb.lt/en/news/bank-of-lithuania-submits-position-on-necessary-pension-system-reform, 检索日期：2017年9月25日。
② OECD (2017), Adult education level (indicator). doi：10.1787/36bce3fe-en (Accessed on 13 September 2017).
③ OECD (2017), Adult education level (indicator). doi：10.1787/36bce3fe-en (Accessed on 13 September 2017).
④ Indicators database - Oficialiosiosstatistikosportalas, https：//osp.stat.gov.lt/statistiniu-rodikliu-analize?theme=all#/, 检索日期：2017年9月25日。
⑤ https：//www.urm.lt/default/en/news/lithuania-china-political-consultations-strengthening-inter-state-relations-open-up-new-opportunities-for-cooperation-in-various-spheres, 检索日期：2017年9月25日。

利用好中国-中东欧国家合作平台，推进合作。立方欢迎中国在立投资，希望双方在经贸、文化、物流、交通、农业等领域的合作取得更多务实的成果。

经济方面，中立双方展开了广泛的合作与交流。2016年，中国有约12000名游客到访立陶宛①。贸易方面，根据中国国家统计局2015年的数据，中国对立陶宛出口总额为1.21亿美元，进口总额为1.3879亿美元②。

而2016年的数据显示，中国对立陶宛出口总额增长到1.29亿美元，进口总额增长到16.4亿美元③。贸易方面，中国对立陶宛出口产品主要集中在机电和纺织品等，立陶宛对中国出口的主要产品为玩具和木制品。此外，中立在货币结算、高新技术推广、资质互认等领域也有着较深入的合作。2016年9月6日，立陶宛外交部副部长内里斯·盖尔马纳斯（Neris Germanas）访华，与中方代表就扩大政治经济关系、交通运输、医疗卫生、科教、文化等领域合作的机会进行了广泛的讨论，双方还讨论了中东欧"16+1合作"及"一带一路"倡议；立陶宛物流、基础设施等领域及克莱佩达港口与经济特区对中国有较强的吸引力，而立陶宛期待中国的市场能带来更多出口的机会④。2017年5月24日，中国国家质量监督检验检疫总局、立陶宛农业部、立陶宛国家食品兽医局共同签署《立陶宛输华冷冻牛肉的检验检疫和兽医卫生要求议定书》⑤。2016年4月26日至5月4日，立陶宛央行与亿赞普集团旗下的国际商业结算有限公司（简称IBS）签署深入合作协议，进一步增强了双方在国际结算领域的相互合作，实质性地推进了IBS在欧洲的清结算业务落地。此举将有助于构建中欧之间的下一代清结算网络，极大地促进了中国与欧盟之间的贸易

---

① 中国网，http://www.china.com.cn/travel/txt/2017-05/12/content_40799786.htm，检索日期：2017年9月25日。
② 国家数据网（中华人民共和国国家统计局），http://data.stats.gov.cn/adv.htm? m=advquery&cn=C01，检索日期：2017年9月25日。
③ https://atlas.media.mit.edu/en/visualize/tree_map/hs92/export/chn/ltu/show/2016/>，检索日期：2017年9月25日。https://atlas.media.mit.edu/en/visualize/tree_map/hs92/import/chn/ltu/show/2016/>，检索日期：2017年9月25日。
④ https://en.delfi.lt/lithuania/foreign-affairs/working-together-for-common-development.d? id=74334958，检索日期：2017年9月25日。http://news.xinhuanet.com/world/2017-04/16/c_1120818955.htm，检索日期：2017年9月25日。
⑤ 中华人民共和国驻立陶宛共和国大使馆经济商务参赞处官网，http://lt.mofcom.gov.cn/article/ztdy/201708/20170802631247.shtml，检索日期：2017年9月25日。

便利化[1]。

文化方面，2016年11月，立陶宛文化部盖鲁纳斯部长与中国文化部赵少华副部长就扩大和深化两国文化交流与合作深入交换意见[2]，并分别代表双方签署了《中华人民共和国文化部和立陶宛共和国文化部2012~2016年文化交流计划》。该计划内容丰富，涉及演出、展览、文学翻译、新闻出版、广播影视、文物保护以及档案馆、博物馆、图书馆等领域[3]。双方以艺术代表团演出、艺术展、传统体育项目开展等方式，加强人文领域合作交流。此外，孔子学院对双方文化的交流与传播也起着重要的作用[4]。2016年3月9日在立陶宛首都维尔纽斯开幕的第十三届"琥珀之路"琥珀展的主办方负责人古多柳斯表示，为中国市场提供上乘的琥珀产品一直是琥珀商面临的巨大挑战，在中国设计的琥珀产品也很受欢迎。中国和立陶宛两国在琥珀这个领域达到深度融合，琥珀已将两国连接起来[5]。双方在中国邮票公司与立陶宛驻华大使馆的合作下，发行了中立建交25周年纪念邮票[6]。

---

[1] 人民网，http://finance.people.com.cn/n1/2016/0504/c153577-28325105.html，检索日期：2017年9月25日。

[2] 中华人民共和国驻立陶宛共和国大使馆官网，http://www.fmprc.gov.cn/ce/celt/chn/sgxw/t1418091.htm，检索日期：2017年9月25日。

[3] http://en.chinaculture.org/whrd/2011-05/11/content_413889.htm，检索日期：2017年9月25日。

[4] 新华网，http://news.xinhuanet.com/world/2016-11/24/c_129376574.htm，检索日期：2017年9月25日。

[5] http://news.xinhuanet.com/world/2016-03/10/c_1118290888.htm，检索日期：2017年9月25日。

[6] https://www.urm.lt/default/en/news/commemorative-collectors-envelope-released-on-the-25th-anniversary-of-the-lithuania-china-diplomatic-relations，检索日期：2017年9月25日。

B.16 罗马尼亚

庞激扬　朱师逊　莫言　徐台杰　刘一凡*

摘　要： 2016～2017年间，罗马尼亚按新修订的选举法举行了大选，政府进行了多次更迭，各政党之间斗争激烈，国内政治存在较大风险。在经济领域，2016年罗马尼亚经济持续增长，已成为欧盟成员国中经济增长最快的国家，几大支柱型产业对国民经济的发展起到了较大的拉动作用。在外交和安全领域，罗马尼亚十分重视与美国的战略伙伴关系，注重黑海地区的稳定和安全；对华关系也是罗马尼亚外交战略中的一个优先方向，"一带一路"倡议和"16+1"合作机制促进了两国高层的交流，同时也将在两国经贸、基建、能源等方面增加合作。近年来，罗马尼亚面临人口数量下降过快、社会老龄化以及劳动力逐年下降等社会问题。

关键词： 罗马尼亚　议会选举　政府更迭　经济增长　中罗双边关系

---

* 庞激扬，北京外国语大学欧洲语言文化学院罗马尼亚语教研室主任，副教授，博士。主要研究方向为罗马尼亚当代文学研究、罗中文化交流；朱师逊，北京外国语大学罗马尼亚语专业大四学生。2017～2018学年国家级大学生创新创业项目"中国和罗马尼亚对对方国家语言人才培养比较"成员，并在"寻找对象国的马克思"活动中对罗马尼亚共产党的历史做专项研究；莫言，北京外国语大学欧洲学院罗马尼亚语专业大四学生。2016～2017学年国家级大学生创新创业项目"中罗两国'互设文化中心'人文交流模式研究"成员；北外国际商学院"一带一路国家会计行业研究报告"成员；国家汉办参考杂志《世界语言战略资讯》新闻板块撰稿；徐台杰，北京外国语大学罗马尼亚语专业大四学生。2016～2017学年国家级大学生创新创业项目"中国与罗马尼亚对对方国家语言人才培养比较研究"负责人；2015年协助建设北京外国语大学与多校联合建设汉学家数据库；刘一凡，北京外国语大学罗马尼亚语专业大四学生，金融双学位。国家课题组"一带一路国家会计行业研究报告"项目成员，2016～2017学年国家级大学生创新创业项目"非通用语专业学生实习情况调研"负责人，"青年中国行"大学生暑期社会调研实践全国百强团队队长。

一　国内政治形势

2016~2017年，罗马尼亚按新修订的《选举法》举行了大选，政府多次更迭，国内政治存在较大风险。各政党之间斗争激烈，现任总统和总理分属不同的政治派别，政见存在分歧。而罗总统权力很大，有权提名总理候选人，解散议会，还有权决定和干预司法机构关键职务的任命等。此外，罗马尼亚社会腐败问题十分严重，政治人物与普通公职人员涉及贪腐的案件屡见不鲜，这使得民众对政党及政治机构充满了不信任。这些都是导致社会不稳定的潜在因素。

（一）2016：选举之年

2016年6月6日和12月11日，罗马尼亚分别举行了地方选举和议会选举。两种选举均按2015年修改的《选举法》的新规定组织进行。

在地方选举中，新的《选举法》规定了市长的选举只需经过一轮投票，此外，新法还规定了县（省）各党派委员会主席不再以直接选举的方式选出，而是以多数票从县（省）委员会委员中选出。

一些政治家对新的选举方式提出了异议。他们认为这样的选举制度对于规模较大的党派、在职市长以及有名望的参选者有利，而不利于小党派和体制外的参选者。[1]

根据2015年2月24日选举法委员会的决定，2016年的议会选举放弃了2008年引入的得票最多者当选的选举制，而回归党派比例代表制[2]。

按照规定，每73000名居民中可选出1名众议员，每168000名居民中可

---

[1] 资料来源：http://www.mediafax.ro/politic/analiza-2016-anul-alegerilor-locale-si-parlamentare-noile-reguli-electorale-14955104，检索日期：2017年10月14日。

[2] 资料来源：http://www.gandul.info/politica/noua-lege-electorala-parlamentari-alesi-pe-liste-si-campanii-electorale-finantate-de-stat-13884962，检索日期：2017年10月14日。http://adevarul.ro/news/politica/votulpe-lista-revine-la-alegerile-2016-1_512e428000f5182b85af11d9/index.html，检索日期：2017年10月14日。http://www.romaniatv.net/decizie-bomba-schimbari-majore-la-viitoarele-alegeri-parlamentare-se-revine-la-votul-pe-liste_204401.html，检索日期：2017年10月14日。http://www.rri.ro/en_gb/new_election_law_in_romania-2534281，检索日期：2017年10月14日。

选出 1 名参议员。据此，2016 年共选出 329 名众议员、136 名参议员，其中包括 6 名侨民议员（2 参 4 众）以及 17 名少数民族众议员，共计 465 名议员，比上届议会少 122 名。值得一提的是，2016 年海外罗马尼亚侨民第一次可以通过发送邮件的形式进行投票，这表明，罗马尼亚的选举制度在不断完善①。

在 2016 年选举中，一些新的政党开始崛起。如 2014 年 8 月 17 日创立的罗马尼亚联合党、2015 年 7 月成立的拯救罗马尼亚联盟等。其中尤以拯救罗马尼亚联盟最为瞩目。该党由一群政治界新人组成，致力于根除腐败。

2016 年选举产生的新政府是罗马尼亚第 126 届政府，政府总理为索林·格林代亚努（Sorin Grindeanu），于 2017 年 1 月 4 日正式宣誓就职。2016 年罗马尼亚议会选举主要政党得票情况见表 1。

表 1 2016 年罗马尼亚议会选举主要政党得票情况（2016 年 12 月 11 日）

众议院席位 329 席，参议院席位 136 席，其中多数票所需席位：众议院 165 席，参议院 69 席
选举投票人数比例：39.44%

党派	社会民主党	国家自由党	拯救罗马尼亚联盟
得票率排名	第一	第二	第三
党首	利维乌·德拉格内亚（Liviu Dragnea）（2015 年 7 月 22 日起）	阿利娜·格尔乌（Alina Gorghiu）（2014 年 12 月 18 日起）	尼库绍尔·达恩（Nicușor Dan）（2016 年 8 月 21 日起）
上次选举席位	59 席(参),33.52% 150 席(众):,36.41%	50 席(参),28.41% 100 席(众):,24.27%	—
本次选举席位	67 席(参)/154 席(众)	30 席(参)/69 席(众)	13 席(参)/30 席(众)
变化	8 席(参)/4 席(众)	20 席(参)/31 席(众)	—
选名投票票数	304864(众),45.48% 3221786(参),45.68%	1412377(众),20.04% 1440193(参),20.42%	625154(众),8.87% 629375(参),8.92%
党派	罗马尼亚匈牙利族民主联盟	自由民主联盟	人民运动党
得票率排名	第四	第五	第六

---

① 资料来源：http://romanialibera.ro/politica/institutii/legea-algerilor-parlamentare-pe-liste--promulgata-de-iohannis-386442，http://www.hotnews.ro/stiri-esential-20309843-presedintele-klaus-iohannis-promulgat-legea-alegerilor-parlamentare.htm，检索日期：2017 年 10 月 14 日。

续表

党派	社会民主党	国家自由党	拯救罗马尼亚联盟
党首	胡诺尔·凯莱曼（Hunor Kelemen）（2011年2月26日起）	克林·特里恰努（Călin Popescu-Tăriceanu）（2015年6月19日起）	特拉扬·伯塞斯库（Traian Băsescu）（2016年3月27日起）
上次选举席位	9席(参),5.11% 18席(众),4.73%	—	—
本次选举席位	9席(参)/21席(众)	9席(参)/20席(众)	8席(参)/18席(众)
变化	0席(参)/3席(众)	—	—
选名投票票数	435969(众),6.19% 440409(参),6.24%	396386(众),5.62% 423728(参),6.01%	376891(众),5.35% 389791(参),5.65%

数据来源：http://parlamentare2016.bec.ro/wp-content/uploads/2016/12/3_RF.pdf，检索日期：2017年10月2日。

（二）2017：动荡之年

2017年1月，在格林代亚努新政府宣誓就职后不久，罗马尼亚全国范围内就爆发了多场民众抗议政府的游行示威活动，并于2月5日达到高潮，有超过30万民众在全国各地进行抗议游行，次日仍有近30万人继续抗议并要求格林代亚努政府下台。

这场抗议行动源起2017年1月31日新政府司法部颁布的第13号紧急政令，涉及赦免部分刑事犯罪以及刑事诉讼法的修正案，其中特别值得一提的是该政令对于滥用职权罪的新规定。这不仅触及罗马尼亚社会对于反腐败的底线，实际上还激化了罗马尼亚各种政治力量之间的矛盾，进而引发行政、立法、司法以及各政党之间趁机展开的权力斗争。

这次引爆了1989年以来最大规模示威活动的事件充分暴露了罗马尼亚自1989年剧变以来政治社会中的不稳定因素、政党之间的矛盾以及执政党自身仍面临的信任危机等重大问题。

1. 罢免政府，弹劾总理

2017年1月中旬，有媒体报道称新政府将出台一项旨在对刑法及刑事诉讼进行修订的紧急政令，其中最主要的内容是将腐败案件去刑事化等。

1月18日，约翰尼斯总统利用宪法第87条赋予的权力，出席并主持了政府会议，建议有关刑法的修改应首先提交专家讨论后再通过。得到消息的民众于当日晚间就开始在布加勒斯特街头游行，抗议政府企图修改刑法。之后，布加勒斯特街头的游行一直没有中断，约翰尼斯总统、国家自由党主席、拯救罗马尼亚联盟党主席以及前总理等政界要人也走上街头，加入示威者的行列。

1月31日，在没有按照规定公布相关会议安排的情况下，政府秘密通过了关于修改刑法的第13号紧急政令。此举彻底点燃了民众的愤怒情绪，包括首都布加勒斯特在内的多个大城市出现了大规模的抗议示威活动。

迫于压力，政府于2月5日颁布第14号政令，宣布废除第13号紧急政令。这一举动非但没有平息民众的愤怒，反而更大程度上激起了民众对政府的不信任，有越来越多的民众走上各地街头抗议游行，从抗议修改刑法转而要求政府下台。

与此同时，罗总统持续谴责政府的这一行为，执政党内部也因此事件出现分裂。

2. 新政府成立

罗马尼亚全国各地、社会各界抗议政府的行动一直持续到了6月。在丧失了政治援助和大多数部长支持的情况下，甚至在被开除社民党党籍之后，罗总理索林·格林代亚努仍拒绝辞职。在此形势下，针对政府的不信任案是唯一可采取的合法途径。2017年6月21日，针对罗总理索林·格林代亚努领导的政府的不信任案已通过罗议会投票，241名议员投赞成票，超过所需的233票。这是自1990年以来，罗马尼亚执政联盟首次通过不信任案推翻政府，在欧洲范围内也实属罕见。紧接着，约翰尼斯总统立即着手和议会各党派代表进行磋商，准备组建新一届政府。

2017年6月再次选举产生的新政府是罗马尼亚历史上第127届政府，政府总理为米哈伊·图多塞（Mihai Tudose），他于2017年6月29日起宣誓就职。罗议会参众两院也于当日举行联席会议，以275票赞成、102票反对的结果通过了对新政府的信任投票。此届政府成员共29人，其中16人是原格林代亚努政府的成员。除图多塞总理之外，另有3名副总理。包括总理与两名副总理在内的社民党共占24席，而自民联盟占包括副总理和外交部长在内的4席，司法部长则由无党派人士担任。

二 经济发展状况

2016年，罗马尼亚国内生产总值与2015年相比增长了4.8%，罗也由此成为欧盟成员国中经济增长最快的国家。罗国家统计局公布的数据显示，2016年，罗实现国内生产总值7592亿列伊（约合1620亿欧元），为2008年以来增速最快的一年，已连续两年居欧盟国家首位。

分季度来看，一至四季度罗马尼亚国内生产总值分别为1462亿列伊（325亿欧元）、1786亿列伊（397亿欧元）、2073亿列伊（464亿欧元）和2271亿列伊（504亿欧元），同比增速分别为4.3%、6.0%、4.3%和4.7%。经季节性因素调整后的季度GDP总值分别为1834亿列伊（408亿欧元）、1891亿列伊（420亿欧元）、1897亿列伊（422亿欧元）和1943亿列伊（432亿欧元），分别增长4.1%、5.8%、4.4%和4.8%[①]。

（一）经济增长总趋势

1. 居民购买力提升

根据GFK调查公司公布的《2016年度欧洲各国购买力研究报告》，与2015年相比，2016年度欧洲各国居民购买力均有增强。在所调查的42个欧洲国家中，罗马尼亚的居民购买力增长幅度超过了5%，在所涉国家中位列第33名。

在罗马尼亚境内，首都布加勒斯特市的居民购买力最强，达到了人均6288欧元，超过全国平均水平的50%。这一水平与国家排名第29位的波兰相接近（见表2）。

2. 商业、IT和通信业对经济增长所做的贡献

据罗马尼亚国家统计局数据显示，2016年罗马尼亚经济增速4.8%：其中批发零售、运输、物流、酒店住宿业的GDP占比为18.1%，为经济增长贡献了1.8%，同比增长10.9%；信息通信业的GDP占比5.6%，为经济增长贡献

---

① 中国商务部欧洲司网站：http://ozs.mofcom.gov.cn/article/jjxs/201703/20170302533547.shtml，检索日期：2017年10月2日。

表2 2016年罗马尼亚居民购买力排名前10的县、市

2016年度排名	县(市)名	居民人数(人)	2016居民人均购买力(欧元)
1	布加勒斯特	1855526	6288
2	蒂米什瓦拉	695235	4987
3	克鲁日	700443	4931
4	伊尔福夫	430799	4916
5	布拉索夫	550647	4537
6	康斯坦察	683077	4523
7	锡比乌	399908	4426
8	阿拉德	426180	4349
9	普拉霍瓦	747257	4316
10	阿尔杰什	600026	4263

数据来源：GFK调查公司《2016年度欧洲各国购买力研究报告》。

了0.7%，同比增长8%；专业、科技、管理服务，特别是跨国公司在罗开设的各类研究中心的GDP占比为7.4%，为经济增长贡献了0.6个百分点，同比增长8%；计算机通信业刺激了商业产业和住宅市场的发展，为经济增长贡献了0.1%。[1]

（二）支柱型产业的发展

1. 工业

根据罗马尼亚国家统计局公布的数据，2016年罗马尼亚工业生产较2015年增长1.7%，加工工业增长2.6%，整体工业产出值比2015年增长4.7%。其中，耐用品生产制造业产出同比增长17.7%，对工业总体增长拉动作用明显；生产原料同比增长10%，消费耐用品与2015年相比增长6%，能源工业产出相对减少10.7%。

总体来看，罗马尼亚工业生产总值占罗国民生产总值约25%，对国民经济的发展起到了较大的拉动作用[2]。

---

[1] 中国驻罗马尼亚大使馆经商参处网站，http://www.mofcom.gov.cn/article/i/jyjl/m/201703/20170302529254.shtml，检索日期：2017年10月2日。

[2] 数据来源：罗马尼亚国家统计局、中国驻罗马尼亚大使馆经商参处。

2. 农业

据罗马尼亚国家统计局公布的数据，2016年罗马尼亚向日葵、玉米、小麦、土豆的产量和种植面积均位居欧盟各成员国的前列（见表3）。

罗KeysFin咨询公司于2017年初公布的调研报告显示，罗马尼亚农业持续稳步发展，农作物产量连创佳绩，其中粮食部门产值7年来翻了一番，从2009年的83.4亿列伊增长到2015年的161亿列伊。

另据欧盟委员会所提供的最新数据，截至2017年5月底，罗马尼亚已成为欧盟主要粮食出口国，共出口粮食715万吨，占2016~2017年收获的欧洲粮食出口总额的近四分之一。其中，小麦出口量已超过500万吨（几乎是2011年至2015年间平均值的两倍）。[1]

表3 罗马尼亚2015~2016年主要农作物产量对比

主要农作物种类	总产量（千吨）2015	总产量（千吨）2016	变化（千吨）
谷物	19332,8	21764,8	+2432,0
小麦	7962,4	8431,1	+468,7
黑麦	24,3	25,9	+1,6
大麦	1626,3	1817,3	+191,0
燕麦	348,0	381,4	+33,4
玉米	9021,4	10746,4	+1725,0
黑小麦	265,1	287,3	+22,2
豆类作物	75,8	99,3	+23,5
豌豆	55,3	78,8	+23,5
扁豆	20,0	19,1	-0,9
油料作物	2975,2	3596,8	+621,6
向日葵	1785,8	2032,3	+246,5

---

[1] KeysFin《罗马尼亚农业调研报告》，http://www.keysfin.com/#!/Pages/News/NewsDetails&title=agricultura-romaneasca-bate-record-dupa-record-afacerile-din-sectorul-cerealelor-s-au-dublat-in-ultimii-7-ani，检索日期：2017年10月2日。

续表

主要农作物种类	总产量（千吨） 2015	总产量（千吨） 2016	变化（千吨）
大豆	262,1	263,4	+1,3
油菜	919,5	1292,8	+373,3
甜菜	1040,8	1012,2	-28,6
饲料用甜菜	415,7	331,2	-84,5
烟草	1,1	1,7	+0,6
土豆	2699,7	2689,7	-10,0
秋土豆	2279,5	2287,8	+8,3
蔬菜	3673,5	3358,4	-315,1
西红柿	701,8	627,2	-74,6
圆白菜	1078,0	992,4	-85,6
花椰菜和西兰花	43,9	39,9	-4,0
黄瓜	196,8	186,5	-10,3
茄子	128,4	116,2	-12,2
辣椒	226,3	201,9	-24,4
胡萝卜	213,4	191,9	-21,5
大蒜	64,1	54,4	-9,7
洋葱	360,8	325,1	-35,7
青豌豆	18,7	17,2	-1,5
青豆	56,0	49,8	-6,2
西瓜和哈密瓜	506,1	477,6	-28,5
可耕地青饲料	12839,4	12070,5	-768,9
常青饲料	3035,7	2715,4	-320,3
多年生饲料	9803,7	9355,1	-448,6
水果	1224,7	1241,6	+16,9
苹果	476,1	467,3	-8,8
梨	45,6	52,8	+7,2
李子	496,5	513,0	+16,5
杏	31,0	30,7	-0,3
樱桃和酸樱桃	75,5	73,8	-1,7
桃子和油桃	21,8	23,6	+1,8

续表

主要农作物种类	总产量（千吨）		变化（千吨）
	2015	2016	
核桃	33,4	34,1	+0,7
葡萄	798,8	736,9	-61,9
酿酒用葡萄	756,7	698,1	-58,6
食用葡萄	42,1	38,8	-3,3

数据来源：KeysFin《罗马尼亚农业调研报告》http：//www.keysfin.com/#!/Pages/News/NewsDetails&title = agricultura – romaneasca – bate – record – dupa – record – afacerile – din – sectorul – cerealelor – s – au – dublat – in – ultimii – 7 – ani，检索日期：2017年10月2日。

3. 对外贸易

据罗马尼亚国家统计局公布的最新数据，罗目前同全球约180个国家和地区有经贸往来。2016年，罗贸易进出口总额为1247.274亿欧元，同比增长6.10%。其中，以离岸价（FOB）计价出口额为573.853亿欧元，同比增长5.1%；以到岸价（CIF）计价进口额为673.421亿欧元，同比增长7.0%。罗主要出口产品有：鞋类、服装、纺织品。主要进口产品有：机电、家电、矿产品、石油产品。主要贸易国有：德国、意大利、法国。[1]

（1）欧盟内部贸易情况

2016年罗马尼亚与欧盟内部国家的货物贸易额为950.267亿欧元，同比增长7.0%，占罗同期进出口总额的76.2%。其中，出口额为430.785亿欧元，同比增长7.0%，占同期出口总额的75.1%；进口额519.482亿欧元，同比增长6.9%，占同期进口总额的77.1%。

（2）欧盟外部贸易情况

2016年罗马尼亚与欧盟以外国家的贸易总额为297.007亿欧元，较2015年增加3.4%，占罗同期进出口总额的23.8%。其中，罗出口143.068亿欧元，同比下降0.3%，占同期出口总额的24.9%；进口153.939亿欧元，比2015年增加7.1%，占同期进口总额的22.9%。

---

[1] 中国外交部网站：http：//cs.mfa.gov.cn/zggmcg/ljmdd/oz_652287/lmny_653963，检索日期：2017年10月2日。

(3) 贸易逆差情况

2016年以FOB计价的出口额和以CIF计价的进口额相抵，罗马尼亚贸易逆差为99.568亿欧元，同比增长19.0%。其中，欧盟内部贸易逆差为88.697亿欧元，同比增长6.3%。欧盟外部贸易逆差为10.871亿欧元，同比增加5281.7%。

(4) 贸易结构情况

从结构看，2016年罗马尼亚主要的进出口货物大类为运输设备和机动车（分别占同期总出口的47.0%和总进口的38.0%）以及其他加工类产品（分别占同期总出口的32.4%和总进口的31.0%），具体情况见表4和表5。

表4 2016年1~12月罗FOB出口商品结构表

商品大类	在总出口中所占比重（%）
运输设备和机动车	47.0
其他加工类产品	32.4
食品、饮料及烟草	8.4
化学品	4.3
原材料	4.3
燃料、润滑油等	3.6

数据来源：中国驻罗马尼亚大使馆经商参处网站：http://ro.mofcom.gov.cn/article/ztdy/201702/20170202515181.shtmlhttp://ro.mofcom.gov.cn/article/ztdy/201702/20170202515181.shtml，检索日期：2017年10月20日。

表5 2016年1~12月罗CIF进口商品结构表

商品大类	在总进口中所占比重（%）
运输设备和机动车	38.0
其他加工类产品	31.0
化学及其关联产品	13.5
食品、饮料及烟草	8.7
矿物燃料和润滑油	5.7
原材料及材料	3.1

数据来源：中国驻罗马尼亚大使馆经商参处网站：http://ro.mofcom.gov.cn/article/ztdy/201702/20170202515181.shtmlhttp://ro.mofcom.gov.cn/article/ztdy/201702/20170202515181.shtml，检索日期：2017年10月20日。

（三）第三产业

服务业是罗马尼亚国民经济中重要的组成部分。在2016年的前三季度，罗服务业占其GDP比重上升到63.9%，服务业已成为国家经济发展的主要引擎。

罗2016年前三季度GDP实际增长为4.8%。从构成看，服务业对经济拉动作用明显，其中批发零售、汽车和摩托车维修、运输仓储、住宿餐饮对GDP贡献率最高，同比增长11.9%，拉动GDP增长1.9%，占GDP比重为17.4%；其次为信息和通信业，拉动经济增长0.8%，占GDP比重为6.3%；职业和科技活动、行政服务和支持活动拉动经济增长0.4%，占GDP的7.3%；公共和国防管理、公共系统的社保、教育、卫生和社会救助拉动增长0.3%，占GDP的11.7%；不动产交易拉动经济增长0.1%，占GDP的8%；演出、文化和娱乐活动、日用消费品维修及其他服务业拉动增长0.1%，占GDP的2.8%。

就业方面，零售业吸纳雇员最多，占就业人口12%，特别是购物中心吸纳就业较为集中，但特大型超市的兴起减少了零售业的就业人数。金融、房地产、通信领域吸纳就业人数仅次于零售业，近年来上述领域发展迅速，但主要集中在一些大城市，特别是首都布加勒斯特市。①

（四）货币金融

1. 银行金融业

目前在罗马尼亚共有50余家银行，其中大部分为外资私营银行，主要来自奥地利、法国、匈牙利、塞浦路斯等国。主要外资银行包括希腊阿尔法银行（ALPHA BANK）、来富埃森银行（RAIFFEISEN BANK）、荷兰国际集团银行（ING BANK）、花旗银行（CITI BANK）等。目前，罗马尼亚尚无中资银行。私营银行资产占银行业总资产比例约为92%，外资银行资产占银行业总资产比例为90.8%。

罗马尼亚国家银行（BNR）为中央银行，负责发行货币，并通过货币政策和汇率政策来维持物价稳定。

罗马尼亚商业银行（BCR）是最大的商业银行，于2005年进行了私有化重

---

① 中国驻罗马尼亚大使馆经商参处网站：http：//ro.mofcom.gov.cn/article/jmdy/201702/20170202523702.shtml，检索日期：2017年10月2日。

组。目前，该行最大股东为奥地利 ERSTE 银行，持有 69.4% 的股份。BCR 在罗马尼亚银行业占有 22.2% 的市场份额，在全国有 668 个分支机构。罗马尼亚另外一家比较大的商业银行为储蓄银行（CEC），该行在全国共有 1400 多个网点。[①]

2016 年罗马尼亚金融中间媒介作用继续下滑，仍然保持欧盟最低水平。鉴于私人养老基金、保险和非银行金融机构部门取得的显著进展，罗金融体系保持相对稳定。但随着金融机构资产变化，经济增长速度加快，金融体系资产在国民生产总值中的份额略有下降（从 2015 年 12 月的 75.6% 降至 2016 年 6 月的 74.2%）。金融体系总资产在 2016 年上升了 1.2%。[②]

2. 证券金融业

目前罗马尼亚共有 3 个证券交易市场，分别为布加勒斯特股票交易所、罗马尼亚场外证券交易市场——RASDAQ 和锡比乌股票交易所。罗马尼亚上市公司主要是包括国家石油公司和商业银行等在内的大型蓝筹公司。

罗马尼亚的股票指数包括：以 10 支最具流动性股票为样本的 BET 指数；以所有股票为样本的 BET-C 指数和以流动性最好的蓝筹公司为样本的 ROTX 指数。[③]

（五）财政税收

据罗马尼亚财政部公布的 2016 年度财政决算，2016 年罗马尼亚国家财政赤字为 183 亿列伊，约为其国民生产总值的 2.41%。而国家财政收入共计 2237 亿列伊，占 GDP 的 29.5%，与 2015 年同期相比少了 4.3 个百分点，年度预算实现程度达 95.1%。

税收收入的预算实现程度达到 97.7%，此数值受到了商品和服务税（96%）的负面影响，也受到了企业所得税（100.5%）的积极影响。其他税种的预算收入实现程度分别为：工资和个人所得税（100.3%），财产税（100.2%），其他财政税费（173.6%）。税收收入比上年增长的有：企业所得税（+11.7%），社会保障缴款（+6.3%），工资和个人所得税（+4.2%），

[①] 中国驻罗马尼亚大使馆经商参处：http://ro.mofcom.gov.cn/article/jmdy/201703/20170302525240.shtml，检索日期：2017 年 10 月 2 日。
[②] 数据来源：罗马尼亚国家银行之《2016 罗马尼亚金融稳定报告》，发行时间：2016 年 12 月。
[③] 中国驻罗马尼亚大使馆经商参处网站：http://ro.mofcom.gov.cn/article/jmdy/201703/20170302525240.shtml，检索日期：2017 年 10 月 2 日。

以及消费税（+3.6%）。此外社会保障缴款超过了年度预算目标的0.8%。

2016年罗马尼亚国内增值税收入与2015年相比，下降了9.6%。主要是由于从2016年1月1日起，罗马尼亚将国家标准增值税税率由24%降至20%。自2016年6月1日起，罗马尼亚食品税率也减至9%。

在国家财政开支方面，2016年罗马尼亚共产生财政支出242亿列伊，与2015年同期相比减少0.6%，占GDP比重为2.3%，实现财政预算目标的94.5%。①

罗马尼亚近十年来财政赤字变化情况见表6。

表6 罗马尼亚2005~2016财政赤字变化

单位：%

	2005	2006	2007	2008	2009	2010	2011	2012	2013	2014	2015	2016*
财政赤字（占GDP百分比）现金	-0.7	-1.4	-3.1	-4.8	-7.3	-6.3	-4.2	-2.5	-2.5	-1.7	-1.2	-2.8
财政赤字（占GDP百分比）ESA清算账户	-1.2	-2.2	-2.9	-5.6	-9.1	-6.9	-5.4	-3.2	-2.2	-1.4	-1.1	-3.0
基本赤字（占GDP百分比）	0.0	-1.4	-2.2	-5.0	-7.5	-5.1	-3.7	-1.2	-0.5	0.2	0.3	-1.5
结构性赤字（占GDP百分比）		-2.5	-4.4	-5.2	-8.6	-8.8	-5.8	-3.0	-2.1	-1.2	-0.7	-1.0	-3.0

注：2016年数据为2016年3月罗马尼亚国家银行根据财政部预算估算而得。
数据来源：罗马尼亚国家银行之《罗马尼亚金融系统与近期发展计划》，发布日期：2016年3月9日。

（六）基础设施建设

根据罗马尼亚交通部公布的信息显示，截至2016年底罗马尼亚已有铁路1300公里，高速公路695公里，国道17000公里，在建高速公路245公里，在建国道912公里。但根据罗Digi24电视台2017年3月7日报道，罗马尼亚高速公路总里程目前仍居欧盟末尾。罗人均高速公路里程仅3.8厘米，而欧盟国家中人均高速公路里程最多的为西班牙（1.5万公里）。罗马尼亚的两个邻国保加利亚和匈牙利的人均高速公路里程也在罗之上，分别为8.6厘米和18.2厘米②。

---

① 罗马尼亚国家财政部网站：http://www.mfinante.gov.ro/acasa.html?method=detalii&id=151826，检索日期：2017年10月2日。
② 中国商务部网站：http://www.mofcom.gov.cn/article/i/jyjl/m/201703/20170302529253.shtml，检索日期：2017年10月2日。

（七）失业率

根据欧盟统计局最新发布的数据，罗马尼亚为欧盟失业率最低的国家之一。

数据显示，截至2016年底罗失业率为5.5%，较11月份下降0.2%，较2015年同期下降1.2%。就失业率的组成来看，罗男性失业率为6.3%，女性失业率为4.5%，男性失业率较女性高出1.8个百分点。此外，25~74岁成年人失业率为4.4%，占全国失业总人数的75%。[①]

就欧盟范围内来看，截至2016年底罗失业率比欧盟平均水平低2.8个百分点，较欧元区平均水平低4.1个百分点。按失业率由低到高排列，罗在欧盟28国中排名第6。而根据2017年6月公布的最新数据，罗马尼亚仍为欧盟28国中失业率较低国家之一，排名第8（见图1）。

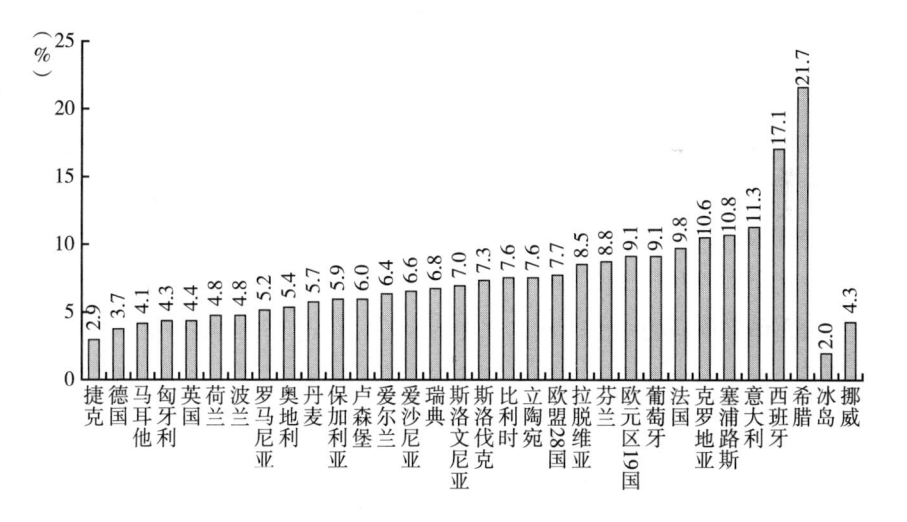

图1 截至2017年6月欧盟各国失业率情况

数据来源：欧盟统计局 Eurostat 网站：http://ec.europa.eu/eurostat/statistics-explained/index.php/File: Unemployment_rates,_seasonally_adjusted,_July_2017_(%25)_F2.png，检索日期：2017年10月2日。

---

① 中国商务部网站：http://www.mofcom.gov.cn/article/i/jyjl/m/201702/20170202513384.shtml，检索日期：2017年10月2日。

三 外交与安全

罗马尼亚于2004年3月29日加入北约，2007年1月1日加入欧盟。截至2014年，罗马尼亚已同世界上182个国家和地区建立了外交关系。罗马尼亚对外坚持欧美优先、兼顾周边、重视大国的原则，同时将发展对华关系作为其外交战略的优先方向之一。而黑海地区的稳定和安全则受到罗马尼亚政府的极大重视。

（一）黑海地区问题

罗马尼亚政府对黑海地区的稳定和安全极为重视。罗马尼亚周边的不稳定区域，也就是欧盟和北约组织南界和东界的部分邻国，依然影响着地区乃至整个欧洲的稳定与安全。罗战略伙伴土耳其国内政局的变化导致黑海周边地区局势更加复杂；而俄罗斯的干预，也一度使该地区局势"十分紧张"。

2016年3月，"黑海地区安全：共同的挑战，可持续的未来"（SBSR）计划启动仪式在罗马尼亚举行。这一计划得到了罗马尼亚总统的支持，合作者包括"勇敢的米哈伊"国家情报学院以及美国哈佛大学等多个机构。罗战略事务国务秘书达尼埃尔·约尼查（Daniel Ioniță）指出，罗马尼亚所处的地缘环境越来越复杂，这一复杂性也突显出泛黑海地区地缘战略的重要。罗马尼亚相关部门及其他有关利益方应采取果决而有效的方法，努力使黑海地区转变为开放、多维合作和连通的一个区域，成为东西方之间真正的战略桥梁，以避免因形势的恶化而对整个欧洲－大西洋地区造成不良影响[①]。

（二）与美国的关系

罗马尼亚十分重视与美国的关系，美国在罗马尼亚军事、外交中扮演着一个愈发重要的角色。2007年8月，美在罗设立军事基地。2011年9月，罗美签署《罗美面向21世纪的战略伙伴关系联合声明》及美在罗部署反导系统协议。美已于2015年11月在罗南部德维塞卢空军基地部署标准－3短程导弹拦截装置。

---

① 资料来源：http://www.mae.ro/node/37278，检索日期：2017年10月2日。

约翰尼斯总统多次表示,解决目前罗马尼亚所面临的大多数风险、威胁和挑战的关键,在于继续深化与美国在外交和安全政策方面的战略伙伴关系,同时也应继续凝聚欧盟和北约的力量。

2016年7月,罗马尼亚战略事务国务秘书达恩·尼古拉埃斯库(Dan Neculăescu)会见来访的美国国会代表团。会议讨论了罗马尼亚与美国之间的战略伙伴关系、外交与安全政策的核心内容等,重点讨论了黑海地区所面临的挑战和危险。国务秘书请求美国国会对关系到罗马尼亚切身利益的欧洲保证计划(European Reassurance Initiative)继续提供支持,以确保该计划的顺利实施。

2016年,罗总统克劳斯·约翰尼斯(Klaus Iohannis)、时任总理达奇安·乔洛什分别访问美国,以加强与美国在国防、经济、科研创新、教育等多个领域的合作[①]。

2016年9月26日,落实《罗美面向21世纪的战略伙伴关系联合声明》工作组第五次会议在华盛顿举行。来自外交部、能源部、国防部、经济贸易和商业环境部的罗马尼亚政府代表和官员参加了此次会议。这次会议主题涵盖国防、能源、贸易投资、教育科研等多领域合作,为罗美战略合作的进一步深化打下坚实基础。

目前,罗马尼亚与美国战略伙伴关系主要体现在国防合作领域。基于罗马尼亚南部德韦塞卢空军基地反导系统的成功启动,罗美双方将继续北约框架内的双边合作,以确保在2017年全面快速地实施2016年北约华沙峰会确立的决议内容。这其中包括组建由罗马尼亚领导的多国旅团,通过多国联合演习不断强化黑海地区的空海力量等。同时,罗美两国已同意在反恐和网络安全领域进一步开展合作。

罗美双方均表示支持建设更加透明、完整、多样化和具备竞争力的区域能源市场。双方将关注实现罗马尼亚、保加利亚、匈牙利和奥地利之间以及罗马尼亚和摩尔多瓦共和国之间的天然气联网,并加速黑海近海天然气储备进程。

贸易投资同样是罗美两国关系的重要内容。双方将优先考虑以支持小型企业、青年企业家和创新型创业社区为目标的双边贸易投资项目。

① 资料来源:http://www.mae.ro/node/37946,检索日期:2017年10月2日。

除此之外，罗美双方还将进一步促进人文交流，继续双边互访和人文交流项目。罗方将进一步巩固美国福布莱特计划的坚实基础，重点关注创新领域更为密切的合作。罗马尼亚承诺将全面执行美国的免签证计划（VWP）所规定的各项安全措施，并积极探求合作以使罗尽快被纳入免签证计划①。

（三）与欧盟的关系

罗马尼亚自2007年加入欧盟之后，十分重视在欧盟框架下实施其外交策略，发展合作关系。在2016年10月举办的欧盟布加勒斯特论坛中，罗马尼亚外交部长拉泽尔·科默内斯库（Lazăr Comănescu）着重指出，维护欧盟各国团结是目前欧盟的工作重点之一，成员国需起草一个全新、共识的欧盟全球战略，而罗马尼亚相关的政策及方针都会与欧盟保持较强的一致性。

在欧盟各成员国当中，罗马尼亚较为重视与波兰的战略伙伴关系。两国首脑在2016年北约华沙峰会时举行了友好会谈，对多项合作达成共识。约翰尼斯总统在2016年8月31日的外交年会上指出，罗马尼亚与波兰的战略伙伴关系不仅仅体现在国家安全和地区合作上，两国更应在具备共同利益的欧洲事务上做出贡献。

面对欧盟内十分棘手的难民问题，罗马尼亚政府认为欧盟必须制定出富有远见和成效的方案。同时，各方也要注意提防仇外和反欧的政治势力。

另外，罗方认为英国脱欧已经给欧盟敲响了警钟，这一举动将产生多重影响，也是对欧盟稳定性的一大考验。而罗马尼亚作为欧盟、北约这两大组织中处于东部边界的国家，也应积极地扮演起维护国家与组织安全的角色②。

（四）与摩尔多瓦的关系

近年来，由于独特的地理位置和历史背景，罗马尼亚与邻国摩尔多瓦共和国的关系一直较为微妙。罗马尼亚前总统伯塞斯库和前总理蓬塔都曾表示罗马

---

① 资料来源：http://www.mae.ro/node/37946；http://www.mae.ro/node/38549，检索日期：2017年10月2日。
② 资料来源：http://www.mae.ro/sites/default/files/file/anul_2016/2016_pdf/2016.08.31_discursul_presedintelui_romaniei_la_radr.pdf，http://www.mae.ro/node/38686，检索日期：2017年10月2日。

尼亚应与摩尔多瓦统一。

目前，罗马尼亚认为邻国的稳定性和整体发展与其休戚相关，进而注重与摩尔多瓦共和国保持良好的关系，两国政治、经济、外交、文化等各个领域交流不断。2016年以来，罗马尼亚通过出台包括第一期信贷援助（1.5亿欧元）在内的一系列措施，以期推动摩国内的改革进程。罗方表示支持摩尔多瓦加入欧盟，在这一过程中，罗马尼亚将继续积极支持摩尔多瓦保持稳定，并在其欧洲化道路上提供一定帮助。

目前，罗摩两国在能源互联、SMURD 机制（Serviciul Mobil de Urgență, Reanimare și Descarcerare，即紧急情况救援的移动服务机制）等领域合作进一步扩大，增加对摩尔多瓦教育基础设施和文化代表机构建设的援助。除此之外，2016年5月，罗马尼亚外交部与摩尔多瓦共和国伯尔齐市（Bălți）的阿列库·鲁索国立大学（Alccu Russo State University）签署了建立罗马尼亚信息中心的协议。该信息中心作为罗马尼亚文化的重要宣传窗口，将大力推进罗马尼亚语、罗马尼亚历史、地理和文明的传播，介绍罗马尼亚现状等。该中心于2016年12月正式成立[①]。

（五）与俄罗斯的关系

由于罗马尼亚在外交政策上侧重与欧盟和美国发展关系，因此罗俄两国高层交流相对较少。罗马尼亚认为，俄罗斯西部边界武装力量的不断增强，以及利用黑海作为东地中海地区军事力量布局的平台等都是对黑海地区局势不利的行为。在德涅斯特地区，俄军所参与的军事演习强度也不断升级，使有关德涅斯特地区文件的规定化为空谈。

罗方希望在尊重罗马尼亚合法权利的基础上发展两国关系，并与俄罗斯在文化、不涉及制裁制度的贸易领域进一步交流与合作。同时，尊重国际条约与承诺，重新建立黑海地区的战略平衡也是两国加强对话的重要条件之一[②]。

[①] 资料来源：http://www.mae.ro/node/36675, http://www.mae.ro/node/37028, http://www.mae.ro/node/39740, 检索日期：2017年10月2日。

[②] 资料来源：http://www.mae.ro/sites/default/files/file/anul_ 2016/2016_ pdf/2016.08.31_ discursul_ presedintelui_ romaniei_ la_ radr.pdf, 检索日期：2017年10月2日。

四 人口问题

近 20 年以来，罗马尼亚人口呈逐年下降的趋势。据罗马尼亚国家统计局最新数据（2015 年 7 月），罗马尼亚全国人口数量为 1982 万，平均人口密度约为 79 人/km^2。全社会面临人口老龄化以及劳动力短缺的问题。

2015 年度，罗马尼亚人口出生率小于死亡率，人口增长率为 -3.9%，人口总数减少，保持了自 20 世纪 90 年代以来的人口负增长趋势。人口数量逐年下降主要受向国外移民人数增加、堕胎合法化以及转轨后的经济因素等影响。

移民问题是影响罗马尼亚人口的一大重要因素。自 2007 年加入欧盟后，罗马尼亚人去西欧打工越来越便利，向国外移民人数不断增加。罗马尼亚国家统计局最新数据显示，2015 年罗马尼亚移民海外的人数为 18.7 万人，其中尤以 20~30 岁的青年人居多，比前一年明显增加，主要移往英国、意大利、西班牙、德国、比利时、奥地利、丹麦等国家，其中英国（移民人数占总移民人数的 28.3%）和意大利（移民人数占总移民人数的 20.8%）是最主要的移民目的地；2015 年移入罗马尼亚的移民人数为 12.9 万，主要来自西班牙、摩尔多瓦共和国、意大利、英国、德国、希腊等国家，其中西班牙（移民人数占总移民人数的 29.3%）是最主要的移民来源地。

从人口的性别和地区分布来看，近几年罗马尼亚的人口结构基本保持稳定，但老龄化问题严重。

据罗马尼亚国家统计局最新数据（2015 年 7 月），罗马尼亚女性人数仍大于男性人数，保持了 1960 年一直以来的状况，女性所占比例为 51.1%，男性所占比例为 48.9%，男性人口占总人口比重与 2014 年持平。女性平均寿命为 78.9 岁，男性为 72 岁。2015 年罗马尼亚城市人口所占比例为 53.8%，农村人口所占比例为 46.2%。

从 20 世纪 90 年代起至今，由于人口总数的持续负增长和人口出生率的降低，罗马尼亚面临日益严重的人口老龄化问题。目前，罗马尼亚 60 岁以上人口占总人口的比例高达 23.9%，65 岁以上人口占总人口的 17.1%，按照国际标准判断其为严重的人口老龄化国家。

罗马尼亚因而面临着青壮年劳动力严重不足的问题。罗马尼亚国家统计局最新数据显示，在 2010～2015 年间，罗马尼亚的劳动人口逐年递减，每年减少约 10 万人（见表 7）。

表 7　2010～2015 年罗马尼亚劳动人口

单位：人

年龄	2010 年	2011 年	2012 年	2013 年	2014 年	2015 年
15～19	1120135	1106819	1096839	1089489	1084575	1080039
20～24	1379146	1360947	1312142	1233464	1161098	1103210
25～29	1309551	1306861	1326630	1368574	1399152	1388899
30～34	1532749	1522832	1485686	1424668	1367664	1325448
35～39	1541949	1541082	1553568	1576747	1575417	1552329
40～44	1743639	1752638	1707996	1605213	1539532	1520318
45～49	1095164	1079457	1154939	1322996	1468443	1581134
50～54	1359407	1334917	1280710	1208749	1147226	1094774
55～59	1455686	1452163	1449331	1443001	1416026	1359947
60～64	1242119	1249567	1279039	1317155	1328012	1335191
劳动人口数	13779545	13707283	13646880	13590056	13487145	13341289

数据来源：罗马尼亚国家统计局《2016 年年度报告》http://www.insse.ro/cms/sites/default/files/field/publicatii/anuar_statistic_al_romaniei_2016_format_carte.pdf，检索日期：2017 年 10 月 2 日。

目前，罗马尼亚 46% 的劳动力集中在第三产业（服务业）领域，其余农业、工业、建造业各占 24%、22% 和 8%。[1] 另外，在 2013～2015 年间，罗马尼亚的失业率连年下降，2015 年为 5%[2]。

五　与中国的关系

（一）政治外交关系

2016 年，罗马尼亚与中国双边关系发展良好，两国高层交往频繁，"一带

---

[1] 资料来源：罗马尼亚国家统计局《2016 年年度报告》http://www.insse.ro/cms/sites/default/files/field/publicatii/anuar_statistic_al_romaniei_2016_format_carte.pdf，检索日期：2017 年 10 月 2 日。

[2] 资料来源：罗马尼亚国家统计局《2016 年年度报告》http://www.insse.ro/cms/sites/default/files/field/publicatii/anuar_statistic_al_romaniei_2016_format_carte.pdf，检索日期：2017 年 10 月 2 日。

一路"倡议成为双方各项外交活动中一个较为重要的主题,两国在经贸、基建、能源等方面的合作日益增多。

2016年1月,罗马尼亚国务秘书拉杜·波德哥瑞安(Radu Podgorean)与中国外交部工作代表团会见,共同讨论"16+1"合作机制和"一带一路"倡议。罗方对中国提出的"16+1"合作机制表示赞赏,认为中国在新丝绸之路的建设中扮演了十分重要的角色。

时任中国外交部部长助理刘海星也在2016年间先后会见罗马尼亚前驻华大使科斯泰亚、罗马尼亚众议院外委会主席博尔贝伊、罗马尼亚副总理兼经贸和商业环境部长博尔克,并同罗外交部国务秘书格特曼举行两国外交部政治磋商。其中,罗方多次表示,愿同中方保持高层交往势头,巩固政治互信,扩大贸易规模,拓展合作领域,推动罗中全面友好合作伙伴关系取得新的更大发展。①

2017年,罗副总理兼环境部长加夫里列斯库应邀赴北京出席"一带一路"国际合作高峰论坛。这些高层访问体现了两国人民的密切交往,为双方各领域广泛深入合作注入新活力,将双边关系推向新高度。

(二)经济贸易往来

2016~2017年罗中两国政治互信进一步增强,经贸和投资合作更加务实。罗政府表示支持并将积极参与"一带一路"建设及其框架下的"16+1"合作,欢迎更多中国企业来罗投资,推进两国大项目合作,为两国人民带来实实在在利益。目前,中国已成为罗马尼亚除欧盟外的第二大贸易伙伴。中国广核集团、华电集团分别就参与切尔纳沃德核电站3、4号机组和罗威纳里燃煤电站项目同罗方加紧商谈;华为公司在罗设立了全球服务中心;中国一些新能源企业在罗投建了风能和太阳能电站;罗冷冻猪肉实现对华出口;"16+1"能源项目对话与合作中心在罗成立。

据罗方统计数据,2016年1~12月,罗中贸易额超44.74亿美元,较2015年同期增长18.53%,中国超过英国成为罗第八大贸易伙伴(较上月排名提前1位,较2015年全年贸易排名提前3位)、欧盟外第二大贸易伙伴(土耳

---

① 资料来源:http://www.mae.ro/node/35394,检索日期:2017年10月2日。

其之后)。罗自华进口 37.94 亿美元,同比增加 18.87%,中国为罗第六大进口来源国,与上月一致(前五大进口来源国依次为德国、意大利、匈牙利、法国、波兰),主要进口机电设备、音响设备、核反应堆、锅炉、机械产品等。罗对华出口 6.80 亿美元,同比增加 16.64%,中国为罗第 20 位出口目的地国,主要出口商品为木材制品、木炭、核反应堆、锅炉、机械产品、机电产品等。

另据中方统计数据,2016 年 1~12 月,中罗贸易额 49.16 亿美元,较上年同期增加 9.59%,罗为中国第 70 位贸易伙伴,较 2015 年全年贸易排名提高 1 位。其中,中国对罗出口近 34.74 亿美元,同比增加 9.04%,罗为中第 60 位出口目的国,主要出口商品为核反应堆、锅炉、机电产品、音响设备等;中国自罗进口近 14.41 亿美元,同比增加 10.94%,罗为中第 70 位进口来源国,主要进口机电产品、音响设备、核反应堆、锅炉、光学照相医疗设备、服饰及配饰、木制品等。①

据罗方统计数据,2017 年 1~6 月,罗中贸易额 23.98 亿美元,较 2016 年同期增长 12.58%,中国为罗第七大贸易伙伴(较 2016 年全年贸易第 8 位的排名提高 1 位)、欧盟外第二大贸易伙伴(土耳其之后)。排前 6 位的贸易伙伴分别为德国、意大利、匈牙利、法国、波兰、土耳其。罗自华进口 20.04 亿美元,同比增加 11.29%,中国为罗第 6 大进口来源国,与上月排名持平(前 5 大进口来源国依次为德国、意大利、匈牙利、法国、波兰),主要进口机电设备、音响设备、核反应堆、锅炉、机械产品等。罗对华出口 3.94 亿美元,同比增加 19.65%,中国为罗第 19 位出口目的地国,与上月排名持平,主要出口商品为木材制品、木炭、核反应堆、锅炉、机械产品、机电产品等。

另据中方统计数据,2017 年 1~6 月,中罗贸易额近 25.61 亿美元,较上年同期增加 11.13%,罗为中国第 69 位贸易伙伴,较 2016 年全年贸易排名提高 1 位(70 位)。其中,中国对罗出口 17.66 亿美元,同比增加 6.45%,罗为中第 60 位出口目的国,主要出口商品为核反应堆、锅炉、机电产品、音响设备等;中国自罗进口近 7.95 亿美元,同比增加 23.13%,罗为中第 70 位进

---

① 中国驻罗马尼亚大使馆经商参处网站:http://www.mofcom.gov.cn/article/tongjiziliao/fuwzn/feihuiyuan/201703/20170302538797.shtml,检索日期:2017 年 10 月 2 日。

来源国，主要进口机电产品、音响设备、核反应堆、锅炉、光学照相医疗设备、服饰及配饰、木制品等。①

（三）文化教育合作与交流

2016~2017年间，罗马尼亚与中国开展了一系列人文交流活动，这其中既有两国政府层面的高层交往，亦有缤纷多彩的民间往来，涵盖音乐、戏剧、绘画、历史、教育等多个领域。根据两国已有的文化协定和文化合作计划，罗中两国互设文化中心，举办多种多样的文化宣传、普及及其他交流活动。

1. 政府高层交往

2016年1月28日，中国文化部副部长董伟会见了罗马尼亚文化部国务秘书亚历山德鲁·奥普雷安（Alexandru Oprean）。② 同年5月31日，文化部副部长丁伟应邀率中国政府文化代表团访问了罗马尼亚，与罗文化部国务秘书奥普雷安进行了会谈。③

2017年9月25日，中国文化部部长雒树刚会见了来华参加"第三届中国－中东欧国家文化合作部长论坛"的罗马尼亚文化与民族特性部部长卢奇安·罗马什卡努（Lucian Romașcanu）。会见结束后，双方签署了《中华人民共和国政府和罗马尼亚政府2017~2022年文化合作计划》。④

2. 民间往来

2016年1月28日，罗马尼亚珍宝展在中国国家博物馆开幕。该展览共展出445件（套）罗马尼亚精品文物，以罗马尼亚历史沿革为顺序，为观众勾勒出罗马尼亚的历史演进与文明进程。值得关注的是，展出的新石器时代罗马尼亚彩陶，无论是器形，抑或是装饰图案，都与中国新石器时代的仰韶文化、

---

① 资料来源：中国驻罗马尼亚大使馆经商参处网站：http://www.mofcom.gov.cn/article/tongjiziliao/fuwzn/feihuiyuan/201709/20170902653181.shtml，检索日期：2017年10月2日。
② 资料来源：http://www.mcprc.gov.cn/whzx/whyw/201602/t20160201_460507.html，检索日期：2017年10月2日。
③ 资料来源：http://www.mcprc.gov.cn/whzx/bnsjdt/dwwhllj/201606/t20160602_462065.html，检索日期：2017年10月2日。
④ 资料来源：http://www.mcprc.gov.cn/whzx/whyw/201709/t20170925_692979.html，检索日期：2017年10月2日。

大汶口文化、马家窑文化类型彩陶有诸多相似之处。① 该展于当年 6 月 12 日又在四川博物院展出，反响热烈。

2017 年 5 月 16 日，由中国驻罗马尼亚大使馆教育组与布加勒斯特大学孔子学院联合举办的第十六届"汉语桥"世界大学生汉语比赛罗马尼亚赛区选拔赛在布加勒斯特大学成功举办②。7 月 10 日，罗马尼亚儿童戏剧团来北京参加了第七届中国儿童戏剧节，并上演剧目③。

---

① 资料来源：http：//www.mcprc.gov.cn/whzx/whyw/201601/t20160129_460496.html，检索日期：2017 年 10 月 2 日。
② 资料来源：http：//www.romaniaedu.org/publish/portal99/tab4765/info132035.htm，检索日期：2017 年 10 月 2 日。
③ 资料来源：http：//www.mcprc.gov.cn/whzx/whyw/201707/t20170710_685313.html，检索日期：2017 年 10 月 2 日。

B.17
马其顿

陈 巧*

摘　要： 2016~2017年，马其顿国内政局动荡，马民众发起的"彩色革命"对该国的政治稳定形成冲击，并引起国际社会关注，在一定程度上对该国加入欧盟、北约造成影响。经济方面，马其顿2016年的国内生产总值、人均国内生产总值以及进出口贸易额与上年相比均有所增长。社会发展方面，马其顿人口总数近年来持续增加，但增速缓慢。外交方面，马其顿一直致力于加入欧盟和北约，重点发展同美国和西欧等国家的关系。在邻国中，马其顿与希腊、保加利亚两国由于国名及语言问题一直存在争议。与阿尔巴尼亚和塞尔维亚两个邻国的关系发展平稳。近年来，在"一带一路"倡议与"16+1合作"框架下，马其顿与中国在政治、经济、文化等各领域交流与合作进展顺利，两国关系迈上了新台阶。

关键词： 马其顿　中东欧　彩色革命　中马关系

马其顿共和国是位于东南欧巴尔干半岛南部的内陆国家，与保加利亚、塞尔维亚、阿尔巴尼亚、希腊相邻。自1993年独立以来，马其顿在经济、政治、文化、社会管理等各方面逐步走向自主发展道路，并取得了较为显著的发展成果。为促进经济发展，加快融入欧盟和北约，马其顿政府大力推进基础设施建

---

* 陈巧，北京外国语大学欧洲语言文化学院教师，硕士学位，助教，主攻保加利亚、马其顿社会问题研究。

设，带动了相关行业的迅速发展，是欧洲发展速度较快的国家之一。2016～2017年度，马其顿国内政局虽有动荡，但经济文化等各方面发展稳定。

一 国内政治形势

总体来说，马其顿政局近年来基本保持稳定。现任总统为格奥尔盖·伊万诺夫（Gjorge Ivanov），2014年4月当选，任期5年。从2015年开始，马其顿政局出现了波动。2016年4月至7月，马其顿民众发起"彩色革命"，以抗议总统伊万诺夫停止调查涉嫌窃听丑闻的前任总理尼古拉·格鲁埃夫斯基（Nikola Gruevski）及涉案官员。这场示威活动持续了4个月之久，给马其顿政局造成了一定的影响。

（一）事件背景

2015年5月，反对派领导人佐兰·扎耶夫（Zoran Zaev）发布消息，指控总理格鲁埃夫斯基对数千名马其顿公民实施了窃听行为。此举引发了数以万计的马其顿民众的抗议活动，要求格鲁埃夫斯基辞职。与此同时，由数万名人组成的亲政府团体也随之产生，与抗议民众相对峙。最终，欧盟和美国出面调解，在2015年6月、7月协商后，马其顿双方达成协议。按照协议，格鲁埃夫斯基于2016年1月辞职，并承诺早日进行重新选举（随后确定选举日期为2016年6月5日）。

2016年4月12日，马其顿总统伊万诺夫以国家利益和终止政治危机为由，宣布停止对包括格鲁埃夫斯基在内的56名官员的调查。他的所属党派——马其顿内部革命组织民族统一民主党（VMRO - DPMNE）表示并不同意他的做法。随后，反对派领导人扎耶夫号召民众支持由非政府组织发起的示威活动。

（二）事件过程

2016年4月12日，示威活动拉开序幕，4000余人冲破警戒线向总统府逼近，并破坏了总统肖像，其中12人被警方逮捕。两天后，示威活动升级，5名警察被群众扔石砸伤，1人被捕。尽管如此，伊万诺夫仍然于4月15日表示，为了国家利益，他会坚持自己的决定。这引发了民众的不满，造成了事态的继续升级。4月18日，除首都斯科普里（Skopje）外，马其顿其他城市如比托拉（Bitola）、斯特鲁米察（Strumica）、韦莱斯（Veles）等也发生了抗议示威活动。

4月20日，马其顿数千名群众参加了抗议。人们开始向政府建筑物和纪念碑上喷射彩漆，这场抗议就此被称为"彩色革命"。第二天，斯科普里发生了两处集会。一处是由"我抗议"（Protestiram）组织带头的反政府集会，另一处则是由"保卫马其顿公民"（Citizens for Macedonian Defense，GDOM）组织的亲政府集会。22日，马其顿11个城市爆发了抗议活动。同日，欧盟宣布对马其顿内部革命组织民族统一民主党人士实施制裁。到26日，组织抗议活动的城市又增加到15个，马其顿民众的抗议热潮持续高涨。

5月4日，"保卫马其顿公民"派在比托拉、斯蒂普、韦莱斯等多座城市组织了大型亲政府集会，以公开支持按照计划举行6月5日的选举。5月14日，12座城市发生抗议示威。马其顿国家选举委员会宣布只有两个政党（其中一个是马其顿内部革命组织民族统一民主党）提交了选举名单。而马其顿社会民主联盟（Social Democratic Union of Macedonia，SDSM）、阿尔巴尼亚民主党（Democratic Party of Albanians，DPA）、"左翼"（Levica）等反对党派公开抵制此次选举，因为他们认为现在不是举行自由、公平、民主选举的合适时机。5月18日，马其顿宪法法庭取消了6月15日的选举，建议议会推迟选举日期。抗议活动仍在继续。

5月26日，马其顿媒体透露第二天议会将开始对总统伊万诺夫的弹劾程序。6月初，在斯科普里和比托拉发生了大型的抗议活动，要求伊万诺夫在6月18日之前辞职，然而事与愿违。6月20日，要求总统辞职的示威仍在继续。

（三）国际态度

马其顿这场"彩色革命"对该国来说是持续时间较长、规模较大的活动，对马其顿政局产生了一定影响。保加利亚、塞尔维亚、克罗地亚、欧盟、德国、美国、俄罗斯均对该国政治局势表示了关注。

其中，欧盟建议马其顿对立双方4月22日在奥地利维也纳举行对话，以找到解决问题的办法，确保领导人继续履行2015年所达成的协议。但此次对话并未成功实现。5月1日，欧盟驻马其顿大使奥拉沃（Aivo Orav）建议马其顿四大政党领导人重新举行对话来解决问题，并敦促他们尽快改革以实现"真正的公平选举"。此后，欧盟委员会在2016年11月发布的《前南斯拉夫马其顿共和国2016年度报告》（*The former Yugoslav Republic of Macedonia 2016 Report*）① 中评论说："由2015年的非法截获通信（窃听）及其内容的揭露而出现的深刻政治危机延续到了2016年。该国总统决定赦免被指控或据称涉嫌窃听罪的56人的行为引发了强烈的国内和国际抗议活动。总体来说，该国的民主和法治继续受到挑战。该国正遭受分裂的政治文化影响，缺乏妥协解决的能力。在关键问题上，狭隘的政党利益高于国家及其公民利益。"

美国国务院评论说，美国对伊万诺夫总统停止调查56位政府官员的决定"深表关切"。4月13日《美国之音》（*Voice of America*）刊登了发言人约翰·柯比的言论："这个决定将保护腐败官员，并且让司法公正远离马其顿人民。"他还表示，这破坏了国家司法体系的完整性，并与欧盟和北约的价值观相悖。

俄罗斯方面敦促有关政党进行政治对话，俄罗斯外交部表示担心外国干涉会影响马其顿政局的走向，而反对派将会成为外国势力用来升级冲突的工具。俄还表示，反对派正试图破坏该国走出危机的唯一合法途径（6月5日的选举），而这场冲突有发展成马"乌克兰情景"的可能性，双方矛盾激化导致内乱，且容易被外国势力插足，成为破坏巴尔干地区稳定的因素。

德国方面派出了前驻奥地利、南斯拉夫大使，外交部东南欧和土耳其部门负责人约翰尼斯·海德（Johannes Haindl）作为特使前往马其顿，以帮助解决马其顿政治危机。2016年5月12日《巴尔干洞察》（*Balkan Insight*）发布消息说，海德将向马其顿最大的四个政党领袖提出三点解决方案：取消政客赦免决定，取消提前举行大选决定，保护宪法法院的完整性。

时任保加利亚外交部长达尼埃尔·米托夫（Daniel Mitov）表示，希望马其顿对立双方进行政治对话，以避免暴力冲突。时任塞尔维亚总理武契奇（Aleksandar Vucic）表示马其顿这种"乌克兰化"现象对整个地区的和平与稳

---

① 欧盟委员会：《前南斯拉夫的马其顿共和国2016年度报告》，2016，第6页，https://ec.europa.eu/，检索日期：2017年9月15日。

定都造成了阻碍。而克罗地亚社会民主党和反对派领导人佐兰·米拉诺维奇（Zoran Milanović）明确表示支持佐兰·扎耶夫以及马其顿社会民主联盟。

（四）事件结果

2016年12月11日，马其顿举行了推迟已久的议会选举。随后12月25日，在泰尔斯（Tearce）和戈斯蒂瓦尔（Gostivar）进行了重新选举，但泰尔斯（Tearce）的选举结果不变，马其顿内部革命组织民族统一民主党仍然只获得了少数投票。在选举中，扎耶夫所在的马其顿社会民主联盟获得436981票，民主一体化联盟（Democratic Union for Integration）获得86796票。2017年5月31日，扎耶夫当选为马其顿新任总理，并组建了内阁。新政府主要由马其顿社会民主联盟、民主一体化联盟、阿尔巴尼亚族联盟（Alliance of Albanians）组成（见表1）。

表1　马其顿现届政府成员名单

姓名	职位
佐兰·扎耶夫（Zoran Zaev）	总理
哈兹比·立卡（Hazbi Lika）	副总理（主管框架协议实施）
科乔·安朱谢夫（Kocho Angjushev）	副总理（主管经济事务）
布贾尔·奥斯马尼（Bujar Osmani）	副总理（主管欧洲事务）
尼科拉·迪米特洛夫（Nikola Dimitrov）	外交部长
德拉甘·德夫多夫斯基（Dragan Tevdovski）	财政部长
拉德米拉·塞克林斯卡·让科夫斯卡（Radmila Sekerinska Jankovska）	国防部长
奥利弗·斯帕索夫斯基（Oliver Spasovski）	内政部长
比伦·萨尔吉（Bilen Saljii）	司法部长
格朗·苏加列斯基（Goran Sugareski）	交通运输部长
克列什尼克·贝克特斯（Kreshnik Bektesi）	经济部长
留浦丘·尼科洛斯基（Ljupčo Nikoloski）	农业、林业和水利部长
阿本·塔拉瓦里（Arben Taravari）	卫生部长
雷塔纳·德斯科夫斯卡（Renata Deskovska）	教育与科学部长
达米扬·曼彻夫斯基（Damjan Manncevski）	信息社会部长
苏黑伊尔·伐兹利乌（Suhejl Fazliu）	地方自治部长
罗伯特·阿拉果佐夫斯基（Robert Alagozovski）	文化部长
米拉·卡洛夫斯卡（Mila Carovska）	劳动和社会政策部长
萨杜拉·杜拉奇（Sadullah Duraku）	环境与物理规划部长

续表

姓名	职位
阿德南·卡西尔（Adnan Kahil）	不管部长
艾德蒙·阿德米（Edmond Ademi）	不管部长
罗伯特·波波夫斯基（Robert Popovski）	不管部长
拉米斯·梅尔科（Ramiz Merko）	不管部长
佐利察·阿波斯托斯卡（Zorica Apostolska）	不管部长
佐兰·沙普里克（Zoran Shapurik）	不管部长
萨姆卡·伊布拉伊莫夫斯基（Samka Ibraimovski）	不管部长

信息来源：马其顿共和国政府网站，http：//vlada.mk/vlada，检索日期：2017年9月15日。

二 经济发展状况

1991年马其顿脱离南斯拉夫宣布独立后，最大的市场为南斯拉夫联盟共和国。然而，受南斯拉夫危机的影响，马其顿长期处于基础设施落后、联合国经济制裁以及希腊经济禁运的状态，导致其经济停滞不前，后又因国内安全形势恶化而再遭重创。

从2000年开始，马其顿实现了经济私有化的转型，使国家储备金超过了7亿美元。此外，政府也在经济改革、自由贸易和区域一体化方面做出了一系列的承诺和努力，使马经济发展满足了基本的食品需求。然而在当时，马其顿的石油、天然气以及大多数现代机械和零件都依赖于外部进口，这一定程度上给经济发展带来了负面影响。

近年来，随着国内外环境的改善和各项改革措施的推进，马其顿经济有了进一步的恢复和发展。2016年，马其顿国内生产总值（GDP）约为138亿美元（见表2）。

表2 马其顿近10年宏观经济趋势（2007～2016）

年份	2007	2008	2009	2010	2011	2012	2013	2014	2015	2016
GDP（亿美元）	86	91	97	91	101	107	114	122	130	138
人均GDP（美元）	4252	4468	4749	4431	4911	5228	5525	5908	6290	6654

数据来源：国际货币基金组织，http://www.imf.org/，检索日期：2017年9月15日。

总的来说，最近10年马其顿的宏观经济呈明显上升趋势。与2009年相比，除2010年其GDP和人均GDP均有小幅下滑，其余年份均呈现增长态势。2016年，马其顿国内生产总值相比10年前提高了52亿美元，人均GDP比10年前增加了约2402美元。

2011年1月，马其顿成为第一个有资格获得国际货币基金组织预防性信贷额度（Precautionary Credit Line，PCL）的国家。该项目让马其顿在2年内获得了价值4.75亿欧元（约合6.75亿美元）的信贷额度（仅在外部冲击的情况下才能获得）。该信贷额度在马其顿与国际货币基金组织方面于2010年10月和12月进行两轮磋商后获得批准，为马其顿经济发展提供了助力。

外贸对马其顿经济十分重要。马其顿于2003年4月成为世界贸易组织（WTO）成员国。同时，该国致力于加入欧盟和北约。1996年，马其顿与欧盟签署《合作协定和交通协定》（1997年生效）。2001年4月，马其顿与欧盟签署了《稳定与联系协议》，使马其顿能够免税进入欧洲市场。2005年12月，马其顿成为欧盟候选国，这为马其顿的对外贸易提供了便利。因为马其顿的主要贸易伙伴多为欧盟国家，如德国、希腊、保加利亚、意大利及非欧盟国家俄罗斯和塞尔维亚。

马其顿与乌克兰、土耳其和欧洲自由贸易联盟（EFTA，即瑞士、挪威、冰岛和列支敦士登）签署了自由贸易协定。它与阿尔巴尼亚、波斯尼亚和黑塞哥维那、克罗地亚、塞尔维亚、黑山及摩尔多瓦共和国的双边协议被中欧自由贸易协定（CEFTA）的成员国地位所取代。除此之外，马其顿还与阿尔巴尼亚、奥地利、波斯尼亚和黑塞哥维那、保加利亚、白俄罗斯、比利时、卢森堡、德国、埃及、伊朗、意大利、印度、西班牙、塞尔维亚、黑山、中国、韩国、马来西亚、波兰、罗马尼亚、俄罗斯、斯洛文尼亚、土耳其、乌克兰、匈牙利、芬兰、法国、荷兰、克罗地亚、捷克、瑞士、瑞典签署了《促进和保护外国直接投资协定》。马其顿近年来的进出口额（见表3）。

2016年，马其顿进出口总额为115.44亿美元，同比增长5.4%。其中，出口额47.87亿美元，同比增长5.7%。进口额67.57亿美元，同比增长5.1%。贸易差额在近五年呈波动性缩小趋势。从贸易产品来看，马其顿主要从国外进口食品、肉类、电力、原油、金属、交通设备、机动车、饮料、纺织

表3　马其顿近五年进出口额统计（2012~2016）

单位：亿美元

	2012	2013	2014	2015	2016
出口额	40.15	42.67	49.34	45.30	47.87
进口额	65.22	66.0	72.77	64.27	67.57
贸易平衡差额	-25.07	-23.33	-23.43	-18.97	-19.70

数据来源：马其顿国家统计局，http：//www.stat.gov.mk/，检索日期：2017年9月15日。

品、化工产品。主要出口钢铁、石油产品、水果蔬菜等农林产品、金属矿石、葡萄酒、烟草和卷烟、饮料、化工产品等。

马其顿政府一直致力于经济发展，以促进人民生活水平的提高，降低失业率。南斯拉夫联邦的解体导致许多马其顿人失去了工作，2005年全国失业率高达38%。2016年，失业率下降到了24%（见图1），人口贫困率也从2011年的30.4%下降到2015年的26.5%。

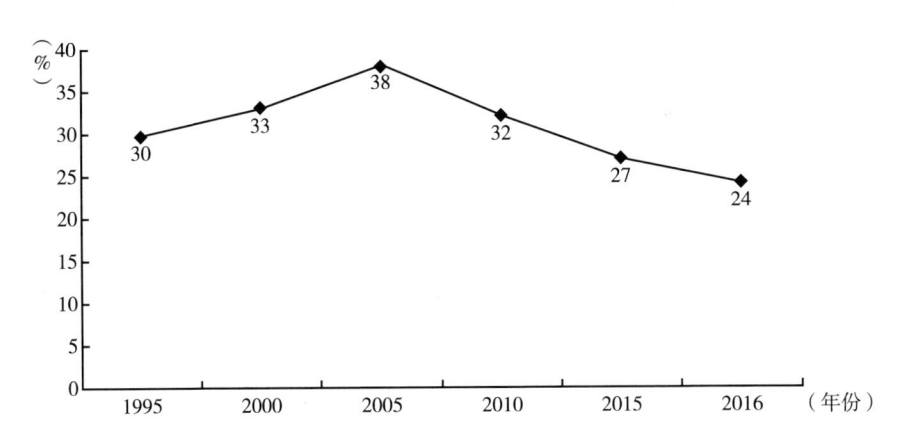

图1　马其顿共和国失业率统计（1995~2016）

注：为了绘图方便，图中数据取整，因此与正文数据略有出入。
数据来源：马其顿国家统计局，http：//www.stat.gov.mk/，检索日期：2017年9月15日。

三　外交与安全

马其顿对外政策的主要目标是维护国家独立、主权和领土完整。自独立以

来，马其顿即致力于加入欧盟和北约，重点发展同美国和西欧国家的关系。

马其顿与美国于1995年9月正式建交，2016年是两国关系比较活跃的一年。1月，马时任总理格鲁埃夫斯基访美。7月，马总统伊万诺夫向美国总统奥巴马发去庆祝美国独立日贺信，希望美国支持马其顿加入北约。7月，美助理国务卿纽兰（Victoria Nuland）访马。

同时，马其顿积极发展同欧盟国家的关系。1996年1月，马其顿同欧盟建立外交关系。2000年4月，马其顿同欧盟签署《稳定和联系公约》。2004年3月，马其顿正式向欧盟递交入盟申请。2005年12月，欧盟首脑会议决定给予马其顿欧盟候选国地位。近些年来，欧盟国家与马其顿的互访逐渐增多。2015年1月，奥地利欧洲融入和对外事务部长（外交部长）库尔茨（Sebastian Kurz）访马。4月，比利时副首相兼外交大臣雷恩代尔（Didier Reynders）访马。5月，马外长波波斯基（Nikola Poposki）访问丹麦。9月，马总统伊万诺夫访问波兰。法国负责欧洲事务的国务秘书戴齐尔（Harlem Désir）访马。10月，马总理格鲁埃夫斯基访问西班牙。11月，马总理格鲁埃夫斯基访问匈牙利。12月，捷克众议长哈马切克（Jan Hamacek）访马。马外长波波斯基访问挪威。2016年2月，德国外交部国务部长罗特（Michael Roth）访马。

加入北约是马其顿对外政策的战略目标之一。1998年5月，马其顿加入北约"和平伙伴关系计划"。2015年3月，马总理格鲁埃夫斯基在布鲁塞尔会见了北约秘书长斯托尔腾伯格（Jens Stoltenberg）。马议会批准继续派部队参与北约在阿富汗的维和行动。5月，马议长韦利亚诺斯基（Trajko Veljanovski）赴布达佩斯出席北约议会大会春季会议。马总参谋长科特斯基（Gorancho KOTESKI）赴布鲁塞尔参加北约军事委员会会议。9月，马国防部长约莱夫斯基（Zoran Jolevski）、外长波波斯基赴布鲁塞尔出席马其顿—北约理事会会议。2016年7月，马副总理兼外长波波斯基赴华沙参加北约峰会。

在处理同周边国家关系方面，马其顿主张在相互尊重主权、领土完整、互不干涉内政的原则基础上，同邻国保持平等的睦邻友好关系。目前马其顿与希腊、保加利亚等邻国仍有争议。马与希腊的争议主要存在于国名问题。马其顿独立后，希腊认为马其顿地理概念广泛，其范围包括希腊的北部地区，坚决反对将"马其顿"或"马其顿"的派生词作为马国名。1995年9月13日，在联合国秘书长特使万斯（Cyrus Roberts Vance）的主持下，马希双方在联合国签署两国关系正常化的《临时协议》。但双方就马其顿国名问题的谈判未取得实质性进展。2011年12月，国际法庭最终裁定希腊在2008年布加勒斯特北约峰会上否决马其顿加入北约，违反了马希两国1995年签署的《临时协定》第11款，并驳回希腊诉马其顿违反《临时协定》的请求。2016年5月，希腊总统帕夫洛普洛斯（Prokopis Pavlopoulos）在访问希腊北部马其顿省时严辞攻击马其顿称，这个国家篡改历史，妄想加入欧盟北约，希腊将予以否决。希腊外长科齐亚斯表示，希腊与"前南马其顿"正在通过建立互信开展务实合作，希望在国名问题上马方能做出实质性妥协。

1992年1月15日，马保建交，但保加利亚不承认马其顿民族和马其顿语。2016年两国在不同方面互动平稳，如5月，马外长波波斯基赴保出席"东南欧合作进程"国家外长级会议，7月，马总统伊万诺夫出席"东南欧合作进程"20周年峰会并访保。两国就加强区域合作、共同应对难民危机等问题进行了交流，但并没有触及语言问题。

除此之外，马其顿同阿尔巴尼亚和塞尔维亚两个邻国的关系平稳发展。1993年12月24日，马阿建交。2015年1月，阿议长梅塔（Ilir Meta）、国防部长科泽利（Mimi KODHELI）分别访马。4月，马总统伊万诺夫访阿。马与塞尔维亚于1996年4月8日建交。2015年2月，塞总理武契奇、议长戈伊科维奇（Maja Gojković）分别访马。5月，马总参谋长科特斯基访塞。11月，马外长波波斯基访塞[①]。

四　社会与文化

（一）人口状况

人口发展是一个国家的基础。人口的出生、死亡、婚配、迁移等，都处于家庭关系、民族关系、经济关系、政治关系及社会关系之中，与这个国家的各

---

① 中华人民共和国外交部，http://wcm.fmprc.gov.cn/，检索日期：2017年9月15日。

方面发展都有密切关系。根据马其顿国家统计局①的数据，马其顿2016年的人口总数为2073702人。如表4所示。

表4 马其顿人口发展统计（2010~2016）

	2010	2011	2012	2013	2014	2015	2016
总人口(人)	2057284	2059794	2062294	2065769	2069172	2071278	2073702
自然增长率(‰)	2.5	1.6	1.7	1.9	1.9	1.3	1.2
总和生育率(‰)	1.55	1.51	1.46	1.48	1.52	1.49	1.50
净移民(人)	652	806	1053	1390	1699	2960	2144
结婚率(‰)	6.9	7.2	6.8	6.8	6.7	6.9	6.4
离婚率(‰)	0.8	0.9	0.9	1.0	1.1	1.1	1.0

近年来，马其顿人口总数逐年增加，但增长速度缓慢。其中，自然增长率虽有下降趋势，但目前为止保持正增长。而净移民量也在增加，也就是入境移民总数大于出境移民总数，这表明马其顿人口的机械增长率也呈正增加趋势。

马其顿国家统计局的数据还显示，2016年年轻人口（0~14岁）占总人口的16.6%，老年人口（年龄65岁以上）在总人口中的比例为13.1%。人口年龄结构对该国的死亡人数有影响。2016年有20421人死亡。男性平均寿命为70.3岁，女性为74.7岁。

此外，统计局数据显示，2016年马其顿的总和生育率（Total Fertility Rate，TFR）为1.5，较2010年有所降低。其中，从母亲年龄来看，2016年生育年龄在25~29岁的母亲占比最多，占生育女性的34.1%，平均生育年龄为28.9岁。人口出生也与婚姻状况有很大关系。2016年的婚内出生人数占比88%，远大于非婚生子率，因此可以说，生育率降低的原因之一是由于推迟了结婚年龄。2016年婚姻登记数为13199人，离婚人数为1985人。其中，女性第一次结婚的平均年龄是26.5岁，男性为29.3岁②。

根据马其顿1971~2002年的系列人口普查数据，马其顿人口的民族构成基本保持稳定（见表5）。2015年在马其顿共有23075人出生。其中，马

---

① 马其顿国家统计局：http://www.stat.gov.mk/，检索日期：2017年9月15日。
② 马其顿国家统计局，http://www.stat.gov.mk/，检索日期：2017年9月15日。

其顿人占到了总出生人口的53.34%（12308人），阿尔巴尼亚族占到了32.95%（7604人），罗姆人占到了5.51%（1271人），土耳其族占到了4.76%（1098人）。

表5 马其顿少数民族人口普查（1971~2002）抽样

		总人口	马其顿族	阿尔巴尼亚族	土耳其族	罗姆族
1971	数量（人）	1647308	1142375	279871	108552	24505
	%		69.3	17.0	6.6	1.5
1981	数量（人）	1909136	1281195	377726	866691	43223
	%		67.0	19.8	4.5	2.3
1991	数量（人）	2033964	1328187	441987	77080	52103
	%		65.3	21.7	3.8	2.6
1994	数量（人）	1945932	1295964	441104	78019	43707
	%		66.6	22.7	4.0	2.2
2002	数量（人）	2022547	1297981	509083	77959	53879
	%		64.2	25.2	3.9	2.7

数据来源：*Statistical Yearbook of the Republic of Macedonia*，2016，p67，http://www.stat.gov.mk/，检索日期：2017年9月15日。

（二）教育与文化

根据马其顿国家统计局数据，2016~2017学年，马普通小学数量为993所、普通中学132所，较上一学年都有增加。从在校学生数量来看，2016~2017学年马其顿的小学生为192715人，中学生为76394人，基本与上一学年持平（2015~2016学年，小学生在校人数为185992人，中学生在校人数为80295人）。从高等教育来看，2015~2016学年高等院校的注册学生人数为59865人，而获得"科学硕士"学位者2021人，获得"科学博士"学位者197人，较上一年有所减少。

马其顿每年会定期举行一些盛大的文化活动。2015~2016年度，该国专业剧院表演次数为1165次，马其顿爱乐乐团举办演唱会35次，有组织的艺术展587次。其中比较突出的文化活动有奥赫里德巴尔干民俗节（The Balkan Folklore Festival in Ohrid）、古典剧院国际艺术节（International Festival of

Antique Theatre）、斯科普里爵士乐节（Skopje Jazz Festival）、葡萄收获节（Grape Harvest）、巴尔干音乐广场（Balkan Music Square）等。

五 与中国的关系

中国和马其顿于1993年10月12日建立大使级外交关系，1999年因马外长迪米特罗夫（Nikola Dimitrov）在台北市同"台湾外长"胡志强签署"建交公报"，中华人民共和国政府宣布同马中止外交关系。2001年，马其顿共和国与我国恢复外交关系，并与台湾当局断绝所谓的"外交关系"。此后，双方关系平稳发展，在"一带一路"倡议与"16+1"合作框架下，两国在政治、经济、文化等方面都取得了较好的发展。2016年，中马关系在以往基础上更进一步。

高层交往方面，2016年11月4日，第五次中国-中东欧国家领导人里加会晤期间，中国国务院总理李克强会见马其顿临时总理迪米特里耶夫（Emil Dimitriev）。双方就公路、铁路等基础设施建设、人文交流、中医药及金融等领域的合作交换了看法。迪米特里耶夫表示，马中政治关系良好，经贸合作带动了马经济发展。马方愿同中方加强互利合作，扩大人文交往。欢迎中方企业扩大对马其顿基础设施等领域的投资合作。

进出口贸易方面，2016年11月3日，马其顿国家馆在上海自贸区正式开馆。赴华参加中国与中东欧国家农业合作论坛的马其顿农林水资源管理部部长茨维特科夫（Mihail Tsvetkov）出席开馆仪式。该展馆将用于长期展示马其顿农产品，并进一步挖掘马其顿葡萄酒等优质农产品输华潜力。马其顿国家馆的开设将进一步促进中马贸易，扩大马其顿农产品对华出口。

商业投资方面，近年来在马投资的中国企业逐渐增加，如华为技术有限公司、中兴通讯股份有限公司、中国水电建设集团国际工程有限公司、中国水利电力公司、中元国际工程有限公司、太平洋建设集团等均在马其顿设有子公司或办事处[①]。但马其顿目前在华尚未开展较大规模的投资活动。

---

① 中华人民共和国驻马其顿共和国大使馆经济商务参赞处，http://mk.mofcom.gov.cn/，检索日期：2017年9月15日。

基础设施方面，目前在马其顿的米拉蒂诺维奇（Milutinovic）-斯蒂普（Stip）和肯切沃（Kičevo）-奥赫里德（Ohrid）两个高速公路项目正由中国水电建设集团承包建设。米拉蒂诺维奇-斯蒂普高速公路总长度为49公里，肯切沃-奥赫里德高速公路总长度为56.6公里。作为2012年以来中国-中东欧国家框架合作协议下的第一批项目，两条公路的建设将为中国企业在欧洲顺利投资与发展奠定基础，并有效提升中马关系的进一步发展。

B.18
塞尔维亚

彭裕超*

摘　要： 2016年和2017年，塞尔维亚分别进行了议会选举和总统选举，执政党塞尔维亚前进党在两次选举中胜出，巩固了执政地位，塞尔维亚的国内政治将迎来一段相对稳定期。政府将努力完成加入欧盟的改革并采取措施推动经济发展。在经济方面，政府采取了有效的措施，维持宏观经济稳定，推动国有企业私有化改革，改善投资环境，有望在2017～2018年度迎来稳定的发展。塞尔维亚高度重视中塞关系，深度参与"16+1合作"，各领域合作硕果累累；尤其在基础设施建设领域，中国的投资和中国企业的参与，扮演着重要的角色。

关键词： 塞尔维亚　巴尔干　中塞关系　"16+1合作"

一　国内政治形势

（一）2016年议会选举

塞尔维亚实行一院制，议会全称为"塞尔维亚共和国国民议会"，是国家最高权力机构，共250个议席。议员由全民直选产生，任期4年。议会席位超过半数的政党可组成政府。2016年3月4日，时任塞尔维亚总统尼科利奇签

---

* 彭裕超，北京外国语大学欧洲语言文化学院塞尔维亚语专业教师，博士研究生，主要研究方向为塞尔维亚语言文学、中国—中东欧文化关系史、中东欧区域和国别研究。

署总统令，正式解散议会，并宣布于 4 月 24 日提前举行议会选举。同日，塞议长玛娅·戈伊科维奇与伏伊伏丁那自治省议会主席帕斯托尔达成一致，决定地方选举及自治省选举将与议会选举同期举行。此次议会选举是自 1990 年塞建立多党制以来第 11 次选举和第 8 次提前选举。

此前，2012 年 5 月 6 日，塞同时举行议会和总统大选，前进党获得选举胜利，成为议会第一大党，时任党主席托米斯拉夫·尼科利奇当选总统。当年 7 月组成前进、社会党及地区联盟党三党联盟政府。2013 年以来，前进党执政地位逐步稳固，开始有计划地矫正政府实权旁落状况。当年 8 月，塞政府根据前进党提议进行重组，将地区联盟逐出执政联盟。前进党接管财长等重要职位，与社会党继续联合执政，总理职位仍由社会党把持。2014 年 1 月 29 日，时任总统尼科利奇签署法令解散议会，决定于 3 月 16 日举行议会选举。前进党推动提前举行议会选举并获胜，前进党党首武契奇改组政府并出任总理。4 月 27 日，塞新一届政府内阁宣誓就职，至此，历时近两年的关于塞政府内阁权力分配的党派斗争才告一段落。这一届政府本应该于 2018 年任期届满。

两年过后的 2016 年，政府为了加强自身的合法性和稳定性，保持规划和政策的连贯性，更有效地解决当前阻碍改革的社会矛盾，为进行入盟谈判争取充分时间，并将执政权保持至 2020 年这一重要时间节点，决定再次解散议会，提前举行议会选举。2016 年 5 月 5 日晚，在对 15 个因涉嫌违规操作而重新投票的投票点进行统计后，塞尔维亚国家选举委员会（RIK）公布了 2016 年议会提前选举的最终官方结果，塞尔维亚前进党联盟以 48.25% 的得票率获胜，即获得议会 250 个席位中的 131 席。时任副总理兼外长伊维察·达契奇领导的社会党获得 10.08% 的选票，位居第二。舍舍利[①]所领导的激进党获得 8.09% 的选票，位居第三。由于得票率没有超过 50%，塞尔维亚前进党联盟将与有关党派联合组成新一届政府。其他获得议席的党派有塞尔维亚社会党联盟（29 席）、塞尔维亚激进党（22 席）、"够了"党（16 席）、民主党联盟（16

---

① 2003 年，海牙法庭提出指控，指责伊斯拉夫·舍舍利作为前南的著名政治家 1991～1993 年期间在波黑与克罗地亚犯有反人类与违反战争规则罪；2016 年 3 月 31 日，选举前不久，联合国前南斯拉夫问题国际刑事法庭（前南刑庭）对舍舍利做出无罪判决，宣布他被指控的反人类罪和战争罪罪名不成立。舍舍利重返塞尔维亚政坛，任塞尔维亚激进党主席。

席)、社会民主党－自由民主党－伏伊伏丁那社会民主人士联盟(13席)、德维利运动党－塞尔维亚民主党联盟(13席)。获得议席的少数民族党派有伏伊伏丁那匈牙利人联盟(4席)、桑贾克博什尼亚克民主共同体穆阿梅尔祖科尔利奇(2席)、桑贾克民主行动党(2席)、绿党(1席)、民主行动党(1席)。6月3日,塞尔维亚新一届议会第一次会议召开。6月4日,时任总统尼科利奇正式提名塞尔维亚前进党联盟主席武契奇为政府总理候选人,并交由议会审议。6月6日,举行新一届议长选举,上届议长玛娅·戈伊科维奇再次当选。①

塞尔维亚前进党联盟主席武契奇在胜选后曾表示,新政府内阁将在6月初组成,并预计将于6月8日成立并宣誓就职。由于各党派对于新政府执政方针持有不同的政见,以及各党派背后欧盟、美国、俄罗斯等势力的角逐,同时各党内部也存在不同派别争斗等原因,导致新政府的组成及职位分配直到8月份才终见分晓。8月11日,经过3天的审议和辩论,塞尔维亚议会以163票赞成、62票反对、24人缺席投票通过政府总理候选人武契奇提交的新政府执政纲领和组阁提议。新政府设总理1名、副总理4名(增设1名,兼任相应部长)、内阁成员15名,机构设置不变,仍由塞前进党联盟同社会党联合执政。武契奇继续担任总理,原第一副总理兼外长达契奇职务不变,原内务部长奈博伊沙·斯特法诺维奇增任副总理并仍兼任内务部长,副总理兼建设、交通和基础设施部部长佐拉娜·米哈伊洛维奇及副总理兼贸易、旅游和电信部部长利亚伊奇职务不变,8名内阁成员(国家管理和地方自治部部长、经济部长、农业和环保部长、司法部长、教育部长、文化部长和两名不管部长)改由新人担任,其他7名内阁成员(财政部长、能源和矿业部长、国防部长、卫生部长、劳动部长、青年和体育部长及一名不管部长)仍担任原职。议会投票后,武契奇与19名内阁成员宣誓就职,新政府正式成立②。

新政府上台后,即表示将继续推动塞经济改革和私有化进程、巩固财政、促进经济复苏,并提出严厉打击腐败、鼓励媒体私有化和言论自由等

---

① 资料来源:中国驻塞尔维亚共和国大使馆经济商务参赞处,http://yu.mofcom.gov.cn/article/jmxw/201612/20161202081887.shtml,检索日期:2017年7月15日。
② 资料来源:中国驻塞尔维亚共和国大使馆经济商务参赞处,http://yu.mofcom.gov.cn/article/jmxw/201612/20161202082813.shtml,检索日期:2017年7月15日。

涉及公共、司法、媒体等多个领域的施政目标。武契奇带领塞政府积极推动各项改革，虽不可避免地带来种种阵痛，但其改革仍得到了国内许多民众的支持，也得到了欧盟、IMF（国际货币基金组织）和世界银行等的肯定。

（二）2017年总统选举

塞尔维亚法律规定，需至少在现任总统任期结束前90天公布总统选举时间。2017年5月，时任塞尔维亚总统尼科利奇将结束5年的任期。塞尔维亚议长玛娅·戈伊科维奇在总统任期结束前90天，即3月2日在贝尔格莱德宣布，定于4月2日举行总统选举。

2017年2月17日，时任总理、执政党前进党主席武契奇正式确认参选总统，社会党和执政联盟内的其他党派决定共同支持武契奇竞逐总统，这意味着现任执政联盟只有一名候选人参选。除了武契奇及其执政联盟以外，还有另外十名候选人参选。其中包括前塞尔维亚国家监察员萨沙·扬科维奇、塞尔维亚激进党主席沃伊斯拉夫·舍舍利、塞尔维亚前外交部长武克·耶雷米奇、社会媒体活动家"白先生"（Beli）——柳比沙·普雷勒塔切维奇[①]等。塞尔维亚选举委员会公布的数字显示，本次选举中注册的选民约为672万人，实际投票的有365万人，投票率约为54%。塞全国共设立8396个投票站，同时在国外32个国家设立53个投票站[②]。按照塞尔维亚宪法规定，总统任期为五年，选举过半数当选制或二轮选举制，即参加选举的候选人在第一轮选举中，必须获得过半数选票才能当选，否则要进行第二轮选举。在总统选举的首轮投票中，若无人获得50%以上选票，第一轮投票中得票最多的两名候选人就可以顺利进入预计于4月16日举行的第二轮投票。第二轮投票中得票较多的候选人则

[①] "白先生"（Beli）柳比沙·普雷勒塔切维奇是25岁塞尔维亚学生卢卡·马克西莫维奇所创造的虚拟人物，他的创造本来只是一个恶作剧，是对投机政客的拙劣模仿。但是结果却出人意料，"白先生"所组建的党派在2016年塞尔维亚首都贝尔格莱德郊区的穆拉德诺瓦茨镇选举中获得了12个席位，成为当地议会最大的反对党。在2017年总统选举的民调中，他在全国的支持率为11%，排名第二，仅次于武契奇。在最终的选举结果中，他以9.43%的得票率位列第三。

[②] 资料来源：http://www.xinhuanet.com/world/2017-04/02/c_1120744448.htm，检索日期：2017年6月13日。

当选为总统。①

4月20日晚上,塞尔维亚选举委员会公布了总统选举的最终结果,时任塞尔维亚总理、执政党前进党主席武契奇在首轮投票中获得55.08%的选票,直接胜出,当选总统。位居第二的是得票率为16.36%的萨沙·扬科维奇,"白先生"柳比沙·普雷勒塔切维奇以9.43%的选票位居第三,随后的是耶雷米奇(5.66%)、舍舍利(4.48%)等候选人。早在选举结束的当晚,点票刚刚过半,武契奇就已确立了巨大的领先优势,当晚,在前进党总部举行的新闻发布会上,武契奇宣布自己在总统选举中获胜。武契奇在新闻发布会上表示,塞尔维亚新政府将在两个月内成立,在此期间他仍将担任总理一职。他还表示,塞尔维亚将继续坚持改革、打击腐败,并寻求加入欧盟,同时保持与俄罗斯和中国的友好关系。②

5月30日,武契奇向议会递交了辞呈,辞去总理职务。5月31日,武契奇在塞尔维亚国民议会宣誓就任塞尔维亚新一届总统。他随后在演讲中表示,塞尔维亚和本地区的和平稳定以及与周边国家建立共同市场等是他未来工作的核心内容。他还强调,塞尔维亚将坚持与中国和俄罗斯的传统友谊,促进与美国发展关系,同时实施改革加入欧盟。他还呼吁全国人民团结起来,与政府共同努力,提高塞尔维亚人民的生活水平。③ 5月底,塞尔维亚政府成立对华、对俄合作委员会,前总统尼科利奇在卸任总统职务之后,出任该委员会的负责人。新总统的就职典礼于6月23日举行。塞尔维亚总统虽不具实权,但分析家表示,武契奇总统将通过行使总理任命权等方式,巩固自身权力。

6月15日,武契奇以塞尔维亚总统身份提名公共管理和地方自治部部长安娜·布尔纳比奇为政府总理人选,并委托她组建新一届政府。6月28日,布尔纳比奇在议会发表演讲,宣布新政府的施政纲领,她领导的新一届政府将重点围绕数字化改革、教育和经济增长展开工作,同时以"勇气、决心和清

---

① 资料来源:http://www.caixin.com/2017-04-02/101074050.html,检索日期:2017年6月13日。

② 资料来源:http://www.xinhuanet.com/2017-04/03/c_1120745028.htm,检索日期:2017年6月13日。

③ 资料来源:http://www.xinhuanet.com/2017-06/01/c_1121065451.htm,检索日期:2017年6月13日。

晰的未来发展愿景应对挑战"。29 日，塞尔维亚议会以 157 票赞成、55 票反对的投票结果通过以安娜·布尔纳比奇为总理的塞尔维亚新政府。布尔纳比奇成为塞尔维亚首位女总理。以安娜·布尔纳比奇为首的内阁成员当晚在塞尔维亚议会宣誓就职。从内阁人员名单来看，新一届政府共有 21 位部长，比上一届政府增加了 3 名，分别是公共管理和地方自治部长、环保部长以及负责创新的不管部长。其他 19 名部长仍是上届政府的内阁成员，只是职务进行了调整。从部长的任命情况可以看出新一届政府注重政策连续性，并将坚持经济改革和改善民生作为工作重点。

经过 2016 年的议会选举和 2017 年的总统选举，塞尔维亚执政党前进党进一步地巩固了"一党独大"的局面，并在塞尔维亚决策体系内占据了支配地位。之所以能取得这样的成功，与其以加入欧盟为首要任务的政治纲领、东西兼顾的"两扇门"外交政策以及积极推行改革和发展经济的执政目标有着密切的关系。

二　经济发展状况

受战争和国际制裁的影响，塞尔维亚经济转型开始得很晚，虽取得一定成绩，但由于经济基础薄弱，又背负着南斯拉夫时期遗留下来的高额债务，塞尔维亚经济发展困难重重。2008 年，席卷全球的经济危机和 2014 年发生的百年不遇的大洪水使塞尔维亚的经济接连遭受重创。

现任政府上台后，一直以加入欧盟为其政治目标，对内持续加强政治、经济和司法体制等方面的改革，对外致力于改善外部环境。目前，塞尔维亚的经济开始出现起色。

（一）经济环境逐步改善

从政治环境看，塞尔维亚政局基本稳定，为吸引外资奠定了基础。从法律环境看，塞尔维亚各项法律制度将随着入盟进程的深入而逐步规范，并最终与欧盟趋同。从经济环境看，战后塞尔维亚经济总体呈增长趋势，为吸引投资创造了有利条件。

2017 年 2 月 28 日，塞尔维亚统计局发布了 2016 年国内生产总值数据。数据显示，2016年，塞尔维亚国民经济恢复性增长，按可比价格计算，实际GDP增长速度较上年增长2.8%，比2014年高出4.6个百分点。初步统计，2016年，按当前市场价格计算，塞尔维亚名义GDP为42001.97亿第纳尔，同比增长3.9%，名义增幅比上年回升0.4个百分点；按2010年不变市场价格计算，实际GDP为32102.47亿第纳尔，同比增长2.8%；GDP平减指数为130.84（2010年=100），同比上涨1.1%。2016年，塞尔维亚人均名义GDP为594883第纳尔，同比增长4.4%，扣除价格因素后，同比实际增长3.3%。按年平均汇率计算（1美元=111.29第纳尔），2016年，塞尔维亚名义GDP折合377.41亿美元，同比增长1.6%；人均名义GDP折合5345美元[1]，同比增长2.1%。[2] 2016年，塞尔维亚实际GDP规模仅相当于1990年的82.25%，人均实际GDP水平仅为1990年的92.00%。表1所表现的是塞尔维亚近五年的各项经济指标，表2则为2016年塞尔维亚的宏观经济数据。

表1 塞尔维亚2012~2016年经济指标

	2012	2013	2014	2015	2016
人口（百万）	7.2	7.2	7.1	7.1	7.0
人均国内生产总值（美元）	5456	6187	6477	5288	5396
人均国内生产总值（欧元）	4299	4760	4731	4746	4857
国内生产总值（亿美元）	393	443	462	375	379
国内生产总值（亿欧元）	310	341	337	336	341
经济增长（GDP,年变化百分比）	-1.0	2.6	-1.8	0.8	2.8
消费增长（年变化百分比）	-2.1	-0.4	-1.3	0.4	0.8
投资增长（年变化百分比）	13.2	-12.0	-3.6	5.6	4.9
工业生产增长（年变化百分比）	-3.4	5.6	-6.1	8.4	4.8
失业率	23.9	22.1	19.2	17.7	15.3
财政收支（占GDP的百分比）	-6.8	-5.5	-6.6	-3.7	-1.3
公共债务（占GDP的百分比）	51.6	56.8	67.9	71.9	70.2

---

[1] 名义GDP也称货币GDP，是用生产物品和劳务的当年价格计算的全部最终产品的市场价值。名义GDP的变动可以有两种原因：一是实际产量的变动，另一种是价格的变动。也就是说，名义GDP的变动既反映了实际产量变动的情况，又反映了价格变动的情况。而实际GDP按固定价格或不变价格来进行统计，故两者之间存在数值差别。

[2] 数据来源：塞尔维亚共和国统计局，http：//www.stat.gov.rs/WebSite/public/PublicationView.aspx?pKey=41&pLevel=1&pubType=2&pubKey=4371，检索日期：2017年7月18日。

续表

	2012	2013	2014	2015	2016
金额（M2 的年变化率）	-1.5	13.9	12.1	14.4	15.1
通货膨胀率（CPI，年变化百分比）	7.3	7.9	2.1	1.4	1.1
政策利率（%）	11.25	9.50	8.00	4.50	4.00
汇率（兑美元）	85.15	83.34	100.3	111.9	117.2
汇率（兑美元，全年）	88.01	85.13	88.47	108.8	111.3
汇率（兑欧元）	112.3	114.6	121.1	121.3	123.4
汇率（兑欧元，全年）	113.1	113.1	117.3	120.7	123.1
经常账户增长（占GDP的百分比）	-12.0	-6.3	-5.7	-4.7	-4.0
常账户余额（亿欧元）	-37	-21	-19	-16	-14
贸易差额（亿欧元）	-57	-42	-40	-40	-35
出口额（亿欧元）	85	107	103	113	127
进口额（亿欧元）	142	150	143	153	162
出口增长（年变化百分比）	4.6	26.5	-3.8	9.5	12.1
进口增长（年变化百分比）	3.8	5.5	-4.4	6.8	5.5
国际储备（亿欧元）	109	112	99	104	102
外债（占GDP的百分比）	86.1	79.7	67.3	76.1	73.9

数据来源：塞尔维亚国家统计局，http：//www.stat.gov.rs/WebSite/Public/PageView.aspx?pKey=102，检索日期：2017年7月15日。

表2　2016年塞尔维亚宏观经济数据表

单位：亿美元

GDP	377.4	同比增减%	5.7
同比增减%	2.8	贸易差额	-43.8
人均GDP（美元）	5333[1]	通胀率%	1.6
工业产值	117.7	失业率%	15.3
工业增减%	4.7	货币名称	第纳尔
农业产值	34	汇率	1美元≈111.3第纳尔
农业增减%	9.1	人均工资（美元）	414（税后）
外贸额	341.4	同比增减%	2.5
同比增减%	8.1	吸引外资	23
出口	148.8	累计引外资	303.5
同比增减%	11.2	公共债务	274.6
进口	192.6	累计外汇储备	113

[1]本文运用了不止一个数据来源，而由于汇率的浮动，不同来源之间的统计结果有所差异，故几处来源的数字有所不同，误差率约为1.1%。

数据来源：中国驻塞尔维亚大使馆经济商务参赞处，http：//yu.mofcom.gov.cn/article/ddgk/zwjingji/201706/20170602590760.shtml，检索日期：2017年7月15日。

（三）经济发展超出预期

世界银行和国际货币基金组织对塞尔维亚经济在 2017 年的发展给出了乐观的评价。世界银行预测塞尔维亚 2017 年度的国内生产总值（GDP）增长率为 2.8%，与 2016 年相比，提高了半个百分点。2017 年 1 月 18 日，世界银行决定向塞尔维亚提供 1.826 亿欧元的贷款，用于支持塞尔维亚政府改善公共支出效率，推进能源、交通领域改革。这项决定，将对塞尔维亚投资环境的改善，乃至其入盟进程起到至关重要的作用。这是世界银行首次向塞尔维亚政府提供此类贷款，体现出世界银行对塞尔维亚经济的信心。

2017 年 2 月 27 日，国际货币基金组织驻塞总经理詹姆斯·罗夫在与塞总理武契奇会谈时称："塞尔维亚政府的经济增速远超预期。从宏观经济角度来看，塞尔维亚的改革目前是国际货币基金组织项目中的最佳案例之一，并好于预期。"

国际信用评级机构穆迪将塞尔维亚信用评级由 B1 上调为 Ba3，评级展望为"稳定"。塞财政部表示，塞信用评级提高主要归功于财政整顿计划和结构性改革的成功实施，使得塞公共债务占 GDP 的比例下降、提高了塞经济应对冲击和加快增长的能力。穆迪指出，提高塞信用评级最主要的原因之一是塞成功进行了财政整顿。塞政府 2016 年财政赤字仅占 GDP 的 1.4%，远低于 2016 年预算法计划的 4% 的目标。塞 2016 年经济增长率 2.8%，为近 8 年来最高，2017 年继续保持良好的增长势头，经济增长率达到 2.5%。此外，2016 年塞公共债务占 GDP 比例在持续多年增长后首次下降；一般性财政收入占 GDP 的比例升至 44%，为自 2007 年以来的最高水平，也高于处于同一信用评级等级国家的平均水平。国家预算中的赤字基本消除，开始产生盈余。近两年来，塞失业率持续下降，2017 年下降至 14.7%，这一塞尔维亚经济的"顽疾"有所减轻[①]。

多方面的迹象表明，塞尔维亚经济在 2017 年度继续稳步发展，国外投资的注入，国有企业和集体企业私有化的顺利实施[②]，以及基础建设领域的多项

[①] 2012 年 4 月塞尔维亚失业率一度攀升至 25.5%，2015 年 6 月为 17.9%。
[②] 截至 2017 年 3 月，塞尔维亚全国已有 556 家国有企业成功进行了私有化，最后的 166 家企业，也已经启动了相关程序。（资料来源：塞尔维亚商务部网站）

成果，对塞尔维亚经济的发展起到了不可小觑的作用，而在这方面，中国的投资和中国企业对塞尔维亚经济的参与，扮演着重要的角色。

三　外交与安全

与欧盟、俄罗斯、美国和中国的双边关系，是塞尔维亚外交关系的"四大支柱"，是塞尔维亚历届政府所一贯强调的重点。塞尔维亚执政党前进党所奉行的是东西兼顾的"两扇门"外交政策，这一外交政策是前总统塔迪奇执政时期所确立的。2009年时任塞尔维亚总统塔迪奇在解释其外交原则时，塞尔维亚是根据21世纪出现的新变化来确定其外交原则的：美国已经无可争辩地成为这个世界的"支配者"；加入欧盟是参与地区经济布局和发展的重要手段；经历世界金融危机后，可以清晰地看到中国步入未来世界经济领导者的行列；俄罗斯在世界经济危机前重新恢复了经济和外交潜力，尤其是较高的石油和天然气价格推动了俄罗斯地位的提升。为了应对世界新变化，塞尔维亚需要维持与上述四方的关系，形成塞尔维亚外交的四个支柱——即西方的欧美和东方的俄中。[①]

（一）与欧盟关系

塞尔维亚把加入欧盟作为外交政策的首要目标。早在2002年，塞尔维亚政府就已开始为加入欧盟做准备，2008年与欧盟签署了《稳定与联系协议》，2012年获得欧盟候选国资格。2013年6月，欧盟批准开启塞尔维亚加入欧盟的谈判，2014年1月宣布正式开启谈判。塞方积极推进谈判进展，力争于2020年正式加入欧盟。2015年7月以来，塞尔维亚积极推动与欧盟成员国的高层互访，全力展示经济、司法和人权等领域的改革成果，希望欧盟能拿出诚意和远见，在2015年9月份启动塞尔维亚入盟的实质性章节谈判。[②] 最初两个谈判章节的主题涉及与科索沃恢复正常邦交和进行国家财政改革。2016年7

[①] 刘作奎：《塞尔维亚国内形势、外交政策走向与中塞关系》，《当代世界》，2016年第9期。
[②] 张智勇：塞尔维亚离欧盟还有多远，网址：http://www.xinhuanet.com/world/2015-07/21/c_128040591.htm，检索日期：2017年6月13日。

月18日，欧盟同塞尔维亚在布鲁塞尔召开第三次政府间会议，正式宣布开启塞尔维亚入盟第23章（司法制度和基本权利）和第24章（司法、自由和安全）谈判，并阐述欧方关于这两章谈判的共同立场。12月13日，第5章（公共采购）和第25章（科学与研究）也得到开启。2017年2月27日，开启第20章（创业与产业政策）和第26章（教育与文化）。6月20日，开启第7章（知识产权）和第29章（海关联盟）。截至目前，欧盟已与塞尔维亚开始了10个章节的入盟谈判，其中关于科学与研究、教育与文化的两个章节已经完成。

（二）与俄罗斯的关系

塞尔维亚和俄罗斯有着很深的文化和历史渊源，斯拉夫民族和东正教的传统，是两国几百年来友好关系的基础。南斯拉夫解体后，俄罗斯在政治、经济、文化、安全等方面给予塞尔维亚重要的支持。在科索沃问题上，俄罗斯一直以来积极支持塞尔维亚捍卫领土主权的努力，坚决地站在塞尔维亚的一边。2014年，欧盟以入盟为条件，向塞尔维亚施压，要求塞尔维亚对俄罗斯实行经济制裁，但塞无视外界压力，拒绝对俄制裁。2015年，塞尔维亚领导人重申了这一立场，体现了与俄罗斯真正的友好关系。2016年，俄罗斯为塞尔维亚提供军事援助，这批武器包括6架米格-29战斗机、30辆T-72坦克以及30辆战车。有分析认为，俄罗斯一直将塞尔维亚作为安全战略中唯一的南欧支撑点，希望通过此举加强对巴尔干的影响力。也有分析认为，这是塞尔维亚和俄罗斯对黑山加入北约的回应。

俄罗斯与塞尔维亚两国之间还有着密切的经济联系，尤其是在能源方面。塞国内占垄断地位的塞尔维亚石油公司和天然气公司均由俄罗斯公司控股。2009年，俄塞签署自贸协定，塞尔维亚成为非独联体国家中唯一一个同俄罗斯签署自贸协定的国家。2013年，俄塞签署战略合作伙伴关系协议。

（三）与美国的关系

1999年3月起，以美国为首的北约，打着"防止科索沃人道主义危机"的旗号，未经联合国授权，悍然对南斯拉夫联盟共和国进行了近80天的连续轰炸，严重破坏了南联盟境内多个地区的军事、民用、工业设施和居民设施，让塞尔维亚国力大受打击，让当地居民的生活大受影响。直到今天，塞尔维亚人对北约空袭的仇恨仍未消除。不过，进入21世纪，塞尔维亚深知与美国发展关系很有必要，因其在获得世界银行、国际货币基金组织等机构资金援助方面有求于美国。

2015年，塞尔维亚时任总理武契奇和第一副总理达契奇陆续访美，其主要任务是介绍塞尔维亚入盟工作成果并争取美方理解和支持。塞尔维亚领导人与奥巴马政府高层人员进行了大范围交流，涉及的议题众多。2015年7月14日，美国助理国务卿维多利亚·纽兰访问塞尔维亚，他释放出了友善而积极的信号，表示美国不但支持塞尔维亚加入欧盟，还要帮助塞尔维亚保证能源来源的稳定和安全。[1] 2016年8月16日，美国副总统乔·拜登访塞，向在科索沃战争中美国领导的北约空袭的遇难者致哀，并鼓励塞尔维亚和科索沃实现关系正常化。有分析认为，拜登此行意在维持美国在巴尔干地区影响力，也显示了美国对该地区和解进展缓慢感到担忧。[2]

（四）难民问题

自2015年夏天起，饱受战乱和贫穷困扰的中东、非洲难民们纷纷铤而走险，一路颠沛流离、风餐露宿，涌入心中向往的欧洲。希腊-马其顿-塞尔维亚-匈牙利这一线路，是来自世界各地的偷渡人员前往欧洲的"黄金路线"，也是中东战乱国家难民前往欧洲的主要通道。巴尔干国家主要采用疏导政策来解决难民问题，鼓励难民快速过境，以流入其他欧洲国家。随着进入西欧国家的难度不断加大，大批难民无法入境，便滞留在途中。滞留的难民已然成为沿途各国难以解决的问题。

由于欧盟决定彻底关闭"巴尔干移民路线"，匈牙利、克罗地亚等邻国的边境一度关闭，使塞尔维亚成为难民滞留点。据统计数据显示，2017年初，欧洲大陆遭遇寒潮袭击，超过7000名移民滞留在了塞尔维亚，这一数量已远远超过其收容能力。塞尔维亚政府竭尽所能应对难民的安置，不过有相当一部分的难民一心希望前往欧盟国家寻求庇护，而不是留在塞尔维亚，因此他们拒

---

[1] 张智勇：《塞尔维亚离欧盟还有多远》，网址：http://www.xinhuanet.com/world/2015-07/21/c_128040591.htm，检索日期：2017年6月13日。

[2] 吕天然：《美副总统拜登访问塞尔维亚·维持美国影响力?》网址：http://news.xinhuanet.com/world/2016-08/19/c_129239704_2.htm，检索日期：2017年6月13日。

绝前往政府指定的难民营。他们担心，接受了塞尔维亚政府的安置之后，就彻底失去了继续前往发达的欧盟国家的可能性。面对这一问题，塞尔维亚政府呼吁国际社会给予帮助，号召欧盟积极介入，以避免出现人道主义危机的爆发，缓解滞留难民激增引发的其他难题。

（六）反恐形势

自 2015 年起，恐怖主义的现实威胁笼罩着世界上的许多国家，欧洲连续遭遇恐怖袭击，国际社会在反恐上面临着严峻挑战。在 20 世纪 90 年代的南斯拉夫解体过程中，巴尔干多个国家和地区曾经历了多年的战乱，此后有的国家民族和宗教关系变得紧张而复杂。近年来极端思想的持续传播，"伊斯兰国"影响的持续发酵，也成为原有矛盾激发的潜在诱因，巴尔干地区的反恐形势面临着新挑战。

塞尔维亚政府在反恐问题上态度明确，强调将积极与国际社会和地区各国开展安全合作，反对和打击所有形式的恐怖活动。2016 年，塞尔维亚投入大量资源，按照欧盟规定的标准，制订了第一套专门的反恐战略和反恐预案，组建了专门的反恐极端特种部队，组织了多场大规模的反恐演习，反恐实力得到显著加强。同时，塞尔维亚进一步加强了边防检查，以阻断可疑人员从邻国流入，总的来说，反恐工作的效果良好，获得了国际社会的认可。不过，在南部的科索沃地区和个别穆斯林聚居区仍存隐患。

由于特殊的地理和文化属性，巴尔干地区的反恐形势依然严峻。2017 年 6 月，"伊斯兰国"在其刊物《鲁米》（*Rumiyah*）上刊登了一篇名为"巴尔干——让敌人流血，给朋友蜂蜜"的公开威胁信。信中写道："我们没有忘记巴尔干，没有忘记你们对穆斯林犯下的战争罪行，没有忘记在波黑和科索沃杀害了穆斯林的塞尔维亚人，我们会让你们以血付出代价。"[1] 这封公开信所针对的是包括塞尔维亚和克罗地亚在内的多个巴尔干国家，称将在巴尔干国家发动类似于法国[2]、德国

---

[1] 塞尔维亚《闪光报》，http://www.blic.rs/vesti/svet/jeziva-pretnja-isis-a-dzihadisti-objavili-mapu-srbije-uz-poruku-srbi-nismo-vas/vw1fypw，检索日期：2017 年 7 月 20 日。

[2] 塞尔维亚 b92 新闻网 2017 年 6 月 8 日报道，http://www.b92.net/info/vesti/index.php?yyyy=2017&mm=06&dd=08&nav_category=167&nav_id=1269793，检索日期：2017 年 7 月 20 日。

四 社会与文化

（一）人口状况

2015年塞尔维亚全国人口数量为709.5万（除科索沃地区），其中男性占48.7%，女性占51.3%。人口的平均年龄为42.7岁。现人口密度为92人/平方公里，约52%的人口居住在城市。平均每名妇女生育1.32个小孩。登记人口的平均寿命为74岁（男性71岁，女性76岁）[①]。

从20世纪90年代起至今，塞尔维亚的人口增幅持续下降，人口出生率呈负增长。造成这一现象的主要原因是南斯拉夫分裂后，塞尔维亚战后重建缓慢，经济衰退严重，民穷财尽，国库空虚，人们生活水平不断下降。多数人无固定工作，无力生养小孩。还有许多适龄青年选择不结婚，独身生活。此外，战争期间生化武器的遗患也对年青一代的生育能力造成一定影响，很多年青人患有不孕不育症。同时，塞尔维亚大量人口迁出，移民国外，这样的移民潮持续了20年。

（二）文化生活

丰富的历史际遇给塞尔维亚带来了深厚的文化底蕴，2016~2017年，在塞尔维亚举办的最有代表性的艺术文化活动如下。

1. 贝尔格莱德国际书展

作为巴尔干地区规模最大的书展之一，贝尔格莱德国际书展每年都会吸引世界各地的出版单位、著名作家、热情读者云集于此。2016年度贝尔格莱德

[①] 塞尔维亚共和国政府最近一次进行全面的人口普查为2011年。另外，国家统计局隔年进行人口评估，但是人口评估比较粗略，所包括的方面较为有限，无法照顾到所有的分类数据。因此，如果要对某一项具体数据进行考察的话，有时还依然需要借助2011年的全面人口普查的统计结果。还需要指明的是，自1999年起，联合国对科索沃实行托管，故塞尔维亚政府的人口普查以及每年的人口评估未对科索沃人口（约174万，2011年）进行统计。

国际书展于10月23日开幕，为期8天，共有450家出版单位参展，其中40多家来自海外。

2. 贝尔格莱德国际戏剧艺术节

贝尔格莱德国际戏剧艺术节自1966年创办以来从未间断，成为塞尔维亚最重要的文化活动之一。2016年，第50届贝尔格莱德国际戏剧艺术节于9月24日至10月2日举行，主题为"愤怒的牛背"，迎来了50多个国内外剧团，获得了巨大的成功。

3. 诺维萨德EXIT音乐节

每年在塞尔维亚第二大城市诺维萨德的彼得罗瓦拉丁堡垒举行，为期四天，是南斯拉夫地区最大的音乐节，也是欧洲大型音乐节之一。2017年的EXIT音乐节于7月5日至9日举办，参加人数达到21.5万。

4. 贝尔格莱德国际电影节

自1971年起，贝尔格莱德国际电影节每年举办。时至今日，在电影节上累计展映的电影作品数量已经达到了4000部，累计观影人数也超过了400万。中国电影《天使——生命处方》曾在2016年度的贝尔格莱德国际电影节上亮相，获得了塞尔维亚观影人和业界的好评。2017年度的贝尔格莱德国际电影于2月24日至3月5日成功举办。

五 与中国的关系

（一）中塞政治关系

自2012年中国-中东欧领导人首次会晤以来，中国-中东欧合作机制日益成熟。政府主导和民间参与的协同模式已经稳定，从中央到地方、从官方到民间、涵盖诸多领域的多元沟通交流方式已经形成，合作内容覆盖贸易、投资、金融、基础设施建设、教育、文化等多个领域。中国与中东欧各国的关系不断深化拓展，呈现出全方位、宽领域、多层次的良好发展态势。[1]

---

[1] 庞兴雷：《中国-中东欧合作机制及其走向》，网址：http://www.cssn.cn/gj/gj_hqxx/201511/t20151124_2710204.shtml，检索日期：2017年6月20日。

塞尔维亚

中国与塞尔维亚两国有着深厚的传统友谊和政治互信，双边友好关系发展顺畅，没有遇到障碍。2009年，中塞宣布建立战略伙伴关系。塞尔维亚是中国在中东欧的第一个战略伙伴，中国也是塞在世界上的第一个战略伙伴国。2013年8月双方又签署协定，同意深化这一关系。2016年6月，习近平主席对塞尔维亚进行国事访问，访问期间，两国领导人达成共识，将两国双边关系提升为全面战略伙伴关系。塞尔维亚成为第一个与我国建立全面战略伙伴关系的中东欧国家。这一关系的建立，表现出了中国和塞尔维亚双方对发展友好合作关系的坚定信念和决心。

近年来，中塞高层互访相对频繁，两国关系不断升温。2016年6月17日至19日，国家主席习近平应塞尔维亚总统尼科利奇邀请对塞尔维亚进行国事访问。塞方政府高度重视，媒体也特别关注，这是32年来中国国家元首首次访问塞尔维亚。在访问期间，习近平主席同尼科利奇总统、武契奇总理、戈伊科维奇议长等多位塞方领导人分别会谈、会见，赴中国驻南联盟被炸使馆旧址凭吊烈士，出席贝尔格莱德中国文化中心奠基仪式，参观河钢集团塞尔维亚斯梅代雷沃钢厂等。双方还就双边关系以及其他共同关心的问题交换意见，达成广泛共识。两国元首一致决定，将中塞关系提升为全面战略伙伴关系，此举将使两国关系踏上新的台阶。尼科利奇总统对习近平主席的访问给予高度评价，他表示，习近平主席此访将促进塞中关系全面发展，深化双方全方位合作。总的来说，习近平主席此次出访塞尔维亚意义重大，此举对巩固中塞传统友谊，深化两国合作，提升双方政治互信，规划两国务实合作，推进"一带一路"建设起到重要的推动作用。

2017年3月，应国家主席习近平邀请，塞尔维亚总统尼克利奇访华，本次访问进一步表明了塞积极参与"一带一路"的良好意愿和态度。5月14日至15日，第一届"一带一路"国际合作高峰论坛于2017年在北京举行，塞尔维亚候任总统武契奇来华参加本次峰会。7月16日至19日，应塞尔维亚国民议会议长戈伊科维奇邀请，全国人大常委会委员长张德江出访塞尔维亚，在塞尔维亚首都贝尔格莱德与新一届政府主要成员总统武契奇、议长戈伊科维奇、总理布尔纳比奇分别举行会见和会谈，并且在塞尔维亚国民议会发表演讲。张德江委员长强调，战略互信水平高是中塞长期积累的宝贵财富。塞方领导人高度回应，表示塞中两国人民之间的友谊真挚而牢固，两国是可靠的朋友和伙

伴。塞方衷心感谢中国对塞尔维亚的坚定支持，将全力维护塞中友好关系，推进两国友好合作。①

总的来说，近几年来，中塞两国的政治关系保持了良好的势头。《中塞互免持普通护照人员签证协议》的正式生效，更是为两国关系的发展创造了有利条件。中塞互免签证协议是我国同欧洲国家签署的第一个实质性免签协定，很好地体现了两国传统友谊和政治互信，定将发挥出积极的带动效应。② 武契奇所领导的塞尔维亚前进党在2016年的议会选举中胜出，武契奇本人又在2017年的总统选举中获胜，前进党继续执政，塞尔维亚政界上下对中国都保持友好，将继续实行对华友好的外交政策，这将为中塞关系的发展带来一段稳定而有利的机遇期。随着中塞关系提升为全面战略伙伴关系，两国政治关系的发展达到了全新的高度，走入了全新的阶段，为社会各领域务实合作的全面发展创造了有利的政治条件。

（二）中塞经济合作

南斯拉夫解体后，从1992年起，尤其是1999年南联盟遭北约轰炸后，赴塞尔维亚经商华人人数剧增。多年来，旅塞华商为促进中塞双边经贸关系，帮助塞尔维亚恢复和发展经济做出了积极贡献。特别是在塞尔维亚经济最困难时期，华商的经营满足了当地居民对生活用品的需求。21世纪以来，与中国发展关系，深化经济合作，一直是塞尔维亚政府外交工作的重点之一。据中国海关统计，2016年中塞双边贸易额5.96亿美元，同比增长8.37%。其中，中方出口4.34亿美元，同比增长4.38%，中方进口1.62亿美元，同比增长20.76%，继2015年增长18.44%后连续第二年保持两位数增长。中方对塞主要出口商品为电机、音响设备、电视设备、机械设备等。中方自塞主要进口商品为烟草制品、矿石矿渣、电机、木材及木制品等（见表3）。

---

① 资料来源：http://www.xinhuanet.com/politics/2017-07/19/c_1121346680.htm，检索日期：2017年6月20日。

② 资料来源：http://m.people.cn/n4/2017/0211/c23-8382422.html，检索日期：2017年6月20日。

表3　2014~2016年中塞双边贸易额

单位：亿美元

	2014	2015	2016
双边贸易额	5.4	5.5	5.96
同比增长(%)	-17.5	2.3	8.37
我出口额	4.2	4.2	4.43
出口额同比增长(%)	-1.7	-2.0	4.38
我进口额	1.1	1.3	1.62
进口额同步增长(%)	-48.7	18.44	20.76
我顺差	3.1	2.8	2.21

数据来源：中国驻塞尔维亚大使馆经济商务参赞处，http://yu.mofcom.gov.cn/article/ddgk/zwjingji/201706/20170602590760.shtml，检索日期：2017年7月15日。

自我国"一带一路"倡议和中国-中东欧国家合作框架推出以来，塞尔维亚积极响应，和中国达成了大量的合作意向。这些成果，主要体现在基础设施建设领域，截至2017年7月，中国企业在塞尔维亚基础设施投资总额已达到6亿欧元[①]。2014年12月，泽蒙-博尔查跨多瑙河大桥正式通车，李克强总理出席竣工仪式。这一基础设施建设项目由中国进出口银行提供贷款、中国路桥公司承建。这一工程的落实，使塞方对中塞合作增强了信心，增加了期待。其他重点项目还包括：中国机械设备工程股份有限公司承建的"科斯托拉茨电站项目"和"塞铁路支线改造和新建项目"、山东高速集团承建的"E763高速公路"、中国电建承建的塞尔维亚贝尔格莱德绕城公路，以及由中、塞、匈三国共同建设的"贝尔格莱德-布达佩斯铁路（匈塞铁路）现代化改造项目"等。除此以外，贝尔格莱德工业园、贝尔格莱德污水处理厂等大型项目，也在两国的合作下密切筹备着，陆续取得进展。我国民营企业已在塞尔维亚独资或合资开设太阳能板组装厂、床垫生产厂、收购钢铁厂、建设贸易中心等，并对收购当地拖拉机厂、玻璃厂及购地开设农场、参股当地肉类加工企业，甚至投资饲养业表示出浓厚的兴趣。我国与之有关的企业也已开始与塞方具体洽谈开设工业园区的事宜。根据洽谈的进展情况及双方企业要求，塞方政

[①] 资料来源：http://paper.people.com.cn/rmrb/html/2017-08/27/nw.D110000renmrb_20170827_2-03.htm，检索日期：2017年8月28日。

府拟将其升格为保税区。[1]

总的来说，在多方的共同努力下，大部分项目都得到有效的落实。不过，匈塞铁路项目遇到的阻力较大。虽然2015年12月匈塞铁路项目塞尔维亚段在塞第二大城市诺维萨德举行了启动仪式，但迟迟没有实质性开工。2017年2月，欧盟委员会对此展开调查，希望查明匈牙利内部项目是否符合欧盟法规，是否违反国家采购法。匈牙利方面已做澄清，正积极和欧盟方面进行积极的沟通。3月2日，欧盟对外行动署（EEAS）官网发布声明，欧盟驻华代表团在声明中澄清："只要是符合欧盟法律规定的投资，无论来自欧盟境内或境外，欧盟都十分欢迎，且此类外商投资行为，不在欧委会的管理职权之内。"[2] 8月，塞尔维亚副总理兼建设、交通和基础设施部部长米哈伊洛维奇公开表示，匈塞铁路塞尔维亚境内第一段有望在2017年11月份动工。2017年11月28日，匈塞铁路塞尔维亚境内第一段终于按计划开工，开工仪式在贝尔格莱德举行，工期预计为两年至两年半。

由于制度安排，欧盟的结构性资金无法投入非会员国的塞尔维亚。对塞尔维亚来说，中国带来的资金无异于救命稻草。对中塞两国的经济合作，塞尔维亚社会各界一直保持着密切的关注。塞尔维亚政府高度评价中塞合作，武契奇在多个场合公开表示："中国人拯救了我们（的经济）"，并且将中塞合作看作塞尔维亚经济发展的重要环节。主流媒体对中塞合作的报道普遍持正面积极的态度。纵观近三年来塞尔维亚的媒体报道，不难得到一个印象，那就是——"真正的友谊"和"高额的投资"已成为中国新的形象标签。

2016年4月，中国河北钢铁集团以4600万欧元的价格，正式收购斯梅德雷沃钢铁厂，成立河钢塞尔维亚公司，这件事成为塞尔维亚舆论的热点。河北钢铁集团派出了十多批技术人员前往斯梅德雷沃钢铁厂，诊断并解决了钢铁厂在设备、技术、信息化、工艺等方面存在的问题。斯梅德雷沃钢铁厂之前连续七年亏损的局面得以扭转，其产能提高为原来的1.5倍。斯梅德雷沃钢厂得以继续经营，让5000名塞尔维亚员工保住了饭碗，此举不管对于塞尔维亚经济

---

[1] 《塞尔维亚投资指南（2015年版）》，网址：http://yu.mofcom.gov.cn/article/ztdy/201512/20151201220346.shtml，检索日期：2017年8月28日。
[2] 资料来源：http://international.caixin.com/2017-03-02/101061438.html，检索日期：2017年8月28日。

还是民生，都是一件大事。塞尔维亚的经济部门和有关的研究机构认为，河北钢铁厂和斯梅德雷沃钢铁厂的合作，可以成为中塞合作的新模式。这样的模式，有利于把两国之间的"产能合作"升级为"产业合作"，把中国企业带来的投资，真正体现在塞尔维亚的经济市场上。中国问题专家尤约维奇进一步发展了这个观点，他认为，两国在农业、食品加工业、矿产能源业、造船业、航运业、高科技产业、军工业、航空业、文化产业都存在实实在在的合作空间。比如，塞尔维亚境内运河网络非常发达，从多瑙河一直到爱琴海，都可以发展物流运输网。塞方专家认为，中国企业可更多地投资塞尔维亚的产业建设，在塞设厂，从而实现真正的中国企业"走出去"，保证两国合作有长远的将来，并为两国合作提供源源不断的动力。

2016年11月5日，为了进一步推广中国河北钢铁厂与斯梅德雷沃钢铁厂合作的成功经验，在拉脱维亚首都里加举行的第五次中国 - 中东欧国家领导人会晤上，时任塞总理武契奇向李克强总理提出了塞尔维亚全国唯一的铜矿——博尔矿业（RTB - Bor）的收购方案[①]。这一收购方案，目前还处于建议阶段，有中国企业关注和接触，还未有具体的举措。

2017年1月21日，中国银行（塞尔维亚）有限公司正式开业，这是塞尔维亚第一家中资银行，是中塞两国在金融领域的一项重要合作成果。3月，中国全国两会召开期间，塞尔维亚贝尔格莱德大学亚洲和远东研究中心主任德拉甘娜·米特洛维奇在接受采访时对中国与中东欧国家"16 + 1合作"表示非常赞赏，她认为，作为"一带一路"倡议的组成部分，"16 + 1合作"框架为中东欧国家提供了解决经济发展难题的方案，尤其是在落后的交通和通信基础设施领域，以及由于全球经济危机和欧债危机爆发而导致萎缩的出口领域。她表示，"16 + 1"平台为中东欧16国国内及与中国之间提供了更直接、更有效的沟通渠道，帮助了这些相关领域发展程度、政策和需求各不相同的国家在多边或双边的范围内达成共识，促进了各国间的合作与交流。[②] 2017年5月，塞尔

[①] 近年来，博尔矿业由于负债严重、铜价低迷和无法消化的产能，成为塞尔维亚经济发展中"自身无法解决的困境"，塞政府认为，这样的难题"只有中国人才能够解决"。

[②] 张智勇：推动全球治理的强有力信号——访塞尔维亚贝尔格莱德大学亚洲和远东研究中心主任德拉甘娜·米特洛维奇，网址：http://www.sohu.com/a/130102933_ 162758，检索日期：2017年8月28日。

维亚经济部长戈兰·科内热维奇在北京参加"一带一路"国际合作高峰论坛时表示，习近平主席提出的"一带一路"倡议是一个为各国广泛接纳的杰出倡议，塞尔维亚从"一带一路"建设中获益良多，乐意在未来继续成为倡议的坚定推动者。

塞尔维亚政府重视旅游业的发展，制订了一系列的便利措施，努力完善旅游设施，期待旅游业为本国经济带来可观的收益。在不久的将来，旅游业将成为塞尔维亚经济的重要增长点，同时也将成为中塞经贸合作的契合点。欧洲统计局的数据显示，2016年塞接待游客总人数达750万人次，较2015年同期增长13%，其中国外游客270万人次，同比增长12.2%，国内游客480万人次，同比增长13.4%。2017年1月15日起，中塞互免签证协议正式实行，仅仅两个月，塞尔维亚就迎接了2111人次的中国游客，比2016年同期增长了105%。2017年9月15日，海南航空开通北京－布拉格－贝尔格莱德航班。塞尔维亚今日网2017年12月3日的一篇报道显示，截至发稿前，2017年来自中国的游客数量较2016年增长了126%"[①]。

塞尔维亚各界在对中塞合作密切关注的同时，流露出以下几点较为明显的期待。首先，期待中方继续支持塞尔维亚在维护领土完整和地区稳定方面的努力。由于所处的国际环境相对恶劣，塞尔维亚政治和经济的发展方面一直无法摆脱大国政治争夺的干扰。科索沃地位的问题更成为塞尔维亚参与国际事务的重大桎梏。2015年10月，阿尔巴尼亚向联合国教科文组织执行局提出，建议接纳科索沃为联合国教科文组织会员，此举引起了塞尔维亚政府的强烈反对。11月，联合国教科文组织大会否决接纳科索沃的提案。塞尔维亚外交部长达契奇表示，来自俄罗斯、中国、印度、巴西、西班牙等大国的支持不可或缺，希望中国等大国继续支持塞尔维亚在维护领土完整和地区稳定方面的努力。有的网友甚至在相关新闻的留言中表示："中国人是真正的朋友，甚至比国内某些政客更加可靠"。

其次，期待将中塞两国的"产能合作"提升为"产业合作"。塞尔维亚前总统尼克利奇曾表示："解决就业，是我最重要的政治任务。塞尔维亚本地有

[①] 塞尔维亚今日网：https://www.srbijadanas.com/biz/vesti/sve－vise－turista－u－beogradu－evo－iz－kojih－zemalja－dolaze－2017－12－03，检索日期：2017年12月25日。

着先进的技术教育水平，培养出了大量的专业技术人才，很有必要让他们能就业于中国企业。塞政府将对聘用本地员工的中国企业实行补贴政策。"如上文所述，塞方认为，目前河北钢铁集团与斯梅德雷沃钢铁厂的合作是一次成功的尝试，这种合作模式可以推广到通讯、汽车制造、科技、食品加工等领域。2017年1月15日，《中华人民共和国政府和塞尔维亚共和国政府互免持普通护照人员签证的协定》正式生效，这一协定将为中塞商务合作提供极大的便利条件，同时将大大刺激中塞旅游市场。这些积极的现象，为中塞合作的深化和拓展营造了有利环境。

再次，期待中国企业积极融入当地社会，承担责任，扩大影响。专家认为，中国企业在"走出去"早期阶段所获得的"非洲经验"和"拉美经验"，未必可以照搬到法制健全、规则明确的欧洲市场。以塞尔维亚为例，目前塞尔维亚欢迎来自中国的投资，这得益于双方领导人的高度重视，日益频繁的高层交流，以及塞政府务实的对华态度。但是，中国企业要在塞尔维亚站稳脚跟，长久发展，除了需要有过硬的产品质量并熟悉当地市场需求之外，还需深入了解当地法律法规，努力实现本地化，积极与当地社会接轨，主动承担社会责任。在这方面，华为公司在塞尔维亚的做法较为成功。华为公司在塞积极开展公益性活动如职业培训、体育比赛、文化活动等，在帮助当地社会解决教育问题、就业问题上有一定贡献，其经验值得其他企业借鉴。

（三）中塞人文交流

除了政治合作和经济合作以外，中塞两国在文化、智库和媒体等领域的合作成果也比较丰富。习近平主席于2016年6月访塞期间，出席了贝尔格莱德中国文化中心奠基仪式。文化中心的选址别具纪念意义，该处曾为中国驻南联盟被炸使馆旧址。文化中心建成后，将成为西巴尔干地区的首座中国文化中心。[①]

在媒体合作、学术合作和智库合作等人文交流方面，随着两国各领域合作不断拓展和深化，塞尔维亚当地的媒体、学者和智库主动与中国驻塞使馆联

---

① 资料来源：http://www.chinanews.com/gn/2016/06-18/7908542.shtml，检索日期：2017年8月28日。

系，积极宣传"一带一路"倡议和两国合作，积极介绍中国发展及治国理政经验。为配合2016年中国－中东欧国家"16+1"里加峰会，贝尔格莱德大学安全学院召开了"'一带一路'——巴尔干视角"国际研讨会①，塞尔维亚第一副总理兼外长达契奇、中国驻塞大使李满长、塞外交部和国防部官员，来自希腊、英国、马其顿、匈牙利、保加利亚、罗马尼亚等多个国家的学者以及驻塞使节近百人出席研讨会，与会人员进行了广泛而深入研讨。

在汉语教学和中国文化推广方面，塞尔维亚也非常积极。目前，中国在塞尔维亚有两家孔子学院，分别设于贝尔格莱德和诺维萨德。2016年10月，塞尔维亚贝尔格莱德孔子学院举行成立10周年庆典。贝尔格莱德孔子学院建立于2006年，十年来对促进中塞友好做出了重要贡献。除了孔子学院以外，塞尔维亚还有多个孔子课堂，越来越多中小学纷纷开设汉语选修课，可见汉语在塞尔维亚的受欢迎程度日益提高，越来越多的年轻人学习汉语，并且期望通过汉语技能找到工作。贝尔格莱德孔子学院塞方院长普西奇表示，塞尔维亚学习汉语人数持续上升，这与中国在本地区以及世界的经济和政治影响力不断增强密不可分。可以认为，塞尔维亚在接受中国文化方面非常积极，近几年也有越来越多的中国文学作品、中国电影、中国纪录片克服了语言障碍，进入塞尔维亚市场，这与两国语言文化工作者的长期努力不可分割。在文学和艺术方面，塞尔维亚有着优良的传统，塞方希望更多的文艺作品可以在中国出版发行，进一步推动两国人文交流和文化互动，增进民族感情。

2016年是中国－中东欧国家人文交流年。6月，在塞尔维亚首都贝尔格莱德举办了首届中国－中东欧文化创意产业论坛。本届论坛作为"16+1"机制框架下第一个关注文化创意产业和文化贸易的学术交流活动，是中国在16国中的非欧盟国家第一次举办的"16+1"论坛，也是在塞尔维亚举办的首个"16+1"机制框架下的活动，填补了中国－中东欧国家在文化产业与文化贸易合作领域的空白，具有里程碑意义。②

---

① 张智勇：《中塞关系进入全面发展的黄金时期——访中国驻塞尔维亚大使李满长》，网址：http://www.cssn.cn/hqxx/201702/t20170211_3411121.shtml。检索日期：2017年8月28日。

② 李想：《首届中国－中东欧文化创意产业论坛在塞尔维亚成功举办》，网址：http://world.chinadaily.com.cn/2016-06/15/content_25722367.htm，检索日期：2017年8月28日。

2017年5月22日，首届中国-中东欧国家文化遗产论坛在贝尔格莱德开幕，中国与塞尔维亚签署了促进两国在文化遗产领域交流与合作的谅解备忘录，以加强两国文化遗产领域信息的交流交换、文化遗产的恢复和保护以及在考古领域的教学活动交流等。8月，人民出版社翻译出版塞尔维亚著名演员巴塔·日沃伊诺维奇的传记《永远的"瓦尔特"——巴塔传》。巴塔作为中塞友谊的桥梁，承载了几代人的记忆，本书的出版对中塞两国人文交流来说有着不一样的意义。

自2012年中国-中东欧合作框架启动以来，中塞两国双边合作取得显著成效，政治高度互信，经贸和投资合作发展势头强劲，人文交流稳步推进。人文交流有着重要的意义，能够巩固中国和中东欧国家的传统友谊，加深彼此间的相互了解，并为实现互利双赢提供重要支持。

B.19 斯洛伐克

南力丹 张传玮 *

摘 要： 2016年，斯洛伐克进行了议会选举，执政的方向党虽然再次蝉联议会第一大党，但遭遇重挫，斯洛伐克政坛不稳定因素增加。2016年，斯洛伐克经济发展势态良好，失业率明显下降，消费成为国内经济增长的主要引擎。斯洛伐克的国际影响力有明显提升，在2016年上半年担任欧盟轮值主席国期间成果丰硕。2017年，联合国大会选举斯洛伐克外长米罗斯拉夫·莱恰克为第72届联合国大会主席。虽然中斯关系在2016年经历了稍许挫折，但是两国在政治、经济、人文等领域的交流不断深化的趋势并未改变。

关键词： 斯洛伐克 议会大选 经济发展 外交与安全 中斯关系

一 国内政治形势

（一）国家政治概况

自1989年天鹅绒革命后，捷克斯洛伐克政治环境发生巨变，开始以西方民主制度为方向进行政治转型。斯洛伐克于1993年1月1日正式成为独立的主权国家，实行三权分立制与多党议会民主制，立法权、行政权与司法权相互

---

* 南力丹，北京外国语大学欧洲语言文化学院斯洛伐克语专业教师；张传玮，北京外国语大学欧洲语言文化学院斯洛伐克语专业教师。

制约。

总统是国家元首，任期5年，同一人不得连任超过两届，总统由全体公民直接选举产生。斯洛伐克现任总统安德烈·基斯卡（Andrej Kiska）于2014年3月当选，6月就职，是斯洛伐克独立后第四任总统，也是斯洛伐克第一位无党派背景的总统。

国民议会是国家立法机构，实行一院制，由150名议员组成，任期四年。本届议会于2016年3月5日选举产生，现任议长为斯洛伐克民族党（SNS）主席安德烈·丹科（Andrej Danko）。

政府是最高行政机关，由总理、副总理及各部部长组成，现任总理为前捷克斯洛伐克共产党成员罗伯特·菲佐（Robert Fico）。他于1999年创办方向党（SMER‐SD），任主席至今。菲佐于2006年至2010年间出任总理，此后带领方向党分别在2012、2016年议会选举中获得胜利。2016年第三度出任斯洛伐克共和国总理职位。

宪法法院、最高法院及总检察院分别为国家最高司法机关与最高检察机关。宪法法院及最高法院院长、副院长、总检察长、副总检察长均由议会选举产生，总统任命。

（二）2016年议会选举

斯洛伐克国民议会于2016年3月5日举行选举，得票率超过5%的党派和政治团体进入议会。本次议会选举参选率为59.82%。根据国家选举委员会正式统计结果显示，共有8个党派进入议会。其中方向党得票率为28.28%，蝉联议会第一大党，自由与团结党（SaS）排名第二，得票率为12.10%，普通公民和独立个人组织（OL'ano，简称普通公民党）排名第三，得票率为11.02%（见表1）。

本届议会选举结果表明，斯洛伐克政坛具有不稳定性。虽然执政的中左翼方向党依旧蝉联议会第一大党，但其得票率有较大跌幅，未能赢得过半议席。此外，传统主流党派基督教民主运动（KDH）和斯洛伐克民主与基督教联盟（SDKU‐DS）得票率均未超过5%的议会准入门槛，双双被淘汰出局。我们是家庭党（SME RODINA）以及极右翼我们的斯洛伐克—人民党（L'S Naše Slovensko）取得了前所未有的成功。总体来看，斯洛伐克左翼阵营实力被削

表1　斯洛伐克2016年国民议会选举得票率及席位分布变化

参选主要政党	得票率(%)	涨落(%)	议席	涨落
方向党	28.28	-16.13	49	-34
自由与团结党	12.10	+6.22	21	+10
普通公民和独立个人组织	11.02	+2.47	19	+3
斯洛伐克民族党	8.64	+4.09	15	+15
我们的斯洛伐克—人民党	8.04	+6.46	14	+14
我们是家庭党	6.62	—	11	+11
桥党	6.50	-0.39	11	-2
网络党	5.60	—	10	+10

数据来源：VOĽBY DO NÁRODNEJ RADY 2016，http：//volbysr.sk/sk/index.html，检索日期：2017年8月7日。

弱，新兴的反建制政党成为此次议会选举的最大受益者。新老政党实力的此消彼长为斯洛伐克政坛带来了新的动荡因素，议会内政党数量的增加也意味着议会立法权将进一步分散，成立新联合政府更加艰难。

此次选举的一大特点是长期执政的方向党遭遇重挫。方向党此次第四次在议会选举中拔得头筹，但其选举结果低于预期，无法单独组阁。虽然菲佐在"移民问题"上的强硬态度为他赢得了部分选民支持，但是政府在反腐、社会保障和经济发展方面的作为并未达到民众要求。选举前爆发了教师和护士针对薪资过低的大规模罢工活动。有媒体认为菲佐政府并没有认识到医疗和教育领域存在的实际问题，也没有做出合理回应，这是方向党本次选举支持率下跌的原因之一。

反建制右翼政党的崛起是此次选举的另一特点。"反移民"和"反布鲁塞尔"的自由与团结党一跃成为议会第二大党，成立于2010年的极右翼政党我们的斯洛伐克—人民党大获成功，首次进入议会并获得了远超预期的14个席位。该党在斯洛伐克国内备受争议，被称为"新法西斯主义者"，总统安德烈·基斯卡甚至在选举结束后第一时间表示将拒绝与该党领袖马里安·科特里巴（Marian KOTLEBA）会面。

方向党支持率下挫表明民众对政府过去四年的执政表现有所不满，对菲佐领导的方向党或已出现审美疲劳，渴望通过选举来寻求改变。自由与团结党和极右翼党的成功表明反建制党派在欧洲崛起的趋势已经蔓延到中东欧地区。

(三)新政府的组成

在2016年议会大选中,没有任何政党得票过半,无法单独组阁。最终,议会第一大党方向党同民族党、桥党(MOST HÍD)及网络党(SIEŤ)经协商组建了四党联合政府。四党于2016年3月22日签署联合协议,分配内阁成员名额,其中方向党占9位,民族党3位,桥党2位,网络党1位。

斯洛伐克总统安德烈·基斯卡2016年3月23日晚任命方向党主席罗伯特·菲佐为新一届政府总理,现政府正式就职。此番也是菲佐第三次出任斯洛伐克共和国总理。

在新政府中,方向党保留了上一届政府的外长、内务部长、文化部长,以及劳动、社会事务和家庭部长,前议长佩列格里尼(Peter Pellegrini)出任主管投资的副总理一职,前环境部长转而担任财政部长。民族党及桥党的提名人选也多有担任过该职位或从事相关职位的经验。由此可见,斯洛伐克新一届政府具有较高程度的延续性,并不打算改弦更张。

由于网络党在议会选举后出现分裂,该党随后失去了唯一内阁职位。桥党议员阿尔帕德·埃尔塞克(Árpád Érsek)于2016年8月31日接替网络党议员罗曼·布雷采利(Roman Brecely)为新的交通与建设部部长。四党联合执政的局面就此打破,方向党、民族党和桥党领袖与2016年9月1日共同签署了新的联盟协议,三党执政联盟就此形成(见表2)。

表2 斯洛伐克现任内阁组成

内阁成员	职位	所属党派
罗伯特·菲佐	总理	方向党
佩特尔·佩列格里尼	副总理(负责投资与信息化)	方向党
罗伯尔特·卡利尼亚克(Robert Kaliňák)	副总理兼内务部长	方向党
卢齐亚·日特尼亚斯卡(Lucia Žitňanská)	副总理兼司法部长	桥党
佩特尔·卡日米尔(Peter Kažimír)	财政部长	方向党
米罗斯拉夫·莱恰克(Miroslav Lajčák)	外交和欧洲事务部长	方向党提名
佩特尔·日加(Peter Žiga)	经济部长	方向党
阿尔帕德·埃尔塞克*(Árpád Érsek)	交通与建设部部长	桥党
加布列拉·玛特奇娜(Gabriela Matečná)	农业和农村发展部长	民族党提名
佩特尔·盖伊多什(Peter Gajdoš)	国防部长	民族党提名

续表

内阁成员	职位	所属党派
扬·里赫特尔（Ján Richter）	劳动、社会事务和家庭部长	方向党
拉什洛·索利莫斯（László Sólymos）	环境部长	桥党
玛蒂娜·鲁比奥娃*（Martina Lubyová）	教育、科研和体育部长	民族党提名
马雷克·马贾里奇（Marek Maďarič）	文化部长	方向党
托马什·德鲁茨凯尔（Tomáš Drucker）	卫生部长	方向党提名

* 桥党议员阿尔帕德·埃尔塞克于2016年8月31日替代时任网络党议员罗曼·布雷采利为新的交通与建设部部长。

* 玛蒂娜·鲁比奥娃于2017年9月13日成为新一任斯洛伐克教育、科研和体育部长。

数据来源：ÚRAD VLÁDY SLOVENSKEJ REPUBLIKY，http://www.vlada.gov.sk/clenoviavlady/，检索日期：2017年10月21日。

（四）执政党2016~2020年施政纲领

2016年4月26日，斯洛伐克国民议会以79票赞同、61票反对及2票弃权的表决结果，通过了四党联合政府的施政纲领。在2016年下半年担任欧盟轮值主席国的背景下，斯洛伐克新政府的政策具有延续性，总体保持平稳。

本届政府在施政纲领中确定了五大施政要点：一是加强社会和政治稳定，维护欧盟民主传统；二是灵活应对外部机遇和挑战；三是稳步推进国家经济、社会与环境协调发展；四是增强斯洛伐克经济、社会和地方发展的凝聚力；五是强化国家机构职能，维护公众利益。

此外，施政纲领的最后特别强调了四项施政重点：一是支持创造新的工作机会，降低失业率；二是缩小地区发展差异，推动多层次的地区合作；三是加强反腐斗争，依法治国，从立法、行政和司法三个角度对贪腐行为实现"零容忍"，四是实现有效的公共管理，政府将尤其关注教育和医疗系统。

虽然议会通过了该施政纲领，但赞成票数才刚刚过半，众多反对党人士亦对该施政纲领进行了强烈抨击。最大在野党自由与团结党党主席里哈德苏里克认为该施政纲领可行性不高，尤其是在反腐领域。此外，他认为该施政纲领遗漏了一些其他的重要问题，例如境内罗姆人问题、减税方式以及改善经商环境的具体措施。

（五）在野党的政治主张

1. 自由与团结党

自由与团结党是成立于 2009 年的右翼政党，是斯洛伐克议会最大在野党，奉行古典自由主义与温和的欧洲怀疑主义，在 2016 年发布《2020 议程》中，自由与团结党在经济上主张在不影响财政预算的情况下逐渐减轻企业负担，进行税费改革，消除商业壁垒，在政治上主张限制官僚主义，减少腐败，在斯洛伐克营造出一个适宜生存、工作与经商的环境。在难民问题上，该党认为应维护欧盟外部边界，分别在北非和巴尔干半岛集中安置难民，稳定叙利亚、伊拉克和利比亚等国国内局势。此外，该党坚决反对欧盟提出的"分摊难民"方案。

2. 普通公民和独立个人组织

普通公民和独立个人组织成立于 2011 年 11 月，属于中右翼保守政党，奉行保守主义和亲欧主义。该政党在政治体制上主张打击财团，维护人民民主权利；在国家发展上强调消除地区不平衡，促进共同发展；在社会生活方面旨在推动人与社会的全面发展，在就业方面支持提升养老金，创造更多就业岗位。

3. 我们的斯洛伐克—人民党

我们的斯洛伐克—人民党从 2009 年起涉足斯洛伐克政坛，为斯洛伐克极右翼政党，奉行欧洲怀疑论，推崇斯洛伐克民族主义，崇尚本国人民利益至上，支持使用本国货币，具有强烈反美倾向，对种族及移民问题态度强硬。人民党在 2010 和 2012 年均未进入议会，2016 年大获全胜，获得 14 个议席，引得斯洛伐克舆论一片哗然。该党在斯洛伐克常被贴上"法西斯主义者""新纳粹主义"和"极端主义者"的标签。2017 年 5 月 24 日，总检察长提议最高法院解散人民党，认为该党的政治倾向与纲领违反斯洛伐克宪法与法律，破坏斯洛伐克现存的民主制度。

4. 我们是家庭党

该党前身为成立于 2011 年的斯洛伐克公民党，2015 年更名为我们是家庭党，为斯洛伐克中右翼政党，温和的欧洲怀疑主义者。该党主张维护边境，反对接收难民，认为斯洛伐克最大的外部威胁为穆斯林移民，国内最大的威胁则是财团寡头。

（六）热点政治议题

1. 难民问题

2015年夏天欧洲爆发难民危机以来，斯洛伐克政府一直对接受难民问题持强硬的反对态度①，认为接收穆斯林难民会导致欧洲分裂。欧洲理事会于2015年9月通过了一份分摊意大利和希腊等国境内难民的方案，遭到捷克、斯洛伐克、波兰和匈牙利的强烈反对。斯洛伐克与匈牙利于2015年12月向欧洲法院提出上诉，认为难民分摊方案不符合欧盟程序，即使因此受到欧盟经济制裁也不愿妥协。2017年7月，总理菲佐再次强调，他仍坚持反对分摊方案，认为每个主权国家都有权维护国家统一。2016年斯洛伐克共收到146份庇护申请，实际为167名难民提供庇护，其中绝大多数难民来自阿富汗和伊拉克。

2. 教师与医护人员罢工事件

2016年年初在斯洛伐克全境爆发了大规模教师罢工事件，此次罢工持续约两周，涉及全国约11000名教师，波及全国约707所学校。斯洛伐克教师工资水平每月500~600欧元，他们要求今明两年分别提高140欧元和90欧元工资，要求政府增加4亿欧元的教育预算。与此同时，斯洛伐克境内护士也开始进行罢工，要求提高工资。

此次参与罢工的教师和医护人员虽然最终没有达成所求，但提高了公众对教育和医疗系统的关注。此外，此次罢工成为反对党攻击执政党的利器，成为方向党在一个多月后议会大选支持率暴跌的原因之一。

二 经济发展状况

自2004年加入欧盟以来，斯洛伐克的经济进入持续稳定增长的阶段，除2008~2009年的金融危机和2011~2012年的欧元区危机外，GDP都呈稳定增长状态。近年来，随着欧洲以及本国内需的增长，斯洛伐克经济发展态势良好（见表3）。

---

① 资料来源：MINISTERSTVO VNÚTRA SLOVENSKEJ REPUBLIKY, http://www.minv.sk/?statistiky-20，检索日期2017年10月21日。

表3　斯洛伐克2012~2016年GDP增速及经济总值

时间	2012	2013	2014	2015	2016
GDP增速(%)	1.7	1.5	2.6	3.8	3.3
GDP(亿欧元)	727	742	759	787	810

数据来源：斯洛伐克国家统计局，https://slovak.statistics.sk/，检索日期：2017年8月20日。

（一）经济稳步增长

2016年斯洛伐克经济保持稳步增长，GDP增速为3.3%[1]，GDP总值810亿欧元，在欧盟国家中排名第五位。经济增长的主要动力是投资与消费，尤其是内需已经逐渐成为促进经济发展的主要动力之一。经济增长呈现如下特点。

第一，国内居民消费对经济增长的拉动作用日益凸显。国民消费水平的提高得益于经济发展，工资水平的提高以及物价平稳。政府的财政政策以及对劳动薪资的扶植使得斯洛伐克的银行利率达到历史新低，进一步刺激了民众消费。

第二，投资对经济增长贡献有较大幅度下降。根据欧盟委员会数据，2016年斯洛伐克投资水平较2015年下降近9%，主要原因在于2014~2020年欧盟基金处在启动期。欧盟基金对斯洛伐克的公共、私人投资项目都有着举足轻重的影响。2017年汽车行业以及基础建设行业一些新项目如首都布拉迪斯拉发环城公路（预计将于2020年完成）等的开工，也刺激了投资的增加。

第三，进出口贸易增加。2016年斯洛伐克进出口均有所增加。但由于斯洛伐克经济严重依赖工业出口（特别是汽车相关），且主要面向德国和欧元区其他国家，因此，斯洛伐克经济极为容易受到欧元贬值和汽车行业波动的影响。

---

[1] 斯洛伐克国家统计局Statistical Office of The Slovak Republic，https://slovak.statistics.sk，检索日期：2017年8月20日。

（二）劳动力市场现状

2016年斯洛伐克劳动力市场明显改善，失业率为9.7%（如表4所示），同比下降1.8%，为近五年来首次降至10%以下。失业率下降的主要原因在于创造了新的就业机会，同时劳动力流失。近年来，地区与行业人才短缺使得未来斯洛伐克劳动力市场日益趋紧。据欧盟委员信息，外来劳动力流入，以及政府对劳动力市场的扶持并不能完全抵消斯洛伐克劳动力流失带来的负面影响。由于某些技术工人缺乏，导致了斯洛伐克整体薪资水平的上涨。2017年，一些大型企业的工资涨幅已超过6%，未来斯洛伐克整体薪资水平还会有所提升。

表4 斯洛伐克2012～2016年失业率

时间	2012	2013	2014	2015	2016
失业率(%)	14	14.2	13.2	11.5	9.7

数据来源：斯洛伐克国家统计局（Statistical Office of The Slovak Republic），https：//slovak.statistics.sk，检索日期：2017年10月20日。

根据斯洛伐克统计局统计，2016年斯洛伐克失业总人口为26.6万人，其中男性失业失业人口为13.25万，失业率8.8%；女性失业人口为13.35万，失业率10.7%，女性失业率下降更为显著。

斯洛伐克长期失业人口占据所有失业人口的56.65%，失业人口数下降主要得益于长期失业人口的下降。2016年斯洛伐克长期失业人口（失业时间长于1年）约为15万人，较2015年下降4.5万人，下降22.98%。[1]

在失业年龄结构方面，各个年龄层失业人口均有所降低，其中25～49岁主要就业年龄层失业人口约为15.7万人，占据失业人数的58.91%，较2015年下降约3.2万人（见表5）。

---

[1] 数据来源：STATISTICKÝ ÚRAD SLOVENSKJ REPUBLIKY，DATAcube，http：//datacube.statistics.sk/#!/view/en/VBD_SLOVSTAT/pr2030rs/Unemployed%20by%20age%20and%20sex%20-%20yearly%20data%20%5Bpr2030rs%5D. http：//datacube.statistics.sk/#!/view/en/VBD_SLOVSTAT/pr2022rs/Unemployed%20by%20duration%20of%20unemployment%20%20and%20sex%20-%20yearly%20data%20%5Bpr2022rs%5D，检索日期：2017年10月20日。

表5　斯洛伐克2016年各年龄段就业与失业人口

年龄组	就业人口 人口(万) 2016	变化 2016~2015	失业人口 人口(万) 2016	变化 2016~2015
15~24岁	16.03	0.64	4.58	-0.95
25~49岁	165.43	3.75	15.67	-3.23
50~64岁	65.71	2.26	6.3	-0.64
65岁及以上	2.04	0.14	0.05	0

数据来源：STATISTICKÝ ÚRAD SLOVENSKJ REPUBLIKY, DATAcube, http://datacube.statistics.sk/#!/view/en/VBD_SLOVSTAT/pr2042rs/Employed%20by%20age%20and%20sex%20-%20yearly%20data%205Bpr2042rs%5D，检索日期：2017年10月20日。

在失业人口受教育方面，斯洛伐克人接受职业教育以及高等教育比例高，失业人口中受教育程度低的失业率普遍较高。其中，接受过中等职业教育毕业与未毕业的失业率分别为10.8%、10.1%，失业总人数为10.4万人，占失业总人数的39.21%；接受普通高中教育的失业率为10.1%，失业人数约为1.2万，占失业总人数的4.36%；接受中等专科教育及高等职业教育的失业率分别为7.1%与4.0%，失业人数分别为6.5万人与0.09万人；接受大学本科及以上的教育的普遍就业情况要好于其他受教育种类，失业率分别为：本科8.5%、研究生2.1%、博士2.1%，失业人口数分别为：本科0.6万、研究生2.9万、博士0.04万。[①]

在行业方面，目前斯洛伐克服务业人口占就业人数的比例超过了60%，新的就业机会主要是在工业、建筑行业和服务业中产生。2016年除农业之外，斯洛伐克其他行业的失业人数均有所下降，工业、建筑业与服务业失业人数分别下降约1.6万人、1.2万人（见表6）。在各个行业中，制造业、建筑业以及公共行政机构、社会基本保障行业的失业人数较2015年有所增长。

---

① 数据来源：TATISTICKÝ ÚRAD SLOVENSKJ REPUBLIKY, DATAcube, http://datacube.statistics.sk/#!/view/en/VBD_SLOVSTAT/pr2016rs/Unemployment%20rate%20by%20education%20and%20sex%20-%20yearly%20data%205Bpr2016rs%5D，检索日期：2017年10月20日。

表6 斯洛伐克2016年各产业失业人口一览

行业	失业人口	
	人口（万）	变化（万）
	2016	2016～2015
农业	0.63	0.1
工业、建筑业	7.44	-1.55
服务业	9.19	-1.19

数据来源：TATISTICKÝ ÚRAD SLOVENSKJ REPUBLIKY, DATAcube, http://datacube.statistics.sk/#!/view/en/VBD_SLOVSTAT/pr2024rs/Unemployed%20by%20economic%20activity%20(NACE%20Rev.%202)%20of%20the%20last%20occupation%20and%20sex%20-%20yearly%20data%20%5Bpr2024rs%5D，检索日期：2017年10月20日。

（三）对外贸易情况

2016年斯洛伐克贸易规模不断扩大，进出口总额1365亿欧元，同比增长3.1%。其中，出口701亿欧元，较2015年同比增长3.5%；进口664亿欧元，增长3.2%；贸易顺差37亿欧元，同比增加3.5亿欧元。

随着2016年经济逐渐复苏，斯洛伐克出口呈现缓慢增长，这与外部需求复苏相一致。2015开始的汇率贬值，斯洛伐克生产的商品日渐获得认可，以及斯国内能源及供应商价格水平的持续下跌，这些都促使斯洛伐克出口商品更具竞争力，提高了出口；汽车产业的扩大生产以及产业升级也将进一步刺激净出口增长和未来GDP增长。由于近年来对斯洛伐克进口的持续性投资，未来进口对GDP贡献也将会有明显的增长。

2016年斯洛伐克主要的贸易伙伴仍集中于欧洲，德国为斯洛伐克最大的贸易伙伴，其次为捷克、波兰、匈牙利、法国、英国、意大利等。在欧洲之外，中国、韩国是斯洛伐克重要的贸易进口国。

2016年斯洛伐克主要出口商品中，出口额最大的为汽车及其零部件，占出口总额的28.4%；其次为电子机械类产品及其部件（如显示屏、电视接收器、投影机等），占出口总额的20.6%；核反应堆、工业锅炉等工业机械设备也是斯洛伐克重要的出口商品，占斯洛伐克出口总额的12.5%。2016年斯洛伐克主要进口商品中，进口额度最大的是电子设备及其零件，占进口总额的

20.2%；其次，汽车及其零部件商品占进口总额的15.1%，工业生产设备占进口总额的12.6%，在所有进口商品中排名第三。此外，钢铁、石油以及矿物燃料、塑料、精密仪器也是斯洛伐克重要的进出口商品。①

（四）各产业发展现状

1. 农业

2016年，斯洛伐克农业占国内生产总值的3.6%，农业从业人员约占劳动力的4.2%，2016年第三季度斯洛伐克的年农业生产总值达到了12.2亿欧元，为历史最高水平。

斯洛伐克农业发展有以下特点：第一，农业发展以农场为主。斯洛伐克农场的平均面积是77.5公顷，大大高于欧盟的平均水平14.4公顷。但是历史上的农业集体化和随后的私有化政策使得斯洛伐克土地所有问题变得相当复杂，目前3/4的农田都处于租借状态。第二，斯洛伐克森林以及山地覆盖面积高。65%的农业用地由于自然条件的影响限制了农业发展潜力，16%的农业用地在欧盟规定的Nature2000②政策下被划分为自然保护地区。斯洛伐克的森林面积一直在增加，2015年达到了1014731公顷。第三，农民老龄化严重，只有8.1%的农民年龄在35岁以下，年轻人中从事农业的越来越少，这也促使斯洛伐克进行了产业升级，促进了农业生产自动化。

2. 工业、建筑业

2016年，斯洛伐克工业生产总值占国内生产总值的31.6%，主要工业部门有钢铁、食品、烟草加工、石化、机械、汽车等。从业人员约占总劳动力的22.6%。

由于欧洲市场对汽车的需求旺盛、低廉的劳动力成本和政府的支持等优势，近年来车企对斯洛伐克大众汽车、标致、起亚汽车加大了投资，捷豹、路虎车企也即将在尼特拉建厂，这使得汽车行业成为斯洛伐克增长最快的行业之

---

① 数据来源：TATISTICKÝ ÚRAD SLOVENSKJ REPUBLIKY, DATAcube, http：//datacube. statistics. sk/#! /view/en/VBD_ SLOVSTAT/zo2007rs/Commodity%20Structure%20by%20Chapters%20in%20Harmonised%20System%20（FOB - FOB）%20%5Bzo2007rs%5D，检索日期：2017年10月20日。

② 1992年欧盟建立的以保护自然栖息地以及鸟类栖息地为目的划分的自然保护区。

一。2016年，乘用车产量为104万辆，斯洛伐克由此成为全球人均汽车生产最多的国家之一。汽车生产占斯洛伐克制造业产出的45%和出口的35%。2016年，该行业继续受益于欧洲汽车销量的增长，本国汽车销量仍保持强劲。

斯洛伐克主要的12家大型工业公司包括美国钢铁（冶金）、斯洛伐克（石油工业）、三星电子（电子）、索尼（电子）、蒙迪商业纸业（纸业）等。

3. 服务业

2016年，斯洛伐克服务业生产总值占国内生产总值的64.8%，服务员从业人数占劳动力人口总数的73.2%。

斯洛伐克的服务行业在过去10年里迅速增长，雇佣了70%以上的劳动人口，主要分布在批发、零售、维修以及酒店餐饮行业，并且贡献了超过60%的GDP。[①] 目前，斯洛伐克的服务行业主要由贸易以及房地产主导。近年来，斯洛伐克的旅游业不断发展，已经成为斯洛伐克最具活力的行业之一。

运输与邮政服务行业。2016年，斯洛伐克运输行业从业人员约为10万人。近年来，斯洛伐克基础设施不断完善，各类交通工具的货运量与客运量均不断提升，主要运输方式为公路以及铁路。机动车数量不断增加，其中客车的增长趋势明显。城市交通中，斯洛伐克城市居民有61%选择乘坐公共汽车出行，23%选择有轨电车，16%选择无轨电车[②]。2016年，斯洛伐克邮政行业人员约为1.5万人，全国共有1540所邮局，76%的邮局在农村地区。由于快递行业的发展，邮局的国际、国内信件以及物品的寄送数量逐年下降[③]。

信息与通信行业（ICT）在斯洛伐克经济中的重要性日益凸显，尤其是信息技术与商业的结合对投资者而言极具吸引力，信息与通信行业也因此被认为是促进斯洛伐克经济增长的潜力行业。2016年，信息通信产业的从业人员超过4万名，约占劳动人口总和的2.3%。2015年，斯洛伐克共有5家IT企业进入中东欧快速发展企业前50强。斯洛伐克ICT行业中的优势领域有安全软件、GPS导航软件、集成系统IT解决方案以及网页游戏、手机游戏等。目前，斯

---

① 世界旅游观光委员会2017年报告（TRAVEL & TOURISM ECONOMIC IMPACT 2017 SLOVAKIA）。
② 斯洛伐克2016数据年报2014年数据（Slovak Republic in Figures 2016）。
③ 斯洛伐克数据局2016年交通、通信报告（chun boRocčenka dopravy, pôšt a telekomunikaácií 2016）。

洛伐克大部分IT服务都是由外包以及软件公司提供,其中外包公司占据31.4%的市场份额。

斯洛伐克旅游业近年来取得长足的发展。2016年,旅游业对GDP贡献为6.2%(欧盟平均值为10.2%),高于2015年的6%(欧盟平均值为11.6%)。旅游业提供了近15万工作岗位,占斯洛伐克劳动力总和的6%。2016年,赴斯洛伐克旅行人数超过460万人,其中最具吸引力的目的地是首都布拉迪斯拉发和塔特拉山脉。大多数游客来自捷克(约26%)、波兰(15%)和德国(11%)。斯洛伐克特色景点有自然景观、山脉、洞穴、中世纪古城堡和城镇、民间建筑、温泉和滑雪胜地等,在欧洲各国中属于性价比较高的旅行目的地。

(五)财政税收

政府财政状况近年来非常稳定,财政赤字自2013年以来一直保持在GDP的3%以下。2016年预算赤字为1.7%,2017年斯洛伐克财政赤字降至新低,截至2017年12月底,财政赤字12.2亿欧元,为GDP的1%。斯洛伐克财政赤字逐渐减少而税收不断增加。由于斯洛伐克企业发展盈利能力的提高以及良好的劳动力市场,企业所得税以及个人所得税的增加为税收增长做出了贡献。与其他欧盟成员国相比,斯洛伐克税收占GDP比例正在上升,但仍相对较低。从2010年到2015年,税收占GDP的比例上升了4个百分点,达到了32%左右。其中社会性缴纳是税收收入的最大来源(2015年税收占总收入的43%),其次是生产和进口税(34%)。与此同时,斯洛伐克的税收框架也有了一定程度的变化。自2012年以来,为了实现对个体经营者和雇员更公平的税收政策,增加了个体经营者的税收减免总额,此项政策有利于个体经营户。此外,高收入人群的医疗保健和社会性缴纳的上限显著提高,对非人寿保险征收8%的新税率,提高烟草税等都进一步促进了税收公平。

三 外交与安全

斯洛伐克于1993年成为独立的主权国家,2004年3月和5月分别加入北约和欧盟,2006~2007年担任联合国安理会非常任理事国,2007年12月加入《申根协定》,2009年1月1日起加入欧元区,2016年7月担任欧盟轮值主席

国。斯洛伐克在国际舞台上主要以欧盟与北约为依托，重视同大国的关系，积极发展睦邻友好关系，致力于在国际社会中提高自身的影响力和地位。

（一）担任欧盟轮值主席国

斯洛伐克从2016年7月到12月担任欧盟轮值主席国①。斯洛伐克担任轮值主席国期间值得关注的重大事件有：（1）9月16日欧盟27国领导人在布拉迪斯拉发召开峰会，会议议题为英国完成脱欧公投后欧盟的未来，聚焦欧盟国防合作、领土安全以及弥合在移民问题上的各国分歧等问题。峰会出台了《布拉迪斯拉发宣言及发展蓝图》（Bratislava Declaration and Roadmap），强调欧盟国家应重塑信心，加强各国尤其是信息共享方面的国防合作，控制非法移民涌入。②（2）2016年12月，欧盟理事会成功解决内部分歧，决定给予乌克兰和格鲁吉亚护照欧盟签证免签待遇，乌、格两国公民每半年可在欧盟国家免签累计逗留3个月，同时，此项决议也表明了欧盟方面对与乌克兰加强合作的意愿。③（3）12月中旬，斯洛伐克牵头与欧洲议会、欧盟委员会达成了一项非正式协议，该协议主要内容为在2020年引入5G技术。（4）12月，欧盟财政部长支持欧盟委员会提出的扩大投资计划的建议，预计将在2020年投入5000亿欧元用于战略性投资。

斯洛伐克担任欧盟主席国给了欧盟认识斯洛伐克的机会，同样也让斯洛伐克更了解欧盟的运行，这是一个双赢的结果。此次半年的轮值经历提高了斯洛伐克在欧盟中的地位，促进了同欧盟国家的全方位合作。

（二）与欧盟及欧美国家的关系

斯洛伐克属于欧盟成员国，在欧盟中属于中东欧国家，与周边邻国捷克、波兰、匈牙利共同组成V4（也称维谢格拉德集团），发展同欧洲国家关系是斯洛伐克对外工作的重中之重。

---

① EUACTIV, Slovak EU presidency reaps big year-end harvest, https：//www.euractiv.com/section/public-affairs/news/slovak-presidency-reaps-big-harvest-at-year-end/，检索日期：2017年10月20日。
② The Bratislava Declaration 布拉迪斯拉发宣言，2016年9月。
③

斯洛伐克

斯洛伐克同周边邻国：捷克与斯洛伐克的特殊关系在2016年保持了长足的发展。2016年9月，两国在布拉迪斯拉发举办的第四届联合政府会议上高度评价了过往合作成果，并商讨了新的双边合作项目（主要集中在国防安全、国内食物、能源、交通和文化方面），同时也交流和分享了各自在能源、基础设施建设以及移民和庇护政策方面面临的挑战和经验。2018年是捷克斯洛伐克共和国成立100周年、"布拉格之春"50周年、捷克斯洛伐克独立25周年，斯洛伐克成立了一个专门机构负责处理相关庆祝问题。

斯洛伐克与匈牙利的双边关系近年发展良好，为历史上最好的水平。2016年，斯洛伐克与匈牙利跨境港口交通基础设施建设加强了双方的合作，这种合作主要集中在经济领域，不仅仅局限于跨境地区的经济贸易，两国贸易和就业也在更广泛的层面得到了发展。

斯洛伐克与波兰2016年对话、交流频繁，主要涉及交通和能源基础设施的发展。两国合作开发了丰富的跨境合作项目，计划从2014到2020年，在旅游、文化交流和文化遗产领域进行更加深度的合作。

乌克兰是斯洛伐克的重要邻国，双方在维系东欧地区安全稳定方面享有共同的利益与愿景。斯洛伐克支持乌克兰改革，融入欧盟，坚持在欧洲联盟联合协定（Association Agreement）下与乌克兰进一步发展往来。2016年，斯洛伐克向乌克兰出口了91亿立方米天然气，成为乌克兰能源领域重要的合作伙伴。

斯洛伐克同其他欧盟国家：德国是斯洛伐克最为重要的贸易伙伴，斯洛伐克在担任欧盟主席国期间进一步加强同德国在政治和经济领域的深度合作，并在召开布拉迪斯拉发峰会等关键问题上得到了德国代表的支持与帮助。2016年，斯洛伐克外长莱恰克4次访问柏林，总理菲佐6月访问德国商讨政治合作问题。除了贸易和投资之外，斯洛伐克着手与德国进行科学和学术研究领域的高端合作。英国脱欧公投后，仍然是斯洛伐克主要的贸易伙伴、国际安全的重要盟友。同时，斯洛伐克继续保持双方的对话与合作。英国首相7月访问斯洛伐克，商讨脱欧后续问题。法国与斯洛伐克双边关系发展良好，在2013~2018年的战略伙伴关系行动计划（Strategic Partnership Action Plan for 2013-2018）下进行深度合作。11月斯洛伐克总统基斯卡（Andrej Kiska）对法国进行国事访问，这是自斯洛伐克独立以来总统第一次访问法国。总体而言，2016年斯洛伐克同欧盟各国的关系保持稳定，也取得一些突破性进展，如和瑞士实

现最高层互访以及挪威首相访问斯洛伐克并签署《2014～2021挪威和欧洲经济区的基金使用备忘录》等。

斯洛伐克同其他国家：2016年，欧盟对俄罗斯制裁仍在继续，在斯洛伐克担任欧盟主席国期间，欧盟各国达成共识，延长对俄罗斯的制裁（截止到2017年7月31日）。在制裁问题上，斯洛伐克表示希望同俄罗斯加强对话，共同解决乌克兰争端。2016年8月，斯洛伐克总理菲佐以及外长莱恰克访问俄罗斯，商讨能源供给以及发展旅游业等事宜。

斯美关系：发展同美国的友好关系是斯洛伐克长期以来的外交工作重点。两国之间有多个领域的合作关系，如斯洛伐克军备现代化、商业经济合作、地区安全、学术交流等。2016年5月，斯洛伐克－美国商业创新委员会（Slovak-American Business and Innovation Council）成立，目的在于促进双方贸易合作及帮助建立斯洛伐克创业生态体系。

地区性合作：维谢格拉德集团（V4）是斯洛伐克最重要的区域性联盟之一，在一些国际问题上展示了中欧4国的共同立场，更具有影响力。2016年，维谢格拉德集团分别在马其顿和保加利亚（2月）、德国（8月）和乌克兰（9月）举行了总理级别的会晤。2016年，斯洛伐克为作为欧盟多瑙河地区战略联盟的主席国，于3月和5月组织协调会议商讨、修订联盟目标、管理支持以及合作项目准备等问题。11月，斯洛伐克同欧盟委员会第四届区域和城市政策理事会（Directorate General for Regional and Urban Policy）以及联合研究中心（Directorate General of the Joint Research Centre）共同组织了第5届多瑙河地区年度论坛，该论坛以创新为主题，主要探讨了未来水资源管理、创新研究等问题。

（三）安全问题

斯洛伐克军费开支近三年不断上升，2016年军费开支约为10.36亿美元，在全球排名第89位，占国民生产总值的1.16%，2014、2015年这个比例分别为1.15%、1.01%。军费主要用于部队的现代化，减少对俄罗斯军事装备的依赖。同时，斯洛伐克配合欧盟参与了一系列的军事行动和平民行动，如波黑的维和行动（EUFOR Althea）、格鲁吉亚监督团（EUMM - Georgia）、欧盟科索沃法治特派团（EULEX）、摩尔多瓦和乌克兰边境援助团（EUBAM）等。

斯洛伐克

在安全问题上，斯洛伐克与其他中东欧国家面临的问题相同。而非法移民，极端右翼势力是近年来突出的安全问题。根据斯洛伐克边境警察署统计，2016年共有1926名非法移民过境，其中208名在斯洛伐克滞留。与此同时，近年来极端右翼主义、法西斯主义在斯洛伐克尤其在青年群体中复苏。因此，斯洛伐克在2017年初成立了一个由100多名精英官员组成警察部队，用来打击恐怖主义和极端右翼主义违法犯罪行为并调查相关组织经济来源。除本国外，斯洛伐克同时配合北约政策致力于打击国际恐怖主义。2016年，经国会批准，斯洛伐克继续其在阿富汗的军事行动，并承诺2018到2020年每年向阿富汗提供50万美元的自愿捐款以帮助阿富汗国家安全部队。

作为一个60%以上人口信仰天主教且民族单一的国家，斯洛伐克国民普遍不赞成接受难民。早在2015年，斯洛伐克总理罗伯特·菲佐曾多次因公开表示拒绝接收穆斯林难民而遭到欧盟谴责。2016年5月，难民试图从匈牙利强行进入斯洛伐克而与斯洛伐克边境警察发生冲突，造成一名难民受伤。斯洛伐克对待叙利亚难民问题立场坚定，但并非完全不近人情。事实上，从2009年到2016年年底，斯洛伐克的移民转移部门（Slovakia's Emergency Transit Centre）为超过1000余名难民提供临时住所及完成转移，这些难民主要来自阿富汗、伊拉克、索马里等国家，但最终的转移目的地大多为美国、英国、挪威等国家。[①]

四　人口与民族现状

（一）人口状况

根据斯洛伐克国家统计局的数据，截至2016年12月31日，斯洛伐克共有5435343名居民。其中男性2651684名，女性2783659名，年增长9091人。如表7所示，斯洛伐克人口数除在2011年有减少外，自2012年起一直处于略微增长状态。出生人口的性别构成方面，男婴出生率高于女婴，但是斯洛伐克

---

① https://www.iom.int/news/slovakia-centre-sees-over-1000-refugees-resettled-usa-canada-norway，检索日期：2018年4月20日。

女性在高年龄段占比较大。男女比例长期稳定处于49∶51，2016年女性占比51.21%（见表8）。年龄构成方面，斯洛伐克人口从20世纪90年代出现老龄化趋势，尽管2016年人口出生率为过去5年最高，但是仍未能扭转该趋势。这和斯洛伐克平均寿命的延长相关。2011~2016年斯洛伐克不同年龄段人口占比情况见表9。人口迁移，迁入人口最多的国家分别是捷克、英国、奥地利、匈牙利、罗马尼亚、德国和乌克兰。90%的斯洛伐克人移民目的地为其他欧洲国家，如捷克、奥地利、德国、英国、瑞士。由表10可知，自2011~2016年来，迁入斯洛伐克的移民数量呈不断上升趋势，迁出移民数量有上升，但幅度不大；2016年甚至有些微下降趋势，稳定在3800人左右，这导致斯洛伐克移民人口净增长量不断上升，外来移民成为斯洛伐克人口增长的重要因素，为斯洛伐克补充了新的劳动力。

表7　斯洛伐克2011~2016年人口数量及增长率汇总

	2011年	2012年	2013年	2014年	2015年	2016年
人口数(人)	540 4322	541 0835	541 5949	542 1349	5426252	5435343
人口增长率(%)	-0.57	0.12	0.09	0.10	0.09	0.17

数据来源：斯洛伐克国家统计局，https：//slovak.statistics.sk/，检索日期：2017年8月20日。

表8　斯洛伐克2011~2016年女性人口比重及女婴对男婴出生人数占比

	2011年	2012年	2013年	2014年	2015年	2016年
女性人口比重(%)	51.3	51.28	51.27	51.26	51.24	51.21
每千名女婴对应男婴出生数(人)	1048	1068	1049	1044	1064	1051

数据来源：斯洛伐克国家统计局，https：//slovak.statistics.sk/，检索日期：2017年8月20日。

表9　斯洛伐克2011~2016年不同年龄段人口占比

占比(%)	2011年	2012年	2013年	2014年	2015年	2016年
0~14岁	15.41	15.35	15.32	15.31	15.22	15.46
15~64岁	71.81	71.72	71.14	71.14	70.22	69.55
65岁及以上	12.78	13.54	13.54	13.54	14.45	14.99

数据来源：斯洛伐克国家统计局，https：//slovak.statistics.sk/，检索日期：2017年8月20日。

表 10　斯洛伐克 2011~2016 年移民情况

	2011 年	2012 年	2013 年	2014 年	2015 年	2016 年
迁入移民（人）	4829	5419	5149	5357	6997	7686
迁出移民（人）	1863	2003	2770	3644	3870	3801
净增长（人）	2966	3416	2379	1713	3127	3885

数据来源：斯洛伐克国家统计局，https：//slovak.statistics.sk/，检索日期：2017 年 8 月 20 日。

（二）民族构成

斯洛伐克的民族构成在过去五年呈现出一个稳定的状态。斯洛伐克族约占全国人口的 80%，有略微增长的趋势。虽然斯洛伐克人占全国总人口的绝大多数，但是该国主体民族人口占全国人口的比例仍低于周边其他国家（波兰、捷克、匈牙利）（见表 11）。

表 11　斯洛伐克 2011~2016 年民族构成统计表

民族＼占比（%）＼时间	2011 年	2012 年	2013 年	2014 年	2015 年	2016 年
斯洛伐克族	80.63	80.58	81.02	81.15	81.25	81.35
匈牙利族	8.48	8.47	8.46	8.43	8.40	8.37
罗姆族	1.97	2.00	1.99	2.01	2.02	2.03
捷克、摩拉维亚和西里西亚族	0.63	0.64	0.70	0.70	0.71	0.72
俄罗斯族	0.62	0.62	0.60	0.59	0.58	0.57
乌克兰族	0.14	0.14	0.16	0.16	0.17	0.18
德意志族	0.09	0.09	0.13	0.13	0.13	0.13
波兰族	0.06	0.06	0.10	0.11	0.11	0.12
其他	7.39	7.41	6.84	6.72	6.63	6.53

数据来源：斯洛伐克国家统计局，https：//slovak.statistics.sk/，检索日期：2017 年 8 月 20 日。

五　与中国的关系

（一）双边关系中的重大事件

近年来，随着中国与中东欧国家合作的不断深入，中国与斯洛伐克关系在

"16＋1"合作框架下发展顺利，双边政治、经贸、人文交流不断扩大。但由于2016年10月斯洛伐克总统基斯卡执意会见窜访的达赖喇嘛，中斯关系被严重损害。

1. 斯洛伐克总统基斯卡会见达赖

2016年10月16日，斯洛伐克总统基斯卡以私人身份在首都布拉迪斯拉发与达赖喇嘛会面。除总统外，达赖还与个别议员进行了会面。10月17日，中国外交部发言人华春莹就斯洛伐克总统基斯卡会见达赖做出回应，认为此次斯洛伐克总统一意孤行，顽固坚持错误立场，损害了中方核心利益，也严重破坏了中斯关系的政治基础。

10月19日，斯洛伐克外长莱恰克会见中国驻斯大使林琳，并致函中国外交部长王毅。莱恰克强调，斯洛伐克总统、政府以及全体人民完全尊重中华人民共和国主权与领土完整，坚持一个中国政策。10月20日，斯洛伐克总理菲佐也表示，总统的行为明显损害了中斯关系。

尽管总理菲佐与内阁成员并未接见达赖，但基斯卡的举措严重损害了中国的核心利益，给两国关系带来了负面影响。

2. 中国－中东欧国家领导人里加会晤

2016年11月5日，第五次中国－中东欧国家领导人会晤在拉脱维亚里加举行。在峰会正式开始前，中方取消了原计划好的双边总理会晤。斯洛伐克政府随后并未说明会晤取消的原因，但是斯国媒体普遍认为这是中国对此前斯洛伐克总统基斯卡会晤达赖表达不满。

尽管取消了双边会晤，但是李克强总理仍与斯洛伐克总理菲佐进行了简短会见。李克强在会见中强调，双方应尊重彼此核心利益和重大关切，推动中斯关系健康稳定发展。菲佐也表示，斯洛伐克坚持一个中国政策的原则立场没有改变。他也在会见期间邀请李克强总理访斯。

里加会晤期间，中国与斯洛伐克达成一致，将支持位于斯洛伐克的中国—中东欧国际技术转移中心的发展。此外，中国海关总署和斯洛伐克财税总局还签署了关于推进实施"丝绸之路经济带"合作倡议的谅解备忘录。

3. 其他重大事件

双边关系中的重大事件还包括：2016年7月4日，斯洛伐克外长莱恰克以下任联合国秘书长候选人的身份来华，与中国外交部长王毅举行会谈。2016

年7月23日，欧盟轮值主席国、斯洛伐克财政部长彼特·卡兹米尔来华参加在成都召开的G20财长和央行行长会议。7月25日，王毅外长在老挝万象出席东亚合作系列外长会期间会见欧盟轮值主席斯洛伐克外长莱恰克。

（二）双边贸易情况

据斯洛伐克统计局统计，2016年中斯贸易额达67.1亿欧元，同比增长4%。其中斯自华进口55.68亿欧元，同比减少0.9%；出口11.41亿欧元，同比增长12%。对华贸易逆差44.27亿欧元（见表12）。双边贸易主要集中在工业产品制造、机械设备、工业原材料以及化学用品领域。

表12　2011~2016年斯洛伐克对中国进出口情况

单位：亿欧

	2011	2012	2013	2014	2015	2016
总进口量	33.21	36.71	44.44	48.95	66.38	67.09
总出口量	14.91	13.49	15.96	13.75		
贸易差	-18.30	-23.23	-28.48	-35.21	-46.00	-44.27

数据来源：斯洛伐克国家统计局，https://slovak.statistics.sk/，检索日期：2017年8月20日。

如表12所示，2011~2016年中斯经贸规模呈不断扩大趋势，但是数据增长主要来自斯洛伐克从中国进口量的增加，斯洛伐克对中国的出口量不到进口量的三分之一，且保持相对稳定的状态，没有明显涨落，这导致斯洛伐克对中国的贸易逆差不断扩大。如今，中国已成为斯洛伐克第三大进口国，仅次于德国与捷克，同时也是斯洛伐克第一大贸易逆差来源国。

（三）人文交流

2015年11月，第四次中国-中东欧国家领导人会议在北京举行。当月，中斯两国教育部签署了2016~2019年教育合作计划，两国文化部签署了2015~2019年度文化合作计划，中国国家旅游局与斯交通建设和地方发展部签署了关于旅游领域的合作谅解备忘录。教育、文化、旅游也由此成为两国2016年人文交流的重点领域。

1. 教育合作形式不断丰富

教育是中国与斯洛伐克人文交流的重要组成部分。天津大学、上海对外经贸大学相继于2007年、2015年在布拉迪斯拉发与当地院校合作建立两所孔子学院，着力推广汉语教育与中国文化。2016年9月，随着斯洛伐克医科大学卫生学院与中国辽宁中医药大学合作创办的中医孔子课堂在斯洛伐克中部城市班斯卡·比斯特里察正式揭牌，孔子学院的发展在斯洛伐克再次取得新的突破。中医类专业型孔子学院的设立，丰富了两国教育合作形式，是双边文化交流的又一硕果。

此外，2016年9月，中国国家汉办和布拉迪斯拉发孔子学院合作，在班斯卡·比斯特里察市科瓦奇中学开设中斯双语实验班。2016年10月，在中捷斯友谊农场建场60周年庆典之际，中斯友谊小学新校区揭牌仪式正式举行。这都是两国在基础教育领域进行合作交流的有益尝试。

2. 光影艺术合作成亮点

电影节的成功举办是两国2016年文化交流的一大亮点。中国驻斯洛伐克大使馆、斯洛伐克文化部、斯洛伐克电影研究所分别在2016年10月、11月在斯洛伐克东部最大城市科希策及首都布拉迪斯拉发联合举办当代中国电影展，通过电影这一艺术形式为观众呈现当代中国社会与艺术。当年10月，斯洛伐克也参加了第九届欧盟电影展，分别在北京、成都、济南、上海的影院展映斯洛伐克电影。

除了展映电影外，两国也通过一系列图片展来进一步推进文化交流。2016年12月1日，由驻斯洛伐克使馆主办的"中国故事·中国西藏"系列图片展在斯首都机场正式开幕，通过数百张摄影图片为斯洛伐克民众呈现西藏的真实面貌。

3. "16+1"框架下的双边人文交流

2016年是中国-中东欧人文交流年，斯洛伐克也在"16+1"的框架下积极参与一系列人文交流活动，例如：2016年4月，2016年维谢格拉德四国（捷克、斯洛伐克、匈牙利、波兰）旅游日推介会在斯洛伐克驻华使馆举行；2016年5月，中国-中东欧国家最高法院院长会议在苏州开幕，同月，中东欧国家记者团访问中国广东、江西和北京；2016年8月，中东欧国家首次整体担任北京国际书展主宾国；2016年7月至8月，在中国举行第二届中国-中东欧国家舞蹈夏令营；2016年10月11日，在北京举行了第四届中国-中东欧国家教育政策对话等。

B.20
斯洛文尼亚

鲍 捷*

摘　要： 2016年，斯洛文尼亚政局基本保持稳定，国家在现任政府的带领下大力发展经济，将解决居民就业作为首要目标，改善民生。在外交领域，斯洛文尼亚积极扮演其在欧盟中的角色，改善与邻国关系。2016年，斯洛文尼亚继续积极参与"16+1合作"框架下的各项活动，中斯两国关系发展势头良好。

关键词： 斯洛文尼亚　科迪第二铁路　皮兰湾裁决　中斯双边合作

一　国内政治形势

（一）国家政治概况

斯洛文尼亚位于欧洲中南部，1991年之前曾是南斯拉夫社会主义联邦共和国的一部分。1991年6月25日，斯洛文尼亚宣布独立，建立斯洛文尼亚共和国（Republika Slovenija）。1992年5月，斯洛文尼亚共和国正式加入联合国，2004年3月加入北约组织，5月1日成为欧盟正式成员国。2007年1月1日，斯洛文尼亚改用欧元货币，同年12月21日加入申根区。2010年，成为经合组织成员国。

斯洛文尼亚共和国现行政治体制为议会民主制，国民议会（Državni zbor）为国家最高立法机构和监督机构，国民委员会（Državni svet）是参政议政的

---

* 鲍捷，斯洛文尼亚卢布尔雅那大学巴尔干学博士在读，北京外国语大学欧洲语言文化学院斯洛文尼亚语讲师，主要研究方向为巴尔干学、东南欧对华关系。

"第二院",总理(predsednik vlade)领导政府内阁,总统(predsednik države)为具有象征意义的国家元首,任期5年。

国民议会由90名议员组成,通过直选产生,任期4年。其中2名代表席位保留给意大利族和匈牙利族议员①,其余席位从各政党中选出。现任议长为米兰·布尔格莱兹(Milan Brglez)。国民委员会则由40名委员组成,代表着雇主、雇员、农民与手工业者、非营利性机构、地方发展5个方面。国民委员会有权否决国民议会通过的法案。现任主席为阿洛伊兹·科乌什查(Alojz Kovšca)。

现任总理为米罗·采拉尔(Miro Cerar),同时为采拉尔党②(Stranka modernega centra,简称SMC)党魁。2014年7月,采拉尔党在议会选举中获胜,9月与退休者民主党(Demokratična stranka upokojencev Slovenije,简称DeSUS)和社会民主人士党(Socialni demokrati 简称SD)共同组成联合政府。

现任总统为博鲁特·帕霍尔(Borut Pahor),2012年12月23日首次当选斯洛文尼亚共和国第四任总统。2017年11月12日,在总统选举中,帕霍尔又以微弱优势(53%)在第二轮投票中胜出,获得连任,成为斯洛文尼亚共和国第五任总统③。

(二)本届政府与议会组成

由采拉尔总理领导的斯洛文尼亚联合政府共设有16名部长,其中8名为女性,比例为历任政府最高。重要部门部长分别为:

第一副总理兼农业、林业和食品部长戴扬·日丹(Dejan ŽIDAN)
第二副总理兼外交部长卡尔·埃里亚韦茨(Karl ERJAVEC)
内务部长韦斯娜·吉约尔科斯·日妮达尔(女,Vesna Györkös ŽNIDAR)
国防部长安德雷娅·卡蒂奇(女,Andreja KATIČ)

---

① 斯洛文尼亚共和国官方承认的,并享有相关权利的少数民族为意大利族与匈牙利族。
② 现任执政党成立初期,采用党魁采拉尔的姓名来命名,即采拉尔党(Stranka Mira Cerarja),随后在2015年3月7号正式更名为现代中间党(Stranka modernega centra)。具体参见现代党官方发布:https://www.strankasmc.si/ministri/。
③ 选举结果由斯洛文尼亚国家选举委员会于2017年11月12日正式发布。选举结果发布详见官方网站:https://www.volitve.gov.si/vp2017/#/prva,检索日期:2017年11月30日。

财政部长玛特娅·弗拉妮查尔·埃尔曼（女，Mateja Vraničar Erman）

经济发展和技术部长兹德拉夫科·波契瓦尔舍克（Zdravko POČIVALŠEK）

在现斯洛文尼亚国民议会中，由现任总理领导的采拉尔党占36席，最大反对党斯洛文尼亚民主党（Slovenska demokratična stranka，简称SDS）占21席，退休者民主党占10席，社会民主人士党占6席位，左翼联盟（Levica）占6席位，新斯洛文尼亚基督教人民党（Nova Slovenija-Krščanska Ljudska Stranka，简称NSi）占5席，布拉图舍克联盟（Zavezništvo Alenke Bratušek，简称ZaAB）占4席位，其余政党未能入围。

斯洛文尼亚议会选举暂定于2018年6月，据当地媒体及其他机构的相关分析，本次选举将相当胶着，无任一政党具有绝对优势。

（三）执政党执政理念与反对党主张

根据斯洛文尼亚政府2016年度施政报告①，2017年度政府优先发展以下领域：

（1）整体提升医疗服务效率（通过立法手段推动医疗系统改革，减少患者等待就诊时间，规范政府资金拨付，更新医疗设备等）；

（2）全面保障青少年儿童权益（增加财政开支，通过政府立项支持青少年发展，为青年提供灵活的实习机会等）；

（3）推动基础设施项目建设（重点开发科迪第二铁路，扩建高速公路网络等）；

（4）加强依法治国（通过立法进一步预防政府官员行贿受贿）；

（5）斯洛文尼亚：绿色与电子科技相结合（开发政府电子公务平台，推动电子办公，以绿色环保树立国家形象）；

（6）改善全国商业环境（简化行政审批手续，鼓励外资）；

（7）保护劳工权益；

（8）鼓励农业发展；

（9）进一步团结海外斯洛文尼亚人，改善与邻国斯洛文尼亚裔的关系。

---

① 参见斯洛文尼亚政府2017年信息发布，http://www.vlada.si/teme_in_projekti/prednostne_naloge_2017，检索日期：2017年11月30日。

现议会中反对党是斯洛文尼亚民主党,该党主张民主、自由、尊重人权,建立法治国家,强调法律面前人人平等。自2015年欧洲难民危机爆发以来,长期奉行中右翼政治理念的民主党有向右翼政党发展的明显趋势,多次在民族价值、家庭价值与难民议题上向执政党发难,近期更是通过煽动国内民族主义情绪,提出反移民等政治口号。根据斯《劳动报》近一年民调显示,斯民主党为民众最受欢迎的政党[①]。

(四)2016年国内政局变化

2016年斯洛文尼亚全国政局稳定,政府执行中间派执政方针,力求改善国内经济大环境,降低失业率,以应对双边与多边环境下的各类挑战。2016年度,斯洛文尼亚原财政部长因个人原因请辞,财政部国务秘书耶尔曼被任命为新财长,她也是斯洛文尼亚历史上第一位女财长。基础设施部部长加什佩希奇因国家大型基建项目——"科迪第二铁路"多次被反对党弹劾未果(2016年度反对党弹劾部长级负责人共计7次)。斯洛文尼亚公务员系统在2016年年初发起多次罢工,如斯洛文尼亚公安警察系统与斯洛文尼亚医疗系统。斯洛文尼亚警察工会向政府提出"提升工资,改善工作环境,更新安保设备"的要求。全国警察工会发起的罢工活动恰处于欧洲难民危机阶段。2016年3月,斯洛文尼亚内政部与全国警察工会最终达成共识,罢工正式结束。

二 经济发展状况

(一)2016年经济发展

斯洛文尼亚经济属高度外向型,本身经济规模较小,受世界经济,特别是欧洲经济的影响很大。在过去的10年间,斯洛文尼亚经济发展因欧洲债务危机而起伏不定,政府也在不断寻求结合本国特色的发展道路。

[①] 《劳动报》(*Delo*)为斯洛文尼亚国内发行量最大的日报。该报每月进行一次民众政府意见调查,2017年8月调查结果参见网站:http://www.delo.si/novice/politika/anketa-dela-poletje-ne-mesa-politicnih-kart.html,检索日期:2017年11月30日。

2016年度，斯洛文尼亚国内生产总值在各季度表现良好，增幅保持在2.2%~2.7%，全年平均增幅为2.5%。2017年第一季度，斯国内生产总值增幅大幅上升，达到5.3%[1]，通货膨胀率为1%。2017年上半年斯洛文尼亚政府财政盈余6530万欧元，而上年同期为赤字3.903亿欧元。2017年上半年斯财政总收入为45.5亿欧元，比上年同期增长3.784亿欧元，增幅为9.1%，其中，税收收入38.7亿欧元，同比增长7.9%[2]。

根据斯国家统计局2015年度数据统计，斯洛文尼亚人均国内生产总值为18693欧元。国际货币基金组织2016年度最新数据显示，斯洛文尼亚人均国内生产总值为21320美元。斯洛文尼亚人均国内生产总值多年位于中东欧16国首位。

1. 农业

斯洛文尼亚的传统经济作物有小麦、玉米、豆类、啤酒花、土豆。经济效益最高的农业产品为葡萄酒。

独立后，斯洛文尼亚政府高度重视国内可耕地的保护，大力支持高品质农业发展，结合斯洛文尼亚本土特色，推广"绿色有机农业"。2016年，农业生产占国内生产总值比重的1.2%[3]。全国从事农业生产的人口难以统计，许多农业生产仍然以家庭作坊的形式存在，从业人员大多为家庭成员和兼职人员。近年来，斯洛文尼亚农业部推出大量惠民工程，帮助斯洛文尼亚农产品走出国门，如"斯洛文尼亚传统早餐""国酒特兰""家庭农业重生"等扶持项目。

斯洛文尼亚森林覆盖率接近70%，斯洛文尼亚农业部于2016年成立国家林业管理公司，专业负责国有林的森林开发与木材销售。2016年斯洛文尼亚森林木材的砍伐总量为610万立方米，是历史上采伐量第二大的年份。在过去三年里，森林砍伐量均超过600万立方米，此前每年砍伐量约为400万立方米。

---

[1] 该数据源自斯洛文尼亚国家统计局，经济发展数据参见国家统计局网站经济与就业板块：http://www.stat.si/StatWeb/Field/Index/1，检索日期：2017年11月30日。
[2] 该数据源自中华人民共和国驻斯洛文尼亚经济商务参赞处《2016年斯政府赤字大幅减少》一文，文章出处：http://si.mofcom.gov.cn/article/c/201704/20170402555766.shtml，检索日期：2017年11月30日。
[3] 该数据源自斯洛文尼亚国家统计局《2016年农业经济附加产值》一文，文章出处：http://www.stat.si/StatWeb/News/Index/6363，检索日期：2017年11月30日。

2. 工业

斯洛文尼亚工业基础雄厚。据驻斯洛文尼亚经济商务参赞处官方发布的资料，化学、电子设备、机械制造、交通运输业贡献了斯洛文尼亚制造业中45%的附加值。以上产业与金属制造业一起构成全国5大制造行业。

汽车工业对国内生产总值的贡献率约为10%，同时，80%以上的产品出口国外，占斯洛文尼亚总出口的21%。此外，斯洛文尼亚本国房车公司"亚得里亚房车"2016年在欧洲市场销量不断攀升。

2016年，医药制造业再次成为斯洛文尼亚企业利润最高的行业。斯洛文尼亚国内规模最大的两家制药厂为莱柯（Lek）制药公司和克尔卡（Krka）制药公司。莱柯制药公司在2016年庆祝建厂70周年，现为山德士生物制药集团（Sandoz）旗下药厂。

3. 第三产业

在第三产业板块中，斯洛文尼亚旅游业近年来发展最快，已经成为国民经济的重要组成部分。2016年，旅游业占比斯洛文尼亚国内生产总值的4.6%。到访斯洛文尼亚的游客主要来自欧盟国家。据斯洛文尼亚国家旅游局[①]数据统计，2017年6月，全国酒店住宿间数超120万，同比增长22%；外国游客住宿人数近36.5万人，同比增长32%。主要游客来源为：德国（17%）、奥地利（11%）、意大利（10%）、英国（5%）、荷兰（5%）和俄罗斯（4%）。游客主要游览和住宿地区分别为阿尔卑斯山区、滨海地区和温泉疗养区。2017年上半年，斯全国酒店住宿间数近500万，同比增长12%。

（二）2016年民生事件——全国实行"税务柜台"（Davčna blagajna）

在"后欧债危机"阶段，欧洲各国政府努力寻找增加财政收入的渠道，"税务柜台"应运而生。"税务柜台"即对各类现金类交易进行严格的税务监管，杜绝一切"黑收入"和不报税行为。

[①] 数据来源：斯洛文尼亚国家旅游局《2016年度斯洛文尼亚旅游数据》报告，下载地址：https：//www.slovenia.info/uploads/dokumenti/raziskave/2017_06_sto_tvs_2016_a4_slo_web.pdf，检索日期：2017年11月30日。

在许多中东欧国家，尤其是巴尔干地区，提供服务业的中小商户习惯不开正规发票，或者提供简易收据，随后收取现金，不入会计账目。此类没有缴税的收入为"黑收入"。

斯洛文尼亚议会于2015年7月15日通过《税务发票法》，该法案于2016年1月2日正式生效。法案规定，任何涉及现金交易的商户，原则上必须使用"税务柜台"系统，为客户或消费者开具上税发票。客户或消费者在离开消费场所前不得擅自丢弃该发票。商户不开票，开假票，税务稽查人员都将处以最低1200欧元的罚款，并要求商户限期整改①。

"税务柜台"系统的工作原理为，商户购买服务商提供的联网设备，接入收银柜台。每一笔消费形成的账单小票通过联网设备上传至税务机关，税务机关终端将自动派发防伪码（数字字母组合或者二维码），防伪码将在小票上生成，该小票则为上税发票。"税务柜台"系统同样适用于网络购物。

该税务改革在初期受到了民众的强烈抵制，小商贩尤其怨声载道，并提出质疑："国家看不到西瓜，只看到芝麻！"同时，税务机关发布官方数据，通过一年度的税务改革，斯洛文尼亚税收财政收入比2015年增加了8100万欧元。斯金融管理局官方发言人表示，新的税务改革推动了经济联动发展。增值税缴纳大增，企业"雇佣黑工"将得不偿失，因此积极为雇员上社保，以降低企业纳税基数。

（三）对外贸易

2016年，斯洛文尼亚出口总额为249.031亿欧元，较2015年增长4.0%，进口总额为240.645亿欧元，较2015年增长3.3%。2016年，进出口贸易继续保持顺差，顺差额8.386亿欧元，较2015年顺差6.351亿欧元有所增长；全年只有8月和11月出现外贸逆差。2016年对外贸易继续创近年来新高，2011年出口总额已超过2008年经济危机前水平，并且一直在增长；而进口在2015年超过了2008年的水平。2016年，斯洛文尼亚主要贸易伙伴国仍为欧盟成员国，德国和意大利占第一、二位，近年来同欧盟成员国的贸易逆差进一步缩小；与非欧盟成员国之间的贸易继续保持顺差，其中，俄罗斯和塞尔维亚为

---

① 该法律全文可在斯洛文尼亚共和国司法公开系统中检索，出处：http://www.pisrs.si/Pis.web/pregledPredpisa?id=ZAKO7195#，检索日期：2017年11月30日。

斯洛文尼亚最大的出口市场，中国为最大的进口国。

2017年上半年，斯货物贸易出口139.5亿欧元，比上年同期增长11.7%；进口135.3亿欧元，增长13.9%；贸易顺差4.151亿欧元。2017年6月份的贸易顺差最大，达到1.565亿欧元。

2017年上半年，欧盟仍是斯进出口贸易的主要市场，出口达107.75亿欧元，进口达109.4亿欧元；最重要的进出口贸易国为德国和意大利；同非欧盟成员国的贸易中，斯出口最多的是俄罗斯和塞尔维亚，进口最多的是中国（占总排名第8位）和土耳其。

（四）基础设施建设与科迪第二铁路

近年来，斯洛文尼亚希望通过"五年发展战略"进一步完善公路网，彻底打通与邻国，尤其是意大利和克罗地亚的交通衔接。在2016年度，基础设施建设领域最热议的话题为"科迪第二铁路"（Drugi tir Koper Divača）。

斯洛文尼亚境内仅有科佩尔港一个海运港口，它位于亚得里亚海北部，地理位置优越，从上海到科佩尔港约需28天。科佩尔港是奥地利、斯洛伐克、匈牙利货物转运的重要港口。科佩尔港与迪瓦查市（Divača）之间现有一条老式单轨铁路，全场约44公里。该铁路的运行速度与运输能力现已不能满足港口发展，成为制约港口发展的瓶颈。

斯政府早在2005年便提出修建第二条铁路，但直到2017年5月斯议会才正式通过有关建设、运营和管理第二条铁路的法案，即《第二铁路法》（Zakon o drugem tiru）。该项法案的目的是确定第二铁路的建设模式，法案明确规定项目建设不能对国家财政造成负担。斯方目前正着手落实融资方式并解决渠道问题。

斯民间团体就《第二铁路法》提出通过全民公投方式，撤销该法案的申请。在该团体获得足够签名，以及该申请在国民议会讨论通过的前提下，斯洛文尼亚于2017年9月24日举行全民公投。斯洛文尼亚国家选举委员会公布，本次公投参与率为20.51%，其中支持通过《第二铁路法》的投票率为53.47%，该法案得以继续实施[1]。

---

[1] 本次公投最终结果参见斯洛文尼亚国家选举委员会2017年9月24日官方发布：http://volitve.gov.si/referendum/index.html，检索日期：2017年11月30日。

(五)失业率

斯洛文尼亚政府将降低失业率作为国家政务的重中之重。据斯洛文尼亚国家数据统计局信息,2017年第一季度全国失业率为7.8%。2016年1~4季度失业率分别为8.9%、7.8%、7.3%和8.1%。欧盟统计局发布2017年4月失业率,其中欧元区国家失业率为9.3%,欧盟28国失业率为7.8%。斯洛文尼亚处于欧盟平均水平线上。

三 外交与安全

(一)2016年度重大外交事件

斯洛文尼亚为欧洲小国,北约和欧盟成员,其政治立场明显。但是,斯洛文尼亚渴望在国际舞台上不断亮相,在大国间周旋。2016年6月30日,俄罗斯总统普京赴斯洛文尼亚出席纪念俄罗斯教堂建立100周年活动,并会见斯洛文尼亚总统帕霍尔。这已是普京第三次抵达斯洛文尼亚。2001年,普京与时任美国总统布什在斯洛文尼亚举行双边会见。2011年,普京赴斯洛文尼亚进行国事访问。此次活动据斯洛文尼亚政府表态,系"一场纪念两国人民友谊的活动,不带有任何政治色彩"。然而,在欧俄交恶的2016年,这一场到访却被各方多角度解读。

位于斯洛文尼亚西北山区的维尔希奇坐落着百年历史的俄罗斯教堂(Ruska kapelica),该教堂仅有主祭坛,旨在纪念第一次世界大战中的俄军战俘。这群俄军战俘在维尔希奇地区被强迫参加修路,最后因雪崩失去生命。1916年,斯洛文尼亚人在此修建教堂,纪念在此处牺牲的俄罗斯战士与本国英雄。

普京在与帕霍尔正式会谈中提到,欧盟对俄罗斯的制裁,严重影响双边贸易,直接导致俄罗斯与欧盟经济关系的倒退。普京感谢帕霍尔的邀请,使俄罗斯能够和斯洛文尼亚在共同的道路上探讨经济合作的可能性。普京在会谈中表示,"俄罗斯与欧盟的双边贸易减少了45%,这对双方来说都是极大的损失。

俄罗斯与美国的双边贸易额为280亿美元，而与欧盟则达到4000亿欧元，现在下降到2240亿欧元。"此外，两国领导人还就国际安全问题交换了意见。帕霍尔提到，在与普京的多次会见中，国际安全均是两国关注的重点议题。斯洛文尼亚希望俄罗斯能够用最佳方式处理克里米亚危机。在会见后的第二天，斯洛文尼亚政府发言部门表态，帕霍尔总统的表态属于个人意见，不代表斯洛文尼亚政府的政治立场。

（二）领土纷争不断发酵

第二次世界大战后，欧洲版图重新划分，意大利与南斯拉夫的边境线得以确认，其中包括海域边境。在南斯拉夫时期，位于亚得里亚海最北部的皮兰湾一直处于当时的斯洛文尼亚社会主义共和国实际管辖。南斯拉夫解体后，这片小小的水域却成为新成立的斯洛文尼亚共和国和克罗地亚共和国最大的外交纠纷。二十多年来，两国边境地区时常出现渔民纠纷，近几年问题不断发酵，2017年国际仲裁法院的意见最终公布，但克罗地亚政府单方面否决该意见。

皮兰湾有争议水域虽短短几公里，但对两国而言，意义重大。斯洛文尼亚希望能够突破意大利和克罗地亚的封锁，直接获得进入公海的入海口。克罗地亚则希望封锁斯洛文尼亚海运，并与意大利有海域接壤。作为先加入欧盟的斯洛文尼亚，曾就克罗地亚入盟提出条件，即必须通过国际仲裁解决边境争议。2009年11月，两国签署协议，同意通过国际仲裁方式解决边境争议。2014年国际仲裁法庭开始听证，随后陆续出现两国代表因丑闻辞职等突发事件。原定于2015年底公布的裁决，直到2017年才正式公布。

裁决意见为，斯洛文尼亚获得皮兰湾近三分之二的海域、部分领土，以及一个通往公海的通道。意见公布后，斯洛文尼亚民众反映强烈，认为政府不作为，忍气吞声，卖国求荣。尤其是世世代代居住在边境地区的斯洛文尼亚人，一夜之间土地和房屋便被划分到了克罗地亚。克罗地亚总理和议会也立刻单方面表态，拒绝接受裁决意见，认为斯洛文尼亚方面与仲裁法院有不明关系，意见明显偏袒斯洛文尼亚。斯洛文尼亚政府则呼吁克罗地亚能够重回谈判桌，遵守该意见。

四 社会与文化

(一) 人口构成与民族问题

斯洛文尼亚数据统计局官方数据显示，2017年4月，斯洛文尼亚国内人口为2064836人，其中男性人口占48.7%，女性人口占51.3%。

与1月数据相比，斯洛文尼亚全国人口数减少1059人（其中斯公民减少2500人[①]）；同时，外国人数量占全国人口比例增至5.6%，总计115841人。2016年全国每千人自然增长数为0.3人。

据2016年统计局数据显示，年度全国新生儿人口为20345人，15~29岁的青少年人口比例为15.9%，低于欧盟平均水平（18.3%）。在过去的5年中（2011~2016年），斯洛文尼亚青少年人口比例呈下降趋势。

全国人口平均年龄为40.3岁。男性平均寿命为77.96岁，女性83.86岁。妇女生育第一胎平均年龄为29.4岁。

斯洛文尼亚国内负责民族事务的主管单位是斯洛文尼亚国家民族管理局[②]。根据斯洛文尼亚共和国《宪法》中第64条与第65条内容，斯洛文尼亚共和国国内除主体斯洛文尼亚族外，还包括意大利族、匈牙利族群体以及罗姆人群体。意族与匈族具有国家认可的少数民族身份，享有相关权利。罗姆人则作为特殊群体，获得国家帮扶。

众所周知，民族问题乃是南斯拉夫研究中的重点与热点。斯洛文尼亚地处南斯拉夫最西端，民族成分比其他南斯拉夫南国家简单。斯洛文尼亚独立后，国家以"民族本土理论"为依据，只承认因国界划分而世世代代居住在现今斯洛文尼亚领土内的意大利族与匈牙利族。意大利族主要居住在斯西南沿海地区，匈牙利族则主要居住在斯东北平原地区。

据2002年人口统计数据，自认为是意大利族的斯洛文尼亚人共计2258

[①] 人口减少原因有自然死亡与移民迁出等，在此不详细列出。
[②] 国家民族管理局（Urad Vlade Republike Slovenije za narodnosti），http://www.un.gov.si/si/，检索日期：2017年11月30日。

人，认为自己的母语为意大利语的斯洛文尼亚人有3725人。在2002年人口普查中，自认为是匈牙利族的斯洛文尼亚人共计6243人，认为自己的母语为匈牙利语的斯洛文尼亚人有7713人。虽然斯洛文尼亚在2008年与2011年仍进行了2次全国人口大普查，但根据欧盟763/2008条例第4条规定，国家不得强制收集居民民族信息。因此，有关两个少数民族人口数量仅有上述数据作参考。

在南斯拉夫时期，斯洛文尼亚良好的工业基础与优越的社会环境吸引着众多南斯拉夫其他自治共和国的务工人员，他们主要来自波黑、克罗地亚。斯洛文尼亚独立后，这一部分人并没有返回原籍国，而是申请加入了斯洛文尼亚国籍。这些操塞尔维亚语或克罗地亚语的外来务工人员占斯洛文尼亚全国总人口的比例远超意、匈两个少数民族。但斯洛文尼亚并不承认其少数民族身份，不赋予任何权利或保障。

（二）教育、科研与体育发展动态

斯洛文尼亚高等教育在中东欧地区发展水平较高，已经完全融入"博洛尼亚进程"，与众多欧洲顶尖院校有着悠久的合作历史。但院校数量有限，公立大学的教育水平远高于私立院校。2017年11月初，由卢布尔雅那大学、马里博尔大学、普里莫尔大学和新戈里察大学4家知名院校组成的联盟，正式从斯洛文尼亚政府获得批文，在斯洛文尼亚东南重镇新梅斯托成立国内第一间全私立的高等教育学院——新梅斯托大学（University of Novo Mesto）。

斯洛文尼亚在科研技术领域投入大，产出高。在中东欧16国中，斯洛文尼亚的科技转换率排名最高。在2016年度，斯洛文尼亚科学家最杰出的科研发现为率先证明ZIKA病毒对胚胎大脑的影响。该研究成果发表于2016年3月出版的《新英格兰医学杂志》（*New England Journal of Medicine*）上。

体育方面，在2016年的里约奥运会中，斯洛文尼亚代表团共获得1金、2银、1铜的成绩，人均奥运奖牌排名全球第7。2016年3月，斯洛文尼亚2016年度体育之星彼得·普雷乌兹（Peter Prevc）被美国体育学院评选为每月体育之星。

五 与中国的关系

2016年，在"一带一路"倡议的引领下，在中国-中东欧合作的带动下，中斯关系保持良好发展势头，双方在政治、经济、文化等各领域合作日趋密切，取得一系列造福两国人民的务实成果。

（一）频繁互访，成果颇丰

2016~2017年，中斯两国高层、地方政府和相关部门间频繁互访，往来不断，取得丰硕的成果。

政府层面，两国总理分别于2016年和2017年11月，在里加和布达佩斯举行双边会晤，规划中斯双边关系的发展。2017年4月和9月，中国国务院副总理张高丽、习近平特使、中央政法委书记孟建柱先后出访斯洛文尼亚，会见斯洛文尼亚采拉尔总理与帕霍尔总统。

此外，北京市副市长、南京市市长等先后访斯，斯马里博尔市市长也多次访问中国，两国地方合作更趋密切。

2016年5月，"16+1"林业合作协调机制第一次高级别会议在斯举行，斯成为"16+1"林业合作协调机制协调国。9月，中国全国政协副主席王家瑞访斯，进一步加强了两国议会之间的合作。2016年年底，两国民航部门签署谅解备忘录等合作文件，相关部门、企业正积极筹备两国在2017年开通民运直航。2016年，两国教育部实现互访，签署教育合作谅解备忘录。

（二）双边贸易基本情况与大型商业合作

中国是斯洛文尼亚最大的非欧盟国家贸易伙伴。近年来，两国双边贸易额不断增长。对斯洛文尼亚而言，中国是其重要的进口国，在双边贸易中存在逆差。2016年，中斯双边贸易额突破10亿欧元。据斯洛文尼亚投资发展署（SPIRIT）最新数据[1]统计，2017全年度，斯洛文尼亚向中国贸易出口总值约3.20亿欧元，从中国贸易进口总值约8.55亿欧元，贸易逆差约5.35亿欧元。2011~2016年双边贸易数据（见表1）。

---

[1] 相关数据来源于斯洛文尼亚投资发展署投资办公室官方网站下设国别（中华人民共和国）经济信息板块，http://www.izvoznookno.si/Dokumenti/Podatki_o_drzavah/Kitajska/Bilateralni_ekonomski_odnosi_s_Slovenijo_4136.aspx，检索日期：2017年11月30日。

表1　2011~2016年斯洛文尼亚与中国双边贸易数据

单位：千欧元

年度	出口至中国	自中国进口	进出口总额	贸易差
2011	99.051	575.830	674.881	-476.779
2012	135.589	618.202	753.791	-482.613
2013	126.850	538.678	665.528	-411.828
2014	139.405	621.365	760.770	-481.960
2015	147.715	758.526	906.241	-610.811
2016	270.610	763.363	1.033.973	-492.753

在2016年度，斯洛文尼亚向中国出口产品前3名分别为汽车、汽车零部件与非铁轨交通工具（38%），电动机械、电动产品及零部件（20%）和核电器械装备（9%）。斯洛文尼亚从中国进口产品前3名分别为电动机械装备（24%）、化工制品（17%）和核电器械装备（16%）。

在两国双边贸易不断增长的同时，越来越多的中资企业进入欧洲，赴斯洛文尼亚寻求更多商机，两国间经贸合作的大项目取得重大突破。2016年11月，中宇通航旅游集团公司与斯洛文尼亚蝙蝠飞机制造厂合资在华建厂项目在拉脱维亚里加第五次中国-中东欧领导人会晤期间正式签约，合作总价值约为5亿欧元。轻型飞机的引进和制造将促进中国国内低空航空内需新领域的发展。2016年12月，深圳市天健源投资基金管理有限公司出资收购斯洛文尼亚马里博尔市机场全部资产及周边91公顷土地。除参与机场扩建、开发等，该项目还将通过开辟新的国际航线，进一步开拓中国与中东欧国家在人员、货物流通方面的潜能。2017年1月，浙江金科娱乐文化股份公司携手香港联合好运公司收购了斯洛文尼亚人创办的Outfit 7公司全部股权。该公司成立于2009年，是享誉世界的"会说话的汤姆猫"系列游戏的开发商。此外，两国在汽车轮毂驱动电机高技术项目、斯洛文尼亚卢布尔雅那市市政照明系统项目以及机场专用转运乘客环保大巴等大型项目方面的合作也都取得了积极进展。

（三）双边人文交流

近年来，两国人文领域的交流也逐渐增多。南昌歌舞团、深圳交响乐团、京剧《大闹天宫》、少林功夫、大型舞剧《孔子》、中国画展等在斯成功展演；

斯爱乐乐团赴华参加第二届南京森林音乐会；卢布尔雅那大学校长率团访华，同南京大学建立了合作关系。2017年7月，斯洛文尼亚国家话剧院经典剧目《浮士德》在北京人民艺术剧院上演。

  两国近年来智库方面的合作交流也越来越多。2017年7月，斯洛文尼亚前总统达尼洛·图尔克（Danilo Türk）到访中国人民大学重阳金融研究院（人大重阳），并被续聘为人大重阳外籍高级研究员。他是首位前国家元首受聘担任中国智库研究员。

B.21
匈牙利

王秋萍　高劳伊·山多尔　许衍艺　布劳乌恩·加博尔
郭晓晶　瓦茨·伊什特万·戴维*

摘　要： 2016~2017年，匈牙利内政局势总体稳定，政治生态继续表现出青民盟一党独大、左翼反对党散弱、极右势力蓄力扩张的势头。各政党围绕2018年国会选举进行的准备和角力已经开始。2016年匈牙利经济增速略有回落。政府在充分利用欧盟发展资金的同时，进行了以扩大内需为目标的结构性改革。随着国际政治、经济和军事力量的中心由跨大西洋地区逐步向太平洋地区转移，为应对全球性的挑战，匈牙利积极调整其外交与安全政策，以保障其国家利益。难民危机爆发后，匈牙利民族意识加强。匈牙利人口减少和年轻人才外流成为严重的社会问题。中方"一带一路"倡议和匈方"向东开放"战略相向而行；经贸投资往来在"16+1"合作框架下取得突破，金融领域合作亮点频现；人文交流日益密切，成果丰硕。

---

* 王秋萍，硕士、北京外国语大学匈牙利语教师、讲师，主要研究方向为匈牙利国别研究和中匈关系研究，为第一、五节作者；高劳伊·山多尔（Dr. Gallai Sándor），经济学家，匈牙利布达佩斯考文纽斯大学社会科学和国际关系学院副教授、移民事务研究所所长，研究方向为匈牙利内政、中东欧国家制度变化研究，为第一节作者；许衍艺，博士、副教授，北京外国语大学匈牙利语教研室主任，匈牙利研究中心主任，主要研究方向为匈牙利语教学、匈牙利国别研究，为第二节作者；布劳乌恩·加博尔（Braun Gábor），高级经济师，匈牙利外交与对外经济研究所外围研究员，研究方向为经济政策及国际经济关系，为第二、四节作者；郭晓晶，硕士、副教授，北京外国语大学匈牙利研究中心副主任，主要研究方向为匈牙利语语言文学、中匈文化交流史，为第三、四节作者；瓦茨·伊什特万·戴维（Vácz István Dávid），匈牙利罗兰大学文学院博士，研究方向为政治地理和地缘政治，为第四节作者。

关键词： 匈牙利党派斗争　经济增长　外交战略重点　人口变动　中匈关系

一　国内政治形势

2016年正值匈牙利本届国会（2014～2018年）任期的中间年。总体看，这一年匈国内政治生活主要表现为各政党在下届国会大选前的角力和铺垫工作，以及为此而展开的一系列行动措施和机构、人员调整。执政党青民盟－基民党（FIDESZ－KDNP）[①] 在经历了年初的支持率下跌后，成功稳住局势。极右政党尤比克（Jobbik）在激进言行上有所收敛，趋向温和，但支持率并未得到有效提升。左翼反对派政党分化、分裂态势继续，支持率亦未能得到提高。

内政局势看似波澜不惊，党派支持率数据也平淡无奇，但这并不能掩盖各政党之间的激烈角力。执政党青民盟年初支持率下滑后未能在短时间内得到有效提升，这是多重因素造成的。首先是2016年初政府在教育和医疗方面的改革，引发了民众的不满，于是不得不在上半年采取补救措施，密切跟踪媒体反应。此外，政府部门的腐败丑闻，以及左翼阵营最大日报《人民自由报》停刊，也对执政的青民盟－基民党带来负面影响。面对上述问题，执政党被迫做出部分妥协，或进行有针对性的人员机构调整，或拒绝承认有关质疑，并进一步加强对媒体的控制，通过讨论是否就移民、难民问题举行公投等转移视线。左翼反对派因无法提出赢得民心的施政措施，只得进一步加紧对政府的批评，同时提出了一些新的纲领，更换部分领导人，以期提高支持率。

（一）执政党施政举措及社会反应

1. 教育和医疗政策遭诟病

本届任期内，执政党青民盟－基民党被诟病最多的是其教育政策，以及由此带来的基础教育发展滞后。2016年，因对现行教育政策及现状不满，部分

[①] 执政两党的全称为：青年民主主义者联盟—匈牙利公民联盟和基督教民主人民党。

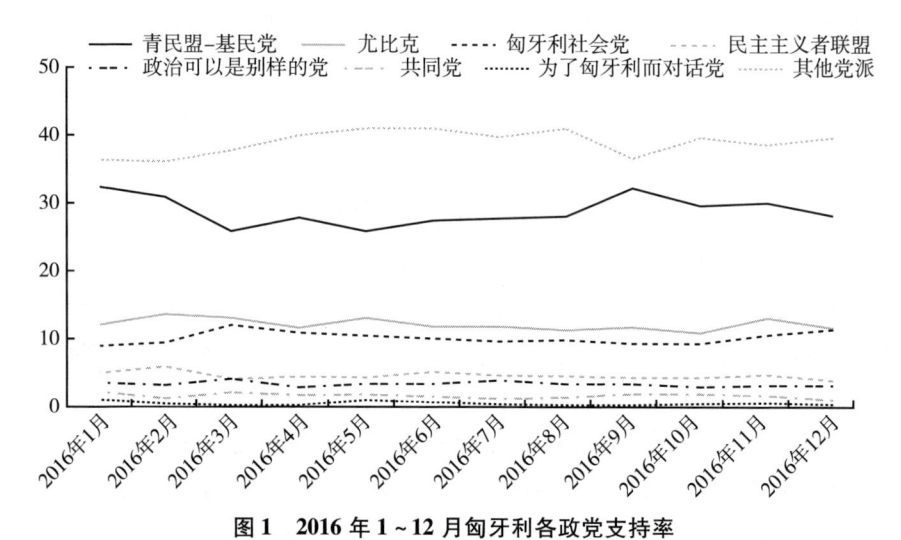

图1　2016年1~12月匈牙利各政党支持率

数据来源：匈牙利国会公布的8家民调机构（ZRI, Medián, Nézöpont, Századvég, Tárki, Publicus, Iránytü, Republikon）统计的匈牙利各政党支持率的平均值（2016年1~12月），http://kozvelemenykutatok.hu/partpreferencia/，检索日期：2017年8月23日。

基础教育工作者在米什科尔茨（Miskolc）一所中学递交了请愿书[1]。在反对党的推波助澜下，事态进一步扩大，逐渐发酵成为全国范围的教师罢工和游行。[2] 随后，医疗界也行动起来，与教育界的请愿行动相呼应。2016年上半年，医疗维权知名人士山多尔·玛丽亚（Sándor Mária）发起名为"为拯救医疗体系"的运动，并向总理发出公开信，在布达佩斯和外地城市组织示威活动。[3] 最终，矛盾得以缓和。一方面是由于匈教育主管部门对教育界人士提出的大部分要求予以了积极回应。[4] 政府更换了教育主管国务秘书，解决了工资

---

[1] http://index.hu/belfold/2016/01/21/kozel_16_ezren_irtak_ala_a_miskolci_gimnazium_peticiojat/，检索日期：2017年8月23日。

[2] https://oktatas.atlatszo.hu/2016/03/15/marcius – 15 – pedagogus – tuntetes – percrol – percre/；http://www.atv.hu/belfold/20160415 – orszagszerte – sztrajkba – leptek – a – pedagogusok – frissul；http://hvg.hu/itthon/20160611_Most_a_kormanyt_osztalyozzak_a_tanarok_pedagogustuntetes_percrol_percre，检索日期：2017年8月23日。

[3] http://index.hu/belfold/2016/07/01/beteg_az_orszag_gyogyitsuk_meg_egeszsegugyi_dolgozok_tuntettek/，检索日期：2017年8月23日。

[4] http://mandiner.hu/cikk/20160213_megtelt_a_kossuth_ter_tunteto_tanarokkal，检索日期：2017年8月23日。

问题,① 并对教育中央化管理体系进行了改革;② 另一方面也由于教育和医疗领域的维权积极分子之间并不团结③,支持阵营日渐萎缩,政治成果极为有限。执政党支持率并未因一系列抗议活动受到实质性影响。

2. "禁止商店周日营业"立法遭公投

匈政府这一年的施政败笔当属通过立法禁止商店周日营业,之后又试图阻止反对派声讨,这极大影响了执政党青民盟的支持率。"禁止商店周日营业"始于联合执政党基督教民主人民党(KDNP)的一项提案,社会对于该提案反对情绪高涨,由此引发多次全民公投倡议,但都被国家选举委员会、宪法法院以不同理由拒绝。反对派匈牙利社会党(MSZP)的倡议曾因"并行延期"原则④未能进入国会议程。社会党在首次倡议被延期后,于2016年2月23日再次⑤发起倡议。倡议活动当日遭到有组织的光头青年群体的扰乱,⑥宪法法院之后判决社会党公投倡议有效,将有组织干扰、破坏倡议活动的行为定性为犯罪,但并未追究这一犯罪团伙的法律责任。耐人寻味的是,据反对派媒体爆料,⑦该犯罪团伙中大多光头青年有犯罪前科,且与青民盟全国委员会主席库巴托夫·加博尔(Kubatov Gábor)有关联。此外,库巴托夫与另一位就此问题递交公投倡议、并导致社会党首次倡议遭到"并行延期"处理的发起者也有关联。⑧ 面对上述窘境,匈执政党只能采取相应对策:一方面撤销周日商

---

① http://www.bddsz.hu/pedagogus-%C3%A9letp%C3%A1lya-illetmeny-valtozas_2016-szeptember,检索日期:2017年8月23日。

② http://eduline.hu/kozoktatas/2016/6/11/59_lett_maradhat__Itt_a_Klik_atalakitasa_D9LZCW,检索日期:2017年8月23日。

③ https://mno.hu/belfold/pukli-kilep-a-tanitanekbol-1363695,检索日期:2017年8月23日。

④ 按照当时的法规,禁止就同一问题同时发起全民公投提议,如发生这一情况,先提交的倡议需延期讨论,如果该讨论获得通过,后提交的倡议将被驳回。

⑤ http://www.origo.hu/itthon/20151113-vasarnapi-boltzar-zold-utat-adtak-egy-kerdesnek.html,检索日期:2017年11月13日。

⑥ http://24.hu/kozelet/2016/02/23/balhe-a-nemzeti-valasztasi-irodanal-borfejeuk-tartottak-fel-az-mszp-s-politikust/,检索日期:2017年11月24日。

⑦ https://444.hu/2016/08/17/buncselekmeny-hianyaban-a-rendorseg-megszuntette-a-nyomozast-a-valasztasi-iroda-kopaszai-ellen,检索日期:2017年8月20日。

⑧ https://atlatszo.hu/2017/04/24/gyermekbantalmazas-sulyos-testi-sertes-rablas-garazdasag/,检索日期:2017年8月21日。

店禁止营业的法律，即接受社会党提出的全民投票倡议，并对相关法律进行修正；另一方面，调整"并行延期"的相关规定，使其更加合理化。

3. 以拒收难民为由再度公投

2016年另一次公投倡议系匈政府主动提出。总理欧尔班·维克多（Orbán Viktor）希望匈民众通过公投明确表达对匈政府立场的支持，即不允许欧盟在未经匈国会同意的情况下，分配外国公民至匈境内定居。匈政府此举可谓一箭双雕，既实现了国内政治日程的设计，又策略性增加了应对欧盟委员会关于难民配额的谈判砝码。匈政府认为①，欧委会如不设定接纳难民的上限，无异于向难民主动发出"欧洲移民邀请函"。匈政府同时还极力反对欧盟在难民问题上的强势以及对不接受难民配额国家的惩罚措施，强调难民潮潜在的安全风险。极右的尤比克党同样反对外来移民，但该党认为无须就此举行全民公投，而应该对宪法做出相应修正，且在宣传活动上保持低调，以避免为政府执政成就做宣传。② 左翼反对派对政府就难民摊派问题进行公投的提议反应不一。匈牙利自由党（MLP）呼吁民众支持欧盟的难民配额政策，民主主义者联盟（DK）则呼吁大家抵制政府的公投倡议，社会党反对欧盟不设上限接纳外来移民，但不支持全民公投，认为此举是反欧盟，因此也呼吁大家不要参与公投。为了匈牙利而对话党（PM）与社会党观点近似，但支持该党的两个小党则号召大家踊跃投票，且要投匈政府的反对票，因为他们认为如果放弃投票就等于投了欧盟的反对票。绿党政治可以是别样的党（LMP）不愿意选边站队，既不表明立场，也不干预该党支持者参与投票。

最终，全民公投于2016年10月2日举行，投票参与率在首都布达佩斯最低，在小的区县最高③，这与执政党的支持度基本吻合。投票结果是，98.36%的投票者支持政府的立场，反对接受难民配额。但是，由于投票参与率仅有44.08%，低于公投生效的投票参与率下限50%，公投无效，即从立法

---

① http：//www.parlament.hu/orszaggyulesi - naploés, http：//www.parlament.hu/ulesnap - felszolalasai, 检索日期：2017年11月15日。

② https：//888.hu/article - a - jobbik - bojkottra - szolitotta - valasztoit, 检索日期：2017年8月22日。

③ http：//www.valasztas.hu/hu/ref2016/1154/1154_0_index.html, 检索日期：2017年8月22日。

角度看，没有任何约束力。

对于这一结果，各政党解读不一。执政党强调支持者总量（336.2万）超过了当年入盟公投人数，[①] 且投赞成票的比例极高。尤比克党强调公投无效，要求总理欧尔班辞职。社会党谴责政府此举有误导和宣扬仇恨之嫌，认为公众以不参与投票作为对政府的抗议。民主主义者联盟认为，低投票率是左翼反对派的胜利，是执政党和总理本人的失败。政治可以是别样的党认为，政府以公投作为宣传鼓动工具，上演一部闹剧，希望政府以后同欧盟讨价还价时不要自视甚高。为了匈牙利而对话党则认为，抵制行动取得胜利，政府的行为没有爱心，不够人性，并将低投票率解读为民众对政府的不信任。[②]

4. 修宪企图无力达成

公投之后，匈政府继续发力，提出宪法修正案草案，草案主要内容[③]包括：匈所有国家机构均有义务保护宪法独特性（即民族特性），欧盟机构不得限制匈牙利与领土完整、公民、国家形态和政治体制相关的不可侵犯的权利。此外，另一条款希望禁止外国公民在匈定居，欧洲经济区以外的公民来匈生活则需要根据匈国会立法履行相关程序，获取匈当局有关部门批准。由于修宪需获得国会议员三分之二绝对多数支持，执政党不得不向在野党寻求支持。左翼各政党一直坚决反对，极右翼尤比克党则提出交换筹码，要求政府停止国债移民项目，认为该项目隐藏腐败问题。执政党不愿接受这一交换条件，最终未能同尤比克党达成一致，修宪于2016年11月8日宣告失败。

5. 修改央行法的提案被驳回

2016年，匈牙利再次出现多起针对腐败问题的诉讼，腐败滋生已经影响到政府的公信力。尤其在国有土地出售、政府采购、欧盟援助资金的分配上都

---

① 资料来源：2003年举行的全民公投中，有305.6万选民支持匈牙利加入欧盟，http://www.valasztas.hu/nepszav03/outroot/hu/10_0.html，检索日期：2017年11月20日。
② http://www.szeretlekmagyarorszag.hu/az-elso-reakciok-az-ervenytelen-nepszavazasra/，检索日期：2017年11月20日。
③ http://www.parlament.hu/irom40/12458/12458.pdf，检索日期：2017年11月20日。

暴露出政府侧近人士享有优先权的问题，造成了强烈的负面影响。① 匈央行下属的基金会在资金使用方面暴露出的问题也影响了政府的形象。匈央行斥资近2600亿福林（约合人民币62亿元）设立了多项基金，尽管从表面上看，这些基金的使用并未受到政府的直接影响，但是匈政府试图通过修改央行法，将基金会资金置于公共资金范畴之外，以此来避免公众对基金会资金去向的追踪，似乎有此地无银三百两之嫌。② 最终，政府修改央行法的做法未能如愿，修正案提案被总统驳回，经宪法法院审理，最终被判定为违宪而撤回。③ 修改央行法事件平息后，政府公布了基金的使用去向，一些政府侧近人士的名字也因此暴露于名单之上。④ 尽管政府的腐败问题将反对党的支持者和中间派选民越推越远，但在执政党的支持者看来，政府并未失信于民。2016年春，一项针对腐败问题发放的调查问卷⑤显示，多数受访者认为腐败不是匈最严重的问题。相当多数的受访者认为，执政党青民盟和之前执政的社会党的腐败程度相差无几，部分受访者还认为青民盟的腐败程度远不及之前执政的社会党。

6. 强势扩张媒体宣传阵地

媒体领域也出现一些值得关注的动向。首先是执政党青民盟媒体阵地的扩张。2015年以前，青民盟主要依靠西米赤卡·劳约什（Simicska Lajos）旗下的媒体网络作为宣传工具，二者关系密切。2015～2016年，青民盟通过收购已有媒体和创建新媒体，不断拓展、拓宽媒体阵地，例如通过New Wave收购

---

① 参见 http://24.hu/fn/gazdasag/2016/04/08/angyan - jelentes - orban - birtoka - korul - osszpontosulnak - a - nagy - gazdagodasok/；https://vs.hu/gazdasag/osszes/mennyit - ernek - az - uj - magyar - oligarchak - 0304 #! s1；http://nol.hu/gazdasag/nyilvanosak - az - mnb - alapitvanyok - koltesei - 1612423；https://transparency.hu/wp - content/uploads/2017/01/A - Korrupico - Erzekelesi - Index - es - a - korrupcio - jellemzoi - Magyarszagon - 2016 - ban.pdf，检索日期：2017年8月23日。

② https://444.hu/2016/03/01/a - kormany - azt - akarja - beadni - nekunk - hogy - az - mnb - alapitvanyok - penze - elvesztette - kozpenz - jelleget - a - norveg - civil - alap - altal - kiosztott - forras - viszont - vegig - magyar - kozpenz - volt，检索日期：2017年8月21日。

③ http://index.hu/belfold/2016/03/31/alkotmanybirosag_ mnb - torveny_ posta - torveny/，检索日期：2017年8月21日。

④ http://nol.hu/gazdasag/nyilvanosak - az - mnb - alapitvanyok - koltesei - 1612423；http://nepszava.hu/cikk/1092184 - haverok - buli - jegybank，检索日期：2017年8月21日。

⑤ http://www.publicus.hu/blog/korrupcio_ es_ korrupciovaksag/，检索日期：2017年8月23日。

匈牙利电信旗下的网络新闻平台 Origo, 以 Lokál 报收购最大的地铁免费报纸 Metropol, 创立 Ripos, 政府专员接管政治评论周刊《观察者》(*Figyelő*), 在 TV2、Echo TV、Radio1 等电视、广播媒体安插政府人员或专员等。① 随着青民盟逐渐打造自己的媒体帝国,该党对西米赤卡集团的依赖也日益减少,总理欧尔班与西米赤卡的联盟关系也出现裂痕,西米赤卡旗下的《民族报》(*Magyar Nemzet*)、链子桥广播(Lánchíd Rádió)、《每周要闻》(*Heti Válasz*)以及新闻电视(Hír TV)等媒体不断转向极右政党尤比克,不仅大篇幅报道尤比克党议员,还在新闻电视频道首度直播了尤比克党主席沃纳·加博尔2016年度的国情咨文讲话。左翼方面,社会党最大的政治日报《人民自由报》(*Népszabadság*)停刊,官方解释是财务亏损,但据该报记者和反对派议员称,背后有政治因素。另一左翼日报《人民之声》(*Népszava*)也由社会党转手至一家外国公司,其发行和编辑被合并至该公司旗下的《周日新闻》(*Vasárnapi Hírek*)。

7. 改善民生措施挽回民意支持

青民盟在经历媒体扩张和外来移民事务之后,开始改革党内结构和调整人员,优化运行效率,确保政令畅通。首先,在内阁部长会议基础之上,构建更小范围的决策圈,成立由经济部部长沃尔高·米哈伊(Varga Mihály)领导的经济委员会,由总理府部长拉扎尔·亚诺什(Lázár János)领导的战略委员会。战略委员会使总理本人从事务性工作中极大地解脱出来,因为所有提案需首先经战略委员会预审通过,才可提交内阁会议讨论。此外,青民盟还通过一些改善民生的经济措施,进一步稳定和扩大支持者阵营。包括提高"新家庭创建"补贴,降低商品住宅流通税,降低基本食品流通税,提高退休金和最低工资,降低单位代缴个人所得税等改革措施。这些改善民生的经济措施,受到了广大民众的积极评价。

(二)反对派的政治主张及面对的挑战

与执政党的强势地位相比,匈各反对派力量薄弱,犹如一盘散沙。匈左翼

---

① http://index.hu/kultur/media/2016/11/29/allami-es_fidesz-kozeli_mediakoltesek_2009-2016/,检索日期:2017年8月25日。

政党分裂严重，颓势明显。尽管在 2010 年和 2014 年两次国会选举中均遭遇惨败，并持续分裂，社会党依然是最大的左翼政党。2016 年 2 月，社会党党代会上再次更换了党主席，莫尔纳·久拉（Molnár Gyula）取代了 2014 年当选主席的托比亚什·约瑟夫（Tóbiás József），此外，该党资深领导之一，塞格德市长博特卡·拉斯洛（Botka László）被从选举委员会委员名单上除名，尽管他在 2015 年 12 月还曾表示，愿意担任社会党总理候选人。①

民主主义者联盟作为最早从社会党分裂出来的小党，仍旧由久尔查尼·费伦茨（Gyurcsány Ferenc）领导。2016 年，该党通过了名为"多数人的匈牙利"的新纲领。② 新纲领提出，因短期内无法取代执政党青民盟，民主联盟应更关注中远期规划。因此，新纲领基本放弃此前的改革热情以及期望回归过去的怀旧心理，而是把目光投向长远的未来。新纲领指出，通往未来的核心问题一是教育，二是医疗，因此，明确提出需要增加对教育的投入，提出关于提高医疗工作者工资的十年规划，承诺医疗工作者的工资在十年后将增加到现有工资的三倍。为了匈牙利而对话党在 2016 年 4 月举行的党代会上选举出布达佩斯十四区区长考拉乔尼·盖尔盖伊（Karácsony Gergely）为该党提名的总理候选人。2016 年 9 月，该党将党名更改为"对话党"，并修改了党徽，以新形象示人。③ 中左翼政党"共同党"（Együtt）在 2016 年 9 月的党代会上选举莫尔纳·蒂博尔（Molnár Tibor）担任新一届党主席。此次党代会上，共同党决定将在 2018 年大选时独立制订参选议员名单，以期获得更多的国会议员席位。但在总理候选人提名上，该党可能与其他党派合作，共同提出总理候选人名单。④

目前，左翼各政党仍未就团结联合达成共识，尽管 2016 年 8 月的一次地方议会中期选举中，左翼各党已经尝到分裂的苦果：社会党、民主主义者联盟

---

① http：//nepszava. hu/cikk/1115510 - botka - laszlo - miniszterelnok - lenne，检索日期：2017 年 8 月 25 日。

② http：//index. hu/belfold/2016/02/13/gyurcsany_ meghirdette_ az_ orban_ utani_ idoket/，检索日期：2017 年 8 月 25 日。

③ http：//parbeszedmagyarorszagert. hu/hu/hir/parbeszed - mindenki - szamit，检索日期：2017 年 8 月 25 日。

④ http：//index. hu/belfold/2016/09/24/az_ egyutt_ dontott_ kulon_ indul_ 2018 - ban/，检索日期：2017 年 8 月 25 日。

和为匈牙利而对话三党各自提名候选人，三名候选人得票总数超过青民盟候选人得票，但单个候选人得票均不敌对手，最终席位仍旧落入青民盟囊中。

2018年春季，匈迎来新一届国会选举，选前的一年多时间里，各政党围绕大选，根据自身情况制定了各自的方略和路线。执政党青民盟－基民党接下来的主要任务是竭力摆脱如腐败问题、医疗改革受挫、教育问题等不良事务的负面影响，进一步稳固领先优势。极右翼尤比克党的主要目标是稳定党内统一，避免分裂，在此基础上寻求扩大支持率。左翼反对派面临的最大问题是分裂，如何在分裂中寻求抱团，并制定选举战略，是对左翼政党提出的挑战。在当前一轮投票制选举中，左翼唯有联合，才有可能成为执政党青民盟的挑战者。

二 经济发展状况

（一）宏观经济概况

2008年以来的全球金融危机和欧债危机对匈牙利经济造成了巨大的冲击，2009年，匈牙利经济跌入低谷。在经历了2010年和2011年的回暖之后，2012年，匈牙利GDP增长又有所回落；2013年经济重拾升势，连续几年增长。其中，2014年和2015年增速分别达到4.0%和3.1%。2016年，匈牙利经济继续保持增长势头，但与前几年相比增速放缓，实际增长2.0%（见图2）。增长的动力主要来源于服务业及农业，建筑业则拖累了经济表现。

由于自身缺乏充足的资金，匈牙利经济严重依赖国外投资，尤其是欧盟的结构基金和凝聚基金的投入。匈牙利政府自2013以来加快了欧盟发展援助资金的使用速度，经济因此实现了从负增长到增长的转变。2016年匈牙利GDP增长2%，重新减缓至欧盟平均水平附近。其主要原因是2007~2013年欧盟财政周期的资金使用在2015年结束了，而在2014~2020年新一轮财政周期之初，受项目报批时间的影响，匈牙利仅获得较少的欧盟资金。2020年之后，预计匈牙利获得的欧盟发展资金将会进一步减少，同时，受到英国脱欧以及欧盟一体化不确定因素的影响，国外投资的缩减有可能成为常态。

根据匈牙利央行的预测，2017~2019年，匈牙利经济将重回较高增速轨道。

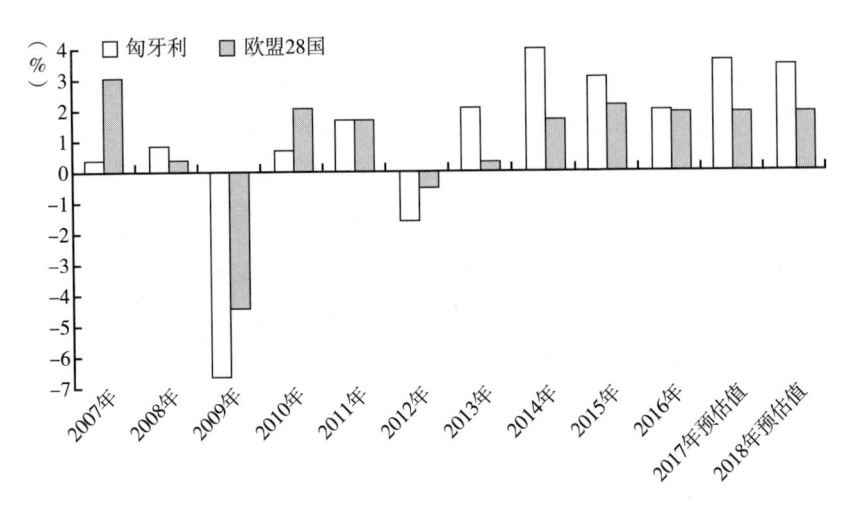

图2　2007～2018年匈牙利及欧盟实际GDP增长率变化趋势图

注：2017～2018年数据为欧盟委员会预测数据。匈牙利政府预测2017年经济增长率为4.1%，2018年为4.3%，均高于此表中数据。

数据来源：欧盟统计局Eurostat（2017）：Family and child benefits in the EU.（2017.május 12.），http：//bit. ly/2rhQGtA，检索日期：2017年9月2日。

（二）经济增长的影响因素

1. 经济增长的政策要素

（1）经济政策目标

2010年以来，匈牙利政府的社会经济政策重点集中在以下三个方面：①保障经济平稳均衡增长，实现可持续性发展；②扩大就业；③扭转自20世纪80年代以来人口持续负增长的态势。具体需要落实的目标包括，使财政赤字占GDP的比例保持在3%以下，外债总额占GDP的比重持续下降，长期目标是达到60%以下，同时使以外汇计价的债务比例减少。

与部分中东欧国家相似，匈牙利拥有高额的债务，经济对外依赖性强，经济结构灵活性差。经过2008～2009年金融危机和2012年欧债危机的冲击，其经济政策的活动空间极大受限。如何在严格控制预算的前提下，通过实现结构性改革提高竞争力，从而实现经济增长的目标，是摆在匈牙利政府面前的一道难题。上述目标的协调实现，将有助于匈牙利吸引外资，提高在出口市场国际竞争中的地位。

（2）经济政策措施

a. 通过货币政策稳定预算

2008年金融危机爆发后，匈牙利不得不向国际货币基金组织、欧盟委员会、世界银行等国际组织申请贷款，并于2008~2009年获得了1420亿欧元的资金。

2010匈牙利得以重新回到国际债券市场，2011年开始偿还欧盟和国际货币基金组织的贷款。[①]匈牙利在2013年提前还清了国际货币基金组织的贷款，并于2016年4月6日还清了欧盟委员会的债务。此后，匈牙利放弃向国际组织借贷，转而采取市场化融资方式，2016年，匈牙利国家债务的89%已经转变为国家债券的形式。政府还通过一系列措施减少融资的对外依存度：2010年匈牙利国债近70%为国外投资，外币债务高达50%[②]，2016年国外投资者手中的匈牙利国债比例减少到39%，以外币计价的国债份额下降到26%。此外，国家使居民的外币贷款转为以匈牙利福林计价，在以福林计价发行的国债市场上，国内投资者（如居民、银行业）比重增加，这在很大程度上提高了匈牙利融资的稳定性。[③]

匈牙利央行采取了宽松的货币政策，如下调基准利率，增加流动性，降低央行存款准备金率等，这一政策在较大程度上减少了预算的利息支出，使之占GDP的比例从2013年的4.3%逐渐降到2.6%[④]

2010~2013年，匈牙利经济政策的首要目标是恢复金融稳定，改善由于对外依存度较高而导致的脆弱性，使经济回到增长轨道上来。为实现上述目

[①] 资料来源：Beke Károly（2016）：Hatalmas tehertől szabadulunk meg-Mire költöttük az IMF-hitelt?（2016. április 5.），http：//bit.ly/2wdU67a，检索日期：2017年9月2日。

[②] 资料来源：匈牙利经济部（2016a）Nemzetgazdasági Minisztérium（2016a）：Magyarország visszafizette az Európai Bizottságtól felvett hitelt.（2013. június 21.），http：//bit.ly/2i9d6xl，检索日期：2017年9月2日。

[③] 资料来源：匈牙利经济部（2016b）Nemzetgazdasági Minisztérium（2016b）：Makrogazdasági és költségvetési előrejelzés 2016-2020.（2016. december），http：//bit.ly/2vHuhe9，检索日期：2017年9月2日。

[④] 资料来源：匈牙利央行（2016）MNB（2016）：A devizahitelesek ezer milliárd forintot nyertek a forintosításon（2016. augusztus 16.），http：//bit.ly/2x7OQyd，检索日期：2017年9月2日。

标，政府实行了严格的财政政策，至2016年，匈牙利国债占GDP的比重降到了74.1%，财政赤字比例降到1.8%。[1] 根据匈牙利政府的预测，2017~2018年，国家债务比重将进一步降低，由于减税和政府支出的增加，预算赤字将上升到占GDP的2.4%。(见图3、图4)

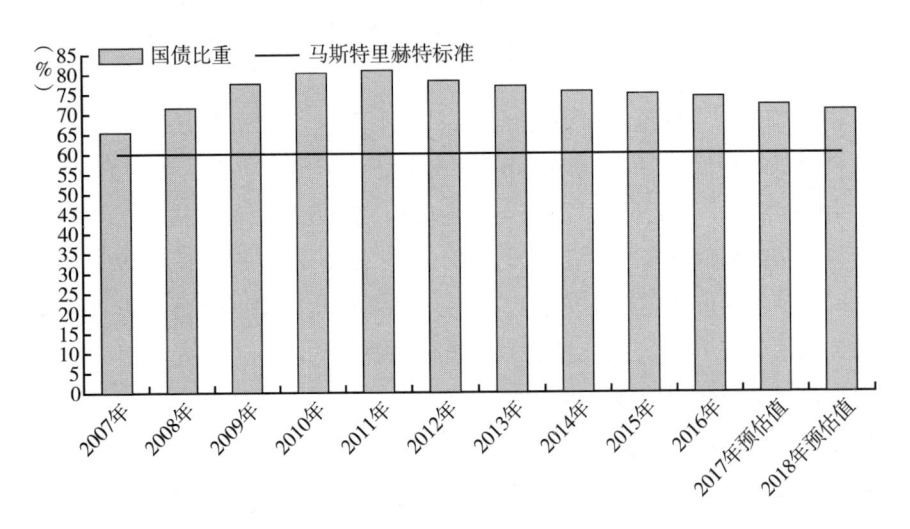

图3 2007~2018年匈牙利政府债务总额占GDP的比重变化趋势

数据来源：欧盟统计局。

作为金融稳定措施的一部分，匈牙利政府提高了消费型税费，如增值税，收入所得税等，并对能源、电信、银行及保险等行业增加了新的流通税种。与此同时，2010~2015年采取了一系列措施，抑制黑色经济，减少了收入瞒报和逃税。据估计，此举使黑色经济占GDP的比重降低了1.5%~2%。[2]

由于匈牙利政府执行了严格的预算政策，在2013年6月的欧盟财政部长会议上，取消了2004年以来对于匈牙利启动的过度赤字程序。[3] 2016年，国

---

[1] 资料来源：匈牙利政府（2017）Magyarország kormánya（2017）：Magyarország konvergencia programja 2017-2021.（Budapest, 2017. április）。
[2] 资料来源：Csomós Balázs-Kreiszné Hudák Emese（2015）：Zsugorodik a magyar rejtett gazdaság.（2015. október 29.），http://bit.ly/2uLZ9Lz，检索日期：2017年9月2日。
[3] 资料来源：匈牙利经济部（2013）Nemzetgazdasági Minisztérium（2013）：Magyarország kikerül a túlzottdeficit-eljárás alól.（2013. június 21.），http://bit.ly/2wdRlJe，检索日期：2017年9月2日。

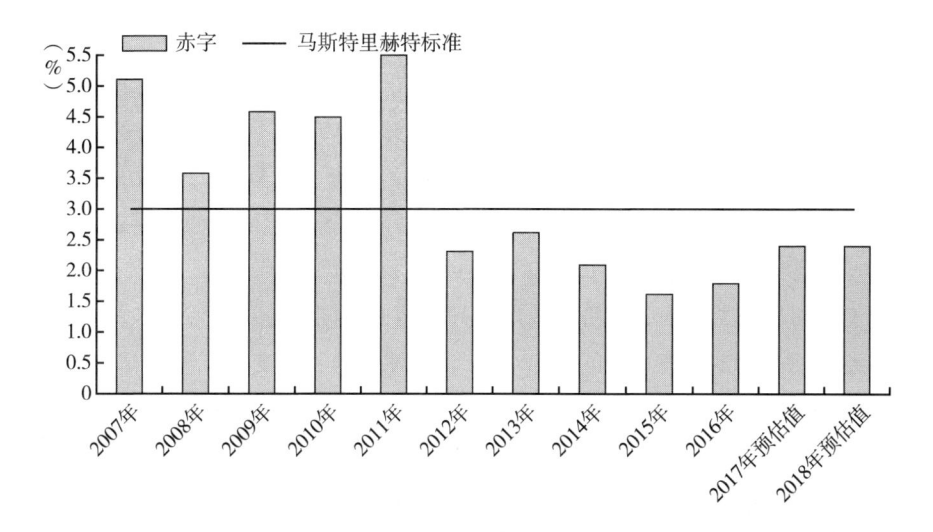

图4 2007~2018年匈牙利政府赤字占GDP的比重变化趋势

注：2017~2018年数据为匈牙利政府预测数据。
数据来源：欧盟统计局。

际三大评级机构相继提高了对匈牙利的主权信用评级，将匈牙利的评级调高至"建议投资等级"。这意味匈牙利金融脆弱性降低，债务可持续性增强。得益于此，匈牙利能够以较低的收益率从国际债券市场上融资。[1]

b. 扩大需求，刺激消费

匈牙利自2012年以来保持了较低的预算赤字，从2011年起国债比例也有所降低，此外，低利率、低通胀的货币政策带来了利好环境，以上因素为政府出台扩大需求、刺激消费的政策提供了前提条件。

自2016年起，政府对于大企业采取了税收优惠政策，采取措施鼓励银行向企业发放贷款。从2016年起，将单一税率的个人所得税从16%降为15%，为了鼓励建立家庭和安居，新屋建造增值税从27%降至5%。猪肉的增值税从27%减至5%；对于有两个孩子的父母提高个人所得税免征额。从2016年1月起，最低工资提高到111000福林[2]，熟练工人的最低工资调整为129000福林，

---

[1] 资料来源 Károly Gábor (2016)：A Moody's is felminősítette Magyarországot. (2016. november 4.)，http://bit.ly/2i8IIbL，检索日期：2017年9月2日。
[2] 1人民币约合40匈牙利福林。

2017年，上述最低工资又分别提高了15%和25%，同时减轻了雇主为雇员承担的社会保险负担。为了提高企业竞争力，对于初创公司和快速增长的企业提供税收优惠，为更多的小企业提供简易优惠的纳税方式。

2016年以来，匈牙利政府通过上述税收、工资、家庭援助等政策扩大了内需，对于居民消费和房地产资产市场的发展起到了一定的刺激作用。

2. 经济增长的两个重要引擎：外国直接投资和出口

匈牙利是一个小国，经济开放度较高，因此受国际经济环境影响较大。匈牙利经济仅占世界经济总量的0.224%[1]，全球性的经济变化，如全球流动性、原材料价格等因素对其具有决定性影响。作为一个体量不大的开放型经济体，其增长的一个引擎是外国直接投资及利用发展资金实现的投资，另一个引擎是净出口的增长，两者都是保持匈牙利经济获得持续竞争力的基本条件。

在现行的2014~2020年的欧盟财政周期里，匈牙利可以获得大约220亿欧元的欧盟发展资金。政府计划将其中的60%用于经济建设，包括创新、研发、提高中小企业生产力、发展劳动力市场等。因此匈牙利政府计划继续提高欧盟资金的使用效率，并希望在2018年底至2019年初英国脱欧前获得资金的绝大部分。2016年匈牙利GDP增速放缓，接近2%的欧盟平均水平。其中一个主要的原因是，为了提高欧盟资金吸收率，匈牙利政府需要加大资金的支出力度。在2007~2013年欧盟财政周期结束时，2015年匈牙利政府的欧盟资金支出达到了峰值，但由于2014~2020年新一轮周期伊始，欧盟资金需要经过招标、评标程序后才能到位，因此2016年匈牙利实际获得的欧盟资金相对较少。[2] 在2016的经济减速后，2017年上半年，匈牙利经济再次呈现强劲增长势头。

综上所述，2013~2020年，欧盟资金主要通过投资的方式对匈牙利经济的发展起着促进作用。

2016年匈牙利对外贸易表现不俗。货物出口额约为930亿欧元，与2015年相比增长2.9%。货物进口额为831亿欧元，与2015年相比增长1.5%。对

---

[1] 资料来源：IMF World Economic Outlook Databases（2017年估算数值，以购买力平价计算）。
[2] 资料来源：Babos Dániel – P. Kiss Gábor（2016）：2016 – ban fel kell készülni az Európai Unióról érkező támogatások átmeneti csökkenésére.（2016. január 6.），http：//bit.ly/2wjePWk，检索日期：2017年9月2日。

外贸易顺差从 2015 年的 86 亿欧元增长到 99 亿欧元,一年内涨幅达 15.6%,创下外贸顺差纪录。匈牙利对外贸易的对象仍主要是欧盟国家:货物出口的 80.6%,货物进口的 78.5% 是在欧盟内进行的。

匈牙利最重要的贸易伙伴是德国:匈牙利出口商品的 27.5% 销往德国,进口商品的 26.5% 来自德国。2016 年,匈牙利最大的进口国是德国,紧随其后的依次为中国、奥地利、波兰、斯洛伐克和捷克。最重要的出口国依次为:德国、罗马尼亚、斯洛伐克、法国、意大利和奥地利。在匈牙利的出口目的国中,中国排列在第 13 位。在欧洲以外,中国对于匈牙利来说是仅次于美国的最重要的贸易伙伴。2016 年,匈牙利最大的贸易顺差国依次为德国、罗马尼亚、英国、西班牙和美国,最大的逆差来自中国、荷兰、俄罗斯、奥地利和波兰。

根据匈牙利中央统计局(KSH)初步核算,2017 年上半年匈牙利货物出口近 510 亿欧元,货物进口 456 亿欧元。以欧元计价的出口额增长 9.9%,进口额增长 11.3%,贸易顺差与 2016 年同期基本持平。如果出口增长的势头能够继续维持下去,那么 2017 年匈牙利外贸出口或可达到 1000 亿欧元。

3. 经济增长各主要驱动因素的构成

通过对过去几年的数据进行分析我们可以发现,在供给侧,2014~2015 年推动经济增长的主要因素是工业,其次为服务业。2016~2017 年则是服务业的贡献比较显著。匈牙利的农业产值具有明显的周期性:在风调雨顺的年份,农业对于经济增长具有重要贡献,如 2013 年、2014 年、2016 年。但由于基数的影响,在农业丰产年后接下来的年份,即便农业产值一般,也会拖累 GDP 增长。

2016 年匈牙利 GDP 比上年增长 2.0%。在供给侧,农业、工业、服务业的附加值分别增加了 17.0%、0.8% 和 3.0%,建筑业附加值减少了 18.0%。农业、工业、服务业对于 GDP 的贡献率分别为 0.6%、0.2% 和 1.6%。建筑业的下滑则对 GDP 的增速造成 0.6% 的拖累。[①]

2017 年第一季度,GDP 与上年同期相比增长 4.2%。一个令人鼓舞的信号

---

① 资料来源:匈牙利中央统计局(2017a)Központi Statisztikai Hivatal (2017a):A KSH jelenti 2016. I–IV. negyedév(Budapest, 2017. április 5.)。

是在供给侧。2016年工业对于GDP的贡献不显著,而在2017年第一季度,工业和服务业对于GDP拉动作用明显,分别为1.6%和1.7%。从图5中可以看到,当工业和服务业共同发力时,经济增速显著。另一个积极的变化是,2017年第一季度,建筑工业也为GDP的增长贡献了4个百分点;而在2016年,建筑业的衰退曾拖累经济表现。[①]

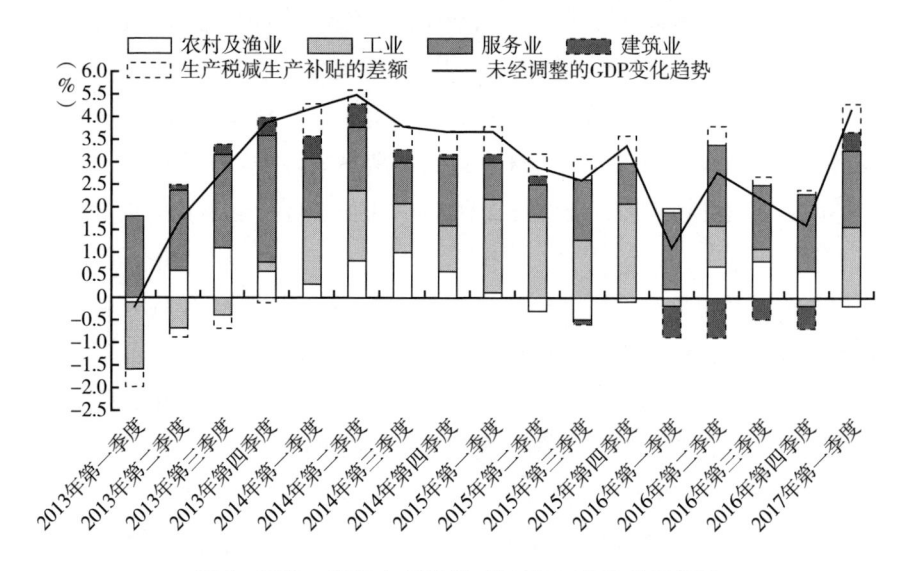

图5　2013~2017年供给侧对于季度GDP的贡献率

数据来源:匈牙利中央统计局。

从图6中可以看到,在需求侧,促进增长的各个因素也发生了调整。2015~2016年,资本形成总额对于GDP的增长还没有形成实质性的影响,但到了2017年第一季度,投资活动已经呈现出兴旺发展势头。2017年,净出口对于经济增长贡献度减弱,在加薪、减税以及内需趋旺等因素影响下,最终消费将会对经济增长起到进一步推动作用。

2016年,出口增长5.8%,进口增长5.7%,最终消费增长3.6%。在最终消费中,家庭实际消费增长4.2%,公共消费增长0.1%。资本形成总额增

---

① 资料来源:匈牙利中央统计局(2017c) Központi Statisztikai Hivatal (2017c);A KSH jelenti 2017. I. negyedév (Budapest, 2017. június 2.)。

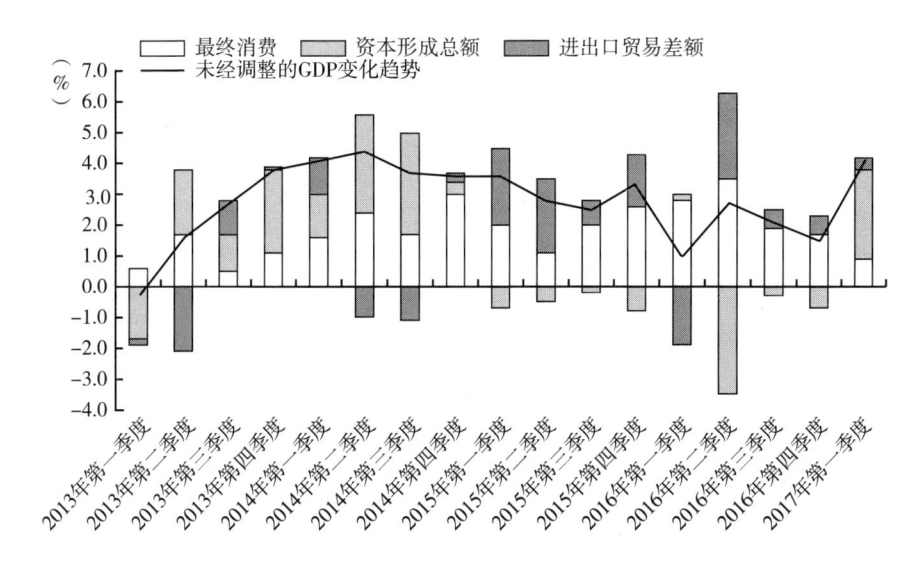

图6 2013~2017年需求侧对于季度GDP的贡献率

数据来源：匈牙利中央统计局。

速回落5.0%，其中固定资产投资总额增速回落15%。对外贸易总额对于GDP增长的贡献率为0.6%，最终消费的贡献率为2.5%，资本形成总额拖累经济增速1.1%。[1]

2017年第一季度，需求侧拉动GDP增长的主要因素是投资的增长。由于基数较低，国民经济投资在2017年前三个月猛增34%，这得益于企业产能投资增加，同时还得益于2014~2020欧盟财政周期第一批项目也已启动。占国民经济投资约60%的三个行业——加工业、不动产业和运输、仓储行业，与2016年第一季度相比，投资分别增长32%、56%和48%。资本形成总额、最终消费和对外贸易总额对于GDP增长的贡献率分别为2.9%、0.9%和0.4%。[2] 2017年，经济增长的主要因素是产能的增加以及欧盟发展资金到位促进了企业的投资，另一个驱动因素将有可能来自家庭消费的增长。

---

[1] 资料来源：匈牙利中央统计局（2017a）Központi Statisztikai Hivatal（2017a）：A KSH jelenti 2016. I-IV. negyedév（Budapest，2017. április 5.）。

[2] 资料来源：匈牙利中央统计局（2017c）Központi Statisztikai Hivatal（2017c）：A KSH jelenti 2017. I. negyedév（Budapest，2017. június 2.）。

（三）经济增长带来的积极影响

过去几年经济的发展带动了匈牙利劳动力市场需求的扩大，2016年这一趋势得以继续，就业率进一步提高，失业率有所下降。15~64岁人群的就业率为66.5%，达到了过去24年来的最高值。在匈牙利全国980万总人口中，2016年的就业人数超过了430万，与2015年相比增长了13.4万人（3.2%）。2016年就业率与上一年相比提高2.6%，为66.5%，基本达到欧盟平均水平（66.6%）。2016年匈牙利的失业率为5.1%，这也是自1992年以来的最低值，大大低于8.7%的欧盟平均值。15~64岁年龄段失业人数比2015年减少了7.3万人，降至23.4万人。[①] 2017年4~6月，失业率降为4.3%，15~64岁年龄段就业率上升为68.1%。[②]

政府投资创造了大量公益性就业岗位，以此取代向失业者提供直接救济。

经济的增长为政策活动提供了较大空间。2016年，匈牙利政府出台了一系列减轻税收负担、提高工资、加大家庭援助力度的措施，这些措施扩大了内需，提高了居民购买力，从而进一步促进了私人消费和投资。

经济的发展为长期基础设施建设提供了物质保障。匈牙利政府启动了"数字福利工程"，这是该国迄今为止最大规模的宽带网络建设项目，根据该计划，2018年底建成的全国性网络能够为所有个人或企业提供网速至少达到30Mbps的宽带网络。

（四）经济面临的挑战与风险

1. 政治风险

外部风险首先来自欧洲一体化的未来前景以及英国脱欧所带来的政治上的不确定性。全欧洲范围内民粹主义的兴起和"多速欧洲"的风险（有可能导致欧洲一体化的削弱）都会给匈牙利经济造成不利影响。匈牙利目前是欧盟

[①] 资料来源：匈牙利中央统计局（2017a）Központi Statisztikai Hivatal（2017a）：A KSH jelenti 2016. I–IV. negyedév（Budapest, 2017. április 5.）。

[②] 资料来源：匈牙利中央统计局（2017c）Központi Statisztikai Hivatal（2017c）：A KSH jelenti 2017. I. negyedév（Budapest, 2017. június 2.）。

共同预算的最大净受益国之一，英国脱欧后，2019~2020年匈牙利获得的欧盟资金将会减少，投资的回落将会给预期3%~5%的GDP年均增速带来风险。此外，英国脱欧还将对匈牙利人赴英国工作、对英出口、匈牙利旅游业、投资等各方面带来不利影响。

由于匈牙利是一个经济开放度较高的小国，一些地缘政治风险如欧盟与土耳其、欧盟与俄罗斯、欧盟与英国、欧盟与美国之间政治关系的削弱以及欧洲难民危机或者恐怖主义势力的扩大等在很大程度上都有可能影响匈牙利的经济增长。

2. 经济挑战

在匈牙利，维持经济稳定持续发展的保障在供给侧为工业和服务业，在需求侧为投资和体现竞争力的出口。2016年经济增速回落之后，政府通过放宽财政政策（减税、提高最低工资水平、安居补助、基础设施建设、农村发展、旅游发展），遏制黑色经济，减少行政负担手续，以及鼓励高附加值投资（研发、技术开发），实现了内需（消费、投资）拉动的GDP增长。目前国际环境（低收益水平、低能源和原材料价格、欧元区的复苏、汽车工业的繁荣）有利于匈牙利经济增长。因此，2017~2018年之间，匈牙利GDP年增长或可达到4%以上。

匈牙利国内的经济挑战主要来自通货膨胀、劳动力市场方面和竞争力方面。强劲的需求以及大幅度的工资增长都会带来通货膨胀。如果工资上涨或房地产价格上升速度超过预期，则匈牙利央行有可能提前收紧货币政策（如加息），这将减缓GDP增速，影响就业。劳动力市场也有可能出现劳动力不足的问题。工资的增长和熟练技术工人的缺乏将会增加生产成本，抑制扩大生产的意愿，削弱匈牙利出口的价格竞争力，以及对外资的吸引力。此外，扩大的国内消费增加了进口，这将减少外贸顺差，拖累GDP增长，影响国家的竞争力。

为了应对上述风险，国际货币基金组织建议匈牙利提高欧盟发展资金的使用效率，进行结构性改革，减少国家行为，改善商业环境。

由于匈牙利经济属于开放型经济，国际原材料和能源价格的大幅上涨、全球资本和货币市场投资收缩、国际贸易限制的加强以及汽车工业的停滞将会为其带来不利影响。欧元区经济或者德国经济增速放缓也都会给匈牙利经济增长

带来风险。

从长期来看,如何解决不利的人口增长趋势(人口的减少、社会老龄化)、社会差距的加大等问题,抓住技术发展(数字化、机器人技术、网络化、物联网)机遇,如何深度融入全球价值链并向高附加值生产转向,这些都是匈牙利需要应对的挑战。

三　外交与安全政策

1989年后的匈牙利各届政府都把加入以"民主国家"为主要成员国的国际性组织作为其外交政策的重点。1996年5月7日,匈牙利加入经济合作与发展组织。1999年,匈牙利加入北约。2004年5月1日,匈牙利加入欧盟。随着国际政治、经济和军事力量的中心由跨大西洋地区逐步向太平洋地区转移,为应对全球性的挑战(如国际恐怖主义、极端主义、地区性危机、难民危机、全球气候变暖等),匈牙利积极调整其外交与安全政策,以保障匈牙利的国家利益。

(一)外交战略

匈牙利外交战略重点包括以下三个方面。[1]

1. 中东欧地区政策

主要包括维护与邻国间的双边关系、促进维谢格拉德集团成员国之间的合作、维护西巴尔干地区的稳定、保护喀尔巴阡山盆地的境外匈牙利族人利益。在此基础上,匈牙利政府支持罗马尼亚、保加利亚和克罗地亚加入申根区,支持西巴尔干地区国家加快融入欧洲大西洋一体化的进程,支持边境基础设施建设。维谢格拉德集团成员国之间的合作不仅体现在区域性跨境协同,同时也成为欧盟内维护四国共同利益的手段。匈牙利政府将保护境外匈牙利少数民族的权益作为与邻国关系的重点。匈牙利虽然积极支持乌克兰加入欧洲大西洋一

---

[1] Csiki Tamás – Dr. Tálas Péter – Dr. Tóth Norbert (2016): Kül-és biztonságpolitikai ágazat. (2016. október 15.) Nemzeti Közszolgálati Egyetem, Államtudományi és Közigazgatási Kar. pp. 56–57.

体化，但由于乌克兰2017年通过的教育法限制了匈牙利少数民族学生接受匈牙利语教育的权利①，两国关系由此跌入低谷。匈牙利政府通过给予国籍、发展跨境经济、资助教育和文化事业等方式对喀尔巴阡山盆地约250万境外匈族人给予支持。

2. 欧洲大西洋一体化

匈牙利一方面在欧盟和北约中代表本国的利益，另一方面致力于加强欧盟和北约在全球范围的地位。

维谢格拉德四国的协同行动对欧盟的决策具有重要的影响。匈牙利积极利用维谢格拉德国四国之间的合作潜力，维护本国在欧盟中的权益。同时，匈牙利在欧盟各机构内采取了一致性的行动。自2010年以来，匈牙利政府通过采取强势政策（如在难民问题上）和一定程度上的妥协（如在制裁俄罗斯的问题上）保证匈牙利在欧盟内的国家利益。② 匈牙利政府在税收、预算、移民、社会福利等具体政策方面赞同维护欧盟成员国的国家权利，而在防务政策、申根区、内部市场、能源安全等方面则支持欧盟的共同政策，致力于深化欧洲一体化。作为开放的经济体，匈牙利支持欧盟签订更多全面自由贸易和投资协定，希望欧盟在英国脱欧后仍与其保持紧密关系，2020年后的欧盟农业和发展资金对于匈牙利来说也极为重要。与此同时，包括匈牙利在内的维谢格拉德四国不支持多速欧洲的构想，根据该构想，部分欧盟成员国组成的小集团将在一些领域加速一体化，而其余成员国则需要决定，是留在这个小集团之外还是晚些时候加入其中，同时各成员国不得阻碍一体化的深入。而维谢格拉德四国则坚持在一些政策领域维护国家主权，主张欧盟一体化改革及欧盟权限的问题应由成员国共同决定。

3. 全球开放

欧洲大西洋关系③在匈牙利外交中处于优先位置。与此同时，匈牙利也积

---

① 乌克兰议会2017年9月5日通过的新教育法规定，乌少数民族学生从小学5年级起，除各民族语言科目外的其他科目均需使用乌克兰语教学。乌境内有约15万匈牙利族人。
② Csiki Tamás – Dr. Tálas Péter – Dr. Tóth Norbert（2016）：Kül-és biztonságpolitikai ágazat. (2016. október 15.) Nemzeti Közszolgálati Egyetem, Államtudományi és Közigazgatási Kar. pp. 45 – 46.
③ 匈牙利的80%外贸交易额主要集中在与欧盟成员国之间的贸易，这有力佐证了发展与欧盟的关系是至关重要的。

极拓展与其他地区的外交、经济和文化关系。匈牙利政府在 2011 年宣布实行"向东方开放"政策，加强与亚洲国家，特别是与中国的关系。"向东方开放"政策与中国的"一带一路"倡议相向而行。2015 年，匈牙利政府又宣布了"向南开放"政策，旨在推动与非洲和拉美国家的关系。开放政策使匈牙利的对外交往增添了立足点，也增强了匈牙利外交和企业在世界范围内的活跃度。[1]

2010 年以来，匈牙利总理欧尔班（Orbán Viktor）在外交政策的制定上起着决定性作用。目前匈牙利的外交事务由两个部门负责。欧盟事务由拉扎尔·亚诺什（Lázár János）担任部长的总理府主管，这是因为作为欧盟成员国，欧盟的相关政策对于匈牙利来说更具有国内政策的性质。2014 年，匈牙利建立起双机制的外交机构[2]，即外交部调整为外交与对外经济部，由西雅尔多·彼得（Szijjártó Péter）任部长，在负责传统外交事务的同时，负责对外经济和文化交往。这样，匈牙利进出口银行、国家投资署、匈牙利国家贸易署都归外交与对外经济部管理。[3]

匈德、匈美、匈中关系在匈牙利外交上占据重要地位。德国不仅是欧盟中最大的经济体和影响力最大的国家，也是匈牙利最大的贸易伙伴和投资国，两国拥有传统的紧密合作关系。美国是北约的主导力量，通过跨大西洋关系在匈牙利外交中占据重要地位，在匈美关系中，防务、经济和技术合作地位突出。匈中关系是建立在两国人民传统的历史友谊基础上的，双方相互尊重、开放务实、不断深化合作与交流。俄罗斯对于匈牙利的能源安全至关重要，匈俄关系也是匈牙利对外关系的一个重要方面。英国是匈牙利第五大贸易伙伴和投资国，有许多匈牙利人在英国工作。英国脱欧后，欧盟与英国继续保持密切合作对于匈牙利具有重要意义。

2017 年 7 月 1 日至 2018 年 6 月 30 日，匈牙利第五次担任维谢格拉德集团

---

[1] Magyar Távirati Iroda（2015）：Szijjártó Péter meghirdette a déli nyitás stratégiáját.（2015. március 5.）http://bit.ly/2hoUbvw，检索日期：8 月 23 日。

[2] Magyar Távirati Iroda（2014）：Hatékonyabb és nyitottabb lesz a Külgazdasági és Külügyminisztérium.（2014. június 10.）http://bit.ly/2zlu57a，检索日期：8 月 23 日。

[3] Feledy Botond（2017）：Feltárhatatlan feketedoboz. In: Hegymenet. Társadalmi és politikai kihívások Magyarországon.（2017. május）. Osiris Kiadó.

匈牙利

轮值主席国。在此期间，由于就欧盟的未来和竞争力，以及2020年之后7年的欧盟预算将产生激烈辩论，匈牙利需在多个重大问题上协调和代表四个成员国的立场。在匈牙利担任主席国期间，上述四国在维护西巴尔干和"欧盟东部伙伴"国家的稳定、应对难民危机等问题上的作用有望加强。此外，匈牙利还将主导协调维谢格拉德四国在基础设施建设、数字化、科技和创新等领域的合作。①

2017年11月，第六次中国－中东欧国家领导人会晤在匈牙利布达佩斯举行。会议取得了多项成果，其中"16+1"合作的旗舰项目——匈塞铁路建设获得了重要进展。

（二）安全政策

1. 难民危机

难民危机是欧洲中长期所面临的一个重要的社会问题。匈牙利政府认为，未经审查非法入境的难民会给欧洲带来严重的安全隐患。2015年发生的难民事件中，有近40万人非法进入匈牙利。为避免大规模非法难民的涌入造成安全隐患，匈牙利政府命令军队在与塞尔维亚和克罗地亚接壤的175公里长的边界线上筑起4米高的隔离网。在过境关卡建立中转区，每天接受一定数量的难民递交难民申请。边防警察在军队的配合下在隔离网沿线进行巡逻检查。被抓捕的非法越境者会被遣送回塞尔维亚，或送至关卡中转区。筑建隔离网之后，每月的非法越境者已下降到几百人。

2016年，匈牙利政府在南部边境采取了进一步的措施。7月5日起，边境巡查区域扩大到8公里，在这个范围内抓捕的非法越境者一律遣送回塞尔维亚。2016年8月，欧尔班总理宣布说，匈牙利将沿隔离网再加筑配有先进技术装置（热感摄像机、夜视设备、智能感应系统）的第二道隔离网，这一新隔离网已在2017年夏天安装完成。② 2017年3月20日起，根据欧盟与土耳其施行的一项协议，进入希腊而未获得难民资格的难民将被遣送到土耳其，作为

---

① Visegrádi Csoport magyar elnöksége (2017).
② Magyar Távirati Iroda (2017): Elkészült a második kerítés a magyar-szerb határon. (2017. április 28.) http://bit.ly/2lw25YE, 检索日期：8月23日。

交换，欧盟为土耳其提供 60 亿欧元的资金用于维持难民营。匈牙利的隔离网和欧土协议成效明显，通过巴尔干路线进入的难民人数在 2017 年已降到相当低的程度。

2. 加强防卫能力，承担国际责任

欧盟与俄罗斯、北约与俄罗斯的关系仍存在一定的矛盾。欧盟成员中的波罗的海国家、波兰、罗马尼亚与俄罗斯的隔阂较为明显。

受 2008 年的金融危机和 2012 年的主权债务危机的影响，欧盟国家经济发展陷入困境，防务能力也有所下降。2016 年，北约的防务开支有所提高。匈牙利计划在 2016 年至 2022 年间将国防预算逐步增加到 GDP 的 1.4%。[①]

匈牙利当前的防务政策是持续保证承担国际责任，提升防务水平并形成新的军事能力，包括参与国外维和与人道主义任务等。作为北约协同防务的一部分，匈牙利空军还承担着轮替保卫没有空军的成员国的空中防卫任务。维谢格拉德集团在军事领域的合作也有所提升，拟建立"维谢格拉德欧盟作战部队"，将在保卫中东欧地区和欧盟的军事行动中发挥重要的作用。此外，维谢格拉德集团四国已在对抗非传统军事威胁中建立起共同应对机制。

综上所述，匈牙利外交和安全政策的重点首先在于中东欧及相邻地区。其次，作为欧洲大西洋一体化组织（北约、欧盟）的成员，匈牙利积极维护该组织的共同价值和利益。与欧盟及一些伙伴国家（如美国、中国）发展紧密和互利互惠的友好合作是匈牙利社会和经济发展的有力保障。匈牙利的北约成员国身份保障了国家的安全和稳定。此外，与国际组织（如联合国、欧洲安全和合作组织）的通力合作对于匈牙利也是极为重要的。

四 社会与文化

（一）社会变迁与民族意识

20 世纪 80 年代末 90 年代初，当匈牙利接受了市场经济和资本主义之后，

[①] Csiki Tamás（2017）：Hol a pénz? A NATO védelmi kiadási trendjei és a közös teherviselés kérdései. In: Nemzeti Közszolgálati Egyetem, Stratégiai Védelmi Központ Elemzések 2017/2. http://bit.ly/2z5g8JC，检索日期：8 月 13 日。

人们发现他们所期待的目标，即西方的社会和生活水平并没有自动实现。这给匈牙利民众带来了强烈的失落感，但匈牙利人的期待在某些方面也存在矛盾：人们既希望像西方发达国家的国民一样富裕，又想在市场经济条件下拥有原来的社会福利和国家保障的稳定生活。在匈牙利并没有形成西方国家具有的社会模式。要形成一个成熟的社会模式尚需时日。①

在漫长的历史进程中，匈牙利民族形成了强烈的身份认同。匈牙利曾对民族身份认同做过数次调查报告，如1995年、2003年和2013年由匈牙利社会研究所所做的调查。② 根据2013年的调查报告，匈牙利人最重要的身份认同是语言和自我定义，基督教信仰反而是最不重要的。难民危机爆发后，在匈牙利的社会舆论和政府宣传中，身份认同问题常常被提及。

（二）人口变动及人口政策

从1981年起，匈牙利人口逐年减少。2017年初，匈牙利的人口为979.9万人，比上一年减少3.12万人。2016年，匈牙利死亡人数为12.69万人，出生人数为9.31万人。与此同时，匈牙利人口进一步老龄化，年青人的比例远落后于老年人。截至2017年1月1日，每100名儿童对应129名65岁以上的老人。进入匈牙利的外国移民人数也持续减少，且已不能弥补所失去的人口数量。2016年，外国移民数量仅有2600人。

在此不利形势下，2016年也显现了一些向好数据。虽然该年死亡人口数量远高于出生人口数量，但出生数量却是2010年以来最多的，自然负增长率也比上一年降低16%。在育龄妇女人数减少的情况下，她们生育了更多的子女。

匈牙利的一个突出问题是，育后妇女就业率偏低。14.8%的育后妇女3年在家照顾孩子，39.4%的育后妇女则有6年待在家里。在欧盟国家中，匈牙利

---

① Szabó Máté：Autonómia és Etatizmus a magyar társadalomban. Avagy mikor lesz nagykorú a civil társadalom, ha húsz év nem volt elég? In：Politikatudományi Szemle XVIII/3. 158 – 159, http：//bit.ly/2uSxXWD -，检索日期：2017年8月11日。
② Simonovits Bori：Nemzeti identitás, kisebbségek és társadalmi konfliktusok. A magyar társadalom attitűdjeinek alakulása 1992 és 2014 között. 406, http：//bit.ly/2wUHu0U -，检索日期：2017年8月11日。

是因妇女在家养育子女而影响就业最严重的国家。①

匈牙利人已经意识到人口的减少正在成为一个非常严重的问题。2016年的社会调查也说明了这一点：64%的被调查者认为这是最严重的问题之一，24%的人认为这是最严重的问题。匈牙利人并不认为吸收移民是解决问题的出路，而认为政府应该采取有效的措施，这种观点早在2015年移民危机发生前就已形成。制度变革之后，匈牙利社会的排外思潮不断抬头，据匈牙利社会研究所的调查，2012年之后持这种观点的人数高达40%。②

上述数据说明，如果这种情况持续下去，人口自然下降会给匈牙利带来诸多严重问题，特别是会危及现行的养老体系。根据经济合作与发展组织的报告，2060年匈牙利将成为年青人与老年人人口比例最为糟糕的国家之一。届时，匈牙利人口将为920万，约11.4%的GDP将用于发放养老金。③目前，匈牙利社会福利体系开支的52%用于养老金。④

为扭转当前人口变化趋势，匈牙利在儿童和家庭补助方面投入较大，资金占社会福利支出的12%，⑤居欧洲国家中的首位。匈牙利对有子女家庭的补助种类较多，特别是2010年后加大了对多子女家庭的补助，众多的补助项目包括"养育儿童补助金""儿童养育金""特殊儿童养育金""儿童培养补助金"等。2016年，政府又推出了更多惠民的"温馨家庭优惠"政策，提高了家庭纳税优惠幅度，特别针对拥有2~3个多子女的家庭提供了较大的政策倾斜。

（三）民族构成与移民问题

目前匈牙利民族具有较强的同一性。匈牙利最大的少数民族为吉卜赛人，

---

① Európai Bizottság: Bizottsági szolgálati dokumentum. 2017. évi országjelentés – Magyarország. Brüsszel. http://bit.ly/2vUrRJZ-，检索日期：2017年8月13日。
② Simonovits Bori: Nemzeti identitás, kisebbségek és társadalmi konfliktusok. A magyar társadalom attitűdjeinek alakulása 1992 és 2014 között. http://bit.ly/2wUHu0U，检索日期：2017年08月11日。
③ OECD: OECD Economic Surveys. Hungary. 2016. May. Overview. 35, http://bit.ly/2w3r2OM--，检索日期：2017年8月13日。
④ 资料来源：匈牙利中央统计局 KSH：Magyarország 2016. 99。
⑤ 资料来源：匈牙利中央统计局 KSH：Magyarország 2016. 99。

之后依次为德意志族、罗马尼亚族、斯洛伐克族和克罗地亚族。①

2017年初,在匈牙利拥有合法居留证并长期生活的外国人有153600人,占全国人口的1.6%。其中65%来自欧洲,主要为罗马尼亚人、德国人、斯洛伐克人和乌克兰人;27%来自亚洲,以中国人和越南人居多。②

移民能够在一定程度上弥补人口的减少,但如今这种弥补已经非常有限。匈牙利2004年加入欧盟以及2011年德国和奥地利向欧盟新成员开放劳动力市场后,匈牙利移出的人口明显增多。③ 另外,随着欧盟不断东扩,匈牙利已不再是具有吸引力的移民目的国。匈牙利人在欧盟内的流动很难追踪,因为欧盟劳动力市场已经自由放开,同时也有不断回归的匈牙利人,也有临时性的进出人群。根据匈牙利中央统计局的数据,2016年有29400名匈牙利人移民国外,其中绝大多数(74%)为40岁以下的年轻人;④ 同时有1.7万名先前移民国外的匈牙利人回国定居。从全部移民人口来看,在匈牙利出生,但长期生活在国外的匈牙利公民人数自1990年后持续增加,据联合国的数据,2013年这个数字为528184人,世界银行的数据则为将近57万人,出国移民的人数仍有增加趋势。1990年至2013年间,共有约35万人离开匈牙利。

移出匈牙利的人口以年轻人居多,其中绝大多数拥有专业技能。这种人才外流的情况对匈牙利造成了不利影响。这些外出移民中23%选择英国、38%选择德国、14%选择奥地利。⑤ 前往英国的多受过良好教育,在德国的多为专业技术工人和男性,西部边境地区的许多匈牙利人则是在奥地利上班,居家仍

---

① Gyémánt Richárd, Katona Tamás: Demográfia. 2014. Pólay Elemér Alapítvány. 34, http://bit.ly/2wVFbum,检索日期:2017年8月13日。
② 资料来源:匈牙利中央统计局 KSH: Magyarország 2016. 22。
③ Földházi Erzsébet: Magyarország népességének várható alakulása 2060 – ig – Különös tekintettel a nemzetközi vándorlásra. Demográfia. 2014. 57. évf. 4. szám. 249, http://bit.ly/2vvBXQJ –,检索日期:2017年8月11日。
④ Földházi. 2014. 247. és Blaskó Zsuzsa és Gödi Irén: Kivándorlás Magyarországról: Szelekció és célország-választás az "új-migránsok" körében. Demográfia, 2014. 57. évf. 4. szám. 279, http://bit.ly/2wHxcBW –,检索日期:2017年8月13日。
⑤ Magyar Nemzet Online: A diplomások családostul hagyják el az országot. 2016, http://bit.ly/2wVr8Fh –,检索日期:2017年8月11日。

然在匈牙利。①

综上所述，匈牙利目前面对的不只是人口减少问题，还有规模性的人口移出和人才外流问题。

（四）教育体制

2016年，在24岁~64岁的匈牙利人中拥有大学文凭的占24%。32%拥有中学学历。拥有中等学历的人群比例比欧盟平均值低6.4%，拥有高等学历的人群比例也比欧盟平均值低6.8%。2015年，匈牙利辍学人群比例为11.6%，接近欧盟平均值②，但之后有所增加，这与欧盟的总体趋势正好相反。辍学人群多来自中等专科学校，且以吉卜赛族学生居多。③

2016年是匈牙利教育体系发生重大变化的一年，国家对先前的管理体制进行了调整，原先唯一的管理机构④被58个学区中心所取代。政府也宣布从2017年1月1日起，地方政府管辖的公立学校均收归国家管理。

2016年，匈牙利高等院校录取新生5.3万名，占报考人数的67%，基本维持多年来的比例。大学中最受欢迎的专业仍为经济与管理，其次为理工类专业。2016年，信息技术和师范专业的受欢迎程度有所提高。自2015~2016学年起，大学引入双专业教学。2016年，匈牙利高等教育共有在校生25.1万名，外国留学生2.5万人。在匈的德国留学生人数最多，此外，来自中国、斯洛伐克、塞尔维亚、伊朗、挪威和尼日利亚的学生也相对较多，总人数约有1000至1400名。但是，由于前文所述的人口问题及政策原因，与2010年相比，2016年大学生人数减少了21%。

教育体系的改革措施激发了一些教师的反对情绪，同时也没有解决体系中存在的问题。2011年以来的新措施增加了教师的课时量，限制了学校的自主

---

① Blaskó Zsuzsa és Gödi Irén: Kivándorlás Magyarországról: Szelekció és célország-választás az "új-migránsok" körében. Demográfia, 2014. 57. évf. 4. szám. 271. http://bit.ly/2wHxcBW，检索日期：2017年8月11日。

② Európai Bizottság: Oktatási és képzési figyelő. 2016. Magyarország. Európai Unió. Luxembourg. 2016. 3，http://bit.ly/2uU8WdR－，检索日期：2017年8月13日。

③ Európai Bizottság: Bizottsági szolgálati dokumentum. 2017. évi országjelentés – Magyarország. Brüsszel. 2017. http://bit.ly/2vUrRJZ，检索日期：2017年8月13日。

④ Klebelsberg Intézményfenntartó Központ.

性，而匈牙利教师的薪金在欧盟国家中一直处于较低的水平。虽然教师职业受欢迎的程度在增长，但今后一段时期内匈牙利的教师资源仍然严重缺乏，特别是在自然科学领域。欧盟委员会在2017年的一个报告中也对匈牙利的教育问题提出了批评。

（五）2016年匈牙利的文体成就

匈牙利人对于本国的科学、文化和体育成就高度关注，为之自豪；2016年对匈牙利人来说是也是成果丰硕的一年。

文化和电影方面，继1981年后，导演内梅什·耶莱什·拉斯洛（Nemes Jeles László）的作品《索尔之子》让匈牙利电影再度获得奥斯卡奖。豪伊杜·萨博尔奇（Hajdu Szabolc）的《并非此时》（*Ernelláék Farkaséknál*）获得捷克卡罗维发利国际电影节"水晶球"奖。此外，蒂尔·阿提拉导演（Till Attila）的《轮椅杀手》（*Tiszta Szívvel*）也获得多个国际奖项。

2016年的里约奥运会上，匈牙利取得了巨大的成功。有158名运动员参加了20个项目的比赛，成绩斐然。最终，匈牙利以8金、3银、5铜的成绩位居奖牌榜第12位。其中皮划艇女运动员科扎克·达努塔（Kozák Danuta）和游泳运动员霍苏·卡廷卡（Hosszú Katinka）各获得3枚金牌。在残奥会上，匈牙利队则获得1金、8银和9铜的成绩。

五　中匈关系

匈牙利地处欧洲"心脏"地带，是中东欧地区的重要国家，也是"一带一路"沿线国家。自2013年中国提出"一带一路"倡议以来，两国各领域交流合作不断拓展和深化，双边关系发展驶入快车道。中匈关系创造了多个"第一"：匈牙利是第一个同中国签署共同推进"一带一路"建设的政府间合作文件的欧洲国家、第一个同中国建立和启动"一带一路"工作组机制的国家、第一个设立人民币清算行的中东欧国家、第一个设立中国国家旅游局办事处的中东欧国家、第一个发行人民币债券的中东欧国家、第一个开办匈语和汉语双语国立学校的欧洲国家，也是第一个立法承认中医地位并设立中医特色孔子学院的欧洲国家。

此外，匈牙利首都布达佩斯还设有中国－中东欧国家旅游促进机构和旅游企业联合会协调中心，以及中东欧16国本土汉语教师培训中心等；同时，匈牙利也是中东欧地区中资机构、华商、华侨、华人最集中的国家。这些都为双方继续推进"政策沟通、设施联通、贸易畅通、资金融通、民心相通"奠定了坚实基础。

2016年5月，在匈牙利布达佩斯举行首届中国－中东欧国家文学论坛。同年10月，在布达佩斯举行中国－中东欧政党对话会。2017年5月13日，中匈两国建立全面战略伙伴关系，并共同发表《中华人民共和国和匈牙利关于建立全面战略伙伴关系的联合声明》。

在"一带一路"倡议和匈"向东开放"政策的引领下，两国贸易关系持续深化和拓展。2016年至今，中匈两国签署了多项经贸协议，其中包括《中国与匈牙利进出口食品安全备忘录》《匈牙利乳制品输华协定书》《匈牙利马匹输华协定书》《匈塞铁路融资备忘录》《中匈发展规划合作协议中匈小企业合作协议》等[1]。

2016年，中匈双边贸易额较2015年有较大回升，达88.9亿美元，同比增长10.1%。其中，中国自匈牙利进口34.6亿美元，同比增长20.5%；中国对匈牙利出口54.3亿美元，同比增长4.4%。匈牙利继续保持中国在中东欧地区第三大贸易合作伙伴地位，仅次于波兰和捷克；中国也是匈牙利在欧盟外第一大贸易合作伙伴。[2] 2017年上半年，随着两国政治关系的升华，双边贸易额进一步提升。根据2017年1～6月的统计数据，仅半年时间，中匈双边贸易额已达48.5亿美元，同比增长17.3%。其中，中国自匈牙利进口19.4亿美元，同比增长24.6%，匈牙利仍然是中国在中东欧地区最大的进口来源国；中国对匈牙利出口29.1亿美元，同比增长12.9%。[3]

从中国在匈投资方面看，由于匈牙利地处欧洲心脏地带，交通网络发达，

---

[1] 中国驻匈牙利大使馆经济商务参赞处网站，http://hu.mofcom.gov.cn/article/zxhz/201708/20170802621206.shtml，检索日期：2017年11月10日。

[2] 中国商务部网站，http://www.mofcom.gov.cn/article/i/jyjl/m/201702/20170202509947.shtml，检索日期：2017年11月10日。

[3] 中国国际贸易促进委员会网站，http://www.ccpit.org/Contents/Channel_4117/2017/0803/853955/content_853955.htm，检索日期：2017年11月10日。

中国在匈投资近年来取得较快发展。目前,匈牙利已成为中东欧地区中资机构和华商最为集中的国家。截至2015年4月末,中国对匈累计投资31.1亿美元(不含资金尚未到位的两个柠檬酸企业),投资领域涵盖化工、金融、通信设备、新能源、物流等行业,主要企业有万华、华为、中兴、中国银行、比亚迪、安徽丰原、日照金禾等,共创造就业岗位5000余个。匈牙利在华投资也取得进展。截至2015年4月,匈在华累计设立投资项目703个,累计投资金额3.6亿美元,主要涉及水禽养殖、节能建材、污水处理、奶制品生产和工业园等领域。①

除了充满活力的贸易往来外,中匈金融业合作也发展迅速。2014年,中国银行匈牙利分行正式成立。以大额贷款为业务重点的发展思路,进一步扩大了中行在中东欧地区的金融服务能力和市场影响力。匈牙利中行也因此成为匈牙利第一家拥有分子行双牌照的外资银行。同年底,中国进出口银行与匈进出口银行签订了3亿欧元授信框架协议,用于支持中匈两国企业在经贸、投资和其他领域的合作。2015年2月19日,匈央行宣布启动"布达佩斯人民币倡议"。4月7日,匈央行称将分步建立人民币债券组合。5月28日,为推动外汇资产多元化,匈央行通过与国际清算银行合作方式购买了少量中国国债。6月26日,中国银行匈牙利分行发行5亿欧元3年期无担保高级债券,主要用于支持万华宝思德化学公司、匈牙利电力公司等企业的投资经营需求。6月27日,中国人民银行与匈牙利中央银行签署了在匈牙利建立人民币清算安排的合作备忘录和《中国人民银行代理匈牙利央行投资中国银行间债券市场的代理投资协议》,并同意将人民币合格境外机构投资者(RQFII)试点地区扩大到匈牙利,投资额度为500亿元人民币。② 随着两国金融业务的日益拓展,2015年6月28日,中国人民银行发布2015第14号公告,决定授权匈牙利中国银行担任匈牙利人民币业务清算行。中行匈牙利分行成为欧洲继伦敦、巴黎、法兰克福和卢森堡之后的第五个人民币清算中心,同时也是中东欧地区唯一的人民币清算行。2017年1月,中行与匈牙利政府签署《战略合作伙伴协议》,同

---

① 中国驻匈牙利大使馆经济商务参赞处网站,http://hu.mofcom.gov.cn/article/zxhz/201509/20150901101960.shtml,检索日期:2017年11月10日。
② 第一财经网,http://www.yicai.com/news/4637997.html,检索日期:2017年11月10日。

时与匈牙利央行签署《银行间代理协议》及《人民币清算账户合作协议》，与布达佩斯证券交易所、匈政府债务管理机构、匈牙利进出口银行以及银联国际签署《战略合作备忘录》。新协议的签订极大地推动了"一带一路"倡议的切实落实。此外，为了深化匈牙利对华关系，特别是双边经济关系，匈牙利政府于2016年4月在香港发行了10亿元人民币的点心债。2017年7月，匈牙利国家经济部宣布，匈牙利在中国银行间债券市场发行10亿元人民币三年期熊猫债，这使得匈牙利成为首个既在在岸市场也在离岸市场发行人民币计价债券的国家。

得益于20世纪五六十年代结下的传统友谊，匈牙利等中东欧国家及人民对中国文化在当地的推介有着较高的接受度。中匈两国文化交流合作中，除双方保持各级各类文化艺术团组互访外，四所孔子学院①的成立也有效地促进了中国文化在当地的交流推广。截至2016年底，匈牙利孔子学院（课堂）累计学员2.3万余人，文化活动参加人数26.6万人，汉语考试考生2661人次。2013年，中匈双方利用孔子学院的平台，合作建设中东欧汉语教师培训中心。2016年，孔院下设孔子课堂，所在的中匈双语学校成立高中部并于当年开始招生，匈牙利本土学生报名积极。

除以孔子学院为代表的教育交流外，两国在文化、体育、科技、旅游等领域的交流合作也取得一系列丰硕成果。作为庆祝中匈建交65周年系列活动的一部分，2014年10月，首届中匈媒体论坛在匈牙利首都布达佩斯举行，两国第一次在政府框架下进行了高层次的媒体交流活动，双方代表借此开展了积极有效的对话，拓展了两国人文交流的合作渠道与途径。根据双方达成的合作意向，两国媒体、文化界建立了常态活动机制，轮流在中国、匈牙利举行交流活动。② 2015年3月26日，"中国-中东欧国家旅游合作促进年"启动仪式在布达佩斯举行，中国国务院总理李克强和匈牙利总理欧尔班均发去贺信。2015年9月14日，由中国外文局、匈牙利国家媒体和信息通讯管理局共同主办的"艺术与传播——2015中匈交流论坛"在北京举行。2016年6月，

---

① 四所孔子学院分别为：罗兰大学孔子学院、塞格德大学孔子学院、米什科尔茨大学孔子学院、佩奇大学中医孔子学院。
② 新浪网，http：//history.sina.com.cn/cul/fx/2015 - 09 - 15/1057125568.shtml，检索日期：2017年11月10日。

由中国宋庆龄基金会和匈牙利驻华使馆、北京匈牙利文化中心共同举办的中匈文化交流活动13日在北京宋庆龄故居正式启动。来自30多个国家的驻华使馆、相关政府部门、文化机构、高校、企业等各界代表约300人出席了启动仪式。随着两国人文交流与合作的不断扩大，两国关系发展必将更加富有生机和活力。

附录

Appendix

B.22
2016~2017年中东欧国家大事记

2016年

1月

1月1日 匈牙利个人所得税率从16%下调为15%；政府提高对拥有两个孩子的父母的个人所得税免征额；新欧洲海关关税编码生效。

1月2日 斯洛文尼亚《税务发票法》正式生效。

1月7日 波兰总统安杰伊·杜达签署了备受争议的新媒体法，该新法律赋予政府直接任命公共媒体主管的权力。

1月8日 按照总统签署的新媒体法，亚采克·库尔斯基被任命为波兰电视台（TVP）的新总裁。

1月17日 波兰弗罗茨瓦夫"欧洲文化之都"文化年揭幕。

1月20日 爱沙尼亚总理塔维·罗伊瓦斯会见德国总理安格拉·默克尔。

1月21日 欧盟共同货币会议在列支敦士登召开，捷克总理博胡斯拉夫·索博特卡出席会议并就使用欧元的益处及风险发表演讲。

1月22日 捷克总理索博特卡会见英国首相卡梅伦，双方就双边合作以及移民问题交换了意见。

1月22日 克罗地亚议会批准了以无党派人士奥雷什科维奇为总理的新政府名单，克新一届政府成立。

1月23日 伏沃基米日·查扎斯特在波兰民主左派联盟主席的第二轮选举中获胜，成为该党的新任主席。

1月25日 捷克总理索博特卡称，政府决定将继续向伊拉克和约旦提供军事援助。

1月26日 格热戈日·谢蒂纳作为唯一候选人，被选为波兰公民纲领党的新主席。

1月26日 捷克总理索博特卡与斯洛伐克总理菲佐一起在斯洛伐克西烈纪念馆为永久性大屠杀纪念展览揭幕。

1月27日 黑山议会未通过对总理久卡诺维奇政府的不信任案表决。

1月28日 阿尔巴尼亚著名作家卡达莱八十岁寿辰，国内举行庆祝活动。

1月29日 中拉两国文化部在拉脱维亚首都里加签署《关于在拉脱维亚设立中国文化中心的谅解备忘录》。

2月

2月6日 由北京市和塔林市联合举办的第七届"欢乐春节"文艺演出在爱沙尼亚首都塔林隆重开幕。

2月8日 "荣耀秀"团队向保加利亚中央选举委员会提交了要求进行改革政治体制的全民公决的倡议书，有673481名支持者在倡议书上签字。

2月9日 保加利亚政府提名联合国教科文组织总干事伊琳娜·博科娃竞选联合国秘书长。9月，政府撤销了对博科娃的支持，并提名克里斯塔利娜·乔治耶娃为保加利亚新的候选人。

2月11日 马里斯·库钦斯基斯就任拉脱维亚总理。

2月12日 波兰总理希德沃访问德国。

2月12日 塞尔维亚议会批准了有关授予北约驻塞代表外交豁免权以及在塞境内提供后勤支持的协议。

2月14日 美国国务卿克里访问阿尔巴尼亚，会晤以拉马总理和民主党

主席巴沙为首的政府高官。

2月15日 波黑正式向欧盟提交入盟申请。

2月15日 拉脱维亚指挥家安德里斯·奈尔森斯获格莱美"最佳管弦乐演奏奖"。

2月16日 希德沃总理领导的波兰政府接受了《负责任的发展计划》(又称莫拉维茨基计划)。

2月16日 捷克总理索博特卡会见欧盟理事会主席图斯克,双方就英国对于欧盟改革的建议和当前移民局势展开了讨论。

2月16日 克罗地亚内务部宣布收紧难民和移民入境要求,在接收转道塞尔维亚、马其顿进入克境内的难民和移民问题上执行更为严格的标准。

2月18日 捷克外长扎奥拉莱克在布拉格举办庆祝维谢格拉德集团成立25周年为主题的外交代表会议。与会代表评估了当前V4的合作情况,并就未来发展方向展开了讨论。

2月19日 塞尔维亚总统签署了与北约合作计划确认书。3月9日,北约议会代表团访问塞尔维亚。

2月29日 由匈牙利导演拉斯洛·内梅什执导的电影《索尔之子》获奥斯卡最佳外语片奖。

3月

3月4日 2016年1月28日通过的《波兰检察法》生效,司法部长兹比格涅夫·吉奥布罗随后被重新任命为总检察长。

3月4日 中国驻布达佩斯旅游办事处举行开业仪式。这是中国国家旅游局在中东欧地区设立的第一个海外旅游办事处。

3月5日 斯洛伐克举行议会大选。

3月10日 斯洛文尼亚科学家率先证明寨卡病毒对胚胎大脑的影响,研究成果发表于新英格兰医学杂志上。

3月10~11日 捷克总理索博特卡访问德国巴伐利亚州,同州长泽霍费尔就两国在交通基础设施建设与铁路现代化、科研和投资领域的合作展开会谈。

3月14~15日 波兰共和国总统安杰伊·杜达对捷克进行正式访问,分别同捷克总统泽曼、总理索博特卡举行会见，双方共同讨论了当前欧洲局势、安全领域合作、维谢格拉德集团合作、跨境运输和能源基础设施发展等问题。访问期间，捷波两国总统互授国家荣誉勋章。

3月24日 捷克总理索博特卡对法国进行工作访问，同法国总统奥朗德、总理瓦尔斯举行会见，就两国贸易投资合作、战略伙伴关系、国际热点问题等交换意见。

3月28~30日 中华人民共和国主席习近平对捷克进行国事访问，同捷克总统泽曼、参议院主席什捷赫、众议院主席哈马切克、总理索博特卡分别举行会见，并出席中捷经贸圆桌会。访问期间，两国元首发表建立战略伙伴关系的联合声明。

3月29日 欧盟政策委员约翰内斯·哈恩访问阿尔巴尼亚，会晤政府高层官员，推进欧盟要求的司法改革。

3月29日 马其顿、克罗地亚、斯洛文尼亚三国对来自中东和北非等地的难民封锁了边境。之后不断有难民试图从希腊进入马其顿境内，其间与马其顿警方爆发小规模冲突。

4月

4~7月 马其顿民众发起"彩色革命"，以抗议总统伊万诺夫停止调查涉嫌窃听丑闻的前任总理尼古拉·格鲁埃夫斯基及涉案官员。

4月1日 2016年2月11日通过的关于国家帮助儿童抚养的法律（波兰"家庭500+计划"）生效。

4月1~5日 捷克总理索博特卡出席在华盛顿举行的核安全峰会，与各国领导人就加强国家层面合作、保障核材料安全使用、防止核恐怖主义等议题交换看法。

4月5~7日 黑山总统菲利普·武亚诺维奇对捷克进行国事访问，同捷克总统泽曼就黑山加入北约及欧盟进程、能源项目合作等议题交换意见，同捷克总理索博特卡就移民问题、西巴尔干地区形势和经济合作发展等主题进行讨论。

4月6日 匈牙利还清2008~2009年自欧盟委员会借款的最后一期。

4月8日 波兰总理希德沃在华沙表示，维谢格拉德集团四国不同意欧盟

对原有难民安置规定的改变。

4月8日 捷克总理索博特卡及其他内阁成员同波方举行第四届捷克—波兰政府间磋商。两国总理就欧洲和双边关系、跨境运输基础设施发展、贸易投资和维谢格拉德集团领导协调等问题交换意见。

4月10日 保加利亚土耳其人新党派"责任、自由与宽容民主人"（ДОСТ）党主席为被"争取权利与自由运动"开除出党的柳特维·麦斯坦

4月11日 匈牙利政府撤销关于禁止商店周日营业的规定。

4月12日 塞尔维亚以2500万欧元的价格购买了2架俄罗斯米-17直升机，6月28日运达塞尔维亚。

4月12日 年仅53岁的斯洛文尼亚知名话剧导演潘多尔因突发心脏病逝世。

4月14日 美阿两国重建外交关系25周年之际，美国总统奥巴马在白宫椭圆厅会见阿尔巴尼亚总理拉马。

4月14日 匈牙利发行10亿元人民币债券，该债券为中东欧地区发行的首支人民币债券。

4月14~17日 波兰各地举行了波兰接受基督教1050年纪念活动。

4月17日 罗马尼亚体操女团在奥运会资格赛中爆冷失利，无缘里约夏季奥运会。

4月18日 捷方发表声明同意黑山加入北约。

4月18日 河北钢铁集团同塞尔维亚斯梅代雷沃钢厂签署收购协议，河钢出资4600万欧元收购斯钢98%资产，欲将其打造成为欧洲最有竞争力的钢铁企业。

4月23~27日 波兰外交部长维托尔德·瓦什奇科夫斯基访华。

4月24日 塞尔维亚举行全国议会、伏伊伏丁那省议会和地方议会选举。

4月26日 中国国家质检总局梅克保副局长会见爱沙尼亚农业事务部部长乌尔玛斯·克鲁泽一行。

4月27日 捷克总理索博特卡会见匈牙利国会主席克韦尔·拉斯洛，双方就中欧区域合作、捷克在维谢格拉德集团的主席身份及当前国际热点问题交换意见。

4月28日 克罗地亚政府根据欧盟理事会"欧洲学期"机制提出的经济政策建议，制定并颁布了《2016年国家改革计划》，推出60条改革举措，旨在推进改革，振兴经济，增加就业和降低债务。

4月29日 中国文化部部长雒树刚、国家新闻出版广电总局副局长童刚分别在京会见来华访问的爱沙尼亚文化部长因德雷克·萨尔一行。

5月

5月3日 波兰总统安杰伊·杜达向伊莱纳·舍文斯卡、索菲亚·罗马舍夫斯卡、米哈乌·克莱贝尔、米哈乌·罗兰茨、万达·普塔夫斯卡和布罗尼斯瓦夫·威尔德斯坦授予白鹰勋章。

5月3日 捷克总统泽曼接见中国四川省委书记王东明。

5月3~4日 捷克外长扎奥拉莱克在布拉格举行维谢格拉德集团和东部伙伴关系外长会议。荷兰、瑞典和德国三国外长受邀参加会议。

5月4~5日 第七届萨拉热窝经贸论坛在波黑首都萨拉热窝举行。来自30多个国家的1000多名政府官员和企业代表与会，中国国家发改委副主任宁吉喆率130多人的中国经贸代表团出席。

5月5日 塞尔维亚国家选举委员会（RIK）公布了2016年议会提前选举的最终官方结果，塞尔维亚前进党联盟以48.25%的得票率获胜。

5月6~7日 都拉斯举行"阿塞走向入盟未来"论坛，阿尔巴尼亚议长梅塔、欧盟大使、德国大使等政要、外交官及学者出席，旨在加强阿塞两国的沟通与理解，促进双边合作，保持地区稳定。

5月8日 保加利亚社会党选举科尔内莉亚·妮诺娃为新任党主席。妮诺娃成为第一位当选社会党主席的女性。

5月12日 美国在罗马尼亚南部德维塞卢空军基地部署的反导系统宣布正式启动，并随时准备与北约在欧洲的反导系统接轨。

5月13日 由上海市教委主办，塔林大学孔子学院协办的第八届上海教育展在爱沙尼亚塔林大学举办，包括复旦大学、上海交通大学等27所国内知名高校参展。

5月13日 美国部署在波兰北部城市伦济科沃的陆基"宙斯盾"反导系统的基础建设举行开工仪式，波兰总统杜达、国防部长马切雷维奇和美国国防

部副部长沃克出席。

5月13日 捷克总统泽曼同受邀参加查理四世诞辰700周年庆祝活动的卢森堡大公亨利一世举行会见。

5月16日 中国国家质检总局副局长梅克保率团访问爱沙尼亚，期间签署《爱沙尼亚共和国农村事务部和中华人民共和国国家质量监督检疫总局关于爱沙尼亚输华乳品动物卫生和公共卫生条件议定书》。

5月16日 首届中国-中东欧国家交通部长会议在拉脱维亚里加举行，中国-中东欧国家物流合作联合会秘书处正式成立。

5月19日 波兰西部城市弗罗茨瓦夫发生恐怖袭击，一枚自制炸弹在公交车站发生爆炸，1人受轻伤。

5月19日 黑山与北约在北约总部布鲁塞尔签署"入约"协议，该协议得到北约所有成员的批准后，黑山将正式成为北约第29个成员国。

5月19~20日 捷克外长扎奥拉莱克出席在布鲁塞尔举行的北约外长会议。与会部长同黑山签署了准入协议。

5月20日 惠誉将匈牙利债务评级从BB+提高到BBB-。

5月22日 捷克总理索博特卡出席在耶路撒冷举行的捷克和以色列第四次政府间协商会议，并同以色列总统里夫林以及总理内塔尼亚胡举行会见。

5月25日 波兰挫败一起针对华沙警察局的炸弹袭击，抓获3名准备对大楼进行袭击的犯罪嫌疑人。

5月27日 斯洛文尼亚政府与全国总工会达成一致，警察系统罢工正式结束。

5月27~30日 阿尔巴尼亚议会在地拉那举办北约成员国议会间组织——北大西洋议会大会春季会议，为7月的北约华沙峰会做准备。大会为阿自2009年4月1日加入北约以来首次以东道主身份举办该级别会议。

5月28~29日 2016年"布尔多-布里俄尼"进程峰会在波黑举行。

5月28日 中车株洲电力机车有限公司研制的中国首款出口欧洲的动车组登上了马其顿国家邮票，成为其"国家名片"。

5月30日 英国约克公爵安德鲁王子访问爱沙尼亚。

5月31日 中国国务委员杨晶访问爱沙尼亚，与爱沙尼亚总理塔维·罗伊瓦斯举行会谈。

5月31日　斯洛伐克外长莱恰克在第71届联合国大会上被选举为72届联合国大会主席。

6月

6月6日　北约多国部队开始在波兰举行代号为"蟒蛇2016"的大规模联合军事演习。

6月6日　捷克总理索博特卡会见来访的斯洛伐克国民议会议长丹科，双方就双边关系、维谢格拉德集团合作、捷克结束维四轮值主席职务及欧洲热点问题交换意见。

6月6日　"铁狼2016"多国军演在立陶宛位于帕布拉德的军事基地开始举行。来自立陶宛、丹麦、法国、德国、卢森堡、波兰和美国的5000余名官兵参加此次军演。

6月6日　罗马尼亚举行地方选举。

6月7~10日　捷克总统泽曼正式访问亚美尼亚，与亚总统萨尔基相举行会见，并发表建立合作伙伴关系的联合声明。

6月7日　匈牙利政府做出调整2017年部分税率的决定。

6月8日　爱沙尼亚企业和经济发展部部长丽萨·奥维尔访问宁波、上海和杭州，期间与中国商务部部长高虎城会面。

6月8日　捷克总理索博特卡出席在布拉格举行的维谢格拉德集团峰会。

6月10日　在法国举行的第十五届欧洲足球锦标赛上，阿尔巴尼亚国家足球队历史上首次冲入决赛阶段，并在小组赛中获得一场胜利。

6月10日　波兰众议院通过了关于反恐行动的法律《反恐怖法》。该法于7月2日生效。

6月15日　克罗地亚第一副总理卡拉马尔科因被判定在INA公司股份争议事件中涉及利益冲突而宣布辞职。

6月16~17日　阿尔巴尼亚派代表团参与在河北省唐山市举办的第三届中国-中东欧地方领导人会议，加强中阿地方交流与合作。

6月16日　捷克总理索博特卡赴中国与中国民航局局长冯正霖举行会见，双方就深化航空领域合作交换意见。同日，索还与中国银监会主席尚福林举行会见，就经济合作及具体项目交换意见。

6月16日　克罗地亚议会以125票赞成、15票反对、2票弃权通过了针对总理奥雷什科维奇及政府的不信任案，奥政府被迫下台。

6月17日　在对波兰共和国进行国事访问前夕，国家主席习近平在波兰《共和国报》发表题为《推动中波友谊航船全速前进》的署名文章。

6月17日　捷克总理索博特卡出席在河北唐山举行的第三次中国－中东欧国家地方领导人会议开幕式并致辞。在开幕式前，索与中国副总理马凯举行了双边会谈。索对主办本次领导人会议的河北省同捷克间长期良好的合作关系表示赞赏。

6月17日　捷克总理索博特卡同中国总理李克强举行会见，双方就进一步加强在食品业、航空业和金融业等领域双边合作交换意见。

6月17~19日　习近平主席对塞尔维亚进行国事访问，先后同塞尔维亚总统尼科利奇、总理武契奇、国民议会议长戈伊科维奇会谈。

6月19~21日　中国国家主席习近平对波兰进行国事访问。6月20日，习近平同波兰总统杜达举行会谈，两国元首一致同意建立中波全面战略伙伴关系。访问期间，习近平主席还分别会见了波兰总理希德沃以及波兰众议院和参议院议长。

6月19日　捷克总理索博特卡同浙江省领导及企业代表举行会见，双方就区域合作、贸易投资和促进旅游业发展等话题展开讨论。

6月20日　捷克总理索博特卡出席在苏州举行的第二届中国－中东欧国家卫生部长论坛。

6月20日　克罗地亚议会以137票赞成、2票反对、1票弃权通过解散议会的决定。

6月23日　捷克总理索博特卡出席中国东方航空布拉格—上海直航开通仪式，这是自2015年9月以来两国间开通的第二条直航航线。当晚，捷克总统泽曼出席在布拉格城堡举行的中国东方航空布拉格－上海直航开航庆祝晚会。

6月23日　捷克总理索博特卡在英国脱欧公投前夕表态，称欧盟联手英国未来会更强大，欧洲应该更团结而不是走向分裂，留欧不是风险而是更安全的选择。

6月24日　捷克总理索博特卡就英国脱欧公投结果表态，称尽管感到失望，但欧盟一体化仍是大势所趋，欧盟于捷克而言是最大的安全与繁荣保障。

6月30日　波黑统计局公布2013年波黑人口普查结果。这是波黑战后第一次人口普查。

6月30日　俄罗斯总统普京赴斯洛文尼亚出席纪念俄罗斯教堂建立100周年活动，并会见斯洛文尼亚总统帕霍尔。

7月

7月1日　拉脱维亚正式成为经济合作与发展组织的第35个成员国。

7月1日　斯洛伐克开始担任为期半年的欧盟轮值主席国。

7月1日　《匈牙利基本法》第六版修正案生效。

7月8~9日　北约峰会在华沙举行。包括美国总统奥巴马在内的18位总统和21位总理参加了峰会。为期两天的会议主要围绕北约在中东欧的军力部署、与伙伴国的安全合作、与欧盟的合作三大议题展开。

7月8~9日　捷克外长扎奥拉莱克、国防部长斯特罗普尼茨基陪同总统泽曼出席在华沙举行的北约峰会。

7月15日　克罗地亚第八届议会正式解散。

7月15日　联合国教科文组织正式将波黑、塞尔维亚、黑山和克罗地亚四国联合申报的中世纪墓园列入世界文化遗产名录。

7月16日　克罗地亚总统基塔罗维奇宣布于9月11日提前举行议会选举。

7月18日　欧盟与塞尔维亚正式启动了关于塞尔维亚入盟问题的第23和24章谈判。

7月19~23日　捷克外长扎奥拉莱克访问美国并出席联合国经济及社会理事会、伊拉克援助会议以及反"伊斯兰国"国际联盟会议。

7月20日　波兰A4高速公路最后一段交付使用。

7月23日　阿政府决定2017年预算中一部分用于提高工资和退休金，此举为该届政府执政三年后首次调整工资和退休金。

7月27~31日　教皇方济各首次访问波兰，并参加克拉科夫第31届世界青年节活动。

7月28日　万华宝思德公司及华为匈牙利公司在布达佩斯签署区域战略合作协议。

8月

8月5~21日 立陶宛49名国家运动员参加了巴西里约热内卢夏季奥运会。立代表团获得男子双人双桨比赛银牌,女子双人双桨比赛铜牌,男子200米双人皮划艇比赛铜牌,男子94公斤级举重比赛铜牌。

8月6日 猛烈的暴风雨侵袭了马其顿首都斯科普里,造成至少20人丧生,还有约100人受伤。

8月7日 马其顿第一足球联赛第25赛季正式开幕,并于2017年5月31日结束。该比赛是马国内最高级别的足球联赛。

8月11日 以塞尔维亚进步党主席武契奇为总理的政府宣誓就职,新政府由"塞尔维亚必胜"联盟和社会党联合执政。

8月18日 斯洛文尼亚运动员在里约奥运会上获得4枚奖牌。

8月22~26日 捷克共和国驻外大使例会在切尔宁宫举行,总理索博特卡、外交部长扎奥拉莱克出席开幕式。捷克外交代表和特邀嘉宾就外交政策、安全、欧盟和经济发展等议题展开广泛交流。

8月24日 德国总理安格拉·默克尔访问爱沙尼亚,期间发表演讲《数码科技先锋爱沙尼亚和工业巨头德国——共筑欧洲光明未来》。

8月24日 拉脱维亚留华同学会成立。

8月25日 德国总理默克尔应捷克总理索博特卡邀请访问捷克。双方就欧盟的未来发展、捷克与德国的进一步战略对话以及在科研和现代技术领域的合作展开讨论。

8月26日 波兰首次在中国银行间债券市场发行人民币计价债券("熊猫债"),成为欧洲首个进入中国内地市场发行熊猫债的主权国家。

8月29日 应波兰最高监察院邀请,中共中央书记处书记、中央纪委副书记赵洪祝率中共代表团访问波兰。

9月

9月7日 首都地拉那市中心的"斯坎德培广场"启动整修工程,工程耗资380万美元,为期1年。

9月11日 克罗地亚提前举行议会选举。

9月14日 爱沙尼亚新任驻华大使高马腾向中国国家主席习近平递交国书。

9月16日 意大利人驾驶的小型飞机在都拉斯附近坠毁,引发媒体关注,警方和检察院展开毒品走私调查。

9月16日 捷克总理索博特卡出席在布拉迪斯拉发举行的欧盟改革非正式会议,27国成员国首脑共同就欧盟改革、英国脱欧等议题交换意见。

9月16日 斯洛伐克首都布拉迪斯拉发召开欧盟27国领导人峰会,峰会出台了《布拉迪斯拉发宣言及发展蓝图》。

9月16日 标准普尔将匈牙利债务评级从BB+提高到BBB-。

9月17日 克罗地亚国家选举委员会公布提前议会选举最终结果。

9月18~20日 中国西藏文化交流团访问爱沙尼亚。在此期间,交流团出席在爱沙尼亚国家图书馆举办的今日西藏专题座谈会。

9月19~21日 捷克总统泽曼正式访问美国并出席在纽约举行的第七十一届联合国大会。

9月20日 欧盟理事会总务理事会接受波黑的入盟申请。

9月20日 中国东方电气集团有限公司承建的波黑斯坦纳里火电站项目举行竣工仪式。这是首个使用中国-中东欧合作机制100亿美元专项贷款额度的项目,也是中波建交以来首个大型基础设施合作项目。

9月21日 中国国际航空股份有限公司首架从北京直飞波兰首都华沙的航班于当地时间21日早晨飞抵华沙肖邦国际机场。

9月22日 立陶宛国防部宣布采购了88辆德国阿泰克公司生产的"拳师犬"轮式装甲输送车,合同总价为3.86亿欧元,堪称立陶宛军队历史上金额最高的合同。

9月25日 波黑塞族共和国举行以"您是否支持设立1月9日为塞族共和国日"为问题的公投。据塞族共和国官方统计,共有约68万选民参与投票,占合法选民人数的55.7%,投赞成票选民的比例达到99.81%。

9月26日 捷克总理索博特卡、外长扎奥拉莱克出席在布拉迪斯拉发举行的第四次捷克-斯洛伐克政府联席会议。捷克总理索博特卡与斯洛伐克总理菲佐在布拉迪斯拉发签署两国间合作的联合声明。

9月27日 波兰政府出台"国家住房计划"。

9月29~30日 捷克总统泽曼访问希腊并出席2016罗德岛论坛,在论坛"文明对话"会议上,泽曼表示反对并坚决打击所谓"伊斯兰国",把其比喻为食人族。

9月29日 捷克总理索博特卡同英国首相特雷莎·梅通话,就保护捷克侨民利益、英国脱欧程序等交换意见。

9月30日 洲际油气集团(中国)完成了对加拿大班克斯公司100%股权的收购,从而通过其实现了对阿尔巴尼亚油田的投资。

10月

10月2日 波黑举行全国性地方选举,两个实体、130个镇(općina)和10个市(grad)的议会及镇长或市长以及布尔奇科特区的议会改选。

10月2日 布罗尼斯瓦夫·诺维茨卡以其著作《喂养石头》获得了本年度"尼刻"文学奖。

10月2日 匈牙利政府就"是否接受难民配额"发起公投。

10月3日 欧洲大西洋中心组织了2016斯洛伐克安全论坛,论坛主要的议题为极端主义、激进主义和准军事部队。

10月6日 中国-中东欧政党对话会在布达佩斯举行。

10月7日 中国央企光大集团宣布对阿尔巴尼亚国际机场运营商TIA的全部股权的收购,获得地拉那特蕾莎修女国际机场的特许经营权至2027年。

10月7~8日 举行地方选举和部分参议员换届选举,ANO党大获全胜,赢得13个州中的9个州。

10月8日 阿尔巴尼亚前国王艾哈迈德·索古之孙莱卡·索古与女演员及歌手埃利娅·扎哈里亚举行婚礼。

10月8日 匈牙利《人民自由报》停刊。

10月9日 波兰著名导演、奥斯卡终身成就奖获得者安杰伊·瓦伊达在波兰首都华沙一家医院去世,享年90岁。

10月9日 立陶宛举行新一届议会选举首轮投票。

10月9日 国务委员杨洁篪在中南海会见立陶宛国务委员马丘利斯。

10 月 10 日　克尔斯季·卡柳莱德宣布就职,成为爱沙尼亚共和国首位女总统。

10 月 11 日　中国国务院副总理刘延东在京会见波兰副总理兼科学和高等教育部长雅罗斯瓦夫·戈文。

10 月 12 日　爱沙尼亚总理塔维·罗伊瓦斯会见瑞典首相斯特凡·勒文。

10 月 13 日　阿尔巴尼亚总理拉马出席贝尔格莱德举行的第四次巴尔干领导人安全论坛,峰会探讨阿塞关系、地区安全和入盟议题。塞尔维亚总理武契奇同其会晤。

10 月 14 ~ 15 日　捷克举行参议院三分之一议员换届第二轮选举,人民党获 27 个席位中的 9 席,成为最大赢家。社民党在本次选举中只获得两个席位,但在参议院中仍是占有席位最多的政党。

10 月 14 日　克罗地亚第九届议会正式成立,桥党主席佩特罗夫担任议长。

10 月 14 日　中国 - 中东欧国家合作第八次国家协调员会议在拉脱维亚里加举行。

10 月 15 ~ 16 日　中国外交部部长助理刘海星访问爱沙尼亚,同爱沙尼亚第一副外长雷纳特举行两国外交部政治磋商,并会见爱沙尼亚总理外事顾问塔姆萨。

10 月 16 日　黑山举行议会选举。根据黑山选举委员会公布的最终结果,执政的黑山社会主义者民主党赢得了总票数的 41.41%,获得 36 个议会席位,成为议会最大政党。

10 月 16 日　选举当日,警方和检方宣布逮捕大约 20 名塞尔维亚人,指控他们企图在选举期间实施恐怖袭击,在黑山议会选举初步结果公布时发动袭击、占领议会,甚至企图扣押总理久卡诺维奇,以推翻现政权。

10 月 16 日　塞尔维亚政府召开会议,一致通过中方提交的《中塞互免持普通护照人员签证协议》草案。该协议于 2017 年 1 月 15 日正式生效,持有中国普通因私护照的游客到塞尔维亚可以免签入境 30 天。

10 月 16 日　斯洛伐克总统基斯卡以私人身份与达赖喇嘛会面。此举破坏了中斯双边关系的政治基础,遭到中国政府强烈谴责。

10 月 17 日　爱沙尼亚总统克尔斯季·卡柳莱德开启首次国事访问,访

问芬兰。

10月17日 中国广东省宣布在罗马尼亚设立旅游合作推广中心，以充分挖掘双边旅游合作的巨大潜力。

10月18日 捷克总统泽曼、参议院主席什捷赫、众议院主席哈马切克及捷克总理索博特卡就文化部长赫尔曼会见达赖一事共同发表联合声明，强调捷奉行一个中国政策，尊重中国主权与领土完整，承认西藏是中国的一部分，个别政府官员的个人行为不代表捷克官方政治立场。

10月19日 克罗地亚议会批准新一届政府名单，民共体主席普连科维奇出任总理，克新一届政府成立。

10月20~21日 捷克总理索博特卡出席在布鲁塞尔召开的欧盟领导人峰会，同各国首脑就移民、与俄罗斯关系、叙利亚局势等问题交换意见。

10月21日 由中国文化部和国家文物局主办、中国文物交流中心和拉脱维亚国家艺术博物馆共同承办的额"丝路瑰宝展"在里加艺术博物馆开幕。展览从2016年10月持续至2017年1月。

10月23日 贝尔格莱德国际书展开幕，为期8天，共有450家出版单位参展。

10月26日 爱沙尼亚总统克尔斯季·卡柳莱德访问立陶宛。

10月27日 匈牙利政府宣布停止土地拍卖。

11月

11月3日 爱沙尼亚总统克尔斯季·卡柳莱德会见波兰总统。

11月3日 马其顿国家馆在上海自贸区正式开馆。

11月4日 阿总理拉马赴拉脱维亚里加出席第五次中国-中东欧国家领导人会晤，李克强总理同其举行双边会见。

11月4日 中国同拉脱维亚签署《关于共同推进丝绸之路经济带和21世纪海上丝绸之路建设合作谅解备忘录》、部门间《关于开展港口和临港产业园合作的谅解备忘录》。

11月4日 第五次中国-中东欧国家领导人里加会晤期间，中国国务院总理李克强会见马其顿临时总理迪米特里耶夫。

11月4日 穆迪将匈牙利债务评级从Ba1提高到Baa3。

11月4~5日 第五次中国－中东欧国家领导人会晤在拉脱维亚里加举行，发表《中国－中东欧国家合作里加纲要》以及关于开展亚得里亚海—波罗的海—黑海三海港区基础设施、装备合作的《里加声明》。其间李克强总理对拉脱维亚正式访问。

11月5日 中国农业部部长韩长赋在昆明会见了爱沙尼亚农村事务部部长乌尔玛斯·克鲁泽。

11月5日 中国国务院总理李克强在拉脱维亚首都里加会见爱沙尼亚总理。

11月5日 中国国务院总理李克强在拉脱维亚首都里加会见前来参加中国－中东欧国家领导人会晤的波兰总理希德沃。

11月5日 克罗地亚总理普连科维奇赴拉脱维亚里加出席第五次中国－中东欧国家领导人会晤，并于其间同中国国务院总理李克强举行会晤。

11月5日 中国国务院总理李克强在出席第五次中国－中东欧国家领导人会晤期间，同立陶宛总理布特克维丘斯交谈。

11月5日 第五次中国－中东欧国家领导人会晤在拉脱维亚里加举行。中国国务院总理李克强与斯洛伐克总理菲佐进行简短会见。

11月5日 匈牙利总理欧尔班赴里加出席第五次中国－中东欧国家领导人会晤，并与中国国务院总理李克强进行了双边会谈。

11月5~6日 捷克总理索博特卡出席在拉脱维亚里加召开的中国－中东欧国家地方领导人会议，同与会的各国总统、总理们就中东欧与中国在金融服务、航空和农业领域开展战略合作交换意见。索表示，捷政府高度重视发展对华关系，尤其在中国国家主席习近平访捷、双方建立战略合作伙伴后，捷克将继续大力推动两国在贸易、旅游业等领域，并将致力于成为中国在中东欧地区的交通及金融枢纽。

11月9日 外语教学与研究出版社联合中国图书进出口公司首次到阿尔巴尼亚参加地拉那国际书展，重点推介"中阿经典图书互译出版项目"，推出互译项目的第一本汉译阿作品《中国历史十五讲》。

11月9日 捷克总统泽曼向美国新当选总统特朗普发去贺电，赞赏其在打击恐怖主义、移民问题上的立场。泽并邀请特朗普尽快访捷。

11月9日 立陶宛总理、社会民主党（社民党）主席布特克维丘斯与立

陶宛绿党和农民联盟主席卡尔保斯基斯就建立新执政联盟签署协议。

11月11日 爱沙尼亚总统克尔斯季·卡柳莱德与德国前总统约哈希姆·高克在德国柏林举行会谈。

11月11日 捷克总理索博特卡同来访的英国外长鲍里斯·约翰逊举行会见，双方就英国脱欧公投、经济及国防合作、外交政策及安全问题交换意见。同日，捷克外长扎奥拉莱克同鲍举行会见。

11月13日 保加利亚举行总统大选和改革政治体制的全民公决。原保加利亚空军总司令鲁门·拉德夫以59%的得票率当选新一届总统。

11月14日 总理博里索夫因所在的执政党欧洲发展公民党推举的候选人在总统大选中失利，携内阁向议会提交了总辞呈。

11月14日 波兰政府开始挖出在2010年总统专机空难中丧生的遇难者遗体，以重新调查空难原因。

11月19~25日 爱沙尼亚爱乐室内合唱团与塔林室内交响乐团应邀在北京、武汉、长沙和上海巡演。

11月20日 北约开始在"波罗的海"东岸国家立陶宛举行代号为"铁剑2016"的军事演习，来自美国、英国、德国、加拿大、波兰和波罗的海三国等十多个北约成员国和伙伴国约4千名军事人员参演。

11月21日 北约多国军团在波兰西北城市什切青举行代号为"小型战鹰2016"的军事演练。

11月22日 立陶宛总统格里包斯凯特签署法令，正式任命来自立陶宛绿党和农民联盟的斯克韦尔内利斯为立陶宛新总理。

11月23日 于里·拉塔斯宣誓就职，成为爱沙尼亚新任总理。

11月24日 哈尔曼利难民中心的数百名移民与警察和宪兵发生冲突。2016年，非法进入保加利亚的难民达19000人。

11月24日 匈牙利政府促成工资协议签署：2017年最低工资上调15%，雇主的社保负担从27%降至22%。

11月25日 斯洛文尼亚议会将饮用水安全作为基本人权写入斯洛文尼亚共和国宪法。

11月28日 黑山议会以微弱多数投票通过了以社会主义者民主党副主席杜什科·马尔科维奇为首的新一届政府名单，黑山新政府当天宣告成立。

11月29日 立陶宛总统格里包斯凯特签署法令，批准新一届内阁的14名成员名单。

11月29日 世界卫生组织技术小组访问并现场评估了马其顿公共卫生研究所国家流感中心，随后该中心获得世界卫生组织技术小组的认证。

12月

12月5日 捷克总理索博特卡就解决难民危机发表谈话，表示捷克政府将一如既往积极帮助解决危机，在刚结束的内阁会议中，政府通过了新一轮资金援助决议，将用于塞尔维亚边境管理、伊拉克、乌克兰、黎巴嫩、约旦等战乱国家人道主义援助等。

12月6日 波兰最高法院裁定，不引渡波兰著名导演罗曼·波兰斯基至美国。

12月6日 捷克总统泽曼同新当选的美国总统特朗普通话，特朗普赞赏泽曼为选举前唯一一位对其表示公开支持的欧洲总统，并邀请泽曼于四月底访问美国。

12月6日 斯洛文尼亚议会通过了执政党的议案，重新确立1月2日为国家公休日。

12月7日 爱沙尼亚总统克尔斯季·卡柳莱德与法国前总统弗朗索瓦·奥朗德在法国巴黎举行会谈。

12月8日 爱沙尼亚总统克尔斯季·卡柳莱德在布鲁塞尔会见北约秘书长延斯·斯托尔滕贝格。

12月8日 保加利亚国家电力公司向俄罗斯 Атомстройекспорт 公司支付了601600000欧元后，保加利亚成为"贝列奈"核电站设备的所有者。12日，中国核能集团表示有意参与保加利亚"贝列奈"核电建设。保加利亚总理博里索夫、主管欧盟基金副总理和能源部长等官员和中国核能集团的代表举行会谈。

12月9日 欧盟交给波黑一份有3293道题的问卷，问题涉及波黑政治、司法、经济和社会等各方面的政策，回答所有问题是波黑被考虑给予欧盟候选国地位的前提条件。

12月11日 罗马尼亚开始举行议会选举。

12月11日 马其顿举行议会选举，选举委员会12日夜间公布议会选举结果，执政党马其顿内部革命组织民族统一民主党在议会选举中获胜。

12月13日 "中欧倡议"（CEI）18国政府首脑在波黑首都萨拉热窝召开2016年度会议。

12月14日 波兰众议院通过了新的基础教育法，根据该法律，波兰将取消原有的初中。

12月15日 维谢格拉德集团四国总理召开会议，各方在12月的欧洲理事会召开前就移民问题、安全形势、欧盟－乌克兰联合协议、单一数字市场等议题交换意见。

12月15日 罗马尼亚中央选举办公室宣布，社会民主党在参议院和众议院的选举中的得票率分别为45.68%和45.48%，共赢得221个席位。大选后，社会民主党与自由民主联盟党组成执政联盟。

12月15日 中国华信能源有限公司与哈萨克斯坦国家石油天然气公司（KMG）控股的哈石油国际（KMGI）签订收购协议，中国华信将拥有哈石油国际公司51%的股权。哈石油国际注册地为阿姆斯特丹，前身是罗马尼亚国家石油公司。

12月16日 部分反对派议员举行抗议，来自公民纲领党、现代党和波兰人民党的议员在议会中封锁了讲台。议会讨论不得不易地举行。

12月20日 波兰人民党退出了抗议和占领议会讲台的活动。

12月20日 波兰政府推出了"为生活"家庭发展支持计划，主要用于支持残疾人家庭，特别是有残疾儿童的家庭。

12月20日 匈牙利宣布从2017年1月1日起实行匈牙利国防与军事发展十年计划——"兹里尼2026"计划。

12月21日 俄罗斯同塞尔维亚就俄向塞捐赠战斗机和一定数量装甲车辆达成协议。根据公布的数据，塞尔维亚从俄罗斯获得6架米格-29战机，以及30辆T-72坦克和BRDM-2两栖侦察装甲车。

12月26日 斯洛文尼亚庆祝独立25周年。

12月29日 罗马尼亚重新启动对中国公民的旅游团体签证。

12月30日 约翰尼斯总统签署总统令，最终任命执政联盟第二次提名的社会民主党人索林·格林代亚努为总理并组建新一届政府。

2017年

1月

1~2月 克罗地亚最大私有企业阿格罗戈尔集团爆发信用和财务危机，国际信用评级机构穆迪下调阿格罗科尔集团的评级。

1月1日 波兰新组建的国土防卫部队正式成军。国土防卫部队是波兰五大军兵种之一。首任指挥官是维斯瓦夫·库库瓦。

1月1日 波兰国库部进入撤销程序。该程序于2017年3月31日结束。

1月1日 据罗马尼亚国家统计局数据，截至2017年1月1日，罗马尼亚人口数量已降至1963万人。

1月4日 国际信用评级机构标准普尔宣布将对克罗地亚的经济展望从"负面"调整为"稳定"，这是过去9年来克罗地亚主权信用评级出现的第一次积极变化。

1月7日 保加利亚前司法部部长赫里斯托·伊万诺夫创立新的右翼政党"是的，保加利亚"。

1月12日 波兰公民纲领党主席格热戈日·谢蒂纳宣布公民纲领党结束在议会的抗议活动。

1月15日 《中塞互免持普通护照人员签证协议》正式生效。

1月18日 世界银行董事会决定向塞尔维亚提供1.826亿欧元的贷款，用于支持塞尔维亚政府改善公共支出效率，推进能源、交通领域改革。

1月21日 中国银行（塞尔维亚）有限公司开业。

1月22日 鲁门·拉德夫正式就职保加利亚新总统。

1月23日 乌克兰总统波罗申科访问爱沙尼亚，与爱沙尼亚总统克尔斯季·卡柳莱德举行会谈。

1月26日 保加利亚总统拉德夫下令解散第43届国民议会，并任命奥格尼昂·格尔吉科夫为看守政府总理。

2月

2月1日 首批参与北约驻立陶宛多国部队部署的德国联邦国防军上兵飞

抵立陶宛第二大城市考纳斯，将同北约其他成员国军人共同加强北约东侧边界的安全。

2月3日 阿尔巴尼亚著名作家，曾多年担任阿尔巴尼亚作家艺术家协会主席的德里特洛·阿果里去世。

2月10日 波兰总理贝娅塔·希德沃乘坐的政府车队在奥斯维辛遭遇车祸，总理本人受伤被紧急送往医院。

2月14日 应总统格里包斯凯特的要求，立陶宛议会启动特别应急程序批准了立陶宛与美国的防务合作协议，从而对部署在立陶宛的美军地位进行了明确界定。

2月14日 美国驻罗马尼亚大使克莱姆在布加勒斯特向美联社记者透露，第一批美军士兵及其军事装备已到达美国设在罗马尼亚黑海海滨地区附近的康斯坦察军事基地。预计，将有500名美军士兵驻扎在罗马尼亚。

2月18日 阿尔巴尼亚民主党退出议会，在总理府前开展"雨伞"抗议行动，持续3个月，以两党达成协议结束。

2月21~23日 立陶宛国家歌剧院芭蕾舞团首次亮相中国国家大剧院，为观众们带来熟悉的经典芭蕾舞剧《天鹅湖》。

2月22日 匈牙利政府建议布达佩斯市和匈牙利奥委会退出申办2024年奥运会和残奥会。

2月25日 马其顿东南部山城斯特鲁米察举行盛装狂欢节活动。

3月

3月1日 波兰国家资产管理局成立，其架构包括税务管理、资产管理和关税部门。

3月3日 在布加勒斯特举行了"第一届罗马尼亚中国旅游论坛"。此次活动集合了来自罗马尼亚、中国、德国、奥地利、匈牙利、意大利、塞尔维亚和西班牙的中国旅游公司以及在罗马尼亚和中国旅游市场已进行或愿意开始专门项目的罗马尼亚公司。

3月6日 欧盟委员会发表声明宣布同意匈牙利扩建保克什核电站。

3月8日 第13届"琥珀之旅"国际琥珀展销会在立陶宛首都维尔纽斯举行。

3月9日 在布鲁塞尔举行的欧盟峰会期间,唐纳德·图斯克再次被选为欧洲理事会主席。他获得了除波兰外另外27个欧盟成员国的支持,任期两年半。

3月10日 捷克总统泽曼正式宣布将竞选下届总统,他将继续以独立候选人身份参选,不寻求任何党派支持。

3月13日 阿戴尔·亚诺什(Áder János)再次当选匈牙利总统。

3月21日 波黑和俄罗斯签署苏联和前南斯拉夫货贸债务偿还协定,波黑将从俄罗斯获得将近1.3亿美元现金。波黑是前南国家中最后一个和俄罗斯就苏联和前南债务签署偿还协定的国家,也是唯一一个要求全部现金偿还的国家。

3月25日 借庆祝罗马尼亚"警察日"之际,数千名警察在首都举行示威游行活动,要求政府增加工资和有关补助金。

3月26日 第44届国民议会选举,共有五个党团进入议会,分别是为欧洲发展公民党、保加利亚社会党党团"为了保加利亚联盟""爱国者阵线""争取权力和自由运动"党、"意愿"党。

3月27日 塞尔维亚时任总理武契奇访问俄罗斯,并与俄罗斯总统普京会面。

3月28日 应中国国家主席习近平邀请,塞尔维亚总统尼克利奇访华。

4月

4月2日 塞尔维亚举行总统选举。

4月4~8日 "16+1"农产品和葡萄酒博览会在波黑莫斯塔尔国际贸易博览会期间举行。

4月4日 匈国会投票通过《匈牙利高等教育法修正案》。

4月6日 捷克央行宣布结束汇率干预机制,即不再干涉欧元对克朗的汇率是否维持在27克朗/欧元左右的水平,该决定即时生效。

4月7日 波兰议会未通过公民纲领党提出的对希德沃政府的不信任案,因此也未接受公民纲领党提出的格热戈日·谢蒂纳担任总理的动议。

4月10日 罗马尼亚总理格林代亚努表示,罗马尼亚并不急于加入欧元区,只有当本国职工收入接近欧盟成员国水平时,罗才有可能加入欧元区。罗

政府将借鉴与罗国情相似并已加入欧元区的国家的经验，当局的目标是尽可能平缓地加入欧元区，以避免对百姓造成冲击。

4月12日 为迎接2018年2月16日即将到来的立陶宛独立百周年庆典，立陶宛议会通过了有关纪念活动的最新项目方案。

4月13日 中国国务院副总理张高丽应邀访问爱沙尼亚，在塔林会见爱沙尼亚总统卡留莱德。

4月13日 波兰举行欢迎仪式，迎接由美国领导的北约多国部队进驻。这支部队3月末抵达波兰，由900名美军士兵、150名英军士兵和120名罗马尼亚士兵组成，后续将有克罗地亚籍部队加入。

4月13日 克罗地亚政府颁布决议，定于5月21日举行地方选举。

4月15日起 黑山对中国公民实施签证便利化措施。

4月16日 应立陶宛议长普兰茨凯蒂斯邀请，全国人大常委会委员长张德江开始对立陶宛进行正式友好访问，访问期间分别会见了立陶宛总统格里包斯凯特、总理斯克韦尔内利斯，并与普兰茨凯蒂斯举行会谈。

4月17~30日 北约代号为"夏之盾-14"的多国联合军演在拉脱维亚举行。

4月18日 阿尔巴尼亚总统尼沙尼和总理拉马在地拉那会见中华人民共和国国务院副总理张高丽，双方就"一带一路"倡议和"16+1合作"框架下进一步开展双边务实合作和密切人文交流进行了深入讨论。

4月19日 波兰前总理、现任欧洲理事会主席图斯克在华沙以证人身份就2010年斯摩棱斯克空难后，波兰情报机构是否越权与俄罗斯方面合作接受波兰检方问询。

4月19~23日 欧洲体操锦标赛在罗马尼亚西北部的克卢日-纳波卡举行，罗马尼亚奖牌总数紧随俄罗斯之后，获得2金1银1铜。

4月20日 克罗地亚社民党、人民党等反对党46名议员就财长马里奇在阿格罗戈尔集团危机问题中涉及利益冲突对马提出不信任案，要求马辞去财长职务。

4月20日 塞尔维亚选举委员会公布总统选举最终结果，时任塞尔维亚总理、塞尔维亚总理、执政党前进党主席武契奇在首轮投票中获得55.08%的选票，直接胜出，当选总统。

4月25日　波兰总统安杰伊·杜达在墨西哥议会发表演讲。

4月26日　追悼二战时期大屠杀遇难者的活动在立陶宛维尔纽斯市伯纳利艾区进行。

4月27日　克罗地亚总理普连科维奇宣布解除联合政府中来自桥党的内务部长、司法部长及环保和能源部长的职务，称上述3人在政府例会中赞成财长马里奇下台，造成内阁成员不信任。

4月27日　马其顿首都斯科普里发生骚乱，200多名示威者冲击议会大楼，抗议反对党融合民主联盟党提名的塔拉特·扎菲里当选议长，致使数十人受伤。

4月28日　"争取一体化社会运动党"党首、现任议长伊利尔·梅塔当选阿尔巴尼亚第十任总统。

4月28日　克罗地亚总理普连科维奇再次免去来自桥党的副总理兼地方管理部部长以及10位国务秘书的职务，同时任命4位国务秘书接替被免职的桥党部长职责。

4月28日　匈牙利与塞尔维亚边境的第二道隔离网铺设完成。

5月

5月初　成千上万的波兰民众在首都华沙游行示威，抗议执政党——法公党操控新闻报道，干预宪法法庭。

5月2日　捷克总理博索博特卡称，因为与捷克副总理、财政部长巴比什之间存在争议，将带领内阁集体向总统提出辞职。

5月4日　国民议会选举出新的由欧洲发展公民党与"爱国者阵线"组成的联合政府。

5月4日　2017年3月23日通过的公共财政支出的健康服务法修正案正式实施。根据该法案，波兰将建立医院网络，从而构成保健体系改革的一部分。

5月4日　克罗地亚议会就针对财长马里奇的不信任案进行投票表决，因赞成票未过半数，不信任案未获通过，马里奇继续留任。同日，议长佩特罗夫于主动宣布辞职。

5月4日　立陶宛总统格里包斯凯特在维尔纽斯会见了来访的比利时国王

菲利普，双方就双边关系以及北欧和波罗的海国家与比荷卢经济联盟开展合作等问题举行了会谈。

5月5日 捷克总理博索博特卡收回辞职请求，因总统泽曼仅接受其个人辞职申请。索提出必须换掉财政部长巴比什。

5月5日 克罗地亚议会以76票赞成，选举民共体副议长扬德罗科维奇为新议长。桥党同民共体联合执政的协定终止，成为反对党。

5月8日 由中国国际广播电台与阿尔巴尼亚国家电视台合作拍摄制作的"一带一路"纪录片首播仪式在地拉那举行。阿国家电视台3个主要频道于5月9日起在黄金时间4次播出这部纪录片。

5月8日 波兰总理和波罗的海三国总理在爱沙尼亚首都塔林举行会议，讨论地区安全形势、能源共同体、欧盟未来等问题。

5月9日 爱沙尼亚，欧洲经济区（EEA）和挪威将在塔林签署协议，这将使爱沙尼亚在新的融资期内获得高达6800万欧元的对外援助。

5月10日 阿国家剧院翻修工程合作签约仪式在阿文化部举行，中方正式宣布参与阿国家剧院翻修项目。

5月12日 中国国家主席习近平在北京人民大会堂会见来华出席"一带一路"国际合作高峰论坛的波兰总理希德沃。

5月12日 罗马尼亚外交部长梅莱什卡努应驻罗马尼亚大使徐飞洪邀请做客大使官邸，罗外交部国务秘书格奥尔基策等陪同。宾主双方就中罗关系、"一带一路"倡议、国际和地区形势亲切交谈。

5月12~15日 捷克总统泽曼赴华参加"一带一路"高峰论坛，称"新丝绸之路"是现代史上最美妙的计划，这一雄伟计划将加强亚、欧、非洲之间的互联互通和贸易往来，可以与二战后帮助欧洲复兴的马歇尔计划相媲美。

5月13日 匈牙利总理欧尔班出席"一带一路"国际合作高峰论坛。中匈双方共同发表《中华人民共和国和匈牙利关于建立全面战略伙伴关系的联合声明》。

5月14日 马外长波波斯基参加北京"一带一路"峰会，并在"加强政策沟通和战略对接"平行主题会议上发言，称"一带一路"倡议极大地促进了跨国交通网络建设，加强了商业和投资合作，并巩固了国家安全。

5月14~15日 第一届"一带一路"国际合作高峰论坛于2017年在北京

举行，塞尔维亚候任总统武契奇来华参加本次峰会。

5月17日　在捷克总统泽曼与上海市长应勇的共同见证下，布拉格副市长多利内克签署了一份关于布拉格与上海市建立合作伙伴关系的备忘录。根据该备忘录，布拉格与上海将缔结为友好城市。另外，捷中双方代表还签署了两份医疗领域的合作备忘录和一份媒体领域的合作备忘录。

5月21日　克罗地亚举行地方选举，全国20个省、1个直辖市、127个市、428个县的议会和行政长官进行改选。

5月22日　波兰总统杜达与到访的新加坡总统陈庆炎举行会晤。

5月24日　捷克总统泽曼任命伊万·皮尔尼为捷克新财政部长，取代现任财长安德烈·巴比什。同时，巴比什的原副总理一职改由现任环境部长理查德·布拉贝茨兼任。

5月31日　罗Digi24电视台报道称，罗马尼亚目前的IT领域从业人员约为11万，居中东欧地区首位。布加勒斯特、克卢日、雅西和蒂米什瓦拉是罗高素质IT专家最为聚集的地区。

5月31日　马其顿总理佐兰·扎耶夫提交的新政府组阁方案获得议会批准，25名部长随即宣誓就职。

5月31日　塞尔维亚前总理、执政党前进党主席阿莱克桑达尔·武契奇在塞尔维亚国民议会宣誓就任塞尔维亚新一届总统。

6月

6月1日　立陶宛新酒精法颁布。同年6月9日，立陶宛总统格里包斯凯特签署了此法案。

6月2日　波兰被选为2018~2019年联合国安理会非常任理事国。

6月3日　拉脱维亚119个地方市县进行了共和市议会和区议会选举，共选举出1614名地方议会成员。

6月3~15日　代号为"马刀打击2017"的多国军演在拉脱维亚举行。

6月5日　巴尔干国家黑山向北约提交文件，走完了自2015年底受到邀请以来加盟北约的所有流程，正式成为了北约的成员国。

6月7日　中国出版集团旗下中译出版社与罗马尼亚拉奥出版社在布加勒斯特签署协议，并举行"中国主题图书国际编辑部"成立揭牌仪式。

6月7日　塞尔维亚政府成立对华、对俄合作委员会，前总统尼科利奇在卸任总统职务之后，出任该委员会的负责人。

6月8日　捷克参议院通过一项由捷克卫生部提交的修订案，该修订案包括了中医行医者受教育条件的相关内容。

6月8日　第三届中东欧博览会、第十九届浙洽会、第十六届消博会在中国浙江宁波开幕。"2017中国中东欧市长论坛"于此间举行。出席此次论坛的罗马尼亚前总理、克卢日-纳波卡市市长埃米尔·博克表示，"一带一路"倡议有望使中国及欧洲成为利益共同体，而新工业革命则将依托互联网带来新的互联互通。

6月9~18日　罗马尼亚锡比乌国际戏剧界在锡比乌市举行。

6月10日　拉脱维亚网球运动员叶莲娜·奥斯塔彭科获法国网球公开赛女子单打冠军。

6月12日　"铁狼2017"多国军演在立陶宛位于帕布拉德和茹克拉的两个军事基地拉开帷幕。来自立陶宛、挪威、荷兰、比利时、德国、波兰、葡萄牙、英国和美国等国的5300余名军人参加军演。

6月15日　拉脱维亚议会通过《动物保护法修正案》，禁止涉野生动物的娱乐活动。

6月18~21日　中国国务院副总理刘延东访问匈牙利，并出席在布达佩斯举行的第三届中国-中东欧国家卫生部长论坛。

6月21日　针对罗总理索林·格林代亚努领导的政府的不信任案已通过罗议会投票，241名议员投赞成票，超过所需的233票。这是罗马尼亚的第一个执政联盟对自己的政府提出不信任案。

6月23日　新总统武契奇举行就职典礼。

6月25日　阿尔巴尼亚议会大选，社会党赢得议会半数以上席位，独立组阁，社会党党首拉马连任总理。

6月25日　第20届上海国际电影节金爵奖颁奖典礼在上海大剧院举行，罗马尼亚电影《故障状况》获本届电影节金爵奖艺术贡献奖。

6月29日　海牙常设仲裁法院就克罗地亚和斯洛文尼亚的边界争议做出裁决，将皮兰湾约四分之三的部分划分给斯。克当即重申已退出仲裁，不受仲裁约束，也不承认仲裁结果。

6月29日　塞尔维亚议会投票以157票赞成、55票反对的投票结果通过以安娜·布尔纳比奇为总理的塞尔维亚新政府。布尔纳比奇成为塞尔维亚首位女总理。

6月29日　国际仲裁法院公布有关斯洛文尼亚与克罗地亚在皮兰湾地区的领土争端仲裁结果，克罗地亚政府拒绝承认该仲裁结果。

7月

7月1日　爱沙尼亚成为欧盟轮值主席国，其确定的指导原则是"平衡下的团结"。爱沙尼亚担任轮值主席国期间确定的四大优先工作事项包括：建设开放和创新的欧洲经济，维护欧洲安全，建设数据自由流动的数字化欧洲，打造包容性和可持续发展的欧洲。

7月1日　拉脱维亚政府将对国外置地者的语言水平要求提高到B2级别。

7月1日　匈牙利接任维谢格拉德集团（V4）轮值主席国。

7月2日　第41届联合国教科文组织世界遗产委员会会议（世界遗产大会）在波兰历史名城克拉科夫开幕。

7月4日　欧洲议会批准欧洲议会批准保加利亚提名玛丽亚·加布里埃尔为欧盟委员，负责"数字经济和数字社会"事物。

7月5~6日　美国总统特朗普对波兰进行访问。访问期间参加了三海国家峰会，会见出席三海会议的波罗的海和西巴尔干国家领导人。

7月10日　美国"爱国者"导弹防御系统亮相立陶宛，参加美国主导的"马刀打击2017"北约年度多国防空演习。

7月10日　塞尔维亚总统武契奇出席在伊斯坦布尔举行的世界石油展览大会，与土耳其总统埃尔多安会面。

7月12~16日　应波兰众议长库赫钦斯基邀请，中国全国人大常委会委员长张德江对波兰进行正式友好访问，在华沙分别会见总统杜达、总理希德沃，与库赫钦斯基和参议长卡切夫斯基分别举行会谈。

7月12~24日　波兰各地爆发抗议活动，反对法律与公正党强行推动的司法改革。

7月12~15日　应罗马尼亚社会民主党主席、众议长德拉格内亚邀请，中共中央政治局常委、中央书记处书记刘云山对罗马尼亚进行正式友好访问，

在布加勒斯特分别会见德拉格内亚和总理图多塞并出席"2017 中国－中东欧政党对话会"。

7 月 13 日 欧盟委员会就波兰砍伐比亚沃韦扎原始森林一事将波兰政府告到欧洲法院。

7 月 13~14 日 由中共中央对外联络部和罗马尼亚社会民主党共同主办的"2017 年—中东欧政党对话"在罗马尼亚议会宫举行。此次会议是 2016 年在匈牙利首都布达佩斯举办的政党对话会的延续，主题是"推进一带一路建设的新理念新思路新举措"。

7 月 16~19 日 应塞尔维亚国民议会议长戈耶科维奇邀请，中国全国人大常委会委员长张德江对塞尔维亚进行正式友好访问。

7 月 18 日 第 16 届西伯利亚考察团向俄罗斯伊尔库茨克市出发。出发前立陶宛总统与考察团的 16 位立陶宛青年见面，并表示让年轻一代立陶宛人记住民族历史的重要性。考察团于 8 月 1 日回国后又向立总统汇报了此行的成果。

7 月 19 日 中欧班列（布拉格—义乌）首发仪式暨"一带一路"捷克站合作签约仪式在布拉格举行。捷克工贸部副部长卡尔·诺沃提尼、乌斯季州州长奥尔德里奇·布贝尼切克、浙江省省长袁家军、驻捷克大使马克卿、商务参赞王劲松等出席活动。

7 月 19 日 布加勒斯特中国文化中心大楼购楼协议的签字仪式在中国驻罗大使馆举行。中国文化中心选址位于布加勒斯特市中心，紧邻布加勒斯特大学广场和罗国家大剧院。

7 月 20 日 波兰众议院通过了新的最高法院法。

7 月 24 日 波兰总统杜达宣布拒绝在两项受争议的司法改革法案上签字，并表示将在两个月内提出两份涉及波兰司法改革的新法案。

7 月 29 日 欧盟委员会向波兰发出一封"正式通知函"，称波兰"普通法院组织法"个别条款违反欧盟相关条约，欧委会就此启动法律程序。

7 月 31 日 爱沙尼亚、拉脱维亚和立陶宛三国总统在爱沙尼亚首都塔林与美国副总统彭斯举行会晤。

7 月 31 日 波兰总统杜达签署决定，要求波兰众议院重新审议 2017 年 7 月 20 日通过的最高法院法和 7 月 12 日通过的关于国家司法委员会的法律修正案。

7 月 31 日 波兰政府在首都华沙起义博物馆前举行活动，纪念华沙起义

73 周年。

7月31日 罗马尼亚总理图多塞在胜利宫接见了中国驻罗马尼亚大使徐洪飞,就双方在经济领域的合作进一步进行了讨论。

8月

8月1日 保加利亚总理博里索夫和马其顿总理扎埃夫在斯科普里签署《保加利亚共和国和马其顿共和国友好、睦邻与合作条约》。

8月15日 每年一度的罗马尼亚海军节庆祝活动在康斯坦察市隆重举行。

8月17日 斯洛伐克爆发执政联盟危机,时任教育部长佩特尔·普拉弗昌辞职。

8月21日 捷克政府通过决议,自2018年1月1日起,将最低月工资标准从现行的11000克朗提高至12200克朗(约合450欧元),增幅达到11%。目前中东欧国家最低月工资的平均水平为12500克朗(约合460欧元)。

9月

9月1日 波兰开始实施2016年12月14日通过的新的基础教育法。

9月5日 波兰总理希德沃在华沙与到访的立陶宛、拉脱维亚总理以及爱沙尼亚总理代表举行会晤。

9月6日 欧洲法院拒绝斯洛伐克与匈牙利联合提出的关于移民危机的请求。

9月9日 阿尔巴尼亚社会党议员格拉莫兹·鲁奇当选议会议长。

9月12日 克罗地亚内务部同中国公安部签署了中克旅游季联合警务巡逻谅解备忘录。

9月12日 斯洛伐克外长莱恰克正式担任联合国大会主席。

9月13日 阿尔巴尼亚议会通过阿尔巴尼亚总理拉马组建的第二届内阁。

9月15日 罗马尼亚外交部发布消息,罗外交部调整了申请罗短期签证需要罗官方邀请函的国家名单。今后中国公民以商务、旅游及私人访问为目的申请罗短期签证时,不再需要罗内务部移民局批准的邀请函。

9月15日 从北京到贝尔格莱德(经停布拉格)的直达航班正式开通。

9月17日 罗马尼亚总统克劳斯·约翰尼斯抵达美国,参加在纽约举行的联合国大会,并于20日在联合国会议上发表讲话。

9月18日 立陶宛外交部召见俄罗斯驻立陶宛大使并向其递交外交照会，就俄军机在"西部-2017"联合军演期间"侵犯立陶宛领空"一事提出抗议。

9月20日 罗马尼亚首都布加勒斯特举行了建市558周年的庆祝活动。

9月21日 塞尔维亚总统武契奇在联合国大会第七十二届会议上向各国元首和政府首脑发表讲话。

9月24日 斯洛伐克公路自行车运动员彼得·萨根在2017年公路车世锦赛成功卫冕，成为世界历史上第一位三连冠的车手。

9月25日 中国安检设备生产商同方威视华沙公司在波兰中部城市科贝乌卡举行新工厂奠基仪式。这是中国高科技企业在波兰的首个绿地投资项目。

9月25日 捷克政府向议会提交了2018年财政预算草案。根据草案，2018年捷财政收入预计为13145亿克朗（约合604亿美元），支出为13645亿克朗（约合627亿美元），财政赤字500亿克朗（约合23亿美元）。此外，预算计划为国家公职人员加薪10%，为教师加薪15%，同时每月拟增加养老金475克朗（约合22美元，目前养老金标准为每月11807克朗，约合542美元）。增加高校经费30亿克朗（约合1.4亿美元）。

9月25~26日 英国外交大臣鲍里斯·约翰逊开始对捷克、罗马尼亚和斯洛伐克进行访问。

10月

10月1日 采扎雷.瓦扎莱维奇以报告文学《了无痕迹》获2017年度波兰"尼刻"文学奖。

10月2日 因违反欧盟关于反垄断的相关规则，立陶宛国家铁路公司立陶宛铁路收到欧盟委员会开出的近2800万欧元的罚单。

10月11日 第十次"16+1"合作国家协调员会议在匈牙利首都布达佩斯举行。

10月13日 立陶宛国防部决定购买挪威中程防空系统NASAMS（挪威先进地空导弹系统），合同金额超过1亿欧元。

10月13~14日 中国外交部副部长王超访问马其顿，双方就中马关系、"一带一路"倡议、中国-中东欧国家合作及共同关心的国际和地区问题深入交换了意见。

10月13日 匈司法部宣布《匈牙利高等教育法修正案》延期一年生效。

10月16日 由新疆乌鲁木齐始发的中欧国际货运班列历时18天驶抵拉脱维亚首都里加，41组集装箱在里加港装船后继续驶往荷兰鹿特丹港。

10月16~29日 北约代号为"银箭－2017"的多国部队联合军演在拉脱维亚举行。

10月18日 北约开始在立陶宛中东部地区举行代号为"铁狼2017"的第二次多国联合军演。

10月19~25日 阿尔巴尼亚总检察院提请议会撤销议员及前内务部部长赛米尔·塔希里豁免权，进行毒品走私犯罪调查，最终在议会通过。

10月20~21日 捷克举行议会众议院选举。ANO2011运动党获胜，以29.64%的绝对优势成为众院第一大党，在200个众院席位中占据78席。此次选举投票率为60.84%，共有9个政党得票率超过5%的门槛进入众院，创下捷众院政党数量历史新高。

10月29日 由西安飞往布拉格的首航成功开通，这是东方航空公司至布拉格的第二条航线，是中国西北地区首条直飞布拉格的航线，也是中国航空公司第4条连接中捷两国的直飞航线。

11月

11月3~5日 斯洛伐克8个自治州举行地方议会选举，极右翼党派受挫。

11月6日 波兰总统杜达与到访的伊拉克总统福阿德·马苏姆举行会晤。

11月9日 马其顿基督教会致信保加利亚东正教会圣公会，请求保加利亚东正教会成为其母教会，只要承认其独立教会身份。

11月11日 波兰华沙民众举行大规模游行，纪念国家独立日和一战结束。

11月11日 克罗地亚议会否决反对党就阿格罗戈尔集团危机对政府提出的不信任案。

11月12日 在总统选举中，帕霍尔又以微弱优势（53%）在第二轮投票中胜出，获得连任，成为斯洛文尼亚共和国第五任总统。

11月13日 拉脱维亚加入欧盟安全防卫"永久结构性合作"（PESCO）框架。

11月17日 美国国务院宣布已经批准向波兰出售"爱国者"防空导弹系统，合同总金额估计为100亿美元。

11月19日 保加利亚球员戈尔·迪米特洛夫（Григор Димитров）在2017年ATP年终总决赛男单决赛中战胜比利时球员戈芬夺冠，个人排名上升至世界第三。

11月22日 拉脱维亚新鲜水果和蔬菜消费税税率下调至5%。

11月23日 马其顿和保加利亚在马城市斯特鲁米察举行的联合会议上签署了有关电信、旅游、能源、土地管理、军事培训等方面的多项合作协议。

11月24日 第三届中国-中东欧国家旅游合作高级别会议在波黑首都萨拉热窝召开。

11月26～30日 中国国务院总理李克强出席在布达佩斯举行的第六次中国-中东欧国家领导人会晤，并对匈牙利进行正式访问。

11月27日 中国国务院总理李克强在布达佩斯下榻饭店会见波兰总理希德沃。

11月27日 克罗地亚总理普连科维奇赴匈牙利布达佩斯出席第六次中国-中东欧国家领导人会晤。

11月27日 拉脱维亚总理马里斯·库钦斯基斯访问匈牙利布达佩斯，参加第六次中国-中东欧国家领导人会晤。

11月28日 美国国防部发布消息称，美国批准向波兰出售价值5亿美元的空对空导弹和火箭炮系统。

11月28日 中国国务院总理李克强在布达佩斯下榻饭店会见马其顿总理扎耶夫。

11月28日 匈塞铁路项目塞尔维亚贝尔格莱德至旧帕佐瓦段开工仪式在贝尔格莱德举行。

11月30日～12月2日 阿尔巴尼亚多地遭遇持续降雨，引发洪水，多国政府及机构提供援助。

12月

12月5～9日 拉脱维亚总理马里斯·库钦斯基斯访问日本，并参加两国间的经济合作发展论坛。

12月6日 捷克总统泽曼任命ANO2011运动党党主席巴比什为捷克新任总理。

12月8日 波兰总统杜达宣布，正式接受总理贝娅塔·希德沃的辞职申请，并任命副总理马特乌什·莫拉维茨基为新总理。

12月8日 波兰众议院通过了新的最高法院法以及国家法律委员会法修正案。

12月11日 在波兰总统杜达的见证下，波兰新总理莫拉维茨基在首都华沙的总统府宣誓就职。此前宣布辞职的前总理希德沃也于当天宣誓就任副总理一职。除此以外，莫拉维茨基领导的新一届政府成员名单与上届政府保持一致。

12月11日 "黑山语"得到了国际标准化组织（ISO）的认可。

12月18~20日 塞尔维亚总统武契奇对莫斯科进行了正式访问，会见了俄罗斯总统普京，并且进行了长达两个半小时的会谈。

12月20日 欧盟委员会以波兰的司法改革"严重违反法治原则"为由，建议欧盟理事会启动《里斯本条约》第七条。

12月21日 波总理莫拉维茨基和到访的英国首相特蕾莎·梅在华沙进行会谈。

Abstract

The Central and Eastern European Countries (CEECs) Development Report (2016 - 2017) is the first annual report in China that focuses on the 16 CEECs, and comprehensively introduces the latest development in the political, economic, cultural, social, diplomatic, and security fields in these countries and the "16 + 1 cooperation" between China and the CEECs. This report has great practical and academic value for the Chinese society to fully understand the development status of the 16 CEECs, analyze their development trends, seek cooperation opportunities, and avoid cooperation risks.

The report is divided into four sections: General Report, Thematic Reports, Country-by-Country Reports (CbCRs), and Chronicle. The Thematic Reports section includes four reports: Review of the Political Situation in the CEECs (2016 - 2017), Current State of the Economic Development in the Central and Eastern Europe (2016 - 2017), External Relations and Security Environment of the CEECs, and Overview of the China - CEEC Cooperation (2016 - 2017). This section focuses on the major political, economic, social, diplomatic and security events and yearly trends in the region from a macro perspective.

The third section, Country-by-Country Reports section, includes 16 annual CbCRs of the CEECs, including Albania, Estonia, Bulgaria, Bosnia and Herzegovina. Each CbCR focuses on the country's domestic political situation, economic development, social and cultural development, diplomatic and security affairs, and the development of the relation between China and the country between 2016 and 2017 respectively. This section provides in-depth introduction and analysis of each country from a micro perspective.

In addition, at the end of the book, we compiled the Chronicle of the CEECs between 2016 and 2017, which provides readers with a comprehensive understanding of the major events that took place in the CEECs between 2016 and 2017.

The Central and Eastern European Countries Development Report (2016 -

Abstract

2017) seeks to comprehensively review the development status and trends of the CEECs from both horizontal and vertical perspectives, thereby providing an important reference for the relevant state departments in formulating policies, first-hand information for advancing the Belt and Road Initiative and Chinese enterprises to go global, accurate and authoritative research materials for domestic research institutions and scholars, and timely reference materials for overseas students and tourists leaving for the CEECs. The report also serves as a comprehensive and accurate material to help ordinary Chinese people better understand the CEECs and broaden their horizons.

Contents

I General Report

B. 1 Survey of the Central and Eastern European Countries
Development (2016 −2017) *Zhao Gang* / 001

Abstract: The Central and Eastern European countries (CEECs) are unique in natural endowments, historical evolution, ideological culture and social forms, which causes worldwide concern at different historical stages and even in the modern era. "CEECs Development Report (2016 −2017)" aims to give an overview of the whole picture and of the individual state development from the perspectives of politics, economy, society, culture, diplomacy, and security, reviewing the general cooperation between China and CEECs. The report strives to become a platform for Chinese government, economic and cultural sections, and for ordinary people to understand CEECs.

Keywords: CEE; 16 +1 Cooperation; Country-by-country Reports

II Thematic Reports

B. 2 Review of Political Situation in CEE Countries,
2016 −2017 *Gao Ge* / 006

Abstract: The political situation in CEE countries has continued its characteristics in recent years: the elections were held smoothly, the governments changed frequently, the party system was unstable, the democratic institution faced challenges. The political changes in CEE countries will not go beyond the basic framework of democratic institution.

Keywords: CEE Countries; Changes of Governments; Party System; Democratic Institution

B. 3　Economic development in Central and Eastern Europe in 2016 −2017　　　　　　　　　　　*Zhu Xiaozhong* / 020

Abstract: The macro-economy of Central and Eastern European countries (CEEC) has been better overall in 2016 −2017, and the economy has continued to grow steadily, with an average growth rate higher than that of the eurozone countries. The main reasons for the sustained economic growth are: the EU structural funds inflow, eurozone economy started to increase, nominal wages and employment increase stimulated private consumption continues to grow. Banks in most countries are in good shape, and expanding lending has fuelled consumer spending. And supportive fiscal policy is another driver of economic growth in CEEC. Of course, Europe's economic uncertainty, the Brexit, global economic growth is slow, and the Schengen zone's goods and personnel potential restrictive barriers to the free flow will affect economic growth of CEEC.

Keywords: CEEC; Economic Situation; Europe; Eurozone

B. 4　The Foreign Relations and Security Environment of Central and Eastern European Countries in 2016 −2017
　　　　　　　　　　　Ju Hao / 038

Abstract: The change of regional situation and global system has brought new tasks for Central and Eastern European countries' security policies. Confronting with the tension after the Ukraine crisis, these countries have to increase their military expenditure on the one hand, and on the other hand, strengthen the cooperation with NATO. Accordingly, their foreign relations with EU, the U. S. and Russia have undergone profound changes as well. Nevertheless, the differentiation on geographic locations, national interests and domestic politics and economy determines that these countries can hardly speak in one voice, but appeared to be diversified in their foreign policies.

Keywords: Central-Eastern Europe Countries; Ukraine Crisis; NATO; Refugee Problem; Multi-speed Europe

B.5　Overview of the cooperation between China and CEE – countries in the years of 2016 – 2017　　*Huo Yuzhen / 058*

Abstract: The year 2017 marks the five-year anniversary of the '16 + 1 Cooperation'. In these five years, the number of fields where the cooperation has taken place and the scope of this cooperation continues to grow, while the quantity and quantity of this cooperation benefit greatly from this process. As the the Belt and Road Initiative continues to take its roots in the region of Central and East Europe, the wish to enhance the cooperation from the surrounding countries also grows strongly. People from all 17 countries benefit greatly from this great bond of cooperation.

Keywords: China – CEE Country Cooperation; Institutional Improvement; Platform in the Field; Key Events; Achievement in Five Years

Ⅲ　Country-by-Country Reports

B.6　Development Report of Albania (2016 –2017)
　　Chen Fenghua, Ke Jing and Jin Qiao / 090

Abstract: From 2016 to the first half of 2017, the domestic political situation in Albania is basically stable, but the struggle of parties is still fierce. The judicial reform for the accession to EU has been promoted. The bilateral and multilateral exchanges have become more active. As a strong ally of the United States, on the one hand, Albania has participated actively in the NATO's operations to enhance her regional influence, has responded positively to the Berlin Process for joining the EU soon, on the other hand, she has noticed and contained the influence of Russia and Turkey. Albanian relations with her surrounding countries and the overall security situation are stable, but the sensitive factors have emerged, internal and external pressures still exist. The domestic economy has grown rapidly, the progress has been made in tourism, infrastructure, energy and mineral resources and trade etc, and the employment has been increased. In terms of culture, this year is known as the Ismail Kadare's cultural year because of his 80 years old birthday. In education, the reform is still at an exploratory stage because the educational reform initiatives, such as enrollment and admission of universities, and those in financial management have been debated. Under the framework of the Belt and Road Initiative and the 16 + 1 Cooperation, the relationship between China and Albania have made continuous progress in various fields, such as political mutual trust, trade, tourism, humanities exchanges and local cooperation etc. The traditional friendship between them has been promoted in an all-round way and their pragmatic cooperation has been arisen to a new level.

Keywords: Judicial Reform; Economic Growth; Cultural Year; Accession to the European Union; Relationship Between China and Albania

B.7　Development Report of Estonia (2016 -2017)

Zhang Tian / 114

Abstract: In political domain, Estonia had its new president election in 2016 where Kersti Kaljulaid with the highest votes became the new president of the Republic of Estonia and also the first female president in Estonian history, regarding economics, Estonia's GDP is growing slowly but steadily, in social aspects, Estonia has welcomed a new round of population growth since 2015, in terms of foreign relations, Estonia stresses its traditional friendship with the Baltic countries, aims at EU and northern European countries as its main targets for economic diplomacy and is dedicated to the promotion and strengthening of regional cooperation. 2016 was the 25th anniversary of diplomatic relations between China and Estonia. Under the Belt and Road initiative and "16 +1 Cooperation" framework, Estonia and China have made progress in their political mutual trust and economic cooperation as well as many other aspects. China-Estonia relationship has entered a new development stage.

Keywords: Estonia; President Election; Economic Diplomacy; 25th Anniversary of Diplomatic Relations Between China and Estonia

B.8　Development Report of Bulgaria (2016 -2017)
　　　　　　　　　　　Lin Wenshuang, Zhang Shuping and Chen Qiao / 135

Abstract: From 2016 to 2017, Bulgarian politics has still subjected to ups and downs. A candidate of Citizens for European Development of Bulgaria (GERB) party lost the presidential election. After that, the party leader Boyko Borisov resigned once again and won the parliamentary election in 2017. As a result, Bulgarian politics was relatively stable in spite of fluctuations. In foreign policies, Bulgaria continued its commitment to the European integration, actively took part in NATO's military exercises in the Black Sea, and followed with interest the accession process of the Western Balkans to EU. As the European integration gained momentum in Central and Eastern Europe, Bulgaria has achieved some late-mover advantages. From 2016 to 2017, Bulgarian economy maintained steady growth, but the birth rate was low and the population was declining. Population aging and brain drain has become more serious, which added pressure on the Bulgarian labor market.

Keywords: Bulgaria; Political Fluctuation; European Integration; Steady Growth

B.9　Development Report of Bosnia and Herzegovina
　　　(2016 -2017)　　　　　　　　　　　　　　　　Chen Huizhi / 154

Abstract: In 2016, the most important thing that happened to Bosnia and Herzegovina was that its government submitted a membership application to the

European Union and received the accession questionnaire from the EU later that year, which marked the country's first steps towards becoming an EU candidate country. In domestic politics, a referendum held in the Republika Srpska before the local elections in 2016 was considered to be one of the biggest crises in the country's inter-ethnic relations since the end of the war in the early 1990s. Bosnia and Herzegovina's economy edged up in 2016, but the country's unemployment rate remained high and the drainage of its skilled population worsened. Meanwhile, its tourism sector saw significant progress in 2016 and 2017. Its trading volume with China in 2016 dropped a little bit from the previous year, while China remained the country's trading partner with which it had the largest trade deficit. Bosnia and Herzegovina took a more active part in China − CEE ("16 +1") cooperation in 2016, hoping to expand its communication and collaboration with China in all aspects via this platform.

Keywords: Bosnia and Herzegovina; Local Elections; Referendum on "Day of Republika Srpska"; European Integration; "16 +1" Cooperation

B. 10　Development Report of Poland (2016 −2017)

Zhao Gang, Li Yinan, He Juan and Zhao Weiting / 174

Abstract: In the context of the refugee crisis, the Brexit and other events in the Europe, in 2016 −2017, Poland showed the rise of populism in political life and the intensification of political struggles. A series of actions of ruling party have sparked widespread controversy both within Poland and within the European Union. In economic terms, Poland maintained a steady growth momentum. The "responsible development strategy" has set the tone for the future development of Poland's economy. The problem of population aging is an important factor threatening the sustainable development of Poland in future. With the strengthening of economic strength, Poland's cultural and educational undertakings have flourished. Poland has gradually gained international influence. The relations between China and Poland are developing smoothly.

Keywords: Poland; Populism; Responsible Development; Social Policy

B.11　Development Report of Montenegro（2016－2017）

Hong Yuqing / 201

Abstract: In 2016, Montenegro held parliamentary election which resulted that the Democratic Party of Socialists of Montenegro remained the ruling party and formed the new government led by Duško Marković. The economy of Montenegro maintained steady growth with the decline of unemployment rate. The sectors of tourism and services were gaining momentum. Large multinational energy projects were frequently achieved. "European integration" has still remained the prime political and diplomatic goal of Montenegro in recent years. On June 5th, 2017, Montenegro officially became the 29th member country of NATO. In addition, the exchanges and cooperation between China and Montenegro in economic, trade, culture, tourism and other fields have concluded remarkable achievements.

Keywords: Montenegro; Parliamentary Election; European Integration; NATO; China-Montenegro cooperation

B.12　Development Report of the Czech Republic（2016－2017）

Qin Fangxing / 217

Abstract: In 2016 and 2017, the Czech Republic held local elections, senate election and the government general election. Although the economy slowed down relatively in 2016, its economic foundation was solid, the overall economic operation was good and the unemployment rate kept declining. In 2017, the domestic economy of Czech Republic grew at a fast pace with overall positive confidence in the market. At the end of 2017, the unemployment rate was the lowest in the EU and the employment rate reached a new record in the country. In foreign policy, the Czech government continued to deepen the cooperation within Visegrad Group and emphasized the importance of European integration after the Brexit vote. Chinese President Xi Jinping visited the Czech Republic in March 2016. China-Czech relations were promoted to a strategic partnership and bilateral relations entered the best period in history. The Czech government has actively participated in the Belt and Road initiative and the "16 +1 cooperation", seeking more pragmatic cooperation with China.

Keywords: Czech Republic; Parliamentary Election; Economic Growth; European Integration; China-Czech Relations; 16 +1 Cooperation

B.13　Development Report of Croatia (2016 -2017)　　*Peng Yu* / 238

Abstract: Since 2016, the political situation in Croatia has been characterized by frequent turbulences and a series of major events, including the parliamentary election, the local election and reconstruction of the Government. In these events, the ruling party, Croatian Democratic Community was gradually consolidating its power, which may lead the political situation to a period of relative stability. With regard to Croatian economy, following the achievement of GDP growth in 2015 and the end of the six-year recession, Croatian economy continued to grow in 2016, showing signs of stabilization and recovery. The Government continued with structural reforms, taking measures to promote economic growth and managed to properly handle the major economic events. In 2017, Croatian economy continued to grow. Croatian Government is committed to being deeply integrated in EU and strengthening its good neighborly and friendly relations. At the same time, it attaches great importance to developing bilateral relations with all countries, especially China. Croatia is actively involved in the Cooperation between China and Central and Eastern European countries and the "Belt and Road" initiative, hoping to seize the opportunities and realize the development of the country.

Keywords: Croatia; Agrokor Crisis; Arbitration over INA; Sino-Croatian Relations

B.14　Development Report of Latvia (2016 -2017)　　*Lv Yan* / 257

Abstract: During the year of 2016 to 2017, Latvia stayed in political and social stability. Since February 2016, the current government has carried out a series of measures and reforms to strengthen the national economy, security and identity, as well as to improve the demographic situation. In June 2017, the local elections for the city councils and municipality councils took place and elected 1,614 deputies. In economic aspect, all industries generally achieved steady growth, however, the growth of GDP did not meet the expectation. The project "Rail Baltica" progressed with the agreement defining route, project deadlines and common technical standards among the three Baltic countries. Grounded on EU and NATO, foreign policy has been shaped by principled pragmatism to seek cooperation with others who share the same principles and goals. Within "16 + 1" Coorperation, China and Latvia have strengthened policies integration, ecomomic cooperation and cultural exchange, but problems still exist. In 2018, Latvia will celebrate Centenary. A wide range of celebratory events and festivities is prepared to strenghten the spirit of nationhood and a sense of belonging amongst the people of Latvia, and to communicate Latvia as an active, responsible player in the field of building international and inter-cultural relationships.

Keywords: Latvia; Tax Reform; Pragmatic Foreign Policy; "16 + 1" Coorperation; Latvia's Centenary

B.15 Development Report of Lithuania (2016 -2017)

Wang Yiran, Wang Weijin and Zhao Na / 277

Abstract: In 2016, Lithuania held a parliamentary election and Lithuanian Farmers and Greens Union won the election unexpectedly. It faces the challenge of consulting with other parties to carry out its governing philosophy. Lithuania's economy is not big in size, but it's relatively developed. In 2016, geopolitical environment had a negative effect on Lithuania's economy, yet it still made considerable achievement. The rapid aging of population may become a hidden problem for future Lithuanian economy. The year 2016 marks the 25th anniversary of establishment of diplomatic relations between China and Lithuania. Both parties took the opportunity to deepen exploration on bilateral relations, economic exchange and cultural exchange and has made progress.

Keywords: Lithuania; Lithuanian Farmers and Greens Union; Aging of Population; China-Lithuania Relations

B.16 Development Report of Romania (2016 -2017)
   Pang Jiyang, Zhu Shixun, Mo Yan, Xu Taijie and Liu Yifan / 299

Abstract: According to the newly revised election law, Romania held a parliamentary election during 2016 -2017. The frequent changes of government and the fierce rivalry between politic parties have made domestic politics much more confusing. In the economic field, Romania maintained a sustainable growth of economy in 2016, which has already been the fastest growing economy among EU member states. Several major pillar industries have been playing a stimulating role in the rapid development of national economy in Romania. In the field of diplomacy and security, Romania attaches great importance to its strategic partnership with the United States and pays attention to the stability and security in the Black Sea area. Romania's relations with China are also a priority in Romania's diplomatic strategy. The Belt and Road Initiative and the "16 +1" Cooperation Mechanism promote high-level exchanges between the two countries, and at the same time, increase cooperation in the field of trade, infrastructure and energy. In recent years, Romania has also faced major social problems such as the declining population, the aging of the society and the declining labor force.

Keywords: Romanian; Parliamentary Election; Changes of Government; Economic Growth; China-Romania Relations

B.17 Development Report of Macedonia (2016 -2017)
   Chen Qiao / 324

Abstract: In 2016 - 2017, the "Colorful Revolution" launched by the Macedonian people has hit the political stability of the country, and has drawn the attention of the international community. To a certain extent it also affected the country's accession to the European Union and NATO. On the economic front, in 2016 Macedonia's GDP, Real *GDP* per capita, Total Imports and Exports both increased comparing with the previous year, and the overall economy maintained a steady momentum of development. In terms of social development, the total population of Macedonia has been gradually increasing but at a slow pace. Diplomatically, Macedonia has been committed to joining EU and NATO after its independence, with a focus on developing relations with the United States and Western European countries. In neighboring countries, Macedonia, Greece and Bulgaria have been in dispute because of the country name and language. The relationship with Albania and Serbia has been steadily developing. At the same time, in recent years, under the framework of the Belt and Road Initiative and the "16 + 1" cooperation, Macedonia and China have enjoyed fruitful exchanges and cooperation in various fields such as politics, economy and culture. The relationship between the two countries has entered a mature period of development.

Keywords: Macedonia; Central and Eastern Europe; "Colorful Revolution"; the Relationship between China and Macedonia

B. 18　Development Report of Serbia (2016 -2017)

Peng Yuchao / 338

Abstract: In 2016 and 2017, parliamentary and presidential elections took place in Serbia. The ruling Serbian Progressive Party won the two elections and consolidated its ruling position. Serbia's domestic politics will see a period of relative stability. The government will work hard to complete reforms and take measures to promote economic development as to meet the requirement to become an EU member state. On the economic front, the government has taken effective measures to maintain macroeconomic stability, promote the privatization of state-owned enterprises and improve the investment environment. It is expected to see steady growth in 2017 -2018. Serbia attaches great importance to its relations with China and takes an active part in the "16 +1 cooperation". The cooperation in various fields has achieved fruitful results. In particular, in the field of infrastructure construction, China's investment and the participation of Chinese enterprises play an important role.

Keywords: Serbia; Balkan; Relations Between Serbian and China; "16 +1 cooperation"

B. 19　Development Report of Slovakia (2016 −2017)

Nan Lidan, Zhang Chuanwei / 362

Abstract: Parliamentary election was held in Slovakia in the year 2016. The ruling Party SMER retained the largest party in the parliament despite severe setback, increasing the instabilities of Slovak Politics. In the year 2006, the economy is in good shape and the unemployment rate declined drastically. Consumption became the primary engine of economic development. The international influence of Slovakia was improved markedly as fruitful results that has been achieved during its presidency of European Union during the first half year of 2016 and Minister of Foreign affairs of Slovakia Miroslav Lajčák was elected as the President of the 72nd session of the UN General Assembly. Despite zigzags for Sino-Slovak relations during 2016, the momentum of deepening bilateral exchanges in areas as Politics, economy and people-to-people exchanges hasn't been changed.

Keywords: Slovakia; Parliamentary Election; Economic Growth; Diplomacy and Security; Sino-Slovakia Relations

B. 20　Development Report of Slovenia　*Bao Jie / 385*

Abstract: In 2016, Slovenian political environment remained basically stable. Under the leadership of the incumbent government, the state kept developing its economy and solving the employment problem of residents as its primary objective to improve people's livelihood. In the area of foreign diplomacy, Slovenia has actively played its role in the EU and has improved the relations with neighbor countries. In this year, Slovenia continued to actively participate in the activities under the framework of the "16 + 1 cooperation", the relations between China and Slovenia have enjoyed a good momentum of development.

Keywords: Slovenia; Second Railway; Piran Bay Arbitration; China-Slovenia Bilateral Cooperation

B.21　Development Report of Hungary (2016 −2017)

Wang Qiuping, Gallai Sándor, Xu Yanyi, Braun Gábor,

Guo Xiaojing and Vácz István Dávid / 400

Abstract: Between 2016 and 2017, in the context of overall political stability, the Hungarian political landscape saw the continued dominance of the governing Hungarian Civic Alliance (FIDESZ), the weakening and fragmentation of left-wing parties, and the aspiration of right wing party (Jobbik) to become the strongest challenger of Fidesz by moderating its former radical rhetoric. The political parties are beginning to prepare and compete for the 2018 election of the Hungarian National Assembly. Since the growth rate of the Hungarian economy slowed down in 2016, the Hungarian government instituted reforms that aim at expanding domestic consumption while taking advantage of the European Union funds. As the political, economic and military center of gravity shifts from the Atlantic to the Pacific, Hungary has been actively adjusting its foreign and security policy to cope with global challenges and to promote its national interests. After the outbreak of the refugee crisis, there has been a strengthening of the Hungarian national self-awareness. The reduction in population and the brain drain of young people become serious social problems for Hungary. But Hungary has made impressive progress in its cooperation with China as there is strategic convergence between the Chinese the Belt and Road Initiative and the Hungarian Eastern Opening policy, breakthroughs in bilateral trade and investment are made under the 16 + 1 framework, and bright spots continue to emerge in financial cooperation, and finally the people-to-people exchanges bear fruit.

Keywords: Hungarian Partisan Politics; Economic Growth; Strategic of Focus in Foreign Policy; Population Change; Sino-Hungarian Relations

Ⅳ Appendix

B.22 Key Events (2016.1 −2017.12) / 434

社会科学文献出版社　皮书系列

❖ 皮书起源 ❖

"皮书"起源于十七、十八世纪的英国,主要指官方或社会组织正式发表的重要文件或报告,多以"白皮书"命名。在中国,"皮书"这一概念被社会广泛接受,并被成功运作、发展成为一种全新的出版形态,则源于中国社会科学院社会科学文献出版社。

❖ 皮书定义 ❖

皮书是对中国与世界发展状况和热点问题进行年度监测,以专业的角度、专家的视野和实证研究方法,针对某一领域或区域现状与发展态势展开分析和预测,具备原创性、实证性、专业性、连续性、前沿性、时效性等特点的公开出版物,由一系列权威研究报告组成。

❖ 皮书作者 ❖

皮书系列的作者以中国社会科学院、著名高校、地方社会科学院的研究人员为主,多为国内一流研究机构的权威专家学者,他们的看法和观点代表了学界对中国与世界的现实和未来最高水平的解读与分析。

❖ 皮书荣誉 ❖

皮书系列已成为社会科学文献出版社的著名图书品牌和中国社会科学院的知名学术品牌。2016年,皮书系列正式列入"十三五"国家重点出版规划项目;2013~2018年,重点皮书列入中国社会科学院承担的国家哲学社会科学创新工程项目;2018年,59种院外皮书使用"中国社会科学院创新工程学术出版项目"标识。

中国皮书网

（网址：www.pishu.cn）

发布皮书研创资讯，传播皮书精彩内容
引领皮书出版潮流，打造皮书服务平台

栏目设置

关于皮书：何谓皮书、皮书分类、皮书大事记、皮书荣誉、
皮书出版第一人、皮书编辑部

最新资讯：通知公告、新闻动态、媒体聚焦、网站专题、视频直播、下载专区

皮书研创：皮书规范、皮书选题、皮书出版、皮书研究、研创团队

皮书评奖评价：指标体系、皮书评价、皮书评奖

互动专区：皮书说、社科数托邦、皮书微博、留言板

所获荣誉

2008年、2011年，中国皮书网均在全国新闻出版业网站荣誉评选中获得"最具商业价值网站"称号；

2012年，获得"出版业网站百强"称号。

网库合一

2014年，中国皮书网与皮书数据库端口合一，实现资源共享。

权威报告·一手数据·特色资源

皮书数据库
ANNUAL REPORT(YEARBOOK) DATABASE

当代中国经济与社会发展高端智库平台

所获荣誉

- 2016年，入选"'十三五'国家重点电子出版物出版规划骨干工程"
- 2015年，荣获"搜索中国正能量 点赞2015""创新中国科技创新奖"
- 2013年，荣获"中国出版政府奖·网络出版物奖"提名奖
- 连续多年荣获中国数字出版博览会"数字出版·优秀品牌"奖

成为会员

通过网址www.pishu.com.cn访问皮书数据库网站或下载皮书数据库APP，进行手机号码验证或邮箱验证即可成为皮书数据库会员。

会员福利

- 使用手机号码首次注册的会员，账号自动充值100元体验金，可直接购买和查看数据库内容（仅限PC端）。
- 已注册用户购书后可免费获赠100元皮书数据库充值卡。刮开充值卡涂层获取充值密码，登录并进入"会员中心"—"在线充值"—"充值卡充值"，充值成功后即可购买和查看数据库内容（仅限PC端）。
- 会员福利最终解释权归社会科学文献出版社所有。

社会科学文献出版社 皮书系列
SOCIAL SCIENCES ACADEMIC PRESS (CHINA)
卡号：614158441448
密码：

数据库服务热线：400-008-6695
数据库服务QQ：2475522410
数据库服务邮箱：database@ssap.cn
图书销售热线：010-59367070/7028
图书服务QQ：1265056568
图书服务邮箱：duzhe@ssap.cn

S 基本子库
UB DATABASE

中国社会发展数据库（下设12个子库）

全面整合国内外中国社会发展研究成果，汇聚独家统计数据、深度分析报告，涉及社会、人口、政治、教育、法律等12个领域，为了解中国社会发展动态、跟踪社会核心热点、分析社会发展趋势提供一站式资源搜索和数据分析与挖掘服务。

中国经济发展数据库（下设12个子库）

基于"皮书系列"中涉及中国经济发展的研究资料构建，内容涵盖宏观经济、农业经济、工业经济、产业经济等12个重点经济领域，为实时掌控经济运行态势、把握经济发展规律、洞察经济形势、进行经济决策提供参考和依据。

中国行业发展数据库（下设17个子库）

以中国国民经济行业分类为依据，覆盖金融业、旅游、医疗卫生、交通运输、能源矿产等100多个行业，跟踪分析国民经济相关行业市场运行状况和政策导向，汇集行业发展前沿资讯，为投资、从业及各种经济决策提供理论基础和实践指导。

中国区域发展数据库（下设6个子库）

对中国特定区域内的经济、社会、文化等领域现状与发展情况进行深度分析和预测，研究层级至县及县以下行政区，涉及地区、区域经济体、城市、农村等不同维度。为地方经济社会宏观态势研究、发展经验研究、案例分析提供数据服务。

中国文化传媒数据库（下设18个子库）

汇聚文化传媒领域专家观点、热点资讯，梳理国内外中国文化发展相关学术研究成果、一手统计数据，涵盖文化产业、新闻传播、电影娱乐、文学艺术、群众文化等18个重点研究领域。为文化传媒研究提供相关数据、研究报告和综合分析服务。

世界经济与国际关系数据库（下设6个子库）

立足"皮书系列"世界经济、国际关系相关学术资源，整合世界经济、国际政治、世界文化与科技、全球性问题、国际组织与国际法、区域研究6大领域研究成果，为世界经济与国际关系研究提供全方位数据分析，为决策和形势研判提供参考。

法律声明

"皮书系列"(含蓝皮书、绿皮书、黄皮书)之品牌由社会科学文献出版社最早使用并持续至今,现已被中国图书市场所熟知。"皮书系列"的相关商标已在中华人民共和国国家工商行政管理总局商标局注册,如LOGO( )、皮书、Pishu、经济蓝皮书、社会蓝皮书等。"皮书系列"图书的注册商标专用权及封面设计、版式设计的著作权均为社会科学文献出版社所有。未经社会科学文献出版社书面授权许可,任何使用与"皮书系列"图书注册商标、封面设计、版式设计相同或者近似的文字、图形或其组合的行为均系侵权行为。

经作者授权,本书的专有出版权及信息网络传播权等为社会科学文献出版社享有。未经社会科学文献出版社书面授权许可,任何就本书内容的复制、发行或以数字形式进行网络传播的行为均系侵权行为。

社会科学文献出版社将通过法律途径追究上述侵权行为的法律责任,维护自身合法权益。

欢迎社会各界人士对侵犯社会科学文献出版社上述权利的侵权行为进行举报。电话:010-59367121,电子邮箱:fawubu@ssap.cn。

社会科学文献出版社